U0744832

本书为教育部哲学社会科学研究重大课题攻关项目
"华侨华人在国家软实力建设中的作用研究"
（项目号：10JZD0049）结题成果

课题组成员

首席专家：刘泽彭

主要成员：陈奕平　李爱慧　代　帆　高伟浓
　　　　　潮龙起　张小欣　彭伟步　宗世海
　　　　　范如松　石沧金　郭又新　莫光木
　　　　　张　云　罗发龙　钱　江　袁　丁

本书获广东省高水平大学建设项目
暨南大学"华侨华人与国际问题研究"学科组团建设经费资助

《世界华侨华人研究文库》学术委员会

（按姓氏笔画排列）

庄国土　刘　宏　刘国福　李明欢　张应龙

张国雄　陈　岳　钱　江　高伟浓　曹云华

《世界华侨华人研究文库》编委会

主　　编：张振江

副 主 编：潮龙起　陈奕平

编委委员：（按姓氏笔画排列）

文　峰　石沧金　吉伟伟　任　娜　庄礼伟

李爱慧　吴金平　张小欣　张振江　陈　文

陈奕平　周聿峨　赵子乐　梁茂春　廖小健

潮龙起　鞠玉华　鞠海龙

本套丛书的出版得到学校领导的大力关心与支持。国际关系学院/华侨华人研究院领导与部分教师特别是高水平大学建设学科组团中的华侨华人与跨国移民研究团队的教师们也付出了艰辛的劳动，他们在策划、选题、组稿、编辑、校对等环节投入大量精力。同时，暨南大学出版社对丛书出版也给予高度重视，组织最优秀的编辑团队全程跟进，并积极申报国家出版基金项目，获得立项资助。在此，我们对所有为本丛书出版付出宝贵心血与汗水的同仁致以最衷心的感谢！

在前面三批的总序中，我们表示"期盼本丛书的出版能在华侨华人研究领域激起一点小浪花"。现在看来，已部分达到了目的，尽管如此，我们仍坚持不忘初心，继往开来，汇聚国内外华侨华人研究的朵朵浪花，把这套文库办成展现全球华侨华人研究优秀成果的一个重要平台。

《世界华侨华人研究文库》编委会

2017 年 6 月

批准，暨南大学在全国率先成立华侨华人研究的专门学术机构——华侨研究所，由著名学者朱杰勤教授担任所长。1984 年在国内招收首批华侨史方向博士研究生。1996 年后华侨华人研究被纳入国家"211 工程"1—3 期重点学科建设行列，2000 年获批教育部人文社会科学重点研究基地（华侨华人研究）。暨南大学于2006 年成立了华侨华人研究院，并聘请全国政协常委、国务院侨务办公室原副主任刘泽彭出任院长和基地主任。2011 年，学校再次整合提升华侨华人研究力量，将华侨华人研究院与国际关系学系（东南亚研究所）合并成立国际关系学院/华侨华人研究院，继续聘请刘泽彭同志出任华侨华人研究院院长和基地主任，由华侨华人与国际问题研究知名专家曹云华教授出任国际关系学院院长兼华侨华人研究院执行院长。同时，学校还加大科研经费投入，努力打造"华侨华人研究优势学科创新平台"。研究院在加强自身科研能力的基础上，采取以研究项目、开放性课题为中心，学者带项目、课题进院的工作体制，致力于多学科和国际视野下的前沿研究，立足于为国家的改革开放和现代化建设服务，为社会服务，为政府决策咨询服务，努力将之建设成为世界一流的学术研究机构和人才培养基地。

值华侨华人研究在中华大地百花齐放、百家争鸣之际，为进一步彰显暨南大学科研特色，整合校内外相关研究力量，发掘华侨华人研究新资源，推动华侨华人研究学科的发展，暨南大学华侨华人研究院在 2012 年推出了"世界华侨华人研究文库"。文库的著作多为本校优势学科的前沿研究成果，作者中既有资深教授、学科带头人，也有学界新秀。他们的研究成果从多学科视野探索了国内外华侨华人研究的一些新问题、新趋势，具有较高的学术价值和现实意义。截至 2016年年底，文库已经出版三批 23 本，在华侨华人研究领域引起了不错的反响。

2015 年 6 月，暨南大学入选广东省高水平大学重点建设高校，"华侨华人与国际问题研究"成为学校高水平建设重点支持的一个学科组团。为了进一步发挥暨南大学的华侨华人研究优势，学院决定继续组织出版这套丛书。丛书的经费来源从之前的"211 工程"和暨南大学"华侨华人研究优势学科创新平台"变为广东省高水平大学建设暨南大学"华侨华人与国际问题研究"学科组团，编委会也随人员变动做了一些调整。

总　序

在 20 世纪，华侨华人问题曾经四次引起学术界关注。第一次是 20 世纪初关于南非华工的问题；第二次是"一战"后欧洲华工问题；第三次是五六十年代东南亚国家出现的"排华"问题；第四次则是 80 年代中国经济崛起与海外华侨华人关系的问题。每次华侨华人研究成为研究热点时，都有大量高水平研究著作问世。

进入 21 世纪以来，随着全球化进程的加速和中国国际化水平的提升，海外华侨华人与中国的发展日益密切，华侨华人研究掀起了新一轮高潮。华侨华人研究机构由过去只有暨南大学、厦门大学、北京大学、华侨大学等少数几家壮大至目前遍布全国的近百所科研院校，研究领域从往昔以华侨史研究为主，拓展至华人政治、华人经济、华商管理、华文教育、华人文学、华文传媒、华人安全、华人宗教、侨乡研究等涉侨各个方面，研究方法也逐渐呈现出多学科交叉的趋势，融入政治学、历史学、社会学、民族学、教育学、新闻与传播学、经济学、管理学、法学等学科方法与视角。与此同时，政府、社会也愈益关注华侨华人研究。国务院侨办近年来不断加大研究经费投入，并先后在上海、武汉、杭州、广州等地设立侨务理论研究基地，凝聚了一大批海内外专家学者，形成了华侨华人研究与政府决策咨询相结合的科学发展机制。而以社会力量与学者智慧相结合的华商研究机构也先后在复旦大学、清华大学等地成立，闯出了一条理论研究与社会实践相结合的华侨华人研究新路径。

作为一所百年侨校，暨南大学在中国华侨华人研究中具有特殊的地位。暨南大学创立于 1906 年，是中国第一所华侨高等学府。华侨华人研究是学校重要的学术传统和特色。早在 1927 年，暨南大学便成立了南洋文化事业部，网罗人才，开展东南亚及华侨华人的研究，出版《南洋研究》等刊物。1981 年，经教育部

国家出版基金项目
NATIONAL PUBLICATION FOUNDATION

教育部人文社会科学重点研究基地
Key Research Institute of Humanities and Social Sciences at Universities

暨南大学华侨华人研究院
Academy of Overseas Chinese Studies in Jinan University

高校主题出版
GAOXIAO ZHUTI CHUBAN

· 世界华侨华人研究文库 ·

华侨华人在国家软实力建设中的作用研究

刘泽彭　陈奕平　等著

暨南大学出版社
JINAN UNIVERSITY PRESS

中国 · 广州

图书在版编目（CIP）数据

华侨华人在国家软实力建设中的作用研究/刘泽彭，陈奕平等著. —广州：暨南大学出版社，2018.4
（世界华侨华人研究文库）
ISBN 978 - 7 - 5668 - 2334 - 2

Ⅰ.①华… Ⅱ.①刘… ②陈… Ⅲ.①华侨—作用—综合国力—研究—中国 ②华人—作用—综合国力—研究—中国 Ⅳ.①D634.3

中国版本图书馆 CIP 数据核字（2018）第 043844 号

华侨华人在国家软实力建设中的作用研究
HUAQIAO HUAREN ZAI GUOJIA RUANSHILI JIANSHE ZHONG DE ZUOYONG YANJIU
著　者：刘泽彭　陈奕平　等

出　版　人：徐义雄
策划编辑：黄圣英
责任编辑：郑晓玲　黄　球　冯　琳
责任校对：何利红　苏　洁　李林达
责任印制：汤慧君　周一丹

出版发行：暨南大学出版社（510630）
电　　话：总编室（8620）85221601
　　　　　营销部（8620）85225284　85228291　85228292（邮购）
传　　真：（8620）85221583（办公室）　85223774（营销部）
网　　址：http：//www.jnupress.com
排　　版：广州市天河星辰文化发展部照排中心
印　　刷：广州家联印刷有限公司
开　　本：787mm×1092mm　1/16
印　　张：34.25
字　　数：666 千
版　　次：2018 年 4 月第 1 版
印　　次：2018 年 4 月第 1 次
定　　价：158.00 元

（暨大版图书如有印装质量问题，请与出版社总编室联系调换）

前　言

改革开放以来，随着中国经济的快速发展，中国已逐渐成为世界第二大经济体，中国国家实力和国际地位随之迅速上升。中国的迅速崛起引起了世界的高度关注，有积极的评价，但也有不少负面的声音。对此，中国学者和决策者逐渐意识到，大国竞争不仅体现在经济和军事实力等硬实力层面，更进一步体现在观念、文化、发展模式的吸引力、国家形象、国际制度参与、国际影响力等软实力层面。由此，增进中国软实力，推进"软实力"和"硬实力"的协调发展，以实现中华民族伟大复兴的战略目标，成为中国学者和决策者探讨的重大议题。

中国现有 6 000 多万华侨华人，他们是沟通中国与居住国的桥梁和纽带，是中国与居住国共享的软实力资源。广大华侨华人拥有雄厚的经济实力、丰富的智力资源及良好的商业网络，他们在为居住国作出突出贡献的同时，也在中国的革命、建设和繁荣富强等方面作出了特殊贡献，还为中华文化的传播、中国公共外交、中国国情和发展模式的宣传介绍以及对中国国家政策与行为的理解、支持和解释等方面的软实力建设发挥了独特而重要的作用。

正是基于上述观察和初步分析，我们提出设立重大课题，探讨华侨华人在我国国家软实力建设中的作用。本书正是我们承担教育部哲学社会科学研究重大课题攻关项目"华侨华人在国家软实力建设中的作用研究"（项目号：10JZD0049）的结题成果。我们尝试从理论上探讨华侨华人与中国软实力建设的关系，从实证上对华侨华人在中国软实力建设中的作用进行深入分析，并在此基础上提出软实力视角下的侨务工作战略与对策。

第一，我们分析了中国软实力建设的迫切性以及华侨华人的独特资源，梳理了中国软实力及华侨华人作用研究的趋势与特点，从对外文化传播、公共外交、国际形象建构以及中国经济繁荣、政治文明、社会和谐、民族团结等方面概述了华侨华人独特而重要的作用。同时，还梳理了国际关系学界"权力"观的演变，分析了族群、文明与软实力的关系，提出"华侨华人与中国软实力建设的关系"这一新命题，认为华侨华人对祖（籍）国的认同是参与中国软实力建设的前提和基础，华侨华人经由华人社团、华文传媒、华文教育和华人精英等路径，在传播中华文化、介绍中国的现实国情和发展道路、参与公共外交、促进中国改革开放与繁荣富强及提升中华民族凝聚力等方面发挥了独特而重要的作用。

第二，我们在对海外华侨华人资源进行全面考察的同时，指出华人社团、中华传统节日、海外宗教文化交流、海外华人餐饮业、海外华人文化组织、海外华文学校与华文教育等是华侨华人参与中国国家软实力建设的重要平台，并通过重点考察华文传媒与中国国家形象构建、华侨华人与中国公共外交、华侨华人在国家软实力内向性建设方面的作用等，论述了华侨华人在中国国家软实力建设中的独特作用。

第三，我们十分注重通过问卷调查、实地调研等方式展开研究。在"文化认同、对华认知与中国软实力""华人对中国形象与侨务工作的认知""外国人对华人与中国形象的认知"等问题的研究上，课题组通过在海外华侨华人社会发放大量问卷及深入访谈等形式，获取第一手资料，得出颇具信服力的数据及论点。

第四，我们通过横向比较，探讨了美国、印度、爱尔兰、韩国、菲律宾、以色列等国家如何借助海外侨民提升国家软实力的成功经验，并以美国为例，阐述美国"侨民接触"战略中有不少惠及侨民祖（籍）国的方面，值得我国侨务工作者思考和借鉴。

第五，我们注重理论探索与实践应用的结合，一方面梳理了我国侨务战略思想的发展脉络，从软实力视角探讨我国的侨务理论发展，从历史的维度对侨务工作在中国软实力建设中已作出的贡献进行总结，介绍了广东、福建、浙江等侨务大省在开展侨务工作、组织华侨华人建设国家软实力方面的成功经验；另一方面结合中国在新形势下的对外工作战略目标，阐明了当前侨务工作促进国家软实力建设面临的机遇、挑战和新任务，提出软实力视角下的侨务工作战略与对策，为当前的侨务战略决策、国家软实力的提升提供参考。

本书是集体智慧的结晶，刘泽彭、陈奕平负责总体策划、整体框架构建，刘

泽彭、陈奕平、高伟浓、潮龙起、范如松、李爱慧、张小欣、彭伟步、宗世海、代帆、石沧金、莫光木、张云、罗发龙、郭又新等参与撰写，陈奕平、张云、莫光木、潮龙起、李爱慧、张小欣等进行统稿。具体撰写分工如下：

前　言　刘泽彭

总　论　华侨华人与"和谐世界"战略下的"全球公关"　刘泽彭、陈奕平等

第一章　华侨华人与中国软实力关系的理论分析　陈奕平、张云、罗发龙

第二章　软实力视野下的华侨华人资源　石沧金、莫光木、彭伟步、宗世海

第三章　华侨华人与中国文化软实力　高伟浓、石沧金、宗世海

第四章　海外华文传媒与中国国家形象的构建　彭伟步

第五章　华侨华人与中国的公共外交　潮龙起

第六章　华侨华人与中国软实力内向性建设　张小欣

第七章　实证分析：华裔新生代的认同、对华认知及对侨务工作的意义　代帆、陈奕平等

第八章　他山之石：借助海外侨民提升国家软实力的国际经验　郭又新

第九章　侨务工作与中国软实力：战略与对策　李爱慧、范如松等

结　语　软实力视野下的侨务理论与侨务工作　陈奕平、代帆、张云等

刘泽彭
2017 年 4 月

目　录

总　论　华侨华人与"和谐世界"战略下的"全球公关"

2014 年 6 月，习近平主席在会见第七届世界华侨华人社团联谊大会代表时，高度肯定广大海外侨胞长期以来为中华民族发展壮大、促进祖国和平统一大业、增进中国人民同各国人民的友好合作作出的重要贡献，并指出："当前，中国人民正在为实现'两个一百年'奋斗目标、实现中华民族伟大复兴的中国梦而奋斗。在这个伟大进程中，广大海外侨胞一定能够发挥不可替代的重要作用。"

第一节　中国软实力建设的迫切性及华侨华人的独特优势

一、中国软实力建设的迫切性

改革开放以来，随着中国经济的快速发展，中国已逐渐成为世界第二大经济体，中国国家实力和国际地位随之迅速上升。中国的迅速崛起引起世界的高度关注，也引发激烈的争论，有积极的评价，但也有不少负面的声音。对此，中国学者和决策者逐渐意识到，"大国竞争不仅体现在经济和军事实力等硬实力层面，更进一步体现在观念、文化、发展模式的吸引力、国家形象、国际制度参与、国际影响力等软实力上"[①]。因此，如何增进中国软实力，推进"软实力"和"硬实力"的协调发展，以实现中华民族伟大复兴的战略目标，成为中国学者和决策者探讨的重大议题。

（一）中国综合国力的快速增长并未带来国际话语权相应程度的提升

1978 年十一届三中全会后，中国"找到了实现中华民族伟大复兴的正确道路"，

---

① 胡鞍钢、门洪华：《知己知彼：加强中国软实力研究》，载门洪华主编：《中国：软实力方略》，杭州：浙江人民出版社，2007 年，第 281 页。

1

迈进了改革开放和社会主义现代化建设的新时代，"取得了举世瞩目的成果"。[①]

从 1978 年到 2010 年，中国（大陆）国内生产总值由 4 062.58 亿元增长到 401 512.80 亿元，经济总量跃升为世界第二。[②] 中国国内生产总值占世界的比重从 1979 年的 1.78% 跃升到 2013 年的 12.34%，为排名第三的日本所占比重的将近两倍（详见表 1）。从 1978 年到 2007 年，中国货物贸易进出口额占世界的比重从 0.8% 增加到 7.7%，位居世界第三；外商直接投资额位次从世界第 126 位跃升到第六位；外汇储备从第 38 位升至第一位。中国经济对世界经济的贡献率从 1978 年的 2.3% 增加到 2000 年的 7.4% 和 2006 年的 14.5%。[③] 至 2007 年，中国经济对世界经济的贡献率上升为 19.2%，位居世界第一，比美国高 3.5 百分点，比欧元区高 6.3 百分点，比日本高 11.7 百分点。[④] "中国大陆主要农产品产量已居世界第一，全世界大概 500 种工业产品中，220 多种产品产量的'世界第一'属于中国。具有世界先进水平的重大科技创新成果不断涌现，高新技术产业蓬勃发展，基础设施建设取得突破性进展。"[⑤]

表 1　1979 年和 2013 年国内生产总值（GDP）居世界前十位国家比较

单位：亿美元

位次	1979 年			2013 年		
	国家和地区	国内生产总值（GDP）	占世界比重（%）	国家和地区	国内生产总值（GDP）	占世界比重（%）
	世界总计	98 941	100.00	世界总计	748 999	100.00
1	美国	26 321	26.60	美国	168 000	22.43
2	日本	10 375	10.49	中国	92 403	12.34
3	德国	8 529	8.62	日本	49 015	6.54
4	法国	6 050	6.11	德国	36 348	4.85
5	英国	4 225	4.27	法国	27 349	3.65

① 李斌：《习近平：承前启后　继往开来　继续朝着中华民族伟大复兴目标奋勇前进》，新华网，http://news.xinhuanet.com/politics/2012 - 11/29/c_113852724.htm，2012 年 11 月 29 日。

② 参见中华人民共和国国家统计局网站"年度数据"，http://data.stats.gov.cn/workspace/index? m = hgnd。

③ 中华人民共和国国家统计局：《改革开放 30 年报告之十六：国际地位和国际影响发生了根本性的历史转变》，http://www.stats.gov.cn/ztjc/ztfx/jnggkf30n/200811/t20081117_65702.html，2008 年 11 月 17 日。

④ 马继鹏：《国家统计局：中国对世界经济贡献率跃至第一》，新华网，http://news.xinhuanet.com/fortune/2009 - 09/30/content_12132888.htm，2009 年 9 月 30 日。

⑤ 陈述：《论中国共产党 90 年的伟大成就》，《中共中央党校学报》2011 年第 4 期，第 6 - 7 页。

（续上表）

位次	1979 年			2013 年		
	国家和地区	国内生产总值（GDP）	占世界比重（%）	国家和地区	国内生产总值（GDP）	占世界比重（%）
6	意大利	3 793	3.83	英国	25 223	3.37
7	加拿大	2 427	2.45	巴西	22 457	3.00
8	巴西	2 250	2.27	俄罗斯	20 968	2.80
9	西班牙	2 082	2.10	意大利	20 713	2.77
10	中国	1 766	1.78	印度	18 768	2.51

资料来源：根据世界银行数据库（http：//databank. worldbank. org/data/home. aspx）数据统计。

表 2　世界主要国家经济对世界经济的贡献率

单位：%

国家和地区	1978 年	1990 年	2000 年	2006 年
世界总计	100.0	100.0	100.0	100.0
美国	37.3	19.3	27.7	22.8
日本	18.2	30.5	10.4	7.8
欧元区	15.9	25.8	18.5	13.1
中国	2.3	2.4	7.4	14.5
印度	1.2	2.1	1.4	4.2
俄罗斯	—	- 1.8	1.9	1.7
巴西	1.6	- 3.4	2.1	2.0

资料来源：中华人民共和国国家统计局：《改革开放 30 年报告》，2008 年。

党的十八大报告明确提出，到 2020 年，我国将实现国内生产总值和城乡居民人均收入比 2010 年翻一番，实现全面建成小康社会的宏伟目标："科技进步对经济增长的贡献率大幅上升，进入创新型国家行列。工业化基本实现，信息化水平大幅提升，城镇化质量明显提高，农业现代化和社会主义新农村建设成效显著，区域协调发展机制基本形成。对外开放水平进一步提高，国际竞争力明显增强。"[1]

中国综合国力，尤其是经济实力和军事实力的快速增长，增强了维护世界和

---

[1]　李斌：《习近平：承前启后　继往开来　继续朝着中华民族伟大复兴目标奋勇前进》，新华网，http：//news. xinhuanet. com/politics/2012 - 11/29/c_113852724. htm，2012 年 11 月 29 日。

平的力量，也一定程度提升了我国国际话语权："在国际事务中的代表性和话语权进一步增强。"① 比如，在朝鲜核问题的处理上、在世界银行的发言权和在国际货币基金组织的投票权份额上、在人权领域强调对话与合作等事例，都表明中国力量增强后国际话语权有所提升。

（二）中国发展的国际认同问题亟待解决

中国积极塑造自身开放、繁荣、民主、文明、和谐的国家形象，中国综合国力的快速增长带来了国际话语权的提升，但总体而言，提升度不高。"在未来较长时期内，西方的国际话语权强势地位和中国的弱势地位难以根本改变"②。国际社会现有的中国国家形象基本上是由以美国为主的西方信息传播体系来塑造的，国际话语权、国际事件议程设置权掌握在他们手中。③ 西方媒体往往利用手中的媒体传播权力，戴着有色眼镜看中国，以他们自己的价值标准看待中国发生的事件，甚至故意"妖魔化"中国形象。

美国民调机构皮尤研究中心在 2013 年 3 月 2 日到 5 月 1 日之间，对 38 个国家的 37 653 名受访者进行调查，结果显示，中国国际形象并不佳。在 38 个国家中，只有 19 个国家的多数受访者喜欢中国，而且集中在非洲、拉丁美洲和穆斯林聚居的亚洲国家：巴基斯坦（81%）、马来西亚（81%）、肯尼亚（78%）、尼日利亚（76%）、委内瑞拉（71%）和印度尼西亚（70%）（详见表3）。虽然美国穷兵黩武，先后发动多场战争，但受访者对美国的印象好于中国。皮尤研究中心调查显示，在被调查的 38 个国家中，有 28 个国家超过 50% 的受访者喜欢美国。所有这些国家里，63% 的人对美国的印象是正面的。④ 另据 BBC 与 GlobeScan Incorporated 就主要国家的国际影响力联合进行的调查，近年来对中国的国际影响力持负面看法的比例在上升，2013 年仅 41% 的受访者对中国的国际影响力持正面看法，比 2005 年减少了 14%。⑤ 从 2013 年到 2014 年，国际社会对中国的好感度出现不同程度的下降，下降幅度达到或超过 4% 的国家有 15 个，其中巴

---

① 胡锦涛：《坚定不移沿着中国特色社会主义道路前进　为全面建成小康社会而奋斗》（十八大报告），2012 年 11 月 8 日。

② 张志洲：《中国国际话语权的困局与出路》，人民网，http：//theory. people. com. cn/GB/9878818. html，2009 年 8 月 18 日。

③ 李希光、孙静惟主编：《全球新传播：来自清华园的思想交锋》，广州：南方日报出版社，2002年，第 249 页。

④ Pew Research Center. Global image of the United States and China United States. July 18，2013，http：//www. pewglobal. org/2013/07/18/global – image – of – the – united – states – and – china/.

⑤ BBC World Service & GlobeScan Incorporated. Views of China and India slide while UK's ratings climb：Global poll. May 22，2013，http：//www. globescan. com/98 – press – releases – 2013/277 – views – of – china – and – india – slide – while – uks – ratings – climb. html.

西、阿根廷、波兰、菲律宾、希腊和西班牙的受访者对中国的好感度下降9%—21%（参见表3）。

表3　国际社会对中国好感度调查

单位：%

国别	2007年	2008年	2013年	2014年	国别	2007年	2008年	2013年	2014年
日本	29	14	5	7	美国	42	39	37	35
越南	—	—	—	16	澳大利亚	—	52	58	53
印度	—	—	35	31	加拿大	52	—	43	—
菲律宾	—	—	48	38	俄罗斯	60	60	62	64
韩国	52	48	46	56	意大利	27	—	28	26
印度尼西亚	65	58	70	66	德国	34	26	28	28
泰国	—	—	—	72	西班牙	39	31	48	39
马来西亚	83	—	81	74	法国	47	28	42	47
巴基斯坦	79	76	81	78	英国	49	47	48	47
土耳其	25	24	27	21	希腊	—	—	59	49
约旦	46	44	40	35	乌克兰	64	—	—	64
埃及	65	59	45	46	捷克	35	—	34	—
以色列	45	—	38	49	波兰	39	33	43	32
黎巴嫩	46	50	56	53	阿根廷	32	34	54	40
南非	—	37	48	45	墨西哥	43	38	45	43
加纳	75	—	67	61	巴西	—	—	65	44
乌干达	45	—	59	61	智利	62	—	62	60
尼日利亚	—	—	76	70	委内瑞拉	—	—	71	67
肯尼亚	81	—	78	74	坦桑尼亚	70	71	—	77

资料来源：Pew Research Center. Global Indicators Database，http：//www. pewglobal. org/database/.

皮尤研究中心的调查显示，国际社会对中国经济增长的看法好坏参半：21个国家中，仅有11个国家超过50%的受访者认为中国经济增长是好事，同时有9个国家达到或超过40%的受访者认为中国经济增长是坏事，包括美国、法国、德国、西班牙、波兰、俄罗斯、土耳其、印度和墨西哥。该调查显示，国际社会对中国军事实力增长的负面看法居多：21个国家中，17个国家达到或超过50%的受访者认为中国军事实力的增长是坏事，只有巴基斯坦、巴勒斯坦和肯尼亚超过60%的受访者认为是好事（参见表4）。①

表4　国际社会对中国国力增长态度调查

国别	军事实力增长		经济增长	
	好事（%）	坏事（%）	好事（%）	坏事（%）
美国	11	79	37	53
英国	13	71	53	32
法国	16	83	41	59
德国	12	79	46	50
西班牙	12	74	52	40
立陶宛	11	62	47	27
波兰	13	68	32	46
俄罗斯	12	74	37	41
乌克兰	12	57	37	33
土耳其	9	66	13	64
约旦	28	52	65	28
黎巴嫩	24	57	57	29
巴勒斯坦	62	29	66	24
以色列	19	66	53	30
印度	22	50	29	40
印度尼西亚	44	36	62	25
日本	7	87	57	35
巴基斯坦	72	5	79	5
巴西	29	51	53	30
墨西哥	26	55	39	43
肯尼亚	62	29	85	12

资料来源：Pew Research Center. How China's growing power affect your country. http：//www. pewglobal. org.

以上情况说明国际社会对中国发展的认同度有待提高，"中国发展的国际认同问题尚未彻底解决"。究其原因，我国学者董漫远认为大致有三种情况：一是

① Pew Research Center. Global image of the United States and China United States. July 18，2013，http：// www. pewglobal. org/2013/07/18/global－image－of－the－united－states－and－china/.

"部分国家的一部分人对中国的发展表现出不信任，担心中国的发展损害它们的生存与发展利益，进而对与中国发展关系态度消极"；二是"有一些国家和不少民众对中国不了解，包括不了解中国的历史、文化，不了解中国人的思维方式，不了解中国取得的成就和面临的巨大困难，更不了解台湾、西藏、新疆以及中国的民族关系"；三是各种反华势力兴风作浪，从事分裂和颠覆中国的活动，"直接催醒有关国家与中国的关系出现波澜"。①

如何化解中国国力增长面临的国家形象塑造难题？包括本课题组在内的国内学者认为，仅凭发展经济和军事等硬实力是难以化解国家形象塑造难题的，正确的解决办法在于同时加强具有中国特色的软实力建设及软实力资源的巧用。

二、华侨华人是中国软实力建设的独特优势和重要资源

在中国革命、建设、发展的不同时期，华侨华人在促进国家进步与强大、民族团结与和谐、社会繁荣与稳定方面发挥着特殊作用。特别是改革开放至今，随着华侨华人群体数量和自身实力进一步增长，他们在加强住在国与祖（籍）国交往、推动祖（籍）国发展方面作出了卓越贡献。

目前海外华侨华人已超过 6 000 万人，分布在全球 198 个国家和地区。他们中的许多人已经高度融入当地主流社会，与住在国各阶层民众都建立了广泛的联系甚至深厚的友谊。在住在国与中国的外交合作、文化交流、民间交往等方面，华侨华人发挥着桥梁与纽带的作用。

第一，在经济合作方面，据估算，全球华商企业总资产规模约为 4 万亿美元，是国际经济界的一支重要力量。海外华商本着互惠互利、共同发展的良好初衷，积极促进住在国与中国的经济合作与友好交往，并在中国内地改革开放之初率先对华投资，成为外资进入中国的范例。改革开放以来，中国吸收外国直接投资（FDI）的 60% 以上来自华侨华人，他们为中国的改革开放事业立下了汗马功劳。

第二，在慈善捐赠方面，改革开放以来，华侨华人及港澳同胞累计捐赠中国内地公益事业的款物总额超过 900 亿人民币，其中绝大部分用于文教、扶贫、救灾、科技等领域。

第三，在科技人才方面，海外华侨华人中有过百万科技人才，他们是促进中国科技发展的潜在和重要力量。为此，中国相关部门先后推出人才吸引计划，并设立"海外高层次人才引进计划""长江学者奖励计划""百千万人才工程""国

---

① 董漫远：《推进"软实力"建设，加强人文外交》，《国际问题研究》2009 年第 6 期。

家杰出青年科学基金"等，鼓励海外学者回国，为中国的富强发挥了重要作用。自 2001 年至今，每年在湖北武汉举办的"华侨华人创业发展洽谈会"共签订引进人才和技术项目约 1 900 个，总投资额 2 000 多亿人民币，招揽华裔专业人士 1 500 多位，其中 300 多人入选国家"海外高层次人才引进计划"。而近年来中国海外留学生学成归国人数也在不断攀升。据统计，2013 年回国留学生人数达到 35. 35 万。[①]

第四，在华文教育方面，全球有 2 万多所海外华文学校（中文学校），绝大部分是由侨胞自主举办，这 2 万多所华文学校当中有几十万名华文教师和几百万名在校学生。海外华文学校在促进中华文化传播、维护中华"根文化"意识方面可谓举足轻重。

第五，在维护海外华社团结统一方面，海外华文报刊、华语广播电台以及各类华侨华人社团常对一些涉及中国的歪曲报道和不实攻击展开有力批驳，对华侨华人社会中的不良现象进行清理和纠正，对不利于中华民族团结和中华民族大义的问题进行坚决抵制。由此可见，华侨华人是中国的独特优势和重要资源。

第二节　中国软实力及华侨华人作用研究的趋势与特点

一、中国软实力研究的趋势与特点

虽然政治学和国际关系理论领域的学者，如罗伯特·达尔、汉斯·摩根索、安东尼·葛兰西等，早就提出过类似"软实力"的概念和观点，但最早明确提出"软实力"概念的是美国哈佛大学学者约瑟夫·奈（Joseph S. Nye）。约瑟夫·奈先后在《美国定能领导世界吗》《美国霸权的困惑——为什么美国不能独断专行》《软力量——世界政坛成功之道》和《权力大未来》等书中系统论述了软实力理论。[②] 约瑟夫·奈提出"软实力"概念后数年间，"软实力"术语逐渐被包括美国在内的众多国家政治领袖、专栏作家及学者采纳和使用，相关研究逐

---

① 杨凯淇、艾启平：《裘援平冀华侨华人借"华创会"平台寻梦圆梦》，中国新闻网，http：//www. hb. chinanews. com/news/2014/0624/176699. html，2014 年 6 月 24 日。

② 参见 JOSEPH S NYE&JR. Bound to lead：The changing nature of American power . New York：Basic Books，1990；约瑟夫·奈著，何小东、盖玉云等译：《美国定能领导世界吗》，北京：军事译文出版社，1992 年；约瑟夫·奈著，郑志国等译：《美国霸权的困惑——为什么美国不能独断专行》，北京：世界知识出版社，2002 年；约瑟夫·奈著，吴晓辉、钱程译：《软力量——世界政坛成功之道》，北京：东方出版社，2004 年；约瑟夫·奈著，王吉美译：《权力大未来》，北京：中信出版社，2012 年。

渐增多。

近年来，随着中国经济的快速发展和国际影响力的上升，中国软实力问题逐渐成为国内外学界探讨的一个重要课题，"关于中国软实力的讨论成为近年来软实力理论研究的最新和最大的增长点"①。

（一）欧美学者有关中国软实力的研究

国外有关中国软实力的研究主要在美国。约瑟夫·奈（2005）认为中国的软实力近年来在逐渐上升，他提到了中国在以下方面的吸引力：①传统艺术、时装、烹饪；②大量的海外华侨华人；③近年在国际上颇受欢迎的电影以及体育明星；④外交政策与外交方式（style）。②

除了约瑟夫·奈的研究外，美国政府官员和其他一些学者也开始关注中国"软实力"在世界上的影响。美国外交关系协会在2002年特别设立"中国与东南亚"研究项目，埃斯瑟·潘（Esther Pan）在2006年有专文探讨中国的软实力。③ 卡内基国际和平基金会中国项目访问学者、美国《新共和》周刊特约记者库兰齐克（Joshua Kurlantzick）对中国软实力在东南亚、拉丁美洲和非洲的影响也有一定的探讨，认为中国依靠外交、贸易、文化和教育交流等方面的软实力，展开"迷人攻势"（charm offensive），"构建善意的国家形象，塑造成功的社会经济发展模式，并发展强大的国际联盟"。④ 中国现代国际关系研究院前助理研究员、美国布卢姆斯博格大学政治学系助理教授丁胜的《龙之隐翼：中国如何靠软实力崛起》被誉为"首部全面研究中国软实力运用的著作"⑤。美国战略与国际问题研究中心也开展了有关中国软实力的研究，如吉尔（Bates Gill）和黄严忠撰写了研究报告《中国软实力的来源和局限》。该报告认为，中国文化、中国的外交方式、积极参加联合国的维和行动等都有助于中国软实力的提升，但中国软实力的运用面临三个难题，即软实力资源不平衡、与苏丹和津巴布韦等国家外交的"合法性"问题、外交的一致性（coherence）。⑥ 2008年1月，美国国会研究服务

① 田建明：《中国软实力战略研究》，吉林大学博士学位论文，2010年，第7页。

② JOSEPH S NYE&JR. The rise of China's soft power. Wall Street journal Asia, December 29, 2005.

③ 参见 ESTHER PAN. China's soft power initiative, May 18, 2006, http：//www.cfr.org/publication/10715/.

④ 参见 JOSHUA KURLANTZICK. Charm offensive：How China's soft power is transforming the world. New Haven：Yale University Press, 2007.

⑤ 参见 SHENG DING. The dragon's hidden wings：How China rises with its soft power. Lanham：Lexington Books, 2008.

⑥ 参见 BATES GILL & YANZHONG HUANG. Sources and limits of Chinese "soft power". Survival, 2006, 48（2）：pp. 17 – 36.

处组织专家，为国会议员准备了《中国在东南亚的软实力》报告。4 月，美国国会研究服务处又组织专家，专门为美国参议院外交关系委员会准备了《中国对南美洲、亚洲和非洲的外交政策及其软实力》研究报告。7 月和 8 月，美国国会研究服务处连续发表了为国会议员和专门委员会准备的两份报告，即《中国对外政策：对美国的全球利益意味着什么》《全球影响比较：中国和美国对发展中国家的外交、对外援助、贸易与投资》，分析的重点就是中国软实力的增长给美国带来的影响。① 美国学者迈克尔·巴尔（Michael Barr）的《中国软实力：谁在害怕中国》一书从中国发展模式的国际影响、国家形象"媒体攻势"、孔子学院"遍布世界"、郑和形象、"天下"观念等方面介绍了中国软实力，分析了国际社会对中国软实力的反应②，并"运用哲理思维，依据大量素材，尽可能实事求是地分析了'中国威胁论'产生的原因、表现及其本质的虚妄性"③。

在欧洲，也有学者探讨中国的软实力。英国学者阿兰·亨特（Alan Hunter）在其工作报告中，从中国的传统文化、大众文化、国际政治影响等方面来分析中国的软实力。④ 英国学者埃弗锡米欧（Pavlos Efthymiou）从中国飞速发展的经济、"国家资本主义"的经济和意识形态、"北京共识""和谐社会"与"和平崛起"价值观、全球范围内"华盛顿共识"的失败及美国软实力的退化等方面探讨了中国软实力何以迅速提升，并分析了中国软实力如何以直接或间接的方式影响美国国内外政策。⑤ 丹麦学者约翰尼斯·D. 施密特（Johannes D. Schmidt）则从政治、经济和文化视角出发，分析了中国在东南亚的软实力外交的战略决策与利益，指出了中国在与东南亚国家进行外交活动时的成就，同时也阐述了中国所面临的一些制约。⑥

---

① 参见 Congressional Research Service. China's "soft power" in Southeast Asia. January 4, 2008; China's foreign policy and soft power in South America, Asia, and Africa. A study prepared for the Committee on Foreign Relations, United States Senate, April 2008; China's foreign policy: What does it mean for U. S. global interests? July 18, 2008; Comparing global influence: China's and U. S. diplomacy, foreign aid, trade, and investment in the developing world. August 15, 2008.

② MICHAEL BARR. Who's afraid of China? The challenge of Chinese soft power. London & New York: Zed Books Press, 2011. 参见迈克尔·巴尔著，石竹芳译：《中国软实力：谁在害怕中国》，北京：中信出版社，2013 年。

③ 张国祚：《了解胜金，理解万岁》，载迈克尔·巴尔著，石竹芳译：《中国软实力：谁在害怕中国》，北京：中信出版社，2013 年，第Ⅷ页。

④ ALAN HUNTER. China and soft power. Working Paper, October 2008, Centre for Peace and Reconciliation Studies, Coventry University, http://www.coventry.ac.uk/peacestudy.

⑤ PAVLOS EFTHYMIOU：《中国软实力：资源、挑战与对美影响》，《察哈尔快讯》2013 年第 1 期，引自察哈尔学会网站，http://www.charhar.org.cn/newsinfo.aspx? newsid = 5333。

⑥ JOHANNES D SCHMIDT. China's soft power diplomacy in Southeast Asia. Copenhagen journal of Asian Studies, 2008, 26 (1).

总体而言，包括美国学者在内的西方学界的研究呈现以下特点：

一是研究重点大多放在中国软实力的增长对国际社会尤其是美国所产生的影响上，强调实质上是一种"竞争"[1]，"大部分都持一种零和观点，以消极而非积极的心态看待中国软实力的发展"[2]，"着眼点还是为提醒西方政府如何应对中国软实力上升可能带来的问题以及西方政府的应对之策"[3]。库兰齐克认为，中国软实力"正在改变世界"，"中国终将运用软实力，逼使其他国家在亲华盛顿还是亲北京之间作出选择"。[4] 英国学者埃弗锡米欧也认为，"中国不断增长的软实力已经逐渐开始影响美国在全世界范围内的利益"[5]。美国学者迈克尔·巴尔倒是一针见血地指出了西方人担忧乃至恐惧的根本原因："西方担心中国软实力的崛起与他们担心失去自身的主导地位如出一辙"，"中国是一面他人从中看到自己的镜子——这面镜子暴露了他们想要回避的东西"，"因为中国软实力的提升迫使其正视一个难以接受的现实，即西方自己也无法回答最紧迫的现代性问题"。[6]

二是多数学者虽然承认中国软实力在增强，但认为由于中国自身的缺陷，中国软实力增长对世界的影响有限[7]。印度裔美国评论家法里德·扎卡里（Fareed R. Zakaria）甚至声称，美国很容易"化解中国的魅力"[8]。

（二）东南亚学者对中国软实力的探讨

一些东南亚国家的官员和学者也对中国软实力进行了一定的讨论和研究。

已故前新加坡总理李光耀曾说："中国一直在追求其邻居，尽管中国人并未创造'软实力'这个词语，但他们运用软实力的技巧却十分娴熟。"他认为，中国软实力成功之道，在于言论上的安抚和经济利益上的联合，比如对东南亚国家

---

[1]　陈奕平、范如松：《华侨华人与中国软实力：作用、机制与政策思路》，《华侨华人历史研究》2010 年第 2 期。

[2]　约瑟夫·奈、王缉思、赵明昊：《中国软实力的兴起及其对美国的影响》，《世界经济与政治》2009 年第 6 期。

[3]　方长平：《中美软实力比较及其对中国的启示》，《世界经济与政治》2007 年第 7 期。

[4]　JOSHUA KURLANTZICK. Charm offensive：How China's soft power is transforming the world. New Haven：Yale University Press，2007.

[5]　PAVLOS EFTHYMIOU，《中国软实力：资源、挑战与对美影响》，《察哈尔快讯》2013 年第 1 期，引自察哈尔学会网站，http：//www. charhar. org. cn/newsinfo. aspx？newsid＝5333。

[6]　迈克尔·巴尔著，石竹芳译：《中国软实力：谁在害怕中国》，北京：中信出版社，2013 年，第 155、161、163 页。

[7]　GIDEON RACHMAN. The hard evidence that China's soft power policy is working. Financial times，February 19，2007，p. 15.

[8]　FAREED R ZAKARIA. The U. S. can out-charm China. December 11，2005，http：//www. newsweek. com/u－s－can－out－charm－113691.

实行睦邻政策，以及与东盟国家签署自由贸易协定等。① 新加坡东南亚研究所盛利军（1999）曾在比较中美战略关系的研究成果中，从中国的政治、社会和经济体制、文化和道德、知识的贡献和外交技巧等七大方面列举了中国的软实力。新加坡国立大学东亚研究所郑永年认为，中国"已经根据自己的能力静悄悄地发展出了和美国不同的软实力"，中国的软实力表现在中国模式、多边主义、经济外交和睦邻政策等方面。② 印度尼西亚学者维博沃（Ignatius Wibowo，2009）则认为，中国发展模式的成功"不可避免地吸引世界上的发展中国家，尤其是东南亚国家"，"中国（发展模式）的吸引力反过来已经帮助其增强了软实力"。他认为，"中国在东南亚的软实力源自多方面，包括文化及涉及东盟的多边主义（外交）方面的合作与参与"③。新加坡南洋理工大学国防战略研究所李明江认为，"现有的理论框架几乎难以解释中国软实力的增长——（因为）中国文化、思想、价值观在全球的影响及中国塑造国际机制的能力没有明显的增加"。他提出"实力的软运用"范式，认为"基于行为的研究范式更适合，也能更好地解释过去十年中国软实力为何增长"。他认为，中国软实力之所以增长，是"因为中国过去十年推行的外交政策及在国际政治中运用实力的方式"，比如"采取推进互信的措施，解决边界争端，外交行为的相对自制，对邻国释放善意，积极参与地区经济、政治和安全对话与机制"。④ 当然，也有新加坡学者认为，中国没有像美国那样的软实力。新加坡国际事务研究所主席戴尚志（Simon Tay，2005）就认为："软实力意指一国文化、思想和原则的吸引力。中国没有软实力，在亚洲无人想要中国梦或渴望住在中国人的世界。"⑤

总体而言，以新加坡和印度尼西亚学者为代表的东南亚学者对中国软实力的研究呈现以下特点：一是肯定中国软实力的增长，尤其是中国的经贸政策和外交政策所带来的影响力；二是认为中国软实力有明显的局限，尤其是文化、思想、价值观等方面的影响力仍然不足；三是由于政治安全及经贸竞争等因素，部分国家的学者对中国软实力的增长持谨慎甚至负面的看法。

---

① LEE KUAN YEW. Contest for influence in Asia – Pacific. http：//www. forbes. com/global/2007/0618/012. html.

② 郑永年：《中国软实力悄然崛起》，《参考消息》，2005 年 1 月 13 日，引自中国网，http：//www. china. com. cn/chinese/HIAW/755732. htm；郑永年、张弛：《国际政治中的软力量以及对中国软力量的观察》，《世界经济与政治》2007 年第 7 期。

③ LI MINGJIANG ed. Soft power：China's emerging strategy in international politics. Lanham：Lexington Books, 2009.

④ LI MINGJIANG ed. Soft power：China's emerging strategy in international politics. Lanham：Lexington Books, 2009.

⑤ ROMAN POGORELOV. Soft power of PRC and what Beijing has to offer the world. New Eastern Outlook，http：//journal – neo. org/2014/04/10/rus. myagkaya – sila – knr_i_chto_pelcin_mozhet_prediozhit_miru/.

（三）国内有关中国软实力的研究

自 20 世纪 90 年代初开始，中国学者也对软实力问题进行了探讨。

中国社会科学院世界经济与政治研究所研究员黄苏于 1991 年在《世界经济》上撰文，分析美国的经济实力和软实力。她认为软实力包括"民族凝聚力、文化影响力和对国际机构的控制力"，但她仅分析了对信息作出迅速反应的能力和源自相互依赖的能力。她认为，美国的软实力来源于三个方面：对国际机构的控制力；跨国公司；广泛的移民。[①] 1993 年，中国学者王沪宁就撰写《作为国家实力的文化：软权力》一文，较全面地探讨软实力的概念、内涵及与硬实力之间的关系，并认为："总的软权力态势对谁有利，谁在国际社会中就占据有利地位；目前影响国际'软权力'势能的因素是工业主义、科学主义、民主主义、民族主义。软权力的力量来自扩散性，只有当一种文化广泛传播时，软权力才会产生强大的力量。"[②]

随后，刘德斌、阎学通、庞中英、张国祚、门洪华、邓显超、方长平、张小明、李智、唐代兴、李希光、韩勃、龚铁鹰及本课题组成员等一大批学者，对软实力的定义，中国软实力的构成要素、特征，以及如何提升中国软实力等问题进行了较广泛和深入的探讨。[③] 陈奕平在《依赖与抗争——冷战后东盟国家对美国战略研究》中独辟一节"中美在东南亚的'软实力'之争"，梳理了软实力理论，专门比较中美软实力，并对中美软实力在东南亚的比较提出了自己的看法，认为："虽然中国的影响力在东南亚乃至亚洲都有所上升，但我们应该有清醒的认识"，"中国软实力仍有待加强"。[④]

[①]　参见黄苏：《怎样估价美国的经济与实力——逆差、债务、软实力剖析》，《世界经济》1991 年第 11 期。

[②]　参见王沪宁：《作为国家实力的文化：软权力》，《复旦学报（社会科学版）》1993 年第 3 期。

[③]　参见刘德斌：《"软权力"说的由来与发展》，《吉林大学社会科学学报》2004 年第 4 期；阎学通、徐进：《中美软实力比较》，《现代国际关系》2008 年第 1 期；庞中英：《中国软力量的内涵》，《瞭望》2005 年第 45 期；邓显超：《提升中国软实力路径》，《理论与现代化》2006 年第 1 期；方长平：《中美软实力比较及其对中国的启示》，《世界经济与政治》2007 年第 7 期；门洪华主编：《中国：软实力方略》，杭州：浙江人民出版社，2007 年；唐代兴：《文化软实力战略》，北京：人民出版社，2008 年；李希光、周庆安主编：《软力量与全球传播》，北京：清华大学出版社，2005 年；上海社会科学院世界经济与政治研究院编：《国际体系与中国的软力量》，北京：时事出版社，2006 年；韩勃、江庆勇：《软实力：中国视角》，北京：人民出版社，2009 年；龚铁鹰：《软权力的系统分析》，天津：天津人民出版社，2008 年；张国祚主编：《中国文化软实力研究报告（2010）》，北京：社会科学文献出版社，2011 年；张小明：《约瑟夫·奈的"软权力"思想分析》，《美国研究》2005 年第 1 期；李智：《软实力的实现与中国对外传播战略》，《现代国际关系》2008 年第 7 期。

[④]　参见陈奕平：《依赖与抗争——冷战后东盟国家对美国战略研究》，北京：世界知识出版社，2006 年。

对于软实力的概念，国内学界分歧不大，一般接受美国学者约瑟夫·奈的观点，即软实力是"一种通过吸引而不是强制和利诱手段获取你所要东西的能力"。但对中国软实力的内涵和构成要素却有不同看法，呈现将软实力概念的内涵不断扩大的趋势，涵盖文化、价值观、发展模式、民族凝聚力、多边外交和对外援助乃至中国特色社会主义制度等方方面面（参见第一章）。

至于中国软实力的现状和国际地位，国内学术界总体上对中国软实力所取得的进步给予肯定，但也认为中国软实力存在不足（如庞中英，2006；黄仁伟，2005；阎学通，2007；邓显超，2005；方长平，2007）。

对于如何提升中国软实力，国内学界各有不同的侧重，大体上分为以下路径：一是传统文化路径，即通过传播中国传统文化，尤其是儒家和道家的思想与价值观，以增强中国的软实力[①]；二是中国模式路径，认为中国模式可以为世界现代化提供模本；三是文化产业路径，即通过文化产品输出提升中国软实力；四是综合国力路径，即国家硬实力的强大同样会带来软实力的上升，如阎学通就提出"软实力＝政治实力×（1＋文化实力）"的公式，认为"一个只有政治实力而没有文化实力的国家照样拥有软实力"[②]；五是国际层面路径，即从国际社会、全球政治层面入手增强中国软实力。具体而言，可通过多边主义、接受内化的政治文明、塑造大国形象、加强外交协调机制建设等增强中国的软实力。[③]

总体而言，国内学者对中国软实力的探讨呈现三个特点：一是将软实力概念的内涵不断扩大，涵盖文化、价值观、发展模式、民族凝聚力、多边外交和对外援助乃至中国特色社会主义制度等方方面面；二是研究重点是如何增强中国的国际影响力；三是中外学者就中国软实力问题开始进行交流，并出现了合作成果，如中国学者庞中英等参加在新加坡召开的"中国崛起与软实力"国际学术会议，我国学者王缉思与约瑟夫·奈在美国杂志上合作发表文章；四是学者的研究已经得到中央领导的高度重视，并逐渐成为国家的战略和政策。时任国家主席胡锦涛于2005年提出了"和谐世界"外交战略，次年又在中央外事工作会议上明确提出了增强中国软实力的任务。2007年，胡锦涛在党的十七大会议上所作的报告中明确提出要"提高国家文化软实力"，将软实力作为中国综合国力的主要组成部分。时任国家总理温家宝在2009年夏季达沃斯论坛的演讲中也提到中国软实

---

① 钱明德：《重构中国软力量的核心价值观：读徐儒宗〈中庸论〉》，《孔子研究》2005年第1期；康晓光：《软力量建设与儒家文化复兴》，《天涯》2007年第1期；赵海滨：《从软实力角度看中医药文化走向世界》，《辽宁中医药大学学报》2007年第1期；黄建银：《中医药服务贸易发展战略选择的探讨——经济全球化背景下的中医药国际服务需求曲线模型》，《中医药管理杂志》2007年第12期。

② 阎学通：《软实力的核心是政治实力》，《世纪行》2007年第6期。

③ 郭树勇：《新国际主义与中国软实力外交》，《国际观察》2007年第2期。

力。他说："所谓中国软实力，我以为就是对所有国家，特别是发展中国家、最不发达国家的尊重，就是在自己发展的同时，要尽力帮助它们。"① 在中央有关领导、有关部门和地方政府的关心与支持下，中国文化软实力研究中心陆续成立。2009 年 7 月，湖南大学成立了中国文化软实力研究中心，是首个以中国文化软实力研究为主要任务的科研机构。2014 年 9 月，北京大学也成立了中国文化软实力研究中心。时任文化部部长蔡武在该中心成立仪式上指出："文化软实力是实现'中国梦'的重要保障和衡量标准，并正逐渐成为国家崛起的硬支撑。提高文化软实力能为和平崛起的中国创造良好的外部环境。""文化在现阶段已逐渐走入中国战略核心区域，国家文化软实力研究中心的成立真可谓恰逢其时，希望中心能凝聚海内外优秀人才，使理论研究能有效地引领和服务于对外工作实践。"②

二、华侨华人与中国关系研究的现状与特点

华侨华人研究一直是国内外学术界研究的热点问题之一，其中近 20 年来的研究重点是华侨华人与中国的关系，包括华侨华人的种族、文化乃至政治认同，海外华侨华人对中国发展的贡献，以及华侨华人在中华文化传播与中国外交等领域的作用等方面③。

就海外华侨华人对中国发展的贡献，庄国土分析了 100 多年来华侨华人与中国的关系，认为"近百年来，海外华侨基于同族同文同种的民族情感，一直以国民身份积极参与中国社会的改造和建设，为中国社会的发展作出重要贡献"。他还分析了华侨华人与中国合作的基础、特点和趋势，认为华侨华人与中国合作有两个主要基础："这种合作是东亚、东南亚乃至世界资源优化配置过程的结果"；"华侨华人与中国的合作具有坚实的亲缘、语言和表现在共同心理状态上（主要体现在价值观上）的文化基础"。④

任贵祥主编的《海外华侨华人与中国改革开放》一书利用中央档案馆中尚未开放的档案，阐述了中国改革开放前后党和国家的侨务思想及侨务政策的演变和发展，以及华侨华人对中国改革开放事业的大力支持。就华侨华人对中国改革

---

① 陈静：《温家宝谈国家"软实力"：文化传统是一个国家的灵魂》，中国新闻网，http：//www.chinanews.com/gn/2011/03－14/2904083.shtml，2011 年 3 月 14 日。
② 曹滢：《北京大学成立国家文化软实力研究中心》，新华网，http：//news.xinhuanet.com/politics/2014－09/29/c_1112674693.htm，2014 年 9 月 29 日。
③ 参见庄国土：《华侨华人与中国的关系》，广州：广东高等教育出版社，2001 年。
④ 庄国土：《华侨华人与中国的关系》，广州：广东高等教育出版社，2001 年。

开放事业的支持，该书从七个方面加以论述：大规模地来华投资；华裔科学家致力于振兴中国的科技事业；在海外弘扬传播中华文化、开展中外文化交流；造福桑梓、兴办各种公益事业，推动了侨乡的发展；广大归侨侨眷为祖国现代化建设贡献力量；开展民间外交，推动政府外交；热烈响应和支持"一国两制"由科学构想到成功实践，开展轰轰烈烈的"反独促统"活动。①

陈传仁所著《海外华人的力量》从中国的角度出发，以"经济力量""政治力量"和"和平力量"来总结海外华人对中国和世界所作出的巨大贡献，主张利用海外华人的力量促进中国发展与世界和谐。②

杨万秀和罗晃潮、李未醉、张学惠和江作栋、林金枝、许肇琳③等对华侨华人在中华文化传播中的作用及中外交流载体进行了一定探讨。其中，李未醉的《中外文化交流与华侨华人研究》一书上篇集中论述了古代中国音乐、文史哲思想、科技、医药、建筑、农学等在东南亚特别是越南的传播。④ 杨万秀、罗晃潮的《中华文化与海外华侨华人》重在从文化角度审视华侨华人历史，特别突出探讨华侨华人在传播中华文化和促进中外文化交流中的作用，以及中华文化在华侨华人生活道路上的影响和未来的发展趋势。该书将文化的内涵分为三类：一是文化观念，包括理想情操、价值观念、道德、心理状态、风俗习惯等；二是知识科技文化，包括语言文字、科学知识、生产工具、技能；三是制度器物文化，包括典章制度、建筑器物、服饰等。⑤

上述研究从多方面探讨了华侨华人与中国的关系，分析了华侨华人对中国的贡献及在传播中华文化和促进中外文化交流中的作用，但总体而言，从中国软实力视角探讨华侨华人和侨务工作的研究成果并不多见。

三、华侨华人与中国软实力研究的现状与特点

国外一些学者注意到了华侨华人对中国软实力的作用，如约瑟夫·奈、阿兰·亨特、丁胜、迈克尔·巴尔等。比如，阿兰·亨特认为，从庞大的海外华侨华人群体可以"观察到中国的软实力"，但其研究仅仅是介绍海外华侨华人的人

---

① 任贵祥主编：《海外华侨华人与中国改革开放》，北京：中共党史出版社，2009 年。

② 陈传仁：《海外华人的力量》，北京：世界知识出版社，2007 年。

③ 参见林金枝：《近代华侨在东南亚传播中华文化中的作用》，《南洋问题研究》1990 年第 2 期；许肇琳：《中华文化的传播与海外华人》，《东南亚研究》1996 年第 1 期；张学惠、江作栋：《华侨华人在中外关系中的作用载体研究》，《八桂侨史》1997 年第 2 期。

④ 李未醉：《中外文化交流与华侨华人研究》，北京：华龄出版社，2006 年。

⑤ 杨万秀、罗晃潮：《中华文化与海外华侨华人》，广州：广州出版社，1998 年。

数、分布及所从事职业等概况。① 迈克尔·巴尔认为，海外华人是中国的软实力资源，"中国许多软实力活动都是依靠海外华人的力量"，"海外华人都有一种强烈的民族认同感，这为中国开展软实力活动、宣传中国文化和提升媒体利益提供了一个绝好的平台"。② 但这些学者都未就华侨华人与中国软实力之间的关系进行全面、深入的阐述。

本课题主要参加人彭伟步的专著《东南亚华文报纸研究》是第一部比较深入、系统、全面地研究东南亚华文报纸历史，以及其与华人关系的著作。该书深入分析了东南亚华文报纸发行和生存的经验，揭示了东南亚华文报纸与华人之间的鱼水关系，反映了东南亚华人在海外开拓的血泪史，讴歌了华文报纸在中华文化传承和满足华人的精神需要方面所作出的贡献。作者认为，海外华文传媒是中华文化"走出去"的重要桥梁，也是外国人了解和认识中华文化的重要渠道，是中国软实力建设的重要组成部分，对于繁荣当地文化，促进中外文化的交流起到积极的作用。③

陈传仁（2007）在其著作《海外华人的力量》中认为"海外华人是中国软实力的重要内容，海外华人身上实际流淌着中国的软实力"，具体体现在两个方面：中华文化的承载和传播；海外华人的自身形象成为"外国社会和民众了解中国社会和民众的一扇窗户"。他主张充分利用海外华人的力量"为中国的国内建设服务"，"构建和谐社会、和谐亚洲和和谐世界"。④ 但该著作并未具体分析海外华人所体现的中国软实力以及如何利用它。

王辉耀等在其主编的《中国留学人才发展报告2009》中较翔实地分析了归国人才对中国的贡献，其中提到归国留学人员"参与民间外交提升中国软实力"，"也是我国民间外交的主要力量"，但也未见具体阐述。

本课题主要参加人代帆参与撰写的《中国"国家公关"华人力量可倚重》于2009年2月10日在美国《侨报》以评论员文章的形式发表。该文认为，海外华侨华人是中国实施"国家公关"战略的"一种不可忽视力量"，建议"研究华侨华人，包括华文传媒在内的成功经验，尤其是华人如何在西方主流社会生存、发展，如何影响主流舆论的成功经验"，"从战略的角度，借助华侨华人的力量，将华侨华人的声音，补充到中国整体的声音之中"，让更多的华侨华人"为中国

① ALAN HUNTER. China and soft power. Working paper, October 2008. Centre for Peace and Reconciliation Studies, Coventry University, http：//www. coventry. ac. uk/peacestudy.

② 迈克尔·巴尔著，石竹芳译：《中国软实力：谁在害怕中国》，北京：中信出版社，2013年，第95页。

③ 彭伟步：《东南亚华文报纸研究》，北京：社会科学文献出版社，2005年。

④ 陈传仁：《海外华人的力量》，北京：世界知识出版社，2007年。

说话"。

国内学者陈正良、薛秀霞、何先光等对华侨华人在推动中国软实力形成和发展过程中的作用问题也有一定的探讨,认为华侨华人的作用体现在以下七个方面:①增进、扩大中华文化在全球影响力的积极传播与弘扬和促成中外文明交流沟通;②表达、传播和塑造中国形象;③促进和维护国家统一;④充当"民间大使",向世界解释和宣传中国,发展中外国际民间友好事业,促进国际理解;⑤连接中国与全球经济网络,传递世界先进文化、思想观念、先进技术、管理经验及全球化视野;⑥推动增强民族凝聚力,振兴中华;⑦为促进中国社会健康发展建言、献策。①

国内学者杨刚、王志章从多元文化的视角比较详细地分析了硅谷华人群体软实力的现状、形态和特点,认为:"硅谷华人群体的软实力是指由华人以及华人群体的创业精神、创业行为所折射出来的中华传统文化价值观的魅力、影响力、吸引力、创新力和传播力,在美国政治经济社会生活中的发声力和促进中美两国关系发展的公关力和作用力。"他们也提出了自己的一些建议:"当前,提升硅谷乃至海外全体华人群体在构建中国国家软实力中的作用,除需要强化民族主体意识、文化安全意识、形象保护意识、国际公关意识外,还要以语言文化为载体,以丰富多样的文化经贸活动为纽带,以电子平面媒体为渠道,以解疑释惑,服务中国和平崛起为宗旨,制定战略,内外联动,构架桥梁,寻求更多的社会支持网络。只有这样,海外庞大的华人群体在实施中国国家软实力战略中才能发挥更大的和不可或缺的作用。"②

年轻学者陈遥(2010)尝试探讨华侨华人与中国在东南亚的软实力之间的关系。他认为:"中国在东南亚软实力的提升,很大程度上受益于华侨华人这一纽带和桥梁。华侨华人在经济、文化、教育和政治等方面的作用是中国软实力提高的重要原因。华社、华文教育和华文媒体成为中国提高软实力的'新三宝'。"③

本课题主要参加人陈奕平、范如松(2010)对华侨华人与中国软实力的关系进行了一定的学理分析,在国内首先提出了较系统的研究框架,即探讨海外华侨华人在我国软实力构建和发展过程中的具体作用、影响机制、面临的挑战及相应的侨务工作。作者认为,"其作用主要体现在中华文化的传播、开展民间外交、中国国情和发展模式的宣传介绍以及对中国国家政策和行为的理解、支持和解释

---

① 陈正良、薛秀霞、何先光:《析海外华侨华人在推动中国软实力形成和发展过程中的作用》,《浙江学刊》2009 年第 6 期。

② 杨刚、王志章:《美国硅谷华人群体与中国国家软实力构建研究》,《中国软科学》2010 年第 2 期。

③ 陈遥:《中国在东南亚的软实力与华侨华人的作用:国际关系学和华侨华人学整合的视角》,《华侨大学学报(哲学社会科学版)》2010 年第 2 期。

等方面，而机制在于通过华侨华人的个人行为和方式、海外华文传媒、华文教育以及华侨华人社团发挥作用。当然，我们也要注意到华侨与华人的不同身份对中国软实力的作用和影响"①。

本课题主要参加人高伟浓发表的《软实力视野下的海外华人资源》应是国内外首部从软实力视角探讨华侨华人问题的著作。作者考察了软实力理论的学术渊源，从海外各类型华人群体（传统华人、新移民、再移民、少数民族移民、非正常移民等）的特性、海外华文教育、孔子学院、华人文化（华人节日、餐饮业、影视业、宗教等）、华人媒体、华人形象、华人参政等多个方面探讨了海外华人软实力资源的现状、功能、演变、涵养及开发利用的前景，提出了"作为软实力的海外华人资源更多地表现为'共赢性'"的观点，即"不应该把作为软实力的海外华人资源的存在和运行理解为'零和游戏'，在今天全球化、和平与发展成为主流的形势下，作为软实力的海外华人资源更多地表现为'共赢性'。其实，也只有在更高层次上的'共赢性'，才能更好地提升和展现海外华人资源作为软实力的'优质性'"。应该说，这样的观点是颇具建设性的。该书认为，海外华人资源作为软实力的功用，以及采取何种方式发挥其软实力效能，是大不一样的。例如，有的资源可以直接发挥其软实力效能，有的则作为平台；有的比较成熟，有的正在成长中；有的需要培育涵养，有的不宜拔苗助长。作者也指出，"可以作为软实力的海外华人资源元素，肯定不止本书所列，还需要认真寻找、梳理和辨析"，书中的看法"还有待于进一步检验"。②

上述研究表明，国内外学者已经注意到华侨华人这一庞大的特殊群体在中国软实力建设中的作用，其中包括本课题成员在内的国内学者从不同方面对华侨华人与中国软实力的关系有一定探讨。但总体而言，这些探讨还属于初步性或框架性的探讨，尚需要整合学界和侨务部门的力量，花大力气梳理海外华侨华人这一特殊资源，收集大量个案并加以分析，探讨其在中国软实力构建中的作用，研究其产生作用的机制和平台。这也是本课题开展的缘由。

本课题自开展以来，先后派出十余位课题组成员赴印度尼西亚、马来西亚、菲律宾、泰国、缅甸、澳大利亚、德国、加拿大、美国等地发放问卷（收回4 500余份），进行实地调研，获得了大量第一手数据，相关研究取得了丰硕的成果，比如：出版了《和谐与共赢：海外侨胞与中国软实力》（以下简称《和谐与共赢》）《国家软实力及华侨华人的作用》《凝聚与共筑：海外侨胞与中国梦》

---

① 陈奕平、范如松：《华侨华人与中国软实力：作用、机制与政策思路》，《华侨华人历史研究》2010 年第 2 期。

② 高伟浓：《软实力视野下的海外华人资源》，吉隆坡：学林书局，2010 年。

《海外华文传媒的多维审视》《传承与超越：海外华文传媒历史与现状分析》《拉丁美洲华侨华人移民史、社团与文化活动远眺》《侨务理论与实践》等著作；连续五年出版《世界侨情报告》（后更名《海外侨情观察》）；发表30余篇学术论文。其中，《和谐与共赢》一书被认为是国内外第一本从多学科视野探讨华侨华人与中国软实力关系的力作①。

《和谐与共赢》分理论篇、领域篇、地区国别篇和对策启示篇四个部分，共十章28万字。理论篇梳理了中外关于软实力内涵的理论，详细论述了海外侨胞与中国软实力的密切关联、海外侨胞在中国软实力构建和发展中的作用、海外侨胞影响中国软实力的作用机制和路径，并重点分析了新时期海外侨胞多元认同（包括族群认同、政治认同和文化认同）新变化与中国软实力的关系及影响因素。领域篇就海外侨胞与中国公共外交、华文传媒与中国国家形象、海外文化侨务平台与中国文化软实力、侨校与中国文化软实力的传播四方面问题进行探讨，对海外侨胞在中国软实力建构中的重要作用进行具体分析，并提出相应对策。地区国别篇分别对当今世界海外侨胞居住最集中的三个国家和地区——美国、欧洲和东南亚的华侨华人在中国软实力提升过程中发挥的积极作用进行个案分析，指出他们在全面参与中国软实力建设过程中面临的挑战和障碍。在对策启示篇中，作者首先充分肯定中国各级政府的侨务工作在政治、经济、文化和社会领域为构建和提升国家软实力发挥了积极作用，然后从软实力的视角，针对新时期的侨务战略和侨务政策提出了十条对策与建议。学界认为该书"选题精当，视角新颖"，"领域准确，实证鲜明"，"地区典型，分析具体"，"战略高远，对策务实"，"丰富了中国软实力理论研究，也是我国侨务工作理论的一大创新，对新时期的中国外交工作也有理论启示"，"就他们（华侨华人）如何正确发挥自身拥有的软实力资源提出了具体对策和建议，值得中国各级侨务部门在拓展海外侨务工作时思考和借鉴"②。

第三节　华侨华人在中国软实力建设中独特而重要的作用

中国有6 000多万华侨华人，他们拥有雄厚的经济实力、丰富的智力资源、良好的商业网络，在为居住国作出突出贡献的同时，也基于同属团结统一中华民

① 万晓宏：《一部探讨华侨华人与中国软实力关系的力作：评陈奕平等〈和谐与共赢：海外侨胞与中国软实力〉》，《华侨华人历史研究》2013年第2期。

② 万晓宏：《一部探讨华侨华人与中国软实力关系的力作：评陈奕平等〈和谐与共赢：海外侨胞与中国软实力〉》，《华侨华人历史研究》2013年第2期。

族的根、共享博大精深中华文化的魂以及共筑中华民族伟大复兴的梦,[①] 为中国的革命、建设和繁荣富强等方面作出了特殊贡献,也为中华文化的传播、中国公共外交、中国国情和发展模式的宣传介绍以及对中国国家政策和行为的理解、支持与解释等方面的软实力建设发挥了独特而重要的作用。

一、华侨华人展现中华文化的特殊魅力

人口迁移作为人口问题的重要表现形式,对一个国家或地区的社会发展具有重要影响。人口迁移改变着人口的地理分布,同时使世界各地的种族和民族成分构成、文化特征、经济状况打上人口迁移的深刻烙印,而人口流动对于社会发展变化所起的作用则为无数事例所证明。诚然,社会变革可能是一个长期、复杂的历史过程,是多种因素综合作用的结果,并非移民这单个因素所致,但移民是推动社会变革的一种重要力量,无疑是应该肯定的。华侨华人曾为中国革命、现代化建设及和平统一作出了重要贡献,如今又在传递中国声音、讲好中国故事,展现中国制度创新、社会理念、人文价值等方面积极参与中国软实力建设。

"软实力"基于文化内涵,而文化在现代社会中往往超越国界并随着人口流动而呈网络传播状。同时,任何国家的"软实力"都需要经过长期的积累,但是一旦形成则具有强大的凝聚力和文化感召力。中国"软实力"的内涵之一就体现在华侨华人所展现的中华传统文化、价值理念、行为观点、民族情怀,及其在国际社会中对中国传统文化的正面塑造和对祖(籍)国的海外利益、海外形象的积极维护。中国传统文化的核心是儒家思想,儒家思想的核心则含有"和"的理念,其主张"仁者爱人""天人合一""美美与共,天下大同"等人与人、人与自然以及国与国之间的和谐,不仅与西方价值观有相通之处,也是人类共同价值观的重要组成部分。如"和"的思想与西方基督教文化中"爱人如己""爱邻舍"等思想相通,因而以"和谐"为核心的价值观向来受到西方社会的尊重或称赞,为西方社会所接纳。莱布尼茨就称赞孔子的伦理及治国学说,而法国著名文学家、启蒙运动的精神领袖伏尔泰的思想也受到孔子思想的影响,他特别赞赏孔子思想中的"仁爱"与"宽容",视之为区别善恶的尺度。

在中国人口对外迁移活动中,海外华侨华人会自觉或不自觉地将中国传统文化带到住在国,并以自身所具有的中国传统文化涵养,潜移默化地影响着周围人

[①] 张冬冬:《习近平提醒华裔青少年寻根牢记"根、魂、梦"》,中国新闻网,http://www.chinanews.com/hr/2010/07-25/2423864.shtml,2010年7月25日;刘维涛、王尧:《习近平在会见第七届世界华侨华人社团联谊大会代表时强调"共同的根共同的魂共同的梦,共同书写中华民族发展新篇章"》,《人民日报》,2014年6月6日。

群。在国家关系中，将中国传统文化中"和"的思想提升至和谐世界观，以华文学校等形式展示中华文化的主流面貌，以中华传统民俗展示中华文化的理念和对生活细节的关注，以华文媒体展示中文世界对国际舆论和社会民生的关注与评判，向海外各国和友人宣传中华文化的内涵和传统文化魅力，这显然对我们处理当今国际关系具有现实意义。

二、华侨华人是中国公共外交的重要参与者和支持者

在全球化时代，不同国家在公共外交上的理念和做法差异很大，存在着众多公共外交的实践模式，如美国的战略模式、欧洲国家的文化外交模式、日本的经贸外交模式、以色列的族裔外交模式、伊朗和沙特阿拉伯等国家的宗教外交模式和中国的人民外交模式等。一般而言，每个国家都可以从自身实际出发，从国家目标和利益出发，确定独特的公共外交模式。我国是一个侨胞众多的国家，且大多数侨胞关心中国的发展。能否发挥他们的优势条件开展公共外交，构建中国的侨务公共外交模式，是需要在理论和实践上进行探索的一个问题。

中国政府在 2011 年首次提出"侨务公共外交"的概念。所谓侨务公共外交，是指通过侨务渠道而开展的公共外交。华侨华人既是侨务公共外交的受体，又是主体。侨务公共外交在影响华侨华人的同时，又通过华侨华人的桥梁作用，促进住在国与中国的友好交往与合作，化解外交僵局，向住在国政府和民众传达与介绍真实的中国，构建良好的中国国家形象。

中国发展的历史与现实表明，华侨华人是中外交流中重要而不可或缺的桥梁与纽带，也是中国海外利益重要的开拓者、承载者和有力的维护者。华侨华人曾为中华人民共和国打开外交局面、化解外交僵局作出了重要贡献。比如，马来西亚华人曾永森在"冷战"时期严峻的国际形势下，肩负着历史使命来到中国，开始了中马外交的"破冰之旅"，为促成中马建交立下汗马功劳，被人们誉为"马来西亚的基辛格"。2014 年国家主席习近平访问马来西亚，在华侨华人专门举行的盛大欢迎午宴上致辞时曾动情地说："没有华侨华人的努力，就没有中马关系今天的大好局面。"又如，时任美国共和党少数民族委员会主席陈香梅于1980 年曾作为里根总统的特使穿梭于中美之间，也曾在 1989 年至 1990 年中美关系最艰难的时期作为美国出口委员会副主席率团来华，促进中美关系的发展。

我们认为，在当前复杂多变的国际形势下，通过华侨华人开展公共外交，应当是当代中国外交一个富有价值的新命题，也是各涉侨部门和涉侨工作者的重要任务。习近平总书记在《关于〈中共中央关于全面深化改革若干重大问题的决定〉的说明》中指出："国家安全和社会稳定是改革发展的前提。只有国家安全

和社会稳定，改革发展才能不断推进。当前，我国面临对外维护国家主权、安全、发展利益，对内维护政治安全和社会稳定的双重压力，各种可以预见和难以预见的风险因素明显增多。"近年来，海外"疆独""藏独"和"台独"等分裂势力，利用歪曲的国家观、历史观、民族观、文化观，大力宣传极端思想，并借助西方部分国家及团体的反华力量，不断挑动民族、国家和海外华社的分裂，破坏中国领土和主权完整。面对"三股势力"的分裂活动，广大海外侨胞旗帜鲜明地进行了反击，纷纷成立反"独"促统组织，开展形式多样、声势浩大的反"独"促统活动，沉重打击了各种分裂势力的气焰，充分显示了海外侨胞强烈的爱国主义热情。而在南海问题和钓鱼岛问题尖锐化的情况下，争端所涉及国家的华侨华人仍然在经贸、政治关系和人文交流等方面继续为中国与住在国之间维持正常关系和妥善应对突发事件而努力奔波，在避免相关国家政策极端化及过分针对中国等方面起着不可忽视的作用。实践表明，海外华侨华人是中国开展公共外交的桥梁，是中国最广泛统一战线的重要组成部分，也是促进中国和平统一的一支重要力量。

三、华文教育是海外华人社会的"留根工程"和中华文化传播的平台

海外华文教育是以海外华侨华人为主导、面向海外华裔而开展的华文和中华文化教育活动。就华文教育与中国软实力之间的关系而言，可以从以下几个方面来观察和思考：

第一，海外华文教育的存在是中国文化软实力的一个证据。海外华侨华人虽然永久或暂时脱离了祖（籍）国而移居其他国家，却保持母族语言文化，这是他们持久保持自己的民族特性和认同（哪怕是部分认同）祖（籍）国的证据，这种保持和认同是他们的自觉行动，而不是祖（籍）国强制推广的结果。所以，海外华文教育的存在就成了中国享有吸引力、影响力等"软实力"的一个证明。海外华侨华人社会接受华文教育的人群越广，保持华文和中华文化的程度越深，说明中国的软实力越强大。

第二，兴办华文教育是华侨华人社会自愿延续中华文化传统的"留根工程"。当今世界，那么多国家的人群在学习英语，甚至移民英语国家，无疑是英语国家软实力作用的结果。在这种情况下，海外华侨华人面临着保留祖（籍）国原有语言文化还是放弃祖（籍）国原有语言文化的艰难抉择。海外华侨华人自愿兴办华文教育，表明他们心里还有祖（籍）国这个娘家，祖（籍）国语言文化对他们的魅力犹存。

第三，海外华文教育的发展是祖（籍）国软实力建设的具体内容。文化教学是语言教学的题中应有之义，通过汉语的教学，中华文化的教学会得到不同程度的贯彻，至少是介绍（随文释义＋刻意介绍）。不仅如此，海外华文教育从办学宗旨到培养目标、培养过程，甚至是校名、校歌、校训，都非常重视对中华文化的介绍与实践，比如有的华校取名为"尊孔""崇仁""崇德""光启"，又如在华校自觉教授《弟子规》等中华文化典籍，再如各华校经常举办各种各样有关中华文化的校园活动。

本课题组调查了部分来华留学生，还深入海外调查了印度尼西亚、新加坡、马来西亚、菲律宾、缅甸各地至少一所学校的华文学习者，结果发现不管是华裔还是非华裔，华文教育不但增加了他们对中华文化的了解，而且在一定程度上增加了他们对中华文化的喜爱和认同，可见华文教学的结果使得更多的海外华裔保留和传承了中华文化。很多华校还大量招收非华裔，培养了很多了解中国并熟悉、精通甚至认同中华文化的当地人；即使是面向非华裔将汉语作为外语的教学，华侨华人也发挥了很大的支持、推动作用，实际上增强了中华文化的辐射力，对于中国软实力建设具有直接意义。

第四，中国政府和民间支持、服务海外华文教育，是祖（籍）国因应海外华侨华人需求的自觉实践。海外华文教育的主导是海外华侨华人社会，而不是中国政府和民间。支持、服务海外华文教育仅仅是祖（籍）国因应海外华侨华人需求的自觉实践，不能反客为主、越俎代庖。我们建设软实力，最重要的还是应苦练内功，搞好自己的文化、社会制度、生活方式建设，靠这些因素去吸引更多华裔乃至非华裔主动自觉学习华文和中华文化，而不是舍本逐末，直接站在华文教育的前沿予以"硬推销"。

四、海外华文传媒在塑造中国国家形象中具有不可替代的作用

改革开放以来，中国的综合国力已经大幅提升，但当前中国国际话语权与大国地位不符，国家形象容易受到影响。西方媒体凭借其强大的传播力与影响力，在国际舆论中歪曲事实，导致中国声音受到干扰和破坏，国家利益得不到保障，"中国威胁论"甚嚣尘上，中国形象受到严重损害。由此，提升我国的国际话语权，传递中国声音，讲好中国故事，创造良好的国际舆论环境，是当前维护国家形象和国家利益亟待解决的问题。提高中国国际话语权可以有多重渠道和方式，其中广大海外侨胞是可以依靠的重要力量，尤其是海外华文传媒在传递中国声音、塑造中国形象等方面均发挥着不可替代的作用。

作为反映华侨华人诉求、承传中华文化的喉舌，华文传媒从早期缓解华侨华

人的思乡情绪，发展到现在积极报道政治选举，成为当地社会生活中一股不可忽视的力量，对政坛产生了愈来愈大的影响，从而在复杂的国际政治关系和全球化背景下，重构了华侨华人与当地人之间敏感和复杂的种族关系，同时在某种程度上维护了中国国家形象，促进了中国与住在国的政治关系发展。比如，在多元主义盛行的当今，尤其是民主政治的选举期间，华文传媒虽然属于少数族群传媒，但运用跨媒体的传播手段，形成报纸、广播、电视、网络的立体传播体系，不仅影响华人的投票意向，使候选人不敢忽视这一群体的作用，而且向世界传播了华侨华人的权益诉求。在这样的传播态势下，华文传媒的诉求往往能够得到候选人的呼应，并得到各种承诺，从而实现舆论引导的目的，由此增强了其社会影响力与号召力。由此，我们看到，许多候选人在选举期间亲自到唐人街或华文传媒办公地点接受访问，回答华侨华人的提问，并表示关注华侨华人的各种利益诉求。在全球化趋势下，华文传媒在复杂的政治、经济、文化、全球化传播等多种因素的综合作用下，其影响力和话语权反而得到增强。因此，如果善于利用这些因素，海外华文传媒在特定的时空中也可以产生比当地主流传媒更大的舆论影响力，从而达到维护华人权益，塑造中国国家形象的目的。

由于制度和意识形态的差异，以及政治经济的影响，西方传媒对中国的印象不佳，形成了负面的报道模式，中国国家形象常常被西方传媒妖魔化。应充分发挥西方国家华文传媒的作用，让其在提升中国国家形象当中发挥更大的效能。西方国家的华文传媒置身于西方本土环境中，更加清楚可以采用哪些手段对不实言论进行反驳，或者在当地进行文化公关。很多发生在当地的事例，均能反映华文传媒及其从业者在传播中华文化，塑造文化中国形象的印迹。如针对西方传媒在北京奥运火炬境外传递、西藏"3·14"事件和乌鲁木齐"7·5"事件中的歪曲报道，包括华文传媒人在内的海外华侨华人进行了坚决抵制和有力批驳。

第四节　和谐与共赢：华侨华人参与中国软实力建设的政策建议

中国侨务工作肩负着维护侨益、凝聚侨心、汇集侨智、发挥侨力的重任，为中国的建设和发展，为在国际政治、经济、文化、社会领域的大舞台上注入更多的中国元素，发挥着独特的重要作用，在建构和提升国家软实力方面也发挥了积极作用。21世纪的国际竞争是硬实力的比拼，也是软实力的较量。当今中国的侨务工作要想更上一个台阶，就要因应新形势的需要，在总结现有工作经验的基础上开拓创新，从增强国家软实力的视角探索新的工作思路和方法，充分利用好华侨华人这一中国独特的资源和优势。可以从以下四个方面着手：

第一，"以侨为桥——让世界了解中国"，开展侨务公共外交，增强中国的吸引力和感召力。要借助海外华侨华人作为民间使者的身份，介绍中国国情和中国发展道路的优势。现在需要做的重要事情，是通过广大海外华侨华人在国际社会通用的语境下与世界对话，向世界传递中国的资讯，使误解尽可能减少。尤其要注意发挥熟练使用双语的政治、经济、科技、文化界华人精英的作用，因为他们在住在国社会有一定的影响力，可以收到"以一当十"的效果。

第二，要发挥华侨华人的作用，传播中华文化，增强中国文化软实力。涉侨部门应该充分发挥全世界五大洲几十个国家的唐人街的作用，通过民俗节庆、中国新年（春节）、文化周、文化月、文化年等活动逐渐扩大唐人街的影响力，让唐人街成为海外传承中华传统文化的重要平台。同时，加强对华侨华人文化社团（如音乐戏剧社、舞蹈团体、影视艺术团体、体育团体）的扶持，与这些社团合作开展有关中华文化的嘉年华活动等。在遴选用于支持海外华侨华人开展中华文化活动的项目时，要注意三个方面的问题：一是要甄选具有浓郁民族特色的文化精品；二是要注重考虑项目的形式、内容和海外华侨华人与当地社会的接受能力及可操作性；三是鼓励海外华侨华人与当地主流社会共同举办中华文化活动，以扩大中华文化的国际影响力。

第三，要引导和鼓励华侨华人融入当地社会，与当地民众和睦共处，树立"和谐侨社"的良好形象。侨务部门要将构建一个"和睦相融、合作共赢、团结友爱、充满活力"的华侨华人社会作为一项长期的工作，大力引导海外华侨华人树立遵纪守法、合作共赢、诚信文明、关爱社会、团结和谐的新形象，着力提高华侨华人特别是新侨民的素质，这既是海外华侨华人在当地长期生存发展的需要，对于树立中国良好的国际形象和促进中外关系良性发展也非常重要。

第四，要注意坚持"三个有利于"原则，实现和谐与共赢。"三个有利于"原则就是有利于海外华侨华人长期生存和发展及当地社会经济文化的发展，有利于发展我国同华侨华人住在国的友好合作关系，有利于推进我国现代化建设和国家统一的原则。应在这"三个有利于"原则下，充分发挥海外侨胞在文化、经济、社会乃至政治等各个领域增强中国软实力的作用。尤其值得一提的是，对已加入外国国籍的华人，应在尊重他们效忠住在国并尽公民责任的前提下，注重他们的特殊作用和影响，发展双边关系。我们应当强调作为软实力的海外华侨华人资源的"共赢性"，即对华侨华人、住在国和中国等多方所作的贡献。

第一章　华侨华人与中国软实力关系的理论分析

改革开放以来，尤其是最近十余年来，中国经济持续快速发展，但中国的国际形象并未有相应提升。中国学者和决策者逐渐意识到，要实现中华民族伟大复兴的战略目标，不能仅仅依靠经济和军事等硬实力增长，也要增进在观念、文化、发展模式方面的吸引力，以及国家形象、国际制度参与、国际影响力等方面的软实力。① 增进中国软实力，推进"软实力"和"硬实力"的协调发展，成为近年来中国学者和决策者探讨的重大议题。

本章结合软实力研究和华侨华人研究的理论，分析华侨华人与中国软实力之间的关系，探讨华侨华人在中国软实力建设中的作用、机制、路径和面临的挑战。

第一节　族群、文明和软实力

一、国际关系学界的"权力"观

在国际关系研究中，权力是理解和实践国际政治的核心与关键。然而，在现实的国际关系中，"权力"被打上了深厚的现实主义印记，具有浓厚的马基雅维利主义（machiavellianism）色彩，导致"权力"的"泛政治化"。作为一个学术名词，这种倾向弱化了"权力"对国际关系的解释力。实际上，更应该从社会学领域出发来探讨"权力"一词。美国社会学家帕森斯认为："权力是一种保证集体组织系统中各单位履行有约束力的义务的普遍化能力。"福柯则认为："权力是各种力量关系的合集。"尼采对权力则有一种极端的哲学表述，他认为："权力意志是发挥权力、征服一切妨碍自我扩张的东西，统治一切的意志是宇宙的本源，也是最高的生活原则和道德原则。"德国社会学家马克斯·韦伯（Max Weber）认为，权力意味着"在一种社会关系中哪怕是遇到反对也能贯彻自己意

---

① 门洪华主编：《中国：软实力方略》，杭州：浙江人民出版社，2007 年，第 281 页。

志的机会，不管这种机会是建立在何种基础之上"。国际关系研究中的"权力"观通常都是基于马克斯·韦伯的观点。

在国际关系中，权力通常与国家利益相关。"权力不仅反映了国际体系中基本的实力结构，而且彰显了行为体的一个首要动机。"① 行为体在实现对外政策目标的过程中，必然与他者发生关系，而国家是最重要的国际行为体。由于存在目标的差异与利益的冲突，行为体在很多情况下需要运用自己的能力改变他者的行为。如果行为体运用能力达到了这样的目的，那么就表明其权力的存在与作用。权力成为国际行为体为改变其他行为体的行为而施加的影响或施加影响的能力（capacity）。"国家的权力是指在国际社会中一个国家影响他国态度和行为的能力。"② 这种能力包括自然资源（物力和人力）、工业能力、军事能力、文化影响力等，在现实主义和自由主义学者的研究中有不同的阐述。

国际关系学者对权力进行界定时，有一个基本的讨论前提，即行为体对他者行为的改变是就政治语境而言的，或者说是就政治互动而言的。20 世纪中叶的现实主义国际关系学者汉斯·摩根索（Hans Morgenthau）、斯坦利·霍夫曼（Stanley Hoffmann）等通常把权力的概念当作政治性的限定，以权力来衡量和规定国家利益，认为只有政治互动才涉及权力。然而，在全球化时代，行为体之间的非政治性和政治性互动，今天已经难以区分。权力已经超越了政治领域，在经济、文化、社会等不同领域广泛存在，传统的权力观念已经不能解释国际关系中的很多现象，这成为"冷战"结束以来"软权力"概念出现的认知背景。

从行为体改变他者行为的过程来看，权力的运作有两种方式，即强制方式和柔性方式。行为体通过威慑、威逼甚至使用暴力的手段进行互动是属于强制方式，而进行说服、吸引、诱导等则属于柔性方式。行为体运用强制手段改变他者行为，可以说是出于现实主义的政治需要，所构成的互动都具有政治性。与之不同，行为体运用非强制手段改变他者行为则存在复杂的情况，可能有政治性，也可能没有政治性。有政治目的的互动具有政治性，是否具有权力意义，则还要看是否能实现这样的目的。没有政治目的的互动，从理论上讲是与权力无关的。然而，在实际运作中，这种互动通常会产生政治影响，从而成为影响权力的因素，在约瑟夫·奈的"权力"观中，这些通常都被归入"软权力"之列。

---

① 巴里·布赞著，闫健、李剑译：《人、国家与恐惧——后冷战时代的国际安全研究议程》，北京：中央编译出版社，2009 年，第 2 页。

② 刘颖：《相互依赖、软权力与美国霸权：小约瑟夫·奈的世界政治思想研究》，北京：中国社会科学出版社，2010 年，第 160 页。

二、从权力到软权力：软实力的界定

20 世纪 90 年代初，在回应保罗·肯尼迪关于"美国衰落论"的相关观点时，约瑟夫·奈在美国外交杂志上首次提出"soft power"概念。学术界对"soft power"的中文翻译各异，有"软权力""柔性权力""软实力"等，本节为了行文方便，将统一使用"软实力"。约瑟夫·奈认为，软权力是相对于军事力量和经济力量等硬权力而言，能够促使他人改变立场的力量，在其与罗伯特·欧基汉的合著中，约瑟夫·奈更明确地指出，硬权力是指通过威胁或者奖励，让别人做他们不想做的事情的能力，而软权力则是指通过吸引力而非强制性手段，让他人自愿追求你所要的东西的能力。[①]

在约瑟夫·奈之前，虽然学界还没有明确的"软权力"概念，但是相关学者对权力的表述中已经包含了类似的思想。在早期现实主义学者的权力观中，权力就涵盖了物质要素，也包括非物质要素。汉斯·摩根索在其国家"权力"学说中指出国家的权力要素包括地理、自然资源、工业能力、军事准备、民族性格、国民士气、外交质量及政府质量等有形权力和无形权力；法国政治学家雷蒙·阿隆则把权力笼统归为三大要素：某一政治单位所占据的空间；该单位的资源（包括物力和人力）；集体行动的能力（涉及军备组织、社会结构和质量）。1962 年，美国学者彼得·巴克莱奇（Peter Bachrach）和摩尔顿·巴拉茨（Morton Baratz）明确指出权力有"第二张面孔"（second face of power），即同化能力[②]。迈克尔·曼（Michael Mann）则把权力分成四种：意识形态权力、经济权力、军事权力和政治权力。他特别强调了意识形态作为权力的影响。

在约瑟夫·奈看来，软权力主要包括三个方面的内容：文化（culture）吸引力、意识形态（ideology）或政治价值观念（political values）的吸引力、塑造国际规则和决定政治议题的能力。后来，约瑟夫·奈的"软权力"观点逐渐被包括美国在内的众多国家政治领袖、专栏作家及学者采纳和使用，相关研究逐渐增多。从 1993 年复旦大学学者王沪宁率先把软实力介绍到中国以来，软实力在国内受到越来越多的关注。进入 21 世纪，软实力的概念已经延伸到经济学、管理

---

① 相关研究参见 JOSEPH S NYE&JR. Bound to lead：The changing nature of American power. New York：Basic Books，1990；约瑟夫·奈著，何小东、盖玉云等译：《美国定能领导世界吗》，北京：军事译文出版社，1992 年；约瑟夫·奈著，郑志国等译：《美国霸权的困惑——为什么美国不能独断专行》，北京：世界知识出版社，2002 年；约瑟夫·奈著，吴晓辉、钱程译：《软力量——世界政坛成功之道》，北京：东方出版社，2004 年。

② PETER BACHRACH & MORTON BARATZ. Decisions and non-decisions：An analytical framework. American political science，September 1963，pp. 632 – 642.

学、传播学等学科领域，甚至被开发出相关的应用学科。软实力研究在国内也风靡一时，至今仍未衰退。①

众多学者的研究表明，软实力是由一个国家的文化传统、意识形态、价值观念、民族习性和执政能力等多方面的因素构成的。软实力在增强综合国力和扩大国家对外影响方面将随着现代国际关系的发展变化发挥更加重要的功能和作用。软实力借助文化媒体、信息资源、教育机构、非政府组织以及跨国公司等形式表现出来，具有运作成本低、政府参与面小、社会公益性强、超越时空等特点。在现代社会条件下，软实力既可增强国民凝聚力和意志力，又可提高一国政府的治理能力，还可以对一国公民产生政策、制度、心理和行为上的影响。总之，软实力通过潜移默化的影响力来达到一种战略意图，在国际关系中往往能够发挥出比经济、军事力量等"硬权力"更为显著的效果。

软实力研究对于评价和衡量一个国家的综合国力具有重要的理论与实践意义，为评定一个国家的综合国力找到了新的参照标准和依据，也成为国与国之间竞争的新场域。当然，关于软实力的评价标准，学界意见不一，有的学者认为软实力理论需要通过构建一个可以量化的诠释体系与主流国际关系理论衔接起来，有的学者则认为应通过对"同化性"权力的深入阐释来重新定义国际关系中的"权力"。不管争论结果如何，"软实力"的概念毕竟为审视全球化的国际关系提供了一个新的理论视角。作为一个研究领域，"软实力"研究已经超出了传统的国际关系领域，从历史学、文化学、传播学、经济学和管理学等诸多视角考察，使其成为国际关系领域中一个独特的理论体系，也与国际关系理论跨学科发展的大趋势相符合，同时，对软实力的研究将会与软实力资源的挖掘和培育的探讨结合起来，这种研究思路很有启发意义，是对国际关系理论的新贡献。

三、族群、文明与软实力的关系

软实力不是一个纯粹的政治学概念，与一国之内的族群及其创造的文明成果密切相关，只有考察族群与民族国家及其文明创造的关系，才能真正把握软实力的内核。从文化人类学视角来看，族群是基于不同语言、历史、文化、地域、信仰、行为、人种而形成的不同于他者的特定群体。自人类产生以来，人类的自我认知以及人与人、人与自然、人与社会的关系一直是地球上最重要的关系，不同

---

① 根据周琪、李枏的整理，在中国，关于软权力/软实力论著的数量自 2004 年以来急剧增长，更为引人注目的是，软权力概念还进入了官方报刊的语汇，而且受到了国家决策者的重视。具体参见周琪、李枏：《约瑟夫·奈的软权力理论及其启示》，《世界经济与政治》2010 年第 4 期。

族群的人通常以本地人生活和活动的场所为中心，形成了特定范围的族群文化，包括语言文化、风俗习惯、宗教仪式以及风土人情等。"文化的功能演化促使自然和人类生活之间建立某种秩序。"① 联合国相关资料显示，当今世界有 2 000 多个民族，分布在 193 个国家和 31 个地区。不同的族群文化由不同的族群创造出来，成为这个族群精神财富的象征，如文学、艺术、宗教、科学等，既代表一个族群作为自然人对天地伦理秩序的追求，也代表一个族群作为社会人在生活世界里对真善美的追求。

不同的族群创造了不同的文明，由于各种文明要素在时间和地域上的不均匀分布，形成了文明的多元状态。英国史学家汤因比在 20 世纪中叶的研究发现，人类的文明共有 26 种。② 当然，这 26 种文明不是静止不动的，有的文明可能已经或正在消失，与之相关的新文明或亚文明也有可能被创造出来。不同的族群在其所生活的地域形成了不同的文明圈，随着互动能力（interaction capacity）的增强，不同族群之间的交往日益增多，不同文明的影响力在不同的族群之间开始展现。当一个族群以文明的名义建立了国家（通常是"民族国家"）时，国家成为这种文明最重要的载体，软实力的概念在国家层面上才真正有了意义。今天，不同的文明基本上是以国家为单位向外呈现的，一种文明可以依托多个国家，一个国家也可以有多种文明共存，前者如英国、法国、德国之于基督教文明，后者如多元文明之于美国。

文明是一个特定族群赖以存在的精神支柱，也是其引以为豪的精神财富。一个生活在特定区域内的族群长期以来形成的民族文化、民族气质、民族精神及与之有关的发明创造是这个民族魅力的重要特质，如犹太人的宗教智慧、中国人的四大发明、德国人的思辨哲学、法国人的启蒙精神、美国人的创新能力……成为其对外交往时最有魅力的元素。这种魅力是这个族群施展对外影响力最重要的源泉，当一个族群的影响力以国家为单位对外呈现时，这种魅力就会产生向心力，辐射周边地区，形成一个更大的文明圈，如昔日的罗马帝国和中华帝国，今天的美利坚合众国。自 17 世纪"民族国家"（nation－state）的原则确立以来，文明在国家政治中的地位日益重要，成为治国者对内凝聚人心、对外展示国家形象的重要手段。然而，殖民时代的"西方文明优越论"和几乎贯穿整个 20 世纪的意识形态对峙掩盖了文明在国家对外交往中的地位。"冷战"的结束使文明在国与国交往中的魅力被释放出来，约瑟夫·奈恰逢其时地提出了软实力理论，让文明交往重回国际关系的主流。在王沪宁看来，文明是国家软实力的内核，"与之相

---

① 郑冬子、郑惠子：《区域的观念——时空秩序与伦理》，北京：科学出版社，2010 年，第 32 页。
② 具体参见汤因比原著，贾永梅导读：《〈历史研究〉导读》，天津：天津人民出版社，2009 年。

关的政治体系、民族士气、民族文化、经济体制、历史发展、科学技术、意识形态等都可看作构成国家软实力的重要因素"①。因此，特定族群创造的先进文明是以这个族群为主体的国家之软实力的内核。

软实力是先进文明魅力的一种体现，实际上是一个由特定族群创造的、以某个国家为依托的先进文明对外的感染力和传播力。文明的魅力在于其是否有独特而鲜明的个性，是否符合世界潮流，是否有一种健康向上的时代优越性。有魅力的文明才会被传播出去，广泛传播的文明才会产生强大的力量，软实力发挥作用的关键就在于文明的这种魅力和传播力。这种先进文明代表国家软实力对外发挥影响力的案例并非美国的专利，古代中国已有之。如：帝国时代的中国对周边国家有巨大的影响力，形成以中国文化为核心的"儒家文化圈"和以中国为中心的东亚"朝贡体系"。这一方面得益于早期中国发达的物质财富和精神文明，另一方面也得益于中国人在喜马拉雅山以东的亚洲地区创造的文字和由水陆交通带来的传播能力。当然，与今天这样一个信息化、全球化的时代相比，古代社会的互动能力已不可同日而语，与今天学界广泛谈及的"软实力"也难以相提并论。因此，"软实力"是与现代社会相伴而生的，确切地说，是"冷战"结束以来的新事物，是全球化时代的产物。

从社会学的理论来看，国家并不是软实力的唯一基点，软实力更多地体现在国家、市场、社会"三分理论"② 中的市场和社会层面在跨出一国边界时的影响力，跨国公司（TNCs）和国际非政府组织（INGOs）等都在超越国家层面成为软实力的行为主体，个人、群体某个方面的特质都可以成为软实力的重要支点，民族文化在市场和社会层面的活力与创造力也通常会被激发出来，成为软实力的重要来源。学界研究表明：以文化为内核的软实力是一种超越国家、根植于社会的同化力量，与来自政府、民间的国家、族群与宗教等各种力量谋求合作共荣。软实力发挥作用的理想状态是在一个平等、民主、和平、和谐的跨国体系里。"在这个世界里，国家只是实现这一共同理想的价值基点之一，独立的社会个体、多元的非正式社群、国际化组织等等，都在成为有效的价值基点和行为主体。"③

文明之于国家软实力的作用受不同文明共处方式的影响。亨廷顿的"文明冲突论"④ 导致处于劣势地位的文明以国家为依托进行抵抗性的自我保护，尽管这

---

① 王沪宁：《作为国家实力的文化：软权力》，《复旦学报（社会科学版）》1993 年第 3 期。

② 何增科：《市民社会概念的历史演变》，《中国社会科学》1994 年第 5 期。

③ 周笑：《软实力的进阶观察：文化、人本、融合》，《湖南大众传媒职业技术学院学报》2010 年第 1 期。

④ 具体参见塞缪尔·亨廷顿著，周琪、刘绯等译：《文明的冲突与世界秩序的重建》，北京：新华出版社，2002 年。

种被抵抗的文明可能在某种程度上是优越的，但冲突的前提预设会引发另一种文明以现实主义的国家力量对这种文明进行抵制，使文明间的对峙或者冲突成为现实，从而无法发挥一种文明对另一种文明的影响力，也无法在两种文明的交互中生成一种新的文明。实际上，"文明既削弱了现实主义对优势军事实力的崇信，也削弱了自由主义认为普世的、世俗的自由主义规范具有超出其他规范的内在优越性的观点"①。因此，"文明冲突论"实际上无益于文明的传播，也不利于发挥软实力的作用，中国古代哲学里的"天下秩序"和"和谐理念"反而成为软实力在国际关系中发挥作用的理想状态。② 在美国学者卡赞斯坦看来，文明在国际上的地位取决于人们对该文明的接受程度，即"现有权力和威望的被认可程度、有效历史记忆的被重视程度、未来号召力大小的被认识程度"③，如果文明能够被吸纳，那么承载该文明的行为体——国家就会具有广泛的政治影响力，软实力就会发挥作用。

从今天来看，国家软实力的主体价值是基于本土价值的一种扩张型价值，这种价值的创造是民族的，影响却是普世性的。如：苹果公司生产的手机虽然由美国人创造，却有风靡全球的消费群体，展现了美国电子产品设计的创造力和想象力，这种创意文化源于美利坚民族，却属于全世界。当然，这种价值的扩展在不同的国家有不同的模式，如：美国的全球战略模式、欧洲国家的文化外交模式、日本的经贸外交模式、以色列的族裔外交模式、中国的"以侨为桥"模式等。无论什么样的模式，主体价值都是基于本土价值的普世性意义。

第二节　华侨华人与中国软实力的密切关联

一、华侨华人作为一个族群的由来

根据历史学家的考证，华人在中国历史上经过了"华族—华夏族—中华民族—华人"的流变过程。"华人"一词源于"华夏人"，由中华民族主体民族汉族的祖先——炎帝和黄帝时生活在黄河流域一带的华族和夏族融合而来，在中国

---

① 彼得·卡赞斯坦主编，秦亚青等译：《世界政治中的文明：多元多维的视角》，上海：上海人民出版社，2012 年，第 3 页。
② 具体参见赵汀阳：《天下体系：世界制度哲学导论》，北京：中国人民大学出版社，2011 年。
③ 彼得·卡赞斯坦主编，秦亚青等译：《世界政治中的文明：多元多维的视角》，上海：上海人民出版社，2012 年，第 28 页。

早期历史典籍《左传》、汉律、唐律里，都有"华"这个字的记载，孔颖达为《左传》注疏称："中国有礼仪之大，故称夏；有服章之美，谓之华。华夏一也。"这被认为是关于"华"字与东亚大陆上的主体族群发生关联的最早记载。后来的文献里通常以礼俗文明的"华夷之辨"来区别华人族群与周边的少数民族，这种华夷分野的观念在汉代基本成形。自两晋南北朝"五胡乱华"以来，随着少数民族不断入主中原，"华夷之别"不再被提倡，少数民族与中原汉人不断融合，形成了一个新的多元一体的族群，后来被近代清末民初的国学大师梁启超先生称为"中华民族"。

19世纪中叶以来，在遭受列强侵略的过程中，"华夷之辨"的历史记忆再次被唤醒，但"华"和"夷"的主体已经由大陆转向了海洋，早期历史记载里东夷、西戎、南蛮、北狄的称呼已经被近代的西洋人、东洋人等叫法取代，在东亚大陆上生活了几千年的黄种人的"天下观"也日渐受到冲击。在外族的冲击下，中国人的"国族"意识开始觉醒，作为一个政治意识形态意义上的国族概念，"中华民族"这个名词被梁启超"发明"出来，[1] 得到国人认同并开始广泛使用。经由中华民国和中华人民共和国两任政府对"民族主义"和"国家主义"二元合一的重塑，"中华民族"基本上由一个族群概念转化为一个现代意义上的"民族国家"概念，与国家主权观念的结合日益紧密，20世纪中叶以来又被打上了浓厚的意识形态印记，其政治性贯穿整个20世纪直至今天，并不断被提升和强化。

"中华民族"的概念在东亚大陆形成的同时，"overseas Chinese（海外华人）"的概念在英文表达里也日渐成了一个专有名词，用来指与东亚大陆的主体族群同文同种但移居海外的人。中国人大规模地移民海外始于16世纪末，17—18世纪，来自中国的移民主要分布在东南亚各地，被当地人称为"华族"，19世纪中叶以后，北美洲、拉丁美洲、大洋洲和欧洲的华人移民不断增加，20世纪初期和晚期，分别出现了两次华人移民海外的高潮。这些移民连同早期移民的后裔形成了一个个庞大的海外华人族群，根据庄国土的研究，到2008年，世界华侨华人总数超过4500万。[2] 2014年，中国国务院侨务办公室依据调研结果，估算海外华侨华人总数为6000多万。[3] 由于中华民国、中华人民共和国两任政府在移民问题和国籍规定上采取不同的政策，并处于不断的调整和变动中，官方

---

① 根据费孝通、许倬云等学者的研究，中华民族经过了"我者"与"他者"的转化及混合。费孝通认为："中华民族作为一个自觉的民族实体，是在近百年来中国和西方列强对抗中出现的。"

② 庄国土：《世界华侨华人数量和分布的历史变化》，《世界历史》2011年第5期。

③ 《裴援平：邀海外侨胞列席两会体现国家关爱和重视》，中国新闻网，http://www.chinanews.com/zgqj/2014/03–11/5938281.shtml，2014年3月11日。

对华侨、华人、侨胞、华裔等名词的界定并不一致。随着新加坡的独立，香港、澳门回归中华人民共和国以及台湾问题的悬而未决，对海外华人的界定更加难以统一。中国大陆官方和学界一般将华侨华人分为海外华侨、归侨侨眷和外籍华人三部分。

中国政府依照国籍原则对华侨和华人进行了严格区分。依据国务院侨务办公室发布的《关于界定华侨外籍华人归侨侨眷身份的规定》（国侨发〔2009〕5号），华侨是指定居在国外的中国公民，外籍华人是指已加入外国国籍的原中国公民及其外国籍后裔和中国公民的外国籍后裔，归侨是指回国定居的华侨，侨眷是指华侨、归侨在国内的眷属。关于"定居"，也有具体规定，是指中国公民已取得住在国长期或者永久居留权，并已在住在国连续居留两年，两年内累计居留不少于 18 个月；中国公民虽未取得住在国长期或者永久居留权，但已取得住在国连续 5 年以上（含 5 年）合法居留资格，5 年内在住在国累计居留不少于 30 个月，视为华侨。该规定还特别说明，"中国公民出国留学（包括公派和自费）在外学习期间，或因公务出国（包括外派劳务人员）在外工作期间，均不视为华侨"①。本书不同章节论述中，有关华侨华人的界定更加宽泛，是指各个历史时期散居于中国以外的其他国家和地区的中国海外移民。我国学者高伟浓将海外华侨华人分为五大类：汉族的传统华人群体、新移民群体、中国少数民族群体、来自东南亚印支半岛等地的再移民群体以及非正常移民群体。② 我们认为，广义的海外侨胞大致也包含上述各类群体。

20 世纪末，经过 20 多年的改革开放，中国的综合国力和国际地位不断提升，中华民族的自尊心和自豪感不断增强，海内外华人的互动不断增多，华人日渐成为一张世界性的名片，成为"恒久忍耐、奋发图强、重新崛起"的民族性格的象征，赢得了其他国家和族群（特别是曾遭受过殖民主义侵略的欠发达国家和地区）的人的尊重。然而，由于对国家认知的不同，海外华人与本土华人对中华民族的政治认同多有不同，在文化认同上却无甚差别。③ 无论是中国大陆人、台湾人、香港人，新加坡人，还是其他地区的海外华人，在对华人身份的认同上是高度一致的。至此，华人成了全球化时代一种认同中华文明的多元一体的黄种人族群的泛指。我们通常所说的华人成了一个文化人类学概念，即一个植根于中华文明的华人族群（ethnic Chinese），包括中国大陆、香港、台湾、澳门以及海外所

---

① 国务院侨务办公室：《关于界定华侨外籍华人归侨侨眷身份的规定》（国侨发〔2009〕5 号），2009 年 4 月 24 日印发，参见 http://www.chinaqw.com/zcyj/2014/04－29/2313.shtml。

② 参见高伟浓：《软实力视野下的海外华人资源》，吉隆坡：学林书局，2010 年，第 25－30 页。

③ 关于文化中国，参见 TU WEI-MING. Cultural China: The periphery as the center. Daedalus, Spring, 1991.

有与东亚大陆的主体族群有血缘关系的人。从单一民族上看，中国本土的汉族和少数民族及其移居海外的同胞和后裔都是华人。在语言上，华人普遍使用汉语，大多以普通话为母语，港澳及部分海外华人通常以粤语为母语，少数华人也以来自中国大陆境内的方言为母语，但在今天已经不是主流。两代以上的海外华人通常使用住在国的官方语言，其中，以英语较多，大多对汉语也表现出浓厚的兴趣，英语更多时候是海外华人在公开场合进行交流、沟通的首选语言。

二、中国软实力的内涵

对于软实力的概念，学界一般接受美国学者约瑟夫·奈的观点，即软实力是"一种通过吸引而不是强制和利诱手段获取你所要东西的能力"，主要包括文化、价值观、制度及外交政策等方面的吸引力、感召力和影响力。① 但中国学者对中国软实力的内涵和构成要素有不同看法，呈现将软实力概念的内涵不断扩大的趋势。

王沪宁认为："人们已经把政治体系、民族士气、民族文化、经济体制、历史发展、科学技术、意识形态等因素看作是构成国家权力的属性，实际上这些因素的发散性力量正使软权力具有国家关系中的权力属性。"② 门洪华认为，中国软实力核心要素包含文化、观念、发展模式、国际制度和国际形象。其中，文化、观念、发展模式构成软实力的"内功"，国际形象构成软实力的"外功"，而国际制度联结并跨越两者，成为中国展示和建构软实力的主渠道。③ 阎学通等认为国家软实力的核心是政治实力，包括国家模式吸引力、文化吸引力、战略友好关系、国际规则制定权、对国内社会上层的动员力等要素。④ 庞中英认为中国软实力来自以下方面："培养高素质人口和生产力的教育体系；具有知识创新和贡献能力的研究体系；具有吸引力的主流文化；比较高的人口素质和有秩序的社会；在国际上有影响力的媒体；具有一定普遍性的政治、经济经验、模式、理论、观念；外交政策和外交的成功；政府和社会的良性互动；道德声望或者诉求产生的全球号召力；全球责任的担当能力。"⑤ 张国祚认为："以往我们所说的理想信念、思想道德、组织纪律、精神文明、战略策略、作风形象、体制制度等，

---

① 约瑟夫·奈著，吴晓辉等译：《软力量：世界政坛成功之道》，北京：东方出版社，2005年。
② 王沪宁：《作为国家实力的文化：软权力》，《复旦学报（社会科学版）》1993年第3期。
③ 门洪华：《中国软实力评估报告》，《国际观察》2007年第2期。
④ 阎学通、徐进：《中美软实力比较》，《现代国际关系》2008年第1期；阎学通：《软实力的核心是政治实力》，《世纪行》2007年第6期。
⑤ 庞中英：《中国软力量的内涵》，《瞭望》2005年第45期。

就其功能特点和地位作用而言，都可以纳入软实力范畴，并从软实力的角度加以研究。"[1] 陈正良认为，中国软实力的内涵要素包括政治合法性认同度与执政团队的政治公信力、文化的辐射力与吸引力、国家凝聚力、社会发展模式的影响力、国民素质蕴含的基础资源力、国家形象力、外交活动基础上参与创设国际机制的能力、依托于哲学社会科学繁荣基础上的发展的想象力等方面。[2] 陆钢、俞新天认为国家软实力的核心是文化，文化软实力的作用不可替代。[3] 也有学者认为中国特色社会主义制度的生命力、中华文化的感召力和吸引力、独立自主和平外交政策的国际影响力是我国重要的软实力。[4] 还有学者认为中医和武术是中国软实力的重要组成部分。[5]

国内学界争论的焦点在于以下方面：①中国的传统文化是不是中国的软实力资源？传统文化对中国的软实力影响有多大？②中国模式是否具有普世价值？中国模式与中国软实力的关系。③中国硬实力与软实力的关系。

我们认为，应超越对软实力概念内涵的争论，探讨中国所具有的能够吸引他国的各种软实力元素，即摸清我们的"资源力"，并加以巧用，使之成为一种巧妙的"行为力"或特殊的魅力。具体来说，可从以下方面分析中国软实力的资源及其对海外侨胞的影响和作用：①文化，包括中华传统文化和艺术及节庆习俗等；②价值观，包括以"和谐"为核心的普世价值观及华商经营理念等；③教育与科技创新，包括对教育的重视、创新能力和科技人才等；④国家制度与发展模式，包括中国国家制度和经济发展模式及华商经营模式等；⑤中国的外交与侨务政策。[6]

三、新命题：华侨华人与中国软实力建设的关系

中国国民经济和社会发展"十二五"规划提出了"增强中华文化国际竞争力和影响力，提升国家软实力"[7] 的目标，强调了提高国家文化软实力的重要

---

① 郑飞：《软实力研究中的若干重大问题——访中国文化软实力研究中心主任张国祚》，《中国社会科学报》，2010 年 3 月 9 日，参见 http：//sspress. cass. cn/paper/8388. htm。

② 陈正良：《中国"软实力"发展战略研究》，北京：人民出版社，2008 年。

③ 陆钢：《文化实力弱让中国失色——与阎学通教授商榷》，《世纪行》2007 年第 6 期；俞新天：《软实力建设与中国对外战略》，《国际问题研究》2008 年第 2 期。

④ 张战、李海君：《国际政治中的中国软实力三要素》，《中国特色社会主义研究》2003 年第 4 期。

⑤ 赵海滨：《从软实力角度看中医药文化走向世界》，《辽宁中医药大学学报》2007 年第 1 期；黄建银：《加强中医药文化建设提升我国软实力》，《中国当代医药》2009 年第 11 期。

⑥ 有关中国软实力资源在海外华侨华人社会中的体现，参见"第二章　软实力视野下的华侨华人资源"。

⑦ 国家发展和改革委员会编：《国民经济和社会发展第十二个五年规划纲要》，新华网，http：//news. xinhuanet. com/mrdx/2011－03/17/c_13782863_5. htm，2011 年 3 月 17 日。

性。作为中华民族的重要组成部分，华侨华人一方面通过在海外的生存发展，以其特有的生活方式和各式各样的文化活动，展现中华文化的魅力；另一方面又积极参与和中国有关的活动，维护祖（籍）国形象。

首先，华侨华人展现中华文化的魅力和"生存性智慧"（living wisdom）。中华文明滋养了博大精深的中华文化，也形成了华侨华人特有的生活方式，中国功夫、书法、绘画、传统服饰、京剧、中医药、烹饪等在世界上都很有吸引力，以李小龙、李连杰等为代表的中国功夫明星在好莱坞备受青睐，欧美街头也随处可见穿着唐装的外国人。约瑟夫·奈认为："中国的传统艺术和文化，例如中国人对人与自然关系的理解，中国的书法、绘画、功夫，甚至中国的饮食和传统服饰等，在美国都很受欢迎。"这些既是中华传统文化的精髓，也是中国对外影响力最基本的表现形式。尽管部分华侨华人移居海外，但他们多数依然保持着祖先传下来的生活习俗和文化传统，彰显华侨华人的"生存性智慧"的魅力。与西方社会近代以来"知识导向"的普遍性、可预测的技术性智慧导向不同的是，华侨华人的"生存性智慧"是除去价值判断与意识形态，具有不确定性、特殊性的非技术性智慧。邓正来认为，这种智慧在时间上既是历史的，又是当下的，甚至是未来的，是中国传统文化中一直存在并流淌在华侨华人血液里的一种"默会知识"。[①] 华侨华人作为一个族群的"生存性智慧"集中体现在三方面：有别于西方的治理理念，不设定标准和原则，更注重实用性和实效性；华侨华人在其所属的经济圈内发展出的一种与环境相适应的生存模式；注重对话与融合的文明交流态度，既保留中华传统文化，又融入当地生活。[②]

其次，华侨华人积极维护中国形象。从近年来发生的一些国际大事及历史经验来看，华侨华人积极参与和中国有关的活动，维护祖（籍）国形象。以 2008 年为例，中国先后经历了年初百年不遇的冰雪灾害、3 月的拉萨骚乱和 5 月举国同悲的汶川大地震，以及 8 月成功举办的北京奥运会。这些重大事件在海外侨胞中引起了巨大反响，他们关注着祖（籍）国发生的一切，自发组织起来，为维护祖（籍）国形象而共同奋斗。于是，我们看到了以下景象：欧美等地华侨华人在同一时间走上街头，包括洛杉矶多个华人社团，抗议美国有线电视新闻网（CNN）对中国的负面报道以及卡弗蒂的辱华言论；近万名海外侨胞和中国留学生在巴黎共和广场举行集会表达对北京奥运会的支持；德国柏林的华侨华人集会升级为穿越柏林市中心的千人大游行；3 000 多名中国留学生和华侨华人聚集在

---

① 邓正来：《"生存性智慧"与中国发展研究论纲》，《中国农业大学学报（社会科学版）》2010 年第 4 期。

② 具体参见张云：《北美华人基督徒影响力分析：基于"软权力"的视角》，《暨南学报（哲学社会科学版）》2012 年第 5 期；刘宝军编著：《世界华人穆斯林概观》，银川：宁夏人民出版社，2009 年。

伦敦西敏寺议会大楼外及曼彻斯特的英国广播公司（BBC）广播大楼外，抗议该公司有关中国的报道失实和不公正。[①]

基于上述事实观察，本课题组得出一个结论或一个命题：华侨华人在中国软实力建设中可以发挥重要作用。

四、华侨华人的多元认同与中国软实力

华侨华人对祖（籍）国的认同是参与中国软实力建设的前提和基础，但华侨华人的认同既有共性，也有明显差异，这是我们探讨这一群体与中国软实力关系时必须厘清的一个问题。

（一）认同理论

早在20世纪50年代，美国精神分析家爱利克·埃里克森（Erik H. Erikson）就提出有关"认同"（identity）的理论，后该理论被他和其他学者广泛应用于社会、历史、政治、文化等研究领域。在全球化日益加剧的今天，"认同"问题已经成为众多专家学者关注和研究的热点问题之一。

认同对于理解我们时代的重大问题非常关键，在社会、政治、经济生活的构建中，认同都被用来解释个体行为和集体行动。随着从福柯（Foucault）到文化多元主义辩论的影响，对各种认同的历史和文化建构，成为从社会历史学到文学与文化研究的关注焦点。如今，无论是在历史学还是人类学、社会学和政治学中，认同都是一个非常重要的概念。准确而言，对认同问题的研究，往往涉及多个学科领域。诸如对个人认同的研究，往往牵涉文化认同、族群认同、民族认同和国家认同，需要人类学、社会学和政治学等学科的介入。认同还可以用来解释族群冲突。一些人认为，当族群身份与阶级、地位或宗教认同一致时，族群冲突尤其激烈，民族认同感尤其强烈。此外，还可以用认同来理解安全共同体的形成或国家之间和平共处的演化。有学者认为，在安全共同体中，阻止背叛的因素并不是制度本身，而是基于本团体认同的共享观念的发展。[②]

"认同"也是华侨华人研究领域的一个重要概念和研究切入点。在过去几十年里，海外华侨华人的身份认同一直是学界关注的热点，如族群通婚与华人身份

[①]　纪硕鸣：《华人示威为夺国际话语权》，（新加坡）《联合早报》，http：//www. zaobao. com/special/china/sino_us/pages7/sino_us080426a. shtml，2008年4月26日。

[②]　ABDELAL RAWI, YOSHIKO M HERRERA, ALASTAIR IAIN JOHNSTON & TERRY MARTIN. Treating identity as a variable：Measuring the content, intensity, and contestation of identity. Harvard University, Rough Draft, August 17, 2001, pp. 2 –3.

的保持、海外华人民族主义的兴起、华侨华人与东南亚民族国家的诞生与建构、华文教育与华侨华人身份认同的保持、华人融入主流社会，以及最新的有关华裔新生代的认同、中国新移民与海外华人社会的变迁等问题。

（二）华侨华人的多元认同

著名华人问题研究专家王赓武在总结有关东南亚华侨华人认同问题研究的基础上，提出了既非同化亦非双重认同的观点，认为东南亚华侨华人的认同是多重认同。[①] 我们很赞同其观点。身处全球化日益加快的当今世界，海外华侨华人的身份认同应该是多重性的，他们对自我归属的认知和意识结构是复杂的、混合的，或者说是多元化的。

多元认同是一个由国家认同、民族认同和文化认同等构成的相互关联和相互作用的有机整体。其中，国家认同和民族认同的概念更容易理解一些，是指人们对所属的国家和民族产生的一种情感与意识上的归属感，也可以理解为对国家和民族身份的自我确认。国家认同会受到民族认同的影响，即民族情感影响着公民对国家的效忠程度；而民族认同也会受到国家认同的影响，即公民的国籍身份在一定程度上强化或限制着民族意识和民族情感。在一定条件下，民族认同会挣脱国家认同的束缚，从而实现更广泛意义上的民族情感融合。

文化认同的概念更为复杂。文化认同是人类对于文化的倾向性共识与体认，并由此产生深层心理积淀。使用相同的文化符号、遵循共同的文化理念、秉承共有的思维模式和行为规范，是文化认同的依据。文化认同具有先天性和原初性，在社会历史发展中处于相对稳定和恒久的状态。[②]

拥有共同的文化认同往往是民族认同和国家认同的基础，因为后两者中无不包含着文化认同的内容，其所蕴含的对象及特性也只有置于一定的文化背景中才有意义；同时，任何形态的文化都是在适应民族、国家存在特点的基础上形成和发展的。

具体到海外华侨华人，"二战"后，由于他们中的绝大多数已经取得住在国国籍，这些华侨华人在政治上认同住在国，因此国家认同的对象都是住在国。不过，国家认同的主要标志是国籍认同，相对而言它具有可变性和流动性。

海外华侨华人的族群认同，首先体现为对中华民族或住在国华人族群的认同。至于海外华侨华人的文化认同，则是指向中华文化的文化认同作为一种身份

---

① 丘立本：《从世界看华人》，香港：南岛出版社，2000 年，第 157 页。
② 汪海鹰、王磊：《港澳海峡两岸外统战工作中的多元认同问题研究》，《中央社会主义学院学报》2007 年第 3 期，第 34–37 页。

认同，主要是和文化个体归属的民族联系在一起的。海外华侨华人无论身处哪一个国家，其民族的生理特征，尤其是自身文化的特质始终得以保留。历史经验告诉我们，国家认同、民族认同和文化认同有时并不是单一、不重叠的。海外华侨华人从"落叶归根"转为"落地生根"，在政治上认同住在国，在族群上仍然可以归属于自己的族群，在文化上依然可以归属于自己的族群文化，尤其是当祖（籍）国直接或间接给予他们信心的时候，他们的相关认同特别是族群认同和文化认同必然呈现加强的趋势。

政治认同、文化认同和族群认同三者密切相关、相辅相成。文化认同和族群认同会加强和促进政治认同。如果中国继续保持和平发展的势头，并且在政治和经济上继续开放，那么其对海外侨胞的吸引力就会持续上升，还可能获得海外侨胞更多的认可，从而进一步促进他们对中华文化（或华人文化）和中华民族（或华人族群）的认同。但是，我们必须认识到，华人毕竟是其他国家的公民，他们在坚守自身独特的文化认同和族群认同时，对中国的政治认可只能局限于某种程度上的理解和支持，而非政治效忠和国家认同。

在全球化不断加深的今天，海外侨胞的认同呈现出更加复杂的发展趋势，我们已经不能单纯用线性式的"落地生根"对此进行描述。全球化的发展、人员跨国流动前所未有的频繁、中国的崛起，都给海外华侨华人的认同带来新的变因。例如，许多国家开放双重国籍政策，使得其海外侨民的身份认同出现多元化的发展态势。与此同时，随着中国的快速发展与崛起，以及逐渐融入国际社会，中国与海外侨胞的互动深刻而频繁。如大量中国人开始移居海外，给海外华人社会输入了文化上的新鲜血液，中华文化在海外的投射能力不断加强，华人的跨国流动等，都很可能使海外侨胞的身份认同进一步复杂化。这一群体之于中国与住在国的意义，在新的历史条件下，也许会发生新的变化。由此，人们开始思考一些新的问题，诸如海外侨胞与中国软实力的关系、海外侨胞与中国的公共外交关系等全新的议题。

第三节 海外侨胞在中国软实力构建和发展中的作用

居住在世界各地的广大海外侨胞，他们活跃于住在国的政治、经济、文化、社会领域乃至国际舞台，同时和祖（籍）国有着密切的联系，其本身就是"一个集人力资源、资本资源、文化资源、政治资源、科技资源、信息及网络资源等资源类型于一体的资源系统"①。如此庞大的海外侨胞群体可以说是中国软实力构建的独特力量，他们在中国软实力形成和发展的过程中能够发挥重要的作用。

一、中华文化的海外传播

作为沟通中国与住在国桥梁和纽带的广大海外华侨华人，建立类型多样的社团组织，创办各种华文学校及华文媒体，创作多种类型的华文文学，开展多种华文教育活动，一直积极传播中华传统文化，维护、塑造中国良好的国际形象。同时，海外华侨华人还在吸收当地文化元素的基础上，发展中华文化，形成了颇具特色的海外华人文学与艺术氛围，为当地人民乐见并接受。

海外华侨华人传承和发扬中华文化，大体表现在三个层次：一是表层的器物文化，如茶具、灯笼、对联等；二是行为文化和习俗文化，如春节、元宵节、清明节、端午节、中秋节等各种节庆，华人婚礼等；三是华侨华人身上展现的中华传统文化价值观。② 下文以"春节"为例简要分析海外华侨华人对中华文化的传承和弘扬。

春节是中国几千年传统文化的集大成者，较为全面地承载着中华传统文化的诸多元素。春节的内在意蕴已深入中国人的血液，成为华人文化特征的重要组成部分。每到春节，人们通过包饺子、贴对联、绑中国结、做年糕、买红鲤鱼等生活习俗和吃团圆饭、拜年、发压岁钱、舞龙舞狮、逛庙会等活动，将春节所蕴含的文化内涵传达出来。"即使离开该文化环境，人们也会在相应的时间里装饰节日饰物并制作节日食物或者重复一些与该节日相符的行为；一旦接触到那些具有特定文化含义的符号，就会产生对该文化行为以及文化整体的联想。"③ 春节涵盖了器物、行为及价值理念三个文化层次。在国内，这三个层面的展示是无意识的，是一种自发行为，有的人甚至将准备年货、拜年等常规性活动视为一种负担。而身居海外的华侨华人因族群和文化认同的需要，会将这种无意识的文化联想有意识地、全面地、满腔热情地展现出来，以增强族群凝聚力和认同感，保存和弘扬中华文化，扩大中华文化在族群里的影响力，从而赢得住在国民众的尊重和认可。所以每到春节，海外华侨华人会将春节的气氛渲染到极致，并让其他民族的人民也参与其中。

现今，春节为众多国家所重视，形成了一定的国际影响力。各国政要在春节

① 张学惠、江作栋：《华侨华人在中外关系中的作用载体研究》，《八桂侨史》1997 年第 2 期。

② 陈奕平主编：《和谐与共赢：海外侨胞与中国软实力》，广州：暨南大学出版社，2012 年，第 192 页。

③ 何彬：《春节与海外华侨华人的文化认知》，《温州大学学报（社会科学版）》2012 年第 3 期。

期间向当地的华侨华人发表贺词和拜访侨团成为一种惯例。① 纽约最高的帝国大厦自 2001 年起每年都在中国春节前夕连续三个晚上亮起象征中国新春喜庆吉祥的红黄两色夜景灯饰。美国财政部印刷局为庆祝华人农历春节，于 2005 年发行了"金鸡吉利钱"美元 1 元和 5 元钞票，每张钞票的联号前四码都是许多华人最喜爱的"8888"。② 2004 年 1 月 24 日，法国著名的埃菲尔铁塔红光闪烁，大放异彩，以庆祝中国春节。埃菲尔铁塔专为一个外国的节日改灯光披盛装还是历史上首次。在德国，中国春节还出现在小学生的教科书中。在小学四年级的英文课本里，专门有一课介绍中国春节，按照教学进度安排，正好赶在中国春节到来之前讲授。老师的课程设置也颇为有趣，在对中国春节进行介绍后，发给每个学生一张印有十二生肖、"恭喜发财"和生肖年表的问题单，让学生通过回答问题加深对中国春节的认识。③

中国春节有如此重要的国际影响力，除了中国国力的增强、国际地位的提高及春节本身所蕴含的独特韵味和丰富内涵等原因外，与海外华侨华人的传承与弘扬也密不可分。有位美国人在评价海外华侨华人在扩大春节的影响力时如此说道："随着中国的发展，中国文化影响力也在世界各地不断上升，这有利于中国软实力的提升。我认为，海外华侨华人对中国文化的传播功不可没。增强文化感染力需要发挥民间优势，每一位在海外的华人都可以是文化使者。"④

二、中国的现实国情和发展道路的介绍

改革开放近 40 年来，中国经济飞速发展，国内生产总值年平均增长 9%，为世界所罕见。中国经济快速发展的关键在于中国的经济制度和发展道路。一般认为，经济实力是国家的硬实力，经济制度和发展道路的影响力属于软实力范畴。"中国是社会主义国家，又是发展中国家；中国是对全球经济产生重要影响的国家，又是摒弃剑与火的方式走和平发展道路的国家。中国的成功，标志着中国的政治、经济、文化、社会制度符合中国的国情，中国人民的探索为人类社会发展道路提供了借鉴。'中国模式'（抑或中国道路、中国经验、中国案例）作为一种发展形态已经引起国际社会的不同解读，主动、客观、全面地介绍中国特色社

①　《美英日等国政要祝贺春节》，《人民日报》，2008 年 2 月 8 日。

②　《外国人如何过春节》，中国台湾网，http：//www.taiwan.cn/zt/wj/hwzt/lwgcj/gcj/201002/t20100202_1244724.htm，2009 年 1 月 19 日。

③　《中国春节香飘海外空　看外国人的红火中国年》，中国网，http：//www.china.com.cn/culture/txt/2010-02/02/content_19347664.htm，2010 年 2 月 2 日。

④　《聚焦世界各国过春节：老外也过中国年》，《人民日报》，2011 年 2 月 9 日。

会主义的发展道路，有助于国际社会对中国的认知，有助于中国软实力的提升。"①

对于中国国情和发展道路的介绍，中国政府开展了多方面的工作，取得了一定成效。但是，海外华侨华人和归侨侨眷在这方面的潜能还有待挖掘。事实上，"海外华文媒体、华人社团、文化中心和华侨华人热心人士都在不同程度，以不同方式介绍中国的国情现状和发展模式，尤其是海外华文媒体近年来普遍增加了对中国新闻的报道，不断扩大版面和加大报道力度，介绍中国政治昌明、经济发展、文化繁荣、社会稳定"②。

笔者主持的海外问卷调查也证实了这一点。以马来西亚调查为例③，为了解马来西亚华人在介绍中国方面的作用，我们针对华人和其他族裔（主要是马来族人）分别设计了一道题目："您的朋友、邻居或者同事是否曾经通过您了解以下有关中国的事项？""您是否曾经通过您的华人朋友、邻居或者同事了解以下有关中国的事项？"从调查结果看，马来西亚华人在介绍中国文化或艺术、经济发展和现状、传播中华价值观等方面发挥了重要作用。值得注意的是，或许出于敏感性的原因，马来西亚华人在介绍中国政治发展和现状方面的作用稍弱（详见下表）。

马来西亚华人在介绍中国方面的作用

	您的朋友、邻居或者同事是否曾经通过您了解以下有关中国的事项？	您是否曾经通过您的华人朋友、邻居或者同事了解以下有关中国的事项？
中国文化或艺术	72.8%	82.7%
中国经济发展和现状	46.6%	62.5%
中国政治发展和现状	38.4%	42.8%
中华价值观（如重视教育和家庭、孝敬老人等）	76.8%	73.5%

党的十七届六中全会提出要"增进国际社会对我国基本国情、价值观念、发展道路、内外政策的了解和认识"，将国家形象塑造提升到国家文化战略高度。

---

① 范如松：《侨务工作的理论与实践》，北京：世界知识出版社，2012年，第112－113页。

② 陈奕平主编：《和谐与共赢：海外侨胞与中国软实力》，广州：暨南大学出版社，2012年，第7页。

③ 2011年，笔者率领的课题组利用在马来西亚进行学术交流的机会发放问卷，也委托马来西亚大学教授协助发放问卷，成功收回429份问卷，其中来自华人受访者和马来人受访者的问卷分别为242份和187份。

国家形象关系到中华文化在世界上的感召力和影响力。如何让国外民众了解一个真实的中国？官方的宣传被指说教味太浓，并往往被曲解为意识形态的灌输。而海外华侨华人具有得天独厚的优势，他们对住在国民众的语言习惯、思维方式、价值观念、文化背景非常了解，还是住在国民众的邻居、同事、朋友甚至家人。他们以讲故事的方式向住在国民众介绍中国，住在国民众不仅不会心存芥蒂和疑虑，反而会以一种欣赏的态度去了解中国。他们不仅是当地民众了解中国的一扇窗口，更是宣传、推介中国的载体。他们通过邻里交谈、社区聚会、报刊文章、电视评论、联络当地议员等种种当地民众接受的方式，不断地影响着身边的人和主流媒体、主流社会，塑造中国良好的国家形象，改变当地民众对中国的看法。在日本，很多民众对中国并不了解，他们接触到有关中国的信息也比较片面、模糊甚至负面。由于历史的原因，他们对当代中国并不了解。日本媒体对中国的报道也存在片面性、偏激性甚至误导性。为此，一些日本的华裔学者纷纷著书立说，解读中国现状，如朱建荣的著作《不朽邓小平》《朱镕基的改革》《通往中国 2020 年之路》及赵新利的《中国对日宣传和国家形象》还成了日本的畅销书。[①]

不仅个人积极宣传和推介中国，一些华人团体更是发挥覆盖面广、影响力大等优势，举办介绍中华传统文化、中国发展现状的活动。如 2009 年 3 月 28 日，纽约华人社团联席会和纽约中国和平统一促进会共同举办了纪念"西藏百万农奴解放 50 周年"座谈会和"西藏今昔图片展"，让住在国民众和华侨华人了解一个真实的西藏，了解西藏 60 年的变迁。还有不少专业性华人社团利用开研讨会等形式向当地民众和学者介绍中国的国情、发展道路。

海外华文媒体是传播和树立中国国家形象的重要载体。它们的触角可以伸及世界上任何有中国人的地方，是我们讲好"中国故事"的神经末梢，其发散传播的作用不容小觑。[②] 应该说，近年来，海外华文媒体有关中国的版面较多、篇幅较大，对于塑造中国国家形象起着重要的作用。美国《美南新闻》经过 30 多年的发展，成为集多家报刊、电视、印刷企业为一体的综合性传媒机构，在美国具有一定的影响力。其旗下的《美南日报》每天有三个版面报道中国大陆的新闻。2011 年 1 月 15 日至 2 月 15 日和 2012 年同时期《美南日报》的中国大陆版块中，有关中国国家形象的报道总计有 678 篇。[③] 在新加坡，由于华人与中国大

①　张月：《日本华侨华人与中国对日公共外交》，《东南亚纵横》2012 年第 7 期。

②　何亚非：《发挥侨务优势，让世界了解一个真正的中国》，《公共外交（季刊）》2012 年冬季号第 4 期（总第 12 期）。

③　闫欢、王琳琳：《华文媒体的中国国家形象报道研究——以〈美南新闻〉大陆版块报道为例》，《新闻界》2012 年第 15 期。

陆在文化上有亲近感,所以华文媒体有关注中国大陆的传统。如 1998 年洪灾、澳门回归、克林顿访华等事件,华文媒体都进行了大量的报道。尤其是近年来,中国经济快速发展,国际影响力显著增强,华文报纸对中国的报道也越来越多。特别是在经济方面,华文报纸不断扩大版面和加大报道强度,介绍中国迅猛的经济发展、经济政策和值得开拓的新市场等,并常常请经济专家撰写特约文章。欧洲最具影响力的华文日报——《欧洲时报》,现在法国、西班牙等九个国家出版国别版,并有法文版。此报有大量介绍中国国情、经济社会发展状况的文章。

华文媒体对中国的报道并非一味地唱赞歌。虽然华文媒体关于中国大陆的报道大都来自新华通讯社、中国新闻社、人民网等中国官方通讯社及网站,但对中国改革开放形象的塑造并没有止步于一般的政策性、成就性、典型性及重大事件的报道,而是比较客观、全面地将触角深入发展中遇到的矛盾和问题,这样的报道策略更能反映中国的真实面貌,也更能取得良好的传播效果。

需要指出的是,华文媒体的受众毕竟只是华侨华人,中国海外形象的塑造主要靠住在国主流媒体的宣传以及华侨华人向主流社会的介绍。

三、侨务公共外交与对中国外交政策的理解、支持和解释

公共外交很早就受到中国政府的重视,在当代更成为中国总体外交的重要组成部分。2009 年 7 月 17 日,胡锦涛在第十一次驻外使节会议上明确要求:中国"要加强公共外交和人文外交,开展各种形式的对外文化交流,扎实传播中华优秀文化"[1]。而中共十八大报告也明确指出:"我们将扎实推进公共和人文外交,维护我国海外合法权益。我们将开展同各国政党和政治组织的友好往来,加强人大、政协、地方、民间团体的对外交流,夯实国家关系发展社会基础。"[2]

中国发展的历史与实践表明,华侨华人是中外交流重要而不可或缺的桥梁与纽带,也是中国海外利益重要的开拓者、承载者和有力的维护者。华侨华人曾为中华人民共和国外交打开局面、化解外交僵局作出了重要贡献。

由此,我们认为,在当前复杂多变的国际形势下,通过华侨华人开展公共外交,应当是当代中国外交一个富有价值的新命题,也是各涉侨部门和涉侨工作者的重要任务。正如有学者所说:"几千万华侨华人遍布世界各国,他们熟知住在国的情况,与住在国人民朝夕相处,最便于和住在国人民开展公众外交。如果有

---

① 《胡锦涛等中央领导出席第十一次驻外使节会议》,新华网,http://news.xinhuanet.com/politics/2009 - 07/20/content_11740850_1.htm,2009 年 7 月 20 日。

② 《十八大报告(全文)》,新华网,http://www.xj.xinhuanet.com/2012 - 11/19/c_113722546.htm,2012 年 11 月 19 日。

千分之一的华侨华人在涉华问题上能够提醒身边的当地民众摘去'有色眼镜'，帮助他们理解、欣赏中国这幅'水墨画'[1]；如果有万分之一的华侨华人能担当阐释中国立场、促进邦谊、争取对我理解和支持的'民间大使'，这将是一支何等壮观的队伍和力量！"[2]

中国侨务公共外交的核心问题是海外华侨华人的参与，其目的是构建良好的中国国家形象。具体来说，侨务公共外交的目标包括：传播中华文化，促进友好交往与合作；化解外交僵局；介绍真实中国。

自中华人民共和国成立以来，尤其是改革开放近 40 年来，海外华侨华人充分发挥自身优势，通过不同方式，在协助中国开展外交工作，促进中国对外交往，向世界解释和宣传中国，加强沟通理解，推动友好合作等方面发挥了重要的作用。

华侨华人参与中国外交，推动中国对外友好关系发展的例子有很多，例如：华侨华人领袖陈香梅对中美关系发展进程产生重要影响，在过去的几十年中，她频繁地穿梭于中美两国之间，为促进中美友好做了许多工作；祖籍广西北流的马来西亚华人曾永森，在 20 世纪 70 年代开始了中马外交的"破冰之旅"，为促成中马建交立下汗马功劳，被人们誉为"马来西亚的基辛格"；尼日利亚华商、西非中国和平统一促进会副会长、尼日利亚中国和平统一促进会副会长胡介国和尼日利亚政府包括总统和州长在内的官员建立了良好的人脉关系，在潜移默化中增进他们对"一个中国"原则的认同，对台湾、西藏和新疆的历史与有关情况的了解，对中国坚决维护国家统一政策的理解；莫桑比克华侨江永生是曾任莫桑比克总统的希萨诺的保健医生，他利用与希萨诺接触的有利条件，时常把台湾问题的由来及现状介绍给希萨诺，解释中国政府解决台湾问题的方针和政策，甚至促成希萨诺出任莫桑比克统促会名誉主席。

四、促进中国改革开放与繁荣富强，提升中华民族的凝聚力

国家软实力建设可划分为外向性建设和内向性建设两部分，也就是说，对于国家软实力的界定，不能只关注一国为达到目标而影响、吸引他国的能力，还要考虑到一国国内制度、文化、民族精神等领域的建设，即国内学者所谓的内部能力与外部能力并重的"软实力"。可以说，国家软实力是一国软实力资源在国内与国外两

---

[1]　2010 年 3 月 7 日，时任外交部部长杨洁篪在十一届全国人大三次会议的记者会上，以"水墨"和"油彩"比喻中西文化的差异，以"有色眼镜"比喻偏见。

[2]　陈奕平主编：《和谐与共赢：海外侨胞与中国软实力》，广州：暨南大学出版社，2012 年，第 263 页。

个向度上所产生的影响力、感召力、凝聚力与吸引力的统一。而华侨华人参与中华人民共和国建设的过程及其重大贡献，正是推动中国软实力内向性建设的重要方面。

海外华侨华人这种内向性软实力建设的途径主要体现在以下几个方面：

一是通过引进侨资、侨智促进中国经济的快速发展，进而形成有中国特色的经济发展模式。在改革开放初期，最先到中国投资的就是华侨华人。深圳第001号合资企业是由泰国著名华商谢国民先生领导下的正大集团于1979年创办的；常州市第一家"三资"企业也是侨资企业；中国改革开放初期设立的四个经济特区都建在华侨华人分布最多的广东、福建等侨乡。马来西亚的郭鹤年集团、印度尼西亚的三林集团和力宝集团、泰国的正大卜蜂集团等都在中国有大手笔投资。统计显示，1990—2000年，原东盟五国（马来西亚、新加坡、印度尼西亚、菲律宾、泰国）对中国大陆实际投资金额累计达230.4亿美元，大致反映了东南亚华人企业集团对华投资的规模和程度。另据统计，中国截至2009年登记注册的侨资企业有30多万家，约占"三资"企业总数的70%，华侨华人和港澳同胞投入的资金达3 300多亿美元，约占实际利用境外资本的60%。[①] 侨资企业对中国经济的发展功不可没，起着先锋队、主力军的作用。

进入21世纪以来，中国经济面临结构调整、产业转型等问题，需要高科技人才和高新技术企业助力发展。而海外华侨华人尤其是旅居欧美等发达国家的华侨华人有大量世界级的专业人员、科学家。在美国的华人当中，接受本科及以上高等教育的人口比例超过51%（全美平均为27%）。从职业分布来看，52%的华裔从事管理及其他专业性工作（全美平均为34.1%）。[②] 据2013年数据，中国的33 750名留美在读博士生占全部留美博士生的29%，比位居第二的印度博士生多一倍。[③] 海外华侨华人是中国的人才库，这些高精尖的人才基本上都是新移民，对中国深怀感情，他们愿意用自己的知识和技术回报祖（籍）国。如饶毅、施一公等就毅然辞去在美国著名大学的终身教职，放弃国外优厚的待遇和良好的科研环境回国。近年来，随着中央和地方引进人才的力度加大，越来越多的留学生被吸引回国。2012年，各类留学回国人员总数为27.29万。中共中央组织部自2008年开始实施的引进海外高层次人才计划（"千人计划"），截至2012年7月共引进各领域高端人才2 263名，其中99%以上为华侨华人。[④] 这些留学归国人

① 曹敏：《外资引进中的华侨华人作用、问题、变化与对策》，《世界经济与政治论坛》2009年第4期。

② 王辉耀：《移民潮——中国怎样才能留住人才》，北京：中信出版社，2013年，第45页。

③ 王辉耀：《移民潮——中国怎样才能留住人才》，北京：中信出版社，2013年，第38页。

④ 刘舒凌：《中国"千人计划"已引进2 263名海外高端人才》，中国新闻网，http://www.chinanews.com/gn/2012/07-25/4058759.shtml，2012年7月25日。

员和引进的人才对中国科技的发展和经济的转型有着重要作用，全国有一半高新技术企业为留学归国人员创办。

以中关村为例，截至 2010 年底，留学归国人员达到 9 760 名，比 2005 年增长了 36.12%，接近全国总量的 1/4。硕士及以上学历人才占比达到 75.79%，是中关村从业人员硕士及以上学历人才占比的 7 倍。这些留学归国人员很多都有科技成果或专利。

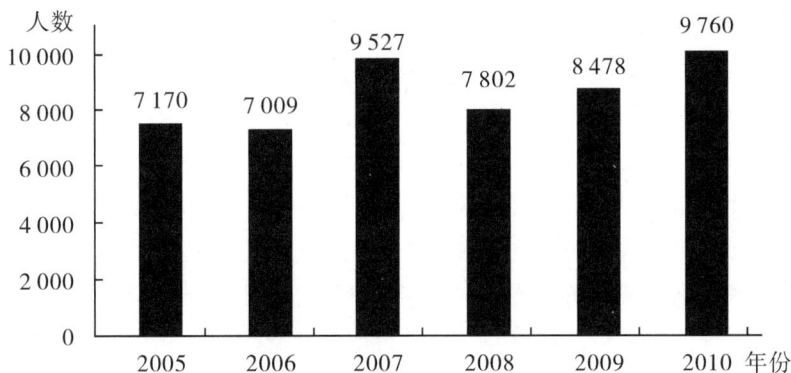

图 1　中关村留学归国人才存量

资料来源：中关村科技园区管理委员会：《中关村示范区 2011 年人才发展报告》，http://www.zgc.gov.cn/fzbg/yjkt/。

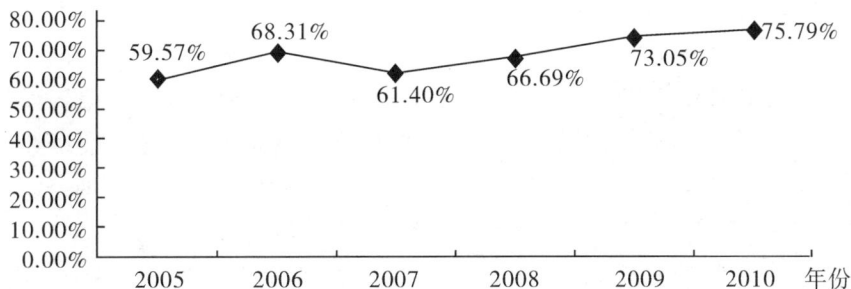

图 2　中关村留学归国人才中硕士及以上学历人员占比

资料来源：中关村科技园区管理委员会：《中关村示范区 2011 年人才发展报告》，ht-tp://www.zgc.gov.cn/fzbg/yjkt/。

从促进中国经济的发展到推动中国经济的转型，海外华侨华人都起着不可替代的作用。他们的积极参与造就了中国经济增长的奇迹，成就了中国模式。

二是华侨华人通过投资、贸易往来等途径将世界先进文化、思想观念、先进技术、管理经验及全球化视野带到中国，同时又通过庞大的华商网络帮助中国企业"走出去"。侨资企业通过在中国建立新企业，或者将海外经营成熟的企业品牌延伸至中国，不仅为中国带来了大量资金，而且将管理人才、管理经验等带入中国。通过投资创办企业，把国外的先进管理经验和管理模式带入国内，对处于改革开放中的中国来说，比直接的资金投入具有更大的意义。这些管理经验和管理模式有力地推动了本土企业的成长。本土企业壮大了，需要"走出去"寻求更大的发展。而华商网络在东南亚、亚太地区乃至全世界都有巨大的影响，华侨华人企业家则熟悉当地政治、经济、法律、风俗习惯，以及当地的投资项目、投资管理部门和投资的规模与形式。通过华商网络和华侨华人企业家，中国企业可以更快地了解国外企业的文化、价值观，从而减少"走出去"的风险，在世界上扩大影响力。

三是海外华侨华人对中华文化的急迫需求加速中华文化的复兴。海外华侨华人因族群认同和文化认同的需要，对中华文化的需求非常迫切。但是现在一提向海外传播中华文化，就觉得是传播中国传统文化，是传播老祖宗留下来的具有民族特色、地域特色的文化。当然，优秀的传统文化要继承和弘扬，因为这是中华民族的根。但海外华侨华人也需要鲜活的、与时代精神相符合的现代文化。像在马来西亚、新加坡，很多华人都非常热衷观看中国的电视节目。而新移民对现代中华文化的需求更加强烈，因为现代文化才贴近他们的生活，才能引起他们的共鸣。他们需要一种具有世界话语权、为世界各国民众所接受的文化来增强他们的民族自信心和自豪感，就像美国的大片、日本的漫画，以及西方更深层的概念体系、话语体系、知识体系。虽然2012年莫言获诺贝尔文学奖使得全世界华侨华人深受鼓舞，但这还远远不够。要实现中华文化的复兴，就必须以中国的方式建构一种具有普适性的价值观念、话语体系，而不只是具象性的文化产品。而只有这种具有"元"性质，为世界所接受的知识体系、话语体系，才能使海外华侨华人找到真正的归属感。海外华侨华人这种对中华文化的需求客观上加速了中华文化复兴的进程，对中华文化的发展起着重要的推动作用。

四是海外华侨华人建言献策或直接参政促使中国健康发展。海外有6 000多万华侨华人，他们对中国的发展和自身权益非常关注。他们会通过各种途径对中国的发展建言献策和表达自身的权益诉求。每年都有大量海外侨团和华侨华人来中国参访或省亲，这些侨团和华侨华人来自不同的领域，很多都是社会和业界精英，并且他们身处国外，对住在国的各种情况比较了解，能以"旁观者清"的姿态、以外界的视角对中国的社会经济发展提出很好的对策。他们关注的内容从中国和平统一到经济转型，从中华文化复兴到新农村建设等方方面面。中国也主动邀请华侨华人参加或列席一些重要会议。从2001年到2012年，全国政协连续

12 年共邀请五大洲 51 个国家的 326 位海外侨胞列席政协大会。2012 年全国政协会议邀请了 40 位华侨华人列席会议，不但人数创 12 年来新高，而且地域和专业领域的代表性更加广泛：他们既有来自美国、加拿大、日本、法国、澳大利亚、泰国、菲律宾、马来西亚等发达国家和东南亚国家，也有来自土耳其、乌兹别克斯坦、埃及、博茨瓦纳等发展中国家和华侨华人数量较少的国家；既有知名侨领、商界巨头，也有资深报人、专家学者和科技精英。会议上，他们代表所在国的华侨华人或全世界华侨华人向中国政府表达他们关切的问题，提出他们对中国社会经济发展的好建议。

同时，华侨华人为维护自身的利益，也积极向中国政府表达自身的权益诉求。华侨华人与中国联系紧密，有探亲、贸易、学术交流等回国需求。而过去中国出入境管理法给他们带来很大的不便。为解决这个问题，华侨华人多次向中国政府反映他们的意见，并利用政府部门在海外调研的机会表达希望修改旧有出入境管理法的想法。因此，在修改出入境管理法时，中国政府充分考虑到了华侨华人的权益。华侨华人政策法规研究的权威专家、北京理工大学教授刘国福在接受国际在线网采访时说，新的《中华人民共和国出境入境管理法》是中国在出境入境方面以及华侨华人领域一部非常重要的法律，在这部法律的起草和制定过程中，充分听取了华侨华人的意见和建议。其中，有两条规定与华侨华人的关系非常密切：一条是护照可以作为海外华侨回国临时居住期间的身份证明，另一条规定则为华侨回国定居提供了更多便利。①

国内甚至有一批特别的华侨，他们通过担任村干部的形式建设美好的家园。自 2006 年浙江省丽水市开展"百名侨胞助百村"活动以来，华侨踊跃参与到家乡建设当中，更有不少人直接竞选村干部。在 2008 年民主选举换届中，有 36 名华侨担任村干部，2011 年换届选举产生了 57 名华侨村干部，比上一届增加了60%，其中 41 人还担任了村两委"一把手"。上一届 36 名华侨村干部在 2011 年有 32 名再度当选。② 华侨村干部有海外闯荡的经历，阅历丰富、视野开阔、创新意识强。他们不少人事业有成，有的还是海外侨团的负责人，兼具资金、人脉多种优势，在海外侨社有着不小的号召力。他们回乡任职后，更成为新农村建设的主力军。经过几年的实践，在他们的领导下，农村的基础设施得到改善，群众文化生活进一步丰富，村级经济获得发展，人民生活水平得到提高。大多数华侨村干部所在村的发展速度要快于其他村。

---

① 《新〈出境入境管理法〉实施为海外华侨回国提供更多便利》，国际在线网，http：//gb. cri. cn/42071/2013/07/03/6651s4168896. htm，2013 年 7 月 3 日。

② 王晓波：《青田华侨村干部人数激增六成》，上海侨报网，http：//www. yesqiaobao. com/show. asp？id＝2762。

第四节 华侨华人参与中国软实力建设的渠道和路径

华侨华人在构建和推动中国软实力形成与发展过程中具有重要作用，那他们是通过何种渠道和路径发挥作用的呢？

我们认为，华侨华人参与中国软实力建设的渠道和路径主要体现在以下三方面：一是华侨华人经由华人社团、华文传媒、华文教育和华人精英等路径，推广中国文化艺术，传播中国核心价值观，介绍中国国情和发展模式，参与和支持中国外交，在构建、提升中国对外软实力方面发挥独特的作用和影响；二是华侨华人经由华人社团、华文传媒和华人精英等路径，推动中国改革开放和中国经济社会发展，提升中华民族的凝聚力，促进民族认同与中国统一，在构建、提升中国国内软实力方面发挥独特的作用和影响；三是侨务部门在经济、政治、社会、文化等领域，引导和鼓励华侨华人为在国际经济、政治、社会、文化领域的大舞台上注入更多的中国元素发挥独特的重要作用，以构建、提升中国对外软实力和国内软实力（参见图3）。

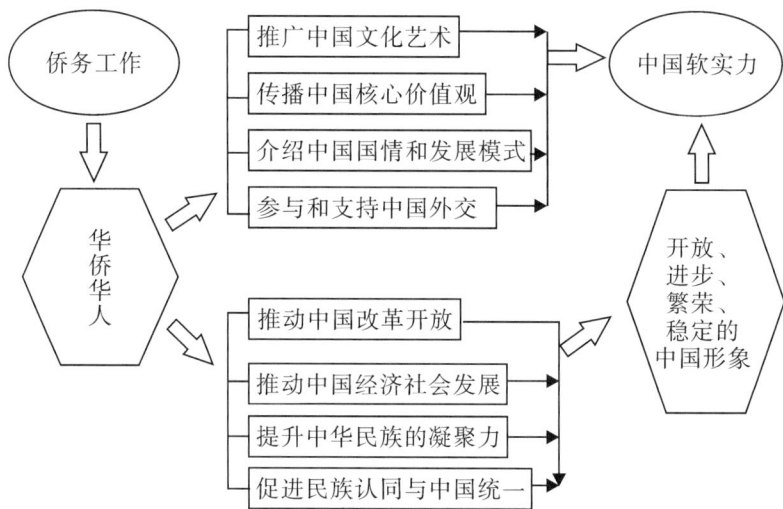

图3 华侨华人与中国软实力建设的关系

具体来说，华侨华人参与中国软实力建设的渠道和路径如下：

一、中华传统文化传播的渠道和路径

（一）海外侨胞的行为文化、观念文化渠道

海外侨胞的行为文化和观念文化渠道，包括海外侨胞的节庆习俗以及经营理念、管理模式，使中华传统文化的特殊魅力在当地社会乃至国际社会中得以展现。华侨华人遍布世界各地，所谓"有海水、有阳光的地方就有华侨华人"，他们是传播中华文化的使者。遍布世界各地的唐人街、中餐馆、中医诊所、华文学校、中华武馆等成为展示中华文化的重要场所和路径，而春节、中秋节等节庆及华人的婚丧习俗活动，则让西方人有了零距离接触中华文化的机会。

以春节为例，华侨华人往往会极力烘托欢乐、祥和、喜庆的氛围，展现中华文化的魅力，吸引广大民众参与。在马来西亚首都吉隆坡的商业区和饭店区，每年春节前夕都会挂上 2 万~3 万只灯笼，烘托节日气氛，特别是到了晚上，万盏齐明，颇为壮观。吉隆坡的中国城张灯结彩，商店里挂满了各种各样的春节装饰品，有大红灯笼、春联、金光闪闪的穗子、童男童女拜年图、"恭喜发财"横幅等。①

（二）华社"三宝"渠道

华人社团、华文传媒和华文学校并称为华社"三宝"，是传承中华文化的重要平台。

春节期间，海外华人社团都会举办舞龙舞狮、春节大游行、花车表演、美食节、联欢晚会等各种喜庆的活动。2010 年春节期间，在美国首都华盛顿，大华府地区同乡会协会举办的庙会吸引了众人的目光，既有中国各地美食供品尝，也有民族舞蹈表演，而歌曲联唱、小品、戏曲、武术、民乐演奏等节目相继登场，将文艺演出的气氛推向高潮。在达累斯萨拉姆的椰子树广场，坦桑尼亚华侨华人和当地人在这里迎来了声势浩大的庆祝活动。歌曲《好日子》、杂技《彩蝶飞舞》和女生小合唱《医疗队员到坦桑》等节目精彩纷呈，坦桑尼亚武术协会表演的杂技和武术炉火纯青，喜庆热烈的气氛感染了现场每一个人。远在地球另一端，阿根廷首都布宜诺斯艾利斯的中国城里张灯结彩，众多当地市民和在阿根廷的华侨华人赶到这里，参加春节庙会，共庆新年到来。"锣鼓声中，龙狮共舞，

---

① 《马来西亚人怎么过春节》，新华网，http://news.xinhuanet.com/world/2010 - 02/08/content_ 12955633_4.htm，2010 年 2 月 8 日。

热闹非凡；中国街牌楼下，徒手格斗、绳索、太极、刀剑、硬气功、胸口碎大石等中华传统武术节目让观众啧啧称奇；沿街排列的摊位上售有中国传统服装、手工艺品、民俗产品、玩具和小吃，引得路人纷纷驻足观看，争相购买；小吃摊前排起长队，买到食物的顾客迫不及待地到街边大快朵颐。"①

同时，华人社团举办的活动不限于唐人街，也常常走出华人社区。之前，海外华侨华人庆祝春节，主要基于文化的无意识，是华侨华人自娱自乐的行为，或为怀乡念国，或为教育子女，基本上都在华人社区举行。随着在住在国影响力的提高，海外华侨华人开始注重展现悠久独特的民族文化。在春节期间，各种庆祝活动走出华人社区，走向住在国的标志性地段。在美国纽约法拉盛区街头，每年都有数以万计的各族裔民众与当地华人一起，参加一年一度的春节大游行活动。人们燃放鞭炮，载歌载舞，庆祝农历新年的到来。在英国伦敦，在举办庆典的主要场地特拉法尔加广场上，每年都有数十万人聚集在这里欢度春节。各族裔民众身着不一样的服饰，都在享受着春节带来的快乐。在法国，每到春节，装饰着红灯笼的巴黎市政府广场便响起震耳欲聋的鞭炮声，众多巴黎市民聚集在这里观赏由法国华人侨团联合举办的春节彩装游行。巴黎市市长还亲自为迎春狮子点睛，一时间锣鼓喧天，金龙银龙上下翻飞，彩狮精神抖擞，平安腰鼓、京剧人物、龙舟报喜等精彩表演张扬着中华文明。

海外华文媒体人向来以传播中华文化为重要使命，成为传播中华文化的重要渠道。随着中国的崛起和国际地位的提高，海外华文传媒也进入了一个新纪元。中国国务院侨务办公室原副主任赵阳在2007年第四届世界华文传媒论坛闭幕式上曾说："海外华文媒体正处在蓬勃发展期，华文媒体行业具有光明的前景。""华文传媒是传播中华文化的重要力量，是扩大中国与世界交往的文化使者。"②鉴于海外华侨华人在族群认同和文化认同方面的需要，华文传媒会刻意加强对中华传统文化的报道。在新加坡，为了满足华人在文化认同方面的需求，华文传媒都具有强烈的文化自觉性和自主意识来维护这种同源文化的亲近感。③《联合早报》《联合晚报》的"根"文艺专版与《新明日报》的文艺专版，突显出浓郁的中华文化，有大量介绍中国古代文化和当代文学以及传统习俗等文艺性较强的文章。而新移民办的华文报纸或办报时间较晚的报纸出于实用的目的，对中华传统文化的介绍相对少些，而对现代中国介绍的篇幅较多。如上述《美南日报》关

---

① 《海外华侨华人共庆中国虎年》，新华网，http：//news. xinhuanet. com/overseas/2010 - 02/15/content_12991809. htm，2010 年 2 月 15 日。

② 赵阳：《前景光明　海外华文媒体正处在蓬勃发展期》，中国侨网，http：//www. chinaqw. com/zgqj/qjdt/200709/04/86285. shtml，2007 年 9 月 4 日。

③ 徐明华：《海外华文传媒与中国国家形象建构》，《中州学刊》2013 年第 7 期。

于中国大陆的 678 篇报道中，政治类报道 185 条，经济类报道 196 条，社会类报道 226 条，而文化类报道只有 71 条。[①]

华文学校是海外华侨华人社会的重要支柱。自 20 世纪 80 年代以来，由于中国的国际影响力增大、中国政府对华文教育的重视和海外华社对华文教育的需求迫切，华文教育进入一个新的蓬勃发展时期。海外华文教育既为华人社会和所在国家培养了懂汉语的人才，为维持和增强华人社会的民族认同与文化认同提供了重要的平台和手段，也为传承和发扬中华文化提供了重要的渠道。一方面，华文学校植根当地，在宣传中华文化方面具有丰硕成果和丰富经验，能更好地实现文化推广功能；另一方面，长期存在、遍地开花的华文学校可在教材、教法、教师的当地化乃至与主流社会的沟通等方面为国际汉语教育的开展提供具体、有力的支持。正因为在传承与传播汉语和中华文化方面具有得天独厚的优势，华文学校成为向主流社会传播中华文化、促进中外交流的窗口和桥梁。本课题组成员走访美国、加拿大、法国、缅甸、菲律宾、马来西亚、印度尼西亚等多个国家的华文学校，亲身感受到这些学校传承中华文化的积极努力和所取得的卓越成效。比如，印度尼西亚巴厘岛文桥三语学校近年几乎每年都举办春节晚会，在学校老师的组织下，英文小主持人和中文小主持人搭配得当，从幼儿园到中学的各年级学生积极参加、努力表演，舞蹈、唱歌、书法、诗朗诵、乐器表演应有尽有，而家长们也积极投入，活动更是吸引了当地民众观看。

（三）海外华商和华人精英渠道

海外华商也是中华文化的重要传播者。在这里，"华商"特指活跃在世界经济舞台上的海外华侨华人群体。华商已成为全球化时代的一股重要的经济力量，即中外经济合作的重要推动力量，也是展现和传播中华文化的重要推动力量。据中国新闻社课题组发表的《2007 年世界华商发展报告》，全球华商总资产约为 3.7 万亿美元，其中除中国大陆企业外的亚洲地区华商企业总资产约为 3.2 万亿美元，总营业额突破 1 万亿美元。[②] 华商的经营理念和模式与西方企业存在很大差异，越来越受到学界和商界的关注，"无论西方、日本学界，还是海外华裔学者、港台学者和中国大陆学者，都已从其神秘的家族企业等表象，深入其内部运作、成长环境和演进道路

---

① 闫欢、王琳琳：《华文媒体的中国国家形象报道研究——以〈美南新闻〉大陆版块报道为例》，《新闻界》2012 年第 15 期。

② 《世界华商发展报告：全球华商总资产约 3.7 万亿美元》，中国新闻网，http：//www.gx.chinanews.com.cn/news/ HUASHANG/2008/122/ 08122224718F22F8CK 0F7302FKK953B.html。

各方面来展开严谨的探究"①。华商独特的经营理念、管理文化其实源自中华传统文化，例如：华商在企业管理中强调"诚信""以人为本""和气生财""勤俭节约""量入为出"等价值观，"对家庭和睦、增强企业凝聚力，乃至社会稳定和发展，无疑都具有积极的作用"；"华人企业凭借血缘、亲缘、地缘形成了广泛的人际关系，这种人际关系网在华人企业的成长和发展中发挥着重要作用"，并在此基础上逐步形成现代商务网络。② 华商活跃于国际经济舞台，不但成为中国侨务工作的重点对象，也成为世界各国发展经济争取的对象。

海外华人精英则通过学术著作、学术活动及媒体文章等形式传播着中华文明特有的思维方式、哲学观念、道德伦理、文学艺术等文化内涵，并探讨和宣讲中华文化在推动人类文明进步中的作用。比如，作为现代新儒家学派代表人物的杜维明，长期致力于儒家文化的研究与传播，诠释中华文化、反思现代精神、倡导文明对话，在海内外享有很高的学术声誉。2013 年 2 月，在联合国"文明联盟"第五届全球论坛上，杜维明作为唯一的主题发言人论述"跨文化对话在我们所处时代的意义"，受到极高礼遇，突显出华人学者在世界讲坛上的话语权和影响力。

（四）国内涉侨部门渠道

为了满足海外侨胞的精神文化需求，集中展示中华文化的丰富多彩和博大精深，增进海外侨界及主流社会对中华文化的了解和喜爱，中国涉侨部门积极组织系列文化活动，并形成了一定的品牌，如国务院侨办的"文化中国·四海同春"、中国侨联的"欢乐春节·五洲同春"、文化部的"欢乐春节"等。

国务院侨办牵头组织的"文化中国"系列活动包含海外文化社团负责人观摩团、知名华人书画家采风团、海外文化社团负责人高级研修班、海外华文媒体高级研修班、"四海同春""名家讲坛""中华才艺大赛"等多个子品牌。其中，享誉全球的"文化中国·四海同春"品牌自 2009 年至 2015 年创立 6 年，累计派出 43 个艺术团组、1 590 名演职人员，赴 96 个国家及港澳地区 184 个城市举办了 283 场演出，观众 338 万余人。③ 这些演出为海外华侨华人和当地民众献上了独具中国风情的文化大餐，精湛的表演和浓郁的民族特色增强了华侨华人的族群认同和文化认同，也让其他民族的民众切身感受到了中华文化的独特魅力。

---

① 龙登高：《经济全球化与海外华商研究》，中国侨网，http：//www.chinaqw.com/node2/node116/node119/node162/node470/userobject6ai29652.html，2001 年 12 月 28 日。

② 陈卫平：《华商在中国—东盟自由贸易区建设进程中的优势》，中国侨网，http：//www.chinaqw.com/node2/node116/node119/node162/node2222/node2542/node2545/userobject6ai184523.html，2004 年 7 月 26 日。

③ 杨凯淇：《国务院侨办"文化中国"品牌文化活动成果丰硕》，中央政府门户网站，http：//www.gov.cn/xinwen/2014－09/16/content_2751375.htm，2014 年 9 月 16 日。

二、中国道路和对外政策的传播渠道与路径

中华文化的传播渠道也是中国道路和对外政策的传播渠道。

首先，华侨华人的个人渠道、海外华文传媒、华文教育及华人精英的著述和演讲，介绍了中国国情和发展模式以及中国的对外政策与侨务政策。中华民族的凝聚力是中国最大的软实力，五千年的文化传承使海外侨胞对祖（籍）国具有较强的认同感，他们对于祖（籍）国的发展及其取得的成绩感到自豪。自中华人民共和国成立以来，尤其是改革开放近 40 年来，海外侨胞在促进中国对外交往、协助中国开展外交工作方面发挥了重要的作用。时任联合国副秘书长吴红波曾说："广大华侨华人充分发挥自身优势，通过不同方式，向居住国政府和主流社会积极传递中国和平发展的政治理念，增进中国与居住国之间的政治互信。回顾历史，我们不会忘记华侨华人为促进中国同有关国家建立和发展外交关系作出的重要贡献。放眼今天，我们高兴地看到，海外华侨华人组织和社团正积极从事促进双边关系发展的各项活动，为居住国政府发展对华关系建言献策，增信释疑，向外国宣传中国的内外政策。"① 华侨华人通过个人渠道、海外华文传媒、华文教育及华人精英的著述和演讲向世界解释与宣传中国，成为加强沟通理解、推动友好合作的"民间大使"。

其次，由华人社团举办，尤其是定期举行的世界华商大会（World Chinese Entrepreneurs Convention，WCEC）这类世界性的组织网络和社团活动，密切了华侨华人与中国的联系，推动了华侨华人住在国与中国的交流合作。

近年来，华人社团逐渐走向国际化，形成了不少世界性华侨华人组织及网络。这些世界性华侨华人组织及网络不但是华侨华人开展贸易合作与文化交流的平台，也是密切华侨华人与祖（籍）国联系，加深对祖（籍）国了解与合作的重要渠道。成立于 20 世纪 90 年代初的世界华商大会就是这样的组织，它于 1991 年 8 月在新加坡召开了首届大会。经过 20 余年的发展，世界华商大会已先后在新加坡、香港、曼谷、温哥华、墨尔本、吉隆坡、首尔、神户举办，规模也不断扩大，影响力与日俱增。2013 年 9 月，第十二届世界华商大会在中国成都召开，出席大会的代表来自 104 个国家和地区，人数近 3 000。世界华商大会成为世界各地华商促进经贸合作的纽带和桥梁，有效地促进了华商服务当地经济，推动了其所在国家和地区经济的发展，也密切了华侨华人与中国的联系，加深了他们对中国的了解。

---

① 吴红波：《华侨华人在我民间外交和对台工作中的作用》，《侨务工作研究》2008 年第 5 期。

三、华侨华人推动中国软实力内向性建设的渠道和路径

华侨华人推动中国软实力内向性建设表现在两个方面：一为直接推动中国国家软实力的内向性建设；二为通过推动经济实力等中国硬实力发展进而间接推动中国软实力的内向性建设。邓小平曾指出："我们有几千万爱国同胞在海外，他们对祖国作出了很大贡献。"如前所述，中华人民共和国成立以来，尤其是改革开放以来，华侨华人经由华人社团、华文传媒、华文教育和华人精英等路径，在中国改革开放和经济腾飞、中华民族认同与中国和平统一、科技与教育、文化产业发展和文化体制改革等方面作出了巨大贡献，具体包括：一是通过引进侨资、侨智促进中国经济的快速发展，进而形成有中国特色的经济发展模式；二是海外华侨华人通过投资、贸易往来等途径将世界先进文化、思想观念、先进技术、管理经验及全球化视野带到中国，同时又通过庞大的华商网络帮助中国企业"走出去"；三是海外华侨华人对中华文化的急迫需求加速中华文化的复兴；四是海外华侨华人建言献策或直接参政促使中国健康发展（参见"第九章 侨务工作与中国软实力：战略与对策"）。

第二章　软实力视野下的华侨华人资源

华侨华人是中国的独特优势和重要资源，在中国软实力建设中可以发挥独特而重要的作用，但华侨华人究竟有哪些资源可以运用于中国软实力建设？国内学者石汉荣将侨务资源定义为华侨、华人、归侨、侨眷中的资本、科技、人才、信息、知识、网络等综合资源储备。[①] 本课题组成员高伟浓曾以专著论述软实力视野下的海外华侨华人资源，分教育、传媒、文化、参政等专章进行论述。[②] 本章则分华人社团、华文传媒、华文教育和华人精英进行分类梳理。

第一节　软实力视野下的华人社团资源

一、海外华人社团的概念和分类

一般来说，我们所讲的海外华人社团，在我国与他国（尤其是东南亚各国）关于华侨的双重国籍问题未解决之前，实际上主要是指华侨社团。关于"华侨社团"，《华侨华人侨务大词典》中解释为："早期移居国外的华侨，为了团结互助以联络感情，以血缘、地缘和业缘等为纽带，自发建立起来的一种互助、联谊、自治的社会组织形式。"[③]《华侨华人百科全书·社团政党卷》中对华侨社团做了如此解释："早期移居国外的华侨，为了团结互助、联络感情、共谋生存与发展，或以血缘宗亲，或以地缘同乡，或以业缘同行等为纽带，自发建立起来互助联谊与自治的社会组织形式；它源于中国明清时代出现的秘密会社及以后的会馆，有其社会、政治和经济上的根源。"[④] 这些解释，对早期的华侨社团来说，比较全面，也比较准确。

---

① 石汉荣：《探解中国侨务》，香港：中国评论学术出版社，2004 年，第 50 页。
② 高伟浓：《软实力视野下的海外华人资源》，吉隆坡：学林书局，2010 年。
③ 庄炎林、武杰主编：《华侨华人侨务大词典》，济南：山东友谊出版社，1997 年，第 716 页。
④ 谢成佳主编：《华侨华人百科全书·社团政党卷》，北京：中国华侨出版社，1999 年，前言第 1 - 2 页。

马来西亚华人社团研究专家刘崇汉先生在《马来西亚华人社团》一文中有这样的表述:"华人注册社团(简称华团)是基于共同宗旨(包括地缘、血缘、业缘性原则或利益)而建立起来的传统性或非传统性组织。"①

以上是华侨社团与华人社团的大致定义。

关于海外华人社团的数量,学界长期没有一个准确的说法。近年,中国国务院侨办组织力量对海外华侨华人的情况进行调研,认为目前华侨华人社团已逾2.57万个,种类丰富多样,活动也越来越频繁。②传统意义上,海外华侨华人及其社团组织以东南亚社团居多。近年来北美华侨华人及其社团组织也蓬勃发展,增长势头明显。据台湾侨务部门的统计,海外华人的社会、文化和政治团体从20世纪50年代初的5 000个增加到80年代的近9 000个。在这期间,美洲华侨华人社团的增长速度更快,从20世纪50年代占总数的约1/8增加到80年代初占总数的近1/4。这反映出世界范围内移民的增长,特别是美国和加拿大移民的增长。③到2013年,美洲地区侨团占海外侨团的比例达到67.1%,其中美国就占53.6%,而亚洲地区仅占18.6%。④或许数字有较大出入,如有报道指,仅在马来西亚一地就约有9 000个华人社团,⑤但北美地区侨团增长趋势是明显的。

在海外华人社团的分布方面,根据20世纪90年代的统计,在全球1万多个华人社团中,亚洲的海外华人社团最多,占总数的67.68%;其次是美洲的华人社团,占总数的24.77%;其他洲的华人社团较少:非洲的占3.06%,大洋洲的占2.57%,欧洲的占1.91%。⑥

关于海外华人社团的分类问题较为复杂。在不同的历史发展阶段,海外华人社团的分类有所不同。新加坡、马来西亚早期的华人社团大体被分为方言组织、宗亲组织和秘密会社三类(参见颜清湟:《新马华人社会史》)。而西方学者中,有人将华人社团分为传统主义、现代主义和激进主义三大系统,有人分为中式社团和西式社团两大类。又有些学者将华人社团按其主要功能分成20类,除了传统分类之外,还分成武术团体、医药团体、艺术团体等。在我国,一些学者将海

---

① 刘崇汉:《马来西亚华人社团》,载《南洋学报》(第53卷),新加坡:南洋学会,1998年,第185-201页。

② 陶煌蟒:《社团联谊大会将透视华侨华人社团传承融入与联合》,中国新闻网,http://www.chinanews.com/zgqj/2014/06-05/6249209.shtml,2014年6月5日。

③ 麦礼谦著,黄艳霞译:《二次大战以来的美国华人侨团》,《八桂侨刊》,1993年第3期,第26页。

④ 台湾"侨务委员会"编:《2012侨务统计年报》,台北:台湾"侨务委员会",2013年,第16页,http://www.ocac.gov.tw/public/public.asp?selno=951&no=951&level=B#1。

⑤ 《马来西亚人社团近9 000个 1/3处于"冬眠状态"》,中国新闻网,http://www.chinanews.com/hr/2013/07-03/4996501.shtml,2013年7月3日。

⑥ 李明欢:《当代海外华人社团研究》,厦门:厦门大学出版社,1995年,第5页。

外华人社团分为血缘、地缘、业缘、会党和联谊五类；台湾侨史学界则将华人社团分为综合团体、乡族团体、社会团体、职业团体、文教团体、政治团体、救国团体七大类。在这些名目繁多、着眼点不同的分类中，最基本的有三种，即地缘性组织、血缘性组织、业缘性组织。

颜清湟和我国一些学者的划分方法，对本书而言较为科学、合理，而其他的划分方法多具借鉴意义。

因此，我们将海外华人社团组织大致分为如下几类：地缘性社团（方言会馆或乡团）、血缘性社团（宗亲会馆）、业缘性社团、文（学）缘性社团、宗教社团、秘密会社等。

二、海外华人社团的组织形式和内部机制

海外华人社团都设置有相应的管理机构。尽管海外华人社团的机构设置名目繁多，千差万别，一般还是有规律可循的。

海外华人社团机构设置的规律，一般包括三大部分：① 议事机构，例如理事会、常委会；② 办事机构，例如秘书、财政、交际；③ 监督机构，例如监察委员、监事会、查账。[①]

海外华人社团的内部运作机制，主要有以下三种：理事会制、委员制、理事会和监事会并列制。[②]

海外华人社团的机构中，设置有荣誉职务，主要包括名誉会员、名誉理事、名誉委员、名誉委员长、永远名誉会长等。

海外华人社团在吸收新成员加入时，在社团章程中会对入会要求作出相应规定，如年龄的限制，祖籍地或姓氏的限制，身份的要求，会费的缴纳等。比如，马来西亚雪兰莪福建会馆对入会者的要求：凡是在雪兰莪州的闽籍人士，年满21岁者，品行端正，愿遵守该会馆章程，均可加入为会员。入会时，必须由该会馆两名会员介绍，填写入会申请书，经该会馆董事会通过，并缴纳登记费2元后，方可成为正式会员。雪隆潮州会馆的入会要求较为复杂。该会馆会员分为三类：个人会员和永久会员、商号会员、团体会员。凡是潮州八邑同乡，无论其本人或祖先，只要原籍为潮安、澄海、潮阳、揭阳、普宁、惠来、饶平、丰顺等市县，以及南澳、汕头、南山等区者，不分男女，年龄在21岁以上者，品行端正，愿意遵守该会馆章程，均可申请加入为个人会员和永久会员。而凡是在雪兰莪州

---

① 许振礼、方雄普：《海外侨团寻踪（一）》，北京：中国华侨出版社，1995年，第130页。
② 参见许振礼、方雄普：《海外侨团寻踪（一）》，北京：中国华侨出版社，1995年，第130-132页。

内，由同乡人士经营的商店、公司、工厂、园丘、矿场或农场，要求以其商号名称申请加入为商号会员者，得派一名代表出席会员大会，其代表姓名必须先函告该会馆备案。若有同乡人士与其他人士合资者，亦可要求申请加入为商号会员，但必须派出同乡人士为代表，方得出席会员大会。凡是在雪兰莪州内，由同乡人士组织的注册社团，要求以其社团名称申请加入为团体会员者，必须派两名代表为该会馆团体董事，出席董事会议，其代表姓名必须先函告该会馆备案。团体董事有发言权及表决权，但无选举权和被选举权。

入会时，前两类会员均须填写申请入会志愿书，以及有一名个人会员介绍，经董事会通过，并缴纳基金、年捐后，由该会馆发给会员证书，方正式成为会员。第三类会员，必须填写申请入会志愿书，经董事会通过，并缴纳基金、年捐后，由该会馆发给会员证书，方成为正式会员。个人会员入会基金为2元，年捐1元。永久个人会员一次性缴纳入会基金20元，则可免缴纳入会基金2元和每年年捐1元。商号会员入会基金为5元，年捐3元。团体会员入会基金为20元，年捐10元。

为振兴组织，发展自身，许多传统类型的社团如地缘会馆和姓氏宗亲会想方设法改革会务，积极采取新举措，以期吸引年轻力量加盟。

总体来看，海外华人社团为解决后继者问题，主要采取两种举措：举措之一是设立会员子弟奖、贷学金，扩大社团在年轻人心目中的影响力和声誉；举措之二是设立互助部、福利部、音乐部、妇女部、青年团等，吸引青年人参加社团活动。其中，青年组织的创设往往被视为解决问题的关键。出于对社团自身以及华人社会的发展考虑，海外华人社团很重视青年组织的建立工作。马来西亚诗巫福州公会的章程中明确规定，其宗旨之一是"设立青年团"。[1] 1962年，马来亚潮州公会联合会呼吁各属会组建青年部和妇女部，罗致男女青年人才，为会馆吸收新鲜血液，增强会馆力量。[2] 为了提高青年团活动的社会效果，扩大其影响力，各华人社团通过各种方式加强青年团的组织建设。

既已有了明确的机构设置，会馆青年团积极开展工作。马来西亚槟州华人大会堂青年团的主要活动包括：促进青年互助互爱，培养青年领袖及协助推动教育、文化、体育与福利活动。活动包括青年团嘉年华会、全国华乐节、诗歌朗诵造型比赛、政治动向座谈会、象棋比赛，集各青年组织于一堂，促进联系与

---

① 《马来西亚沙捞越诗巫福州公会50周年纪念刊》，（马来西亚）诗巫：诗巫福州公会，1997年，第177页。

② 潘醒农：《马潮联会经办会务纪要》，载《马来亚潮州公会联合会第29周年纪念特刊》，新加坡：新加坡潮州八邑会馆，1964年，第39页。

交流。①

很多华人社团的青年组织也积极参与发扬华人文化的活动。2005 年华人欢度新春之际，2 月 10 日（农历大年初二），马来西亚蔴坡广肇会馆青年团粤曲班再次演出粤剧折子戏，既为庆祝新年，也为发扬中华传统文化。2 月 12 日（农历大年初四），马来西亚杜氏公会青年团与妇女组联合主办新春团拜。该会青年团团长杜振顺表示，通过举办这项活动，可以加强年轻人对中华文化的认识，能让他们对中华文化传承产生使命感。② 其他华人社团青年组织也在继承、发扬华人文化方面不落于后。2004 年 11 月底，柔佛州新文龙广东会馆青年团与妇女组联合举办"全柔宿将华语卡拉 OK 歌唱赛"，引起当地华人社会热烈反响。2005 年 1 月 12 日，柔佛州安溪会馆青年团和妇女组联合举办"己酉年金鸡喜迎春挥春及设计贺年卡比赛"。2005 年 2 月 20 日，东甲海南会馆青年团和妇女组联合举办"己酉年挥春比赛"，既庆祝春节，又可以提升华人中文书法艺术，发扬华人文化传统。在喜庆节日，举办挥春比赛是马来西亚华人社团（尤其是由青年组织主办）颇具特色的一项文化活动。"挥春"意为在春光明媚时节挥毫泼墨，书写书法作品。它是马来西亚华人具有独创性的时节艺术。"挥春基于对先辈们文化的怀念。新春时节挥毫泼墨不但可以怀念先辈们在原居地（指中国）的类似气氛，保留该传统，更为马来西亚华人创造了富有南洋特色的'中国艺术文化'，不失为一项创举。"③

"二战"后，海外华人妇女在华人社会中更趋活跃，逐渐成为一种非常重要的力量。顺应时势的需要，海外华人社团开始重视华人妇女问题，许多社团积极吸引妇女参加社团；在社团中设立相应的妇女组织，如妇女组、妇女部、妇女委员会等；组织妇女开展各种相关活动。设立妇女组、青年团等，是传统华人社团组织力图打破自身已呈现的社会功能衰退现象的举措，它们借此来扩大组织，吸收新鲜血液，加强社团的生机活力。

各类型华人社团中的妇女组织一般都会积极致力于各种活动，以服务于社团，服务于华人社会。马来西亚槟州华人大会堂妇女组的主要活动有：与友族妇女团体联系，促进交流；举办家庭生活、妇女问题、儿童问题讲座；设法律援助局，为有需要的妇女免费提供法律咨询；设合唱团，每周练习。通过上述活动，

---

① 《槟州华人大会堂》，载《马来西亚华团简史》编委会编：《马来西亚华团简史》，吉隆坡：马来西亚中华大会堂总会，1999 年，第 8 页。

② 《杜氏公会青年团妇女组团拜》，《南洋商报》，2005 年 2 月 14 日。

③ 李灵窗：《马来西亚华人延伸、独有及融合的中华文化》，福州：海峡文艺出版社，2004 年，第95 页。

促进妇女互助互爱，培养妇女领袖素质及协助推动教育、文化、体育和福利活动。①

三、海外华人社团的主要功能

海外华人社团因成立背景各异、类型不同，其功能虽然有很多共性，但也有明显差异。

（一）地缘性社团

地缘性社团组织，一般被称为"会馆""公会""同乡会"等，是指那些以地缘为纽带组建起来的社团组织。

海外华侨华人的地缘性社团，是指那些华侨华人以其原籍为纽带组建而成的社团，可以以省、府、县为原籍，亦可以以乡或村为原籍。对于地缘性组织，海外华侨华人称其为"会馆""公会""同乡会"，其中，以省、府、县为原籍，规模较大的地缘性社团命名为"会馆""公会"，而以乡、村为原籍，规模较小的地缘性社团则命名为"同乡会"等。

早期，华侨华人的地缘性和血缘性社团组织常命名为"公司"，如义安公司、潮州公司、香山公司、南顺公司、丰永大公司、宁阳公司等。这一点在东南亚国家，尤其是新马地区的华人社团中很常见。"公司"这一称呼，当是华侨华人模仿西方殖民者所建立的公司之名而得来。也有人认为，早期华人地缘性社团称为"公司"，"似是一时风尚，也与业缘有相当关系。公司的成员大都为同一籍贯（省份、州府、县市），从事有关工作，集体目标是为乡人服务"②。随着时势的变迁，华人之间由于地缘观念、职业上的利益关系产生矛盾冲突；部分南来的华人秘密会社成员参加公司，公司内部帮派之间和不同公司之间发生械斗、火拼。公司与秘密会社之间有了复杂的关系。所以，后来成立的地缘性社团逐渐不再采用"公司"这一名称，改为"会馆"或"同乡会"。

一般来说，海外各类型华人社团中，地缘性社团的历史最久。为什么地缘性社团最早创建？颜清湟对新马地区早期华人社会的研究表明，大多数中国移民是带着强烈的地方观念到达新加坡和马来亚的，他们为了安全、娱乐和互助，同一方言群

---

① 《槟州华人大会堂》，载《马来西亚华团简史》编委会编：《马来西亚华团简史》，吉隆坡：马来西亚中华大会堂总会，1999年，第8页。

② 刘问渠：《华人社团的历史发展与中华大会堂》，载《雪兰莪中华大会堂庆祝54周年纪念特刊》编辑委员会编：《雪兰莪中华大会堂庆祝54周年纪念特刊》，吉隆坡：雪兰莪中华大会堂文教委员会，1977年，第494－502页。

体很自然会和谐地聚集在一起。中国移民强烈的地方观念的基础是对地域性、相同或相近社会习俗及宗教信仰的认可；而在移民过程中，华人移民中的地缘观念和基于方言的亲密关系得到进一步加强。相同或相近的地缘和方言便于同一方言群体间的联络与合作，也为新加坡和马来亚早期方言会馆的创立提供了条件。①

早期的马来西亚华人地缘性社团，其成立、创建的目的和宗旨大多是联络乡谊，扶助乡亲，兴学助教，共谋发展。刻立于清朝光绪辛丑年（1901）的福寿宫（民国初年改名为"吉礁福建会馆"）"勉善碑"上叙述了福寿宫的创建目的："今吉礁境地褊小，华人无多，所以未设义塾医院，致贫者失学，病者失养，不及星洲槟城万于一也。况天地化育，民胞物兴，大舜博施济众，文王发政施仁，昔人德泽累累，何止恒河沙数，可谓指不胜屈，笔不胜书！吾辈心存隐恻，愿学义举。不吝囊金，先筑此室。俾童蒙读书有处，疾病栖身有所，即山顶来往人亦可以助驿于兹矣。"② 兴学、辅助贫病者、给旅人提供临时住处等，这是吉礁福建公会的创立目的。早期潮州帮的马六甲潮州会馆，其宗旨是"敦睦乡谊，实行互助，提倡公益"③。

至于那些跨地域较广的华人地缘会馆，其宗旨和目的的着眼处更高，涉及事务复杂，反映其功能更强。如槟城平章会馆的成立宗旨为"讨论华人之重要事务"，"华族人士有纷争时，如果双方愿意和解，即实行调节"。④

此外，随着马来西亚华人社团的不断演进与发展，华人社团本身对其章程会进行相应的修改与调整，以符合社会发展的需求。1933 年成立的马海南联会（马来西亚海南会馆联合会的简称），到 20 世纪 80 年代时，其经过不断修改补充的章程共由 29 部分组成。⑤ 其章程规定，马海南联会的宗旨是：①促进各属会和会员之间的友好关系与谅解；②促进马来西亚各民族之间的亲善与团结；③促进各属会及其会员的福利；④协助发展各属会及其会员的经济、文化、教育及福利等事业；⑤维护和争取各会员在宪法下的基本公民权益；⑥关注对会员民生有广泛性影响的政策与措施，并对它们提出意见；⑦联络与马海南联会宗旨类似的社团，以实现上述目标。成立初期，马海南联会的宗旨是为琼籍同乡服务，集中同乡的财力智力开发海南。

除上述目的和宗旨外，早期华人创建地缘性社团还基于敬神思想和慎终观念

---

① 颜清湟著，粟明鲜等译：《新马华人社会史》，北京：中国华侨出版公司，1991 年，第 33 – 35 页。
② 《吉礁福建公会庆祝 80 周年纪念特刊》，吉礁福建公会，1980 年，第 6 页。
③ 潘醒农编著：《马来亚潮侨通鉴》，新加坡：南岛出版社，1950 年，第 297 页。
④ 吴华：《马来西亚华族会馆史略》，新加坡：东南亚研究所，1980 年，第 16 页。
⑤ 《马来西亚琼州会馆联合会章程》，载《马来西亚琼州会馆联合会 50 周年纪念特刊》，吉隆坡：马来西亚琼州会馆联合会，1984 年，第 438 – 445 页。

的推动。① 早期的华人移民由于受教育程度不高，中国传统观念非常强烈，他们把家乡的神灵带至移居地供奉，以求得到心灵上的慰藉。"神灵的保佑曾给予开荒年代的华人先驱者不少精神上的支持力量。"② 许多早期华人会馆其前身乃是寺庙，如：福寿宫是吉礁福建会馆的前身；凤山寺是新加坡南安会馆的前身；天福宫是新加坡福建会馆的前身；会宁佛爷庙后逐渐发展成为槟城会宁会馆；韩江家庙发展演变为槟城潮州会馆；仁和公司（其建筑为庙宇式样，其中供奉关帝神位）最终发展为槟城嘉应会馆。

华人还很注重养老送终。许多方言群多建有义山，以处理逝去同乡之丧事。后来，有些义山组织逐渐发展成为地缘性会馆，如：槟城广东暨汀州会馆的前身是槟城广汀义冢和广东义冢；雪兰莪广东会馆的前身是吉隆坡广东义山；新加坡福建会馆的前身包括天福宫和恒山亭（恒山亭为义山）。

关于早期华人地缘性社团的职能，颜清湟根据保存下来的马六甲应和会馆和吉隆坡广肇会馆的若干记录，作出了很有见地的总结，他认为主要有如下几点：③

1. 宗教和社会职能

早期的华侨大多来自闽粤农村，受浓厚的中华传统文化的影响，他们想方设法保存自己的宗教规范和社会习俗。一方面，通过祭祀所建寺庙中的神祇，早期的华侨可以实现他们在宗教信仰和社会习俗上的需求；另一方面，人数较少的华侨帮派因为他们所尊崇的神祇未设在寺庙而使心神无所寄托，地缘性社团适时地弥补了这一缺憾。他们在馆舍中供奉所信仰的神祇，并组织会员定期举行祭拜活动。这些祭拜活动不仅满足了人们追求好运的心理，也给予那些经常返乡的华侨行程期间心灵上的安全感。

另外，早期的许多地缘性社团还创建有义山（义冢），并经常在相关的华人节日期间举行祭拜活动。这些举措可以消除早期华侨担心客死异乡变为孤魂野鬼的不安心理。马六甲应和会馆在其早期阶段（1851—1862 年，即清朝咸丰年间）最重要的职能是组织宗教和社会活动。它为嘉应籍客家人创建义冢，在有关节日时组织集体扫墓、祭拜活动。每次进行宗教活动时，会馆都举办盛大宴会，这对早期并不富裕的华侨来说是很重要的。盛宴既给他们提供了一饱口福、改善生活的机会，也增进了相互间的交流。

总之，许多早期的华侨地缘性社团都认识到并重视宗教聚会和社会活动对华

---

① 刘崇汉：《独立前华人乡团组织》，载林水檺、何启良、何国忠、赖观福等编：《马来西亚华人史新编（第3册）》，吉隆坡：马来西亚中华大会堂总会，1998 年，第 351 页。

② 刘崇汉：《独立前华人乡团组织》，载林水檺、何启良、何国忠、赖观福等编：《马来西亚华人史新编（第3册）》，吉隆坡：马来西亚中华大会堂总会，1998 年，第 351 页。

③ 颜清湟著，粟明鲜等译：《新马华人社会史》，北京：中国华侨出版公司，1991 年，第 41 – 48 页。

侨会员的重要性。

2. 福利职能

早期的华人社会缺乏来自当地政府的福利政策惠及，殖民地政权更不可能主动施予他们福利政策。而早期那些大多来自农村的华侨在家乡得到的是自己宗族的保护和帮助。在异乡外域，他们同样渴望得到一定的保护和帮助。但早期的血缘性社团不能较好地满足他们的上述需求，地缘性社团则相反。因而，早期的华侨会从地缘性会馆那里获取保护和帮助。地缘性会馆根据自身规模和财力给会员提供帮助和保护。规模较大、财力充足的会馆能够满足会员最重要的福利需求，如免费吸纳会员，为无业或失业会员寻找工作，给会员提供卫生保健，免费办理丧葬事宜。在槟榔屿，新宁会馆、香山（中山）会馆、增城会馆、嘉应会馆、从化会馆、云台馆等几家规模较大、财力雄厚的早期华侨地缘性会馆可以为会员提供休闲度日的高大舒适馆舍，而那些同籍的"新客"也可入住其中；这些会馆还举办各种形式的娱乐活动；它们又为病弱者提供食宿，为亡故者操办丧葬事宜。

有些较大的会馆还为华侨患者开设康复中心，当时名为"回春馆"，这对医疗条件欠佳的早期华侨社会来说非常重要，何况回春馆还可以为华侨提供其他方面的福利帮助。马来西亚雪兰莪茶阳公司专门开设茶阳回春馆，护理病人，并殡葬亡故者。由于茶阳公司会员大多为容易患病的矿工，因而茶阳回春馆的开设对他们来说很重要。茶阳回春馆后来发展为私人医院，现在已发展为一家现代化医院。

3. 仲裁职能

从马六甲青云亭及华人甲必丹的职责、功能、作用可以看出，早期的新马华侨社会具有一定程度的自治性。"而作为自治的机构之一的，便是方言会馆。"在新马地区，早期的地缘性社团会维持基层的法律和秩序，解决会员间的微小争端。地缘性社团仲裁职能的大小取决于会馆的规模及其领导者的名望和社会地位。人数少、影响小的会馆，其仲裁职能在华人社会发挥的作用较小。而那些实力雄厚、会员人数众多的会馆，其仲裁职能比其他职能更为重要，甚至会超越会馆范围，广泛影响整个华人社会。

对于海外华人社团的社会功能，台湾学者陈烈甫也做过更明确、详细的归纳：①互相合作，守望相助；②排难解纷，息事宁人；③救济贫病疾苦无依之人；④致力于国民外交，改善华侨处境；⑤调和侨社与政府之间的关系，减少不必要的误会；⑥救乡救国，较能有声有色；⑦倡办文化事业，弘扬中华文化；⑧重视青年，奖励优秀，资助贫寒（学子）；⑨提倡健身与正常娱乐；⑩促进侨社的兴革。①

通过以上对华人地缘性社团功能的了解，我们可以看出，它们在华人社会有

---

① 陈烈甫：《东南亚洲的华侨、华人与华裔》，台北：正中书局，1979 年，第 379 - 383 页。

着重要的影响力和地位。

对于马来西亚华人地缘性社团，刘崇汉总结了其具有的优越条件：①拥有资产，经济力量雄厚；②领导人具有一定的名望与实力；③不缺乏有组织能力的人员；④拥有一定的组织架构与号召力；⑤秉承发扬中华文化和热心公益事业的优良传统；⑥具备与友族团体进行文化交流的实力。[①]

（二）血缘性社团

血缘性社团，是指那些以血缘为纽带组建成立的社团。和中国国内的血缘性组织一样，海外华侨华人的血缘性社团也以相同或同源姓氏作为建立组织的基础。海外华侨华人的血缘性组织一般称为宗亲会馆，具体名称有"宗祠""公司""公会""公所""会馆"或"堂"等。

早期的海外（如马来西亚）华人，他们创建宗亲会馆的目的，一般在于祭祀祖先，促进宗亲之间的联络，加强团结，照顾宗亲，关怀福利等。马六甲注礼堂戴氏宗亲会的宗旨是："祭祀祖先、崇尚礼教、联络感情、促进团结及敦亲睦族。"[②] 马六甲李氏宗祠的宗旨是："联络同宗之感情，互助爱护及促进同宗之利益。"[③] 1892 年创立的雪隆叶氏宗祠，有三大宗旨：①奉祀列祖神主，资宗亲祭祀，俾他乡客子，知己身之所出，不致贻"数典忘祖"之嫌；②举行春秋两祭，借以联络宗亲，使知尊亲敬长之义，进而彼此之间，互通有无，调解甘苦，斟酌得失，明征存亡，庶几身客异乡，犹居梓里；③由此组织，可以招待远来宗亲，方便庆吊大事，备办社会福利，调停或有纠纷。[④] 太平霹雳郭氏汾阳堂的宗旨是：联络宗亲感情；为宗亲谋福利；为宗族权益作贡献。[⑤] 1958 年底正式成立的沙捞越陇西公会的宗旨是：联络及促进彭、董、李三姓宗亲的情谊；增进宗亲福利及以该会名义参与农工商业投资；赞助社会慈善公益，推动文教、教育事业；每年清明节时，会同宗亲前往彭、董、李三姓祖先墓前祭拜，以崇祖德。[⑥] 雪隆李氏宗亲会章程中明确规定了其宗旨是：促进会员之间的友好关系与谅解；促进

---

① 刘崇汉：《独立后华人乡团组织》，载林水檺、何启良、何国忠、赖观福等编：《马来西亚华人史新编（第 3 册）》，吉隆坡：马来西亚中华大会堂总会，1998 年，第 403 – 404 页。

② 《马六甲注礼堂戴氏宗亲会》，载《马来西亚华团简史》编委会编：《马来西亚华团简史》，吉隆坡：马来西亚中华大会堂总会，1999 年，第 263 页。

③ 《马六甲李氏宗祠》，载《马来西亚华团简史》编委会编：《马来西亚华团简史》，吉隆坡：马来西亚中华大会堂总会，1999 年，第 265 页。

④ 毓光：《雪隆叶氏宗祠史略》，载《雪兰莪叶氏宗祠成立 100 周年纪念特刊》，1993 年，第 84 页。

⑤ 《太平霹雳郭氏汾阳堂》，载《马来西亚华团简史》编委会编：《马来西亚华团简史》，吉隆坡：马来西亚中华大会堂总会，1999 年，第 145 页。

⑥ 李福安：《沙捞越陇西公会简介》，载《雪隆李氏宗亲会 50 周年金禧纪念》，吉隆坡：雪隆李氏宗亲会，1999 年，第 132 页。

会员之间的经济、文化、教育及福利事业；联络与该会宗旨类似的社团，以达至上述目标。[①]

关于早期华人血缘性社团的功能，颜清湟做了如下归纳：祭祖和崇祀保护神；纪念传统节日；扶助贫困会员；仲裁纠纷；关心族人婚姻，促进教育事业的发展。[②] 血缘性社团的这些职能和地缘性社团的职能大多相同。

随着马来西亚以及当地华人社会的发展进步，后来成立的血缘性社团的宗旨往往不仅限于上述几点，而是立意更为高远，尤其是那些宗亲总会组织的宗旨，关注华人社会甚至马来西亚的发展、当地族群关系的亲睦等。1988 年成立的北霹雳洪氏敦煌堂的宗旨是：祭祀洪氏祖先牌位；联络族亲感情，促进合作；关注族亲福利，发扬互助精神；协助社会公益、慈善文教事业；促进各族社群亲善团结。[③] 也是在 1988 年成立的马来西亚陈氏宗亲总会的宗旨是："团结宗亲、联络感情、共谋福利；促进社会繁荣，各族亲善、公平，效忠国家；设立助学、奖学、贷学基金；推动各项健康文娱活动。"[④] 马来西亚黄氏联合总会的宗旨是：联络马来西亚各地黄氏宗亲会，互助合作，精诚团结，启发智慧，敦厚道德，善邦亲睦，促进文化，依据政府政策，振兴教育，共谋社会人群福利。[⑤]

海外华侨华人血缘性社团的命名大多与华侨华人姓氏的郡望或堂号密切相关，这些名称反映了浓厚的中华传统文化的色彩。郡望原指某郡内的豪门大族，后来指某一姓氏发迹、兴旺的地方。堂号是某一个或某些姓氏的特殊标识，它与各姓氏的起源地、发祥地、发展史等密切相关。

（三）业缘性社团

业缘性社团，是以业缘为纽带组建起来的社团，它们主要指行业商会、行业公会或行业性的联谊组织。

在传统的三缘会馆中，同地缘性社团和血缘性社团相比，业缘性社团的初创时间最迟。不过，逐渐兴盛发展起来的华人业缘性社团，不仅数目庞大，而且涉及行业多种多样，尤其是在东南亚地区，包括了当地社会许许多多的行业。

---

① 《雪隆李氏宗亲会章程》，载《雪隆李氏宗亲会 50 周年金禧纪念》，吉隆坡：雪隆李氏宗亲会，1999 年，第 132 页。

② 颜清湟著，粟明鲜等译：《新马华人社会史》，北京：中国华侨出版公司，1991 年，第 77 - 86 页。

③ 《北霹雳洪氏敦煌堂》，载《马来西亚华团简史》编委会编：《马来西亚华团简史》，吉隆坡：马来西亚中华大会堂总会，1999 年，第146 页。

④ 《马来西亚陈氏宗亲总会》，载《马来西亚华团简史》编委会编：《马来西亚华团简史》，吉隆坡：马来西亚中华大会堂总会，1999 年，第62 页。

⑤ 《马来西亚黄氏联合总会》，载《马来西亚华团简史》编委会编：《马来西亚华团简史》，吉隆坡：马来西亚中华大会堂总会，1999 年，第63 页。

业缘性社团可分为商人组建的行业商会和工人创立的行业公会两类。行业商会是商人们在商业利益的基础上组建的，其目的在于方便同行商人联络、交流，团结同行商业人士共谋发展；行业公会的宗旨是便利同行工人们之间的联络、交流，谋求公正合理的待遇及福利等。[①]

隆雪中华百货商会的成立宗旨是：联络同业感情，共谋商业发展，互惠互助，排难解纷。

商会组织曾经在海外华人社会中发挥过重要作用，它们一度是华人社会的组织者和领导者。因此，商会组织的宗旨和活动不仅限于维护会员的权益，还关注华人社会的文化、教育等方面的发展进步，关注所在地经济的发展，关注当地政府的政策走向，注意建立各民族间的友好关系等。1904 年成立的吉隆坡暨雪兰莪中华工商总会的宗旨为：促进会员在商业、工业、矿业、农业及其他合法经营企业的利益；促进社会、文化、教育及福利事业；排解商业纠纷；提升市场之安定；加强工商界之团结；参与马来西亚经济发展并作出贡献；联络其他与该会相同宗旨的注册社团，共同努力，互助合作，以达至上述目标。[②] 因此，吉隆坡暨雪兰莪中华工商总会的会务方针是：[③]

（1）促进马来西亚的工商业发展，包括工商事务咨询、收集与分析国内外经贸讯息、筹组工商业考察团与举办展览会、排解会员之间的工商纠纷。

（2）搭建政府与私人机构之间的沟通桥梁，包括和政府与法定机构进行对话、向会员传达政策与条例、代表会员提呈意见与建议。

（3）提升社会福利，推广文化、教育工作：资助慈善与社会福利机构、向清寒学子提供大专贷学金和中学助学金。

（4）培训人力资源：开办各类工商管理课程。

（5）出版刊物，包括会员行业手册、中小型工业手册、会讯。

（四）文（学）缘性社团

文（学）缘性社团是指以文化（或学校）为纽带建立起来的华人社团。文（学）缘性社团包括武术团体，舞蹈、音乐、美术、合唱团体，龙狮团，文学以及文化团体、校友会等。

海外华人文化社团的创立，一般都是为了保护和发扬本民族文化，同时促进

---

① 吴华：《新加坡华族会馆志（第 1 册）》，新加坡：南洋学会，1975 年，第 31 页。
② 《吉隆坡暨雪兰莪中华工商总会》，载《马来西亚华团简史》编委会编：《马来西亚华团简史》，吉隆坡：马来西亚中华大会堂总会，1999 年，第 242 页。
③ 《吉隆坡暨雪兰莪中华工商总会》，载《马来西亚华团简史》编委会编：《马来西亚华团简史》，吉隆坡：马来西亚中华大会堂总会，1999 年，第 245 - 246 页。

各族间文化的交流。马来西亚华人文化协会的成立宗旨是：为马来西亚华人文化以及本国内其他民族文化交流提供一项媒介；设立一个中心，研究及提倡马来西亚华人文化，使之成为马来西亚国家文化的一个重要部分。太平华人文化协会的成立宗旨是：研究与发扬华人文化，使之成为马来西亚国家文化主流的重要一环；联络各民族文化团体，互相交换研究心得与意见；学习与推动本地的文化艺术及国家舞蹈。南马文艺研究会的成立宗旨是：发扬文学和艺术，联络感情，交换意见，以及提高文化水准。槟城陈氏太极拳协会的宗旨是：发扬中华武术文化；大力推动陈氏太极拳运动；组织与安排各种武术活动；促进马来西亚各族之间体育与文化的交流和发展。

以学校或同学关系为纽带建立起来的校友会，在马来西亚华人文（学）缘性社团中占有重要位置。校友会创建的原因主要有以下两点：对母校怀有深厚感情，经常关注其生存、发展，并以各种方式回馈母校，这促成"二战"后东南亚地区校友会的大量涌现；对于学成毕业后现实问题的考虑，促使那些在同一学校、同一地区的求学者以"校友"为纽带团结起来，共谋发展。吉隆坡中华校友会的成立宗旨是：谋求母校的发展和校友的利益。居銮留台同学会的成立宗旨是：联络留台同学的感情，共谋福利，服务社会。太平华联校友会的宗旨是：联络校友，促进交流；提升会员福利；协助母校发展；致力于社会公益慈善事业；遵照教育法令的规定，委派校友代表担任母校董事会的董事。[①]

（五）宗教社团

宗教社团是指以宗教为纽带而建立起来的社团。海外华人社会中的宗教社团，其历史相当悠久，甚至很多地缘性会馆的前身就是寺庙。

海外华人的宗教信仰较为庞杂，但总体上应属于佛教、道教、儒教、基督教等几大宗教信仰系统，或者属于混合儒、释、道等华人传统宗教思想的民间教派，如三一教、真空教、德教等。此外，近年来，一些新兴教派组织在海外华人社会中逐步扩大，并在传承和发扬中华传统文化方面发挥了相当重要的作用。这些新兴教派组织包括净宗学会、佛光山、慈济功德会等。

海外华人的民间信仰也很复杂。不过，其信奉的神祇大体上可以分为两类：传自中国，深受中国影响的神祇；受居住地影响，在居住地创造和发展的神祇。而传自中国的神祇，又可分为两类：一类为全中国普遍信仰的神祇，另一类为分属于闽、粤、琼等省的地方性神祇。以民间信仰为基础，海外华人也建立了众多的宗教组织。

---

① 《太平华联校友会章程》，载《马来西亚霹雳州太平华联校友会30周年纪念特刊（1961—1991）》，太平：太平华联校友会，第99－104页。

　　海外（如马来西亚）华人建立的寺庙不仅仅是华人的宗教活动场所，而且热心从事社会公益事业，尤其是积极资助华人教育，这是我们可以称其为"宗教社团"的原因。

　　吉隆坡仙四师爷庙建立的深层次原因，"原以当日尚未有所谓社团之组织，除寻常会馆外，而欲成立一无界限之公共集会场所，则庙堂尚矣"①。由此看来，它不会只是一座寺庙。吉隆坡仙四师爷庙设有"大学奖学金委员会"，目的在于"协助品学兼优，有志深造，而家境非裕之华人青年学子，使得进入大学，完成其学业，为国家社会服务"②。从1976年至1988年，吉隆坡仙四师爷庙大学奖学金共资助学生92人次，共拨出奖金182 000马币。吉隆坡仙四师爷庙还设有"华文独中奖励金"，1968—1989年，该奖励金共资助"尊孔""坤成""循人""中华"四所华文中学197 610马币。另外，吉隆坡仙四师爷庙还资助雪兰莪同善医院、吉隆坡华人接生院、雪兰莪中华大会堂、雪兰莪惠州会馆等，热心公益。③

　　再如，马佛青总会曾经举办过全国佛学常识比赛、全国佛学歌唱比赛、全国民间舞蹈比赛、大专学生弘法课程、佛教学生联谊会等，它还经常发起献血活动、捐眼角膜活动、反吸毒运动等社会公益活动。1975年，槟州中元联合会发动103个街区联合为韩江中学募捐50万马币，作为该校建立图书馆的基金；次年，又为8家华文小学募捐发展基金；1978年，再次为南华平民医院筹募建院基金；越年，又为丹绒道光汉民华文小学筹募重建款项，并为柬埔寨难民义演筹款；1980年，槟州中元联合会再为槟州元首敦萨顿各民族慈善基金和槟州华人大会堂建堂筹募等。善举频频，款项可观。德教的许多会阁，尤其是紫系和赞化系的会阁免费为群众提供中医诊疗，怡保的济德阁和新加坡的济芳阁则聘请西医为德友和其他群众义务治疗；许多会阁为经济困难的德友子女或非德友子女提供学费和奖学金；规模较大的会阁开办幼儿园，专门为青年提供乒乓球、羽毛球、象棋等体育用品，开设太极拳班，举办联欢灯谜等文娱活动。

　　从宗教社团的成立宗旨可看出，它们除弘扬教义，增进会员感情外，对社会公益活动也十分关注。霹雳太平德德社济诚阁的成立宗旨是：崇奉德德社诸佛诸仙尊的硕德嘉言懿行；恭迓古圣贤降鸾，为病黎解除疾苦，为善信阐释疑难，劝

---

　　① 《四公纪念碑》，载《吉隆坡仙四师爷庙庆祝125周年纪念特刊（1864—1989）》编委会编：《吉隆坡仙四师爷庙庆祝125周年纪念特刊（1864—1989）》，吉隆坡：立成印务有限公司，1989年，第98页。

　　② 《吉隆坡仙四师爷庙考》，载《吉隆坡仙四师爷庙庆祝125周年纪念特刊（1864—1989）》编委会编：《吉隆坡仙四师爷庙庆祝125周年纪念特刊（1864—1989）》，吉隆坡：立成印务有限公司，1989年，第165－166页。

　　③ 《历年庙务记略》，载《吉隆坡仙四师爷庙庆祝125周年纪念特刊（1864—1989）》编委会编：《吉隆坡仙四师爷庙庆祝125周年纪念特刊（1864—1989）》，吉隆坡：立成印务有限公司，1989年，第176－216页。

善立德，醒化人心；赞助慈善事业与阁员福利及联络友阁感情。[①]

四、海外华人社团发展的新特点、新趋势

近年来，随着海外华人人数的迅猛增加及其经济实力的不断增强，华人社团呈现出愈发复杂和多样化趋势，在数量、规模和功能等方面均已发生了明显的改变，出现了诸多崭新的时代特点。

（一）海外华人社团组织形态的发展特征及趋势

首先，从社团人员的构成来看，第一代老移民、接受华文教育的第二代土生华人和出生于中国的新移民构成了当今华人社团的主力军。至于接受当地教育的第二代和第三代土生华人，由于其本土融合度较高，生活范围已不再局限于华人社会，他们中的大多数人对传统华人社团失去兴趣，致使当今许多社团在人员上出现萎缩或青黄不接的现象。但近来有资料显示，随着传统华人社团功能的转型，社团参与本土事务的程度日渐提高，社团在协助成员建立外部商业社会网络方面的作用不断增强，以华裔青年为主的社团开始显露热情并迸发活力，一些融合当地的华裔与新移民的青年组织也相继成立，并逐渐走上国际舞台。此外，同老移民社团相比，新移民来源地的多元性使得新移民社团在人员构成方面出现了明显的开放性特征，其主要表现在对于入会资格的要求更加宽松和灵活。与传统的老移民社团相比，以新移民为主的新型社团所展现的开放性特征不仅有利于其在短期内壮大会员队伍，而且极大地增强了社团的号召力和开拓力。

其次，从社团的建构类型来看，在传统类型的华人团体中，相比于血缘性和宗教社团，以"省""市"为单位的地缘性社团近年来显现出更为强大的活力。从 2012 年底至 2013 年，相继成立的地缘性社团有美国的佛罗里达州福建同乡会联合会、得克萨斯州安徽同乡会，圣地亚哥的陕西同乡会和东北同乡会，新西兰的奥克兰青岛同乡会，加拿大的浙江同乡会，日本的甘肃同乡会以及罗马尼亚的江苏华侨华人联合会等，而新成立的血缘性、宗教以及以"村""县"为单位的地缘性社团则寥寥无几。究其原因，一方面归于华人社会传统的血缘性和宗教社团往往建立在地缘基础之上，前者的成员涵盖范围远不如后者广泛；另一方面则在于新成立的地缘性社团往往以中国北方地区非传统侨乡的新移民为主，来源地的广泛使他们很少能以"村"或"县"为单位组织起来，于是更大级别的"省"

---

① 《霹雳太平德德社济诚阁》，载《马来西亚华团简史》编委会编：《马来西亚华团简史》，吉隆坡：马来西亚中华大会堂总会，1999 年，第 151 页。

"市"等地域单位则自然成为地缘性社团的组织原则。

除传统型社团之外，社团建构类型的另一个特点是专业性社团呈迅猛之势发展，数量倍增。有研究者统计，从1950年到1991年的40余年间，美洲的华侨华人专业性社团数量就从469个增加到2 252个①，几乎增加了4倍。据估算，目前全球华侨华人专业性社团的数量已达到2 553个②。专业性社团多以一个或多个专业领域或专业人群命名，也有不分领域的综合性专业团体。在成员构成方面，专业性社团多以华人新移民中的专业人士为主，这与近20年来大批留学生毕业后留居当地以及近年来不断涌现的技术移民潮有直接密切的关系。从分布上看，专业性社团主要分布在新移民集中的发达国家，如美国、加拿大、澳大利亚、新西兰、日本、新加坡等地。与传统华人社团相比，该类社团在智力、资金和技术方面都颇有优势，因此成为当今中国建立人才"智库"的重点引介对象。

不同于上述的传统型社团和专业性社团，以"华人性"（Chineseness）或华人文化为纽带成立的团体日渐兴盛，成为近年来华人社团在建构类型上的又一特点。此类社团以该区域的全体华人为涵盖对象，以热爱中华文化为共有的号召背景。如美国大芝加哥地区华侨华人联合会（CAAGC），其明确提出，"凡爱我中华并愿为中国和平统一作贡献的炎黄子孙、华人社团，只要承认本会章程，遵守美国法律……即成为本会会员"③。近几年成立的此类团体还有加拿大华人联合总会（2005）、阿联酋华侨华人联合会（2010）、西班牙USERA华人联合会（2011）、斯里兰卡华侨华人联合会（2012）和意大利曼托瓦华侨华人总会（2013）等。该类团体发展迅速，一方面反映了当前华人移民来自中国五湖四海的地方特征，希望借华人共有的种族和文化背景团结起来，维护和提高在移居国的权益与地位；另一方面则显示了在全球化时代背景下，涵盖面广的中华文化比带有局限性的地缘、血缘纽带在号召力和凝聚力方面更占优势，正在逐渐成为凝聚海外华人移民的新型纽带和力量。

最后，从社团的组织架构来看，以往成立的华人社团多以单一性架构为主，即单纯的地缘、血缘或业缘等性质的团体，且同一性质的团体之间没有制度结构上的联系。而目前在海外华人社会，以联合性为组织架构的社团颇为兴盛，并有不断增加的趋势。联合性社团通常由多个单一结构的组织集合起来，构成了一个

---

① 《侨智侨资助力中国发展》，《人民日报》海外网，http：//haiwai. people. com. cn /BIG5 /232604 /16462647. html，2013年10月9日。

② 潮龙起：《华侨华人专业社团与广东创新体系建设》，载《世界侨情报告》编委会编：《世界侨情报告（2012—2013）》，广州：暨南大学出版社，2013年，第67－68页。

③ 《大芝加哥地区华侨华人联合会》，芝加哥华学网，http：//yellowpage. chineseofchicago. com/association－agency/chinese－association /CAAGC/大芝加哥地区华侨华人联合会，2013年10月11日。

规模更大、人数更众的联合团体。该类社团有洲际区域性的，也有一国之内的。前者如美洲新华侨华人联合总会，该会于 2004 年成立，由来自美国、加拿大和南美地区的 40 个华人新移民团体构成；2001 年成立的全欧华人专业协会联合会也有来自欧洲不同国家的 40 个专业性社团成员。后者如 2011 年成立的加拿大华人同乡会联合总会，其由安徽同乡会、北京协会、重庆同乡会、福建联谊会、甘肃同乡会等 19 个同乡社团组成。和单一性组织架构的社团相比，联合性社团的优势主要在于它整合了分散的社团资源，建构了一个互通有无、资源共享、协调配合的平台，有利于反映和壮大华人移民在移居国的声音与力量。

（二）海外华人社团在功能模式方面的发展趋势

海外华人社团在功能模式方面表现出三个鲜明的特点，即商业取向明显、政治关怀增强和文化功能显著。第一，商业取向明显，主要表现在商业性社团近年来得到了蓬勃快速的发展。根据相关资料统计，仅 2013 年上半年就有 9 家商业性社团相继成立，大大超过了地缘和血缘性社团成立的速度。第二，政治关怀增强，主要体现在近年来社团的参政议政意识愈发浓厚，这一点在欧美地区表现得尤其明显。一方面，在国际政治事务上，华人社团敢于持有鲜明立场，抨击当局言论；另一方面，在移居国的国内政治事务上，华人社团也表现出前所未有的热情。以政治选举为例，华人社团不仅组织选民登记，鼓励选民用手中选票发声，举办活动为华人候选人站台背书，还积极将选民团结起来，搭建支持华人参政、鼓励华人发声的平台。第三，宣传中华文化的功能日趋显著。近年来，弘扬中华文化成为海外华人社团的主要文化功能之一，并日渐显著和强化。其推动力一方面来自中国，另一方面则来自华人社会本身。

（三）华教社团组织快速增长

伴随中国国力的大幅提升及因此而来的"华文教育热"，华文教育组织在全球范围内的数量不断增多，影响力也与日俱增。泰国曼谷华教促进会创办于 1990年，当时正是泰国华文教育最低潮的年代。其基金会创办人有谢慧如、郑午楼、林炳南、苏旭明、谢国民等。其宗旨是：以弘扬中华文化，致力于培养泰国华文人才为目标。菲律宾华教中心于 1991 年 5 月 24 日成立，是一个服务于菲律宾全国，从事华文教育和汉语教学的学术研究与行政协调机构。其宗旨是发展菲律宾华人社会的华文教育和主流社会的汉语教学。作为菲律宾的一个专业民间组织，华教中心与菲律宾政府机关，如教育部、高等教育委员会、移民局等，建立了比较密切的协作关系，共同为推动菲律宾华社的华文教育和主流社会的汉语教学而积极工作。菲律宾华教中心与中国的教育部、文化部、汉办、侨办以及地方教育部门、大专院校、幼儿园之间交流密切，合作广泛。全美中文学校协会（CSAUS）是以一大批自中国改革开放以后来美的留学人员和华裔新移民为主所组成的一个全国性非营利性公益组织。它于1994年12月成立，其宗旨为联络、服务在美国各地的中文学校和华人社区，弘扬中华文化，教育华裔青少年传承中华民族的优秀传统，促进中美教育文化交流和中美民间友好往来。

（四）海外华人社团与中国的互动联系更为密切

当前，随着中国改革开放事业的更深层次开展，海外华人社会与中国在经济、文化、教育、政治等诸多领域的联系更为密切，海外华人社团与中国的互动联系内容更为丰富，涉及领域更加多元，形成互相渗透交织的多重网络，情况因而可能更为复杂微妙。

如果从海外华人社团跨国化不断加快的角度来看，华人社团与祖籍国的跨国联系、跨国网络在双方政治经济稳定发展的前提下得到了前所未有的拓展和延伸。在广度上，随着来自中国大陆新移民的增加，华人社团的跨国网络将延伸到中国传统侨乡以外的"新侨乡"地区，这些地区将在与华人社团的互动中受益。在深度上，华人社团的跨国网络将因为来自中国官方支持平台力度的加强而得到进一步的稳固和深化。例如，广东省潮州市举办2014年度潮州青龙庙会暨"弘扬民俗文化，唱响潮人乡情"文化踩街活动。潮州市外事侨务局主动将其列为"根在潮州"潮文化海外传播活动的一项载体，主动做好宣传推介。这一民俗传统文化活动引起海外乡亲的强烈反响，来自泰国、新加坡、马来西亚、印度尼西亚等地的十余个海内外潮人社团及200多名海内外知名潮裔乡亲应邀参加了文化踩街活动。2013年10月13日，马来西亚惠州联合总会访问团一行17人在总会长拿督斯里李锦贤的率领下访问惠州的惠城、惠阳、博罗等县区，开展文化学习和交流。访问团不仅参观游览了罗浮山冲虚古观和东纵纪念馆、惠州西湖、叶挺纪念园和叶亚来故居等名胜古迹，还前往小金口文化站考察座谈，正式邀请小金口麒麟舞及龙形拳传人作为第九届世界惠州同乡恳亲大会的表演嘉宾。此外，海外华人与中国的宗教信仰联系也更加密切，双方在宗教信仰方面的交流日益频繁。在这种情况下，一方面，海外华人民间宗教信仰可能有助于推动中国某些传统文化的复兴；另一方面，中国侨乡地区有关的民间宗教信仰组织及人员主动"走出去"，积极推动中华传统文化在海外的传播发展，进而可能推动中国文化软实力的建设工作。

第二节　软实力视野下的华文传媒资源

海外华文传媒有悠久的历史。它们积极报道所在国的华人生活，也主动融入所在国；它们热切地关心中国，也关注所在国华人的生存与发展问题。当前，海外华文传媒出现许多新情况与新动态，特别是随着新媒体的迅速发展，海外华文传媒呈现出传播全球化的趋势。

一、华文传媒数量与分布

有华人的地方就有华文传媒，华文传媒几乎遍布全世界。从 1815 年的《察世俗每月统记传》开始，海外华文传媒迄今已有 200 年的历史。在这 200 年的发展历程中，华文传媒经历了多次繁荣，如今随着中国经济的迅速发展，海外各国大力发展华文教育，华文传媒在平稳发展的基础上有所变化，迎来新的发展空间。

（一）华文传媒在海外落地生根

总体来说，华文传媒分布在世界各国，但东南亚数量最多，运作也比较规范，而在非洲，由于经济较为落后，华人刚开始大量进入，华文传媒有待发展（见表 1）。

表 1　各洲海外华文传媒数量一览表

洲别	华文报刊	华语广播	华语频道	主要媒体
亚洲	192	15	23	《星洲日报》《中国报》《南洋商报》《光华日报》《联合早报》《联合晚报》《京华中原报》《世界日报》《星暹日报》《国际日报》《中日导报》、优频道等
欧洲	128	7	6	《星岛日报》《欧洲时报》《欧洲商报》《英中时报》等
北美洲	147	78	34	《星岛日报》《世界日报》《明报》《侨报》《环球华报》《加拿大商报》、美国中文电视台等
南美洲	43	6	3	《南美侨报》《美洲华报》等
非洲	11	1	1	《非洲时报》《南非华人报》《华侨新闻报》
大洋洲	74	18	4	《墨尔本日报》《澳洲新报》《澳洲日报》等

海外华文传媒数量庞大，其中尤以华文报刊的数量最多。海外华文报刊无论是数量还是在华人社会中的号召力，均在海外华文传媒中处于垄断地位。就数量与华人社会的影响力来说，亚洲、北美洲和欧洲位居前列（见图1）。

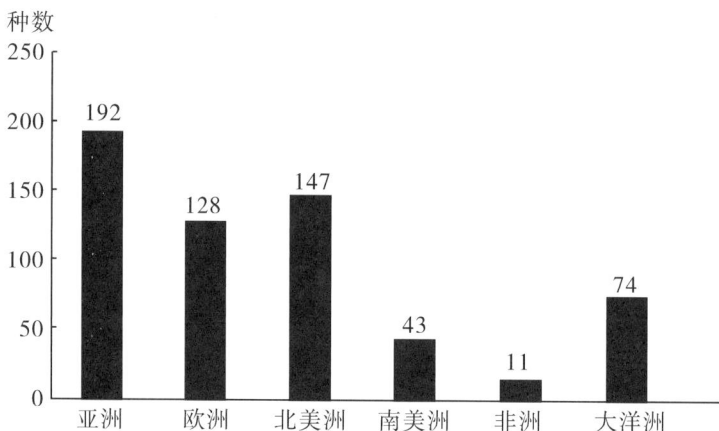

种数

图1　各洲海外华文报刊数量统计（截至2014年5月30日）①

目前，在全世界100多个国家中，有80多个国家出版华文报刊，规模大小不一，水平各有差异，性质也有所不同。总体来说，海外华文传媒的发展程度呈现较大的差异。

在东南亚，华文传媒最发达的是马来西亚和新加坡。马来西亚有华文报纸18家，华文期刊63种，日销售量超过马来文报纸和英文报纸。

表2　马来西亚仍在发行的华文报纸（截至2016年5月31日）

报纸名称	地区	出版周期	创刊时间
中国报	吉隆坡	日报	1946年2月1日
中华日报	沙捞越	日报	1945年10月1日
光明日报	槟城	日报	1987年12月28日
光华日报	槟城	日报	1910年12月20日
亚洲时报	沙巴州	日报	19世纪70年代
美里日报	沙捞越	日报	1957年6月8日
南洋商报	吉隆坡	日报	1962年8月31日

---

①　此数据是笔者综合中国新闻社、人民日报社、新华社等媒体，参照《海外华文传媒年鉴》（海外华文传媒年鉴社，2011年、2013年），以及在实地调研的基础上统计出来的，可能有所疏漏。

（续上表）

报纸名称	地区	出版周期	创刊时间
星洲日报	雪兰莪	日报	1965 年 8 月 9 日
沙捞越晚报	沙捞越	晚报	1972 年 11 月 8 日
国际时报	沙捞越	日报	1968 年 10 月 1 日
晨报	沙巴州	日报	1981 年 4 月 18 日
华侨日报	沙巴州	日报	1936 年 3 月 1 日
诗华日报	沙捞越	日报	1952 年 4 月 1 日
东方日报	吉隆坡	日报	2003 年 1 月 1 日

《星洲日报》是马来西亚发行量最大的华文报纸，日发行量超过 36 万份，周六、日的日发行量曾达到 40 万份，全马发行。《中国报》是发行量仅次于《星洲日报》的第二大华文日报，日发行量约 22 万份，全马发行。《南洋商报》日发行量约 10 万份，也在全马发行。

新加坡有《联合早报》《联合晚报》和《光明日报》等。《联合早报》每日发行量稳定在 18 万份，在中国一些城市也有发行，如上海等。

而在其他国家，华文报纸也在出版发行，如柬埔寨首都金边有 4 家华文报纸，其中历史悠久、资格最老的是《华商日报》，实力最强、有外资色彩的是《柬埔寨星洲日报》，时间最短、带有半官方色彩的是《柬华日报》。

在印度尼西亚（一般简称"印尼"），华文日报迎来了曙光。1999 年 9 月 9 日，发行量最大的印尼文版《罗盘报》和英文版《雅加达邮报》联合推出电子华文版《指南日报》。2000 年 2 月有 6 份华文报纸试刊。这些华文报纸是：雅加达的印尼文华文双语版《华文邮报》、华文版《和平日报》、《商报》和《新生日报》，泗水的《千岛日报》，棉兰的《广告日报》。这些新创办或复刊的华文报纸都主打种族和解的口号。

菲律宾在 21 世纪后出版了 5 家华文报纸：《世界日报》《联合日报》《商报》《菲华日报》《菲律宾华报》（菲律宾第一份简体字中文报纸）。虽然近 10 年来菲律宾华文程度下滑，读者有所减少，但是由于这一二十年来了不少中国新移民，现在华文报纸的读者群相对来说与过去相差不大。

在泰国，有 6 家华文报纸仍在发行，影响力最大的有《星暹日报》和《世界日报》。这些传统华文报纸被牢牢控制在老一代侨领手里，本地华侨社团特色非常明显。

（二）华语广播电视稳步发展

21世纪以来，随着中国经济地位日益提升以及与海外贸易的不断增长，世界各国华语广播、电视台相继开办，华语电视台纷纷增加购买华文节目的数量，增加华文电视的播放时间。

1. 华语广播数量较多

华语电台的数量仅次于华文报纸，这说明虽然华语电台处于式微的状态，但由于经营成本较低，移动收听，仍然受到听众的欢迎。

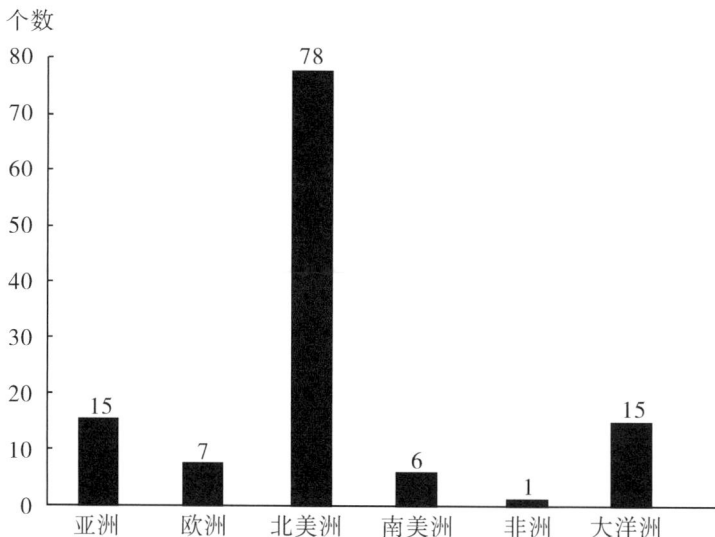

图2　各洲华语电台数量统计（截至2014年5月30日）①

加拿大华人聚集度较高的城市都办有华语广播和华文报刊，在多伦多，有1个华语频道、5个华语电台。美国许多城镇都有华人移民，华语广播也落地生根，为美国华人提供了丰富的信息服务。

在东南亚，2001年4月1日，印度尼西亚万隆市华裔陈如锵顺应时势，在华人社会一些有心人士的支持下成立了"万隆美声广播电台"。在马来西亚，华语广播为华人所喜爱。马来西亚华语广播主要有"988"和"MY FM"，之后又有一家华语电台——"哗！FM"向华人广播。"988"是丽的呼声有限公司属下子

---

① 此数据是笔者综合中国新闻社、人民日报社、新华社等媒体，参照《海外华文传媒年鉴》（海外华文传媒年鉴社，2011年、2013年），以及在实地调研的基础上统计出来的，可能有所疏漏。

公司，开播不久随即成为马来西亚最受欢迎的华语电台；而之后开播的"MY FM"，则属马来西亚有线电视台寰宇电视（Astro）所有。"哗！FM"是无线电台 NTV7 的附属电台，属 Synchrosound Studio 私人有限公司所有。不过，由于财政收入不佳，"哗！FM"后因无法承受经济压力而停办。

2. 华语电视收视良好

华语电视虽然经营成本较高，但是在不少国家仍有开办，而且受到观众的喜爱，如美国的中文电视台和熊猫电视、新加坡的优频道和新传媒集团的 5 频道等（见图 3）。

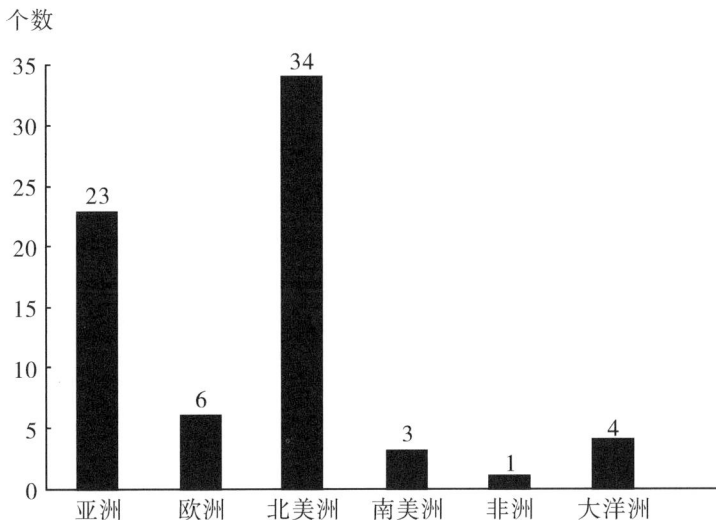

图 3　各洲华语电视频道数量统计（截至 2014 年 5 月 30 日）①

在加拿大多伦多，多元文化集团办有华语电视频道，大部分时间采用粤语报道，美国中文电视台在纽约受到华人的欢迎，法国巴黎的陈氏传媒集团也向当地的有线网租用一个频道，传输普通话电视节目。在日本，有 9 个华语频道。这些频道既播放自制节目，也播放来自中国的电视节目。

中国与马来西亚广播电视业的联系明显加强。自 1992 年以来，中国国家广播电影电视总局与马来西亚的新闻局每两年开展对话、交流活动。2004 年 5 月，中国电影集团和中国电视总公司与马来西亚的寰宇电视公司分别签订了电影合作

①　此数据是笔者综合中国新闻社、人民日报社、新华社等媒体，参照《海外华文传媒年鉴》（海外华文传媒年鉴社，2011 年、2013 年），以及在实地调研的基础上统计出来的，可能有所疏漏。

合同，与 Astro 天映频道签订落地合作协议，华人因此能够收看到大量的中国电视节目。中央电视台每年向全世界销售 5 000 个小时的节目，其中一半以上集中在东南亚地区，仅缅甸国家电视台 2003 年就向中央电视台购买了 300 多个小时的电视纪录片。

2005 年 12 月 18 日，泰国中文电视台开播。开播后在当地晚上 9 点到 12 点的时间段每天播放 3 个小时的电视节目；节目由新闻、纪录片、文艺三大板块构成，以中文会话、泰文字幕为主播出，同时也有以泰文会话、中文字幕或潮汕话、客家话等地方方言播出的节目。新闻节目以中国新闻、中泰交流活动新闻和当地侨团新闻为主，而电视短片、纪录片节目重点介绍中国的风景名胜、民俗风情、文化教育等，文艺节目主要播放流行的影视剧。

印度尼西亚以新闻报道为主的美都电视（Metro TV），从 2000 年 4 月开始筹备，10 月正式成立。其中华语新闻 2000 年 11 月 25 日开播，分别在上午 11 点和晚上 11 点播出，每次各 30 分钟。

在新加坡，电视以华语为主，港台节目很受华人欢迎。由于新加坡的华语电视"优频道"和"第八频道"无法制作大量节目以满足播出的需要，因此每年都大量购买中国大陆、香港和台湾的电视节目，如《大国崛起》等时事纪录片，这些节目尤其受到华人的欢迎，收视率非常高。

在越南，国家电视一台和二台每天都播放中国新闻，这些新闻直接采用中国电视画面，并配有中文字幕。2005 年 11 月 26 日，云南卫视在越南河内的广播电视台有线网开播，成为中国首家进入海外国家有线电视网的省台。在柬埔寨，中央一台、九台、四台，以及福建台、广东台和凤凰台的节目都能通过当地有线电视台收看到，它们成为柬埔寨人认识中国、了解中国的重要窗口。

3. 新媒体发展迅猛

21 世纪以来，海外华文网站发展极其迅速，数量庞大，不仅丰富了海外华人的信息传播，而且推动了有关海外华人的各种信息传播。有些传统媒体网站依靠传统媒体的自主采编信息资源，在海内外形成了强大的影响，不仅为海外华人提供了许多有针对性、独家的新闻，而且向当地主流社会传播了中华文化。

（1）海外华文网站迅猛发展。

随着网络技术的迅速发展，海外华文网站呈现出前所未有的发展速度。在加拿大，各种华文网站不计其数，既有综合性网站，如枫华园、万维读者、加拿大华人信息港、安省华人、多伦多信息港、加拿大信息通、多伦多在线、中加在线、多伦多生活、心意网等，也有为华人提供各种生活常识的信息性网站，如佳华网、加拿大中文网、多伦多华人信息网、枫情网、生活在 BC、温哥华中文网、温哥华华人网、爱城华人等，甚至还有许多专业网站，如为华人服务的地产和财

经信息网站，如北美财经、多伦多房地产、枫国安居等。其他类型的网站，如聊天网和论坛更是数不胜数。

在美国，华文网站的数量惊人。网络技术的发展，不仅催生了大量的华文网站，而且推动了华文报纸在网上传播的速度。如《世界日报》网络版，不仅吸引了大量来自世界各地的华人读者，而且向美国主流社会传播了美国华人的信息。

在澳大利亚，华文网站发展也相当迅速。许多传统媒体创立了网站。刚开始阶段，这些网站运转非常困难，但是随着新一代华人的增加特别是华人留学生的大量增加，以及人们逐渐适应网上阅读新闻的方式，网站逐渐得到社会的投资，进入良性发展轨道。

在海外，几乎所有的华文报纸都创建了网站，有些报纸网站的影响力非常大。如新加坡联合早报网和马来西亚星洲互动网便是其中最成功的两个例子。海外华文网站异军突起，为海外华人提供了迅捷浏览和阅读新闻的条件，也为他们提供了丰富的信息，更重要的是，这么多不同背景的华文网站的涌现，显然有助于推动中华文化在海外的传播，有助于推动海外华文传媒业的发展，更有助于推动海外华人信息传播的全球化。

（2）海外华文网站推动海外华文传媒业的发展。

网络传播迅速、及时、快捷，而且海量，推动了传统媒体的转型与融合，如日本的《中文导报》，在坚持独特报道内容的同时，也着手完成网络的更新改造，策划创设新的网络媒体，在网上传播了海量信息和大量独家新闻，是迄今为止人们了解在日华人社会和中日关系的权威网络资料来源渠道。

许多有实力的海外华文传媒利用网络的各种优势，逐渐建立了跨媒体传播的综合性平台，集报纸、电视、手机、网络于一体，打造出适应新时代新受众需求的媒体航母。如新加坡联合早报网和马来西亚星洲互动网，已经为人们提供手机短信服务，第一时间传播信息。新媒体不断涌现，有力地推动了海外华文传媒朝网络化、综合化的方向发展，这必将极大地促进海外华文传媒业的发展，而且有助于它们开拓新的读者群，扩大服务的范围，增强社会影响力。

星洲互动网已成为集商业与信息传播为一体的网站。星洲媒体集团有人才优势和丰富的资源，完全可以实现信息的二次、三次开发，为人们提供综合性、更加个人化的信息服务，提供更多的信息渠道，使媒体与信息消费者的需求相吻合。它利用新媒体的优势开辟了咨询、短讯、信息服务、电子商务等服务项目，并取得了相当大的进展。

联合早报网的浏览量也相当惊人，2008年每天浏览量就超过300万人次，其中87%来自中国。联合早报网的读者平均年龄在32岁，这正是个人事业发展的黄金年龄。联合早报网的读者绝大多数受过良好的教育，本科以上学历读者占

88%。这些数据既反映了网络对传统报业的冲击，也反映了华文报业如果能够充分利用网络的特点和优势，不仅能够避免萎缩的危险，而且可以利用新媒体来创造新的营利和发展模式。

二、华文传媒形态

在快速发展的过程中，由于数量众多，且集中在一个城市出版发行，海外华文传媒面临着竞争激烈的问题。

（一）竞争激烈

海外大部分华文报纸都集中在华人聚集的城市，尤其是东南亚各国的首都，往往十几个报社都挤在那里办报，都想分一杯羹，结果造成竞争相当激烈（见表3）。一份新创办的报纸倒闭了，过不了多久，就又会有一份报纸创办，给人前赴后继、飞蛾扑火的感觉。①

表3　东南亚七国华文报纸总部一览表

地名		报纸名称
新加坡		联合早报、联合晚报、新明日报、星期五周刊
马来西亚	吉隆坡	星洲日报、南洋商报、中国报、东方日报
	槟城	光明日报、光华日报
	沙巴	华侨日报、亚洲时报、晨报
	沙捞越	沙捞越晚报、诗华日报、国际时报、美里日报、中华日报
印度尼西亚	雅加达	世界日报、印度尼西亚日报、国际日报、商报、和平日报、华文邮报
	棉兰	广告日报
	泗水	千岛日报
菲律宾马尼拉		世界日报、商报、菲华日报、联合日报
泰国曼谷		中华日报、世界日报、亚洲日报、京华中原联合日报、星暹日报、新中原报
柬埔寨金边		华商日报、柬华日报、柬埔寨星洲日报、金边时报
越南胡志明市		解放日报、越南经济新闻

---

① 彭伟步：《东南亚华文报纸研究》，北京：社会科学文献出版社，2005 年，第 164 - 165 页。

从表 3 可见，仅泰国曼谷一地就聚集了 6 家报纸，几乎全国最有影响力的华文报纸都集中在曼谷。菲律宾马尼拉、印度尼西亚雅加达也几乎聚集了该国所有的华文报纸。马来西亚稍微好一点，但是办报扎堆的现象也较严重。吉隆坡聚集了全国影响力相当大的 4 家报纸，而沙巴、沙捞越两个州聚集了 12 家报纸（包括《南洋商报》《星洲日报》在此开设的子报）。聚集在一地办报，必然会产生竞争，除了马来西亚、新加坡、印度尼西亚外，其他国家的华人读者原本就比较少，数家报纸挤在一块出版，严重分散了读者群。

除了读者少、传媒竞争激烈外，造成报纸过度竞争的原因，还与华人社团热衷以办报来传达社团信息有关。许多华人社团一有资金除了办教育外，都会想到办报纸，把报纸当作其机关报，来传递本社团的信息。比如说，柬埔寨的《柬华日报》，就是柬埔寨华人总会的机关报。华人社团众多，报纸集中在一个地方，市场小甚至萎缩，又缺乏灵活机动的办报策略，使得华文报纸始终做不大，也因此限制了华文报纸在当地的影响力。

（二）数量虽多但生存不易

由于语言、华人数量以及经济实力限制，许多华文报纸在当地主流社会缺乏影响力，只有在选举的时候，政治候选人为拉拢华人的选票，才会抽出一点时间接受华文报纸的采访。在某种程度上说，政治人物接触华文报纸更像一场作秀，表面上体现出他们对华人的重视，实际上对华文报纸并不重视，对华文报纸所反映的华人问题并没有全力予以解决。

在印度尼西亚，《龙阳日报》和《新生日报》创办不久就倒闭了：除了由于财政紧张外，还面临人才匮乏的问题。《新生日报》是由苏哈托政府的前新闻部部长、戈尔卡集团主席哈莫可家族的《城市邮报》报业集团所经营。该报是时任印度尼西亚总统瓦希德于 1999 年下半年开始执政并取消新闻部后，首先抢滩的华文报纸之一。《新生日报》出版时，由不谙华文的《城市邮报》总编辑索菲安兼任主编，初期曾聘请马来西亚 3 名有经验的华文新闻工作者主持编务，其日销量一度达到 7 000 份，但不久后上述三人因资方没有履行与他们所签订的薪金合同而离职，再加上遇到后来问世、与海外华文报系挂钩的《世界日报》及《国际日报》的竞争，销量便一落千丈，最终于 2002 年 7 月 1 日停刊。

虽然海外华文传媒数量众多，但整体生存能力与影响力有待提高，经营管理状况也有待改善。就目前华文报纸的社会影响力与经营管理状况而言，出现两极分化的现象，有些国家的华文报纸在主流社会上拥有很强的舆论影响力和号召力。在马来西亚，一些华文报纸如《星洲日报》虽然面向华人，却成为主流媒体，其社会影响力并不亚于马来文和英文报纸，经营管理状况也相对理想。然而有些国家的华文报纸不仅在主流社会缺乏影响力，即使在华人社会当中也缺乏关注。

三、华文传媒功能模式

伴随着中国人移居海外而产生、发展起来的海外华文传媒，由于受到所在国政策和主流社会乃至世界整体传媒环境的影响，成为沟通海外华人与中国的桥梁、联系海外华人与中华文化的纽带、海外华人的精神和思想中心。

（一）提供新闻服务

1. 传播华人社会消息

由于排华事件偶有发生，华文报纸除了关心华人圈中的新闻，还报道当地政府出台的各种政治经济文化政策，特别是对于华人事务的政策，因为这些政策对于当地华人的生活生产影响甚大。"由于历史的原因，本地的华文报纸都负有双重使命：一是作为祖（籍）国与所在国的友谊桥梁，报道祖（籍）国的新闻与消息，使本地华侨华人了解故国发生的事；二是作为本地的一个新闻单位，为传达政府的政令，报道当地的消息与国际新闻，促进华侨华人与当地人的关系，为建设一个美丽、富强的国家而尽一己的力量。"菲律宾《世界日报》常务副总编辑侯培水在 2001 年举行的首届世界华文传媒论坛上如是说。

如果华文传媒不及时关注关系到当地华人切身利益的新闻，从华人的角度来报道华人的动态，以及当地政府出台的针对华人的政策，那么久而久之，就会与当地华人拉开距离。当前华文传媒在报道华人身边新闻方面有了很大的进步，但是仍然还有许多地方值得开拓。

2. 报道中国消息

关注中国消息，特别是中国大陆新闻，是海外华文传媒一项不可或缺的任务和义务。即使许多海外华人已形成了落地生根的心理意识，但是他们对于中国这一祖籍国仍然拥有一种血浓于水的感情。翻开东南亚华文报纸，每一份报纸都会辟出至少一个专栏来报道中国新闻，有些特定时间还会开辟多个版面报道中国新闻。

在美国，《世界日报》《星岛日报》《辰报》《中美晚报》等都至少开辟两个版面来专门报道中国新闻，其中尤以社会新闻和经济新闻居多。《星岛日报》《世界日报》改变了编排风格，变竖排为横排。《星岛日报》每周还出版随报附送的"大陆专辑"；《世界日报》则开辟了"神州乡情"专版。这样做的目的主要是扩大发行量，以争夺来自中国的新移民，特别是随着中国经济的稳定发展，

中国新闻吸引了更多的华人读者。

（二）发挥文化传承功能

为了继续弘扬中华文化，许多华文传媒特别是华文报纸坚持文化传播的理念，在副刊上开辟了大量关于中华文化的版面。比如，泰国华文电视从中国中央电视台购买《三国演义》，播放后其收视率居高不下，受到华人观众的热烈欢迎。而报纸则发挥文学表达和形象构造的优势，推出了许多副刊，也连载《三国演义》。泰国《新中原报》的"艺术快拍""集萃""神州新姿彩"等专版，突显出浓郁的中华文化色彩。菲律宾《世界日报》则创办了一份集知识性与趣味性于一体的副刊，内容有华语影视节目的介绍、本地专栏、特写、漫画、小说、艺术、幽默故事等，特别是它开辟的华语学习园地，为菲律宾华人学习中华文化提供了窗口。

这些以反映当代人生活为主题的副刊，承载了中华文化与异域文化交流的历史。华文传媒所呈现出的强烈的文化认同感和凝聚力，是联系海外各国华人的精神纽带，体现了华文报刊存在的价值和所作的贡献。

（三）维护华人利益

华文传媒毫不畏惧各种压力，敢于报道社会上的不平事，特别是华人受到歧视和不公平对待的事情，以及华人权益受到侵害的新闻。华文传媒把维护和争取华人利益当作自己应尽的责任，它们相当重视华人在政治、经济、文化上的权利，经常站在华人的立场替他们说话，有时会引起政府的不满。马来西亚的《星洲日报》和《东方日报》经常受到政府的训斥，就是因为其经常为维护华人利益而发表与政府不同的言论。比如，马来西亚政府推行马来人优先政策，积极扶助马来人办企业，而华人不仅没有享受到政府的各种优惠政策，还屡受限制。1975 年政府出台的《工业协调法》，就是一项严重挫伤华人积极性的法令，《南洋商报》和《星洲日报》一直对此项政策进行批评，希望政府能够修改法令，为华人创造更大的发展空间。

（四）促进华人团结

促进华人团结，推动华人社会的发展，把华人拧成一根绳，团结一致争取华人的权益，这也是华文传媒的一大任务。华人虽然同文同种、同为血胞兄弟，但也存在相互疑忌。为争权夺利，华人之间的争端时有发生，社团之间也会为利益发生冲突。如马华公会之间的派别之争、印度尼西亚刚成立时的华人政党之争、菲律宾商会的领袖之争等，都使得华人社会各自为政，削弱了华人的整体力量。

比如，"9·11"事件发生后，《世界日报》对纽约华埠社区面临的困难作了详细报道，引起了主流媒体的广泛关注。纽约华埠生活着中国台湾和中国大陆的移民，其中中国台湾移民有1万多人，中国大陆移民则有2.5万人左右。《世界日报》能够抛弃门户之见，不但报道中国台湾移民面临的困难，而且用很多的篇幅报道中国大陆移民的困难，足以说明《世界日报》在促进华人团结这方面发挥了很大作用。

维护华人团结，这是海外华文传媒除了报道中国消息、传承中华文化、维护华人利益之外的又一大任务。然而，一些由台湾鼓吹"独立"的人士主办的海外华文传媒敌视中国大陆及其新移民，如台湾民进党在日本的"联络本部"，以及"扁友会"等"台独"势力，建立了鼓吹"台独"的《台声报》等舆论阵地，再加上日本的一些极右团体及其舆论工具，天天在宣传"台独"的主张。一些人因为宣扬"法轮功"受到中国政府的管制后，跑到世界各国办起《大纪元报》《看世界》等，抹黑中国国家形象，唱衰中国，制造各种有损华人团结的舆论，也在某种程度上不利于华人的团结。

（五）推动华人参政议政

在美国，华文传媒不遗余力地推动华人参政议政，大量报道有关政治选举的新闻。在东南亚各国报纸当中，对政治选举最感兴趣、投入精力最多的应该是马来西亚华文报纸。它们的新闻不但有深度，而且有大量相关的评论，不但为华人提供了翔实的新闻内容，而且为华人详细分析了政治形势，鼓励华人积极参政。

华文传媒的功能和作用与其本身的性质是相吻合的。作为面向华人传播的传媒，又生活在非主流的社会和国度里（新加坡除外），华文传媒要生存下来，只能通过与华人的联动，报道他们身边的事情，沟通华人社会之间的联系，维护华人的利益，传承中华文化，消除华人在异国他乡的文化疏离感和寂寞感，充当连接所在国和中国的桥梁与纽带，努力增强华人的参政议政意识，鼓励他们走出华人社区，勇敢地进入政界，为华人发声。如加拿大的《加华日报》提出，要把报纸办成"来自世界各地的华人认识加拿大的窗口"，"推动华人参政的平台"，道出了它服务于当地华人，充当华人认识加拿大的桥梁与纽带，并致力培养华人的从政意识。事实上，不仅《加华日报》提出这样的口号，几乎所有的华文传媒都秉持了同样的宗旨，呼吁华人站出来竞选，传达华人的声音。

（六）反独促统形成统一战线

努力打破历史局限，弥合政治分歧，促进中华民族的大统一，是海外华文传媒的主流愿望。中国早日实现和平统一，是所有中华儿女的共同心愿和民心所

向。"港独""台独""藏独""疆独"等几股势力相互勾结，对中国的统一和领土完整构成了严重威胁。华文传媒更要团结起来，为维护中国统一与分裂势力作斗争。

四、华文传媒发展趋势

随着各种新媒体的快速发展，海外传统的华文传媒不得不面对受众群萎缩的现状。在新媒体的强劲挑战和网络传播强势介入的情况下，海外华文报纸的销量和华语电视的收视率均出现了下滑趋势。

（一）新媒体将日益成为海外华人信息传播的载体

海外有超过 6 000 万华侨华人，他们大部分分布在东南亚和西方发达国家，已形成了相当规模的华人社区和购买能力，其文化教育水平、人均消费能力都非常高。海外有良好的市场环境、健全的信用体系、较高的电脑普及率、方便的线上支付手段、发达的配送体系，社会对于新事物的接受能力比较强。此外，海外有健全的法律制度、完善的信息网络基础设施、发达而健全的银行金融系统，这为海外综合性华文网站的建设提供了有利条件。大量中国新移民定居海外，成为海外华文传媒新的受众群。他们文化教育水平高，又以年轻人居多，思想比较活跃，能够以比较开放的思想接受外来事物，特别是对网络信息非常关注，养成了从网络上接收各种信息的习惯，而且求学经商的目的十分明确，对国内实时信息和商业信息非常渴求。

以网络为代表的新媒体，已经在世界各国落地生根，解决了新移民生活上的各种问题。随着中国成为全球投资热点和世界工厂，各国主流社会也希望及时了解中国的政经情况，海外华文网站不可避免地成为海外和中国交流的窗口，这为海外华文网站创造了广阔和美好的前景。

（二）新媒体对传统华文传媒的冲击

随着网络、手机等新媒体的迅速发展，媒体转型成为传媒业今后发展的主要趋势。当前，新媒体已对传统华文传媒造成了强烈的冲击，如微信，迄今有约 6 亿人使用，其中有约 1 亿人在海外，海外华人信息的再传播现象在微信频繁出现。许多年轻的海外华人，不论是第一代移民，还是在海外出生的新华人，已变成"手机控"或"电脑控"。他们不看报纸，不看电视，完全从新媒体中获取信息，这对传统华文传媒产生了严重的影响。

在新媒体的压力面前，一些传统华文传媒在转型方面作出了许多有益的尝试，如美国的《世界日报》《星岛日报》和加拿大的《明报》《星岛日报》等，除了发行纸质报纸外，还建立了官方网站，网上不仅有纸媒信息，还有华语电台等。目前，有80%以上的海外华文传媒建立了官方网站，把信息挂上网，建立官方在线资讯平台，开设官方微博、微信公众号等，以实现传统媒体与新媒体的互动传播、融合报道，贴近年青一代的读者。

（三）传统优势地区华文传媒衰落令人忧虑

在东南亚，除新马等少数几个国家之外，其他海外国家的华文报业都面临诸多困难。虽然华文教育发展迅速，但华语在当地的商业价值不高，且受到读者群人数减少和新媒体的强烈冲击，华文报业的销量有所下滑，甚至出现关门倒闭的现象。

在新加坡，随着中国经济迅速发展，华语商业价值不断提高，以及政府为保持中华文化不懈推广华语和华文，华文报业的销量下滑势头虽有所缓解，但从总的趋势来看，仍不可避免在走下坡路（见图4、图5）。

销量（份）

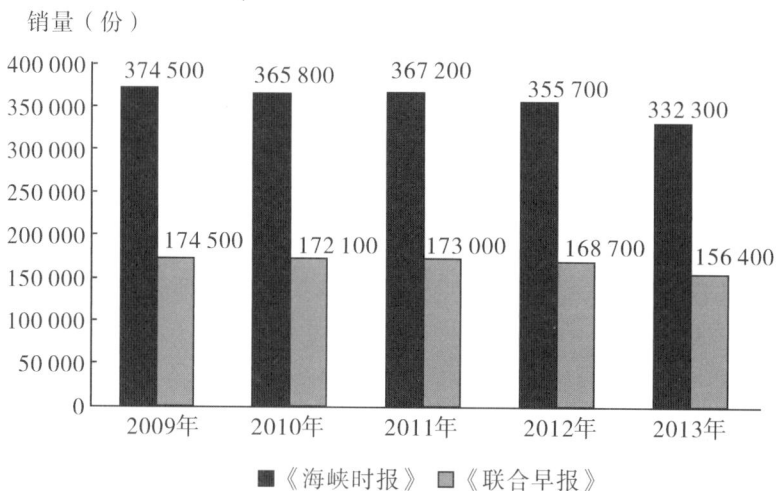

图4　新加坡两份主要报纸销量比较①

注：《海峡日报》是新加坡历史十分悠久的英文报纸，创刊于1845年。

---

① 此数据来源于历届新加坡报业控股公司（Singapore Press Holdings）的年度报告（Annual Report），http：//www.sph.com.sg。

销量（份）

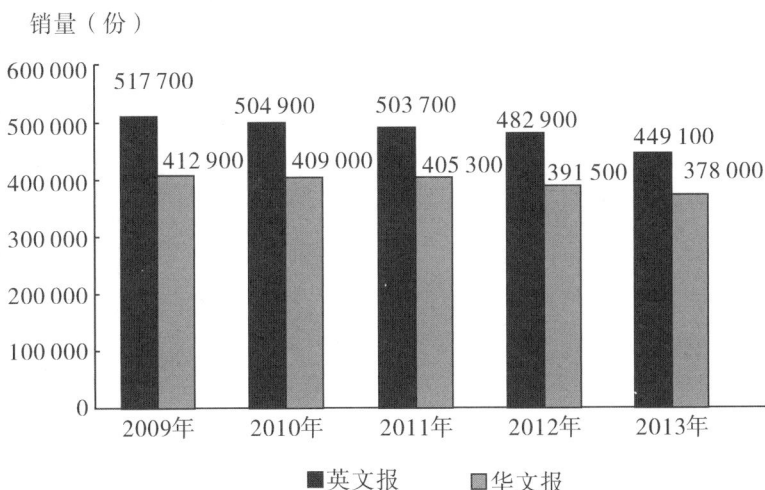

图5　新加坡英文与华文报纸销量总计①

注：《我报》（My Paper）于2006年6月1日创刊，是新加坡首份免费华文报。2008年1月8日，《我报》改版为华文与英文双语报。由于其华文色彩较浓，因此在统计各报纸销量时，把其计为华文报。

与新马相比，东南亚其他国家的华文报业处于愈加困难的境地中。例如，泰国华人人口超过600万人，华文报纸总发行量却不足8万份，报社面临严重的财政危机。6家报纸销量每家平均只有数千份，很难形成规模经营，要实现滚动发展，获取良好经济效益，显然是一件相当困难的事情。事实上，在海外诸国中，能赢利的报纸很少，仅限于少数几份报纸，如新加坡的《联合早报》《联合晚报》《新明日报》，马来西亚的《星洲日报》《中国报》《光华日报》等。

像泰国、菲律宾、缅甸等曾经有过辉煌的华文传媒历史的国家，老年读者逐渐流失，年青一代对其兴致索然，不论是受众还是媒体从业者均出现短缺现象，华文报纸消费群体有限，空间狭小是不争的事实。华文传媒在这些国家的衰落，使华人社会失去一种传承中华文化的载体或渠道，这种状况令人忧虑。

（四）华文传媒仍有广阔空间

虽然新媒体发展迅猛、传统华文传媒的空间受到挤压，但是它们具有独特性，加之源源不断的移民，华文传媒的前景仍然美好。它们通过改革创新，走出了许多新路。

---

① 此数据来源于历届新加坡报业控股公司（Singapore Press Holdings）的年度报告（Annual Report），http：//www.sph.com.sg。

1. 集团化发展

在新媒体的冲击下，为了增强媒体实力，应对媒介环境的变化，改善经营管理，摆脱亏损甚至关门倒闭的命运，华文报业集团化趋势明显加快，如 2006 年 8 月 1 日泰国《亚洲日报》成立报业集团。新加坡《联合早报》《联合晚报》《新明日报》已经是新加坡报业控股公司的附属机构。在其他海外国家，华文报业的集团化也在酝酿之中。比如，在泰国就曾经一度传出 6 家华文报纸合并的消息，以实现资源共享、提高报纸利润、增强影响力、减少亏损的目的。而在这一波集团化的浪潮中，最令人瞩目的是，马来西亚星洲媒体集团发展尤其迅猛，与南洋报业集团、香港明报集团合并组成世界华文媒体集团，同时在香港和马来西亚上市，打造成为海外华文出版业的巨头。

2. 全球化传播态势

在媒体融合的时代背景下，海外华文传媒形成了网络化、全球化、跨媒体化的新现象。华文传媒的资源融合与共享，立足于华人社区，构建全球传播网络和信息联盟，充分利用新媒体传播的优势，加强对传媒传播方式和内容的变革与创新，扩大文化影响面。如新加坡《联合早报》的电子版中，摘录了大量来自海峡两岸以及香港的新闻。该报虽然是新加坡政府控股的华文报纸，却在中国特别是中国大陆拥有强大的社会影响力与号召力。又如马来西亚星洲媒体集团，旗下拥有报纸和网络华语电视，还通过推特（Twitter）和手机短信，为读者定制信息，在涉及华人利益与中国统独等大是大非问题上，发挥华文媒体的社会影响力，通过全球性的网络向世界华人进行传播。

海外华文传媒与中国传媒加强合作是大势所趋。它们不断加大对海峡两岸以及香港的报道力度，增加中国报道的版面，积极牵手海峡两岸以及香港强势传媒，开拓中国报道的深度、广度，架起中国与海外之间的信息桥，传递了所在地传统主流媒体之外的中国声音，同时也把华人信息传至全世界。

3. 传统华文传媒仍有强大生命力

新加坡、马来西亚仍然是海外华文传媒最发达的两个国家。在华文报业领域，无论是报纸的销量，还是报纸的数量，马来西亚已经远远领先于昔日海外华文报纸中心的新加坡，然而，在广播电视领域，新加坡执牛耳。

截至 2012 年底，马国约有 87% 的华人，大约 522 万华人通晓华文，其中 77%（大约 402 万）的华人为华文报读者，仅《星洲日报》就拥有 100 多万的阅读人数。由此可见，该国华文读者群持续增长，未来展望相当乐观。虽然受到新媒体的冲击，但华文报的渗透率继续上扬，有利于稳定该集团的报纸发行量。

在新加坡，随着社会愈来愈英语化，华文报纸的销量虽然不断下滑，但是发行量仍然保持在每天 30 万份左右。在泰国，虽然华人众多，但是华文报纸仍需

培育读者群，如采取与社会其他机构合办华文补习班等方法，并加强与中国媒体的合作，如 2013 年与南方报业传媒集团属下的《南方都市报》合作。在印度尼西亚，虽然能够阅读华文报纸的人数不多，但随着华文教育的开展，以及大量中资企业在印度尼西亚发展，华语成为一种颇具商业价值的语言，也推动华文传媒的发展。

华文传媒的发展之途虽然面临许多困难，但是从目前的情况来看，它仍然具有强大的话语权和生命力。只要华文传媒紧紧抓住中国经济迅速发展的机会，不断变革，创造新的传播形式，在华文教育方面不断创新，它们就能获得新的发展机会，不断增强影响力。

4. 传统华文传媒功能独特

在海外，华文报纸不仅承担信息传播的功能，还在华文教育方面有强大的作用。每一种华文报纸都开办有华文教育的版面，或提供教材，或提供课后练习内容，因此，相比较华语广播和华语电视，用汉字印刷的华文报纸在华文教育中所起的作用比较明显。

比如说，在马来西亚，《星洲日报》每两年都会兴办世界性的花踪文学奖。获奖的作品会在《星洲日报》和香港《明报》刊登，在海外华人社会当中引起很大的反响，也为《星洲日报》赢得了很多掌声。花踪文学奖不但培育了相当多的作者，而且推动了马来西亚华文文学的发展。多年来，《星洲日报》在推广华文文学、促进马华文学的发展方面不遗余力，作出非常大的贡献。它的副刊水平非常高，甚至超过了中国的一些报纸。它还出版了两份专门面向中小学生的教育专刊《小星星》和《星星》，为学生提供了丰富的学习素材。《星洲日报》只要坚持发挥华文教育功能，专注于副刊内容，使之在文学、思想、艺术方面继续保持领先，挖掘中华传统元素，网络就无法取代它。

华文报纸代表华人声音，反映华人社会动态，而且华人在经济上颇有实力，政府限制华人发展，就等同于限制国家发展。此外，复杂、敏感的种族关系虽然使华文报纸的发展空间受到一定限制，但是华文报纸善于打种族牌，在种种因素的综合作用下，华文报纸不但没有被边缘化，反而获得更强大的话语权。

5. 华文报纸仍是海外华人的重要信息来源

不少华人一直保持着中国的风俗习惯，在家里讲"家乡话"，让孩子们学习华语，希望古老优美的中华文化能在异国土地上代代相传，绵延不息。而在海外华文传媒的诸种功能中，传扬中华文化无疑是最重要的一项功能。有些报刊还以薪传华文教育为己任，开辟专栏专版，协助华文学校推广华语教学。"从这个意义上说，华文媒体实际上担负起了国内媒体的部分使命，成为国内媒体在海外的延伸。这就为我们提供了一种可能性，即通过华文媒体将中华文化和中国影响扩展到更广大的地方，形成自己的优势。在目前的世界传播格局下，这一点尤其重要。"①

目前，海外华文报纸有两点突出的变化：一是普遍增加了对中国新闻的报道，许多报纸都增加了中国内地版。有些华文报纸还尝试与中国内地媒体合作，转登或委托组编有关中国的报道。华文报纸采用的中国内地、香港新闻一般来自新华社、中国新闻社，有些报纸也会摘报香港报纸的新闻，如菲律宾的《商报》新闻讯息主要来自新华社、中国新闻社、法国新闻社，香港的《文汇报》、《大公报》、《信报》、《新报》以及澳门的《澳门日报》等。台湾的新闻则来自于"中央通讯社"。有些报纸也会派记者直接到中国大陆或中国台湾采访。像中国一年一度的全国人民代表大会、四年一届的台湾地区领导人选举，有财力的报纸都会派记者到中国大陆、中国台湾采访。

当前，随着"汉语热"和"中国热"在全球兴起，华文传媒迎来了一个非常良好的发展前景。许多海外华文传媒看到这一机遇，纷纷采取各种手段加快发展，如组建集团，实现多份报纸、多种传媒的联合，或组成报业联盟，或组成广播联盟，或组成电视联盟，甚至还与当地主流传媒建立合作关系，这一现象说明了海外华文传媒善于抓住机遇，不断开拓，仍然具有生命力的事实。

第三节　软实力视野下的华文教育资源

海外华人华裔、非华人华裔是否学习华文，以及学习的方式、深度，决定了学习人群对华文和中国文化的认知与认同程度，从而构成了中国文化软实力有无、强弱的表征。

国际汉语教学（Teaching Chinese Internationally）分三个类型：汉语作为第二语言的教学（"对外汉语教学"，Teaching Chinese as a Second Language，TCSL）、汉语作为外语的教学（Teaching Chinese as a Foreign Language，TCFL）、华文教学或汉语作为特殊环境下的母语的教学（Teaching Chinese as Mother Tongue，TC-MT），后两者均在海外。狭义的华文教学仅指第三种，广义的华文教学兼指第三种和第二种，都在海外。

华裔接受华文教育和非华裔学习华文，其性质和意义是不同的，在体现中国国家软实力方面的价值也是不同的，因此，如何进一步认识海外华文教育，区分好狭义和广义的华文教学，是本书必须首先解决的问题。

---

① 夏春平主编：《世界华文传媒年鉴·总论》，北京：世界华文传媒年鉴社，2003年，第4页。

一、软实力视野下的海外华文教育资源性质

本小节旨在正确认识并区分华文教育、汉语作为外语的教学及其关系。

海外华文教育情况十分复杂多样，为方便分析，兹将这些复杂的现象作一些厘清，即从多个角度入手对海外华文教育作深入分析。

（一）主体

1. 学习者：华裔/非华裔

从学习者族群来区分海外华文教学时，华裔学华文可以简单归属为狭义的华文教学，非华裔学华文属于汉语作为外语的教学。一般而言，混血华人的华语保持情况更差，不过事实上部分纯血统的华裔也已经失去华语能力，这在印度尼西亚的某些地区以及其他华侨华人人数相对稀少的国家、地区比较明显。在泰国这样民族融合程度极高的国家，青少年的族裔观念相对淡一些，华语能力更差。

在菲律宾的一些华校，非华裔学生的比例非常大。而与此相反，美国加利福尼亚大学的汉语课（作为外语），有的班级华裔学生人数占总人数的1/3。故判断一种教学是否为狭义的华文教学，在操作上是有困难的，我们只能根据主体情况作粗略判定，即华裔学华文属狭义华文教学，非华裔学华文属于外语教学。

2. 主导者：华人社会/非华人社会

很多国家的华人走过以下几条教育子女的道路：

（1）少数完全融入当地，被完全同化或者部分同化，例如泰国；又有学者指出，迟至20世纪90年代中期，菲律宾华人已基本上同化于菲律宾，基本上完成了420多年的同化历程。

（2）在所在国国民教育体系内兴办华裔子弟学校，或者传统华校被改造，例如菲律宾的所有170间华校，印度尼西亚约70间新建三语国民学校。

（3）保留传统华校，脱离所在国国民教育体系，例如马来西亚的61所华文独立中学。

除了完全被同化的第一种情况外，海外华文教育的主导力量还是华人社会。甚至连那些校外教育的补习学校、补习班，不管利用什么时间开课（周末、晚间、国民学校开课间隙），其主导方都是华人社会。相反，由非华人社会主导的汉语教学一般属于汉语作为外语的教学。

（二）教学环境

1. 华文是教学媒介语言/华文仅是教学对象语言

这是学界区分传统的华文教育与当今的华文教学的标准之一，前者是华文教育，后者仅是华文教学。同时，对非华裔的华文教学由于并不另设华文媒介语课，自然属于汉语作为外语的教学。

2. 三语教学/双语教学

有些国家规定的首选外语并不是华文，而是英文、西班牙文等。在这些国度，华人若坚持要子弟学华文，要么以校外补习方式，要么在国民教育体系中加开华文课，从而形成三语教学的局面。由于英语是世界强势语言，在非英语国家的华文教学一般处于三语教学的境地。例如马来西亚、印度尼西亚学生不但必须学习本国官方语言马来语、印尼语，而且必须学习强势的英语。当然也有双语的，例如柬埔寨华校大部分时间是双语学习，新加坡华裔必须学习英文和华文。

英语国家却不然，比如美国、加拿大、英国、澳大利亚、新西兰，甚至德国，华文教学有时处于双语教学的境地。

严格意义上的双语教学指同时以两种目的语言教授主要甚至所有课程，比如用英语和汉语教数理化。我们这里取比较宽泛的双语教学概念。

正因为如此，对不同环境中的华裔学习者而言，其学习华文的难度是不同的。

（三）学校性质

1. 校外补习学校/正规学校

一般而言，海外汉语作为外语的教学都是在正规学校里进行的，但是华文教学不一定。同样是华文教学，有的属于校外补习性质，比如印度尼西亚雅加达的智民学院、西加里曼丹省山口洋的南中初中补习所、缅甸东枝市的东华学校（早上和下午制）；有的却是正规学校，全日制教学，例如印度尼西亚雅加达的传统华裔集中学校基督教圣道学校，以及新兴的泗水新中三语学校，马来西亚的国民型华文小学、国民型华文中学、独立华文中学。

校外补习学校有的相对正规一些，有的则比较小型、随意，甚至仅仅是个人家庭补习。但是这些学校都是必要的，因为它们不但为华裔提供华文学习机会，而且为正规学校的华裔和非华裔提供华文、汉语课程辅导，在新加坡，不少私立补习机构甚至推行一对一辅导。

2. 独立学校/国民学校

海外正规华文学校一般都属于国民教育体系的成员，但是也有例外，那就是

马来西亚的 61 所华文独立中学（初中和高中）。后者也是全日制，有完整的教学体系，教学质量非常好。

3. 公立学校/私立学校

海外正规华文教学机构有公立、私立之分。公立学校得到政府的支持、受政府监管，私立学校则由华人社会解决一切管理、经费问题，或者解决部分管理、经费问题，但是有着相对较多的办学自主权。

（四）课程性质

1. 必修课/选修课

必修、选修是判断海外有关教学是否狭义的华文教学的标准。在所有正规华校，华文都是必修课，而且影响升留级，有的甚至开设全国华文统考（比如马来西亚独立中学）。新加坡如今已无传统意义上的华校了，但在"双语教育"政策下，华裔必须修读华文。不过必修、选修与校内考试有关，与国家考试、统考却不一定直接挂钩。马来西亚的华文统考分两种：一种是政府主导的大马文凭考试（小学毕业、中学毕业），另一种是华文独立中学的华文自主考试。

区分必修/选修对于认识华文教学的性质及其在所在国教育体系中的地位是必要的。比如在泰国朱拉隆功大学，有孔子学院开办汉语选修课（大学的选修课也有学分），同时有中文系汉语言文学专业，是汉语的学历教育，其教学水准比孔子学院的选修课高得多。在很多国家，办中文系、专业的华文大学数量相对较少，而开设中文课的大学则非常多，甚至很普遍，比如日本、泰国，差不多可以说是普及了。

2. 学历教育/非学历教育

海外的华文教学有学历教育与非学历教育之分。学历教育主要指大学的中文专业（汉语言文学专业）、中国语专业、中国文学专业等本科教育。这种教育除了学习中文外，还要学习大量与中国语言文学/中国国情等有关的课程。中文学历教育主要是面对非华裔的当地人开设的，只有马来西亚、新加坡、印度尼西亚、菲律宾有以华人为主的中文专业，其中有的是在华文小学、中学的基础上兴办的，比如菲律宾的 4 所学院都是从小学到大专一体化的。这种学校教育之大学部分也可以叫作华文大专，而马来西亚的新纪元、韩江、南方三所大学都是名副其实的华文大学（其中有的已可授学士文凭，不过在当地政策框架下"待遇"略有差异）。

（五）小结

从理论上而言，什么样的教学机构是华校，其教学属于华文教育，是清楚的；但在实践上却不然。从上文分析的一些维度来看，单一标准不易界定华校和华文教育。

1. 华校/非华校

判断华校、华文教育的标准主要看学生族裔、主导力量、华文是否作为别的科目的教学媒介语，这三个标准大体可以抓住海外华校、华文教育的实质，甚至只凭前两条标准也可以大体确定学校的性质。如果不这样分析，海外就不存在华校、华文教育，正规中小学中进行的有关华文的教学就难以纳入华文教育体系。

例如印度尼西亚基督教圣道学校，如果从严，华文并没有作为其他科目的教学语言，但是从主体看，这样的学校、教学不宜排除出华校、华文教育之外；华人为华裔补习华文也应该算华文教育。至于华文教学，宜看成是仅指课堂教学时采用的术语。

2. 华文教学/汉语教学

华文教学（华裔的母语、继承语言教学）和汉语教学（作为非华裔的外语）在理论上是界限清楚的，在实践上则需要仔细区分。

一些教学机构中包括不同族裔学生者，则看大多数学生。不过菲律宾不少华校非华裔人数超过华裔，属于历史演变，这样的机构、教学活动还是应该看作华校、华文教育。实际上这些学校和当地华人社会也都视之为华校、华文教育。

马来西亚曾经出现对国民型华文中学性质的争论，有的认为是华校，有的不承认。其实国民型华文中学和国民型华文小学一样，学生以华裔为主，由华人社会主导，教学语言或部分教学语言为华文，我们认为这种教学当然是华文教学，其教学机构当然是华校。

二、软实力视野下的海外华文教育资源分类

从上文的分析可以看出，海外华文教育资源主要指以华人为主导、以华裔为主要学习对象、以华文作为教学媒介语，系统教授华文甚至中国史、地、文化、数理的教学机构及其教学活动，这些教学机构有的属于校外教育，有的属于正规教育。广义的海外华文教育还包括在正规学校进行的、以非华裔为主体的将汉语作为外语的教学。

（一）作为校外教育的华文教学系统（以华裔学习者为主，校外教育）

1. 华文家教、个人补习、补习学校

纯个人的、在家或者上门施教的形式是华文家教。这是海外华文教育的重要存在形式。其功能：一是独立补习教授华文，学员主要是成人，常有非华裔参

加；二是为在校生补习华文，这是真正的补习。

印度尼西亚、新加坡、菲律宾的华文补习都比较发达。在印度尼西亚一些大城市，这种华文补习机构很多，例如雅加达的智民学院、山口洋的教师联谊会补习所、泗水的新中补习学校。个人补习数量很多，不好统计。据了解，在印度尼西亚大城市的华文个人补习收入甚丰；新加坡的补习主要是为在校生补课；菲律宾的也差不多，补习叫作"督课"。

海外还有专门为非华裔开设的补习班或语言中心，严格来说，这种补习机构不应该算华文学校。

2. 华文幼儿园、小学、初中、高中

一些比较正式的华文补习机构叫作华文补习学校。它们虽为非正规（非全日制）教育，但是实际上很多都采取了正规华文教育模式。例如印度尼西亚西加里曼丹省的山口洋南中初中补习所，并不是正规全日制教育，但是大体按照正规初中的学制设置课程，甚至采用中国原版《语文》《历史》教材施教。

在东南亚一些地区，这种补习学校或者补习所规模相当大。缅甸北部的218所华校虽不是全日制，但实际上坚持每天上课，属于早晚制学校。

欧洲、美洲、大洋洲的华文学校基本上都是校外教育、周末学校，其中绝大多数没有自己的校舍，而是借用、租用当地正规学校的校舍，利用周末上课。其中不少华校规模很大，比如美国华夏中文学校有14个分校，遍布美国11个州，有学生3 000多人。澳大利亚墨尔本的新金山中文学校，有1所总校和7所分校，有学生7 000多人。它们按小学、初中、高中各年级为学生编班，看起来与正规教育相似。

（二）作为主流教育的华文教育系统（以华裔学习者为主，正规教育）

1. 华文幼儿园、小学、初中、高中

作为主流教育的华文教育在东南亚各国比较发达，如新加坡、印度尼西亚、菲律宾等国的华文幼儿教学。

新加坡是一个以华人为主体民族的国家，其所有学校推行"英语＋民族母语"的双语教育，所以历史上的华校（叫作源流学校，和英文学校、马来文学校、淡米尔文学校并列）已经不复存在，但是华人子弟相对集中的学校不少，有的正是政府所说的"特选学校"，其中很多学校的华文教学具有相当高的水准。

马来西亚的国民型华文小学、国民型华文中学、独立华文中学都是这种性质的。菲律宾有一批已经进入国民教育体系的华校，这是历史上对华校进行菲化的后果。泰国有一批作为私立学校的华文民校，它们也属于这种情况。

印度尼西亚有两类正规华文学校：一类是历史遗留的或者新建的华裔高度集

中的国民私立学校，例如雅加达的圣道学校、圣光学校，棉兰的苏多莫学校、卫理学校、三山学校、韩江学校；另一类是近几年新成立的70多所三语国民学校。前者华文课时有限，后者是全新的华文学校，校舍崭新，设置优良，人才和管理都不错，具有良好发展前景。

日本的5所华校都是全日制学校，不少还是百年历史华校，至今保持旺盛的生命力。

2. 华文大学、华文专业

华文大学主要有：马来西亚3所——吉隆坡的新纪元学院、柔佛州新山市的南方学院、槟城的韩江学院；印度尼西亚4所——雅加达的新雅学院、万隆的国际外语学院、坤甸的共同希望语言学院、棉兰的亚洲国际友好学院；菲律宾4所。

马来西亚、新加坡历史上的南洋大学是典型的华文大学，如今的南洋理工大学在它的校址上建立；南洋理工大学文学院、国立教育学院的中文专业，新加坡国立大学的中文专业以及新加坡新跃大学的中文专业均应看作华文教学，虽然当地学界和政界有人不这么认为。

从连续性来看，海外学校系统与国内有些差别，有时同一个教育集团下属的小学、初中、高中算3所学校，各有自己的校长，有的连幼儿园也是这种形式，例如菲律宾的某些华校。

（三）汉语教学系统（以非华裔学习者为主，正规教育）

1. 小学、初中、高中（选修或者必修）

这种教学机构的学生以非华裔为主，由政府主导，属于正规教育。它们都不是狭义华文教学，而是属于汉语作为外语的教学。例如马来西亚的国立小学、国民型淡米尔文小学，国立中学、国民型淡米尔文中学的汉语教学就是如此。

由于华裔在各国都得在正规学校就读，而正规学校的汉语教学主要不是针对华裔的，这就造成华裔在这些学校学不到知识的问题。美国等国家已经认真研究这种正规学校中的继承语教学现象，主张对他们应该有独特的教学要求。[①] 在另外一些国家，例如澳大利亚、新西兰，区分汉语课及相关学生为第一语言课/学生、第二语言课/学生，旨在区别对待。

2. 大学（专业必修、公共选修）

此处只谈由主流民族、政府主导的，以非华裔为主体的大学汉语教学。

海外大学开设的汉语课分两个小类：①汉语专业的汉语课，包括汉语言文学

---

① 参见曹贤文：《"继承语"理论视角下的海外华文教学再考察》，《华文教学与研究》2014年第4期。

专业这样的传统专业，更多的是中国学、中国哲学、中国文化、中国经济等与中国有关的专业的汉语课；②任何专业以汉语作为外语的选修课。孔子学院的汉语教学属于后者。就学习深度而言，前一种汉语教学持续时间久、深度大，学生人数少；后一种汉语教学持续时间短、受教育面广，但是学习深度小。

下文叙述作为中国国家软实力建设资源的海外华文教学资源时，以狭义的华文教学为主，同时兼顾国外汉语教学。狭义和广义的华文教学都是中国软实力建设的组成部分，它们对于提升中国国家软实力都具有重要的作用。

从中国软实力的视角来看，华裔学习华文是一种母语或祖语教学，符合有关语言文化教学的规约；而非华裔学习华文，才标志着华文乃至中华文化的魅力、吸引力，学的人越多，表示中国的魅力、吸引力越强，相应的软实力也越强。

三、亚洲代表性国家华文教学资源概述

作为中国软实力表征的海外华文教学资源体现在以下方面：①华文学校数量，主要指机构及其硬件，以及汉语（作为外语）教学机构的数量；②华裔学习华文的人数占全部华裔的比重；非华裔学习华文的人数；③教授华文的人群、数量及其质量（学历、专业对口率、教学能力）；④华文教材，其他教辅材料，乃至华文媒体。也就是说有多少间华校在从事华文教育，有多少人接受了有效的华文教育，有多少教师投入华文教育的行列；其中华校之内还包括校舍、硬件建设、华文教育图书资料等，而这一切都和人力、财力的投入密不可分。限于精力，本节主要探讨作为软实力资源的海外华文学校、华文学习者和华文教师三个方面，同时略微涉及海外华文教材。

（一）马来西亚①

1. 马来西亚小学、中学的华文教学

（1）国民型华文小学。

根据 2013 年的统计资料，马来西亚有 1 293 所国民型华文小学，在校学生为 564 510 人，华文教师数不详。这些学校华裔子弟集中，华文课程是他们的母语课程。学校属于政府教育系统内机构，接受政府的部分资助；教师属于政府公务员。这些学校有统一的教材，学生可参加政府考试，华文教学课时比较充足，教学质量很不错。马来西亚没有另外的华文小学（独立华小），华裔学生如果要读

---

① 本节写作咨询过孔婉莹、韩小萍、王晓梅意见，并参考叶新田：《董总 2013 工作报告书》，《东方日报》，2014 年 10 月 15 日。

华文都得来这样的学校（去马来文学校就读的是少数）；学生毕业后可以去独立华文中学读书，也可以去国民型华文中学读书，还可以去国民中学读书（也开设华文课程）。国民型华文小学的教学属于三语教学。

（2）国民型华文中学。

马来西亚有 78 所国民型华文中学。国民型华文中学在历史上曾经与独立华文中学一样，是纯粹的华校，后来在 20 世纪 70 年代接受政府改制，成为政府教育体系内的学校，接受政府的部分资助，其教师是国家的公务员。国民型华文中学的华文教学也属于三语教学，其华文教学质量有一定保证，其中华裔学生占80% 左右。

（3）独立华文中学。

马来西亚有 61 所独立华文中学。这些中学有完整的初中和高中教学体系，在校学生 75 923 人，华文教师 4 116 人，在校学生绝大多数为华裔，非华裔只有1 114 人，占 1.47%。这 61 所独立华文中学是马来西亚华文教育的代表，他们有自编的华文教材和教学参考书，有统一的初中毕业和高中毕业全国统考，教学质量相当高。其学生的文凭被中国和很多其他国家承认，唯独不被马来西亚政府承认。独立华文中学的学生必修马来文和英文，其他科目都用华文授课，属于典型的三语教学。

马来西亚国民型小学、中学的华文教学都在国民教育体系之内，其教学大纲、教材、教师都由教育部管理。独立华文中学采用的教材是董教总教材局编写的《华文》，初中、高中各 6 册，其华文考试由董教总考试局主导，但是至今得不到政府的承认。

2. 马来西亚华文大学及其他大学的华文教学

马来西亚有 3 所民办华文大学：新纪元学院（吉隆坡）、南方学院（柔佛州新山市）、韩江学院（槟城），其中韩江学院设有中文系硕士在职课程，与中国南京大学联办。

马来西亚设中文系的大学有 3 所，分别是马来亚大学、博特拉大学和拉曼大学。马来亚大学中文系的部分课程以马来文授课，论文规定用马来文撰写。拉曼大学（半官方学院）中文系本科以中文授课，毕业论文也要求用中文撰写。

3. 马来西亚其他正规小学、中学的汉语教学

（1）其他国民型小学、国民小学。

马来西亚有 523 所国民型淡米尔文小学，这些小学的学生主要是印度人后裔。淡米尔文小学也开设华文选修课，修课人数不详。马来西亚还有 5 865 所国民马来文小学，其学生主要是马来人后裔。上述两种小学开设课时不多的华文课程，供学生作为第三语言选修。

（2）其他国民型中学、国民中学。

马来西亚最多的中学是国民中学——马来文中学，其中很多中学提供华文教学。国民中学也有不少华裔学生，所以修读华文班的学生以华裔为主，其教学质量也不错。例如首都吉隆坡有63所国民中学设有华文班。

马来西亚的华文教学除了独立华文中学以外都在国民教育体系之内，其教学大纲、教材、教师都由教育部管理。

（二）印度尼西亚[①]

印度尼西亚华文教育经历约32年的禁锢，损失惨重；1998年以后印度尼西亚进行民主改革，华文教育得以迅速恢复。

1. 印度尼西亚华文补习机构的华文教学

印度尼西亚有一批非全日制、非正规的华文教学机构，它们是一些有相当规模的华文补习学校（所），另外也有一些私人补习班。这里忽略印度尼西亚华文家教。据笔者估计，这样的补习学校（所）和私人补习班在印度尼西亚应有几百所。在补习机构学习华文的有两类人：青少年和成人。其中比较出名的有雅加达的智民学院。这所学院主要利用周末和晚间授课，教学水平相当高。其还有全日制教学的班级，和中国华侨大学、首都师范大学合作开设"1+3"课程。其他类似的补习学校（所）还有山口洋的教师联谊会补习所、泗水的新中补习学校、棉兰的崇文华文学苑等。

2. 印度尼西亚幼儿园、小学、中学的华文教学

印度尼西亚华人兴办的幼儿园比较重视华文教学，有的幼儿园采用《千岛娃娃学华语》教材，有的坚持用华文组织教学活动。

印度尼西亚华裔子弟集中的小学、中学有两类：一类是历史上延续下来的华裔子弟集中的华文小学、中学，如雅加达的圣道、圣光、崇德、必利大；另一类是近年新办的新三语国民学校，目前约有70所，比较著名的如万登省的八华学校、苏北棉兰的崇文学校、万隆的荣星学校、普禾格多的普华三语学校、泗水的新中三语学校等。这类新三语国民学校的一切教学管理、课程、考试均须符合教育部普通学校的要求，唯独允许其在"Plus"部分发展华文教学，所以这类学校都是典型的三语学校。

3. 印度尼西亚华文大学的华文教学

印度尼西亚有几所华人社团兴办的大学，具有华校的性质。这几所大学是：

① 本节写作得到印度尼西亚华文教育界郑洁珊、陈友明、蔡昌杰、李秀珍、杨棠玉、萧频、陈玉兰、包秉龙、林莉萍等人的帮助。

雅加达的新雅学院、万隆的国际外语学院、坤甸的共同希望语言学院、棉兰的亚洲国际友好学院。这些学院均是开办不久的华文大学，都开设了华文师范、汉语言等专业。上述华文大学均分别和中国及马来西亚高校合作办学，如雅加达新雅学院和中国华侨大学及马来西亚韩江学院合作，万隆国际外语学院和中国厦门大学合作，坤甸共同希望语言学院和中国暨南大学、华侨大学合作，棉兰亚洲国际友好学院和中国华南师范大学合作。

（三）新加坡①

1. 幼儿园、小学、中学、初级学院的华文教学

据统计，新加坡有托儿所 1 009 间，幼儿园约 500 所，一共服务 92 000 名幼儿。新加坡托儿所和幼儿园一般都是双语教学，每个班都有 2 名老师，1 名是英文老师，另 1 名是华文老师。华文老师一般都不具有政府认可的资格。

新加坡共有 167 所公立中学，均采用英国学制，中学 4 年，这 4 年大体相当于中国的初中阶段。新加坡中学阶段按照分流结果决定学生修读年限，特别源流（特选华文中学）和快捷源流为 4 年学制，普通（学术）源流为 5 年学制，普通（工艺）源流为 4 年学制（之后转入技术教育）。特别源流的学生一定要修读高级华文，快捷源流和普通（学术）源流的学生多数修读华文第二语文，但只要符合特定条件，也可以修读高级华文。

新加坡有 11 所特选华文中学，它们是公教中学、中正中学、德明政府中学、华侨中学、南华中学、南洋女子中学、立化中学、海星中学、圣尼格拉女校、圣公会中学、南侨中学。特选华文中学的华文教学水平很高，其中学阶段有专门为非华裔学生开设的华文课程（考试科目）和华语会话课程（非考试科目）供选读。同样地，华裔学生也可以选读其他族裔的语言或会话课程。

新加坡有 18 所初级学院，大体相当于中国的高中学校。过去初级学院的华文是必修课，后来改为非必修课。中学高级华文及格的学生不需要再修读华文；华文也不再是升大学的必要条件。

有 4 所初级学院开设语文特选课程，提供高水平的华文和文学（包括古典文学）课程。不过，开设高级华文课程的学校不限于特选华文中学，其他学校也可以为华文程度较好的学生开设高级华文课程。一些初级学院开设母语特选课程，但不能称为特选学校。各所初级学院为华文能力强的学生提供了更高水平的华文课程，另修 2 年的华文。

---

① 本节写作得到新加坡学者陈之权、罗庆铭、王文伟的帮助。

2. 新加坡大学的汉语专业、汉语选修课

新加坡有 5 所公立大学、5 所理工学院。

（1）中文系（专业）。

新加坡开设中文系（专业）的有 3 所大学。南洋理工大学的文学院有中文系，里面开设了 6 个不同的学科：文学与文化、中国历史与思想、现代中国社会、政治与经济、语言学与汉语言学、华人研究。南洋理工大学国立教育学院也开设了 1 个中文系，培养中小学和初级学院华文教师。

新加坡国立大学有一个文学暨社会科学院，里面开设了 2 个中文科系（专业），分别是汉语和汉学研究。

新加坡新跃大学用中文授课的两个科目，分别是学前教育本科以及与中国南京大学合办的中国语言文学硕士和博士学位课程。

（2）中文选修课。

新加坡上述 3 所大学都开设有华文选修课程，专门供其他专业的学生特别是非华裔学生学习。另外，新加坡管理学院、新加坡科技大学、新加坡理工学院都没有中文专业，但是跟其他大学一样，开设了小型的华文选修课程。

新加坡的正规华文教师有几千人，国际学校有一些，最多 100 多人，非正式的教师如补习老师、语言学校的老师数量不少，但无法统计。大学里的华文教师有几十人，主要集中在南洋理工大学（10 多位）、新加坡国立大学（10 多位）、新跃大学（几位）、义安理工学院（10 多位）等。

（四）菲律宾

1. 菲律宾幼儿园、小学、中学的华文教学

（1）幼儿园、小学、中学。

菲律宾华文教学历史悠久。1973 年 4 月 13 日，时任总统马科斯公布了有关境内外华校菲化的第 176 号总统命令书，到 1976 年绝大多数华文学校实现了菲化。菲化以后，原来的华校变成政府认可的私立学校，华文只能作为选修课，上课时间每天不超过 120 分钟，中学华文课程遵循菲律宾学制改为 4 年制。

当前菲律宾全国有 170 所华校，包括大马尼拉及外省中小学和幼儿园一体华校 130 所，小型幼儿园 40 所。这些华校为华人开办，开设华语课，属于私立国民学校。菲律宾的华文学校从未享受政府分文经费补助，靠的是当地华人长期自觉集资办学。

2013 年，菲律宾华教中心对部分华校作了调查，调查结果见表 4。

表4　菲律宾部分华校办学层次组合

实际组合	类型				
	幼儿园	小学	中学（4年）	大专	数量
Ⅰ					6
Ⅱ					90
Ⅲ					34
Ⅳ					6
小计					136

根据郝海庭的统计，菲律宾华校在校学生约8万人；华文教师约2 500人，其中当地华人2 000人、中国教师约500人。

（2）家庭补习（家教）。

菲律宾存在不少华文补习现象，但是基本属于家教性质，其补习对象主要是华校学生，叫作"督课"。由于整个华文教学体系质量欠佳，华文学习者有学习和考试压力，所以督课比较普遍。

2. 菲律宾大学的汉语专业、汉语选修课

菲律宾目前有4所华文大专，分别由4所华校在中学的基础上建立，表4已经涵盖了华文学校大专的情况。这些大专部的华文教学并不突出，其教学重点在职业素养方面，有的学生并不是华裔，其华文水平非常有限。另外，菲律宾有些大学开设了华文课程，如雅典耀大学。

（五）泰国[1]

泰国教育部的民办教育委员会（简称"民教委"）和基础教育委员会（简称"基教委"）是分开的，两个单位都管辖有小学和中学，民教委负责私立学校和华校，基教委负责公立学校。民教委管理的学校比基教委管理的学校要少一些，他们的华文教育历史却相对较长，但从这几年学生学习汉语的效果来讲，两者的水平都差不多。

1. 泰国幼儿园、小学、中学的华文教学

民教委属下有些华裔集中的学校叫华侨学校，例如合艾的国光中学。华侨学校的汉语从幼儿园开始就是必修课。学习汉语的课时为2～10小时不等。

2. 泰国小学、中学的汉语教学

2006年1月，泰国教育部决定将汉语列为第一外语，并预计在2008年前将

---

[1]　本节写作得到世玉、余小军的帮助。

汉语课程全面纳入泰国 2 000 所中小学，使汉语与英语平起平坐。

据了解，泰国有 80%～90% 的高中设有汉语专业，小学、初中的情况也是如此。

2008 年开设汉语课程的公立学校有 458 所，私立学校有 138 所。在公立及私立学校学汉语的学生总共约有 250 000 名。

在孔子课堂方面，属于民教委的孔子课堂有 5 所，属于基教委的孔子课堂有 6 所。

3. 泰国大学的汉语专业、汉语选修课

华侨崇圣大学创立于 1994 年，以注重华文教育与研究、沟通中泰文化和适应社会需要为己任，设人文、理工、法商、医学 4 个学院，人文学院有泰文、华文、英文各系，以华文为重点之一。华侨崇圣大学的创办，使泰国华文教育跨上了一个新的台阶。

另外，到 2005 年，泰国所有 71 家公私立大专院校全部开办了汉语班，聘请许多中国客卿教员。合艾大概 80% 的大学都设有汉语专业。

4. 小结

据统计，2013 年泰国学习汉语的学生人数超过 86 万。开设汉语课程的各级各类学校达到 1 524 所。

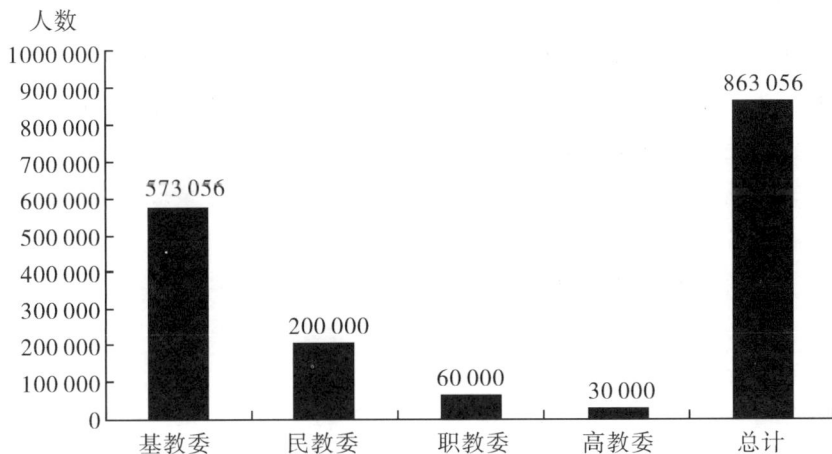

图6　2013 年泰国学习汉语的学生人数统计

数量

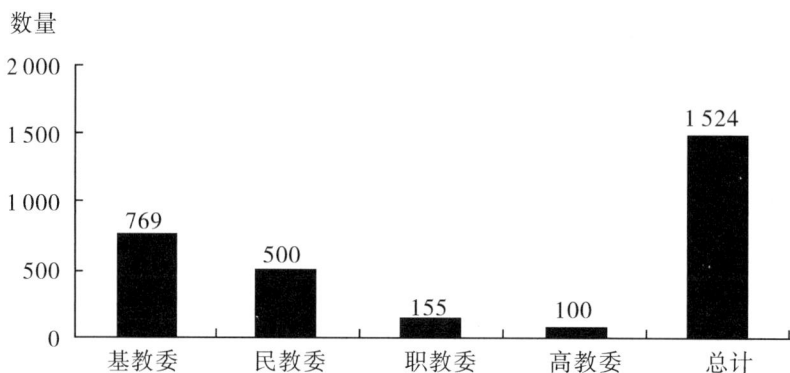

图 7　2013 年泰国开设汉语课程的院校数量统计

　　泰国的汉语教师分成两大类：第一类是本土汉语教师，有 500 多位（2018 年会减少到 400 多人，因为老教师都到了退休年龄）；第二类是中国内地派出的汉教志愿者（2014 年达到 1 800 多人）。中国内地派往泰国的志愿者教师越来越多地到泰国的政府学校，政府学校中本地教师与志愿者教师可能各占一半。

　　泰国的华文教师公会［Chinese Teachers（Thailand）Association］成立于 1979 年，目前一共有 400 个会员，成立目的在于促进团结、交流教育知识以及支持华文与泰文教育，并且推动中泰友谊的发展。

　　（六）缅甸①

　　根据 2015 年普查结果，缅甸全国人口约为 5 415 万人，其中，华人人口估计超过 160 万人（不含混血），仅占总人口的 3%。缅北一带居民与云南边民的交往密切，汉语是极为重要的沟通语言。

　　缅甸几乎所有华校都是补习性质，因为政府不允许开办全日制学校。

　　据曼德勒福庆学校校长李祖清统计，目前缅北共有这种补习性质但是实际上是利用缅校空闲时间全日上课的华文学校 218 所，在校学生 92 345 名，教师 2 878 名。这些学校绝大多数是从幼儿园办到高中，其中有 6 所被中国有关部门授予"华文教育示范学校"称号。

　　这些学校所教科目都是用汉语授课。有些学校采用台湾编写的母语教材，使用繁体字、注音符号。学校规定每学期必须教完一册课本。由于台湾当局每年向缅北提供 300 个免费入读大学的名额，所以很多缅北学校、学生乐于采用台湾的教材、参加台湾的考试。

－－－－－－－－

　　①　本节写作得到李祖清、高天龙的帮助。

缅南多数华文学校和补习班，每天上课时间只有两三节。缅校放暑假时，华校人数增长，缅校一开学，华校人数就大大减少，学生人数不稳定。

缅南华文教育发展最好的城市是仰光。仰光较有规模的补习班有十来间。例如，东方语言与商业中心有近 300 名学生、20 名教师；福星学苑有 400 名学生；正友商业语言中心有 600 名学生；晋江公会华文补习班有 100 多名学生。估计全缅甸学习汉语的人口不会超过 15 万人。

在大学方面，缅甸只有仰光外语大学和曼德勒外语大学设有中文系。

（七）日本①

1. 小学、中学的华文教学

日本全国有 5 所私立全日制华侨学校。根据历史背景，日本的华校大体分为两类：中国大陆人士创办的横滨山手中华学校、神户中华同文学校；台湾人士创办的横滨中华学院、东京中华学校、大阪中华学校。它们多数是历史悠久的华校，延续了上百年。

这 5 所学校的学生人数都不多，比如横滨山手中华学校有 520 名学生，这些学生 90% 以上为华侨华人子女。

2. 小学、中学的汉语教学

有人说，汉语在日本正规学校不是小学、中学的必修课，所谓教授汉语，也只是在课外时间进行。但据网络资料，日本全国有 831 所高中在教授汉语或有关中国文化的课程。

3. 大学汉语专业、汉语选修课

日本设有中国文学系和汉语系的大学有 47 所。1996 年，日本正式把汉语列入大学入学考试科目。日本现有 500 余所大学，几乎全部开设了汉语课程，其中 85 所大学设立了汉语专业，95% 以上的大学把汉语作为第二外语。如秋田大学 2002 年将"汉语""中国概况"列为主科。

四、美洲代表性国家华文教学资源概述

（一）美国②

1. 周末学校的华文教学

美国的华校基本上都是周末学校，开设的课程主要面向当地华裔，教学从幼

---

① 本节的信息和数据主要通过咨询胡士云、王其莉所得。
② 本节写作得到周明朗、储诚志等人的帮助。

儿园延续到小学、中学。

美国的中文学校大体上分为 5 个群体：①旧有的华校。多是早期华人移民所开办，办学时间长，办学设施比较齐备。②台湾移民办的学校。建于 20 世纪五六十年代，是家庭式、互助型的中文学习班，用普通话授课，采用周末补习的办学形式，在租借的宗教场所或美国学校的教室上课。③中国大陆新移民开办的学校。起步较晚，但发展迅速。到 2003 年底，这类学校已达 284 所，遍布美国 41 个州几乎所有的大、中城市，学生 5 万多人。其中华夏中文学校有 14 个分校，遍布美国 11 个州，有学生 3 000 多人。④由东南亚华人难民建立的学校。⑤香港新移民所建的学校。

据估计，有中国大陆背景的全美中文学校协会就有 410 多所中文学校、7 000 多名教师、100 000 多名中文学习者。整合美国的所有情况，估计周末和课后中文学校的学生有 20 万～30 万人。

2. 正规小学、中学的汉语教学

美国中学的中文课程考试有 SAT Ⅱ、AP 和 IB 三种。1994 年 4 月，美国大学教育委员会首次在其举办的大学入学考试的学术性检测 SAT（Scholastic Aptitude Test）中将中文列为考试语种之一，这对华文教育的影响是深远的。西部的犹他州更是颁布法令，要求全州的公立中学把中文作为必修课。SAT Ⅱ 中文测试是美国许多 SAT 测试中的一种，测试的对象是在美国中学修习了 2 年到 4 年汉语课程的学生，SAT 测试的成绩是美国大学录取新生的一项重要依据。2003 年底，美国大学理事会（College Board）决定启动汉语和中国文化进阶先修课程和考试，即 AP 中文课程和考试（AP Chinese Language and Culture Course and AP Chinese Test）。美国高中生经过 AP 课程的学习并通过考试，能提前拿到大学学分，为自己上名牌大学增添筹码。根据《今日美国》（USA Today）的报道，2009 年全美有 170 万学生修习 AP 课程，并有 290 万人次参加了当年的 AP 测试。美国也有学校开设 IB（International Baccalaureate）中文课程。IB 课程是国际文凭组织的课程，在国际上享有很高的声誉。

据美国亚洲协会 2008 年的报告，2000 年美国 7～12 年级学习中文的人数是24 000，其余不详。2006 年在 K－12 年级开设中文课程的学校有 779 间。2008 年美国"星谈计划"共有 55 项，在项目支持下学习汉语的学生有 1 884 人（短期强化），受训教师为 688 人。

3. 大学的汉语专业、汉语选修课

2002 年，美国首个中文学士课程在加州州立大学洛杉矶分校设立，从而打破了中文一贯作为外语公共课程教育的体制。目前美国有 123 所大学开设中文本

科课程。① 据估计，目前美国大学中开设中文课的应该有 400～600 所。

（二）加拿大②

1. 加拿大周末学校的华文教学

加拿大的华文学校体系包括三个部分：①周末中文学校。这类学校基本上都是由社区的社团所主办，大部分中文班是学生班，也有一些是成人班。授课的时间都在周末，学生每个星期学习一次，为 2～3 个小时。由于受到经费和教学资源的限制，办学规模受到一定的影响，一般都是租用场地。②家庭中文班。这些家庭中文班也是在周末开办，学生每个星期学习一次。③教会中文班。其学习形式同周末中文学校大同小异。加拿大中文学校大多数没有自己的校舍。

加拿大著名的中文学校有魁北克省蒙特利尔的佳华学校、渥太华的欣华中文学校、安大略省的维德中文学校等；多伦多的中文学校有标准中文学校、第一中文学校、中艺中文学校等。此外，加拿大人柯颖丽（Carla Kearns）设立了 TLI（Taipei Language Institute）中文学校，教授加拿大人中文。

2. 正规小学、中学的汉语教学

据李伟（2009）③ 的介绍，加拿大主流学校的中文课程归各地教育局管理。这些学校包括公立小学、初中和高中，其课程分为两种：①汉语作为第二外语的课程。目前加拿大大多数学校开设的汉语课程基本上都属于这种类型，而且大多数都设在初中和高中，汉语授课时间为每星期 3 个小时左右。②中英双语课程。中英双语课程在加拿大不是很多，只有阿尔伯塔省的埃德蒙顿公立教育局和卡尔加里公立教育局才有此课程。埃德蒙顿的课程已经开设了 28 年，较为成功。

加拿大大多伦多地区几乎所有的教育局都有国际语言课程，中文是其中最重要的语种。多伦多教育局有 491 个学习繁体字和简体字的中文班，全市注册学习中文的人数超过 10 000，公校里学习中文的学生人数超过 30 000。

在学习约克郡公校教育局国际语言课程的学生中，约有 8 000 名学习中文。2013 年安大略省首开 AP 中文课程。此外，周围的约克天主教教育局等也设有各种中文课程，特别是高中 G-12 年级的中文学分课程。

大多伦多地区的 13 所顶尖私校中有 11 所已经开设了中文课程，基本上是以 IB 课程为教学与考核标准，很多小型私校也纷纷开设中文课程。

1994 年，温哥华 76 所华文小学获得了政府的资助。1994 年 9 月起，加拿大

---

① 具体校名和师资见：https://bigfuture.collegeboard.org/college-search。

② 本节写作得到翟乃刚、罗澄等人的帮助。

③ 李伟：《加拿大汉语教学介绍和展望》，《世界汉语教学学会通讯》2009 年第 1 期。

政府承认华文考试成绩可以作为大学认可的一种外语分数。为了统一教学标准，温哥华地区还设置了"汉语省考"。

3. 大学的汉语专业、汉语选修课

加拿大多数大学和社区学院都开设了汉语课程。他们的学生主要是汉语初学者，部分具备一定的中文基础。大多伦多地区设有中文系的专业大学有多伦多大学东亚系，约克大学语言、文学和语言学系（中文教研室），怀尔逊大学语言、文学与文化系。该地区还有两所孔子学院，分别是圣力佳学院孔子学院和滑铁卢大学孔子学院。

4. 小结

大多伦多地区的华人已接近 44 万人，是加拿大华人最多的大都会。大多伦多地区最大的公立教育局开设的课程学习者中，学中文的学生超过 3 万人。其他教育局也均开设国际语言课（周末班或者课后班中文课程）。除了华裔子女，大多伦多地区的很多法语私校也开设了中文课程。两者相加，估计中文学习者不下 10 万人。据加拿大学者罗澄估计，埃德蒙顿学习汉语的学生超过 4 000 名，尼亚加拉约 300 名。

加拿大华文师资非常缺乏。据翟乃刚估计，大多伦多地区的中文教师应该在 500 人左右，这大部分还是指在教育局的国际语言课程项目里教中文的人。社区的中文学校或者以私人形式教中文的相对多些。

加拿大还有几个华文教学协调管理机构，它们分别是：①加拿大中文教学学会（The Canadian Teaching Chinese as a Second Language Association）。②加拿大中文教师学会（Chinese Teacher's Association of Canada）。③全加中文学校协会（The Canadian Association of Chinese Language School）。这些机构在加拿大华文教学的管理服务方面发挥了重要作用。

五、欧洲代表性国家华文教学资源概述

（一）英国①

1. 周末学校的华文教学

英国的中文学校大多没有自己的校舍，只是在周六、日租用当地的中小学教室授课，其办学规模和办学质量也不尽相同。多数学校开设粤语、普通话班，有的还开设民族舞蹈、中国音乐、武术、绘画、书法等课程。

根据英国中文学校联会统计，该联会属下的华文学校有 71 家，其中南部地

---

① 本节写作得到英国中文教育促进会刘彦博士的帮助。

区 31 家、北部和威尔士地区 31 家、苏格兰地区 9 家。部分学校的教材由该联会编印，教学粤语和普通话，学生以华侨华人为主。至于该联会管辖之外的华文学校，估计还有不少。2011 年，英国中文教育促进会会长伍善雄透露，英国中文学校已达 130 多所，在校学生超过 25 000 人。英国的华文学校规模都不大，学生多数为几十名，或者 100 名左右，超过 200 名的学校只有一二十所。

2. 正规小学、中学的汉语教学

英国的部分小学、中学也开设了汉语课程。英国已将汉语纳入教学大纲所规定的初中会考考试和高中会考科目之中。目前英国有 150 余所中学开设了汉语选修课，不少学校采用英国文化委员会与中国国家汉办合作出版的《快乐汉语》教材。

英国学生基础教育阶段的普通中等教育证书（GCSE）考试中的中文考试由剑桥大学考试委员会等 5 家公司命题和施测。该考试是将汉语作为外语来考的，其难度与 HSK 2 级相同，但对于华裔的华文教学不利，因其标准太低。[①] 2012 年英国参加 GCSE 考试的人数为 3 469。

3. 大学的汉语专业、汉语选修课

英国约有 30 所高校开设了汉语课，学生人数和教师人数待考。据英国《每日电讯报》2014 年 6 月的报道，在英国政府的支持下，主流学校有上万名学生学习汉语。作为伦敦大学教育研究院开设孔子学院计划的一部分，超过 1 200 名汉语教师将会接受专业培训，为公立学校的学生提供与私立学校相似的汉语课程。

英国的孔子学院共有 27 所，孔子课堂 92 个。据 2008 年的数据，在孔子学院学习的学生有 4 000 多人，参加孔子学院活动的学生达 114 244 人。

现在英国的汉语教学主要集中在私立学校，以必修课或选修课的形式开设，大约占全国学校总数的 15%。

4. 小结

2003 年英国学习汉语的所有人员，包括正规小学、中学、大学以及民办中文学校的学生，有 4 万名左右。

英国有两个华文教学协调管理机构，它们是：英国中文学校联会（UK Federation of Chinese Schools）和英国中文教育促进会（UK Association for Promotion of Chinese Education）。同时，英国大学系统还有一个英国汉语教学研究会（The British Chinese Language Teaching Society），现有会员 80 多名，分别来自英国 30

---

① GCSE 考试对新加坡和文莱的华文考试都有深刻影响，新加坡政府和剑桥大学考试委员会等合作开发的考试和 GCSE 同出一源；文莱则直接引用了 GCSE 考试。

余所开设汉语课程的大学。

（二）法国

1. 周末学校的华文教学

2004 年，全法有 108 个华文协会和机构设有汉语课程，华裔学生 15 000 多人。目前，仅在首都巴黎华文学校学习华文的华裔子弟就超过 10 000 人。这些中文学校大多数是由华人社团兴办的，规模不大，多借用正规学校的校舍或社团办公用房；绝大多数是利用星期三下午与周末进行教学。由于法国高中毕业会考（BAC）有中文考试，所以华人子弟学习中文有较高的积极性。

2. 正规小学、中学的汉语教学

中学汉语教学是法国汉语教学的重要特点。有关机构规定，学龄儿童从 11 岁开始学习第一外语，13 岁开始学习第二外语，15 岁开始学习第三外语。所有的教学都列入教学计划和教学大纲。法国高中毕业会考中的中文考试对于提升法国中文教学水平发挥了很大作用。[1]

2013 年 9 月 3 日，法国有 33 500 多名中学生、4 500 名小学生报名学习中文。[2] 法国目前有 630 多所中学开设了汉语课，小学开设汉语选修课的也不少。法国主流学校有如此高比例的小学生学习华文，在世界上可能是唯一的。

3. 大学的汉语专业、汉语选修课

法国有 13 所大学开设中文专业，学生达 6 000 多人，其中有 5 所提供硕士学位、2 所提供博士学位。

法国大学开设汉语选修课的比例很高。在 150 多所大学中，绝大多数都开设了汉语课，其中高专尤其如此。在法国大学学习汉语的学生达 12 000 人，其中90% 是法国族裔人士，华人子弟约占 10%。[3] 法国共有 13 家孔子学院，学习汉语的人数尚无统计。

4. 小结

法国的华文教学、汉语教学独具特色。其中主流学校从小学到大学都开设汉语课，在世界各国中很突出。法国的汉语教学有政策、有组织、有规划，全国从2006 年开始设有汉语总督学一职，各地还有自己的汉语督学。法国汉语教学大纲和考试比较完善，近年为了推动汉语教学，法国也举行汉语水平考试。

法国的汉语教师属于公务员系统，地位较高。法国还有严格的汉语教师招聘

---

① 白乐桑：《法国汉语教学史浅论》，《中国文化研究》1993 年第 2 期，第 139 – 143 页。

② 数据来自法国《世界报》。

③ 《法国大中院校争相开设中文课　学汉语人数增至 3 万》，中华人民共和国大使馆驻法兰西共和国大使馆官网，http：//www. amb – chine. fr/chn/zfjl/t920952. htm，2012 年 4 月 9 日。

考试。与很多国家相似，法国的汉语教师也很缺乏。法国 1984 年成立了汉语教师协会（AFPC），当时有会员 130 名，协会定期召开会议。法国汉语教学研究界发明了法式汉语教学"字本位"理论，产生了较大的影响，取得了较好的效果。法国汉语教学有自己编写出版的教材，其中影响较大的是《汉语语言文字启蒙》。

（三）德国[①]

1. 周末学校的华文教学

德国有 30 多所中文学校，这些学校多由在德华侨和中国留学生开办。[②] 这些中文学校为在德华侨子女学习汉语、传承中华文化提供服务的同时，也吸引了一些当地的德国青少年前往学习。除此之外，德国的一些大型公司，如西门子、奔驰等也设有商务汉语班，供有需要的员工学习。

德国的中文学校都是周末学校，基本上只有周六上课。德国没有唐人街，华人社团也没有会所，因此中文学校一般租用当地学校的教室上课。

据估计，目前德国各中文学校的学生总数在 8 000 人左右。根据徐肖芳的观察，和德国的汉语教学相比，德国的这种华文教学规模小、水平低、社会影响力小。[③]

2. 正规小学、中学的汉语教学

德国政府规定外语为中小学必修课，学生从小学三年级（8～10 岁）开始学习外语，在中学即可选修第二外语和第三外语，英语教育主要在中学进行，中学毕业基本过关。

德国中小学的汉语教学分为两种情况：一种是作为学习小组的中文课，每周课时在 2 学时以下；另一种是作为必修课甚至高中毕业会考科目的中文课，每周课时在 3 学时以上。2014 年的数据表明，全德开办汉语课程（把汉语作为第二外语或第三外语）的中小学数量已经超过 300 所，其中 60 余所中学将汉语的地位提升至高中毕业会考科目。[④]

德国中学汉语教学有逐步走向规范的倾向。1998 年 4 月在文教部部长联席会议（KMK）的协调和组织下，出台了《作为文理高级中学高中毕业会考科目的汉语口试和笔试的统一标准》。2002 年，北莱茵州文教部颁发了《高级文理中学/综合中学高中教学方针和汉语教学大纲》。2009 年，北莱茵州文教部又颁发

---

①　本节写作得到德国柏林德华中文学校郭书平主任的帮助。

②　路云：《德国汉语教学现状与汉语推广策略的思考》，《聊城大学学报（社会科学版）》2014 年第 2 期。

③　徐肖芳：《德国汉语教学现状分析》，《中国科教创新导刊》2010 年第 10 期。

④　马静：《对德汉语学习现状的若干思考》，《学术论坛》2014 年第 5 期。

了《高级文理中学初中汉语教学大纲》。①

德国小学开设汉语课的估计有 20 所左右。

3. 大学的汉语专业、汉语选修课

据中国驻德国大使馆教育处 2012 年的统计，德国有 20 多所大学设有汉学系，60 多所院校开设了汉语或中国问题研究专业，60 多所学校把汉语作为固定的学分课程，400 多所中学开设了以汉语作为正式课程或兴趣班的语言课程。除此之外，德国有 140 多所成人业余大学也开办了各类汉语学习班，供有兴趣的社会民众选修。② 根据这些情况，笔者估计德国大学学习汉语的各类人士在 1.2 万人左右。

德国有 15 个孔子学院和 3 个孔子课堂，这些孔子学院也开设了很多汉语及中国文化选修课程。其所开设课程大致分为语言培训课程与专题课程两大类，后者如商务汉语、旅游准备、汉字学习、书法暨水墨画等。

4. 小结

根据已有报道和笔者的估计，目前德国的华文学校，各中小学、大学以及孔子学院学习汉语的人数在 3.5 万左右。

教中文的教师以中国大陆人及当地华人为主，其次是德国人，也有台湾和少数东南亚人，总数估计有 1 200 名左右，不包括私下个人教授中文者。

1983 年德国成立了德语区（德国、奥地利、瑞士）汉语教学协会，目前该协会有会员 500 多名。该协会每两年举办一届"德语区现代汉语教学讨论会"。2001 年 3 月 5 日，在台湾"侨委会"的推动和支持下，德国中文学校联合会在汉堡成立。

六、大洋洲代表性国家华文教学资源概述

大洋洲华文教学做得比较好的国家是澳大利亚和新西兰。限于篇幅这里只谈澳大利亚。澳大利亚的中国移民主要集中在新南威尔士州、维多利亚州和昆士兰州等。

（一）周末学校的华文教学

澳大利亚华人集中的地方都有周末华文学校，当地叫作"社区语言学校"。

---

① 朱锦岚：《德国中小学汉语教学综述及启示》，《外国中小学教育》2012 年第 2 期。
② 路云：《德国汉语教学现状与汉语推广策略的思考》，《聊城大学学报（社会科学版）》2014 年第 2 期。

据估计，2014 年澳大利亚周末华文学校有 179 家。至于这些华文学校的学生人数，根据刘学敏的研究[①]，2006 年仅悉尼和墨尔本两地就有 40 000 人。由此估计，目前澳大利亚华文学校就读的学生人数应该在 8 万左右。

澳大利亚华文学校都是补习性质，每周周末上课 2～3 小时。这些学校都属于非营利性机构，其经费主要来自学生缴纳的学费、社团赞助费和当地教育部门微薄的补贴。

这些中文学校多数没有固定的校舍，而且规模不大，有的学校属于家庭作坊式，只有十几名或几十名学生，少数学校办学历史悠久、实力雄厚，比较知名的华文学校如首都堪培拉的澳大利亚标准中文学校、新南威尔士州悉尼的大同中文学校、维多利亚州的侨友社华文学校、墨尔本的新金山中文学校、南澳大利亚州的华联会华文学校、华人福利会华文学校等。

（二）正规小学、中学的汉语教学

澳大利亚小学、中学广泛开展汉语教学。主流学校的科目从幼儿园到小学、初中、高中都有严格的教学大纲，但是没有统一教材，也没有阶段性统一考评系统。从 7 年级开始，汉语成为必修科目。

在小学和中学开设汉语课的以维多利亚州为最多，新南威尔士州、南澳大利亚州次之，昆士兰州和首都堪培拉再次之。西澳大利亚州和中部地区在公立、私立和民族学校中开设中文课程，而北澳大利亚州和塔斯马尼亚州都是由公立和私立学校开设汉语课程。[②]

根据报道，2010 年在全澳开设汉语课程的学校共有 319 所，学习汉语的中小学生共计 77 453 人（包括公立、私立及教会学校，不包括周末学校和其他培训机构）。

澳大利亚小学和中学的汉语教学有不少困难，其中之一就是学习者绝大多数是华裔，到 12 年级放弃率非常高。根据澳大利亚亚洲教育基金会的研究，2008 年小学、中学阶段报读汉语的学生有 92 931 名，而报读 12 年级的只有 5 256 名。这种现象已经引起澳大利亚学者和政府的注意。

澳大利亚学生和美洲、欧洲学生一样，都存在一种汉语难学的强烈观念。有人指出，对澳大利亚学生来说，要想中文水平达到中国小学一年级的水平，需要 2 200 个小时的认真学习，而学习法语的澳大利亚学生仅需要 600 个小时就可以

达到同样的流利程度，学习德语的澳大利亚学生仅需要 500 个小时就可以达到德国小学一年级的水平。①

（三）大学的汉语专业、汉语选修课

目前澳大利亚大学中教授汉语课的有 36 所，提供汉语教师教育课程的大学有 25 所（其中 7 所提供小学汉语教师教育课程、23 所提供中学汉语教师教育课程）。根据澳大利亚国立大学汉语系主任、澳中理事会理事雷金庆教授的研究，2004 年澳大利亚大学内有 12 928 人学习汉语。②

截至 2013 年底，中国已在澳大利亚开设 13 所孔子学院。在这些孔子学院的主导下，建立了好几个孔子课堂。

（四）小结

目前在澳大利亚的汉语教师多来自中国大陆和台湾，有一些来自东南亚国家。绝大多数汉语教师在澳大利亚得到教学文凭或教学硕士学位后获取当地学校的教学资格证，也有少量教师凭借海外文凭和当地教学经验得到在澳大利亚的教学资格。

澳大利亚有以下华文、汉语教学组织：澳大利亚中文教师协会、澳大利亚高校中文教师联会、澳大利亚中文教育促进会等。

第四节　软实力视野下的华人精英资源

一、华人精英的形成、概念与分类

根据意大利学者帕累托的理论，社会精英有两种：一种是占据了社会发展导向位置的那些人，即统治精英（governing elite）；另一种是各行各业中最精通本行业、最优秀、最能干的人才，即事业精英。对于海外华人而言，除了在新加坡这个以华人为主体的国家，通常来说，作为住在国的少数族裔，华人很难占据主流社会的主导地位。因此，华人移民很难发展成为统治精英。但华人以刻苦耐劳、

---

①　在澳大利亚，中文为第二语言的学生在中学毕业时需掌握数百个汉字，如《维州基本学习标准》规定学生要掌握 415 个基本汉字和 32 个汉语专用名词。见 JOSEPH LO BIANCO、刘国强：《澳大利亚的语言政策与中文教学生态环境》，《世界汉语教学》2007 年第 3 期。

②　刘学敏：《关于对澳洲华人子女进行中文教育的思考》，《神州学人》2003 年第 10 期。

勤奋进取著称，经过长时间的努力，在各领域中都涌现出一批华人精英人物。

目前，学界对于华人精英的概念没有权威的界定。庄炎林在 20 世纪 90 年代主编的十卷本《世界华人精英传略》所定义的华人精英标准为"成就显著，贡献突出，知名度高"。结合本课题的研究范畴，文本中的华人精英一般是指在其所从事领域获得显著成就、贡献突出，其所进行的活动在海外华人社区及住在国乃至在国际上产生巨大影响力的华人群体。华人学者周敏在阐释华人精英的特点时指出："精英群体是海外华人中最活跃、最优秀、最有成就、最有代表性和感召力、起主导支配作用（在华人群体，部分在主流社会群体）的群体。"

华人精英的出现是有历史和现实条件的。早期移民的华侨大多数为劳工，不计极少数具流动性的留学生、外交官等群体，基本上没有精英可言。随着华人在住在国定居发展、繁衍生息，接受教育为华人提供了向上流动的阶梯。华人移民有感于自身发展的不易，都异常重视第二代、第三代子女的教育，教育往往成为华人改变自身命运的最好机会。因而，一批受到良好教育的华人逐渐在政治、经济、科技、文化等方面崭露头角，成长为各个领域的精英。

"二战"后，发达国家的移民政策以人才竞争和招才引智为主，相当比例的新华侨华人通过留学和技术移民的方式定居海外。他们大量进入科技、工程、金融、经济、商贸、法律、教育、文化等行业，并在各自的领域取得重大成就，迅速发展成为具有影响力的精英人物。华人精英移民浪潮始于 20 世纪六七十年代，台湾学生带动了华人精英的外流，他们大都出身于社会中上阶层，经过严格的考试筛选。由于赴美求学机会有限，那些到美国留学、攻读硕士学位的多半是台湾优秀大学毕业生。据估计，最有名的台湾大学有 70% ～80% 的毕业生离开台湾去了美国。从 20 世纪 60 年代中期到 80 年代中期有将近 150 000 名台湾学生到美国留学，使台湾学生成为在美国的外国留学生中人数最多的一部分。他们完成各自专业（特别是自然科学和工程技术领域）的学业后，由于当时台湾发展机会较少，大部分留在了美国。

当 20 世纪 80 年代台湾蓬勃发展，多数留学生回台创业发展之际，恰逢中国改革开放，中国大陆学生接过了留学大潮的"接力棒"。在中美关系完全正常化前夕，中国政府就把派遣交流学生、学者计划作为促进各项改革开放事业的手段开始实施。在 1978 年至 1991 年间，中国大陆有 190 000 名公费和自费留学人员赴世界 105 个国家求学深造，其中一半人到了美国（大约 95 000 人），而这些留美学生、学者的回国率只有 13%。像从台湾来的学生、学者一样，这些中国大陆学生、学者多数来自中国重点高等学校和重要科研机构，是中国高等教育培养出来的精英。由于多种原因——更高的收入、更舒适的生活方式和生活环境、更好的工作条件和更自由的职业选择，当然还有其他复杂的社会、政治、文化、心理等原因，他们中的大多数在完成学业后没有及时回国，有些打算定居当地，有些打算工作几年再回去，有些想继续学习，有些在观望、徘徊。未回国的中国大陆学生、学者中，多数较快地适应了新的环境，已在主流社会经济体系里拥有了较稳定的专业岗位，或已独立地开展自营业务，其中许多人已取得良好的业绩，并成长为美国华人中的精英分子。

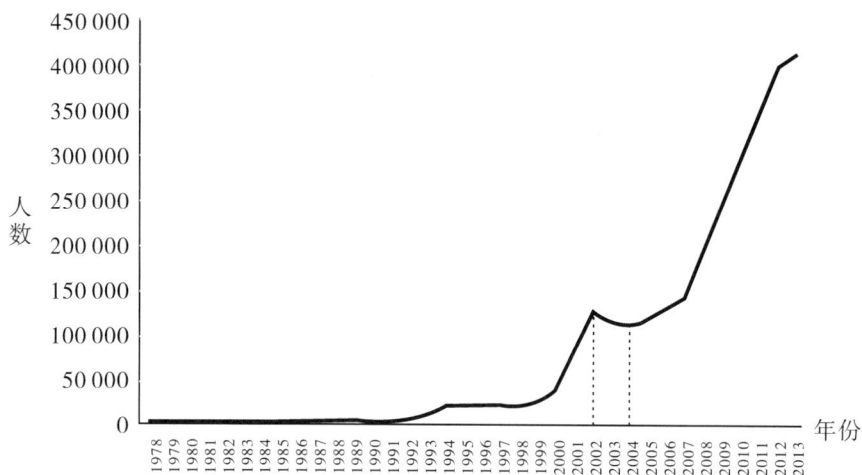

图 8　1978—2013 年中国出国留学人员人数
资料来源：教育部统计数据，《2014 年出国留学趋势报告》，http：//www. eol. cn/html/lx/2014baogao/content. html。

中国已经成为世界第一大留学生输出国。截至 2013 年，中国出国留学总人数达到了 305. 86 万。从图 8 中可以看出，进入 21 世纪后，中国留学生的人数除了在 2002—2004 年间有小幅度下滑外，一直呈上升趋势，每年的出国留学人数不断增长。据教育部统计数据，2013 年中国出国留学总人数为 41. 39 万，较 2012 年约增加 14 300 人。

与出国留学热潮相比，留学生归国潮则是近 10 年才涌现的。从图 9 中可以看到进入 21 世纪以来留学生回国人数增长率的发展趋势。总体来看，从 2000 年到 2013 年，留学生回国人数增长率一直保持了正增长。其中有 11 年都保持了 20% 以上的较快速度增长，只有极个别年份的增长率低于 20%，有 5 年的增长率超过了 40%。在 2008 年、2009 年，中国留学生回国人数增长率一度超过了 50%，分别达到 57. 5%、56. 2%。据教育部统计数据，2013 年留学回国人员的增长率为 29. 53%。虽然较前两年的增长率有所下降，但仍保持了较大的增长幅度。

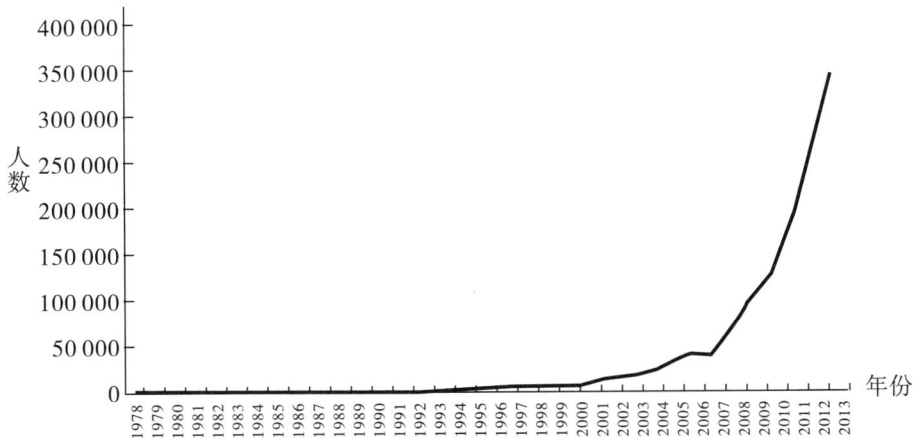

图9 1978—2013 年中国留学回国人员人数

资料来源：教育部统计数据，《2014 年出国留学趋势报告》，http：//www. eol. cn/html/lx/2014baogao/content. html。

尽管近年来留学归国人数有所增加，但据保守估计，仅中国大陆海外留学未归者就接近 100 万人，再加上港台留学未归者 50 万人以上，仅来自中国的海外华人精英就达到 150 万人以上。

关于华人精英的分类，目前没有非常明确的标准，从其从事的领域及职业特点来划分，大致可以分为华人经济精英、华人科技精英、华人政治精英和华人文化精英四类。

冷漠、不关心政治是长期以来海外华人给人留下的印象，直到现在，还有许多国家的民众认为当地华人圈子是相对孤立的。事实上，海外华人的参政意识有了显著提高。海外华人逐渐意识到，参政是华人融入主流社会的必经阶段，也是维护华人合法权益、表达华人社区诉求的重要方式。然而，由于各国移民政策的限制，最初移民海外的华侨通常被视为"二等公民"，连最基本的生存条件都难以保障，遑论参与住在国政治。"二战"后，东南亚国家纷纷摆脱殖民统治赢取独立，华侨华人在此进程中起着重要作用。在马来西亚等一些国家，华人凭借自身的实力在政治上赢得了一席之地，使组织政党、参与政治成为可能。在美国，20 世纪 60 年代以来，随着民权运动的发展，少数族裔地位有所提升，一些在美国接受教育并成长起来的华人精英开始在政治舞台上展示实力。

华侨华人出洋谋生，以勤劳、勇于开拓著称，经过长时间的努力，海外华人尤其是东南亚华人积累了一定的财富，众多有实力的华商和金融精英是华人经济精英的代表人物。另一部分科技精英为新华侨华人。改革开放以后，为数甚巨的留学生以前往欧美各国留学为主，这部分群体尤以新华侨华人居多。

在海外华人中，还活跃着一批以传播中华文化为己任的文化精英。文化群体相对来说比较宽泛，所涉及的领域也更加宽广。与其他华人精英群体相比，华人文化精英更加直接地为提升中华文化软实力贡献力量。他们当中有大学校长、教授、作家、音乐家、影视艺术家，还有一些从事中华文化传播相关工作的知识精英。

二、实力雄厚的华人经济精英

据《2007 年世界华商发展报告》统计，亚洲地区华商总资产约 3.2 万亿美元，总营业额超过 1 万亿美元。全球华商的总资产达到 3.9 万亿美元，加上中小企业，总资产在 4.5 万亿美元以上，产值有 1.3 万亿美元。海外华人总体经济实力稳中有升。

世界华商 500 强中约 1/3 分布在东南亚地区。在东南亚地区证券交易市场上市的企业中，华人上市公司约占 70%。在东盟最大的经济体印度尼西亚，华侨华人仅占总人口的 5% 左右，但是华人经济在该国国民经济中具有举足轻重的地位。据印度尼西亚广肇总会总主席陈伯年介绍，80% 的印度尼西亚华侨华人都有自己的产业，主要从事零售业、房地产业、纺织业、渔业、农业、旅游业和金融业等，遍及该国经济的第一、第二、第三产业，参与该国经济的近乎 50%。

在过去的 20 世纪，东南亚华商利用当地得天独厚的条件及自身优势，获得了经济上的巨大成功。而新华侨华人也不遑多让，他们在商贸、金融等领域正逐渐成长，后劲十足。在美国华尔街，活跃着一群金融街的"弄潮儿"。据统计，华尔街直接掌握着金钱、股票、证券、期货交易及基金管理的华人金融家有数百人，如果包括技术、研究等人员，则有数千人之多。与此同时，华人金融精英还创办组织，形成华人精英的合力效应。1994 年，来自加州的留学生在斯坦福大学创办了全美华人金融协会（TCFA），该协会是华尔街中国金融家交流信息、提高业务能力、加强联系的专业组织。该协会有 1 500 余名会员，主要分布在美国和中国香港、内地等国家和地区。会员包括世界各大投资银行、基金管理公司、金融咨询服务公司的研究人员和经理，金融监管机构和政府部门的精英，各个主要学术研究机构的教授和学生及其他关注中国金融发展、愿为中美金融合作和交流服务的专业人士。[①]

在欧美等地区，类似于全美华人金融协会的华人商会组织还有数十家（见表5）。这些商会组织多是由从事商业、贸易、实业及各种相关经济贸易活动的华人

---

① http：//www.tcfaglobal.org/index.php/zh/about - us/history.html。

精英创办，有助于华人精英之间开展商业合作，达到信息的交流和互通，也有助于扩大中国与这些国家的商贸往来。

表5　海外经济金融专业团体一览表

	美洲	欧洲	大洋洲
团体名称	加拿大中国商会（CCBA）	英国华人精算协会	澳大利亚华人金融专家协会
	美中工商协会	英国华人金融家协会	澳大利亚华人商业及专业人士协会
	中国旅美科技协会	全英中国经济学会（英国）	澳大利亚中国总商会
	硅谷美华科技商会	中英科技贸易协会	新西兰华人青年企业家协会（新西兰）
	圣地亚哥美中科技商务促进会	俄罗斯中国总商会	全澳华人商界协会
	加中科技产业协会（CCSSTI）	法国华商会	
	国际华人科技工商协会（CASB 纽约）	法国华人青年企业家协会	
	留美华人企业家联合会（OCEAN 波士顿）	法中商贸联合会	
	美中企业家商会	芬兰华商会	
	美国中国总商会	欧洲中药商会	
	大纽约华商总会		
	新泽西中美商会		
	巴西中华总商会		

资料来源：据全球华侨华人专业协会协作网（http：//www.ocpan.org/）整理而成。

以加拿大中国商会（Canada – China Business Association，CCBA）为例，该商会为加拿大工商界人士和华人侨社团体于1997年共同创办，总部设在加拿大温哥华市。其宗旨是全力聚合在加拿大的各大华商（以原居住地为中国的加拿大公民和移民为主）之群体力量，协助华商在加拿大发展商务，积极融入加拿大商圈，并促进加拿大商人与中国建立紧密的商务联系，为中加两国创造更多商机。该商会共有600多位来自中国和其他国家的会员，会员中有各行各业的成功企业家及博士和硕士等高级技术人才。加拿大中国商会在加拿大颇具知名度和影响力，每年都积极主办或协办各类大型的国际、国家、省、市和社区商务、技术、文化和教育活动，并接待来自中国的政府和商务代表团，为中加两国之间开展经贸、投资、教育和技术交流及合作起到了卓有成效的作用。

三、庞大的华人科技精英

在 6 000 多万海外华侨华人中，蕴含着非常丰富的智力资源。当前，海外有数以百万计的华人专业人才高度集中在北美，欧洲和东南亚也有相当数量。

根据美国全国科学理事会数据，在 220 万个于外国出生的科学或工程学位获得者中，来自中国的科学或工程学位获得者占 11%，约 24.2 万人，有 22% 的科学家或工程博士来自中国。

至今，已有 8 名华裔获得自然科学领域最高奖项——诺贝尔奖。据暨南大学承担的华侨华人经科人才数据库初步统计，美国国家科学院与工程院有超过 140 名华裔院士，而在欧洲、大洋洲等其他地区担任院士的华人科技精英超过 50 人。在美国国家航空航天局（NASA）工作的华裔顶尖科学家有 300 多名。

在美国高科技产业中心硅谷，华裔人才扮演着重要的角色。20 世纪 80 年代，华人参与创立的企业大约为 9%，90 年代达到了 13%。2005 年度根据营业额评选出的硅谷一百五十大上市公司中，就有 18 家华裔企业。根据 2010 年的统计，硅谷现有的近 8 000 家电子、通信及软件公司中，约有 3 000 家由华人或印度籍工程师执掌业务要津，而华人员工的总数已达 25 万之多。另一项调查显示，1/5 的硅谷工程师具有华人血统；有约 18% 的华人担任着硅谷的公司总裁。其中，不乏华人精英参与创建的著名高科技企业，如杨致远与大卫·费罗创建的全球知名网络公司雅虎，黄仁勋等人创建的全球知名显卡芯片厂 NVIDIA，孙大卫和杜纪川创建的全球内存模块制造企业金士顿。

另外，海外华人科技精英还通过组织科技专业社团的形式，扩大华人在海外的影响，形成集聚效应。据不完全统计，当今全球活跃着 200 多个华人专业社团，华人科技精英的数量相当庞大。

美洲尤其是北美洲是华人科技精英社团聚集的地方，有 120 多个华人科技专业协会。如表 6 所示，北美洲华人专业社团主要分为科技综合、能源·资源·环境、信息科技、生物医药、工程制造五大类，这些专业协会少则数百人，多至几万人，会员都是来自各行业的华人科技精英。中国旅美科技协会就是其中的典型，该协会于 1992 年夏在纽约成立，其宗旨是促进中美之间文化、科技、教育、经贸等领域的合作与发展；弘扬中华传统文化，促进中美两国人民的相互了解；

促进旅美学人、华人专业人士之间的团结、合作与交流。

值得一提的是，中国旅美科技协会还是一个跨地区（美国）、跨行业的综合性科技团体，会员不仅有来自科技、文教、工程等领域的科技精英，也有来自法律、金融、人文等领域的中国旅美专业人士，现有会员约 8 000 人。许多会员在世界 500 强跨国企业或美国知名大公司、高等院校或研究机构从事科技开发、研究工作，部分会员已经成为中、高层管理人员。目前，中国旅美科技协会在全美有十余个分会及学会，会员分布在几十个州。陈省身、宋健、杨振宁、朱光亚、陈香梅、田长霖、周光召、朱丽兰等学术及社会知名人士都当过该协会的名誉顾问。

表 6　北美洲华人专业社团一览表（部分）

	名称	创建时间	会员数
科技综合	美国华裔教授专家网	1991 年	16 000 多人
	亚特兰大中华专业人士协会（佐治亚州）	1993 年	
	美国 128 华人科技企业协会	1995 年	
	美国南加州中华科工学会	1962 年	
	海外华人高新科技协会		
	旅美中国科学家工程师专业人士协会	1992 年	6 500 人
	加拿大中国专业人士协会（CPAC）	1992 年	26 000 人
	南佛罗里达州科技经济文化协会	1994 年	
	达拉斯美中专业人士协会	1993 年	1 200 多人
	加西玉山科技协会（温哥华）	1989 年	
	美西玉山科技协会（加利福尼亚州）	1989 年	1 200 人
	美东玉山科技协会（新泽西州纽瓦克市）		
	美中玉山科技协会（芝加哥）		
	南加玉山科技协会（SCMJ　洛杉矶）		
	美东南玉山科技协会（亚特兰大）		
	俄亥俄玉山科技协会（俄亥俄州）		
	大西洋玉山科技协会（美国）		
	大华府玉山科技协会（MJ－DC　华盛顿）		
	奥兰多中国专业人士协会（OCPA　奥兰多）		
	北美华人科技协会（NACAST）		

（续上表）

	名称	创建时间	会员数
能源·资源·环境	海外华人环境保护协会		
	美国中华清洁发展促进会		
	南加州华人环保协会		
	中华海外生态学者协会（Sino - Eco 美国）		
	中国学生学者环境与公共健康合作会（ENCSS 威斯康星州）		
	华人环境学者工程师协会（CESPN 亚利桑那州）		
信息科技	美国新州华人电脑协会	1993 年	1 000 多人
	芝加哥华人计算机协会	1993 年	
	纽英伦中华资讯网络协会	1996 年	
	华美信息存储协会	1995 年	
	加拿大华人信息科技协会	2005 年	
	硅谷科技协会	2000 年	
	美国数据管理协会（美国）	1999 年	900 多人
	大费城地区华人计算机协会（PCCP 费城）		
	硅谷中国无线电科技协会（SVC Wireless 加利福尼亚州）	2000 年	5 000 多人
	华美电脑协会	1988 年	400 多家企业会员
生物医药	美西医药协会	1998 年	800 多人
	加中生物医药科技发展协会		
	美中医药技术开发协会	1993 年	4 000 人
	美中生物医药协会	2007 年	
	美中生物医药和制药专业协会		
	华人生物学家协会		
	美国华人医药科学家协会（美国）	2003 年	数千人
	美国华裔医学科学家协会（NSMS - CAA 美国）	1996 年	16 981 人
	全美华人生物医药协会联盟（ALL - CABPA 美国）		
	北美华人生物医药协会（CABS 美国）		

（续上表）

	名称	创建时间	会员数
生物医药	美国华人生物医药科技协会（CBA　美国）		
	美中生物技术与医药协会（SABPA　美国）		
	美中医药开发协会大费城分会（SABPA – GP 费城）		
	美中医药开发协会旧金山分会		
工程制造	北美中国半导体协会	1996 年	1 000 人
	华美半导体协会	1991 年	1 600 人
	中国旅美工程学会		
	北美华人汽车工程协会		
	底特律中国工程师协会		
	国际华人交通运输协会总会		
	美洲中国工程师协会		
	北美华人岩土工程师协会		
	国际华人交通运输协会南加州分会		
	美中汽车交流协会		
	硅谷中国工程师协会（SCEA　加利福尼亚州）		
	中加建筑业协会（CCBIS　加拿大）	2002 年	约 300 人

资料来源：据全球华侨华人专业协会协作网（http：//www.ocpan.org/）整理而成。

此外，在欧洲、亚洲、大洋洲等地区还活跃着由华人科技精英组成的各类专业协会，有四五十个华人科技精英社团。

表 7　欧洲、亚洲、大洋洲华人专业社团一览表（部分）

	欧洲	亚洲	大洋洲
科技综合	英国爱丁堡华人专业人士协会 瑞士中国学人学者科技协会 旅丹华人专业人士协会 旅比华人专业人士协会 全法中国科技工作者协会（ASICEF 法国） 爱尔兰华人专业人士协会（爱尔兰）	在日中国科学技术者联盟（ACSEJ　日本）	澳华科技协会 昆士兰州华人科学家与工程师协会 澳华科学技术协会

（续上表）

	欧洲	亚洲	大洋洲
能源资源	旅英中国资源与环境学会（UK CARE 英国）		
信息科技	旅英中国华人自动化与计算协会 欧洲华人微电子专业论坛 中国留德学者计算机学会（GCI 德国）	计算机工程师协会（日本关西城区）	
生物医药	瑞典华人生物医药协会 欧中医学交流协会 留德生命科学和生物技术学会 全英华人生命科学学会 瑞士中国学人生命科学协会 中国旅法生物医学会（AMBCF）	留日中国人生命科学协会（LSACJ 日本）	澳大利亚华人生物科学家协会 澳大利亚华人生物医学科学协会
工程制造	德中建筑协会（DCB 德国） 全德华人机电工程学会 中国旅法工程师协会（AICF 法国） 旅英中国纺织服装学会（CTAS – UK 英国） 旅英中国工程师协会（ACE UK 英国）	新加坡机器人专业协会 亚洲晶体生长及晶体技术协会 新加坡机械人与自动化学会 新加坡电子电力工程师协会 国际电气与电子工程师学会新加坡分会 在日华人汽车工程师协会	澳华工程师协会
化学化工	旅英中国学人化学科学与技术学会 留德华人化学化工学会（CGCA 德国）		

资料来源：据全球华侨华人专业协会协作网（http://www.ocpan.org/）整理而成。

四、逐渐崛起的华人政治精英

海外华人分布比较集中的地区在东南亚和北美，相对其他国家和地区而言，这两个地区比较具备华人参政的条件和空间，因而华人政治精英较为集中。由于政治、经济、宗教文化的差别，以及各个国家和地区华人所处政治环境的多样性，各国华人政治精英的状况又有区别。

东南亚聚集了85%以上的海外华人，华人移居的历史悠久，经济方面具有相当大的优势，但是由于历史和种族的原因，他们参与住在国政治的历程、产生的影响力千差万别。

新加坡是东南亚唯一的华裔人口占大多数、在政治上居主导地位的国家，因而华人享有充分的政治权利并主导政治，以李光耀为代表的新加坡华人政治精英可以根据自己的政治理念治理国家，造就了经济发展的奇迹。

在泰国、马来西亚和菲律宾等国，华人有很大的参政空间。一直以来，泰国政府对待华人就采取较为宽松的政策，泰国华人享有诸多平等权利，融入当地的程度很高，不仅在经济上硕果累累，而且在政治上成就斐然。20世纪80年代以后，多名华人荣任政府要职，直至总理。曾经担任总理的华裔精英有差猜·春哈旺、川立派、他信·西那瓦及他的妹妹英拉，这在其他国家实属罕见。

马来西亚虽然规定了"马来人优先"的国策，但占人口超过1/4的华人的参政活动仍十分活跃。华人通过参与政治，维护和争取华人的社会权益，成为马来西亚种族多元社会的重要一员。马华公会由马来西亚华人组成，是长期的参政政党，马华公会中的政治精英作为华人的代表，担任各级政府部门的要职。同时，华人在议会里占1/3的议席。

印度尼西亚华人人数在各国华人中首屈一指，经济地位突出，但长期没有平等的政治权利。1998年印度尼西亚政局变化之后，向民主转型，华人参政条件大为改观。现在华人政党、华人团体正积极投入政治活动，维护合法权益。

进入21世纪，海外华人参政意识普遍提高，尤其是年青一代成为积极参政的中坚力量，他们在语言和文化上更容易融入住在国主流社会，而华人家庭对传统文化的重视也让他们保持了与老一代华人的联系，所以这些新生代华人政治精英在政坛的影响力将越来越强。近些年，世界各地华人成功参政的例子比比皆是。

在加拿大，从1957年至2011年，通过选举成功担任联邦国会众议员的华裔精英人士有32人次。仅2011年加拿大联邦大选，全国共有23位华裔参加选举，参选人数超过上届的18人，最后有7人当选，无论是参选人数还是获选人数，均创历届之最。在地方各省议会参加选举的议员数量同样可观，从 1971 年至 2012 年，共有 15 位华人精英人士通过选举担任加拿大各省省议员。① 而在市镇一级担任各种政治职务的华人数量更为庞大。

同是 2011 年，在加拿大卑诗省内的各市市选中，华裔参选者至少有 43 位，其中 16 位当选市议员和学务委员。当选华裔大多在温哥华、列治文和本拿比 3 个华裔人口比例较高的城市。参与投票的华裔多了，就会对政坛产生影响，族裔的社会地位就会提高，族裔的诉求才会得到重视。这一点已逐渐成为华裔共识。②

在美国，继吴仙标、余江月桂等华人政治精英活跃于美国政坛之后，骆家辉、赵小兰、朱棣文等相继出任奥巴马政府的内阁部长，骆家辉更是出任美国驻中国大使，他们创造了美国华人精英参政的辉煌。近年，在他们的带动下，美国华人参政屡创佳绩。2011 年美国旧金山的市长选举，在参选的 13 人中，就有 5 位华裔，最后李孟贤高调当选为旧金山历史上第一位华裔市长。③ 在旧金山这个当年"排华"法案的发源地诞生第一位华裔市长具有历史意义，不仅激发了华裔的荣誉感，也激励华裔更加关心政治并参加投票、参选公职。

在 2012 年美国国会大选中，华人政治精英的表现也异常突出。美国历史性地诞生了 3 名华裔女众议员：孟昭文以 67.7% 的得票率完胜共和党对手丹尼尔·哈洛伦，成为美东地区第一位亚裔及华裔国会众议员；从政长达 27 年的赵美心，得票以超过两位数的差距战胜共和党对手杰克·沃斯维尔成功连任，成为加州历史上首位获得连任的华裔国会众议员；有一半华裔血统的谭米·达科沃斯以 54.7% 的得票率战胜共和党对手乔·沃什出线。④

此外，在美国马里兰州、加州等地方议员、教委等各级选举中，华人亦斩获颇丰。两位竞选连任的马里兰州华裔众议员陈德基、黄子安轻易当选；加州有两个选区出现了新气象，第 49 选区的周本立和第 19 选区（前 12 选区）的丁右立，都是该选区连续第三届当选的华裔新科众议员，他们从前辈华裔众议员手中接棒成功，对比过去华人参政后继无人的状况，这一传承令华人社区十分欣慰；旧金山市议会 11 名市议员中仍保有 4 名亚裔，其中 3 名为华裔；华裔李国斌赢得圣利安德鲁市的第 4 区市议员选举，成为该市首位华裔市议员。⑤

在英国，由于政治氛围相对保守，华人参政的环境相对固化，华人参政的热

---

① 万晓宏：《当代加拿大华人精英参政模型分析》，《华侨华人历史研究》2012 年第 3 期。

② 《人民日报（海外版）》，2011 年 12 月 21 日。

③ 《人民日报（海外版）》，2011 年 12 月 21 日。

④ 《2012 全球华人参政方兴未艾》，美国中文网，http：// www. sinovision. net/ portal. php？ aid = 237370&mod = view，2012 年 11 月 30 日。

⑤ 《2012 全球华人参政方兴未艾》，美国中文网，http：// www. sinovision. net/ portal. php？ aid = 237370&mod = view，2012 年 11 月 30 日。

情并不高涨。为此，2006 年李贞驹律师与一批志同道合者发起成立英国"华人参政计划"，目的是要提高华人公民意识，鼓励华人积极参政，确保华人的声音得到英国社会重视，让政治成为华人社会生活的一部分。该计划得到英国上下院跨党派议员的关注和支持。

2010 年英国国会大选，涌现出 8 名华裔候选人。这 8 人分属三大政党，他们有的原籍为中国内地、香港、马来西亚，也有的是中英混血。2010 年华人参选人数之多史无前例，在英国少数族裔中引起了轰动。"华人参政计划"的义工们则深入他们的选区，为 8 名候选人或打气助阵，或出钱出力。在"华人参政计划"的影响和支持下，2011 年 5 月举行的英国地区议会选举，共有 9 名华人参加，6 人获选，其中 5 人更是以选区最高票当选。[①]

在法国，华人吴振华 2012 年 3 月就任法国执政党——法国人民运动联盟政治局委员，成为法国历史上第一位登上如此重要职位的华人。[②]

在澳大利亚，华人参政也迎来新的转机。2012 年，在悉尼华人常住人口最多的好市围分选区，12 名新一届市议员中华人独占三席，分别为团结党候选人刘娜心、工党候选人单伟广及自由党候选人吴金营。同时，该年新州地方市议会选举，数十名华裔背景人士参选市议员，人数众多，打破纪录，仅好市围分选区就有 14 名华裔人士角逐议员席位。此外，吉隆市华人协会会长沈凤参与吉隆市议员竞选，打破了华人参与该市议员竞选零的纪录。

五、沟通中西的华人文化精英

事实上，很难确切估计华人文化精英的具体数量，除了专门从事文化活动的知识分子，广大华人文化精英资源散布于各种华侨华人社团及文化传播平台中，他们也同时活跃在华侨华人专业社团、华文传媒及各种文化活动中。因此，华人文化精英与前述其他华人精英通常存在身份重合的情况。一个科技、经济专业社团或华人组织，也会有华人文化精英存在其中。以美国华人社团组织"百人会"为例，这个聚集了美国华人各行各业精英的组织中，就有为数不少的华人文化精英。"百人会"中，有原加州大学伯克利分校校长田长霖、纽约大学理工分校校监张钟濬、原香港科技大学校长朱经武、香港科技大学校长陈繁昌、原香港城市大学校长张信刚、香港理工大学校长唐伟章、芝加哥大学北京中心主任杨大利、

---

① 《英国华人参政计划启动七年 华人政治地位逐步提高》，中国新闻网，http://www.chinanews.com/hr/2014/01－06/5700235.shtml，2014 年 1 月 6 日。

② 《人民日报（海外版）》，2011 年 12 月 21 日。

加州大学圣塔芭芭拉分校校长杨祖佑、马里兰大学校长陆道逵、原加州大学洛杉矶分校文学院院长余宝琳等大学高级管理人员，有马友友、谭盾、曹铮、周文中、林昭亮、田浩昌、方美梅等音乐艺术家和音乐制作人，有李安、吴宇森、陈冲、杨燕子、徐侠昌等知名影视导演、演员和制片人，有普利策奖获得者贝聿铭、越战阵亡将士纪念碑设计师林璎等建筑师，有曾担任克林顿总统演讲写手的刘柏川、人权活动家包柏漪、影响力巨大的已故华人女作家张纯如及谭恩美、马严君等作家。

再以美国华裔教授专家网（Scholars Net）为例。美国华裔教授专家网是一个跨学科高层次人才组织，成立于 1991 年。现有成员 16 000 余人，分布在中国及世界其他地方，大部分居住在美国，以硕士及以上学位的学者、专业人士和教科研及政府部门精英为主。它的主要职能是积极宣传、策划、组织和参与美中科技、教育、文化交流活动，安排中国大陆和港台高等学府代表团访美交流，选送专家教授代表团赴中国讲学。这是一个集纳海内外高层次精英人才的团体，也是一座促进海内外高科技、高等教育和人才合作的桥梁。

在海外华人文化精英群体中，华人作家群体尤为值得关注。他们以华人的身份，用手中的笔，描写华人的生活世界，让外界更了解华人社会。华人知名女作家谭恩美 1952 年出生于美国加州奥克兰，曾就读医学院，后取得语言学硕士学位。她因处女作《喜福会》而一举成名，成为当代美国的畅销书作家，著有长篇小说《灶神之妻》《灵感女孩》和为儿童创作的《月亮夫人》《中国暹罗猫》等。她的作品对中国传统教育、代际冲突都有极深刻的描述，被译成 20 多种文字在世界上广为流传，并被改编为电影，获得极好的票房，对于外国人了解中国、了解华人文化，提供了极为重要的窗口。像谭恩美这样的华人作家还有很多，如汤亭亭、聂华苓、严歌苓、张翎等。

在世界各地建立的华文作家协会中，华人作家的数量不在少数。如北美华文作家协会共有 26 个分会，有会员将近 1 500 人；加拿大中国笔会成立于 1995 年，目前有近 100 名会员，以旅加中国大陆作家和学者为主要成员，吸收港台和东南亚地区移民，在世界华文文坛展现出一道璀璨夺目的文学风景；国际新移民华裔作家笔会成立于 2004 年，有会员 60 多人。

六、小结

当前，海外华人社会发展面临着急剧的变化，华人人口不断增长。可以预见的是，华人精英也会不断增长。对于传统侨社来说，老一辈的华人精英将逐渐退出历史舞台，第二代、第三代华人精英将接过父辈的"接力棒"。而在新华侨华

人群体中，经过二三十年的历练和积累，精英群体将会更加庞大。由于谙熟中西方文化，手中掌握更为丰富、优质的资源，华人精英群体将会比过去更加积极地关注和参与住在国的政治、经济等领域，在构建中国国家软实力方面发挥更大的作用。比如，通过华人精英自身的成功经历，可以反映出华人勤奋、执着、坚强、谦虚等优良品质，提升中华民族的国际形象；通过华人精英的示范作用，积极参与住在国政治，不仅能让住在国居民改变对华人的固有看法，也能间接改善外国人眼中的中国国家形象；通过华人经济精英的牵线搭桥，可以为华资企业提供更多的商业合作机会，大力发展华商高新技术企业，以此引导国际社会重新认识华商，展示崛起中的中国的良好大国形象；发挥华人科技精英的作用，可以架设中外科技交流的桥梁，服务于中国创新型国家的建设；利用华人科技精英的特殊身份，可以通过民间文化外交、科技外交等手段，让外界更了解中国的发展道路和发展前景，为中国和平崛起营造良好的外部环境。简言之，应借助各领域华人精英的力量，宣扬中华传统文化，团结来自不同地区的华侨华人以及他们组织的社团，消除长期以来一直存在于华人社会的不和谐因素，增强海外华人社会的凝聚力，使之成为中国倡导的构建和谐世界的重要力量。

第三章　华侨华人与中国文化软实力

在国家软实力系统中，文化软实力是人们谈论得最多的话题。文化软实力本身是一个内部构造十分复杂的系统。因应国家的对外文化发展战略而开展海外文化侨务，已成为今天开拓海外侨务工作新局面的突出话题。"文化侨务"的概念虽然应用还不广泛，但实际上已是海外侨务工作的一种实践。

第一节　中国文化软实力建设的需求
和海外文化侨务的重要性

文化，无论是作为一种人类创造的精神财富，还是作为一种不断传承的民族传统，都具有非同寻常的无形力量。但是，文化是社会的产物，社会经济实力是文化传播与发展的根基，文化的全面建设也必然有赖于经济的可持续发展。近些年来，中国文化之所以受到世界普遍关注，成为全球瞩目的一个焦点，最根本的原因就是中国综合国力的提升；相对过去来说，中国在国际舞台上的地位越来越高。此外，当今世界"正在发生广泛而深刻的变化"，表现为和平发展的时代主题。

我们应该看到，在这个过程中，人类社会发展的动力结构已经发生了很大的调整。文化的地位相对独立，功能日渐突出，知识经济已初露端倪。因《文明的冲突与世界秩序的重建》一书而闻名于世的哈佛大学教授塞缪尔·亨廷顿也曾强调硬实力决定软实力，硬实力是软实力的基础，物质上的成功会使文化和意识形态更加具有吸引力，而经济和军事上的失败则必然导致文化的自我怀疑和认同危机。约瑟夫·奈认为，中国在经济上的巨大成就是软实力得以提升的重要根源，是中华文化特别是传统文化的吸引力越来越大的根本原因。中国似乎不需要付出太大努力来唤醒外部世界对中华文化的兴趣。一些国家在排队等待举办中国年，或获得在中国开设文化中心的许可；西方各大博物馆纷纷举办中国艺术展。这种情况在过去不可能发生，只有到了中国国力强大起来后才会变为现实。

一般认为，国家文化软实力是以文化为基础的国家软实力，是指文化中那一部分对外、对内都能够产生某种性质的作用力的因素，即对内具有一定凝聚力和

驱动力，对外具有一定影响力和感召力的因素的综合作用力。约瑟夫·奈认为："当一个国家的文化涵盖普世价值观，其政策亦推行他国认同的价值观和利益，那么由于建立了吸引力和责任感相连的关系，该国如愿以偿的可能性就得以增强。狭隘的价值观和民粹文化就没有那么容易产生软实力。"[1] 这话实际上说明了文化资源提升一国软实力的条件和方式。如果把文化理解为"人类一切精神活动及其结果的总和"，那么"文化软实力"这个概念既包括政治、外交、价值体系，又包括哲学、法律、语言、宗教、艺术等。所有这些东西所产生的综合影响力，就构成一个国家的"文化软实力"。既然是国家文化软实力，自然就有鲜明的国家属性。换言之，我们所寻求的不是抽象的软实力，而是一种体现中国特性与利益的国家文化软实力。

从辩证唯物主义的角度来看，文化软实力可以显示出对经济、科技、国防等国家硬实力的"倍增器"作用。随着世界多极化、经济全球化的深入发展和科学技术的日新月异，文化与经济、政治相互交融的程度越来越深，与科学技术的结合愈显紧密。经济的文化含量日益提高，文化的经济功能也越来越强，文化已经成为国家核心竞争力的重要因素。谁占据了文化发展的制高点，谁就拥有了强大的文化软实力，谁就能够在激烈的国际竞争中赢得较大的主动权。因此，一个迅速发展中的国家一定要把提高国家文化软实力置于优先发展、重点建设的地位，充分发挥其对国家硬实力发展的巨大统领、先导与促进作用。

近年来，中国处在国力得到发展而走向世界需要文化支撑的关键时刻，适时地提出了文化发展的重大战略。党的十八大报告提出"扎实推进社会主义文化强国建设"的号召，指出："文化是民族的血脉，是人民的精神家园。全面建成小康社会，实现中华民族伟大复兴，必须推动社会主义文化大发展大繁荣，兴起社会主义文化建设新高潮，提高国家文化软实力，发挥文化引领风尚、教育人民、服务社会、推动发展的作用。"[2] 这是继 2006 年 11 月 10 日在中国文联第八次全国代表大会、中国作协第七次全国代表大会提出"增强我国文化的国际竞争力，提升国家软实力，是摆在我们面前的一个重大现实课题"、2007 年 1 月 23 日在中共中央政治局第三十八次集体学习时指出加强网络文化建设和管理"有利于增强我国的软实力"以及党的十七大报告提出"提高国家文化软实力"号召之后的又一项政治任务，标志着中国对发展国家文化软实力的认识已产生了新的飞跃，达到了新的政治高度，并成为中国最高决策层的共识，是改革开放新时期不

---

① 约瑟夫·奈著，吴晓辉、钱程译：《软力量：世界政坛成功之道》，北京：东方出版社，2005 年，第 11 页。

② 《胡锦涛提出，扎实推进社会主义文化强国建设》，新华网，http://news.xinhuanet.com/18cpcnc/2012-11/08/c_113637269.htm，2012 年 11 月 8 日。

断进行理论创新和成功实践的结果。

最近几年，中国侨务机构对开展海外文化侨务工作越来越重视，主要表现在以下几个方面：

（1）重视海外华人的寻根活动，对象主要是华裔青少年，目的是提高他们学习汉语和中华文化的兴趣。近几年这种活动很多，比较大型的有：2013 年 7 月 25 日，由中国国务院侨务办公室和中国海外交流协会举办的海外华裔及港澳台地区青少年"中国寻根之旅"夏令营仪式在北京人民大会堂举行，国家主席习近平向参加夏令营的青少年授旗。此次夏令营为历届规格最高、规模最大的一次，共有来自世界 51 个国家和港澳台地区的 6 000 余名华裔青少年参加。

（2）组派不同类型的中华文化专访团赴海外开展交流活动。多年来，中国国务院侨务办公室每年组派的高水准专访团有文艺团、厨师交流团、中医团等。最近几年，春节慰侨演出活动越来越引人注目，已成为与海外侨胞交流中华节日文化并推动中华文化走进主流社会的一个符号。如中国国务院侨务办公室和中国海外交流协会组织的"文化中国·四海同春"活动，以中华民族传统节日春节为契机，派出国内高水平艺术团组到海外侨胞聚居地开展慰侨演出，与海外侨胞共庆中国传统农历新年。活动自 2009 年春节启动以来，至 2014 年已向海外派出 38 个艺术团组，累计去访全球五大洲 86 个（次）国家及港澳地区 172 个（次）城市，演出 258 场，观众累计达 286.6 万人次，电视观众逾亿。"文化中国·四海同春"已经成为满足海外侨胞精神需求，增进世界人民对中华文化的认知，增强国家软实力和中华文化国际影响力的全球性文化品牌活动。[①]

（3）着力整合海外华文教育资源，发展海外华文教育，并与推介文化中国、现代中国相结合，重视海外华文教师培训工作。2004 年 9 月 30 日，中国华文教育基金会正式在国家民政部登记成立，这是一家专门为海外华文教育事业服务的全国性公募基金会，其宗旨就是弘扬中华文化、发展华文教育事业、促进中外文化交流。基金会成立后 5 年间，组织了"长江文化行""少林文化行""巴蜀文化行""冰雪文化行""齐鲁文化行""海派文化行""赣文化行""人居福地文化行""南粤文化行"等 14 个夏（冬）令营项目，吸引了 26 个国家的近 2 000 名华裔青少年参加。同时，基金会实施的"华文师资培养工程"，已使东南亚、欧美等 20 多个国家的 2 000 多人受益，在缓解海外华文师资力量缺乏和提升专业水平方面，收到了积极效果。[②]

---

① 杨凯淇：《五支"文化中国·四海同春"艺术团将赴海外慰侨》，中央政府门户网站，http：// www. gov. cn/gzdt/2014 – 01/27/content_2576874. htm，2014 年 1 月 27 日。

② 谢萍：《中国华文教育基金会五年间惠及海内外五千人》，中国新闻网，http：//www. chinanews. com/ hwjy/news/2009/12 – 30/2046348. shtml，2009 年 12 月 30 日。

第二节　各类型华人社团在中国文化软实力构建中的作用

许许多多的海外华人社团既是中华传统文化的承载者，也是传承发扬中华传统文化的积极推动者。在本节，我们从那些在传承发扬中华传统文化方面发挥重要作用，又具有鲜明特色的华人社团入手，对它们提高中国文化软实力方面的作用进行分析。

一、传统华人文化社团与中华传统文化传播

早在"二战"前，海外华人社会中就建立了很多文化社团。以华人社团发展较为典型的马来西亚为例，当地出现的文化社团包括：新加坡精武体育会、金宝中国精武体育会、雪兰莪华人子女精武体育会、森美兰精武体育会、槟城精武体育会、槟城女子精武体育会、怡保精武体育会、雪兰莪联胜国术团、雪隆精武体育会、太平华人精武体育会、马六甲精武体育会、实吊远精武体育会、蔴坡精武体育会、和丰精武体育会、安顺精武体育会、马六甲晨钟励志社等，以保护、发展中华文化。

"二战"后，随着海外华人社会的进一步发展，更多的文化社团组织成立。还是以马来西亚为例，文冬华人体育会、马来西亚精武体育会总会、沙捞越精武体育会、马来西亚佛教总会、吉隆坡剧艺研究会、雪州华人象棋公会、南马文艺研究会、吉隆坡商庐俱乐部、柔佛州象棋总会、黄氏太极学会文德甲分会、雪州及联邦直辖区狮团总会、马来西亚华人文化协会、黄氏太极学会文冬分会、太平华人文化协会、马来西亚中华外内丹功学会、关丹中国精武体育会、马大华文学会、马来西亚易经学会、槟城陈氏太极拳协会、马来西亚陈氏太极拳总会、关丹精武体育会等涉及中华文化多层面的社团组织纷纷创立。

创办于马来西亚各地的精武体育会，最早起源于中国本土、由著名爱国武术家霍元甲于 1909 年创办的"上海精武体操学校"，1910 年 3 月 3 日（清宣统二年正月廿二日），陈公哲、卢炜昌、姚蟾伯、罗啸璈等人将其改组为"上海精武体育会"。精武体育会是最早有组织、有目的地向海外传授中华传统武术的体育社团，截至目前，全世界已有包括美国、英国、瑞士、荷兰、俄罗斯、捷克、澳大利亚、新西兰、日本、马来西亚、新加坡等在内的 50 多个国家和地区建立了精武体育会。

直到 21 世纪，仍有新的精武体育会建立。这背后反映的是华人对自身传统

文化的热爱和坚持。

新加坡精武体育会早在 1922 年 8 月成立，原为中国精武体育会新加坡分会。其宗旨是：以强身健体为基本，用科学方法调整南北各门派武艺，使之成为有系统的传习。标榜"智、仁、勇"三大德，以德育、智育、体育三结合，表彰博爱、宣扬武术、寿人寿世。新加坡精武体育会于 1923 年设立女子部，1925 年设立励志团，并先后设立太极拳班、篮球队、国术训练班、羽毛球队、武术师资训练班、文化艺术训练班等，积极开展各种富含中华传统文化因素的文化体育活动。

1998 年 10 月，新西兰精武体育总会在奥克兰市正式成立。此后，会员每年倍增，并在惠灵顿等地相继成立分会。新西兰精武体育总会是一个非商业性的非营利性团体。

精武体育会组织在马来西亚的发展最为活跃和典型。

为了更好地推动精武体育事业在马来西亚的发展，1953 年，马来西亚精武体育总会成立，当时名为"马星精武体育总会"。新马两国"分家"后改名。

马来西亚各地精武体育会不仅从事武术、体育、文化、艺术活动，也关注福利公益活动，更关注马来西亚当地社会、华人社会的总体发展。马来西亚精武体育总会每年都会举办嘉年华会。嘉年华会期间，武术是必不可少的节目；同时，还要举办乒乓球、绘画、象棋、舞狮等多种形式的文娱活动。雪隆精武体育会是一家很活跃的体育组织，其主建筑为一座三层圆楼，附设有合唱团、国术团，有游泳池对外开放。从其布告栏贴出的内容丰富的会务报告看，该会开展的活动比较丰富，在当地华人社会也颇有影响。怡保精武体育会是马来西亚精武体育总会的重要成员之一，它曾多次承办嘉年华会。怡保精武体育会除设有武术、田径小组外，还设有龙狮、舞蹈、话剧、图书等多个小组。其中，话剧组自 1975 年成立以来，先后编演过《林冲夜奔》《精忠岳传》《孙悟空三打白骨精》《聊斋志异》《武松与潘金莲》等中国传统剧目。基本服务团是怡保精武体育会的主要机构，其宗旨在于以母会基本目标为基础，积极服务社会、乡间及人群，救济贫病者。

作为马来西亚华人社团重要组成部分的精武体育会，是超越了宗派的社团组织，"它容纳了所有华裔公民，不分宗亲、血缘、宗教信仰"，代表了整个马来西亚华人社会的基本机构。在马来西亚华人社会面临文化发展的巨大外来冲击时，精武体育会也曾发挥了华人文化的堡垒作用。可以说，精武精神在其实践过程中，明显体现着华人的民族思想、社会观念、行为哲学。[①]

[①] 《怡保中国精武体育会 60 周年钻禧纪念特刊》，怡保：怡保中国精武体育会，1984 年，第 240 页。

海外华文文学社团是在文学领域传播发扬中华传统文化的重要力量。就笔者搜集到的资料来看，从 1960 年开始，海外华文文学社团纷纷成立。

在各大洲先后成立华文作家协会的基础上，1992 年 11 月，首届世界华文作家大会在台北举行，也宣告了世界华文作家协会的成立。世界华文作家协会是全球华文作家的国际性联谊社团，宗旨是"凝聚全世界华文作家的智慧，借文学创作及文艺活动的推展，使华文文学能融和于全世界华人的生活之中，并鼓励创作风气，奖掖优秀文学作品，培养华文作家，整理华文文学史料，以使华文文学在全球华文作家的共同努力耕耘下，在世界文坛上，收获丰硕的果实，绽放出灿烂的光芒"。

1995 年 12 月，第二届世界华文作家大会在新加坡举行，来自 38 个国家和地区的 130 多人与会。该届大会主题为"推展华文文学，发扬中华文化"，融会了各国社会的人文特色，将中华文化崇尚和平、尊重、包容、仁爱的精神，展现于文学创作中。

2013 年 10 月，第九届世界华文作家协会会员代表大会在马来西亚举办，共有约 350 名来自世界各地的著名华文作家与会。创会 30 余年来，世界华文作家协会的分会及约 4 000 名会员遍布世界 132 个国家。

女作家是海外华文文学创作中的一支重要力量。作为海外华文女作家的世界性联谊组织，海外华文女作家协会（原名"海外华文女作家联谊会"）成为世界华文文学阵营中的活跃分子。1987 年 9 月，海外华文女作家协会首先由美国华文女作家陈若曦和於梨华等发起筹备，当时邀请中国大陆、台湾、香港及其他各国华文女作家参加，经一年多联络和筹组，响应的女作家达 80 多人。1989 年 7 月 1 日至 2 日，在美国加州伯克利召开首届海外华文女作家联谊会成立大会，主题是"我作为海外华文女作家的体会"。其宗旨是：团结各国华文女作家，联络感情，交换写作经验，促进文学交流与发展。首任正、副会长为陈若曦、於梨华，决定每两年召开一次年会。第二至十届情况大致如下：

1991 年 10 月，第二届，美国洛杉矶；

1993 年 6 月，第三届，马来西亚吉隆坡（易名为"海外华文女作家协会"）；

1995 年 11 月，第四届，中国台湾台北；

1998 年 9 月，第五届，美国旧金山（与上一届时隔 3 年）；

2000 年 10 月，第六届，美国北卡罗来纳州；

2002 年 9 月，第七届，加拿大温哥华；

2004 年 9 月，第八届，德国法兰克福；

2006 年 9 月，第九届，中国上海；

2008 年 9 月，第十届，美国拉斯维加斯。

二、海外孔教会传承发扬中华传统文化

海外华人文化组织种类很多，但无论哪一类组织，都试图通过文化的凝聚力，将热爱中华文化、热心于文化交流的人凝聚在一起。

辛亥革命后，在中国的封建知识分子以成立孔教会方式将儒学改造成为"宗教"的同时，孔教会也在东南亚多个国家诞生。因之，在 20 世纪上半叶，东南亚华侨社会中发生了一场持续数十年之久的思想—宗教磨合运动。笔者认为，这场运动后来逐渐与"儒学宗教化"的宗旨脱轨，成为一场儒学在华侨社会中"当地化"的"普及"运动。因为"普及"运动基本上属于各个分会的独立行为，故儒学在华侨社会中"当地化"便具体地变成"住在国化"，逐渐产生因应不同国情和侨情的变异。本部分以新加坡、马来西亚（马六甲）和印度尼西亚三国的孔教会为例对上述现象作了分析，认为各国孔教会的发展路向不同，新加坡孔教会是走向学院化，马六甲孔教会是从民俗化走向学院化，印度尼西亚孔教会则表现为宗教化。本部分也对今天中华文化的对外交流提供了认识方法上的启示。

历史上，东南亚的越南（主要是其北部地区）是各种中国传统思想的第一接收站。但近代以来，各种中国思想文化的接收站除了越南外，已扩大到东南亚其他地区，特别是新马地区与印度尼西亚群岛一带（主要是爪哇和苏门答腊）。究其原因，是大量的华侨特别是华侨知识分子精英遍布于上述地区。他们把东南亚作为各种中国思想文化的"储存库"。作为一种新潮思想和运动，"孔教"和"孔教会"以很快的速度扩展到东南亚地区的华侨社会中。其时，在不同国家出现的孔教会多是作为中国孔教会的海外分会存在。但那时中国与东南亚的交通和信息传递渠道毕竟还十分落后，随着各个分会各种各样活动的增多，特别是随着孔教会总部的变化，各个分会实际上便作为逐渐游离于总会之外的独立机构存在。1949 年后，孔教会在中国大陆不复存在，东南亚原有的孔教会则继续运转，在尔后当地的文化社会活动中发挥了引人注目的作用。于是，中华文化又呈现出另一番"礼失求诸野"的独特景观。下面且以新加坡、马来西亚（马六甲）、印度尼西亚的孔教会为例，对这一现象进行粗浅分析。

（一）学院化的新加坡孔教会

孔教会在东南亚最早成立的分会应是"实得力孔教会"（"实得力"三字为英文 straits 一词之音译，即海峡殖民地新加坡、槟榔屿、马六甲三处的总称）。

一般的说法是成立于 1914 年，另一说法是成立于 1913 年。① 新加坡南洋孔教会的网站又说，1918 年，北洋政府以国会名义通过决议：订每年夏历八月廿七日为"大成节"，以纪念孔子诞辰。由是南洋各埠纷纷起而响应。槟城、怡保、马六甲等地相继成立孔教会分会。笔者相信 1914 年（或 1913 年）只是某一个最早的分会（很可能就是新加坡分会）的发起时间，1918 年则是各分会相继成立的起始时间。

"实得力孔教会"是由发起人新加坡中华总商会诸董事发出公函，召集各界有道之士会商筹划成立的。该会的一个显著特点是得到新加坡商界的强有力支持。在新加坡的开埠与发展的漫长历史进程中，先后造就了一批经济实力雄厚的商人，而新加坡商人素有崇教兴学的厚重传统。长期以来，他们广建佛道寺观，同时以之作为宗亲会馆活动的主要场所，并积极兴教办学，儒风颇盛。因此，当孔教南传到新加坡时，便顺理成章地最先得到商界的鼎力支持。当时，"实得力孔教会"的会所就附设于中华总商会。最值得注意的是，中华总商会的会员就是"实得力孔教会"的会员。当时的中华总商会会员如果以"帮"为单位计算，则福建帮有 186 人，广东帮有 205 人，潮州帮有 174 人，仅此三帮人数已达 565 人之多。此外，会员尚有扬州帮、客家帮、琼州帮 28 人。"实得力孔教会"会员即有数百人，规模不可谓不大。据云后来陈焕章南游并访问此会时，曾盛赞之，称"吾道不孤"。

新加坡商界对孔教会的支持最直接地表现在担任"实得力孔教会"的领导职务。按照海外侨团的不成文规定，担任会馆领导职位，无疑意味着对会馆的财务来源负有直接的扶助义务，或负有为会馆的运转寻求财政支持的义务。当时"实得力孔教会"第一任会长为潮帮富商廖正兴。其下的董事，包括林文庆、陈延议、林秉祥、薛中华、薛院武、黄瑞朝、林竹斋、王会仪、陈仙钟、林义项、陈德润、蔡子庸、洪福彰、陈喜亭、谢有祥等，多属工商界巨子和社会名流。显然，他们既是孔教会的中坚分子，也应是孔教会的"财囊"。每年孔诞节日，孔教会均借用中华总商会礼堂召集各界人士举行庆典，并得到整个新加坡的响应，盛况空前。虽然此种盛会仅举行数载便遭人以不合潮流为由予以反对和阻止，但该会不为所动，每年循例举行庆祝。这些活动肯定都耗资不菲。

不过，如果说"实得力孔教会"上述活动最初主要还是作为孔教会存在的标志的话，那么，1926 年"孔教讲经会"的成立则标志着该会迈向学院化的开始。事情的起因是，这一年，孔教总会会长陈焕章得到"实得力孔教会"资助，

---

① 谢成佳主编：《华侨华人百科全书·社团政党卷》，"南洋孔教会"条，北京：中国华侨出版社，1999 年，第 375 页。

参加了在日内瓦召开的国际宗教大会后载誉而归，使"实得力孔教会"备受鼓舞。廖正兴遂决定创立"孔教讲经会"，以传播儒家思想，"挽救世道"。他邀集了一批对儒学有造诣者担任讲席，一时乐意讲经者众。开讲后，听者甚多，反应热烈，成果不俗。于是，诸董事遂趁热打铁，决定创办《国粹》作为会报。短时间内即筹得数万元作为基金，以有限公司名义注册，并购置了印刷机等用具。只可惜1928年5月3日发生"济南惨案"，民怨沸腾，反对者乘机阻挠该会活动，出版《国粹》的计划遂废。嗣后，廖正兴辞世，林金殿与李伟南相继续任，林竹斋、王会仪、林志义等骨干又相继谢世，会务虽尚可维持，但该会实力已经大减。1942年后，新加坡被日军占领长达三年零八个月之久，该会会务全停。由此计算，"实得力孔教会"历三四十年代之衰，时间长达近20年。在这一时期"实得力孔教会"的活动中，主要是以传承儒学经典为大宗。

到1949年，值孔子诞生2 500周年纪念，"实得力孔教会"乃改为"南洋孔教会"。会长郑振文，其下骨干一批，包括林文庆、韩槐准、陈育崧等17名新加坡著名人士。改名后孔教会活动的重点由过去的以传承儒学经典为主，向广义的文化活动扩展。例如，被认为富有文化艺术修养的总务黄曼士在征求诸董事同意后，搜选历代各类珍贵文物152件，筹办了"中国文物展览会"，复又印行《中国文物特辑》。1951年，决定组建"星华图书馆筹募委员会"。同年8月27日，举办孔子诞辰庆典。在1952年4月4日的董事会议上，董事蔡多华提出每月举办学习演讲，或集体研究孔子学说，刊行小丛书，以图弘扬孔子学说，警醒人心，匡救时弊。于是，孔教会决定刊行征文，印制孔诞纪念笺，赠送给响应该会征文者及社会人士。1959年9月29日，孔教会邀请华校董教联合会与中华总商会借用维多利亚剧场联合庆祝孔子诞辰暨教师节，全新加坡139间华校校董教师代表及各文化教育团体与嘉宾等近千人出席，盛况空前。借此东风，当时华校董教联合会林逢德建议该会请求新加坡教育部正式规定孔子诞辰为教师节，后获教育部批准。1960年，蔡多华膺选为会长。蔡多华祖上世代书香，他一生笃信儒家学说，尊奉孔孟。在他长期担任会长后，该会对儒家学说的弘扬大大加强，在他就任不久，即出版《孔子真谛之一——孔观》一书。1962年，董事会函聘以往对该会有殊勋的耆宿为名誉会长，中有许戊来、李伟南、杨缵文及郑振文4位。决定刊印《华夏传统思想习惯考略》5 000册。1972年，借中华总商会场地，举办中国古今名人书画欣赏会。1974年10月12日，举办庆祝孔子诞辰活动，特邀孔子第七十七代嫡孙孔德成由台湾到新加坡作题为"孔子学说的仁"的演讲。蔡多华之后，前南洋大学创办人之一、李光耀任总理时曾誉其为华人社会出色领袖的黄奕欢继任会长。黄奕欢对孔教的宣扬不遗余力，在世时，曾拟发起兴建孔庙，作为孔教会的永久会所。1986年，盛碧珠女士被推为会长，任内

积极推动会务发展，筹措建立孔圣堂。到 2004 年，新加坡的儒学和学术团体再次团结起来，实行门户开放，所有会员都加入了孔教会，也吸引很多学者加入。2007 年，郭文龙从胡克济前会长手中接棒，励精图治，共同承担弘扬儒家思想的大任。南洋孔教会积极组织诸如讲座、课程等活动，弘扬孔子思想，推动新加坡社会道德规范的建立，以促进国家多元文化宗教的和谐。

新加坡孔教会的广义文化活动中，最值得提及的要算征文比赛一事。征文活动早在 20 世纪 50 年代初就由庄竹林提议主办，目的是促进社会人士及在籍学生研究孔子学说。到蔡多华担任会长后，征文活动变为比赛，并长期坚持下来。自 1967 年起，每年还举办征文比赛，应征者除来自新加坡外，还来自马来西亚、印度尼西亚、文莱以及中国香港等地，十分踊跃。每年夏历八月廿七日举办孔诞庆典，受邀参加者皆为文化界人士、教授、中学教师及社会名流等，先由会长与来宾演说，继向征文优胜者颁发奖金，最后举行宴会，仪式简单而隆重。蔡多华支付一切费用。自 1982 年起，该会征文比赛之奖金暨庆祝孔诞宴会的费用即由黄奕欢会长悉数支付。盛碧珠任会长后，继续举办征文比赛。显然，征文比赛对于调动人们研习儒学、普及儒学的积极意义是不言而喻的。这也是此活动得以长期坚持的重要因素。

（二）从民俗化走向学院化的马六甲孔教会

马来西亚的代表性孔教会是马六甲孔教会，其始源可追溯到"二战"前就已成立的"联邦圣教总会"。现在尚可追溯的会所是在马六甲板底街桥头的云林阁。当年的孔教会，肯定开展过很多重要的文化活动。例如，槟城的中华学校，就是由孔教会创办的。可惜，有关资料今天已难以查寻。"二战"时，孔教会停止活动，后由廖新兴、杨紫沉、葛馥生等人租下，作为"联邦圣教总会"会所，并在 1950 年产生首届委员会。马六甲孔教会会长沈慕羽在他 98 岁的暮年回忆说，在"二战"前，马、新各地大城市皆有孔教会的组织，甚至吉兰丹的哥打巴鲁也有孔教会。但在"二战"后，马来西亚的孔教会日渐消失。[①] 可以肯定，"二战"前的马来西亚各地存在过孔教会、孔教堂、孔圣堂等组织。马六甲孔教会可能是硕果仅存的孔教会。

从有关马六甲孔教会活动的基本脉络来看，它开始时走的是一条民俗化（或曰民间宗教化）的道路。1950 年产生首届委员会时，由于会务活动相当频繁，大多以民俗为主，有浓厚的民间宗教氛围。它供民间礼拜孔子，会内也举办打坐活动，在农历月中之节办法会，大成节（孔年圣诞）举行祭孔，后来因环境变

---

① 《南洋商报》，2002 年 7 月 3 日。

迁、后续乏人等原因而日渐衰微。沈慕羽说，当时的孔子，被人们视为神，孔教会被看作宗教机构，经常有人去烧香礼拜，及坐禅修道，在农历七月亦有举办庆祝盂兰盆节活动。① 总的来说，这时的孔教会将孔子神灵化，"信众"也虔诚膜拜，会内烟火缭绕，一派"迷信"景象。

到沈慕羽接任主席后，马来西亚孔教会的活动才开始走向学院化。1976 年，杨紫沉与廖新兴多次前往见沈慕羽，要求他领导孔教会。沈慕羽初因领导教总非常忙碌，无暇兼顾而没有答应，但最后还是被他们的热诚所感而接受下来。当时位于板底街桥头的孔教会是一间千疮百孔、摇摇欲坠的危楼，后来经过沈慕羽等人努力，在诸位赞助人的慷慨支持下，一月之间便筹得捐款 3 万零吉特将之修复。沈慕羽的最重要举措是取消祭拜孔子这一方式，改为提倡学术性的儒家思想活动，注重弘扬孔子学说，从而把孔教会改造为文化学术团体，逐渐迈向学院化之路。按照沈慕羽的观点，孔子是大教育家、哲学家及政治家，因此把孔教会当作宗教组织是不恰当的。他接手孔教会后，即邀请文教界人士林联登、林源瑞、李汉搓、徐俊明、沈慕尧、刘文权、余金添等参与整顿复兴工作。

孔教会向台湾"侨务委员会"征得一尊玻璃纤维孔子塑像，摆设于礼堂正中。每年孔诞纪念日，必定举行简单肃穆的祭拜仪式。为配合庆祝孔诞，每年举办专题演讲，主题多与孔子学说有关。2000 年，经沈慕羽振臂一呼，展开兴建孔子大厦筹款运动，捐款如滚雪球而来。沈慕羽以其独具一格的书法艺术为孔子大厦筹获巨款。马六甲孔教会复于 2001 年庆祝 2 552 周年孔诞时，联合马六甲人生佛学中心及《南洋商报》主办千人素宴，筹募孔子大厦基金，成绩斐然。② 2001 年 6 月 20 日，孔教会成立社团注册委员会，起草章程，2002 年 7 月 9 日获得批准，定名"马六甲孔教会"（Pertubuhan Confucius Melaka）。2004 年 8 月 1 日，该会举行了自己会所的动土兴建仪式，其中高 2.5 米、重 500 千克的孔子像是由中国山东省政府赠送的。③

近几年来，马六甲孔教会积极开展传统经典文化活动，收到明显成效。例如，2007 年 5 月 6 日，马六甲孔教会举办了别开生面的《论语》知识比赛，有约百名学生参赛。沈慕羽希望通过举办《论语》知识比赛等活动，可以达到宣扬孔子思想的目的，同时检验学生学习孔子精神的成效。他希望马六甲多举办这类宣扬孔子思想的活动，同时人人维护孔教会，让孔教会壮大。④ 近年来，马六甲市的中小学纷纷开展经典教学，提倡爱心社会。2007 年 6 月 3 日，马六甲孔教

---

① 《南洋商报》，2002 年 7 月 3 日。
② 《南洋商报》，2002 年 7 月 3 日。
③ 参见《目前海外的儒教（孔教）组织简介》，上海百姓网，2008 年 9 月 14 日。
④ 据马来西亚《星洲日报》报道，中国侨网，2007 年 5 月 9 日。

会诗社正式成立，该会由学术主任林国安出任社长，余金添、沈慕羽及林源瑞为诗词顾问。林国安说，该诗社以研究近体诗为主，古诗词和新词为辅。凡是 18 岁以上的大马公民，只要有兴趣研究新旧汉诗，都可成为该社会员。据沈慕羽说，该会在此之前已开办对联班。在诗社成立后，更能将诗词与对联发扬光大。① 2007 年 7 月 29 日上午，由马来西亚国际书画联盟总会及马六甲孔教会主办、国际书画联盟马六甲及柔佛分会联办的"2007 年第二届沈慕羽杯书法精英赛决赛"开赛。此次比赛是配合庆贺沈慕羽 95 岁大寿而举办的，故比赛方式有别于以往，以考科举的方式进行。沈慕羽在主持启封仪式时说，华裔子弟有责任设法传承书法并且将之发扬，甚至要让其他民族也学习书法，让该文化得以源远流长。他说，书法是中华文化艺术的宝贝，汉字每一个字都是根据自然现象而形成的，是华人的天书，为此，华裔子弟必须爱护、接受并发扬书法。据说书法运动在大马的发展越来越旺盛，从以往初赛参加人数只有一两百人，到 2008 年出现了 800 人参赛的壮观场面。② 2008 年 9 月，沈慕羽还提议所有独立中学竖立孔子塑像，而华文小学也应挂上孔子画像，并将孔子学说编入学校课程中，让学生平时熟读孔子格言，并在周会时向孔圣人行礼，了解做人的道理，将来在社会上做个端正守规矩的人。"如此，学生对孔子才有深刻的印象，学习孔子的修身、齐家、治国、平天下，成为我国真正的主人翁。"③ 2009 年 9 月，孔教会举行庆祝至圣先师 2 560 诞辰公祭仪式。仪式由林源瑞担任主祭，孔教会顾问林联登和余金生担任陪祭。祭孔活动吸引很多市民前来参加。祭拜仪式首先是上香，接下来是献花、献果、献茶、献斋菜、朗读和焚烧祝文、行祝圣献礼、共念敬辞和敬颂"礼运大同篇"，过程简单却意义重大。④

　　当然，说马来西亚的孔教会从民俗化走向学院化，未必意味着它在所有方面都可以跟新加坡的孔教会等量齐观。毕竟，新加坡孔教会已经走过了漫长的学院化道路。在此过程中，诸多学院化的基本元素在集敛，在形成体系，包括普通会众的增多，稳定的基本会众队伍的形成，会众对儒家思想信仰的接受和深化，开展儒家理论包括本地化理论的研究等。当然，不可小视的是，马来西亚的华文教育坚持的时间很长，很多华人拥有较深的中华文化基础。这是马来西亚孔教会走向高水平学院化的最大潜能。

---

① 据马来西亚《星洲日报》报道，中国侨网，2007 年 6 月 6 日。
② 据马来西亚《中国报》报道，中国侨网，2008 年 9 月 27 日。
③ 据马来西亚《中国报》报道，中国侨网，2007 年 7 月 30 日。
④ 据马来西亚《光明日报》报道，中国新闻网，2009 年 9 月 29 日。

（三）宗教化的印度尼西亚孔教会

相对于新加坡、马来西亚的孔教会来说，印度尼西亚的孔教会走的是一条宗教化的道路。一般认为，1900 年成立的巴达维亚中华会馆应是印度尼西亚最早的较具规模的孔教会组织。后来中华会馆将主要精力放在兴办华文教育上，可以看作该会馆因应其宗旨改变而"世俗化"的举动，但此举使会馆宗教部的部分人士分化出来，成立了专门的孔教会。到 20 世纪 20 年代，印度尼西亚产生了全国性的孔教组织。

印度尼西亚孔教会从一开始就表现出明显的宗教化趋向。中华会馆领袖李金福撰《华人宗教》一文，就肯定宗教是文化的一个组成部分，孔子学说是华人宗教的精髓。虽然很难说是李金福此文使印度尼西亚孔教会走上了宗教化之路，但至少可以说当时印度尼西亚华人社会中已经普遍把孔子的思想看作宗教，因此李金福才有此说。实际上，中华会馆和孔教会还都把孔子当成圣人，把"四书五经"当成孔教的圣经。

到 1955 年印度尼西亚共和国建立后，印度尼西亚孔教的全国性组织——印度尼西亚孔教联合会（目前作为印度尼西亚孔教中央领导机构的最高理事会的前身）重新成立。苏加诺总统执政时期，孔教被承认为全国六大宗教之一，既受到政府保护，也可得到政府的经济资助。苏哈托政府最初也承认孔教的合法性，只是到 1978 年才开始使用各种手段将孔教打成非法而试图消灭之。不过，苏哈托政府不敢公开宣布取缔孔教，而是指示宗教部、内政部制定政策将孔教视为非法。在苏哈托执政时期，孔教的悲惨遭遇得到同为华人宗教/民俗的大乘佛教、道教、传统民间信仰和祖先崇拜的庇护，孔教不得不寄身于这些宗教/民俗之中。孔教在这场历史性的厄难中没有受到其他宗教的打压和排挤，既是幸运，也是奇迹。这种状况首先是与印度尼西亚政府的宗教政策、华人政策以及孔教与三教会发展的历史有关。一般认为，除孔教外，三教会也是印度尼西亚华人的宗教。三教指儒、释、道三教，由印度尼西亚华人郭德怀在 20 世纪 30 年代创立。20 世纪 50 年代初，印度尼西亚孔教曾经与三教会联合，但不久与三教会领导人有意见分歧，于是退出，重新成立孔教联合会，以保持孔教信仰的独立性。在这样的情况下，所谓孔教徒的身份不是单一的，很多孔教徒还兼信奉佛教、道教、传统民间信仰和祖先崇拜中的一种或多种宗教/信仰，因而他们会爱屋及乌地庇护孔教。这种状况产生两个方面的效果：一方面，孔教因为受到庇护而生存下来；另一方面，却也部分地被"同化"。佛教、道教、传统民间信仰和祖先崇拜等成为印度尼西亚华人维持民族特性、弘扬传统文化的主要形式，相对地削弱了孔教的地位和影响力。具体来说，这时期作为孔教象征的所谓儒家思想，主要体现在诸如礼

仪习俗、道德规范、饮食习惯、文化生活等方面，而不可能体现在学术理论或哲学层面。前者基本上还是属于宗教信仰和大众文化的层面，与其说是儒家思想，不如说更接近于佛教、道教、传统民间信仰和祖先崇拜的范畴。

到 2000 年春节，印度尼西亚总统瓦希德宣布，承认孔教为合法宗教，今后将与其他宗教享有平等地位。对孔教会来说，这一事件无疑是具有划时代意义的。它标志着自 20 世纪 70 年代初开始受到排斥及打压的孔教，今后将恢复其合法地位，有关孔教是否可以当作宗教问题的长期争论势将结束。① 到 2006 年上半年，经苏西洛总统责令，国家宗教部、内政部及教育部宣布撤销以前一系列对孔教不利的规定，至此，孔教的合法性问题终得彻底解决，印度尼西亚各大、中、小学都可以开设孔教课程。2006 年，苏西洛总统出席春节活动时承诺，在进入改革时代后，要根据宪法精神，解决印度尼西亚华人的身份地位问题，让华人与其他民族享有同等的权利，让孔教同其他宗教享有同等的地位。于是，孔教再次走上了复兴之路。今天，印度尼西亚孔教会庞大的组织系统已经深入华人下层，影响极广。在印度尼西亚政府改革后，孔教会在各地更是如雨后春笋般纷纷成立。一说现在全国各地有 120 多个孔教分会；另一说有约 200 个分会，估计有400 万会员，散布在印度尼西亚各个岛屿。② 当然，今天的这一局面并不是当地社会的主动恩赐，而是印度尼西亚孔教组织多年努力与抗争的成果，此不赘述。

印度尼西亚孔教成功的重要奥秘之一是它的本土化，即印度尼西亚化。本土化首先是印度尼西亚民间组织的生存需要。印度尼西亚独立后，民族主义情绪高涨，多次掀起"排华"浪潮，不仅华侨，连印度尼西亚籍的华裔也备受冲击。因此，源于中国的孔教只有尽快本土化，才可能完全实现"落地生根"。其次，本土化加固了孔教会存在的社会基础。孔教会曾于 1961 年、1963 年、1964 年三次更改名称。对此，王爱平认为，印度尼西亚孔教全国组织名称的多次改变突出反映了印度尼西亚孔教的本土化进程。从汉语的表达来看，1955 年、1963 年和1964 年的名称没有什么区别，均可翻译成"印度尼西亚孔教联合会"，但印尼语的意义就大不相同，其中最重要的改变就是从汉语闽南语"孔教会"（Kung Chiao Hui）更改为印尼语的"孔教"（Agama Khong-hucu），1955 年使用的是闽南语"孔教会"，1963 年开始使用印尼语"孔教"，孔教成为印度尼西亚的一种宗教（Agama）。③

印度尼西亚孔教组织已经制度化。孔教会在全国统一教义、教规和仪式制

---

① 林匀：《瓦希德：与其他宗教平等，印尼承认孔教》，《星洲日报》，2000 年 2 月 19 日。
② 王爱平：《组织与制度：印度尼西亚孔教的制度化表征》，《文史哲》2008 年第 3 期。
③ 王爱平：《组织与制度：印度尼西亚孔教的制度化表征》，《文史哲》2008 年第 3 期。

度，主动要求将孔教纳入宗教部的管理。经过多年的建设与发展，印度尼西亚孔教现已有比较完备的组织制度，既有全国性的中央组织和多种类型的地方组织，又有专职的教职人员和教阶制度，并且形成了颇具特点的孔教体制与运作模式。当然，孔教组织的制度化并不等于它天然地成为一个宗教组织，却是构成"制度化宗教"的基本要素之一。

印度尼西亚孔教还有地方组织，包括分布在全国各地的"印度尼西亚孔教理事会"和其他孔教信徒组织。

"印度尼西亚孔教理事会"（Majelis Agama Khonghuzu Indonesia，MAKIN），简称孔教会，是指一个地区"独立组成的具有孔教的崇高目标与带领和辅导孔教信徒实践宗教活动，并且由印度尼西亚孔教总会（MATAKIN）确认和领导的机构"。而所谓"其他孔教组织"，则是指在尚未成立"印度尼西亚孔教理事会"的地方，引领孔教信徒活动并举行宗教仪式的各类组织，这些组织也接受印度尼西亚孔教总会的领导。

"其他孔教组织"的情况比较复杂，可分为下面几种：第一，孔教宣道会（Kebaktian Agama Khonghuzu Indonesia，KAKIN），是指在未能成立孔教理事会的地方，可独立组织孔教宣道礼拜活动的团体；第二，设于三教会（TITD）或华人庙宇（Klenteng）中的孔教部（组）（Seksi Agama Khonghuzu Indonesia TITD，SAKIN）；第三，孔教青年会（Pemuda Majelis Agama Khonghuzu Indonesia，PA-KIN），是指在一些尚未成立孔教理事会的地方，一开始直接成立的独立的青年孔教组织；第四，以基金会（Yayasan）命名的孔教组织；第五，大学生组织的孔教团体；第六，以个人名义联系、组织孔教活动的团体，等等。截至 2005 年底，印度尼西亚全国地方性的孔教组织共有 113 个，其中：印度尼西亚孔教理事会 63 个；孔教宣道会 14 个；设于三教会或华人庙宇中的孔教部（组）26 个；孔教青年会 2 个；雅加达、茂物、丹格朗等地大学生组织的孔教组织 2 个；以基金会命名的孔教组织 2 个；还有 3 个由个人负责联系的孔教组织。如果按地区分布来考察，首都雅加达有孔教组织 6 个，西爪哇省 37 个，中爪哇省 26 个，东爪哇省 22 个，外岛（爪哇岛以外各地区）22 个。总的来看，孔教组织主要集中在爪哇岛，而外岛则比较少。① 王爱平在考察印度尼西亚孔教百余年来发展的历史和现状后认为，印度尼西亚孔教是以不谙华语的中、下层土生华人（Peranakan Tionhoa）为主体、印尼化、制度化的宗教。②

印度尼西亚孔教会组织的本土化、密集化、系统化和多层次化，本身就是宗

---

① 王爱平：《组织与制度：印度尼西亚孔教的制度化表征》，《文史哲》2008 年第 3 期。
② 王爱平：《宗教仪式与文化传承——印度尼西亚孔教研究》，厦门大学博士学位论文，2007 年。

教化的反映，因为宗教的重要特征是需要教徒的虔诚和理念从众化，需要教徒的无条件团结、崇拜和服从。要达到这一点，严密的组织是最重要的保障，只有严密的组织才可能产生最有效的纪律和信条。

印度尼西亚孔教会作为宗教化的社会组织，还有以下几个方面的表现：

其一，社会与政府的公认。孔教徒可以在自己的居民证宗教信仰一栏填上"孔教"，可以以孔教仪式行结婚礼，然后在政府民事登记部注册，信仰孔教的学生也可以在学校的宗教课里学习"四书五经"。宗教组织是构成"制度化宗教"的基本要素之一。作为印度尼西亚的一个"Agama"（印尼语，意为宗教），目前印度尼西亚的孔教是与伊斯兰教、基督教、天主教、佛教和印度教并列的印尼六大合法宗教之一。

其二，仪规宗教化。孔教会组织教徒定期以礼堂为主从事宗教祈祷、唱圣歌和学习经书等活动；在中华传统节日、圣诞日、祭孔仪式上，可以举办家庭互助、小孩教育、新人结婚公证和婚礼、故去老人的丧礼、慈善与赈灾等活动。印度尼西亚的孔教徒把山东曲阜看作"圣地"，希望一辈子至少要去一次。这是印度尼西亚孔教的独创，显然是受伊斯兰教有关麦加朝圣圣条的影响。

其三，儒家经典圣经化。孔教会出版各种儒家经典以及《孔子圣迹故事》《孔教圣歌》《礼仪手册》《中国文化》等书籍，并制作圣歌碟片、龙和麒麟图案的各种用具和纪念品。当然，由于印度尼西亚曾经有几十年禁止华文的历史，因此目前出版的书籍几乎全是印尼文，孔教徒希望子女能学会华文，读原版的经书和资料。不过这种情况并不是不可改变的。相信随着将来华文在华人社会中的普及及其地位的提高，圣经化的儒家经典回归中华文化并非天方夜谭。

东南亚的孔教分会的初衷同样是将儒学改造成为"宗教"。因此，在20世纪上半叶，东南亚华侨社会中发生了一场持续达数十年之久的思想—宗教磨合运动。不过，这场运动后来逐渐与"儒学宗教化"的宗旨脱轨，成为一场儒学在华侨社会中"当地化"的"普及"运动。又由于"普及"运动基本上是属于各个分会的独立行为，因而，儒学在华侨社会中的"当地化"，便具体变成了"住在国化"，逐渐产生了因应不同国情和侨情的变异。到后来，东南亚各国的孔教会，便成为将儒学的基本理论与住在国的思想文化实践相结合的指导团和操作机。由上文可见，东南亚的儒学宗教化现状与其在中国的现状相比，是大相径庭的。

在近代以来中国对东南亚等地的思想文化传播中，人们往往有意无意地把这种交流在中国一端的始源与在另一端（如东南亚一地或多地）的终端结果等量齐观。这种情况往往会导致认识上的误区或盲点。实际上，这类思想文化传播的结果，无论是发生在传播流程中的中间地还是目的地，都会出现不同程度的变异。如果思想文化传播的中介作用十分强有力，或所导入的因素多样且复杂，则其在终端的结果多会产生极大的变异，乃至面目全非。因此，今天应在认识论上对这种历史现象进行认真的分析和反思。这对以后正确地看待相类似的思想文化传播与交流，无疑是有益的。

今天，向海外传播与弘扬中华文化，增强国家文化软实力，已成为中华民族的重要使命。在实施这一巨大历史性工程的时候，人们还存在着这样那样的简单化认识。例如，把中华文化的海外传播看成是一个由高向低、由思想"库源"向空白地带流传的过程，没有看到中华文化早已向海外传播的丰富多彩的历史，以及历史上这种传播在海外所形成的丰厚积蓄。就中国向海外传播中华文化的历史来看，东南亚是一个中华文化积蓄特别丰厚的地区，也是变异特别明显的地区。所以，今天要更好地向海外传播中华文化，一个很重要的前提是对中华文化的海外积蓄进行全面系统的梳理，与此同时，对中华文化在中国的现状，包括其兴衰过程中所产生的变异进行必要的廓清，也要对海内外中华文化的异同，包括人们观念上和理论上的认识差异进行认真的比较研究。在此前提下，中华文化的海外传播方可有的放矢，水到渠成。今天的中华文化传播，绝非简单地"教化"或"宣化"，更多的是相互学习、交流与借鉴。在这方面，东南亚孔教会的案例是非常值得思索的。

三、新兴教派组织与中华传统文化的传播

海外华人社会中，那些富含中华文化传统的宗教信仰深入华人的灵魂深处，它们在华人社会中具有极强的凝聚力和生命力。因而，相关的宗教信仰组织在传承发扬中华传统文化方面发挥了举足轻重的作用。而近些年在海外华人社会中新兴起来的一些教派组织，如佛光山、慈济功德会、净宗学会等，它们在传承发扬中华传统文化方面的作用更令人关注。

（一）佛光山与中华传统文化的传播

1967 年，星云大师在台湾高雄大树乡麻竹园创建佛光山。1972 年，星云大师制定佛光山宗务委员会组织章程，自此，佛光山成为有制度、有组织的现代教团。佛光山遵循四大宗旨：以文化弘扬佛法，以教育培养人才，以慈善福利社会，以共修净化人心。数十年来创立了大学、佛教学院、图书馆、出版社、翻译中心、艺文中心、茶馆；同时也创办了育幼院、老人之家、高级中学、报纸以及电视台等。

创建后不久，佛光山即开始向海外传播。截至 2006 年，国际佛光会（1991

年由星云大师开创的佛教组织）的协会有 170 多个，分会有千余个，遍布 170 多个国家，全球会员人数超过 200 万。[①] 佛光山已成长、发展为颇具世界性影响的佛教宗派。

早在 1976 年，台湾佛光山就正式开办英文佛学中心，培养英文佛学弘法人才，后更名为"英文佛学院"。1978 年，佛光山创建第一所海外道场——美国"佛光山西来寺"。1980 年，在美国设立"佛光山白塔寺中华学校"，为第一个由佛教团体创办的中华学校。

1989 年，星云大师应邀为美国加州州议会主持"新年度开议洒净祈福法会"，开创佛教仪式在西方议事会堂举行的先例。2004 年，由佛光山梵呗赞颂团与中国佛教协会所属三大语系、五大丛林，海峡两岸百余位僧众共同组成"中华佛教音乐展演团"，星云大师担任团长。展演团分别于美国洛杉矶、旧金山，加拿大温哥华等地巡回演出，扩大佛教影响。星云大师还应邀到巴西圣保罗大学举行佛学讲座"佛法与教育"，并主持葡文著作《佛法概论》新书发表会，该书被当地佛教界公认为巴西佛教史上的第一部教科书。

随着佛光山逐渐向海外发展，走向世界，它所举办的世界性活动也与日俱增，内容涉及弘扬佛法、举办慈善公益活动、与其他宗教交流、倡导世界和平，这些活动不断加强其在全球的影响力。

1990 年，佛光山文教基金会举办"世界佛学会考"，考区遍布中国港澳台以及亚洲、美洲等地，有逾 20 万人参加，为佛教弘法史开创了新纪录。1991 年，"国际佛光会中华总会"举行成立大会，星云大师被推举为会长，326 个分会同时成立。总会举办"万佛三坛罗汉期戒会"，戒期长达三个月，二部僧授戒，有500 位来自世界各地的戒子参加，创下中国佛教史上戒期最长、教学最殊胜纪录。[②] 1995 年，佛光山举办"世界佛学会考"，全球五大洲计有 100 余万人应考。此次会考首创青少年组漫画题库，试卷被译为十国语言，创佛教新纪录。[③]

更令人关注的是，2003 年，"国际佛光会世界总会"加入联合国非政府组织（NGO)，成为极少数由华人组成的国际性 NGO 之一，并成为联合国组织中唯一的中国佛教民间团体。

作为当代人间佛教的杰出代表，星云大师积极推动佛教的现代化、生活化和国际化。星云大师对于发展现代佛教和发挥宗教普世价值，具有宽广宏观的视野，这与他所倡导的净化世道人心、和谐社会人间、一乘直入的人间佛教理念是

---

① 符芝瑛：《云水日月——星云大师传》，北京：北京十月文艺出版社、北京出版社出版集团，2006年，第 14 页。

② 《星云大师大事年表》，佛光山全球资讯网，http：//www. fgs. org. tw/master/masterA/master - act。

③ 《星云大师大事年表》，佛光山全球资讯网，http：//www. fgs. org. tw/master/masterA/master - act。

一脉相承的。① 这些理念对于富有成效地推动佛光山在海外的传播至关重要。与此同时，在有些学者看来，佛光山教团之所以能够在短短数十年内发展成为当今世界规模最大的佛教教团组织，其组织管理中的独到之处是"蓝海战略"②。

已经发展为颇具世界性影响的佛教宗派的佛光山，仍然非常重视促进不同宗派、教派的交流、理解，它积极充当"民间外交大使"，以宗教信仰为纽带，加强各国间的了解和信任，促进国与国之间的联系，在当代国际关系中以"民间角色"发挥着积极作用。

星云大师热衷于传播中华传统文化，佛光山也一直积极促进中华传统文化在海外的传承发展。因此，佛光山在海外的传播，扩大了"大中华"文化软实力在海外的影响。

（二）慈济功德会与中华传统文化的传播

1966 年 4 月 14 日，证严上人正式成立"佛教克难慈济功德会"（简称"慈济"），开始从事济贫救苦的工作。"慈济"二字的含义为"慈悲为怀，济世救人"。慈济是宗教性质的慈善救济团体，致力于慈善、医疗、教育、人文四大志业的推动，并积极从事骨髓捐赠、环境保护、小区志工、国际赈灾，即慈济所谓"四大志业八大法印"，统称为"一步八脚印"。慈济的经费全来自于民间，其志工也是各项服务方案的主要执行者，因此来自社会各界的善款的使用得到最佳监督，获得海内外社会大众的信任与支持。

1989 年，《证严法师静思语》（简称《静思语》）出版问世。《静思语》集结证严法师法语，将宗教信念与家庭、伦理结合，使人们重拾对传统价值的信念，并重建人与人之间的桥梁，导引人心正向发展，因而广受大众喜爱。截至 2009 年，《静思语》发行超过 345 万册，并有典藏版、儿童版、漫画版等多元出版物。目前，除中文外，《静思语》已被翻译成英语、德语、日语、法语、西班牙语、印尼语、泰语、越南语、韩语等，也出版中文简体版，营销全球。这一点表明慈济注重利用各种传媒的宣传，千方百计地尽量扩大本道场的影响。实际上，慈济办有自己的刊物，如《慈济道侣半月刊》《慈济月刊》《慈济年鉴》，皆免费赠

---

① 殷玮：《同体共生——以和为尚——星云大师人间佛教思想中对宗派、宗教差异的超越意识》，《理论界》2011 年第 10 期。

② 高希均：《序·"蓝海策略"先行者、"人间佛教"第一人》，载符芝瑛：《云水日月——星云大师传》，北京：北京十月文艺出版社、北京出版社出版集团，2006 年，第 1-3 页；李湖江：《当代佛教组织的"蓝海战略"——以佛光山教团为例》，《西南民族大学学报（人文社科版）》2010 年第 9 期。"蓝海战略"是相对"红海战略"而言的，其核心理念就是跳脱传统的"红色血腥"的恶性竞争，刺激企业（或组织）去追求一个完全崭新的想象空间与发展方向。"蓝海战略"最重要的原则就是重新构筑市场的边界，从而打破现有竞争局面，开创蓝海。

送，发行量很大。慈济定期在电视上弘法，如 1987 年开播的广播电台节目、1995 年开播的电视节目、1996 年建立的国际网站、1998 年开播的慈济大爱电视台等。总之，慈济通过各种途径宣传本道场的理念，使外界能够熟知慈济对社会的贡献并了解开山法师。

慈济成立约 50 年来，四大志业已环环相扣，各志业也时常互相影响，例如，可在慈善、医疗、教育中看到明显的人文因素。证严法师曾说："慈善是人类希望，医疗是生命希望，教育是社会希望，人文是心灵希望。"慈济的历史是由四大志业相互交错穿插而逐渐形成的。

初期的慈济规模甚小，1968 年时会员数仅 293 人。慈济实现真正的发展是在 1979 年发起筹建医院以后，经由大众传播媒体的报道，大量信徒涌入，加速其发展，到了 1983 年建医院的土地确定时已有 2 万多名会员，以及负责慈济工作的 100 多名委员，到了 1984 年底会员增加到 6 万多人、委员 600 多人。1986 年慈济医院建成后，发展更为快速，到了 1988 年底，会员已有 30 万人，每年的增加人数几乎成倍增长，1989 年有 50 多万人，1990 年底超过 100 万人，且从台湾扩展到海外，1991 年底为 170 多万人，1992 年底为 270 多万人，1993 年底为 380 万人，每年增加约 100 万人，可以说是慈济的快速增长期，随后每年还是稳定地增长，到了 1998 年底，会员已超过 500 万人，进入 21 世纪，已超过 700 万人。[①]

根据 2002 年第 7 期出版的《慈济月刊》公布的数据，慈济在境外的机构共有 109 家，其中美国 49 家、加拿大 2 家、墨西哥 2 家、多米尼加 1 家、巴西 1 家、巴拉圭 2 家、阿根廷 1 家、奥地利 1 家、英国 1 家、法国 1 家、德国 1 家、荷兰 1 家、西班牙 1 家、南非 6 家、莱索托 1 家、日本 1 家、中国香港 1 家、菲律宾 3 家、泰国 2 家、越南 1 家、马来西亚 18 家、新加坡 1 家、印度尼西亚 1 家、文莱 1 家、约旦 1 家、土耳其 1 家、澳大利亚 5 家、新西兰 2 家。

截至 2007 年，慈济组织遍布世界五大洲，在全球 44 个国家成立了超过 320 个分会或联络处。根据 2011 年 7 月的统计数据，慈济人分布在全球 50 个国家和地区，慈济在全世界共建立了 432 个分会及联络处，[②] 全球委员数为 43 367 人。[③]

慈济在海外发展，势力最大的是在美国。1985 年，美国佛教慈济基金会成立，它实际上是"佛教慈济功德会美国分会"，是美国慈济各分支机构的领导组

---

① 郑志明：《台湾全志》卷九《社会志·宗教与社会篇》，南投："国史馆"台湾文献馆，2006 年，第 154 – 155 页。

② 《慈济人分布国家地区暨分支会联络处分布图》，载洪淑芬主编：《从竹筒岁月到国际 NGO：慈济宗门大藏》，台北：《经典杂志》、财团法人慈济传播人文志业基金会，2011 年，第 318 – 319 页。

③ 参见《慈济委员慈诚人数累计图》，载洪淑芬主编：《从竹筒岁月到国际 NGO：慈济宗门大藏》，台北：《经典杂志》、财团法人慈济传播人文志业基金会，2011 年，第 320 页。

织。美国佛教慈济基金会由 20 世纪 80 年代以前就从中国台湾移居美国的黄思远、李静念夫妇在加州创建。

美国佛教慈济基金会是慈济在海外的第一个据点，后来设有美国慈济人文学校、美国慈济义诊中心，分会有北加州、夏威夷、得州（1991 年 1 月成立）、纽约（1991 年 4 月）、芝加哥（1994 年 5 月正式成立）、新泽西等，支会有长岛、华盛顿、达拉斯、旧金山、西雅图等，联络处有 40 多所①。1989 年 9 月 29 日，美国慈济静思堂在南加州阿罕布拉市建成，正式对外开放。②

慈济在美洲的传播和发展还包括加拿大、墨西哥、多米尼加、萨尔瓦多、危地马拉、巴西、巴拉圭、阿根廷等国。

马来西亚是慈济在海外第二个大有发展的国家，它在槟城成立马来西亚分会，有文化出版中心、静思书轩、慈济洗胃中心暨心莲居家疗护等，在马六甲成立马六甲分会，在日得拉设有静思书轩与慈济洗胃中心等。1989 年，中国台湾人、慈济成员叶慈靖来到马来西亚槟城。此后，她积极在当地宣扬慈济。1993 年 8 月 11 日，郭济航赴台湾花莲本会，从证严上人手中传承一尊观世音菩萨圣像。同年农历六月二十四日，马来西亚第一所慈济联络处正式在槟城成立。

目前，全马 13 个州中建立了超过 30 个慈济据点。③ 马来西亚是慈济在海外尤其是亚洲地区传播发展的一个重镇。

在全球穆斯林人口最多的国家——印度尼西亚，慈济也成功传播。大约在 1993 年，慈济就在印度尼西亚建立了分会。2008 年 5 月 24 日，慈济印度尼西亚分会正式成立楠榜联络点。2012 年 10 月 7 日，印度尼西亚静思堂举行启用典礼。它是慈济在全球最大的静思堂。慈济在印度尼西亚传播 19 年来，实现跨越种族、宗教，30 余位当地穆斯林加入慈济阵营。

1991 年孟加拉国水患，慈济美国分会发起"一人一元"美金的劝募活动，将所募款项透过红十字会间接援助，开启国际赈灾之先例。

2001 年，美国纽约"9·11"恐怖袭击事件震惊全世界，证严法师急起呼吁"惊世的灾难，要有警世的觉悟"，发起全球"爱洒人间植福田——一人一善远离灾难"募心运动，透过街头倡导、发送祝福卡，希望凝聚祥和的善念，减少天灾人祸。10 月 13 日，第一场烛光祈福晚会在关渡园区举行，邀请天主教、基督教、伊斯兰教、佛教等宗教及企业代表，共同祈求世界友爱与和平。晚会透过大

---

① 郑志明：《台湾全志》卷九《社会志·宗教与社会篇》，南投："国史馆"台湾文献馆，2006 年，第 136 – 142 页。

② 于凌波：《美加华人社会佛教发展史》，台北：新文丰出版公司，1996 年，第 344 页。

③ 台湾佛教慈济基金会：http：//chn. tzuchi. my/index. php？ option = com_content&view = article&id = 4153&Itemid = 462。

爱电视台现场实况转播，全球会众同步祈愿祝福。

慈济在美国有 19 所人文学校及 5 个人文班；在马来西亚有大爱儿童教育中心；在泰国建有清迈慈济学校等。

慈济的慈善志业遍及海外。对于受灾国家，除了提供粮食、衣被、种子、药品的紧急援助外，还援建房屋、协助开发水源、提供义诊；关怀项目尽管有别，"尊重生命"的理念却始终如一。随着经验累积，慈济建立的"长期济助""急难济助""房屋修缮""冬令发放""大型赈灾"五大基本模式，至今依旧是最主要的慈善工作形态。大约在 2011 年时，慈济的慈善关怀志业涉及全球 72 个国家和地区。[①]

2003 年，"台湾佛教慈济基金会"正式成为联合国非政府组织（NGO）——联合国新闻部非政府组织联系单位的一员。

2012 年 4 月 26 日，"南非人道救援网络"在约翰内斯堡举办年会，南非慈济志工应邀参加会议。会议期间，慈济人通过影片介绍慈济基金会在南非与邻近国家的慈善救助工作。慈济基金会是该网络中唯一的华人团体。[②]

2011 年 4 月，证严上人由于其巨大的社会贡献，获选为美国《时代杂志》"2011 年度全球 100 位最具影响力的人物"中的精神领袖。她更被誉为"东方德蕾莎"。2011 年 10 月 9 日，为表彰证严上人及慈济人迅速、无远弗届治病救苦的慈悲精神与行动，美国罗斯福基金会董事长安娜·艾黎娜·罗斯福（美国前总统罗斯福的孙女）亲自到台湾花莲颁赠"杰出公共服务奖"给她。这是罗斯福基金会人员首次到美国以外地区颁奖，也是第一次颁赠给美国境外人士。

深受其导师印顺法师"人间佛教"思想的影响，证严上人想将佛教徒的"家家观世音，户户弥陀佛"转为"人人观世音，个个弥陀佛"，将佛教精神人间化、生活化，推动"人间佛教"思想更加深入普遍。早期慈济的社会救助慈善工作主要是募款及济贫，后来演变为以"教富济贫"为目标，提倡"无缘大慈，同体大悲"的精神。

慈济基金会的慈善事业运作不分种族、宗教及国度。团体中也有不少其他宗教、种族的志愿者。这是慈济能够在全球范围内广泛传播并产生强大影响的关键原因。

证严法师的慈济，是以非营利的组织形态来推动"人间佛教"，证严法师本身的宗教团体"静思精舍"规模不大，出家众的人数不多，也未发展出庞大的

---

① 参见《历年慈济全球慈善关怀国家地区一览表》，载洪淑芬主编：《从竹筒岁月到国际 NGO：慈济宗门大藏》，台北：《经典杂志》、财团法人慈济传播人文志业基金会，2011 年，第 330 页。

② 徐梅玉：《慈济参加南非人援年会》，慈济全球资讯网，2012 年 4 月 26 日。

别分院系统，完全是以慈济的名义向台湾及海外扩展，可以说是超大型的非营利组织，是台湾第一大民间志愿团体，是以在家居士的联结方式来推动佛教的社会福利服务事业。慈济与佛光会在组织上有很大的不同，佛光会是团结信徒而组织的人民团体，佛光山教团居于主导核心，是配合星云法师"人间佛教"的理念来参与佛教的弘法事业，慈济的运作模式则是以证严法师为精神领袖与枢纽中心，基本上还是由下而上的组织模式，是以"委员"为组织活动的主体，其总管理处只是扮演事业辅助性的角色。①

慈济志业能够积极推动各种族、宗教的理解及和平共处，积极促进国与国之间的交流合作。

以"人间佛教"思想为主导的慈济，在全球传承发扬中华传统文化的重要作用同样让人关注。

四、新移民（新华侨华人）社团与中华传统文化的传播

中国改革开放后，越来越多的中国公民以不同的身份移居不同国家，由此产生了中国历史上一个全新的移民群体——"新移民"（也称"新华侨华人"）。近几十年来，海外新型华侨华人社团发展迅速，在华侨华人社会中逐渐成为一个不可忽视的群体组织。

（一）海外华侨华人社会中的"同乡会现象"

20 世纪 80 年代以来，随着海外华侨华人社会新的发展，在海外新华侨华人中，同乡会这一传统地缘组织形式不但没有减少，反而越来越多，不但没有走向衰亡，反而越来越活跃，成为观察当代华人社团的重要窗口。

1. 美国同乡会

20 世纪 80 年代以来，随着中国新移民的大量涌入，一批批来自其他省份的群体出现在当地华人社会。为了寻求联系，加强同乡情谊，新兴的同乡会如雨后春笋般在美国各地纷纷出现，如四川同乡会、江苏同乡会、河南同乡会、山西同乡会、湖南同乡会等。这时候的同乡会已不再局限于大省份或者南方沿海地区，如一个东北地区，就分别成立了哈尔滨、长春、大连等数个同乡会，甚至一些中型城市的同乡会也开始成立，如无锡同乡会、徐州同乡会等，从中可以看出美国的新移民来源已经遍及中国各地。

---

① 郑志明：《台湾全志》卷九《社会志·宗教与社会篇》，南投："国史馆"台湾文献馆，2006 年，第 147 页。

新兴同乡会的发展，对整个华人社区的和谐发展具有非常重要的影响力，不少新移民就是通过同乡会，了解到本地社会的基本情况，找到安家与工作的资讯。同时，很多新移民遇到问题时也是先求助于同乡会，借助同乡力量及其关系网来解一时之急。例如，近年来出现了多宗新移民悲剧事件，都是由同乡会首先介入，然后再得到社区的广泛支持的。这种乡亲文化，无疑是华人移民圈的重要财富，其发挥的作用力往往超越主流社会的服务资源，尤其是情感交流，更有不可替代的地位。①

随着新移民的日益增多，新兴的同乡会组织活动越来越多、越来越活跃，社会影响力与辐射力也越来越强。同乡会的桥梁作用，在新移民越多的地方越明显。例如，以新移民为主的福建人社区，同乡会的作用举足轻重。美国各地的新移民几乎都会到同乡会寻求帮助，包括学习英文、寻求法律援助等。移民政策研究所建议，美国政府应提供更多资源，辅助同乡会培训领导人才，善用这一资源，可更有效地解决移民问题。②

尽管这些同乡会组织的宗旨在行文或内容上形式各异，但还是有其内部规律可循。通过对所搜集资料的阅读与整理，可以归纳为以下几点：首先，加强同乡之间的联系与互助，是组织最基本的内容。海外同乡远离故土，在异域环境中，迫切需要加强联系，寻求精神慰藉；相互帮助，争取生存与立足之地。其次，服务社区，开展丰富多样的社会活动，满足同乡休闲娱乐的需要。最后，促进同乡与中国祖籍地的交流。这些同乡组织成员多为第一代新移民，与祖籍地还存在着很多联系，他们的民族、文化之根还在中国，"怀旧思乡"的感情往往使他们充当了当地与祖籍地之间政治、文化、经济的中介。当然，我们应该认识到，有些同乡会是借社团名义加强与祖籍地之间的经贸交流，便于在祖籍地进行投资贸易活动，争取地方政府的支持与优惠政策，以图获取更大的经济利益。

2. 欧洲的华侨华人同乡会

欧洲同乡会多为浙江籍侨胞创建。浙江籍侨胞在欧洲建立的同乡会可分为省际（浙江）同乡会和市县同乡会两大类型。每一类型中，又区分国别与国际（欧洲国家间）两类。例如，在省际（浙江）同乡会中，有某一国家的省际（浙江）同乡会，也有属于全欧的省际（浙江）同乡会（理论上，这类同乡会只能有一个）；在市县同乡会中，有某一国家的市县同乡会，也有属于全欧的市县同乡会。后者是在前者发展到具备一定会员基础的时候才可能组建起来的。当然，

---

① 王迅雷：《同乡会现象》，《加中时报》，2007 年 1 月 14 日。

② （美国）《世界日报》，2008 年 7 月 16 日，转引自王望波、庄国土编著：《2008 年海外华侨华人概述》，北京：世界知识出版社，2010 年，第 128 – 129 页。

所谓全欧，一般情况下也是不完整的，其现有会员只是来自主要欧洲主要国家，只是在理论上面向所有欧洲国家。

旅法（江）苏浙（江）同乡会也应被看作一个浙江的省际同乡会，虽然其成员包括江苏籍华侨华人。它的成立时间应在 20 世纪 90 年代中期。

各国的浙江同乡会自成立以来，所取得的成绩是令人瞩目的。以法国浙江同乡会为例，这个浙江籍侨团在法国侨界发挥着越来越重要的作用。作为欧洲一支年轻的侨团，法国浙江同乡会的成员绝大多数为年青一代华商。由于机构健全，组织灵活，领导得力，其不断发展壮大，2006 年已成为欧洲颇具影响力和号召力的新一代侨团。[①] 如同浙江同乡会第二届会长占永平在即将卸任前所说，"浙江（同乡）会为促进中法两国人民的友谊和更好地融入法国社会做了许多有意义的工作，取得了有目共睹的业绩，已当之无愧地成为法国华侨华人社会有影响力的社团之一"。参与 2006 年第三届会长团就职仪式的施月根参赞认为，成立短短 5 年的法国浙江同乡会虽然是个年轻的社团，但是已经成为华人社团中较有影响力的社团之一。[②] 同乡会的目标和定位也是正确的。正如第三届会长陈建民在就职演说中表示，将秉承该会的光荣传统，大力弘扬中华文化，进一步增进与兄弟侨团的团结互助，加强与祖国家乡的联系，促进中法工商经贸的相互合作，为祖国的繁荣富强尽一分力量。[③]

在诸多市县的同乡会中，青田侨胞建立的同乡会堪称鹤立鸡群。据捷克青田同乡会会长郑朝伟在 2007 年 9 月初旅捷青田同乡会举行成立 8 周年暨正式注册庆典上说，旅居海外的青田乡亲共有 23 万人，分布在世界 120 多个国家和地区，目前已有 40 余个国家成立了联谊团体。又如，据《欧洲时报》报道，卢森堡面积不大（2 500 多平方千米），人口也不多（43 万），却是一个"金融大国"和"冶金大国"，银行业之发达世界闻名。该国生活水平高，居民富裕、崇尚传统。来自中国青田的侨胞，靠他们的勤劳、执着和进取精神，事业上获得成功，在这里安顿下来，站稳脚跟，赢得当地民众的信任与爱戴。目前，旅居该国的华侨华人有 2 000 多人，其中 80% 来自青田，他们大多从事餐饮业。[④]

据悉，西班牙是旅居海外的青田籍同胞最为集中的国家。据不完全统计，旅居西班牙的青田籍同胞有 9 万人左右，影响力很大。青田同乡会作为为旅西侨胞排忧解难、维护侨胞合法权益的侨团，在为侨胞融入当地社会，为中西两国人民友谊的增进及各领域关系的发展发挥了很大作用。凡是爱国爱乡、公益心强和具

---

① 《陈建民当选法国浙江同乡会会长》，（美国）《星岛日报》，2006 年 6 月 14 日。
② 谢萍：《法国浙江同乡会第三届会长团就职　陈建民任会长》，中国侨网，2006 年 6 月 13 日。
③ 《陈建民当选法国浙江同乡会会长》，（美国）《星岛日报》，2006 年 6 月 14 日。
④ 《卢森堡青田同乡会成立》，中国侨网，2003 年 9 月 29 日。

有一定经济实力与影响力的青田籍侨胞均可自我推荐参加青田同乡会。[①]

旅居欧洲的青田侨胞不仅组建"青田"名义的同乡会，还组建比青田更小的乡一级同乡会。例如巴塞罗那青田方山同乡会。方山乡地处青田县的一个偏僻山坳，面积 3.7 平方千米，总人口 1.8 万人左右，常住人口不足 8 000 人，却有 1 万余人侨居世界一百来个国家。其中旅居西班牙的有 5 000 余人。方山乡有着浓厚的乡土文化，如石雕文化，举世闻名，水稻与田鱼共养技术已被联合国教科文组织列入世界文化遗产而加以保护。方山人的华侨史有 200 多年，他们背井离乡，白手起家，团结互助，勤劳勇敢。这种敢为天下先的闯荡精神，构筑了方山人的华侨文化，形成非常独特的华侨经济。方山的华侨华人史，是青田侨胞乃至全国侨胞的一个缩影。

通过眼花缭乱的同乡会会议，可以体察到侨胞们所付出的巨大努力，其中也包括他们协调、妥协、退让的智慧和技巧。作为一个社会组织，同乡会里的座位安排、排名先后等，难免带有中国的传统特征，即使在一个现代社会，在相对民主的环境下，也不可能避免。重要的是，能够顾全大局，互谅互让，不谋私利，在一个公平、公正、公开的气氛下达成大家可以接受的结果。这本身就是对中华文化精华的最好弘扬和实践，也是对住在国优秀文化的学习和借鉴。这方面，在一些社团和精英人士身上有突出的表现。

（二）美国新移民高端人才组织与其社区化情况

在美国华人社团中，业缘性社团占有重要地位。新移民从事的职业突破了老华侨以"三把刀"（菜刀、剪刀、剃刀）为主的行业取向，朝着职业多元化方向发展，涉足住在国的科技、教育、商业、金融、服务业。各类商会、中餐馆的同业组织、中医学协会、律师协会、武术协会等行业性社团突起。

近二三十年，随着美国华人社会的演变和技术移民的增加，华人的科技、经济、文化水平在不断提高，各种类型的华人科技、工程团体、商业团体、文化团体，联谊性的同学会、校友会等都在迅速增多。截至 1998 年，美国华侨华人各类社团总数有 2 000 多个，其中华人科技、经济管理团体有近 600 个，聚集了大批华人专家。这些科技社团的成立对于团结海外华人专家，促进华人融入美国主流社会，促进中美的科技、经济和文化交流，以及发挥华人专家的科技特长为中国服务等，发挥了越来越重要的作用；同时，也为中国在美发现和引进海外人才提供了重要的渠道。例如，"华盛顿中国问题研究中心"自 1993 年秋季开始分期分批组织并资助优秀的中国留美人文学科学者回国讲学或从事合作研究。根据该

[①]　王海波：《西班牙青田同乡会定于下月在马德里举行换届大会》，中国侨网，2008 年 3 月 26 日。

中心的规划，至 1995 年秋季，共有 6 批约 55 位学者在该中心的资助下短期到中国工作、讲学，内容包括历史、政治、新闻、社会、经济、管理、哲学以及图书馆与信息学等。①

在科技信息时代飞速发展的今天，其对社会发展的意义是毋庸置疑的。而在美华人专业技术型社团作为当今最发达国家美国和发展中国家中国之间的专业技术平台，其在两国专业技术交流方面发挥了积极作用，有着巨大的发展前景。

身在异国他乡的莘莘学子面对广阔的发展机遇和严峻的挑战，只有奋斗才能走向成功，只有广泛合作才能发展，只有中国强大才能为海外学子拓展更广阔的发展空间。广大学人"求合作，谋发展，回馈祖国，振兴中华"的共同愿望已成为旅美中国科学家工程师专业人士协会（简称"旅美科工专协会"）的灵魂。该协会以自己的团结、奉献和发展，在中美两国赢得了广泛赞誉，在广大旅美学人和华人社区中树立了良好的形象，成为中美两国合作的桥梁和旅美学人团结奋斗的纽带，使会员从协会的活动中分享了友谊、经验和成功。

美国新华侨华人专业人士群体主要集中在美西的硅谷地区，美东的大华府地区（弗吉尼亚州、马里兰州）、纽约地区（新泽西州、宾夕法尼亚州）及美南的休斯敦地区。此外，西雅图、洛杉矶、波士顿、芝加哥等地也是新华侨华人专业人士比较集中的地方。②

美东大华府专业团体较多，其中联合型专业团体有华盛顿中国大陆大专院校校友联合会、华盛顿华人专业团体联合会等。在马里兰州的华人生物医药专业团体有美中医药技术开发协会（SAPA）、美国华人生物医药科技协会（CBA）、美国华裔医学科学家协会等，聚集了一批生物医药方面的精英。在纽约活跃的金融专业团体有中国旅美金融协会、旅美银行家协会、旅美投资家协会等，该地区活跃着大量国内校友会的团体。

相对于美西、美东地区，美南地区的专业人士群体和团体历史较短，力量比较薄弱，主要团体有中国旅美专家协会、华夏学人协会、休斯敦中国校友联合会等。

美西硅谷地区有众多各类华侨华人社团，其中有影响的专业团体有硅谷中国工程师协会、华源科技协会、北美中华联网、北美中国半导体协会、华美半导体协会、亚美科技协会、中华信息网络协会、硅谷科技协会、中华资讯网络协会、中国留学人员回国创业协会等。另外，国内各著名大学的校友会也非常活跃，如北加州清华校友会、北京大学北加州校友会等，分别联络了一大批留学人员和专业人士。

---

① 《中国留美人文学科学者积极与国内开展交流合作》，《华声报》，1994 年 3 月 22 日。
② 吕伟雄主编：《海外华人社会新观察》，广州：岭南美术出版社，2004 年，第 69 - 70 页。

新移民科技团体成立时其会员大都从校友和同行发展起来，现在已呈现出跨地区、跨专业、跨国的横向发展态势。仅在美东的纽约地区，这类横向团体就有10多个，如中国旅美科技协会规模最大，会员人数2 000多，在匹兹堡、俄亥俄州、波士顿、华盛顿、佛罗里达州等地设有分会。中国大陆新移民科技团体无论从规模上还是活动能量上看，都表现出良好的发展前景，在我国开发利用海外华人智力资源工作中将起着越来越重要的作用。有的新移民科技团体不仅受到美国科技、经济界的重视，也得到中国政府的关心和支持。①

此外，其他一些著名的业缘性社团还有中国旅美专家教授联合会、美华专业人士协会、中国留美经济学会、中国旅美金融协会、中国旅美工程协会、中国旅美商业协会、中国北京总商会、美国四川总商会、美国上海总商会等。

（三）拉丁美洲的新移民社团

20世纪80年代以来，拉丁美洲华侨华人社会中出现了各种各样以新移民（新华侨华人）为主体的新社团。如同传统社团一样，新社团也是因应时代需要而出现的，具体来说，是因应新华侨华人的大量增加和对内团结、对外维权的需要而出现。新移民为了生存和发展，同样需要代表和反映自己利益的社团组织。新移民跟传统华人的最大区别在于，他们一般受过一定程度的教育，有更多的国际经验和更广的国际视野，且普遍较年轻，有知识、有经验、有活力。他们大多还在创业阶段，迫切需要通过自己的努力创造财富，也希望改变不合理的运行机制和操作方式。近二三十年来，新移民社团与传统社团产生很大的差异，其中最大的差异是新社团散发出更多的锐气和活力。

在拉丁美洲的新华侨华人社团中，存在着一批全侨性的社团。这里说的全侨性，并不一定指其服务和影响覆盖全国，而是指它的服务范围兼及或者渗透到一个地区华侨华人社会的几乎所有方面，至少是别的社团罕有涉及的多个方面。有的社团的服务和影响可能只限于住在国的某一个地区，但由于它的服务领域涵盖华侨华人事务的多个方面，参与其中的华侨华人较多，在当地华侨华人社会及当地民族和政府中影响比较大，同时这些特征得到当地华侨华人的普遍认同，则这个社团就应被认为是一个全侨性的社团。当然，所谓全侨性是相对的，由于主客观的原因（如地理隔阻或社团分歧等），大多数全侨性社团的服务对象无法达到它们所期待的"全侨性"是很正常的事，但这不影响将它们作为全侨性社团的类型认定。一个国家或者某个地区有没有全侨性社团，与国情和侨情没有必然的

---

① 刘云：《海外中国留学人员和华人学者的分布状况及其特点》，《科技导报》2001年第11期，第16－19页。

联系。

全侨性社团在功能上颇类似于历史上的中华会馆，不同的是，中华会馆的中心地位和领导作用几乎得到全侨的认同，但新时期的全侨性社团与其他社团在地位上是平等的，在法理上不存在一个全侨性的社团领导中心的问题。一个全侨性社团在华侨华人社会中的地位有所突显，往往是因为它的为侨服务工作做得更多，更得侨心，而不全是因为章程上或者制度上有这样的规定。而且，即使一个全侨性社团在华侨华人社会中的地位有所突显或有所降低，也不是固定不变的，它可能会随着为侨服务工作的成效而发生变化。总之，社团的地位系于华侨华人的口碑，这是全侨性社团与历史上的中华会馆最大的不同。

五、马来西亚华人社团与中华传统文化的传承发扬

从全世界各国各地区的华人社会来看，马来西亚华人社团数量最为庞大，也是在政治、教育、文化等领域表现最为活跃的海外华人社团。在海外，马来西亚的中华传统文化保留得最为完整，应归功于当地华人社团的积极努力和争取。因此，我们有必要较为深入系统地了解马来西亚华人社团积极传承发扬中华传统文化的举措等。

在马来西亚，早期中华传统文化的延续和发展，华人社团在其中一直起到非常重要的作用。马来西亚独立后，面对新的政策环境，华人社团积极采取各种措施，通过各种途径和方式，维护中华传统文化的发展权益，保护和发展中华传统文化。

1977 年，马华公会发起成立了"马来西亚华人文化协会"，其成立宗旨为：①为马来西亚华人文化以及其他马来西亚民族文化交流提供一项媒介；②设立一个中心，提倡马来西亚华人文化，使之成为马来西亚国家文化的一个重要部分。[1]

自成立以来，马来西亚华人文化协会举办了 100 多项推广华人文化的活动，它们主要是：成立之初，率先举办全国挥春比赛、书法讲座、文学专题讲座，举办书画及邮票展览、书报展，开设华文书法班等；随后，举办七届文学奖，以及中华文化与社会问题讨论会；此外，出版《文道》月刊，以及举办系列文学与文化问题讲座等；近年来，举办儒家思想研讨会，开展加强中马两国文化艺术交流的活动等。

1980 年 6 月，在霹雳州太平，热心华人文化事业的马燕图、叶秋华、王昌波等人联名致函太平地区各华人社团，发起筹组"太平华人文化协会"。1983

---

① 《马来西亚华人文化协会》，载《马来西亚华团简史》编委会：《马来西亚华团简史》，吉隆坡：马来西亚中华大会堂总会，1999 年，第76 页。

年 5 月，该会获得注册批准，同年 7 月正式成立。太平华人文化协会成立的宗旨是：研究与发扬华人文化，使其成为马来西亚一种重要的国家主流文化；联络各民族文化团体，互相交换研究心得与意见；学习与推动本地的文化艺术及国家舞蹈。① 自成立后，太平华人文化协会开展各种文化活动，宣传和发展华人文化。

在东马，华人成立了沙捞越中华文化协会、沙巴华人文化协会等社团组织，以保护、发展华人文化。

在各地成立文化协会的同时，马来西亚华人社团还采取其他举措，保护、发展自身文化。

首先，成立"全国华团文化工作委员会"。1983 年 3 月 27 日，马来西亚全国华人社团领导机构在槟州华人大会堂（简称"槟华堂"）召开华人文化大会。在此次大会上，与会成员一致决定筹组全国华团文化工作委员会。同年底，全国华团文化工作委员会正式成立，工作重点在于设立华社资料中心。1985 年 1 月，马来西亚华社资料中心正式成立。后来，该中心在马来西亚华校教师总会、华校董事会联合会和马来西亚中华大会堂总会（简称"华总"）共同组成的管理委员会的领导下，实行中心主任负责制管理模式。

马来西亚华社资料中心是一个非营利性文化团体，它的工作重点主要包括：网罗各领域专才，成立各研究组，开展研究工作；广泛搜集剪报、图书、杂志、政府和私人机构出版物，供社会人士使用；举办各类学术研讨会、专题演讲及座谈会；出版学术论著和提供咨询等。由于华社资料中心的正常运转需要庞大的经费开销，成立之初它主要依靠华人社团和华人社区的资助。后来逐渐改为以提供有偿服务解决部分经费，即设立专门的"营业部"，提供有偿资讯服务，办理各类收费的职业培训班，并出售中心编印的各类出版物等。②

马来西亚华人社团保护、发展华人文化的另一重要举措是举办华人文化节。从 1984 年开始，华人社团每年都举办全国华团文化节（华总成立后，于 1993 年改名为"全国华人文化节"）。下表反映了历届文化节的简况：

---

① 《太平华人文化协会》，载《马来西亚华团简史》编委会：《马来西亚华团简史》，吉隆坡：马来西亚中华大会堂总会，1999 年，第 153 页。

② 《马来西亚华团简史》编委会：《马来西亚华团简史》，吉隆坡：马来西亚中华大会堂总会，1999 年，第 236 – 237 页。

马来西亚华人文化节简况

届次	时间	地点	承办社团	主题
第1届	1984年4月	吉隆坡	雪兰莪中华大会堂	丰富国家文化
第2届	1985年4月	槟城	槟州华人大会堂	
第3届	1986年9月	怡保	霹雳中华大会堂	
第4届	1987年8月	哥打巴鲁	吉兰丹中华大会堂	
第5届	1988年7月	巴株巴辖	柔佛中华总会	
第6届	1989年7月	马六甲	马六甲中华大会堂	
第7届	1990年9月	芙蓉	森美兰中华大会堂	
第8届	1991年9月	瓜拉丁加奴	丁加奴中华大会堂	
第9届	1992年8月	关丹	彭亨华人社团联合会	继往开来·承先启后
第10届	1993年10月	亚罗士打	吉打华人大会堂	直的传承·横的交流
第11届	1994年9月	吉隆坡	雪兰莪中华大会堂	丰富国家文化，迈向21世纪
第12届	1995年11月	亚庇	沙巴中华大会堂	提高华人文化内涵·面对2020挑战
第13届	1996年12月	美里	沙捞越华人社团联合总会	
第14届	1997年9月	槟城	槟州华人大会堂	传承发扬·谅解融洽
第15届	1998年11月	怡保	霹雳中华大会堂	
第16届	1999年9月	关丹	彭亨华人社团联合会	跨越世纪末，携手再传承
第17届	2000年9月	巴株巴辖	柔佛中华总会	回归历史·再造辉煌
第18届	2001年8月	诗巫	沙捞越华人社团联合总会	根植文化，面对全球
第19届	2002年8月	马六甲	马六甲中华大会堂	
第20届	2003年5月	芙蓉	森美兰中华大会堂	探源植根，放眼世界
第21届	2004年8月	加央	玻璃市华人大会堂	薪振族群·华范民风
第22届	2005年8月	吉隆坡	雪兰莪中华大会堂	推展多元文化·迈向公民社会
第23届	2006年8月	瓜拉登嘉楼	登嘉楼中华大会堂	根源留存，文化传承
第24届	2007年8月	槟城	槟州华人大会堂	发掘文化精华，丰富多元内涵
第25届	2008年8月	亚罗士打	吉打华人大会堂	
第26届	2009年8月	诗巫	沙捞越华人社团联合总会	

（续上表）

届次	时间	地点	承办社团	主题
第27届	2010年8月	新山	新山中华公会	一个大马·万种风华
第28届	2011年8月	亚庇	沙巴中华大会堂	一个大马·千娇百媚
第29届	2012年8月	马六甲	马六甲中华大会堂	山河传薪火，璀璨耀古今
第30届	2013年9月	怡保	霹雳中华大会堂	百花绽放，千载留根

资料来源：姚新光主编：《马来西亚华人文化节资料集（1984—2000）》，吉隆坡：马来西亚中华大会堂总会，2001年。

首届文化节的承办者雪兰莪中华大会堂郑重邀请各国驻马使节、国会及州议会议员、文化部正副部长、马来西亚及印度两大民族文化团体的代表，共同观赏首场文化演出。首届文化节的主要内容包括夜光龙、夜光鱼、舞狮、合唱、独唱、华乐演奏、舞蹈、大旗舞、儿童相声、儿童合唱、独幕戏剧，节目多种多样。为了突显多元文化交流的宗旨，主办者还在文化节上安排了马来民族和印度民族的舞蹈节目演出。

在柔佛巴株巴辖举行的第5届文化节，突破传统的舞台限制，除了原有的表演艺术外，还增加了龙狮会演、书画篆刻展、文艺讲座、舞蹈相声讲座、象棋比赛等，使节目更显多元化。

第6届文化节在马来西亚文化古城马六甲举行。该届文化节内容广泛，许多节目前所未有，如文学展、马六甲历史资料展、中国名画义卖展、华族乐器展、马六甲华校史料展、阅读比赛、围棋讲座、文化讲座、美术讲座、相声交流会、华乐交流会、茶艺示范与讲座、地方戏曲大会演、"动地吟"现代诗巡回朗诵会，马来西亚、新加坡、中国台湾相声大会演、华乐大会演，家乡风味食品品尝会等，内容丰富，形式多样。

在第6届文化节上，开始引入富于华人文化色彩的"廿四节令鼓"，并且，在第7届文化节前夕，工委会正式成立了"廿四节令鼓"队。"廿四节令鼓"是结合了鼓艺、书法以及中国农历二十四节气的文化表征而创作出来的。

华人文化节对中华文化在马来西亚的传承和发展有着积极作用，促进了华人与马来西亚其他族群的文化交流；同时，为马来西亚国家文化的整体发展作出了一定贡献，因而获得社会和政府的认可。

早在1984年，首届文化节大会主席、雪兰莪中华大会堂会长邱祥炽对于文化节的开办曾感言："全国华团文化节逐年在各州轮流举办，不但将会使已燃起的文化火炬长期传承下去，更可通过它提高文化活动水平、促进文化交流、丰富国家文化和为全国华团提供互通声气的机会,以加强华团的团结力量等多元效果与目的。"①

在第 10 届文化节上,时任马来西亚首相马哈蒂尔首次主持文化节的开幕圣火点燃仪式,表明华人文化已被接纳为马来西亚的国家主流文化。

2000 年,在第 17 届文化节上,当时的华总会长张征雄说:"文化节可以不断提醒华社新一代人去关注我们的文化根基,保持和发展我们的种种创造力,使我们永远拥有竞争的条件,这就是我们要年年举办文化节的最大目标。"②

2005 年度(第 22 届)的华人文化节于 1 月下旬就开展相关准备活动。该届华人文化节由华总倡议,雪兰莪中华大会堂主办,主题是"推展多元文化·迈向公民社会"。9 月 24 日,由华总倡议,雪兰莪中华大会堂主办的"924 文化大汇演"在吉隆坡独立广场举行。这是马来西亚独立以来,政府首次准许华人社团在富有象征意义的独立广场上举行文化活动,表明官方承认华人文化是马来西亚多元文化的组成部分,是主流文化之一。

一些历史悠久、组织规模较大、实力雄厚的华人会馆也意识到了保护华人文化的重要性。吉隆坡潮州八邑会馆率先设立"学术文艺出版基金",每年拨出 4 000 马元作为奖金,奖励有志于文化艺术的人们发展华人文化。福建会馆联合会、雪兰莪福建公会也组织成立了专门的评审委员会,奖励优秀的创作者,为他们出版书籍。③

1986 年,为革除华人社会的陈规陋习,在华人社会发起移风易俗运动,雪兰莪中华大会堂和马来西亚各地华人社团组成"华人礼俗革新工委会",并制定达 61 项之多的《华人礼仪范例》,对有关华人社会的婚丧嫁娶、节日集会等提出了改革建议,以求发扬华人优良的礼仪传统,来更好地适应现代社会生活。④

从 20 世纪 80 年代后期开始,华人文化受到马来西亚政府的重视,一些华人传统文化活动被政府允许列入国庆大典和一些官方仪式。

一些历史悠久的传统华人社团组织,如同乡会组织,也通过各种途径和方式,保护、发展华人文化。2004 年 11 月,马来西亚潮州公会联合会青年团(简称"马潮联青")实行"长征一号"行动计划。对马来西亚华人社团而言,马潮联青实行的"长征一号"行动,具有首创意义。

---

① 《马来西亚华团简史》编委会:《马来西亚华团简史》,吉隆坡:马来西亚中华大会堂总会,1999 年,第 26 页。

② 《马来西亚华团简史》编委会:《马来西亚华团简史》,吉隆坡:马来西亚中华大会堂总会,1999 年,第 32 页。

③ 阿湄:《会馆可曾扮演过带动华社的角色》,《文道》第 45 期,第 32 - 40 页。

④ 曾松华:《华人社会发展(1957—1990)》,载林水檺、何启良、何国忠、赖观福编:《马来西亚华人史新编(第 1 册)》,吉隆坡:马来西亚中华大会堂总会,1998 年,第 192 页。

2004 年 12 月初，古来鹤山会馆妇女组在其成立 4 周年之际，筹组以女性为主的醒狮团。该会馆以此举措不仅让妇女强身健体，展示才华，更重要的是发扬中华传统文化。①

在 2005 年华人农历新年即将来临之际，马来西亚各地一些重要的华人社团纷纷组织团拜活动，既为庆祝华人自己的节日，也为继承、发扬华人传统文化。

一些华人社团也注意通过设立相关研究机构来传承、发扬本民族文化。例如，2005 年 4 月底，马来西亚客家公会联合会（简称"马客联会"）正式成立"马来西亚客家学研究会"，以研究马来西亚和整个东南亚地区的客家人。马客联会同时成立了客家学研究会理事会及学术委员会，学术委员会聘请香港中文大学郑赤琰为主席，其成员还包括来自中国大陆和台湾以及加拿大、韩国、马来西亚各大学的学者。2005 年 6 月 26 日，马来西亚陈氏宗亲总会正式成立"舜帝学术研究组"。成立该研究组的目的是研究舜帝的学术思想，以及延续 4 000 多年的舜帝文化。②

此外，许多华人社团专门设立"文化组""文化科""文化部""文教组""文教委员会"等组织机构，以更有力地保护和发扬华人文化。如雪兰莪中华大会堂设立文教委员会，诗巫福州公会设立文化组，雪兰莪福建会馆设立文化科等。

而在 2004 年，马客联会发起举办"客家文化节"，继承和发扬客家华人文化。该文化节由各州客家公会轮流承办。2005 年 8 月 15 日至 9 月 8 日，柔佛州 13 家客家公会和 16 家客属团体联合主办了第 2 届"客家文化节"，主题为"扎根传统客家心，发扬现代客家情"。

六、其他重要国家和地区华人社团积极传承发扬中华传统文化

其他国家和地区的华人社团也注重积极传承发扬中华传统文化。东欧各国的华人社团一般都会在中国传统节日里举办庆祝活动。2013 年 2 月 22 日晚，旅匈华侨华人 2013 年迎新春元宵节中匈联欢晚会在布达佩斯举行。嘉宾们与华侨华人和小朋友们一起滚元宵、剪窗花，并欣赏了舞狮、武术、乐器演奏、中匈两国歌舞等精彩演出。此次活动系匈牙利青田同乡会主办，罗兰大学孔子学院、匈中双语学校、国际禅武联盟、华人妇女联合总会、瑞安同乡会、温州商会、《新导

---

① 《南洋商报》，2004 年 12 月 2 日。
② 《南洋商报》，2005 年 6 月 26 日。

报》协办。①

同一天，捷克布拉格的华侨华人热情参加了由中国国务院侨办和中国海外交流协会主办、中国驻捷克使馆和旅捷华人社团协办的"文化中国·四海同春"迎春文艺晚会。为做好本次巡演，活动组织方上海市政府侨办从上海歌舞团、上海民乐团、上海杂技团、海虹影魔幻艺术团、总政歌舞团等许多单位选拔优秀演员，组成"四海同春"艺术团。而为了迎接"四海同春"艺术团首次来捷慰问演出，13 个旅捷侨团进行了为期数月的精心准备，他们带领广大侨胞齐心协力，周密筹划，细致分工，热情服务，并提供一切必要的资助，使艺术团领导及演职人员感受到旅捷侨胞对祖国的一片深情。②

2013 年 10 月 12 日，由匈牙利中医药学会主办、匈牙利东方国药集团承办的世界中医药学会联合会成立 10 周年暨首届匈牙利中医药文化节在匈牙利青田同乡会文化中心成功举行。当天，15 名中医专家组成的义诊团为在匈华侨华人开展了全科义诊咨询活动。侨胞不仅可以免费咨询、看病，还旁听了"中医养生秘籍和智慧"中医保健讲座。活动吸引了华侨华人共百余人参与。此次匈牙利中医药文化节的主要内容还包括：禅武联盟向来宾传授太极拳、八段锦等养生功法；旅匈华人书法家进行现场书法教学；茶道养生；药膳保健。③ 匈牙利中医药联合会举办的文化节，不仅可以帮助解决当地华侨华人的健康问题，也为传播中华文化作出了积极的贡献。

2013 年 11 月 9 日，第三届"中国武术之夜"在斯洛伐克首都布拉迪斯拉发文化宫举行。来自斯洛伐克中国武术协会、捷克翟华武院的华侨华人武术家及中外弟子 30 余人和来自嵩山少林寺的武僧同台献艺。武术已成为中国的一个文化符号，同时也成为中外文化交流及民间交往的重要载体。

毛里求斯中国文化中心是中国文化部在海外建立的第一个中国文化中心，1988 年 7 月 1 日在路易港成立，它以传播中华文化为宗旨。自成立以来，该中心接待了包括毛里求斯历任总统、总理及多位部长在内的毛里求斯贵宾和各族民众，在毛里求斯可谓家喻户晓，享有盛誉。20 多年来，中国文化中心的汉语教学逐渐走上正轨，并成为当地汉语教学的一面旗帜。目前汉语教学班有 5 个，分

---

① 《肖千大使出席旅匈华侨华人元宵节联欢晚会》，中华人民共和国驻匈牙利大使馆官网，http：//www. fmprc. gov. cn/ce/cehu/chn/xwdt/t1015931. htm，2013 年 2 月 22 日。

② 《"欢乐春节——文化中国·四海同春"文艺演出在布拉格受到热烈欢迎》，中华人民共和国驻捷克共和国大使馆官网，http：//www. chinaembassy. cz/chn/zjgx/whjl/t1016005. htm，2013 年 2 月 23 日。

③ 《匈牙利将举办首届中医药文化节　为华人义诊咨询》，（匈牙利）《新导报》，2013 年 10 月 9 日；苏凝蕊、杨军：《首届匈牙利中医药文化节圆满落幕》，http：//www. xindb. com/news/huabuxiaoxi/2013/1015/10368. html，2013 年 10 月 15 日。

2 个入门班、1 个初级班、1 个中级班、1 个高级班，共有学员 130 人左右。[1] 中心还设有图书馆、阅览室、录像放映室和电影厅等，阅览室藏书 1 万多册、中外杂志数十种、中西报纸 10 多种，读者可外借。

毛里求斯中国文化中心常年开设汉语班、舞蹈班、太极班和武术班，由来自中国富有教学和实践经验的专职教师任教，教授汉语、舞蹈、太极和武术。此外，中心还举办短期培训班，如二胡、笛子、剪纸、中国画、声乐等。中心经常举办丰富多彩的文艺活动，如艺术展览、文艺演出、文化讲座、电影欣赏会和座谈会等。"欢乐春节"系列文化活动是中心每年庆祝新春佳节的主题活动。[2]

2012 年是中毛建交 40 周年，由毛里求斯政府无偿提供土地，毛里求斯华人社团联合会集资兴建了一座占地 8 000 平方米的中国文化宫。中国文化宫位于路易港郊区的一个华人社区中。

毛里求斯华商总会建立于 1908 年 12 月 8 日，是海外第二个华侨商会组织。它最初名为"华商公所"，后改称"华商总会"，会址设在路易港。下辖东区、西区等区分会。华商总会的会员目前有 100 多个，为团体会员，个人作为其代表。从 2005 年开始，华商总会每年主办唐人街美食文化节活动。2012 年 4 月 28 日，华商总会在首都路易港唐人街隆重举办"第八届唐人街美食文化节"。当时，来自中国福建、宁夏两地的 20 多名艺术家们为毛里求斯人民献上了精彩的文艺节目、手工艺表演及中国地方风味小吃，中国文化中心的学员们也为观众表演了歌舞及武术，吸引了众多毛里求斯民众和外国游客观看。2013 年的"第九届唐人街美食文化节"在 5 月 11—12 日举办。主办方邀请了内蒙古艺术团演出精彩的蒙古族音乐舞蹈等，华人舞龙舞狮队也进行了精彩表演。毛里求斯华商总会在当地传播发扬中华传统文化方面作出了积极贡献。

2013 年农历大年初一（2 月 10 日），由中国文化部，中国驻毛里求斯大使馆、毛里求斯文化和艺术部、毛里求斯华人社团联合会主办，毛里求斯中国文化中心和毛里求斯华人庆祝春节委员会承办的 2013 年"欢乐春节"重点项目——毛里求斯癸巳蛇年春节联欢晚会拉开帷幕。中国文化部组派的天津艺术团与毛里求斯中国文化中心舞蹈队、武术太极队共计 100 余名演员联袂为毛里求斯民众献上了一台持续 2 小时的精彩纷呈的文艺晚会。毛里求斯广播公司对晚会进行了现场直播。毛里求斯总统普里亚格夫妇、首席大法官杨钦俊夫妇、前总统贾格纳特

---

① 张鑫：《毛里求斯汉语教学调查》，《世界教育信息》2010 年第 9 期。

② 江振霄：《毛里求斯中国文化中心主任致辞》，毛里求斯中国文化中心官网，http：//mauritius. cc cweb. org/cn/whzxjs/zxzrzc/18495. shtml。

夫妇、前总统霍夫曼等当地政要等 2 000 余人观看了演出。①

2013 年农历中秋时节（9 月中旬），在德国柏林世界公园内，柏林中国文化中心和世界公园联合举办"中秋节庆典活动"。由浙江民乐团带来了中秋露天专场演出，将庆典活动推向了高潮。中心还与德国普鲁士协会联合举办"庆中秋文艺晚会"。在德国主流社会，如此大型的中国文化活动还是第一次。柏林中国文化中心自 2005 年成立至今，更注重针对性、专业性。这也是海外中国文化中心发展的一个缩影。从 1988 年第一个海外中国文化中心成立以来，中心目前已形成文化活动、信息传播和教学培训三部分主体活动，即举办报告会、研讨会、讲座、演出、音乐会、影片放映和展览等文化活动；为当地人查阅有关中国的图书、刊物、光盘、磁带等各种形式的资料提供了可能和方便；以汉语教学为主线，面向社会公众开设包括中文、书法等多方面的课程及研修班。近几年，海外中国文化中心更注重内容的选择和策划，展示了中国在文化、艺术和教育领域的发展状况与成就，尤其突出了当代中国的文化。②

从 2012 年 9 月 18 日开始，马德里中国文化中心已经举办了"中国书画作品展""中国当代丝绸艺术展"等，为展示中国当代艺术提供了平台和空间。在莫斯科中国文化中心，"影动梦想——中国当代动漫艺术展"于 2013 年 9 月 24 日开幕。展览以"影动梦想"为主题，通过影像、图片、文字、实物、交互体验等多种形式，向俄罗斯观众展现中国当代动漫艺术和动漫产业的发展成就与崭新形象。

在非洲的另一个国家，2013 年 11 月，尼日利亚中国文化中心正式揭牌，这是中国在海外设立的第 14 个中国文化中心。

海外中国文化中心为助推中国文化"走出去"，不断细化措施、创新方式。作为中国在欧洲设立的第一个文化中心，巴黎中国文化中心积累了较为丰富的经验，由中心举办的法国中国电影节、巴黎中国戏曲节、巴黎中国曲艺节，已经形成了品牌效应。中心自 2003 年起，每两年举办一次巴黎中国戏曲节。

从 1988 年毛里求斯中国文化中心成立至今，中国文化中心在海外的发展已有近 30 年，它们向世界传播了魅力无限的中华文化，促进了中国与所在国之间的关系，推动了中国和平发展的历史进程。随着中国经济的进一步发展，对外文化交流显得更为重要和迫切。在这个过程中，海外中国文化中心发挥了积极的推动作用。中国文化中心是当前我国日益活跃的对外文化交流的一个缩影。

---

① 《毛里求斯总统出席蛇年春节联欢晚会》，http://www.ambchine.mu/chn/xwdt/t1013376.htm，2013 年 2 月 12 日。

② 王珏、任姗姗：《14 个国家设立中国海外文化中心 在这里，世界读懂中国》，http://news.xinhuanet.com/edu/2013 - 11/07/c_125662735.htm，2013 年 11 月 7 日。

今天的文化交流，已经不仅停留在文艺表演、美术展览等方面，更多的是侧重于思想的交流、心灵的沟通，通过高端论坛和文明对话，中西文化在更深层次得到碰撞、激荡和升华，让不同国家的人民从心灵深处阅知了彼此、增进了了解、加深了友谊。在这样坚实的思想、情感和民意的基础之上，推动实现"中国梦"就有了更广阔的国际空间、更有利的文化环境。[①]

此外，由英国伦敦华人社团打造的"中国庙会"，日本中部华人社团组织的"名古屋春节祭"，加拿大纽布朗斯维克中华文化协会举办的"多元文化节""弗莱小春晚"，西班牙马德里侨团开展的彩装巡游和庙会活动等，都已作为当地华人社会的一种文化品牌被主流社会接受和认可，也成为当地华人融入主流社会的一种途径。[②]

海外华人社团传承和发扬中华传统文化，有利于中国软实力的传播发展，为"中国梦"在文化领域的实现奠定了一个很重要的基础。

开展海外文化侨务的平台有很多，在此不一一赘述，下面仅就目前海外侨务工作开展得较有声色的几个主要平台的情况作一阐析。

第三节　海外文化侨务平台之一：中华传统节日

中华传统节日因其参与者众多（几乎为所有华侨华人）、常态化（每年均有固定时间），而成为海外华人传承和弘扬中华传统文化的最重要平台之一。中华传统文化固定的表现形式，如春节、清明、端午、中秋、重阳等节日里约定俗成的民间活动，本身就包含着中华文化的丰富内涵。当然，这些传统的中华文化形式都是以一个个"大包装"的面目出现的，若进行细分，还可以看到一个个"分拆构件"。

春节是一个最全面、最能充分显现海外华人节日理念的节日，对包括中国在内的世界上大多数中华儿女而言，"过春节"在某种意义上已经具有种族与文化认同的象征意义。它不仅是亲人欢聚的佳节，也通过华人社团的"新春团拜"等活动而成为一个传承中华文化、凝聚社群认同的舞台。在海外华人社区中，春节这一节日的功能突出地表现为全侨化（几乎所有华侨华人都参与庆祝）、家庭化（为一年中家庭成员的团聚期）、喜庆化（节日期间多有娱乐活动）、长假化

---

① 王珏、任姗姗：《14 个国家设立中国海外文化中心　在这里，世界读懂中国》，http：//news. xinhua-net. com/edu/2013 – 11/07/c_125662735. htm，2013 年 11 月 7 日。

② 任娜：《海外华人社团的发展现状与趋势》，《东南亚研究》2014 年第 2 期。

（为所有华人节日中假期最长者）等特征。

一个民间节日能够传承下去，首要因素当是民众的愿望。而海外华人维护、传承春节这个中华民族最重要节日的愿望是毋庸置疑的。今天，所有的海外华人社会，包括传统华人社会和新移民华人社会，都仍然保留着"中华传统节日"的概念。有的华人过春节的习俗比国内的人更传统，而且他们对每年的传统节日，都根据自己的兴趣有选择地参与其中。各国的传统华人社团，特别是成立较早的社团，多半都有一个每年如何过节的常态化日程表。华人常常通过其社团组织中华传统节日的庆祝活动。比起在中国的同胞，身在海外的华人更需要通过对传统习俗的呵护来寻找自己的精神家园，以突显自己的文化身份，体现自己的文化认同。对于传统华人社会，关键是要在传统中华文化大潮滚滚而来的形势下，更好地维系和完善这套"机制"，同时深入挖掘中华文化的精华，使之在华人中一代代传承下去。

世界上每个民族的节日，特别是重大节日，都有一个核心主题，它是这个节日的灵魂，也是这个节日存在的主要依据，更是其信奉者维护这个节日的动力。

在所有中华传统节日中，春节的庆祝方式最为隆重，参与人数最多，庆祝内容最为丰富，庆祝方式最为规范，影响也最广。在当地其他族群看来，春节是华人族群的标志性节日。因此，作为传承和弘扬中华文化的重要载体，春节比其他节日的功能和作用都大。它较为系统地体现了海外华人对中华传统文化的传承，较为突出地体现了和谐睦亲的家庭氛围、祥和吉庆的美好愿景、慎终追远的传统美德。这集中体现在春节的主题——团圆上。有人认为，在一个全球化的时代，人们相见的机会越来越多，网上见面也越发盛行，因此，过去那种非得当面握手、拥抱才算见面的观念已经过时。但在任何时候，人类面对面交流的意义和作用都是其他形式的"见面"所不可取代的，对于以亲缘团聚为目的的春节来说，就更是如此。团圆的感觉是其他形式的"见面"所无法感受到的。除夕夜家庭团圆作为华人长期奉行的一种习俗，已经上升为春节文化价值观的最重要组成部分，成为维系华人世界的重要纽带。此外，大部分华人族群都很重视春节食材的选取，最主要的标准便是食材的吉利寓意。例如，潮州人对年节菜肴的取名可谓费尽心思，如逢年过节必上桌的"鲤鱼跳龙门""金玉满堂"等，不仅反映了他们图吉利的民俗心理，也寄托着他们对未来的良好愿望。

春节最全面、最深刻地承载着中华传统文化的诸多元素。如今海外华人的春节活动内容是传统元素与现代元素的结合，既保留着传统元素，也渗进了现代元素，这种"与时俱进"也是春节保持旺盛生命力的重要因素。

对待传统元素与现代元素的弘扬，在认识上应有所区别。现代元素更多的是一种客观的社会存在，无须人们呕心沥血地加以弘扬，它便可以比较容易地走进

现实。传统元素则不同，它更多地需要人们的发现、发掘和呵护，有时候即使呕心沥血仍不易办到。目前华人社会应做的工作是如何更好地挖掘和整理这些元素，使之更加主题化、条理化。同时，将之与其他中华传统节日的挖掘和整理有机地结合起来，使所有中华传统节日各具鲜明的主题和特征，形成互相补充、互相映照的主题系列。

从新加坡、马来西亚两国的情况来看，传统元素主要保留在以家庭为主体的活动中，现代元素则主要保留在公共活动中，国家或社团组织的春节活动则有意掺和这两种元素。这是世界华人春节的重要变化之一。当然，华人居住在世界各地，风俗民情各不一样，华人从家乡带到当地的传统元素及其与当地元素的糅合方式各不一样，因此各地华人过春节乃至其他华人节日的方式肯定也各不一样。但是，主要的活动内容如过除夕、团圆、拜年、吃元宵等一般被保留下来，其中所蕴寓的意义也都没有流失。

通过年复一年中华传统节日的熏陶，这些传统元素便可逐渐融进一代代华人的意识中，从而一代代传承下去。

春节是华人新移民参与最多的节日。客观地说，华人新移民去国离乡的时间虽不久，但他们的西化色彩相对较为浓重，很多人更愿意参与西化色彩较重的当地节日，对中华传统节日有所淡漠。虽然近些年来这种状况有所改变，中华传统节日逐渐得到他们的青睐，但是，由于大部分华人新移民尚处于事业的拼搏阶段，不得不将更多的时间用到事业上，也由于他们的社会组织状态较为松散（如没有固定的社团组织或没有用于节日庆祝等常规活动的集会场所），有些地方的华人新移民甚至没有关注网络，因此，一般来说，他们对包括春节在内的中华传统节日的热情比不上传统华人社会，或者心有余而力不足，无法举行多种形式的中华传统节日庆祝活动。目前如何在传统华人社会中将春节的载体作用更广泛、更密切地延伸到新移民群体中，逐渐增强他们内部、他们与传统华人社会之间的凝聚力，是一个值得考虑的问题。相信经过一段时期以后，在西化的华人新移民中产生对中华传统节日的回归和"钟摆效应"是完全可能的。

做好以中华传统节日为平台传承中华文化的工作，要充分重视存在于世界各地传统华人社会中的中华传统节日庆祝"机制"，扩大参与的群体和人数，逐渐实现两个延伸：一是向华人第三、四代延伸；二是向华人新移民延伸。将来，还要实现两个新的延伸：一是延伸到华人居住地主流社会的民众中；二是延伸到当地政要、富商巨贾、学界名流中。通过持久的努力，使越来越多的华侨华人和华裔，乃至当地普通民众和政、商、学界人士都愿意参与中华传统节日活动，喜欢其所衍生的专题文化，并逐渐扩大到喜欢更高层次的精致、高雅的中华文化。将来中华传统节日能否实现后面两个延伸，很大程度上取决于中华传统节日能在多大程度上体现其融通性。首先，在拥有与中华传统节日相关联的其他民族节日的多族群共居社区，可以寻求中华传统节日跟其他民族节日的"融通"，实现不同民族间节日的"共庆"。其次，在那些没有与中华传统节日相关联的其他民族节日的多族群共居社区，华人也不应该长期满足于对中华传统节日的自我欣赏，而应该通过不同方式，主动宣传中华传统节日所体现的核心主题——以"和"为代表的社会文化价值观，使这一核心主题既达至达官贵人，又普及普罗大众。

今天，在个别地方，华人节日已经开始形成多民族共享的趋势。在马来西亚，华人是三大族群之一，华人的节日特别是像春节这样的重大节日不可能不对别的民族产生影响。值得称道的是，华人春节对其他民族的影响基本上是正面、积极、向上的。尤其值得欣慰的是，近几年来，华人春节逐渐为其他民族所认可和接受，他们甚至开始参与华人春节的庆祝活动，将春节视为自己民族的节日。我们应该顺应这一趋势，让更多的中华传统节日在更多国家和地区的更多族群中得到认可、接受、推广和共享。

华人春节之所以为其他民族所欢迎，根本原因在于华人春节所营造的欢乐、祥和的气氛，以及华人春节丰富多彩的民族节目中所呈现出来的以"和"为代表的核心价值观。当然，对于别的民族来说，他们之所以乐于参与华人春节的活动，并不完全是基于某种抽象的精神需要，而主要是基于一些具体的富有亲和力和凝聚力的活动。实际上，他们对精神层面的需求，也是通过其对具体的富有亲和力、凝聚力的活动的参与来体验和领略的。要让华人居住国其他主流或非主流的民众喜欢中华传统节日，就应该从他们喜闻乐见、兼具娱乐性的文化样式开始，而不要一开始就展现高深的、太哲学化或说教性质的文化样式，更不能展现与其他民族的风俗习惯和欣赏习惯产生观念冲突的文化样式，以免引起其他民族的反感。因此，不必先入为主地刻意渲染中华传统节日的抽象理念和价值，而应该实实在在地做好节日的每一项具体活动，让别人喜欢上以后，再慢慢地谈论它的意义和理念。

例如，中国独有的舞狮在海外传统华人社会中非常流行，每逢佳节或集会庆典，舞狮就会以其喜庆、欢快、吉祥的象征性和赏心悦目的技艺性成为助兴节目，并被寄予美好的精神文化愿望，因此深受华人居住地其他民族的喜爱。

一般来说，在包括中国在内的世界各地中华大家庭中，各地对中华文化，对体现其价值观的中华传统节日的理解各有差异，且各有特色。不必越俎代庖地去代替海外华人对中华文化、中华传统节日作自以为是的"标准"演绎。有时候，演绎得越"标准"，效果就越适得其反。要相信海外华人的智慧。由于历史、意识形态等方面的原因，海外华人对中华文化、中华传统节日哲学价值的理解可能跟中国民众不一样，有时甚至相去甚远。对此，我们应足够宽容和大度。当然，中国民众的见解和观点也可以作为百家之言之一，跟海外同胞一起互相争鸣，求

同存异。海外华人可以用他们自己熟悉的语言和思维方式阐释中华文化、中华传统节日的思想精华，如以人为本、修身做人等。春节作为一种民间文化，在传承过程中发生内容和形式上的变异是十分正常的。从某种意义上看，文明和文化的生成是人、社会与环境之间反应和互动的结果。人和社会都是历史和文化的产物，都会以既有的文化属性对环境作出反应。但是，当这种反应是无效或低效的时候，文化自身就不得不更新。

因此，相关研究机构要充分认识到开展中华传统节日研究的重要性。对中华传统节日的研究包括其起源与在海外的传承研究，中华传统节日各个主题的分割组合研究，中华传统节日与华人居住地重要节日的融合与比较研究，中华传统节日所体现的中华文化核心价值观研究，中华传统节日在海外的文化普及和价值最大化研究等。以上系列化的研究可以为中华传统节日在海外的进一步推广提供理论上的支持。

与此同时，要做好中华传统节日的普及工作。由于各种各样的原因，中华传统节日虽在海外华人社会中流传已久，但一直没有得到真正的正面推介，在很多地方还只是囿于狭窄的华人社区，华人居住地的部分民族甚至对其存在着误解。诚然，不同的人对中华传统节日有不同的理解，但是，其正面、积极的核心价值观永远是占据主要位置的，关键是要做好中华传统节日所体现和代表的核心价值观的推介工作，用当地民族听得懂的、生动活泼的语言解释以"和"为核心的中华传统文化。宣传中华传统文化的方式可以多种多样，例如，华人社会可以在每个中华传统节日来临之际，用派发传单、互联网宣传等方式，向其他民族推介这些节日。现在，在海外已有数以千计的华文学校，还有数百所孔子学院，它们也可以对中华传统节日进行宣传和推介，甚至应该考虑将中华传统节日作为中国传统文化的一部分列入必修或选修课程。

目前，国内的演出团体经常到海外华人社会中进行各种各样的演出，有的演出已经创造出品牌，如中国国务院侨办和中国海外交流协会举办的"文化中国"系列特色文化活动品牌。就目前演出的接触面和受众来说，基本上限于新移民华人群体和一部分传统华人团体。对于基本上以"小传统"（地方特色）的中华文化为喜好的传统华人来说，其认同度可能会打一定的折扣。以后，我们应该考虑让传统华人社会所喜闻乐见的、属于其祖籍国的地方文艺样式渗入其中，也应该鼓励地方文艺样式在传统华人社会中创出品牌。例如，粤、闽传统华人大多喜欢欣赏家乡剧种，就应该加强粤、闽地方剧目与其海外居住地之间的交流。一些国家（如新加坡和马来西亚）既然已经形成国家主导的或主要华人民间社团组织的重要节日（如春节）庆祝"机制"，中国的相关团体就可以利用这些"机制"与当地华人团体联合举办一些庆祝活动。

第四节　海外文化侨务平台之二：海外宗教文化交流

一、开展海外宗教文化交流的必要性与现实性

在中华文化的众多构成元素中，宗教是一个极具渗透力的传统元素。在以中华文化作为基石提升国家软实力的目标中，宗教应该是一根重要的杠杆。

佛教传入中国近 2 000 年，成功地融入中华文明的血脉，并成为其中不可或缺的组成部分，形成了风格独特、影响久远和深广的中国化佛教，与儒学、道教一起，构成中华传统文化的三大主干，并以博大精深的理论体系和慈悲济世的宽广情怀，为中华文化中的和谐理念提供了信仰支撑和心灵关照，使中华文化的和谐特征更加突显，更加深入人心。

改革开放以来，中国佛教界、道教界等宗教界别积极参与对外文化交流活动，促进理解，增进友情，消除误会，融化隔阂，把中国佛教文化的智慧介绍到其他国家，让更多的国家、更多的民族、更多的文明认识、认同、理解、欣赏包括中国佛教文化在内的中华文化。到目前为止，中国各宗教界别的对外文化交流活动基本上是在本界别中自主进行。如果进一步拓展思路，将宗教文化交流活动与其他领域的文化交流活动相结合，应是一个新的方式。循此探索，或能取得创新性的成果。

在对外交流活动中，广大海外侨胞历来是开展对外交流的重要桥梁。海外华侨华人信仰佛教、道教和以佛、道为基础的各式民间宗教，与中国多数民众的宗教信仰相同。

（1）宗教是海外华人文化与中国内地文化的一个"共生圈"，从中可以为两者找到最大程度的文化叠合面、最广泛的共同思想语言，也就是说，能找到一个文化上的最大公约数。从纵向的角度来说，宗教在海内外中国人与华人群体中有千年以上的"生长期"和"繁衍期"，已经根深蒂固、盘根错节地渗透到华人社会和文化生活的方方面面。因此，通过宗教文化交流的形式，更容易与海外华人产生情感碰撞和心理共鸣，找到共同的价值观。

（2）与海外华人的宗教文化交流，可以在更开阔的空间和平台上展开。我们应该让华侨华人作为住在国与祖（籍）国长期友好的纽带和桥梁，让中华文化特别是"和"文化通过他们的努力在当地深入人心，生根开花结果。海外华人的这一角色，不是通过某一种形式、某一个个人或团体就可以完成的，必须发

挥多种形式、多个方面的合力作用。宗教文化交流被看作重要的、常态化的途径之一。例如，妈祖文化在海峡两岸的交流中已经发挥了独特的作用。在 2009 年第十一届中国湄洲妈祖文化旅游节上，连战、吴伯雄、宋楚瑜等多位台湾知名人士发来题词祝贺，海峡两岸 450 多个妈祖宫庙和 20 多个国家的 60 多个妈祖宫庙、华侨社团等也纷纷送来祝贺。[①]

作为一个在海峡两岸和海外华侨华人中共用度极高的文化品牌，妈祖文化完全可以扩大、强化到广大华侨华人中去，从而搭建一个更广泛、更牢固的文化平台，在更加广阔的层面和空间上展开。如果将来能在海外华侨华人方面做更多更具匠心的设计，想必会取得更好的效果。

二、与佛教、道教、民间宗教及其信众的对接性交流

宗教文化交流的一个基本前提是，应该让现存于中国大地上的主流宗教跟海外华侨华人信仰的同一种宗教进行对接性交流。具体来说，生长于中国古老大地上、被中华文化滋养出来的宗教，就是佛教、道教和"非佛非道""亦佛亦道"的各种民间宗教（严格来说，有的应归属于民间习俗）。所有这些，都是华侨华人当年从其家乡带到住在国的。当然，华侨华人带出去的宗教习俗在祖（籍）国本来就已经存在各种各样的差异，在被带到住在国后，又发生各种各样的变异。因此，现在不同国家不同地区的华侨华人所信仰奉行的宗教习俗，肯定存在各种各样的差异。但不管是哪个国家哪个地区的华侨华人，只要他们信仰的是佛教、道教，或是传统中国民间宗教，其基本神祇、教规、仪轨等都不会有太大变化。一些枝节性的、细微的差异不会影响宗教文化方面的交流。

中华传统文化是"和"的文化，和平、和谐、和睦的特质深深地渗透进中华传统文化的精魂之中。这一特质在佛教和道教乃至各种民间宗教中也得到深刻反映。虽然华人内部的宗教习俗可能不同，华人的宗教习俗与当地居民的宗教信仰也可能截然不同，但华人信众多能秉承中华文化"和"的传统，与各种不同的宗教和谐相处，包括与信仰不同宗教的同胞和平共处。这与世界上某些宗教或流派内部常常发生内讧互斗的情况大相径庭。

因此，如果从宗教角度与海外华人开展文化交流，应该将着眼点放在中国传统宗教，即佛教、道教和相关民间宗教的交流方面。虽然海外华侨华人中也有其他宗教（如天主教、基督新教、伊斯兰教）的信众，也应与他们开展宗教文化

---

① 许雪毅：《第十一届中国湄洲妈祖文化旅游节开幕　庆祝妈祖信俗申遗成功》，新华网，2009 年 11 月 1 日。

交流，但佛教和道教蕴含着更多的中华文化因子，更应该发掘其中有益的文化成分。

这样一来，与海外华人开展宗教文化交流，便必然涉及不同的华人群体。具体来说，海外信仰佛教、道教与其他民间宗教的华人群体主要集中于传统华人社会，以及再移民的传统华人社会（如来自东南亚印支国家、现居住在美国的华人），而新移民群体则以信仰基督新教为多，也有信仰天主教的，少数民族华人移民群体则以信仰伊斯兰教居多。传统华人社会中沉淀和积聚的中华文化元素，在一个很长的时期内还将远多于其他华人群体。

三、传统华人社会的神祇崇拜与宗教组织特征

就地区而言，比较大而集中的传统华人社会主要包括两个：一个是东南业传统华人社会；另一个是北美传统华人社会。

传统华人社会的神祇崇拜由于地域的不同而略有差异，但相互包容、和谐共存；而宗教组织经过多年的演变，逐渐变得综合化而被赋予新的时代与社会意义，从而更好地服务于华人社会及担当起文化交流载体的重任。

（一）在神祇崇拜上的基本异同

世界各地的传统华人多是从中国广东和福建两省移民出去的。在他们移民的历史过程中，也将家乡的神祇带到了当地，作为他们在住在国创业、发展中的重要精神寄托。所以，明了这两个省传统移民的"移神"特别是其神祇选择情况，就可以明了海外传统华人社会中宗教信仰的基本特点。

广东和福建两省的地方宗教信仰存在着高度"自创"性和混杂化的特色。就东南亚地区而言，华人所信仰的所有神祇基本上都是经过华人自己选择、在住在国"用得上"（有供奉价值）的。在这方面，来自广东和福建的传统移民都有很大的共通性，但来自福建的传统华人比来自广东的传统华人表现得更加明显。来自福建的华人从家乡带到住在国的神祇特别多。除了带去为各尊汉民族所共同供奉的少数显神外，福建华人带到住在国的，更多的是在福建家乡产生的地方神（也可称为"土产神"）。值得注意的是，这些地方神并非以"原产地福建"的名义统一"创立"。各个地方神还有五花八门的源头，可能是一个小山村、一块小盆地，或一个小姓氏族群等，不一而足。但是，一旦这些神被"创立"出来，就会通过大大小小的宗教信仰圈得到不同程度的传播，不仅信众多寡不一、分布地域广狭不一，而且被接受程度的深浅也不一。但无论如何，它们都被赋予十分具体、非常实用的"保护"功能。在这个问题上，还有两点值得高度注意：其

一，所有地方神的实用性都是高度具体化的。它们不会像某些大众化的显神那样，在护佑众生方面表现为泛漫无边，甚至是虚无缥缈的空泛性，而是有一个具体的护佑目标。其二，几乎所有的福建传统信众都是多神崇拜者，又是单神主拜者。多神崇拜的意思是，每个福建传统信众所信仰的神祇肯定不止一个，除了妈祖、观音、关公等一批人皆信仰的显神外，还在大批"土产"的地方神中选择若干个信仰对象；单神主拜的意思是，在其所崇拜的一批神祇中，一般来说必有一个是其"铁杆"信仰的神，而其他的都被归在"辅信神"的行列。这样一来，每一个信众各自所信仰的一批"辅信神"中，必有互相重叠的神祇。有趣的是，尽管每个信众所信仰的神祇庞杂而交叠，但信众彼此之间却保持和谐的"互相承认"心态，互相尊重，彼此间不指责、不贬低对方的信仰。比如，不说哪尊神更灵，哪个地方的庙宇更加保佑哪一类人，等等。这种和谐心态跟西方历史上某些宗教或派别互相不承认、互相对峙的情况形成鲜明对照。

在谈到华人的宗教组织时，不应忘记一种特殊组织——义山组织。义山组织既是丧葬机构——处理本社群先人的营葬和祭祀，同时也具有界定社群成员身份，承担团结、凝聚与整合本社群的重要功能。坟山崇拜是中国传统社会"祖先崇拜"的重要组成部分，因而很容易产生宗教信仰的功能。因为在义山组织的运作中传承自祖籍国的"祖先崇拜"，也发展出"社群共祖"的"虚拟先人"新形态。"虚拟"的"社群共祖"使原本需要宗族组织维系的"祖先崇拜"产生出更灵活的施展空间，它可以与其他社群结成关系，如祖籍地缘、姓氏血缘、业缘等结合，从而扩展了"祖先崇拜"的整合空间，使之不仅具有整合血缘性宗族的功能，也涉及虚拟血缘的姓氏宗亲组织、地缘性的宗乡会馆、业缘性的行业公会等社群组织的凝聚和认同。"祖先崇拜"在新马华人义山组织中的运作状况显示，传承于"祖先崇拜"的"社群共祖"，其整合范围已从血缘性的先人向虚拟血缘或泛血缘的方向扩大，并具有"社群化"的特征，因此能够承担起整合移民与建构华人社团的重任。

如果从宗教海外传播的角度来看，两大海外传统华人居住地——北美和东南亚就显得大异其趣。过去，北美传统华人几乎清一色来自广东，他们在移民之初虽然也建立过一些小寺庙，以之作为乡民的聚居场所，但这种情况很快就陆续被世俗化的社会组织——血缘性社团、地缘性社团和后来的业缘性社团取代，以致多年后，人们几乎看不到宗教性社团的影子。而东南亚的情况恰好相反。东南亚地区以福建人居多，历史上来自福建的华人大规模移民的时候，也是大规模"移神"的时候。东南亚地区虽然也有不少传统广东人，但这里的广东人跟北美地区的传统广东人在宗教上存在着很大的区别：他们更加信仰神。部分原因也许是受当地传统福建人的影响。因此，在开展对海外传统华人的宗教文化交流时，东南亚地区应作为重点。

东南亚是中国的近邻，在中国实现中华民族伟大复兴所必需的长期稳定的周边环境中，占有十分重要的地位。要搞好与东南亚各国的关系，除了长期执行"友邻、睦邻、富邻"的外交方针外，还要积极挖掘各方面的资源，着力营造和巩固一个长期稳定的南边环境。东南亚是世界上聚居海外华人最多的地区，且中国向东南亚地区移民的历史最早，华人移民与当地民族的历史渊源最深。更重要的是，中华文化对东南亚很多国家的影响很深，而这种影响自古以来都是通过华人移民传播进去的。即使在将来，传播中华文化对东南亚的影响仍然要通过居住在当地的华人来实现。在中华文化传入和影响东南亚国家的过程中，华侨华人起到不可替代的作用。他们不仅将中国先进的物质文化带到当地，同时也将中国先进的制度文化和精神文化带到当地，使其深深地扎根于当地民众和上层统治者之中。

（二）宗教组织的基本特征

华人宗教组织是当地华人宗教信仰的载体，是其内部和对外交流的平台。华人的宗教组织有很多，有的以庙宇寺观为基础，有的以地区为基础，有的以神祇特别是显神为基础，不一而足。我们必须看到，今天华人的宗教组织不是纯粹的神缘组织，甚至不是以神缘为基础的组织。这些组织在很大程度上是作为华人各种各样网络的组成部分而存在，并且渗透着其他类别组织的元素。比如，一个宗教组织在进行拜神等"专业"活动的时候，可以同时进行商业信息交流、慈善公益活动、文化娱乐活动和联谊活动。即使这些组织的经常性活动可能是纯粹宗教性的，但在进行这些活动的背后，也许与非宗教性的世俗活动有千丝万缕的联系。这些情况，在东南亚华人的宗教组织中已经不是个别案例，而是常态。我们只有认识到这一点，才能在对传统华人（主要是东南亚地区）进行宗教文化传播的过程中保持理性和务实的心态。

随着中国和谐社会的构建，社会民生和福利制度的完善，慈善事业的地位和作用会越来越重要，慈善活动也将会越来越频繁。各种各样的慈善交流，可以通过宗教机构进行。但在进行宗教文化交流活动时，我们不应忘记其基本宗旨——弘扬优秀的中华传统文化，应该将具体的宗教文化交流与弘扬中华传统文化有机地结合起来。

第五节　海外文化侨务平台之三：海外华人餐饮业

就目前来说，中餐馆是指主要由华侨华人经营，其主厨者亦为华侨华人，菜色风味为中国传统菜系之一种，或一种为主、多种混合，或以中式菜色风味为主、兼营当地菜色风味的餐馆。凡是有海水的地方都有华人，凡是有华人的地方都会有中餐馆。中国人走到哪里，中餐馆就开到哪里，可以说，过去中国人的海外事业是用菜刀打拼出来的。就世界范围来说："目前超过半数的海外华人依然在从事餐饮业及相关行业。在英国、德国、荷兰等国，这个比例甚至高达80%以上。"[①]但就数量来说，中餐馆最多的地区仍属东南亚，20世纪90年代初达到6.5万家。其次是美国、英国、加拿大和日本。近20年来，在一些华人新移民人数增长较快的国家，中餐业发展迅猛。[②] 葡萄牙在20世纪80年代初只有20多家中餐馆，现已发展到600多家。在奥地利的华人新移民主要靠经营中餐馆谋生。翻阅历史，世界性品牌的中国货可能不多，但若要列举的话，首屈一指的要算中餐。之所以有此一说，是因为中餐中蕴藏着丰富多彩的中华饮食文化，而中华饮食文化更深邃的底色，则是博大精深的中华文化。对于华人餐饮业，除了经济层面的研究外，更深的层面是对其文化内涵的发掘。过去中餐业者只是在经营的同时不自觉地传播了中华文化；而在今天，中餐业者要发展的话，则要自觉地发掘其中的中华文化内涵。下面以美国华人餐饮业为例作简要分析。

一、美国华人餐饮业发展的艰难历程

中国菜是随着19世纪40年代华人到美国"淘金"而开始登陆大洋彼岸的。第一家中餐馆开设于1850年。若由此计算，美国华人餐饮业的历史至今已经延续了160多年。但由于早期美国华人活动范围狭小、经济地位低下，再加上政府实行种族歧视政策，华人餐饮业只能局限在小范围里经营，以小社区同胞为基本顾客，营业额处于低水准。最早一波"淘金潮"过后，华人劳工在美国从事矿业、铁路运输业、农业、渔业及制造业，19世纪末才进入洗衣、帮佣、清洁等服务业。随后餐饮业大规模发展起来，逐渐迈入华侨华人所经营行业的前列。自此以后，餐饮业不但是美国华人取得成功最为浓墨重彩的一页，也是不少乍到美

---

① 夏海淑、王晓楠：《食品风波后的海外中餐业》，《环球》2007年第24期。
② 中国创业家协会：《全球华人餐馆为何能久盛不衰》，http：//eat. VeryEast. cn，2007年4月18日。

国的华人新移民的第一个落脚点。餐饮业遂逐渐发展成为华人的三大支柱行业之一（另外两大支柱行业是洗衣业和制衣业）。同时，华人餐饮业发展的历程也折射出美国华人社会、文化及生活形态变迁的历程。

华人人数的不断增加与其地位的不断改善，是美国中餐业发展必不可少的重要前提。"二战"是美国华人命运的转折点。战后最初 30 多年间，华人移民大多来自中国台湾和香港地区，其中来自中国台湾的移民占绝大多数。中国实行改革开放政策之后，从中国大陆移往美国的华人新移民开始迅猛增长，势头很快超过中国台湾的移民。华人移民中，家庭团聚类移民尤其值得注意。他们多来自粤、闽两省农村地区，出国前家境贫穷，没有受过多少教育，且不懂英语，更没有什么可在美国安身立命的熟练技术。他们到美国后，即使在唐人街的劳务市场也缺乏竞争力，更不可能进入美国劳务市场，于是，餐饮业便成为他们的最主要出路。而那些虽受过一定程度的教育，具有某种职业技能，但因不懂英语，缺乏有关美国劳务市场资讯的人，因他们的知识和技能在美国难以找到用武之地，最后也只得屈身于唐人街中谋生，从事餐饮业等低薪体力劳动。总的来说，在华人移民增多的情况下，中餐馆便如雨后春笋般发展起来，不少华人餐饮业者趁机将中餐馆开进非华人社区。

餐饮业投资少，且对华人来说专业性不强，容易开业起家，因而成为美国传统华人甚至今天许多新移民的首选行业。其发展规模经历了从小到大，其形式经历了由简单到复杂，其顾客经历了由单一民族的华人到居住地多个民族的巨大变化。"二战"以来，美国华人餐饮业获得迅速发展。20 世纪 40 年代末，美国大约有 4 300 家中餐馆。10 年后，增至 4 500 家。1959 年，仅纽约市就有大约 750 家中餐馆。根据 2006 年 6 月《中餐通讯》发布的资讯，全美有 4 万多家中餐馆——超过麦当劳、温蒂屋、汉堡王三家的总数，比 20 世纪 50 年代翻了 10 倍多，比 20 世纪 60 年代翻了 5 倍多。[1] 2006 年美国《侨报》报道："史料记载，1946 年美国各地中餐馆为 1 101 家，1971 年增至 9 355 家，目前全美约有 3.5 万家。"[2] 又有报道说，美国的中餐厅从 2002 年的 36 000 家发展到 2009 年的超过 5 万家，年平均增长率为 19%。[3] 2005 年 10 月，著名华裔电视台烹饪秀主持人甄文达在亚洲食品展上演讲时说，全美中餐馆数量达 41 350 家，每年创造 175 亿美元营业额，每天替美国家庭提供 250 万份营养餐。一项调查显示，有 90% 的美国

① 刘海铭：《美国食品与餐馆业中的中国移民》，《海外纵横》2007 年第 6 期。
② 中国创业家协会：《全球华人餐馆为何能久盛不衰》，http://eat.VeryEast.cn，2007 年 4 月 18 日。
③ 《美国纽约州欢迎中国餐饮企业》，中国吃网，http://www.6eat.com，2009 年 3 月 27 日。

人喜欢吃中国菜。中餐业已走出了唐人街，遍布美国 50 个州的大小城镇。[①] 上述材料内容虽有差异，但都可说明，中餐业发展一直呈增长趋势，是美国华人社会经济的重要基础。

全美中餐厅最集中的城市为洛杉矶、纽约和旧金山。今天，美国华人餐饮业形式多种多样，主要包括茶楼、咖啡馆、外卖店、中高档餐馆和连锁经营店，华人餐饮业已成为美国饮食文化中不可缺少的一部分。"100 多年来，蕴藏着中国独特而又丰富饮食文化的华人餐饮不仅成为美国华人生存和生活的一部分，而且也成为海外华人的命脉。"[②]

上面所说，大体上反映了中餐业在世界各地华人老居住区（主要是唐人街）的发展情况：其一，发展的历史可谓源远流长；其二，至今仍然处于低回旋发展的状态，主要表现在经营规模小、餐馆水准低档化、食客层次低；其三，比较容易保留和传播其文化特色，因为民以食为天，华人要食，当地居民也要食，且中餐美名在外，长此以往，其文化特色便得以保存下来，因而表现出其软实力。按理说，一个低回旋发展的行业很难表现出其软实力，中餐业却与众不同。究其原因，应该与中餐一贯享有的举世公认的美誉有关。这种美誉一直支撑着中餐业的发展。而中餐的美誉也是在这发展过程中一步步建立起来的。

仍以美国为例，中餐发展最早的重要标志是进入非华人视线，随后进入非华人社区。19 世纪末，美国通过《排华法案》后，位于华埠的中餐馆便成为其他族裔人士常光顾的地方，当时一批犹太裔新移民就常到华埠中餐馆来。19 世纪末，清朝大臣李鸿章曾在纽约以中餐招待其友人，令中餐风行全美主流社会。

中餐的地位得到稳固后，一直受到众多西方政治人物的追捧。1972 年，尼克松访华，传媒报道中就包含不少有关总统和随行人员享用及赞美中餐的内容。于是，在好奇的美国人中掀起了一阵中国风，中餐也从过去只限于粤菜逐步扩展至湘菜、川菜等各色菜式。据说美国前总统布什很喜欢享用中餐，他最喜欢的是北京烤鸭。

过去百十年来，唐人街为所在国华人服务的性质没有变化，其中最重要的基础服务便是餐饮业。"唐人街依然是他们的文化基地。到唐人街的华人杂货店购物，或是全家到常光顾的中餐馆享受一次家庭聚餐是许多家庭周末消遣的例行活动。中餐馆的存在，使唐人街成为吸引华人光顾的磁石。"[③]但也不应忘记，唐人街中餐馆数量的增长与当地美国人对中餐的青睐分不开。据报道，20 世纪 40 年

---

① 《美国华人两大支柱产业：中餐业做大，制衣业式微》，中国新闻网，http://www.huanqiu.com，2008 年 1 月 16 日。

② 赵巧萍：《美国华人餐饮业今昔谈》，《工会理论与实践·中国工运学院学报》2003 年第 5 期。

③ 刘海铭：《美国食品与餐馆业中的中国移民》，《海外纵横》2007 年第 6 期。

代末，有 7% 的美国人经常光顾中餐馆。20 世纪 50 年代末，经常光顾中餐馆的美国人增加到 20%。[①] 最近几十年经常光顾中餐馆的美国人的比例依然不低。可以说，中餐业发展是华人与当地美国人还有其他少数族裔居民共同支撑的结果。当然，目前中餐馆的主要光顾对象仍然是华人。

综上所述，中餐业在美国的地位并不全然因为它长期低回旋的发展水准而下降，相反，它的地位经久不衰。这主要缘于它作为一流美食的独特魅力。当然，政商界名流的推波助澜也起了一定的作用。

中餐业的美誉本身就是一种文化软实力。它长期支撑着中餐业的规模发展。但是，从长远来看，中餐业不能仅仅依靠它的历史美誉生存下去，而应该在维持大众化水准的同时，依靠档次的提升来支撑其发展。在目前的形势下，中餐业的发展应主要解决怎样提升档次的问题，以及在提升档次的同时怎样维持必不可少的低档次中餐业共同协调发展的问题。

二、中外餐饮业的"联姻"与中华饮食文化软实力的提升

中华饮食文化源远流长、独具特色，是中华文化的基本元素之一，也是国家文化软实力的重要组成部分。中餐在海外的品质应加以提升，让更多的人体会到高质量中餐的魅力，同时促进餐饮业的发展与改革，使其企业化，得到科学管理，并采他人之长，提升中餐在海外的综合影响力，从而达到弘扬中国文化软实力的作用。

（一）市场多元化、细分化和专业化的发展趋势

中国是华人餐饮业的故乡。中国本身的餐饮业也在迅速发展，且随着中国国力的增强和中华文化的弘扬而愈益"做大做强"，向外扩展的势头日渐显现。这一现象已日渐引起国际关注。展望今后国际华人餐饮业的发展路向，其市场主体仍应是大众化消费，但个性化趋势会进一步增强，形成市场多元化、细分化和专业化的发展局面。随着餐饮需求的不断提高，华人餐饮业的经营结构会逐步调整。如果有一天出现"做大做强"后的华人餐饮业开展中外合资、兼并重组、海外融资和股票上市，这也不是不可想象的事情。一部分条件成熟的餐饮企业会向高档化发展，品牌竞争和品质型经营的局面会逐渐形成。其中一个最引人注目的现象便是连锁经营将越来越普遍。例如，美国中餐界知名企业——熊猫集团，已在美国各地成功开设约 800 家中式速食连锁店，成为美国中餐业的重要代表。

---

① 刘海铭：《美国食品与餐馆业中的中国移民》，《海外纵横》2007 年第 6 期。

由于供应方式、就餐环境与西方速食相仿，再加上八菜、三汤、二主食，品种较西式多样，且食材丰富，口味独特，价格低廉，因此深受当地主妇、工薪阶层的欢迎。而中小型餐饮企业会在竞争中或者继续生存下去，或者消失。生存下来的中小型餐饮企业的经营重心仍然以家庭、个人和工薪阶层为主，以满足日益增长的大众化市场需求。在这个大众化市场中，将不断呈现越来越多元化、个性化的特点，但选择性和理性化消费的特点将不会消失。外卖、速食、小吃、家常菜和半成品加工，以及超市食品的市场仍会越来越大，各大品牌将更加异彩纷呈。

（二）中国菜"走出去"与当地菜"联姻"

在中国餐饮业"走出去"的过程中，与当地华人餐饮业"联姻"，共同研发、争取共赢的势头估计会逐渐形成。换个角度说，华人餐饮业迟早会面临来自祖籍国餐饮业的冲击和考验，迟早要考虑应否与祖籍国餐饮业"结盟"的问题。这对双方来说都是好事。就中国菜来说，在重视营养价值和食物安全的前提下开展研发改良，并结合当地饮食文化的特点创造新的品牌，进军国外餐饮市场，是中外饮食文化对接的新思路、新浪潮。中国有八大菜系，此外还有星罗棋布的街坊菜、民俗菜、山野菜，种类之多难以枚举。值得研发改良的亮点比比皆是，就看内行人、有心人如何发挥其创意和天赋了。目前，"全聚德""小肥羊""俏江南"等中国餐饮企业已经走出国门。熊猫中式速食店经过十几年的努力，已经使中国速食在全美餐饮连锁业中占有重要地位。这里所列的只是几个大型的品牌菜，更多的中小型品牌菜乃至无甚名气的菜色要如何走向国外市场，创出名牌，确实需要业者别出心裁。只有新品牌的中国新菜系，才是进军国外餐饮业的新火种。

在这个过程中，中式菜色与当地风格菜色的交融势头会更加明显，对既适合华人口味又适合当地人乃至其他族裔口味的菜色品种开发创新的力度正在加大，"众口可调"将成为趋势。例如，纽约一流的中餐馆，早先多以粤式（或港式）海鲜楼为主，如今川菜和江浙菜也日渐流行。美国中餐馆的口味分两类：一类是正宗的中国餐馆，他们做的菜与中国饭店的无异，适合华侨华人思乡解馋；另一类是美式中餐馆，虽然装潢与其他中餐馆无异，但顾客以美国人为主。其菜式均是为美国人设计，特别是外卖中餐，基本上都是迎合西方人的口味。如果来源于另一个国家（如中国）的食物，能够在成为当地人换换口味的有趣享受的基础上，进一步发展成为当地主流饮食业的支柱，同时也成为华人主流饮食业的支柱；如果有朝一日从一家中餐馆端出来的菜，客人说不上是中国菜还是当地菜，或者说它既是中国菜又是当地菜，那应该是值得庆幸的事。当然这样说并非意味着中式餐饮只有与当地餐饮融为一体，才是其唯一出路。除了这一模式外，还有其他各种各样的发展模式，绝不可囿于某种僵化的模式。

中国餐饮业在进入国外的过程中，可与当地华人餐饮业"联姻"，共同研发，求取共赢。这样既可保持纯中国风味的菜色，也可产生与当地风味"合流"的菜色，研发出各式各样的新菜色。

（三）管理与品质

在面对餐饮业由传统向现代的发展步伐加快、品牌文化含量日趋提升的今天，华人餐饮业要想长久立于不败之地，中国餐饮业要想在美国站稳脚跟，关键还要靠科技创新。在这方面，美国餐饮业的发展经验可作"他山之石"。美国餐饮企业十分注重科技研发。他们舍得投入重金，聘请专家学者，一是对牛、羊、猪、鸡、鸭、水产品、农产品等各式各样的原材料进行品种改良，提高养殖与种植技术，提升产量与品质；二是引进世界各国畅销食品，迎合美国当地口味，巧妙地适度加以改变，同时注入品牌文化，再配上时尚包装，形成物美价廉、品种与口味兼具特色的菜品。譬如，美国人主要爱好中国菜三大口味：甜、酸、辣。细数中国菜，苏锡菜、上海菜的特点是以甜汁拌炒；川菜麻辣，举世皆知。这样的话，是否可以取苏锡、上海菜之甜美，拌以川菜之麻辣（舍弃一部分麻，代之以柠檬的鲜酸），创出一道新的美国大众爱吃的中国菜？对其他国家其他民族的菜色，也可如法炮制。

在现代管理中，品牌餐饮业的最大成功之处是商业行为统一化和制度化。肯德基和麦当劳在国际市场上的成功表明，统一化和制度化是最大的功臣。品牌的第一要素是品质，因此，品质是企业的生命，当然也是餐饮业的生命。品质又跟经营管理紧紧地捆绑在一起。管理首先要专业化、标准化。在这方面，美国大餐饮业者的做法非常值得借鉴。他们采用科学的方法，把产品品质与管理方式格式化，推销手段则务求精准化，从而形成区域性连锁、全国性连锁甚至全球性连锁的加盟式超级企业。另外，每个加盟店都有一套内容详尽的管理手册，全店每位员工都有明确的分工与职责。厨师也必须遵照手册规则烹制食品，除了讲究品质美味，他还要懂得控制成本、创造利润，增强企业的生命力。据说在美国，各地的烹饪专科学校、两年制社区学院及四年制大学中设有烹饪厨艺系的有1 000多所，培育出众多出类拔萃的餐饮厨艺人才。美国可说是世界上烹饪厨艺教育程度最高、最普及的国家。近年来，美国高级厨师给全世界数十种民族美食注入新概念，将各民族固有的饮食文化优点与美国的日常生活现实相结合，因地制宜地创造出许多无国界的融合菜品，让世界各国的菜肴和谐地调配在一起，把烹饪艺术推向一个新的境界。因此，要提升"中国菜"品牌应该关注管理与品质，学习如何提高教育培训水准和人员素质，更新现代经营管理理念，推行新的行销举

措，不断推进"中国菜"的标准化、专业化、规模化和科学化。

近年来，华人餐饮业的用人问题成为人们谈论的热门话题。历史上，华人餐饮业实行"唯华是用"是可以理解的，但是发展到今天，再"唯华是用"的话，就不符合历史潮流了。直到现在，一般的中餐馆仍比较喜欢雇用华人或者拉美裔人（多为墨西哥人），主要原因是他们愿意接受比较低的工资待遇，跟厨房人员和店主沟通也比较方便。但这是不够的，因为还无法真正打通华人与美国主流人群之间的心墙。不过，据说有的餐馆已经开始雇用美国当地员工，这应该是不错的做法。十多年来，由美国人管理的亚洲餐饮连锁企业相当多，这些企业之所以取得成功，除了因其财力雄厚、实行企业化经营管理之外，还因其以美国式的服务取悦美国老顾客。另外，还要尽可能做到标准化服务，完整的训练是成功的一半，管理一定要重视训练程式和务实，纸上谈兵无济于事，实际的训练操作，对食物造型、口味准确性的实际验证才是最重要的。不管是华人还是非华人，录用之后，均应经过专门培训才可上岗。顾客服务也必须从基层训练开始，以期让顾客获得最高的满意度。

上面的分析表明，中国餐饮业要在重视品质、专业化、加强管理等方面下足功夫，这样才可能站稳脚跟，获得长线发展的机会。

（四）品牌与文化含量

应该说，过去唐人街的中餐业从层次来说基本上是属于实用型的，其文化含量不高，或者说，其文化含量没有得到发掘，因为消费者大多属于劳工阶层。劳工阶层的最主要特点是从事体力劳动，且工作时间长，劳动强度大，没有时间和兴趣进行文化消费或精神文化的体验。此外，他们文化程度普遍不高。换句话说，他们没有将饮食"艺术化""文化化"的自觉和本领。

过去人们往往高估了非华人族裔对中餐消费的文化自觉和文化意识。其实，他们对中餐文化的认知也是不高的。有调查显示，有90%的美国人喜欢吃中餐。但有趣的是，在一个很长的历史时期里，美国人虽然经常光顾中餐馆，但并不关心吃到的是否地道的中餐。"进小型中餐馆的，是期望能够供应又快又低廉的美式中餐，比如杂碎、炒面或蛋花汤；进稍大一点中餐馆的，则是期望能供应有特色的、更贵的菜品，诸如蝴蝶虾或糖醋鱼。"[1] 由此可知，美国人光顾中餐馆虽属"慕名而来"，但"慕名"的起因是分层次、分阶段的。起初美国人应该是"慕"中餐"美味""物美价廉"之名。这种感觉与一般华人劳工阶层的感觉并无二致。至于他们什么时候才可能懂得"慕"中餐文化内涵之名，应该是在中

---

① 刘海铭：《美国食品与餐馆业中的中国移民》，《海外纵横》2007年第6期。

餐本身的文化内涵构建起来之后，即在中餐有了更多、更好"文化"内涵发掘之后。而这个过程的完成，应该是在中餐消费阶层中的精英人士（他们多半不是专职的劳工阶层人士）的比例大大提高以后。这一工作一般应由既懂中华文化，又懂美国甚至西方文化的人士来做。而能够懂得两种以上文化的人士，一般来说应是华人中的知识精英。由此看来，现在和将来能够进行中餐文化消费的，首先仍应是华人知识精英，然后才是其他民族的知识精英。美国的情况就是如此。

在中餐"文化化"的发掘过程中，有两点应该特别重视：一是重视健康美食和绿色餐饮趋向；二是重视中餐与中华传统文化的结合（准确地说，应是传统中华文化之"魂"对中餐之"体"的回附）。前者在当今国际社会包括华人社会已经蔚为时尚。实际上，健康美食和绿色餐饮趋向，也是中餐与中华传统文化实现良好结合的周边条件。中餐本身是充满中华传统文化元素的，可惜在它传入美国的过程中，乃至后来的历史演变中，含附于其中的中华传统文化元素越来越"碎片化"，乃至逐渐被丢弃了。今天，复原中餐本身的中华文化元素，提升它的文化品位，不仅是中餐业发展的需要，更是海外传承中华传统文化、增强民族凝聚力和软实力的伟大工程的重要组成部分。在这方面，有许多重大的课题在等待着中餐业者与文化学者去研究。例如，海外华人社会对几大传统节日——春节、清明、端午、中秋、重阳历来非常重视。每到这些节日，相应的餐饮业生意就十分红火。如何将这几大传统节日与餐饮业结合起来，推广中华传统文化，便存在着许多思考和实践的空间。华人餐饮业应充分发掘其文化内涵，与在海外传承中华文化的历史使命相结合。从根本上说，这才是中餐业"做大做强"，中华饮食文化软实力得以提升的根本出路。当然，在中餐蕴含的中华文化元素得到适当的发掘后，如何将之与当地餐饮文化结合，就成为一个庞大且持久的研究课题。

第六节　海外文化侨务平台之四：海外华人文化组织

一、海外华人文化组织的类型

海外华人文化组织种类很多，但无论哪一类组织，都试图通过文化的凝聚力，将热爱中华文化、热心于文化交流的人凝聚在一起。

（一）专类型文化组织

专类型文化组织是指以某一门类文化艺术作为自身活动中心内容的文化社团，笼统而言可分为文艺与文学书画两大类。文艺类属于表演性或娱乐性文化，又可再细分为两种：

一种是传统类文化社团，如戏剧社、舞蹈团、武术馆等，又如舞狮、舞龙和武术会等。作为中华传统文化的精粹，它们伴随着海外华人漂洋过海而在华人居住地广为流传，在华人民间文化活动中占有重要的位置。虽年深日久，但仍然保留着当初深厚的文化内涵、鲜明的民族色彩和强身健体等多重功能。不过，有的传统社团以研习地方戏剧和民间音乐为主旨，活动范围窄，参加者也多是一些年老华人，且很多文艺形式被年轻人视为过时，因之面临"接棒无人，难以为继"的境地，组织发展缓慢。

另一种是现代类文化社团。这类社团所传扬的艺术形式较为丰富，既有富于中国特色的民间歌舞，也有西洋舞蹈、合唱团、管弦乐队等。其节目选择和编排虽突出中华特色，但更为注重广泛吸收母体文化和住在国各民族的文化精粹。其表演形式、创作手法不断翻新，节目内容也往往就地取材，讲求艺术形式的多样性和广泛性，力求贴近华人生活，走出唐人街，面向广阔的舞台和广大观众，从而在一定程度上担负起促进文化双向交流的桥梁作用。今天，越来越多的海外华人文化团体活跃于世界各地，向世界各国人民介绍中华文化。至于文学书画，虽属非娱乐性文化，实际上涵盖众多艺术品种，一般来说以单一品种立会的情况较多，如文学创作协会、诗词协会、中国画协会之类，为少数同好者的结集，当然也有包罗万象的。

（二）综合性文化组织

综合性文化组织主要是指近年来在海外涌现的中华文化中心、文化交流协会等华人社团，属新型华人团体。它们打破单一文化门类的限制，举办更为丰富多彩的活动，如开办书法、针灸、武术学习班，举办文化讲座和中华文物、历史展等。由于集多种文化艺术形式于一体，故十分有利于自身的生存发展。它们同时也加强对外联系，特别是与中国国内同行的联系，如接待中国文艺、体育代表团来访，组织文化观摩与交流活动等。1985 年，温哥华吴祖捷芭蕾舞团与中国中央芭蕾舞团合作，把中国古典名著《红楼梦》搬上加拿大的舞台，以芭蕾这种极具西方特色的艺术形式演绎中华传统文化，是华人文化组织传播中华文化的一次大胆而有益的尝试。在团体构成方面，它们不但打破华人组织传统的地域、宗亲和行业的组织原则，更突破种族与肤色界限，敞开门户，欢迎当地居民参与其活动。此外，一些综合性文化组织积极回应所在国多元文化政策，在弘扬中华文化的同时，又增加了团结侨社、关心华人社会公益事业及正当权益等新内容，体现出当代华人立足本地社会，谋求生存与发展的愿望和要求。

（三）附属于宗乡社团的文化组织

宗乡社团是以血缘和地缘关系为纽带，建立在华人种族与文化共性基础上的同乡组织。宗乡社团的一个功能是传承中华文化（主要为宗乡文化），以其浓厚的亲情和地方特色见长。宗乡社团把弘扬中华文化作为其不可推卸的历史责任和时代使命，一般都有一个专司文化活动功能的负责人。每逢佳节、重大庆典或同宗同乡婚丧嫁娶活动，宗乡社团都会邀请本会馆的文化组织登台表演，多少年来，已蔚然成风。熟悉的乡音、久违的家乡风物，令同乡倍感亲切，密切了会馆成员之间的关系。有的社团虽然规模不大，但在活动场地、经费、道具器材和人员配置等方面都尽可能给予照顾。一些大的社团积极扶植其内部的文化组织，加强内部凝聚力，扩大对外影响，为当地社会服务。一般来说，附属于宗乡社团的文化艺术组织在活动经费上有保障，有比较固定的观众和群众基础，其活动也比较常态化，大多不会为生存问题而焦虑。显然，它们的文化活动多半属于表演娱乐类的。

（四）文物历史机构

过去几十年来，海外华人热衷于寻根与认祖归宗，他们发掘、整理、研究华人社会的历史资料，建立起众多侨史研究机构及博物馆，以珍贵的图片和实物向人们展现海外华人在异乡艰难创业的历程。这一方面是为了追宗思源、缅怀先辈，另一方面是为那些在西方物质文明冲击下日渐西化的华裔青少年树立榜样，帮助他们加深对本民族历史与文化的了解，增进与老一辈的沟通。如 1963 年成立的旧金山市华侨侨美历史学会（后更名为"旧金山市华人历史学会"），以及墨尔本澳洲华人历史博物馆等机构，本着"宣扬华人功绩、教育华人后代"的精神，举办展览、出版纪念文集和画册，有条件的还制作幻灯片和利用广播电视节目等进行宣传。美国纽约华埠历史研究社由于在研究美国华人历史方面取得突出成绩，受到社会各界好评。他们建立永久性华裔历史博物馆的计划获得了美国国家人文基金会和洛克菲勒基金会的资助。墨尔本澳洲华人历史博物馆、法国共忆协会主办的"法国华人一百年"展览等也都得到了当地政府和人民的赞助与支持。这类组织一方面希望将华人的历史事迹广为传扬，帮助年青一代饮水思源，了解先辈的艰辛，让住在国政府和人民以公正客观的态度看待华人及其为当地社会所作出的贡献；另一方面也回应住在国的多元文化政策，为促进华人文化

社团与当地的文化交流和民族融合作出贡献。这类组织一般都需得到当地华人社会的积极支持，尤其是财政上的援助，有的还得到当地政府道义上和财政上的支持。在其幕后，离不开热心于中华文化的有识之士的多方奔走和辛勤操劳。

二、目前主要发展趋势：海外华人文化组织走向举隅

海外华人文化组织目前的主要走向包括以下几个方面：

（1）打传统文化牌。华人社团普遍把弘扬中华传统文化、培养民族意识、促进住在国与祖籍国在科技、文化、经济上的交流当作一项主要的任务。在新加坡，宗乡会馆一度因成员老龄化和年青一代对传统会馆缺乏兴趣而面临重重困境。全国宗乡联合总会自 1986 年成立以来，将工作重点转移到保持与发扬华人传统文化方面，开展了一系列生动活泼且富有教育意义的活动，以文化的感召力将年轻华裔吸引到会馆活动中来，使不少宗乡社团在一定程度上重现生机，情况渐有改观。同时，它也为传统华人团体从文化建设入手，迎合时代脉搏，寻求更好的生存发展，开创出一条自新之路。在菲律宾，华裔青年联合会这一超越血缘、地缘和业缘限制的新型华人社团，同样把文化功能摆到重要位置。它充分利用双语能力及双重文化背景的优势，在华人与住在国社会之间搭架起一座促进双向交流的桥梁。

多数海外华人文化组织在打传统文化牌时，选择的是那些可以获得较多群众接受的文化样式，当然也有一些文化组织坚守属于"阳春白雪"的中华传统文化，尤为难能可贵。据中华诗词学会常务副会长李文朝介绍，到 2014 年 5 月，在海外的 30 多个国家和地区拥有华人诗词社团组织，如美国洛杉矶的四海诗社、纽约的吟龙诗社、加拿大多伦多的晚晴诗社、法国巴黎的欧洲龙吟诗社等，"诗词活动活跃，出现了实力强劲的'海外诗词兵团'，已成为海外传播中华文化的一支重要力量"[①]。以欧洲龙吟诗社为例，自诗社 1990 年成立以来，就受到国内外诗坛的关注和支持。诗坛名宿艾青不仅亲笔题写了"龙吟诗社"4 个字，还以"遥祝巴黎诞生诗的星座"相祝贺。截至 2002 年，欧洲龙吟诗社共出版了近 150 期《诗页》、4 本《龙吟诗选》。该社作为法华社团的一员，积极参与华人社团的活动，成为欧洲知名文化团体之一。[②]

（2）文化组织向多元化发展。传统型的华人文化组织宗旨较为单一，具有

---

① 《中华诗词文化走出去步伐加快 "海外诗词兵团"遍及五洲》，新华网，http：//news. xinhuanet. com/2014 -05/24/c_1110842789. htm，2014 年 5 月 24 日。

② 熊育群、陈铿：《汉诗：在塞纳河畔扎根》，《羊城晚报》，2002 年 7 月 24 日，转引自中国网，ht-tp：//www. china. com. cn/chinese/ch - yuwai/182083. htm。

一定的局限性。随着时代的进步和海外华人社会的转变，它们中的一些团体为谋求更好的发展，相应地调整了自身的宗旨与功能，走向多元化发展道路。

泰国佛王府萍乐音乐社是当地一群潮乐爱好者于 1930 年为"团结埠众，提倡正当娱乐，发扬家乡传统优美音乐"而发起组建的一个文化组织，曾一度在全埠掀起学习潮乐的热潮。20 世纪 50 年代，泰国政府开始限制外来移民，年轻华裔对潮乐又兴趣不足，再加上视听媒介的冲击，音乐社爱好者日渐稀少而趋向衰落。为了重振社务并更好地为广大侨社服务，在征得政府同意后，其更名为"萍乐互助社"，加强了赈济灾难、扶助贫困的社会功能。随后它又加入了泰国佛教众明慈善联谊会，并于 1973 年被重新命名为"佛王萍乐互助明典善坛"，联合 37 个友坛，不分区域与种族。在海外众多华人文化社团中，像萍乐音乐社这样调整功能与宗旨的毕竟还是少数，更多的团体则是顺应时代潮流，从传承中华文化、寻求精神慰藉，走向为住在国社会服务，为促进民族间的沟通与融合服务。1922 年，精武总会陈公哲、姚蟾伯等到堤岸筹组分会，得到侨领叶伯行等人的支援组织筹备会。同年 6 月，越南堤岸南体育会正式成立。堤岸南体育会也寻求改变，它附设有音乐、戏剧等队，与学校和社区的音乐、舞蹈、戏剧等组织一起开展活动，丰富社区的文娱生活。越南精武体育会初定名为"越南精武体育学校"，"二战"后改为现名。该会除教授武术外，还成立篮球、排球、乒乓球、网球、象棋、中乐、铜乐等队，供会员参加。有志提倡、推广体育运动的中法学校校友于 1928 年成立。该会组建大球、小球各类球队和田径队。会所里有桌球房和健身室，设备齐全。南星体育会的足球队多次夺得奖杯，闻名印支体坛。堤岸还有粤剧团和潮剧团两个专业戏班，常年在戏院公演。各帮人士都各自组织曲艺社、丝竹社，切磋技艺。广帮的粤曲、闽帮的南音、潮帮的潮曲、客帮的汉曲和海南帮的琼曲，处处可闻，使侨胞们虽然身处异国他乡，但也能听到乡音。

（3）在合作中走向强大。随着华人自身经济实力的增强以及现代交通和资讯媒体的迅猛发展，散居于各地的华人为了增强族群整体在世界上的竞争力，谋求共同的发展而纷纷行动起来，建立区域性、世界性的组织，这一点在海外华人文化组织中有着突出表现。

以文学创作领域为例，在东南亚及欧洲、美洲、大洋洲等华人较多的国家与地区，均有华文作家协会；还建立起一些世界性的华文作家联谊组织，如海外华文女作家协会、世界华文诗人协会，以及 1992 年成立的世界华文作家协会等。这一个个区域性、世界性的华人文化团体超越意识形态差异，以同宗同文的亲情和乡情为纽带，将散居于世界各地，在异质文化环境中为传播中华文化而孤军奋战的人们联合在一起，通过交流专业知识和心得联结友谊，并在相互切磋中为各自的工作汲取新的动力；在文化的凝聚力和向心力之下，推动海内外的中华儿女

携手并肩，共创繁荣局面。如法国华人文化协会，于 1993 年初成立，宗旨是促进欧洲与中国之间的文化、教育、科技及经济方面的交流，成立以来曾多次组织文化交流活动和文艺演出：1994 年 1 月，组织旅居巴黎的中国海峡两岸艺术家联合演出，获得巴黎侨界的热烈称赞；1995 年 9 月 28 日，在巴黎中国城举行庆祝孔子诞辰 2 546 周年纪念大会。

概括起来说，今天海外华人文化组织的走向主要有以下几个特点：

（1）在内容上更具包容性。过去部分老侨还存在某种程度的落叶归根心态，不愿同化于当地，会通过建立戏剧团、音乐社等文化组织，在远离家乡的异质环境中为传承中华文化开辟出一块园地。他们传承的文化往往具有浓厚的中国色彩，忽略对当地文化的包容与吸纳，具有一定的保守性。而在今天，绝大多数侨胞积极融入当地社会的现象同样反映在当代海外华人文化建设之中。他们在保留华人优良传统的同时，更加注重与当地文化乃至世界文化的交汇与融合。在文化创作上，各地华人都提出了把本地色彩融入华人文化之中的口号，并涌现出一大批立足于海外华人社会，具有鲜明时代精神及现实意义的题材。如表演娱乐类的文化组织，除原有的戏剧团、音乐社之外，也出现了芭蕾舞团、管弦乐团等新生力量，以更为广泛的文化语言向人们展现中华文化。

（2）在形式上由内转外。随着华人对住在国社会的进一步认识以及自身政治、文化素质的提高，他们逐渐认识到文化的差异性往往是造成种族隔阂的一个重要因素。于是，他们逐渐走出唐人街，把在唐人街对家乡传统文化的纵向传承，拓展为向世界弘扬中华文化，加强与住在国乃至世界文化的横向交流。他们不但通过现代传媒向年青一代华人及当地群众介绍与推广中华文化，更积极投身于各地举办的民间文化活动之中，其艺术视野及活动早已走出唐人街这一狭小的圈子了。

（3）在宣传手段上不再自娱自乐，而是争取住在国政府和人民的支持，并积极吸收当地民众参与。华人文化社团还进一步提出以本民族优秀文化丰富接合住在国多元文化的目标，自觉发挥文化交流中的桥梁与纽带作用。

第七节　海外文化侨务平台之五：海外华文学校与华文教育

华文学校是海外华侨华人社会的重要支柱，华文教育被称为一项"留根"和"护根"工程，不仅有助于海外华侨华人持久保持自身的民族特性，增强华侨华人社会的凝聚力，还有利于中华文化在海外的弘扬。

笔者长期致力于海外华文教育的研究，专访、调研了 12 个国家、7 个华文教育管理服务组织，访问了 20 多名海外一线华文教育工作者，考察了各级各类华文学校 60 余间。在此，笔者将梳理海外华文教育与中国国家软实力之间的关系，海外华文教育增强中国国家软实力的作用机制，以及中国政府和民间在服务海外华文教育方面的政策建议。

一、海外华文教育与中国国家软实力之间的关系

（一）海外华文教育是中国国家软实力的表征和证据

从公共关系（Public Relations）的角度看，中国的国家软实力表现为海外公众——华侨、华人、住在国主体公民对中国的知晓和亲善，也就是中国在海外的知名度和美誉度。[①] 海外公众对中国越知晓、越亲善，中国的知名度、美誉度越高，中国的国家软实力就越强。

从文化传播和社会心理的角度看，中国的国家软实力表现为海外华侨、华人、住在国主体公民对中国的认知度和认同度，而且认知是认同的前提。海外华侨、华人、住在国主体公民对中国的认知度、认同度越高，中国的国家软实力就越强。

海外华文教育的存在及发展，有助于海外华侨、华人、住在国主体公民对中国的知晓、认同和亲善，从而具有增强中国国家软实力之功用。

第一，海外华文教育的存在是中国国家软实力的一个证据。

海外华侨华人是暂时或永久脱离祖（籍）国而移居其他国家的侨民及其后裔，由于中国向海外移民历史悠久，海外华侨华人数量特别庞大。这些华侨华人身在住在国，却保持母族语言文化，这是他们持久保持自己民族根性和认同（哪怕是部分认同）祖（籍）国的证据。这种保持和认同是他们的自觉行动，而不是祖（籍）国强制推广的结果，所以，海外华文教育的存在就成了中国享有吸引力、影响力等软实力的一个证明。海外华侨华人社会保持华文教育的人群越广，保持华文和中华文化的程度越深，说明中国的软实力越强大。

第二，海外华裔学习华文、海外华侨华人教授华文是中国国家软实力的证据。

从学习者而言，不管是出于自愿、积极主动的原因，还是出于不太自愿、不太积极主动甚至被动的原因，只要华文被学习、被教授，就证明中国语言文化有一定的影响力和感召力。

---

① 参见史有春：《公关目的和评价指标》，《公关世界》1995 年第 11 期，第 20 - 21 页。

　　华文被海外人士学习，动机有两类：工具性动机和融合性动机。前者指仅为了把华文作为应付工作（比如从事对华贸易，在中资企业工作）的工具而学习华文，后者指因为对华文乃至华文所负载的文化、所代表的国家有好感，为了进一步了解、融入这种文化而学习华文。不管是华侨华人子弟，还是其他外国青少年，在这两种动机下的华文学习都证明了华文、中华文化的感召力和影响力。

　　海外各国对待华文教学的态度是不一样的，而且其态度也在不断变化。有的是出于积极主动的态度，比如泰国；有的是出于多元文化政策的考虑，比如加拿大和澳大利亚；还有的主要是出于维护自身国家安全的考虑，比如美国。"9·11"恐怖袭击发生后，美国针对全球化中的国家安全问题，在 2002 年启动了国家语言旗舰计划，首先把阿拉伯语、汉语、朝鲜语和俄语列为国家安全重点语言。2004 年，美国国会又进一步修改 1991 年的《国家安全教育法案》，给母语为国家安全急需语言的移民后代提供奖学金，以资鼓励他们深造。[①] 2006 年 1 月 5 日，时任美国总统布什宣布启动"国家安全语言"计划，加紧培养美国的外语人才，其中汉语与阿拉伯语、俄语、印地语、波斯语一道，被列为美国最急需语言人才的"关键"（critical）外语。[②] 不管是积极倡导，还是被动应对、被迫准许华人和本地族群学习华文，华文被各国官方许可、鼓励学习，都是对中国国家软实力的一种证明。

（二）海外华文教育体现中华文化的特殊魅力和华侨华人的"根魂梦"情结

　　大量中国人移居海外，从侧面说明中国国家软实力不够强大。世界上那么多国家的人群在学习英语，甚至移居英语国家，无疑是英语国家软实力作用的结果。在这种情况下，海外华侨华人面临着保留祖（籍）国原有语言文化还是放弃祖（籍）国原有语言文化的艰难抉择。兴办华文教育正是华侨华人社会自愿延续"娘家"传统的"留根工程"，兴办华文教育，在一定程度上表明他们心里还有祖（籍）国这个"娘家"，祖（籍）国语言文化对他们来说魅力犹存。如果把外国青年简单划分为华裔和非华裔，则中国语言文化的吸引力首先作用于华裔才更为自然，若这些华裔人群丢失了华文与中华文化，成为"失根"族群，既影响华人形象，也间接影响中国形象。也正因此，发展海外华文教育，不仅是海外华侨华人自己的事，也是中国国家软实力建设工作不得不直面的一个课题。最近几年，我国政府和人民正在以习近平总书记为首的党中央领导下，努力为实现

---

　　① 周明朗：《语言意识形态和语言秩序：全球化与美中两国的多语（教育）战略》，《暨南学报（哲学社会科学版）》2009 年第 1 期。

　　② 余东晖：《美国启动国家安全语言计划　汉语成"关键"外语》，中国新闻网，http：//news. xinhuanet. com/overseas/2006－01/06/content_4019296. htm，2006 年 1 月 6 日。

中华民族伟大复兴的"中国梦"而奋斗，这一伟业既给海外华文教育以动力，也需要海外华文教育的参与和支持。

二、海外华文教育增强中国国家软实力之作用机制

当我们分析海外华文教育对中国国家软实力建设的作用时，有必要观察华文学校、华文教师、华文学习者的数量和分布。但是华文教学是一个过程，其发挥作用的机制是通过教学而产生相应效果的，所以这里我们对华文教学的"硬体"——华校（校舍、图书馆、实验室、体育设施），以及"软体"——教学大纲、教材读物、测试等不作详细分析。有关华校方面的情况请参看本书第二章第三节。

由于华侨华人住在国国情、侨情复杂多样，海外华文教学对增强中国国家软实力的作用机制也比较复杂，这里只能作简单勾勒和分析。

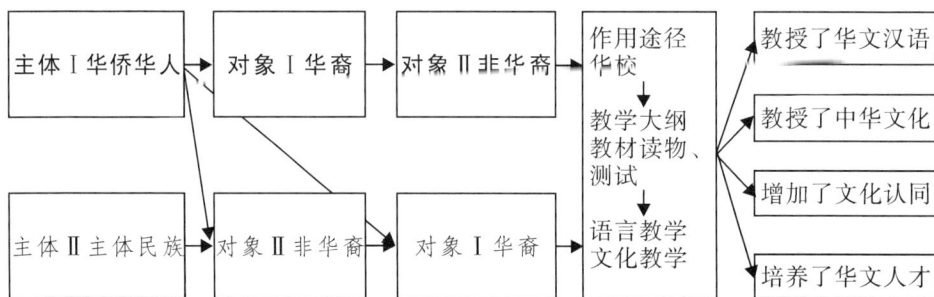

图1　海外华文教育对中国国家软实力建设的作用机制

图1中显示了4个因素：海外华文教育工作主体；海外华文教育工作对象，即华文学习者人群；海外华文教育作用途径；海外华文教育对于中国国家软实力建设的作用效果。具体来说：第一，图1中黑体字表示华文教育（Teaching Chinese as Mother Tongue，TCMT），即主体Ⅰ对对象Ⅰ所开展的华文汉语和中华文化教育。这一块是狭义的华文教育。事实上很多华校还有非华裔学习者，但是从全球总体来看，华裔还是绝对主体，所以我们叙述时只好把有关现象作简化处理。第二，图1中仿宋体字表示主流非华裔学校的汉语教学（Teaching Chinese as a Foreign Language，TCFL），即主体Ⅱ对对象Ⅱ所开展的华文汉语和中华文化教学，这一块属于汉语作为外语的教学。实际上很多非华校也有不少华裔学习者，但是我们叙述时只好把有关现象作简化处理。第三，整幅图的上下两部分合起来则代表广义的华文教育（Teaching Chinese Abroad）。第四，如图1所示，海外华

文教育（广义）对于中国国家软实力建设的作用机制是，华文教育主体（华校、教师）在华文学校，利用教学大纲、教材读物、测试等工具，对于华文学习者进行华文汉语和中华文化教学，从而产生相应的效果。其中的文化教学既表现在课堂教学中，也表现在校园活动和校外活动中。图1还显示，海外华文教育对于中国国家软实力建设作用的效果具体表现为：教授了华文汉语；教授了中华文化；增加了学习者对中华文化的认知和认同，培养了懂华文和中华文化的人才。第五，图1中从主体到对象环节还有两条跨行斜线，表示海外华人社会的作用实际上还延伸到海外汉语教学领域。一方面，华人社会、华文教育工作者是海外汉语教学的推动力量，比如印度尼西亚中爪哇普禾格多市苏迪曼将军大学开设汉语课和汉语专业，都得到当地华人社团普华基金会的帮助，后者牵线搭桥，使该大学与中国河北大学建立了联合办学关系。另一方面，主流非华裔学校的汉语教学工作者常常是当地的华侨华人，比如上述苏迪曼将军大学也有普华基金会派遣的华文教师执教华文。[①] 这一点在其他国家也很普遍。[②]

（一）向华裔和非华裔开展华文汉语教学

华文汉语被学习本身就是对中国影响力、软实力的一个证明。教授华文的学校越多，接受教育的学习者越多，对于中国国家软实力建设的作用就越大。

（1）海外华文教育以华校为依托，以华文教育工作者为主体，向华裔和非华裔开展华文教学。这种教学在很多国家都表现为从幼儿园、小学到中学完整的华文听、说、读、写教学。这些所谓的华校在有的国家是华裔集中的主流全日制学校，比如新加坡（华英双语教学机构）、马来西亚（国民型三语小学和中学、独立中学）、菲律宾（主要是三语教学，少数所谓的国际学校还实行四语教学，除了菲语、英语、汉语还有日语，菲语、英语都算母语，汉语和日语分别作为第一、第二外语）、印度尼西亚（新三语国民学校）、柬埔寨（双语学校）、日本（只有5所传统华校）；同时，在东南亚国家，还存在不少非全日制教学、校外教学性质的华文教学形式。在更多的国家和地区，比如缅甸、美洲、欧洲、大洋洲，华文教学不过是校外教学性质，甚至是家庭补习形式。在这些华文环境薄弱的国度要教会学习者听、说、读、写华文，难度是相当大的。

（2）以主流非华裔学校为依托，以汉语教学工作者为主体，向非华裔和华裔开展汉语教学。这种教学由于学习者普遍不具备汉语基础，汉语对他们来说只

---

① 据笔者对印度尼西亚普华基金会陈友明主席的访谈。

② 当然，还有一种相反的情况，即非华裔在华文学校教授华文。这一点在印度尼西亚比较突出。近年来印度尼西亚华人社会从非华人青年中挑选华文学习者，经过培养，并送往中国继续深造。这些学习者学成以后回国在华校上岗执教。这样的实例估计有近十例。

是选修（少数大学生是外语专业），加之周课时、学习持续时间等相对少得多，所以听、说、读、写的教学任务更为艰巨。近年由于中国综合国力提升，尤其是中国经济持续发展，世界上的确出现了"汉语热"，学汉语的人群一直在扩大。很多国家纷纷将汉语列入外语选修课，甚至有的国家、地区还将汉语列为必修课、大学选修课、高考必考课，促使汉语在更多的非华人族群中传播。

（二）向华裔和非华裔介绍、传授中华文化

学习语言能够增加对所学语言及其所代表的文化、国家的认知和认同。英语畅行天下，学过英语的人对英语背后的西方文化有很多的了解，而且无形中增加了对英语国家的亲善感。西方国家正是利用这一点，设置大量奖学金，为世界各国培养了大量亲英语国家的才俊。同理，发展华文教学、汉语教学，也就是在传播中华文化，扩大中国影响力。

1. 华校的办学理念中贯穿中华文化的教学使命

海外华文教育从办学宗旨到培养目标、培养过程，甚至是校名、校歌、校训，都非常重视对中华文化的介绍与实践，比如有的华校取名为"尊孔""孔教""崇仁""崇文""崇德""培德""明德""光启""华仁""德华""普华""融华""侨中""中山""中正""黄河""长江"等。

历史上的华校大都有校训，比如印度尼西亚雅加达中华中学的校训是"公、诚、勤、朴"。许多延续至今的老华校和新华校都有体现中华文化的校训。例如，马来西亚新兴南方学院的校训是"自强不息，厚德载物"；缅甸育成高级中学的校训是"忠、毅、诚、勇"，缅甸曼德勒明德学校则把"上承孔圣净言，下启后世千秋"的办学理念刻于大理石上。《菲律宾百家华校校训一瞥》① 列举了一些华校的校训，比如：菲律宾侨中学院的校训是"勤、诚、勇、爱、公"；中正学院的校训是"礼、义、廉、耻"；百阁公民学校的校训是"自尊、自强、勤奋、至善"。

2. 在华校课堂教学中向华裔、非华裔介绍中华文化

第一，华校在课堂教学中向华裔学习者传播中华文化。

文化是个广义概念，包括从观念、制度、行为规约，到艺术技术知识系统以及人造物。语言和文化密切相关，既有区别，又有联系。语言教育本身就包含着文化教学的功能，语言学习的程度越深，学习者对该语言所负载的文化就越了解。文化教学是语言教学的题中应有之义，通过华文教学，中华文化的教学也会得到不同程度的贯彻，至少是介绍。

海外华校还专门介绍、传播中华文化。比如不少华校都在自觉教授《弟子

---

① http://www.cn5135.com/Article/Show－Detail－64025.html。

规》等中华文化典籍；印度尼西亚、新加坡等的华校还直接开设"中国文学""中国史地"课程。印度尼西亚山口洋的南中华文补习班针对学生保留客家话的情况，直接采用中国出版的初中《语文》《中国历史》教材教授这些校外补习的学生，教学效果良好。

第二，华校向本校非华裔学习者传播中华文化。

海外华校学习者的组成日益呈现多元化趋势，华文学校里还有很多非华裔的华文学习者。在菲律宾不少华校，非华裔学生数量反而多于华裔学生。在这样的地方，中华文化被华人社会公开、合法地传播给了当地的居民。其他国家的华校中掺杂非华裔的现象也比较普遍，而且似乎有越来越多的趋势。自然，海外华文学校也向非华裔学习者教授、介绍了中华文化。

第三，主流非华裔华校在开展汉语教学的同时也向非华裔、华裔学习者传播中华文化。

以非华裔为主的主流学校的汉语教学与华文学校相比，课程的性质不同，教学目标也有差异。因为汉语不是学习者的民族母语，所以再谈"传承中华文化"之类的目标就不合时宜。但是如前所述，语言学习本身具有文化教学的成分，语言教学的层次越高，文学文化内容的教学比重就会越重，所以，在主流非华裔学校也教授了中华文化。

3. 华校通过校园内外的专门活动向学生和社区居民传播中华文化

首先，华校经常利用华人节日和其他时间（开学、期末、毕业、周年庆典等）举办各种各样的校园中华文化活动。在这些活动中，中华文化中的武术、太极拳、舞龙舞狮、舞蹈、音乐、相声、小品、杂技等都有表演，至于演讲、朗诵、辩论赛、作文竞赛、查字典比赛等与教学密切结合的活动就更不用说了。

其次，在主流非华裔学校校园开展中华文化活动的例子也比比皆是。比如国立印度尼西亚大学中文系举办的中华文化活动照片展览；美国威斯康星奥克莱尔大学举办的文化节（Folk Fair）活动，其中的中国文化活动部分包括中国图片展览、中国美食、中国音乐（器乐和声乐）、剪纸、书法，中国师生还为该校的学生和当地居民书写中文名字，得到中文名字书法的当地人都很兴奋。

（三）通过华文、汉语教学增强学习者对中华民族、中华文化的认知与认同

1. 维持和增强华裔的民族认同

首先，新兴校友会维持和增强了华裔的民族认同。海外华人社会的联系，在地理上常利用唐人街等地点实现，早期华侨华人甚至终生不会住在国语言也可以在该国的唐人街生存。而随着时间的推移、社会的演变，相聚而居的情况发生了变化，在各种同乡会、宗亲会、商会、宗教团体之外，又产生了一些以华校为情感纽带的华人组织——校友会，这种社团是跨祖籍地、跨宗亲、跨行业、跨宗教的，其会员比别的华人社团的更为广泛，其会员间的联系也比别的华人社团的更为密切。比如印度尼西亚，华人虽经历政府 32 年打压，华文教学几乎中断，但是自 1998 年新政权执政以来，一种新型的华人组织——校友会纷纷成立，联系它们的不是别的，正是学习华文、教授华文的共同经历。而且这些校友会异常团结，在兴办新兴三语国民学校方面热情高涨，一呼百应。各地校友会纷纷推选杰出校友和德高望重的老师为董事长，筹款、买地、网罗人才，重建华校。其中棉兰崇文校友会的华教前辈黄两承先生八十多岁了，仍然被请出来做董事长，而且在新办的崇文华文学苑（补习学校）和崇文三语国民学校任职，至今仍劳作不辍。

其次，老的华人社团因为兴办华文教育这项新兴事业而焕发活力，人气大增。例如印度尼西业力隆福清同乡基金会，20 世纪末主要从事的工作是处理华人社会的丧葬事宜。1998 年印度尼西亚新政府上台以后，基金会开始大力兴办华文教育，并带头在印度尼西亚召开了全国华文教育研讨会。同时积极筹款办学，新建了补习学校——融华华语补习学校；后来又集资购买了地皮，兴建了校园，盖起了教学楼。

再次，很多华人社团本来不相往来，但是华文教育可以使它们走到一起。例如，2001 年广东汉语专家团在印度尼西亚首都雅加达开展华文师资培训时，汇集了雅加达 12 家很有实力的华人社团。雅加达的华人社团都实力雄厚，互相竞争，甚至不乏互相轻视排挤，山头林立，但是振兴华文教育事业把它们团结到了一起。中老年华人的子女们，凡是没有保持华文汉语学习的，都对华人社会、华人具有明显的隔膜感。人们一般认为，保留华文汉语学习，才会具有华人气息；否则就会变成黄皮肤白心、徒有华人面孔的"香蕉人"。

最后，华校开展的一些活动，能够直接增加华裔的民族认同。据美国加州尔湾中文学校王宜芬老师介绍，华人孩子作为少数民族具有自卑感，需要得到大多数人的认可，现在经过中国文化周、世界地球村、文化介绍、唱歌学中文、"寻根之旅"等各种文化活动，他们已经有了作为华人的骄傲，在社区扮演了积极的角色，多参加社区活动，能融入主流社会。①

2. 维持和增强华裔对中华文化的认同

华文课堂教学和课外活动都能够增强华裔学生对中华文化的认同感。美国湾区新华人顾丽青创办的黄河、长江中文学校，通过对学生进行华文教育，使学生

① 笔者及课题组成员参加"第二届华文教育大会"（2011 年 10 月 29 日至 11 月 2 日，西安）调查得知。

对中国有了更多的关注。四川汶川地震后，学生们主动做海报，募集 2 万多美元，顾丽青加上自己捐出的 2 万多美元，亲赴绵阳捐款，与当地学生交流，意义重大。①

学习华文能够增进华裔对中华文化的认知和认同，这一点可以在华文学习者身上找到更多的证明。近几年来，笔者特意指导了 9 位外国华文学习者或者华文教师（均是暨南大学的学生）、1 名中国研究生，对印度尼西亚、马来西亚、新加坡、菲律宾、缅甸、柬埔寨 6 个国家的华文学习者做了专门调查，都证明了这一点。②

根据这些调查所写的文章得出的共同结论是：华文学习可以促进学习者对中华文化的认知和认同；华文水平越高，对中华文化的认知越充分，对中华文化的认同也有一定的增加。例如，郑焕文的论文选择了华族服饰、饮食、宗教、择偶的民族标准与婚俗、节日，中华观念，中华代表性人物、代表性艺术和代表性事物作为代表中华文化的项目，运用问卷调查及访谈方式对印度尼西亚雅加达 320 个含小学三年级、初中三年级、高中三年级在内的学生以及大学生等青年（年龄为 21 岁至 25 岁）进行了调查，了解到，多数中华文化项目都表现出随着华文学习的深入，学习者对中华文化的认同度不断增加。同时，从被试者的直接回答看，大部分人认为学习华文有助于增加他们对华人、中华文化和中国的认知；华文学习促进了他们对华人、中华文化和中国的认同。

另外，笔者及课题组成员还运用问卷调查方法，对暨南大学华文学院 4 个年级、73 名外国留学生（华裔学习者高度集中）进行了问卷调查，旨在了解他们的华文学习水平，他们对中华文化的认知、认同情况，以及华文学习水平与对中华文化认知、认同程度的关系。我们选取了中华观念等五大类、26 个中华文化项目为调查内容，涵盖中华文化观念（重视家庭、重视教育、谦虚、勤劳、节俭、重人情、讲关系）、宗教、节日、服饰、饮食、艺术、中华代表性人物（孔

---

① 笔者及课题组成员参加"第二届华文教育大会"（2011 年 10 月 29 日至 11 月 2 日，西安）调查得知。

② 这些论文是：郭珍兰：《印尼华裔青年文化认同现状的调查》，暨南大学学士学位论文，2008 年；郑焕文：《印尼雅加达华人中华文化传承研究》，暨南大学学士学位论文，2013 年；沈玉英：《印尼雅加达国民学校中华文化教学调查》，暨南大学学士学位论文，2014 年；梁瑞娇：《印尼棉兰华裔学生华文学习与中华文化传承关系研究》，暨南大学硕士学位论文，2012 年；温燕妮：《印尼山口洋华裔学生华文学习和中华文化认同调查研究》，暨南大学学士学位论文，2012 年；何逸恒：《马来西亚华校学生华文学习与中华文化传承调查》，暨南大学硕士学位论文，2012 年；吴蓉敏：《新加坡华人文化认同研究》，暨南大学硕士学位论文，2011 年；李骋：《菲律宾华校学生华文学习与中华文化认知认同状况调查》，暨南大学硕士学位论文，2013 年；杨莲蒂：《缅甸曼德勒孔教学校学生华文学习与中华文化传承情况调查》，暨南大学学士学位论文，2012 年；江碧云：《柬埔寨金边两所华校华文教育及学生文化认同》，暨南大学学士学位论文，2012 年。这些学位论文都是由笔者宗世海指导完成的。

子、关羽、包拯、郑和、孙中山）、中华代表性事物（长城、兵马俑、中医中药、中国制造）等，结果发现随着华文学习的深入，在春节、中餐、孙中山等中华文化项目上，留学生们对中华文化的认知、认同会显著增加。同时，当被问及是否同意学习华文能够改善对华人、中国的情感和认同时，4个班的平均回答结果（认同度）为70.2分（满分100分，下同）；当进一步询问学习了这些年华文后对中国文化、中国的态度时，73.5%的留学生认为华文学习增强了他们对华人、中国的感情和认同，引起了他们对中国文化、中国在态度上的积极变化；当询问华裔留学生（含华裔混血）学习了这些年华文后作为一名华裔的感觉时，有64.7%的华裔留学生认为华文学习使自己的民族认同增加了。[①]

总之，华文教育可以起到使中华文化传承下去，增强学习者对中华民族、中华文化和中国的认知、认同的作用。

3. 增强非华裔对中华文化的认同

中国汉语教学界张占一等人把文化区分为"知识文化"和"交际文化"。他们的这一区分是有道理的，而且具有指导语言教学的价值。大体而言，"知识文化"表现为需要知道的各种文化，在语言教学中主要靠随文释义和专门的文化介绍实现；"交际文化"表现为直接运用于交际的文化，在语言教学中主要靠听说教学特别是口语教学实现。[②]

首先，华文教学可以提升非华裔学习者对华文"交际文化"的习得，实际上也就是认同。汉语的交际文化主要指汉语口语的运用规则。例如怎样称呼，汉语有非常丰富的规则；又如如何打招呼，如何请求，如何道歉，如何拒绝，如何批评，如何回应恭维，等等。这些内容都是文化规约，要学会汉语必须掌握它们。这些内容和语用学上的言语行为（speech acts），以及语言教学中的功能大纲是通约的。甚至如何论证，是演绎式还是归纳式，都有文化属性。跨文化交际理论对这些问题都有很好的研究（如胡文仲《跨文化交际学概论》[③]）。所以，随着汉语学习的深入，学习者实际上习得了汉语的交际文化。习得就是掌握、会运用，习得了就能完成相关的交际任务，也就意味着会并且愿意按照这些规则行事，实际上就是一种认同。交际文化还包括社交活动中的更多内容，随着汉语学

---

① 本次调查成果曾经提交到吉隆坡召开的"第九届东南亚华文教学研讨会"（2012年6月28日至7月2日），并公开发表于刘文辉、宗世海：《华文学习者华文水平及其与中华文化的认知、认同关系研究》，《东南亚研究》2015年第1期。

② 参见张占一：《汉语个别教学及其教材》，《语言教学与研究》1984年第3期；张占一：《试议交际文化和知识文化》，《语言教学与研究》1990年第3期。可惜张占一以及很多学者并没有把这两者区分好。笔者宗世海指导赵德琳完成的硕士学位论文对这个问题有较大突破，详见赵德琳：《汉语教材中的文化内容研究——以〈中文〉和〈轻松学汉语〉为例》，暨南大学硕士学位论文，2013年。

③ 胡文仲：《跨文化交际学概论》，北京：外语教学与研究出版社，1999年。

习的深入，学习者对它们的理解和掌握也会日益增多。

其次，至于"知识文化"，比如中国历史上的科举制度，比如"仁义""和而不同"，以及丰富多彩的其他文化内容，则不宜要求学习者认同，只需了解就够了。

（四）通过华文、汉语教学为华人社会和住在国培养华文人才

1. 为华人社会培养了大量懂华文的华裔人才

海外华文教育为当地华人社会培养了大量华文人才。不管是马来西亚、印度尼西亚、新加坡还是菲律宾、缅甸、泰国、柬埔寨等国家，至今有几代人都是当地华校先后培养出来的熟谙华文、对中华文化非常热爱的华文高级人才。他们中的很多人都是商界、教育界、传媒界、文学界的精英，充满华人气息。其中年轻一些的华人还熟悉当地语言，这样在服务当地华人社会，服务住在国经济、政治以及对外交流等方面都可以发挥更大的作用。

比如，马来西亚董总、教总目前分设秘书室、会务与资讯局、课程局、考试局、学务与师资局、出版局、人力资源局、财务局、产业管理与事务局等部门，共有200多人从事着有关华文教育的各种专业管理工作。这些人员绝大多数是在马来西亚受过系统华文教育的专业人才（其中有的人后来还在中国台湾或者中国大陆地区接受过学历教育）。马来西亚华文大学新纪元学院、南方学院、韩江学院的主力教学管理人员也都是当地培养出来的华文精英，其中新纪元学院的莫顺宗院长从小学到初中、高中、大学，从学士、硕士一直到博士都在马来西亚国民学校就读，其华文听、说、读、写能力和母语者几乎没有差别。

又如，身为第二代华裔的陈玉兰在中国拿到汉语言文学专业学士、硕士、博士学位后，2000年在印度尼西亚雅加达北区创办了智民学院，开始了具体而有创意的华文教育工作。智民学院属于校外教育，有两个校区。最开始的教学对象多为有运用华文需求的成年人；如今已经发展到课程设置覆盖从幼儿班、小学班、少年班到成年班，在校学生400多位、老师近30位，自成立以来已经培养了至少5 000名学生。智民学院还与中国华侨大学华文学院合作，在印度尼西亚开设华文本科和硕士班，吸引印尼人和华人就读，培养了不少华文人才。陈玉兰还在印度尼西亚国民教育部担任校外教育司华文统筹协调处学务部主任、全国考官及教官联合会中央理事会联络部理事、汉语水平考试（HSK）委员会秘书等职。她协助印度尼西亚国民教育部与中国国家汉办做了不少沟通工作，如协助草拟中国和印度尼西亚汉语水平考试的合作草案，将汉语水平考试成功引入印度尼西亚。作为一个年纪轻轻就获得专业博士学位的华文教师，陈玉兰的能力既满足了印度尼西亚华文教学的实际需要，又能在较高层次为中国与印度尼西亚的合作

牵线和出力。

又如，印度尼西亚苏北省棉兰市新建的亚洲国际友好学院也培养了不少本科人才。2008 年建校的时候该校有学生 169 人，到 2013 年增至 1 000 多人；2014 年 7 月，该校培养出了第三批毕业生。这三批毕业生总计接近 300 人，都是优秀的三语人才，他们不仅会印尼语、英语，更能讲一口流利的汉语。他们除了少数人赴中国继续攻读硕士学位外，其余都分布在印（尼）中合资企业、媒体、教育培训等行业当中，还有的直接与中国人合作做起了小生意。

2. 为所在国培养了大量掌握一定程度华文的非华裔人才

海外华文教育为所在国培养了大量掌握一定程度华文的非华裔人才，其中绝大多数是经济、贸易、外交、翻译人才。这些人才又分三种不同的情况：

第一种是当地华校毕业的非华裔。这种学生在菲律宾较多，在泰国、印度尼西亚、马来西亚、新加坡也有一些。印度尼西亚最近几年已经先后培养出 10 余名能够从事华文教学的非华裔学士（在当地华校学习华文，后被推荐到中国取得学士学位），目前正在印度尼西亚华校或者主流非华裔学校教授华文，也有的被印度尼西亚驻中国大使馆、领事馆聘用。

第二种是在中国大陆或者台湾系统学习过华文的各国主流民族人士，包括外交、翻译、学术、科技人才等。如澳大利亚前总理陆克文，加拿大青年大山、高诗如①，非洲人郝歌等。

第三种是以自学为主，如与华人结婚而掌握了华文的，美国 Facebook 的 CEO 马克·扎克伯格就是这种情况。

学习过华文的非华人对中国、中华文化不但了解，而且多少会有一些亲善感和认同感，这些都是对中国国家软实力的证明。

三、中国政府和民间在服务海外华文教育方面的政策、建议

近年来，中国从政府到民间在国际汉语教育和海外华文教育扶持方面虽花费巨大，但针对性还不够，专业性有待提升。

---

① 高诗如（Sarah Kutulakos）女士是加拿大白人，任加中贸易理事会（Canada China Business Council）执行理事。她曾在威斯康星大学学习中文、市场营销以及国际商务，从那时起就与中国结下了不解之缘。她拥有罗彻斯特大学西蒙商学院工商管理（金融及运营方向）硕士学位，经常就市场营销、贸易、投资和中加关系等有关中国问题发表演讲，甚至就如何培养孩子学中文发表演讲。她能讲一口流利的普通话，因拥有近乎纯熟的汉语水平而被誉为"女大山"。

（一）通过华文教育发展国家软实力的基本认识、角色定位和工作方式

1. 关于中国国家软实力及其作用方式的基本认识

首先，要清楚地认识到，中文被喜爱、被需要，在世界上流行，最重要的是中国的硬实力。正如美国丹佛大学教授孙晶所说，要认识到，"说到底，海外学习中文的热潮，直接的动力是中国硬实力的增长，""中国的崛起和对世界经济的引领，是中文获得世界地位的大前提"①。

目前，汉语与英语这一强势语言相比较为弱势；而且作为外语，在国外，包括在非英语国家的地位也不高。根据语言学家乔治·韦伯的统计，以汉语普通话为母语的人数为 11 亿，远超以 3.3 亿位居第二的英语和以 3 亿位居第三的西班牙语。汉语同时也是联合国 6 种工作语种之一。但为什么汉语又是一种小语种呢？因为汉语除了使用的绝对人数占优势外，衡量语言影响力的其他指标，如使用国家数、学习人数、使用国家经济总量、使用的国际领域等，均明显落后。据他统计，在综合各种因素下，汉语的国际影响力以 13 分位居第六。②

另据统计，2007 年澳大利亚全国共有 319 所中小学教授汉语，占同期中小学校总数 9 581 所的 3.3%。学习汉语的学生总人数约为 84 000，占中小学在校生人数 3 441 026 的 2.4%。同年选修其他 5 种主要外语的学生人数则分别为：意大利语 30 万，日语 30 万，印尼语 20 万，法语 20 万，德语 13 万。③

从整体规模上说，虽然近些年学习汉语的人数涨幅很大，但其总人数仍远远低于学习日语、印尼语、法语、意大利语、德语的人数。④

图 2 所示是澳大利亚亚洲教育基金会对 1994 年、1997 年、2000 年、2008 年 4 种亚洲语言选修学生数量及其变化的统计：

---

① 孙晶：《海外中文热与"语言外交"》，《人民论坛》2013 年第 28 期。

② 孙晶：《海外中文热与"语言外交"》，《人民论坛》2013 年第 28 期。

③ 陈平：《政治、经济、社会与海外汉语教学——以澳大利亚为例》，《世界汉语教学》2013 年第 3 期。

④ 据澳大利亚华人学者张玉喆 2014 年 10 月 26 日给笔者的邮件。

Graph:3 Number of Students in K–12 Studying NALSSP Languages 1994,1997,2000 and 2008

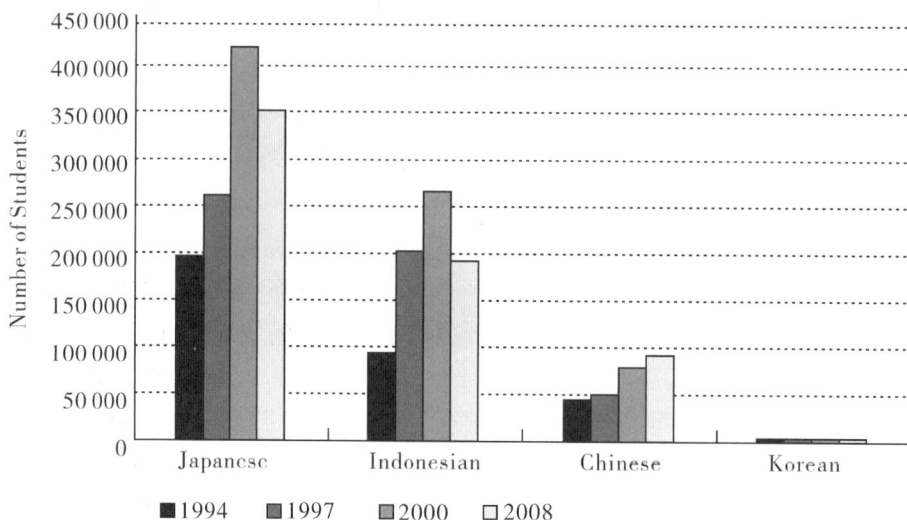

The Period 1998–2000 Represents the Midpoint of the NALSAS Strategy.

图2　　汉语和其他3种亚洲语言在澳大利亚被选修的情况

资料来源：KATHARINE STURAK, ZOE NAUGHTEN. The current state of Chinese, Indonesian, Japanese and Korean language education in Australian schools：Four languages, four stories. GEON Impact Printing Pty Ltd.

　　事实上，汉语在很多国家主流教育中的地位都不高，有的甚至非常低，居于第四、第五外语的地位。

　　中国政府和民间欲增强中国国家软实力，最重要的工作还是苦练"内功"，搞好科技、文化、生活方式、社会制度建设，然后靠这些因素去吸引更多的华裔乃至非华裔主动自觉地学习华文和中华文化，而不是舍本逐末，直接站在华文教育的前沿予以推动。我们应该牢牢记住，中国国家软实力建设最根本的方式是吸引他国人民自觉采取中国所期望的行动，而不是硬推销。

　　2. 中国有关方面在海外华文教育工作中的角色定位

　　首先，发展海外华文教育，海外是主体，中国是因应、扶助和提供专业服务。海外华文教育的组织实施实际上担负了增强祖（籍）国国家软实力的功能。即使是面向非华裔将汉语作为外语的教学（一般由住在国政府教育机构主导），华侨华人也发挥了很大的支持、推动作用，增强了中华文化的辐射力，对于中国国家软实力建设具有直接意义。但是一定要明确：海外华文教育的主力是海外华侨华人社会，而不是中国政府和民间。海外华文教育的主体在海外，中国政府及有关机构的努力应定位为服务，而不是管理，更不是硬推广。支持、服务海外华

文教育仅仅是祖（籍）国因应海外华侨华人需求的自觉实践，而不能反客为主，强行推广不符合软实力及其建设的思想原则。

其次，海外华侨华人社会兴办华文教育，虽然也有代替祖（籍）国进行软实力建设的客观作用，但是应该明确中国国家软实力建设的主体不是海外华侨华人，而是中国政府和民间自己，因此不能将两者混为一谈。

最后，中国政府和民间要想让华文汉语更好地走向世界，不能直接包办海外华人社会办学，与侨胞沟通应该注意方式方法。在这方面，中国政府和民间可以学习、借鉴发达国家的经验。比如可以从美国 TESOL 协会、英国文化委员会、德国歌德学院、西班牙塞万提斯学院以及其他国家的有关工作中获得经验，力求在形式上做得更低调、更得体，实现良好效果。①

3. 改变对外对内的工作方式

美国华人学者孙晶说："语言流行的前提是硬实力，但其推广的手段必须软。"② 国内学者蔡永强主张，汉语国际推广需广泛借鉴世界其他语言文化推广机构的成功经验，走"国家支持，民间运作"的道路。"国家支持，民间运作"的道路，应该是服务海外华文教育、汉语教学最恰当的道路。

广义的海外华文教育分别由中国政府的职能部门中国海外交流协会和国家汉办负责支持，后者目前主要以孔子学院的方式进行。要改善现有对华文教育、海外汉语教学的直接管理方式，而改为遴选、支持专业性强的国际国内行业协会、专业机构操作具体事宜。

首先，在对外方面，应该支持组建类似于 TESOL 协会那样的非营利性质的国际华文教育专业协会，由他们主导一切专业工作，中国政府只在背后给予部分经费支持。

应支持建设、完善各国华教专业管理、协调机构，配合其开展工作；待条件成熟后推动建立全球华文教育协（学）会，由它履行类于 TESOL 协会的义务。如果要开全球华文教育会议，中国官方可以背后资助，但不宜直接主导；参会者应是海外及国内从事华文教育教学、研究等工作的一线人员，会议主题应由专业协会确定，每次切实解决一两个亟须解决的专业问题。

中国政府有关机构直接组织召开全球华文教育会议、全球孔子学院大会，评选海外华文教育示范学校、杰出贡献者，直接操办新师资培养，师资培训，教材编写并免费赠送，"寻根之旅"冬、夏令营，文化知识大赛，颁发奖学金等，都

---

① 参见宗世海、刘晓露：《他山之石，可以攻玉——美国第 38 届 TESOL 年会综述》，《暨南大学华文学院学报》2004 年第 4 期；周明朗：《语言意识形态和语言秩序：全球化与美中两国的多语（教育）战略》，《暨南学报（哲学社会科学版）》2009 年第 1 期。

② 孙晶：《海外中文热与"语言外交"》，《人民论坛》2013 年第 28 期。

可以做得更专业、更低调、更高效。

其中孔子学院的问题特别需要关注。早就有学者指出孔子学院的办学问题和改进措施，可惜未获得相关部门采纳。比如美国华人学者周明朗的一些看法，值得学界和政府重视。[①] 此外，我国学者也有不少关于孔子学院发展的研究成果，其中比较有深度的有宁继鸣的博士学位论文。[②]

在重点国家和地区，可以参考英国文化协会和台湾海外华文教育服务社的经验，建立服务机构。

其次，在对内方面，要改变对国内华文教育基地、汉语国际推广基地的领导方式，尤其是项目设置发包方式。应该做什么，不应该做什么，怎么做等，要由海外华文教学界提出，由专业学术机构、人士决策，政府机构只负责政治（而非学术）审核和经费支持。新加坡的华文教学是由其教育部（含课程、考试机构）和政府认可的华文教学研究中心负责的，其重要的决策都在专业人士调查研究、政府批准后执行；所有的课程、考试改革都必须由华文教学研究中心在调查实验的基础上推出，这就保证了课程、考试等的科学性和可行性。我国涉侨机构有关华文教育的服务，不但在新加坡没有市场，就是在马来西亚也基本上施展不开，一个重要原因是国内的推行、支持、服务从决策到执行缺乏专业性，缺乏专业人士的基础性研究作支撑。

最后，要引入评估机制，增进政府和基金会各项事业的效益。这一点在国内和海外都有很高的呼声。评估的好处是多方面的，一是可以提高投资效益，二是可以增加公开透明性，赢得更广泛的社会理解和认可。

我们看到，不管是大量开办孔子学院/孔子课堂，还是大量引进我国志愿者，很多国外机构的主要意图还是利用中国的免费资源。而换一个思路，把这些资源转换为别的支持方式，用于海外华校和当地教学机构，效果一定会有很大的不同。

（二）国际汉语教学三个分支的轻重缓急

国际汉语教学，是指对中国以外的人群的汉语教学。这种教学在英语教学界叫作 TESOL（Teaching English to Speakers of Other Languages），但是英语的 TESOL 只有两个部分，即把英语作为第二语言教学（指进入英语环境的学习，Teaching English as a Second Language，简称 TESL）和把英语作为外语教学（比

---

① 周明朗：《语言意识形态和语言秩序：全球化与美中两国的多语（教育）战略》，《暨南学报（哲学社会科学版）》2009 年第 1 期。

② 宁继鸣：《汉语国际推广：关于孔子学院的经济学分析与建议》，山东大学博士学位论文，2006 年。

如在中国境内进行的对中国人的英语教学，Teaching English as a Foreign Language，简称 TEFL），而我们的国际汉语教学还多出一个部分，这就是把华文作为母语的教学，也就是狭义的华文教学——海外华文教育（Teaching Chinese as Mother Tongue，简称 TCMT）。[①] 我们将国际汉语教学命名为 Teaching Chinese Internationally（简称 TCI），这样一来，就形成了两组概念和术语：

TESOL = TESL + TEFL
TCI = TCSL + TCFL + TCMT

对于不同的分支，我国政府应采取什么策略？

首先，国际汉语教学的第一重点是海外华文教育（TCMT）。

海外华文教育与海外汉语教学的平衡是一个重要的战略和政策问题，需要重新研究。观察发现，海外学习汉语的非华裔数量应该多于华裔，但是就学习深度而言，则非华裔根本无法与华裔相比。既然华裔学习者学习动力相对强劲，学习持续时间明显长久，学习效果总体而言明显好于非华裔，那么我国政府有关部门就应该重新评估现有的投资政策，把更多的资金投入到海外华文教育这一块来。

优先发展海外华文教育，是海外侨胞的强烈要求；而根据我们对大量海外华校的调查，发现海外华校最缺乏的还是资金，大量缺乏资金的华校还在苦苦挣扎；由于资金欠缺，印度尼西亚几十间华裔子弟高度集中的全日制学校（有的学校学生达 2 万人，98% 为华裔）华文师资欠缺，课时太少，从而丧失了本可大面积培养华文人才的机会。

在直接投资海外华文教育方面，应该进一步细化政策，优先华侨子弟。很多国家都有直接支持侨民兴办国际学校的先例，比如在中国广州有美国人学校，在新加坡有日本人学校、韩国人学校等。我们在日本的华裔中有大量的华侨后裔（中国公民后裔），而根据日本华文教育工作者胡士云的介绍，日本政府对华校、华文不够重视；日本仅有 5 所华校，多数是历史老校，有上百年延续办学历史，而这 5 所华校远远不能满足想学习华文的华裔尤其是华侨后代的需要，被迫无奈，大量华裔丧失学习华文机会，有的华侨子女只好选择回国学习。

其次，在汉语作为外语的教学（TCFL）中，应当优先支持各国大学的汉语以及汉语相关专业（比如商务汉语专业、中国文化专业）；在各国主流中小学教育系统中，应该优先支持华裔高度集中的学校的华文教学。比如泰国的华文教学

---

① 实际上华文教学不仅指外国对华裔的华语文教学，也应该包括在国内对来华的华裔进行的华语文教学。由于太过复杂，本节对后者不作专门考虑。

大体有以下四类：①泰北华人村的华文学校有 14 所，学生大约 13 000 人。②泰国教育部民教委管辖着一批华文学校，比如帕提亚的明满学校；这样的华校有 126 所，学生不超过 20 万人。③泰国教育部基教委管辖的学校中有开设汉语专科、专业的学校，这样的学校数量待仔细统计，但仅高中设有汉语专业的就达 80% ~ 90%；其汉语课时一般是每周 5 节，甚至每天 1 节。④泰国大学中开设中文及相关专业的学校尚待统计，据估计比例非常大，比如合艾的大学有 80% 设有中文专业。这几类华文教学中前两类是狭义华文教学，自不待言，后两类是广义的，其中汉语专业的、课时多的是我国应该大力支持的教学机构，应该给予经费和专业方面的精准扶持。

最后，在发展海外华文教育的时候，国内的中国华文教育基金会与汉办要更好地协调合作，而不能各自为政，出现偏差。在整个国际汉语教学战略中：第一，要树立优先支持华侨华人学习者的意识；应该在华文大学、华文中小学人力兴办孔子学院特别是孔子课堂，并办出实效，办成真正的示范学院、课堂。第二，要改变用 HSK 考核华裔学生的现状，尤其是用市场化方法主导此事。因为 HSK 难度明显太低，应该用于考真正的外国人，尤其是中小学生和大学选修生；而反复用 HSK 考核华裔，对提升华校教学质量作用有限，却会产生副作用。

（三）服务海外华文教育的工作重点

很多学者以及官员都说海外华文教育存在"三教"问题（教师问题、教材问题、教法问题），其实这些说法是不科学、不符合海外实际情况的。所谓的"三教"问题，只有教师问题相对重要；教师问题一旦解决，教材问题、教法问题大体可以迎刃而解。根据我们的研究，海外华文教育最主要的问题有四个：①经费；②管理；③师资；④专业研究和服务，包括教学质量目标、课程大纲、教材、测试等方面的专业研究和服务。下面对这 4 个方面略陈浅见。

1. 经费问题：要加强对海外华文教育直接或间接投资的研究和实践

（1）资金来源要拨款和募捐并重。首先，海外华文教育成效远远大于海外汉语教学，但是中国海外交流协会和国家汉办所使用的国库经费比例并不如此，而是大大倾向于后者，应该扭转。其次，深入研究募捐规律，继续发掘国内和海外热心人士的捐资潜力。

（2）对不同来源的资金作不同的安排，尽量将源于海外的捐款反馈给捐赠国，用于捐赠国的华文教育事业。比如马来西亚华人企业完美集团向中国华文教育基金会捐款很多，同时马来西亚的华校特别是 61 间完全由华人社会负担的独立中学经费非常紧缺，但是完美集团捐给中国华文教育基金会的捐款并没有用于马来西亚华文教育。我们认为，将这种捐款反馈给捐赠人所在国家的华文教育完

全合情合理，应该予以实行。

（3）要仔细研究各国的政策，以及别的国家在国际上推广他们的语言的做法。目前中国海外交流协会和华文教育基金会支持海外华文教育时用钱范围太窄，主要限于一些物资（电脑、空调、打印机之类），而没有在校舍等硬件建设和教师工资等方面直接投入，可能过于保守。据德国一位华文教育工作者说，中国政府尤其是海峡两岸经贸交易会、华文教育基金会可向德国华教机构拨款。至于像日本这样华侨（而不是华人）集中的国家，中国政府直接投资兴办国际学校（中国人学校），则完全符合国际惯例，也符合全球化过程中中国加大赴海外投资办厂力度的实际趋势。

（4）向海外华文教育直接投资的重点区域在东南亚；重点教学机构是全日制、半日制华校，以及欧美和澳大利亚的周末学校；重点投资方向是办学的硬件建设和师资队伍建设，包括薪酬、奖金。目前中国海外交流协会、国家汉办在国际汉语教学方面的花费是巨大的，但是有些做法还有改进的空间——

首先，支持海外华文教育的第一笔资金应该用于兴办学校，购买地皮建校或者租借校舍。

其次，支持海外华文教育的第二笔资金应该用于支持实验室、图书馆建设和当地用于教材读物编写印刷的费用。其中实验室建设包括建筑费用，数理化生工医农学科的仪器试剂和普遍适用的电脑网络。图书馆建设包括硬件和图书两部分。很多东南亚学校的图书馆有馆没图书，或者中国捐赠的图书数量不足，图书内容陈旧、语言枯燥、宣教色彩太浓，不适合学生阅读。要调动海外华校、中国出版社和华文教育、汉语教学专家的积极性，分工合作办好这件事，选好书，服务到家；中国海外交流协会或华文教育基金会则只负责提供资金支持；其图书重点是提供各种数量充足的中文读物（包括史地理数化生工医农各科）、参考性中文教材和教师研修参考资料。

对于中国海外交流协会直接赠送的教材，可以大大调整方针，并节约开支。第一，中国彩印教材因重量较大而导致运输成本太高，应该全部无偿转让版权给各国华文教学管理、协调机构，由他们或者中国驻海外华文教育服务社（服务社是台湾做法，建议大陆也建立）安排在当地印刷。第二，要把对更多穷困国家尤其是个别东南亚国家的教材支持放在首位。他们普遍没有彩印教材，而是用复印黑白本；缅北大量华校至今仍用台湾地区二十世纪五六十年代编写的母语教材《国语》《国文》（使用繁体字、注音符号），要给予重点帮扶。与此同时，向欧美国家学习，配套教材除了练习本以外都回收再用，一套教材至少利用三四年（供三四届学生使用）。

最后，支持海外华文教学的第三笔资金应该用于改善华文教师的工资福利。

其工资福利额度的确定要参照当地主流学校教师及其他行业标准制定，原则是华文教师能够留得住、用得好，愿意终生投身于教职。2014 年以来，笔者持续调查了英国近 20 间华校，发现经费问题尤其是华文师资的"车马费"问题是他们最大的共同问题，有几间华校多次因为经费问题而被迫停办，直至找到新的资金出路以后才继续开办。实际上，海外华文教师的薪水问题在相当长一段时间内都会是核心难题，因为就算教师薪水有了较大提高，可是比起当地其他职业来说还是没有吸引力。比如，泰北华文民校主席陈汉展先生曾告诉笔者：华文教师工资每月仅 600～800 美元，而一个华人医生每月收入达 1 万美元，华裔精英不愿攻读华文教育专业是必然的。① 所以应该把资金直接投入海外华文教师的薪资和福利方面。

（5）优化已有的投资结构，大大压缩一些低效率的项目，比如来华的华文师资培训，青少年"寻根之旅"冬、夏令营，并且按照国际惯例公开预算和决算，接受第三方监控。

目前的"寻根之旅"冬、夏令营项目抛弃了华裔学习华文的主要目的，而是将重点变成各种文化教学（舞龙、舞扇子、打太极、画国画、舞蹈、武术等）和旅游观光。这样做，专业上将语言和文化本末倒置，把中华文化浅表化；政治上比较张扬，副作用不小；经济上花费太大，不少冬、夏令营营员住星级酒店，车接车送，待若贵宾，影响很不好。国际上的英语、法语、西班牙语、德语推广都没有这样的做法。比如英美国家也有组织外国学生赴英美进行英语学习体验活动的，他们一般是组织外国英语学习者进入英语家庭，与所在家庭青少年及家长进行交流，既节约成本，又没有住豪华酒店由大量服务人员跟团服务的不良影响。再比如，美国明德学院、哥伦比亚大学、普林斯顿大学、杜克大学、哈佛大学及 5 所文理学院等近年来都在北京开办了汉语强化暑期项目，这些项目的学习者都是非华裔，缴纳学费，在北京期间进行强化汉语学习，效率极高，其中有的项目以 9 周的时间完成在美国一学年的汉语学习任务。

2. 管理问题：要加强对海外华文教育管理的研究和专业服务

海外华文教育作为一门专业，有其专业特点，我国政府和民间首先需要对其华校管理、华文教学管理进行专门的基础研究，并在此基础上培养合格的外派教师和督学。

我国有关部门应该大力投入人力财力，首先对海外华文教育的宏观管理服务（各国华文教育的总体管理和服务）进行深入的专题研究，并提出对这些机构重点支持（从人力到财力）的具体方案。

---

① 据陈汉展主席给笔者的邮件。

给各国华文教学管理服务机构派遣的督学等专业人士必须有真才实学，有专业水准，能对派往国整个华文教学的方方面面有深入研究和实践，有丰富的华文/汉语综合课的教学经验，而且能上示范课，进行课程设置、教学目标设置、教学评测（对教学效果的科学评量），评鉴华文教师教学效果，会命题、评课，等等。要着力培养、选报一批这样的人才，目前由于这样的人才奇缺，也可以考虑从在职人员和退休人员中选出。

作为基础研究，国内要支持各国华文教育管理机构加强年鉴编写，建立为管理服务的网络平台。要向各国政府教育部学习管理经验，建立完整的华校、补习班和华文教师档案以及系统的注册学习者每学期统计制度。要甄别、支持、提升国内有关机构的海外华文教育数据库，为各国华文教育管理机构提供有效的管理平台，为国内政策及服务提供平台。

一般而言，奉献于海外华文教育工作的人士分三个层次：①董事，主要是资金支持；②理事，出力，也提供部分资金；③教职工，出力，获得薪酬。比如印度尼西亚万隆的福清同乡基金会就是这样。对于董事和理事类人才，应研究更好的表彰激励形式，包括中央电视台"中华之光"荣誉、"红烛行"之类的活动；要注意那些默默无闻的理事类人才的礼遇，因为目前的政策是校长等来华的机会很多，教学主任等却长期得不到重视。

在微观方面（指华校内部的管理，尤其是华文教师和华文教学的管理），目前各华校存在的主要问题是没有质量目标，没有科学的课程设置，没有评鉴教师、评鉴教材的标准，没有评价学生学习成效的测试，连考教分离都做不到。海外华校师资问题严重，其中一个重要的原因是华校管理者不能科学鉴定教师的劳动成效，从而从待遇和情感上留住教师。凡此种种，都急需管理上的提升。而国内所开展的各种师资培训，真正能满足海外需求的少之又少。我们建议首先研发针对华校中文主任和教学骨干的侧重于教学管理的专题培训课程。

3. 师资问题：要加强对海外华文教师培养、培训问题的研究和专业服务

目前海外华文教师的主要问题首先是数量不足，人员流失严重；其次是专业水准低。年老的、愿意奉献的一代逐渐辞世或退休，部分年轻教师不安于教师行业，最重要的原因是待遇太低，无法维持生计，更遑论体面。这一情况在菲律宾、印度尼西亚、缅甸、马来西亚等国特别严重。根据我们的调查，海外华文教师的待遇偏低甚至太低。例如，印度尼西亚某华文大学一位讲师曾在国内受过高中前系统教育，"文化大革命"期间从内地经香港到印度尼西亚定居。她的华文非常好，可以写非常典雅的古典诗词，常有诗作在印度尼西亚、新加坡华文媒体发表。她在该华文大学每周工作20余课时，自己开车往返，月薪还不及中国志愿者教师在当地获得的生活补贴多，而中国志愿者教师享受了中国政府每月800

美元的补贴，还不算其他医疗保险、国际旅费等福利。两相对照，让人无限感慨。缅北大量华文教师收入很低，因此长期缺乏足够符合资格的华文教师。因待遇太低，菲律宾不断流失华文教师，导致很多华校长期师资不足，最终也导致当地的"造血计划"（培养新华文教师计划）收效甚微。因为费尽九牛二虎之力培养了4年的本科生，回国后履约期满往往会离开。如果不从根本上解决华文教师的待遇问题，这个问题还会继续恶化。

有鉴于此，我们建议：

（1）研究各国政策，最好能在海外华文教师薪水、奖金方面有更多更直接的资助。解决海外华文教师的待遇问题，将是未来很长一段时间内最艰巨的任务。

（2）调整方向，在继续办好华文教育专业本科生来华培养项目的同时，着力探索在海外当地培养新华文教师的途径。中国海外交流协会和华文教育基金会从2005年起在中国为海外培养来华学习的年轻华文教师，目前已经毕业8届。这个项目总体来看是好的，但很多方面还需要改进，主要是应建立严格的招生制度、中途淘汰制度，以及对爽约者的追偿制度。

要顺应各国在当地培养师资的愿望（如泰国、印度尼西亚对此都有强烈的呼声和行动①），节约成本，提高效益，尽量在所在国就地培养。特别是要鼓励扶持当地大学，尤其是华人师范类大学，模仿美国，以项目形式运作，由中方出资金、出关键人才（由中国有关大学公开竞标产生中方办学单位和派出人员），以外方大学为主实施。② 如果华裔不愿意入学，可以挑选非华裔来学习这样的专业，毕业后在当地华校服务（印度尼西亚这方面已经作出了可贵的探索，实践证明是可行的）。

（3）对在职华文教师的培训应以所在国为主体，尽量实行当地培训。现在部分来华培训项目，缺乏对市场、培训对象的调查，缺乏共同的质量标准和对培训方、培训讲师的资质要求；培训的内容比较陈旧，低水平重复；受训者也没有经过严格挑选，有的华文教师来华，受训目的是购物、探亲，因没有次数的限制，必然造成重复浪费；而有些很想来华受训的海外华文教师因付不起机票钱，始终无法前来。

（4）至于向海外输出华文教师，则需要进一步研究对策，其中向华校输送的公派教师应该加强出国前关于海外华文教学和管理的培训；而输送志愿者要改

---

① 就笔者所知，印度尼西亚泗水曾经尝试兴办当地的华文师范学校，但是由于经费等问题，后来中断。

② 参见宗世海：《简论海外华文教学的质量及其控制——以美国和东南亚为例》，《华文教学与研究》2010年第4期。

变方向，从派往主流中小学教非华裔汉语，改为派往华人全日制学校（华文双语学校、三语学校，以及以华裔子弟为主的国民学校)①，或者有一定规模和较好管理的华文补习班，以及开设汉语专业的正规大学（华文大学、普通国民大学），主要执教专业汉语。因为这些教学机构有足够的课时保证和比较正规的管理，其中很多学校还有良好生源，是出成果、出人才的最重要机构。

公派教师的重点是挑选一些确有经验、真懂华文的人士，给予优厚的待遇，选派到一些国家或者地方的专业华文教学管理服务机构任督学，例如派往马来西亚的董教总、菲律宾的华教中心，或者印度尼西亚泗水华文教育统筹机构。待这样的人才多了以后，可以再派往一些大型华校做中文部主任。

（5）在源头方面，我们认为海外需求那么大，不能仅靠中国输送、培养教师（本科和硕士）。因为：第一，汉语国际教育专业（过去叫"对外汉语教学专业"）毕业生在国内就业很尴尬。第二，我们即使能够派出志愿者，也不是最佳方式，普遍的问题是不够专业，而且"水土不服"，绝大多数志愿者干满一年，刚刚适应了就要离开。而且，虽然中国已经给了志愿者不菲的待遇，但外方仍然用不起。去西方国家虽然是很多中国大学生的向往，但西方国家对于教师的准入有自己的标准，中国志愿者想通过出国做终身教职，道路几乎完全不通。这样的流水式培养、流水式流失，意义实在不大。倒不如考虑以下两方面：第一，着力支持海外就地培养自己的华文教师；第二，适当研究筛选汉语储备教师，从往届回国志愿者中选派优秀者继续出国任教。

（6）至于颁发华文教师资格证，不管是中国大陆的还是台湾的，我们认为都不是当务之急。因为：第一，海外华文教师的问题是师资太缺乏、流动性大，而不是人员富余，需要设门槛甄别挑选。② 第二，不同国家都有自己的教师入职学历和培训要求，我国研制的该套华文教师资格证并不受各国承认，所以对于想提升自己地位的华文教师，特别是美洲、欧洲、大洋洲国家的华文教师，以及新加坡、马来西亚、泰国的华文教师，并没有实际价值，这些国家的教师很多都是公务员待遇，必须符合本国的条件才可考获。第三，海外有关人士若想借助证书为教师升职或者提薪作参考，则这套华文资格证基本上不具备此功能。第四，对于在华获得华文教育、对外汉语教学类本科、硕士学位的外国青年，应该给以自动认可，而不必他们回中国再受培训，再考证。事实也证明，该项目的推广并不理想。

---

① 泰国主流中小学分公立和私立，分别归基教委和民教委管辖，民教委管辖下的私立华文民校华裔集中，华文课时多，应当优先派遣志愿者。

② 参见宗世海：《简论海外华文教学的质量及其控制——以美国和东南亚为例》，《华文教学与研究》2010年第4期。

4. 专业研究和服务：要加强华文教育几个专业性、基础性问题的研究和服务

（1）组织人力，深入开展为海外华文教学服务的华文教学性质、华文教学中的文化问题，以及各类华裔学生学习华文的特点、难点的研究和产品开发。

（2）组织科研攻关，着力研究各类华文教学的规律，特别是教学理念、教学目标、教学评测方面。

（3）研发高水平华文教材。华文教材的研发任务主要靠海外自己解决，因为"随着中文学习人口全球性的扩展，仅靠一两套标准教材去'放之四海而皆准'，既不可能，也不会收到最大的效绩"①。但中国要做好理论和专业的准备，以随时提供专业服务。比如在海外有需求时，能够以科学的方式遴选出最有专业水准的编创人员前往所在国，从专业的角度协助当地研发。意大利、印度尼西亚都有华文学校采用中国大陆的母语教材《语文》甚至《历史》，台湾母语教材《国语》《国文》等，原因之一是现有的《中文》《汉语》等并不能满足教学需求。不少海外华校采用香港马亚敏等编写的《轻松学汉语》，以及新加坡《华文》系列教材；美国、印度尼西亚至少有四套自编系统华文教材，是用市场方法编写出版销售的，用量不小；他们不采用国内免费赠送的教材，值得反思。

---

① 孙晶：《海外中文热与"语言外交"》，《人民论坛》2013 年第 28 期。

第四章　海外华文传媒与中国国家形象的构建

海外华文传媒历史悠久，文化传承的作用显著。华文传媒除了报道华社新闻外，还努力传承中华文化，维系华人的文化之根，发挥影响社会舆论，提升华人话语权，塑造华人形象、中国国家形象的作用。因此，华文传媒对海外华人和中国具有特别的意义与作用，它不仅是华人族群生存与否的象征符号，也是展现华人精神面貌的重要平台和塑造中国国家形象的重要力量。

随着各种新媒体的快速发展，华文传媒不仅要面对海外华人数量萎缩，中华文化主动或被动地加强与他族文化交流的问题，还要面对新媒体的强烈冲击。同时，新媒体对世界政治和文化也产生了巨大影响，对华文传媒也构成了新的挑战。如何顺应政治、文化环境的变化和新媒体传播的要求，抓住媒体融合和中国发展软实力的机会，加强传媒的变革与创新，构建全球化、跨媒体的传媒网络，实现资源利用的最大化，发挥文化传承的作用，使传播力不仅不被削弱，还得到增强，特别是在我国建设软实力的背景下，华文传媒如何发挥独特的作用，帮助中国树立良好的国际形象，将是今后我国文化传播工作中的一大重点。

第一节　海外华文传媒的传播力

海外华文传媒作为一种少数族群媒体，对海外华人具有特殊的吸引力与影响力，也是老移民与新移民之间，老一代华人与新生代华人之间，新生代之间，新生代与中国之间、新生代与世界其他地区华人之间交流的信息平台，是观察和了解华人社会最直接、最便捷的工具，在传播全球化、媒体数字化、族群社会化的今天日益突显出巨大作用。作为在海外传播中华文化的重要载体，海外华文传媒不仅契合了华人的信息接受心理，深远地影响了华人对中华文化的认同，加深了华人对中国的了解，而且推动了中华文化的数字化、产业化、全球化。它们传播中华文化的有效做法，为我们提供了诸多启示。

海外华文传媒是中华文化在海外传播的前沿阵地、桥头堡，在凝聚华人族群认同感，维护华人权益，发挥华社喉舌功能，传播中华文化等方面具有国内媒体不可替代的作用，具有强大的传播力与影响国际舆论的能力。

一、海外华文传媒拥有强大的资源力

海外华文传媒数量众多，遍及世界各个角落，深入基层，报道华人社区新闻，传播文化，在分布、资源方面拥有国内无法代替的优势。

（一）传统华文传媒分布广、数量多

海外华文传媒数量庞大，根据笔者的统计，大约有 800 家，尤以华文报纸的数量最多。加拿大、美国和澳大利亚由于有源源不断的中国人移居，因此华文报纸也发展得比较快，不仅在华人社会当中有较高的关注度，而且在主流社会当中也拥有一定的影响力。在北美，华人众多，华人经济比较发达，传媒也相当多，存在着大大小小、各种各样的华文传媒。许多曾经在报社工作的华人移民到了加拿大、美国等国后，无法找到更好的工作，于是重操旧业，办起华文报纸来。所以，面向华人社区发行的华文报纸相当多。虽然这些华文报纸发行量只有数千份，但是由于加拿大、美国等国经济比较发达，华人也较有经济实力，所以维持发行不成问题。在政治选举中，许多华文报纸在当地主流社会拥有一定的影响力。政治候选人为拉拢华人的选票，会抽出时间接受华文传媒的采访。在某种程度上说，政治人物接触华文报纸虽然像作秀，但是也体现出他们对华人的重视。比如说，2013 年澳大利亚举行大选，执政党和在野党都很乐意接受华文报纸的采访，候选人陆克文甚至大秀中文，开设中文微博，并在华文报纸上大做广告，希望华人支持他。在新加坡，华人作为该国的主体族群，华文报《联合早报》的社会影响力也有所体现，《联合早报》的销量高达 156 400 份。一些华文报纸如马来西亚的《星洲日报》、美国的《世界日报》《星岛日报》和加拿大的《明报》《星岛日报》等，均在主流社会当中产生了积极影响。

（二）新媒体发展迅猛，遍地开花

当前，在世界其他国家创办的华文网站不计其数，有影响力的主要有：美国的"文学城"（wenxuecity. com）、"倍可亲"（backchina. com）、"八阕网"（pop-yard. org），加拿大的"万维读者网"（creaders. net）、"博园网"（yard. cc）、"留园网"（6 park. com）等。这些华文网站主要由留学生创办，但也有由传统媒体创办的。由留学生创办的网站时效性很强，新闻量较大，内容多样化且比较注重差异化，在新闻资讯的独特性上下了不少功夫，刊登了一些独特的观点和评述，以及海外及国内每日发生的新闻和评论，全面而有深度，功能完备，贴近海外留学生的生活，受到留学生和新移民的欢迎，也为我们了解海外华人生活提供了一

个窗口。不过由传统媒体创办的网站消息来源比较权威，信息准确。如果说留学生创办的网站给人"下里巴人"的形象，那么传统媒体网站的"阳春白雪"色彩则更浓一些。

如果按地区划分，欧美国家的华文网站数量庞大。"在北美，加拿大华文网站已有600多个，涌现出'加国无忧''多伦多信息港''温哥华天空'等影响较大的网站。美国的华文网站更多，据不完全统计有800多个。"① 一些比较知名的美国华文网站，如"文学城""倍可亲""未名空间"等，在 Alexa 的排名中也比较靠前，吸引了各个层次的华人。在欧洲，华文网站不少，仅在荷兰和比利时，就有逾20家。在东南亚，华文网站的数量也很多，但是它们主要是由传统媒体建立的，以推动传统媒体与新媒体的融合。而在新移民比较少的国家，如中东等国家，由于缺少新移民以及受当地制度的影响，华文网站的数量很少，故此，从目前的情况来看，由留学生创办的华文网站占据主导地位，信息来自世界各地的华人网络，有点像网摘，但是由于围绕华人社会，及时传播华人社区新闻，特别是留学生新闻，因此既能够帮助留学生融入当地社会，也在国内外建立了一条便捷的沟通渠道。

从今天海外华文新媒体的发展趋势来看，媒体融合已经成为传媒业今后发展的必然趋势。华文网络的出现，帮助传统媒体重组媒体的架构，推动媒体改革，提高信息资源的利用效率，促成了一个立体、多层次、跨媒体和全球化的传播网络。一些运作比较规范、经营管理状况良好的华文传媒集团，已经朝新媒体方向转型，如马来西亚星洲媒体集团，旗下拥有多份华文报刊和多个华文网站，逐步建立起跨媒体和全球化的传播网络。其抓住媒体融合的发展趋势，重点发展新媒体传播领域，并根据新媒体的特点在业务上进行改革和创新，不仅继续维持其在马来西亚和世界华文传播网络的影响力，还为读者提供了新的信息分享网络，其因应媒体融合而实行的一系列变革取得了明显成效。

海外华人网民、华文网站数量迅速增加，功能不断完善，使得华文传播更加快捷和自由，大大拓展了华文网络的发展空间，促成了一个全球性华文传播网络，在社会舆论的形成和引导上产生了重要作用。然而，华文网络的迅速发展，却在某种程度上挤压了传统海外华文传媒的生存和发展空间，同时在某种程度上弱化了华文传媒的文化与族群认同作用，给海外华人社会和华文传媒业带来十分深远的影响。

当前，越来越多的海外华人从手机和网络获取信息，比如说，在马来西亚，社交网络不仅受到年轻人的欢迎，一些上了年纪的华人也通过这些渠道获取信

---

① 周宇：《海外中文网站生存状况调查》，《凤凰周刊》2010 年第 9 期。

息，这说明向媒体融合方面转型已经成为海外华文传媒生存与发展的必然选择。

（三）西方发达国家华文传媒持续繁荣

拥有源源不断新移民的国家，由于受众较多，华文传媒会因此而繁荣起来。比如说在美国，无论是人口还是经济实力，特别在文化科技界，华人均是举足轻重的少数族群。早期，美国传教士为了向华工传播宗教，于 1854 年出版了世界上第一份华文周报《金山日新录》。虽然此份报纸主要用于传教，但是中间也传播美国当地信息，对于帮助华人了解美国主流社会有明显作用。从此之后，华文报纸不断诞生。随着大量新移民和留学生定居美国，华文传媒几乎遍地开花，其中不乏具有较强影响力的传媒，如《世界日报》曾挤入美国报纸发行量最高的二十名之列。目前，每日发行且数量较大的三大报是《世界日报》《星岛日报》《侨报》，有较大影响力的是美国中文电视台。"从数量来看，华文报纸居首，大大小小加起来有 100 多家，电视有 20 多家，广播电视有 40 多家。"[1]此外，还有一些主流报纸也办起了中文版，如《华尔街日报》就创办了中文网络版。

华文传媒之所以能在加拿大和美国迅速发展，除了得益于每年大量高素质的中国移民在海外定居外，还得益于大量华人经常使用华文传媒。"在美国，有40%英文流利的或英文不大流利的移民经常或者间或使用华文媒体。"[2]站在新移民的角度来说，定居海外的新移民发现自己处于文化转型的阵痛期，需要一个适合的媒体帮助自己了解美国的文化、政治、经济与法律，但是由于语言和文化上的隔阂被锁定在华人狭隘的社交圈子里，因此需要一些有效的制度、机制帮助他们解决现实的、由语言文化隔阂所带来的困难，以尽快适应新家园的生活，而主流社会又缺少这类制度机制，因而华文传媒应运而生。作为一种新的、具有华人特点的制度机制，它给新移民提供了一种重要的帮助工具，使他们能在陌生的土地上尽快开始新生活，进而立足生根。

更重要的是，从民族学的角度来说，传媒、社团、教育是少数族群维系族群认同的重要手段和工具，其中传媒起着尤为关键的作用。它们不仅传播族群信息，也传播当地主流社会信息，促进不同族群的文化交流，是帮助少数族群融入主流社会的重要渠道。由于把族群语言作为传播中介，在创造少数族群的共同想象与历史记忆方面，少数族群传媒起着当地主流传媒、跨国传媒不可替代的作用，因此少数族群传媒在族群认同方面具有不可取代的象征作用。这也是促成华

---

① 戚音茵：《少数族裔媒体：藏在美国主流媒体身后的传媒巨人》，华语国际通讯社，2008 年 3 月 4 日。

② 戚音茵：《少数族裔媒体：藏在美国主流媒体身后的传媒巨人》，华语国际通讯社，2008 年 3 月 4 日。

文传媒发展的一大原因。

除了在文化上缓解华人的思乡愁绪外，华文传媒还因为特殊的"民族聚集区经济"而承担着主流传媒无法发挥的商业功能。"如华人企业在海外的发展越来越快，以及中资企业不断进军世界各国，迫切需要华文传媒帮助他们打开华人市场，增强民族企业的凝聚力与认同度。作为面向华人传播、与华人密切联结的华文媒体因此在特殊的族群经济环境中拥有主流媒体无法企及的优势。比如说，华人餐旅业、运输业、超市百货等均在华文传媒上刊登广告，而华人往往更倾向于在华文传媒寻找相关信息。"[①] 华人企业的本土化、国际化和全球化，以及华人稳定和强大的购买力，吸引了许多著名的跨国公司在华文传媒刊登广告。在华文传媒的广告中，移民们很容易获得自己需要的信息，解决日常生活中所遇到的问题，从而为华文传媒的生存与发展提供了财力支持。欧洲也拥有大量中国移民，华文传媒的创办与发行却受限于当地的法律制度，与北美、澳大利亚相对开放的多元文化政策有一定的距离，再加上欧洲经济和文化均处于优势地位，新移民很难利用华文传媒来形成社会舆论，这些原因导致加拿大、美国、澳大利亚等国家的华文传媒繁荣，而欧洲华文传媒相对疲弱，两者形成鲜明对比。

（四）传媒全球化和集团化趋势明显

在新媒体的冲击下，以及为了增强媒体实力，应对媒介环境的变化，改善经营管理，摆脱亏损甚至关门倒闭的命运，华文报业集团化趋势明显加快，其中最令人瞩目的是，马来西亚星洲媒体集团宣布与南洋报业集团、香港明报集团于2008 年 4 月合并，成为中国大陆、香港、台湾之外最大的华文媒体集团，足迹遍及全世界。

马来西亚已经成为中国之外最繁荣、竞争最激烈的华文报业市场。将近 20份华文报刊在马来西亚国内展开竞争。当前该国华文报业已经形成《星洲日报》一骑绝尘、其他报纸相互混战的局面。马来西亚的华文报业不仅在该国竞争激烈，同时也把视野扩展至邻近国家。比如说，东马的《国际日报》《亚洲日报》等销至文莱，《星洲日报》则在柬埔寨、印度尼西亚开辟了新的华文报业市场。

世界上比较有实力的华文报纸基本上都组建了华文媒体集团，如 2006 年 8月 1 日泰国《亚洲日报》成立报业集团。美国一些比较大的报纸、电视也实现了集团化。如美国的多元文化集团拥有华语电视公司，其 7 个频道 24 小时全天候为华人社区提供适合他们的节目。这为他们扩大文化传播的影响力提供了良好的契机，增强了文化传承的能力，也为增强华文传媒的话语权提供了条件，为构建

---

① 周敏、蔡国萱：《美国华文媒体的发展及其对华人社区的影响》，《社会学研究》2002 年第 5 期。

华人形象与中国国家形象打下了基础。

传播全球化展现了海外华文传媒从单媒体到多媒体的内涵扩展。一是单种媒体密度的提高，信息传播更加密集，表现为扩版和内容的丰富性。二是从过去的单一媒体发展到现在的多种媒体共存共荣、互动沟通的局面，形成了你中有我、我中有你的新现象，特别是电子媒体和互联网的发展与成熟，使得华文传媒可以突破国界、地域甚至人种等方面的局限，实现跨区域传播。在涉及华人利益与中国国家形象等问题上，华文传媒发挥社会影响力，通过全球性的网络向世界华人进行传播，从而对西方社会构成压力。

华文传媒是华人宝贵而独特的资源，在传播中华文化，开展民间外交，宣传介绍华人社会，支持和解释华人政策与行为，展示和塑造海外华人形象等方面均可以发挥不可替代的作用。我们要充分利用华文传媒这一优势条件，借助这股力量，通过文化传播的软性诉说，达全传播中华文化、塑造华人良好形象的目的。

二、海外华文传媒的软实力现状

随着中国迅速发展，中国的经济规模与悠久的历史文化，特别是中国不断增长的软实力，引起了人们的强烈关注，成为国外许多学者的重要研究课题。在海外，华文传媒通过新闻报道，也提升了中国在海外的软实力。

（一）全力、正面报道中国

2011年我国政府把国家形象建设作为今后对外传播的重点，致力于打造全新的国家形象。中国国家形象的建设继硬实力之后再次成为世界关注的焦点。21世纪以来，我国在国家形象的建设方面虽然存在许多有待改进之处，但是也取得了许多令人鼓舞的成绩。2008年北京奥运会、2010年上海世博会和2010年广州亚运会等国际盛事相继举办，推出国家形象系列宣传片……各种积极塑造国家形象，增强国家软实力的举措备受世人瞩目。对于这些国际盛事，海外华文传媒均予以广泛报道，不仅让海外华人增强了自豪感，也让当地主流社会更加深入了解中国。由此可见，海外华文传媒具有影响海外各国的文化软实力。

提出"软实力"概念的美国学者约瑟夫·奈对中国的软实力和国家形象建设给予很高的评价。他认为，自2010年始中国在经济、军事等硬实力不断增强的同时，注重发展软实力和对国家形象的打造，这对避免中国的成功引起其他国家的不安提供很大的帮助。约瑟夫·奈认为，"软实力对塑造一个国家的形象至关重要，一个国家的形象会通过各种事件体现，这些事件会成为世人审视这个国家的载体，如中国举办奥运会、亚运会和世博会等大型国际盛事，成为中国展示

国家形象的极佳窗口"①。事实上，许多中资企业在海外发展遇到困难时，海外华文传媒会帮助它们解决。在海外维护中国国家形象，有助于中国企业更加积极地参与国际经济活动。海外华文传媒的正面报道，能帮助中国消除贸易障碍，减少经济活动的不必要干扰，从而为中国国际政治和经济活动创造一个良好的外部环境。

海外华文传媒作为塑造国家形象的重要组成部分，在当今媒体传播全球化的时代日益突显出它的巨大作用。作为在海外传播中华文化的重要载体，海外华文传媒在我国发展软实力、提升国家形象背景下的独特作用尤其要引起我们的注意。我国在发展国内媒体实力的同时，要注意充分利用海外华文传媒不可替代的作用。海外华文传媒数量众多，文化传播的作用不容忽视，它们是在世界范围内少数族群传媒的代表，在影响社会公共议题方面具有重要作用。许多国家的主流社会对少数族群传媒的文化传播力和影响力产生担忧，认为其过分注重族群文化传播和族群认同，不利于族群融合。这既反映了包括海外华文传媒在内的少数族群传媒不可忽视的传播力和影响力，也在某种程度上重构了当地社会的族群关系，成为学术界比较关注的话题。如在美国，关于少数族群传媒传播力的研究就一直是学术界特别是社会学研究的重要领域。

（二）通过文化传承构建中国国家形象

由于少数族群传媒在美国发展迅速，而且影响力越来越大，引起了许多美国学者的重视，并开展各项研究，在理论上取得了一定的进展。迄今为止，美国著名社会学家罗伯特·帕克（Robert E. Park）的《移民报刊及其控制》（*The Immigrant Press and Its Control*）一书仍然被认为是目前对少数族群传媒理论论述最为完整和系统的著作，后人对少数族群传媒的调查基本建立在帕克研究的基础上，再围绕某一族群传媒展开，对少数族群的祖籍国形象进行广泛研究。

19 世纪末 20 世纪初，大量新移民来到美国。如何让这些新移民效忠美国，是当时美国主流社会普遍关心的问题。同时，美国社会也存在排斥新移民的现象，特别担心来自德国的移民缺乏对美国的忠诚。罗伯特·帕克通过对移民报刊的研究，并以实证调查数据为根据，认为少数族群传媒拥有强大的传播力，反对政府压制这些报刊的言论。他于 1922 年出版了关于移民报刊的专著《移民报刊及其控制》。在这部著作中，帕克强调少数族群传媒的角色有助于维护种族文化，能够帮助移民顺利融入美国社会。他再三强调，移民报刊的角色有助于维护种族

---

① 王希怡、蒋林：《约瑟夫·奈：中美彼此增加吸引力可减少误会》，《广州日报》，2010 年 12 月 30 日。

文化，并使读者通过族群语言接触到主流社会，了解主流社会，从而顺利地融入美国社会。帕克认为，少数族群传媒存在多重认同现象，它们不仅认同少数族群，而且认同国家，这种现象是其与生俱来的特点。帕克为此提出：主流社会应该以宽容的态度对待少数族群的双重认同特点，并采取多种措施把少数族群纳入到社会管理当中，并通过少数族群传媒传播主流社会的价值观，促进少数族群对主流社会和国家的认同，从而逐渐使少数族群融入主流国家，甚至同化他们。帕克认为，少数族群传媒并不会阻碍少数族群融入主流社会，当然也就不存在不认同国家的问题。他认为，既然少数族群传媒认同国家，那么采取限制性措施控制它们的言论，不仅无助于少数族群融入主流社会，反而会激起少数族群传媒的反抗，效果适得其反。

之后，美国多位学者特别是少数族群学者，在《移民报刊及其控制》的基础上，利用通晓本族群语言的优势，在美国对少数族群传媒进行深入研究，如对非洲族群、拉丁美洲族群、西班牙族群、犹太人、华人等创办的少数族群传媒，从多个角度对其族群认同和文化认同进行研究，均认为少数族群传媒能够反映族群声音，发挥主流传媒不具备的语言优势，更深入地展现少数族群的文化和思想，也能对社会产生相当大的影响。美国学者布罗（Judith R. Blau）、托马斯（Mim Thomas）、纽豪斯（Beverly Newhouse）、卡威（Andrew Kavee）等人在《移民报刊——族群缓冲机构，纽约（1820—1984）》（*Ethnic Buffer Institutions—The Immigrant Press：New York City，1820—1984*）中所提出的观点较有代表性。他们通过对非裔和亚裔报刊的研究，提出了与帕克相同的看法。他们认为，没有证据显示这些移民报刊憎恨或拒绝同化（assimilation），在政治上认同移民来源国，相反，他们利用潜在的传播力，帮助少数族群了解和融入主流社会。这些结论清晰地向我们传达：传播族群文化并不会强化少数族群对祖籍国的政治认同，少数族群传媒虽然面向少数族群，却拥有不可忽视的传播力，对祖籍国形象的塑造也起着不可替代的作用。

帕克在移民、少数族群传媒研究方面作出了卓越贡献，但是他当时的研究没有预见到，对族群利益的诉求和表达，能使少数族群传媒保留得更加久远。这说明少数族群传媒有强大的维系族群和文化认同感的作用。比如说，老一代的海外华人，从中国移居到其他国家，即使长时间居住在那里，生活逐渐本土化，他们仍然怀念祖籍国，思念故乡，喜欢阅读华文报纸。华文报纸也帮助他们了解华人社会和主流社会，从而成为他们不可或缺的了解外界信息的工具。故此，正是建立在对族群公共利益的维护和传播族群新闻的基础上，海外华文传媒在经历沧桑后才仍然能够生存下来，并继续担负着传承族群文化的使命，同时还增进了主流社会对华人的认知，塑造了良好的中国国家形象。

（三）促进当地主流社会对中华文化的认知

中国在"十二五"规划中把文化产业列为支柱产业，把发展软实力、向世界传播中华文化、增强中国话语权、塑造中国良好形象作为国家战略。在这种大力发展文化产业和软实力以及提升国家形象的背景下，作为提升国家形象的重要组成部分，海外华文传媒的作用得到国家的高度重视。中国政府也通过各种手段扶助它们的发展，希望借此推动中华文化在海外的传播，凝聚海外华人的力量，塑造良好的国家形象。

华文传媒除了报道华人新闻外，还努力传承中华文化，维系华人的文化之根，发挥影响社会舆论，塑造华人形象、中国国家形象的作用。它不仅是华人族群生存与否的象征符号，更是展现华人精神面貌的重要平台。

海外华文传媒虽然发展规模不同，但是随着中国国际地位的提升，华人移民越来越多，中华文化在世界各地迅速传播，它们在传播中华文化、维系族群认同和影响主流社会，以及在海外建设中国国家形象方面，突显出国内媒体无法企及的优势。海外华文传媒虽然背景不一，但具有传承中华文化、维系华人认同和较强的传播力等共同特点，特别是在中国迅速发展的大趋势下，海外华文传媒日益呈现出网络化、联盟化、集团化的迹象，传播力得到显著提升，话语权不断增强。

此外，海外华文传媒还主动联合当地华人社团，在中国传统节日举办各种面向当地主流社会的活动，以促进当地主流社会对中华文化的了解，如法国《欧洲商报》每年与法国潮州会馆等华人社团联合举办中秋游园活动，吸引大批法国家庭参与，使他们亲身领会到中秋的真正含义，并与他们自身对家庭团聚的理解相结合，从而对中华文化的内在含义产生更多的理解，这对消除他们对中国的误解非常有帮助。

海外华文传媒是联系海外华人的重要桥梁和纽带，是他们重要的精神食粮，是增强华人族群认同的重要手段，也是促进中华文化在海外传播的重要渠道，更是建设我国国家形象不可或缺的力量，对于构建文化中国国家形象起着积极的作用。

三、海外华文传媒的舆论传播力与影响力

大众媒体特别是跨国媒体，是影响国际舆论的重要力量。媒体传播力的强弱，会直接影响国际舆论的形成与走向。媒体传播力的直接效果是渗透率、到达率，直接影响公众舆论的形成。有些跨国媒体往往利用强大的传播力，对某些国

家实施舆论轰炸，挤压其国际生存空间，抹黑其国家形象，从而达到非暴力革命的目的。对于抹黑中国国家形象的言论，许多海外华文传媒利用自身的独特作用对此进行驳斥，有效地维护了中国国家形象。

（一）海外华文传媒缓解不对称的国际传播秩序对中国的舆论冲击

国际舆论主导权被西方媒体所掌控，缺乏足够公平的博弈，现代信息流和国际舆论场的"桥"正在发生某种断裂，这种状况与当今世界十分不相适应。不公正、不合理的国际舆论秩序不仅直接影响国际传播的可持续发展，而且在某种程度上也是造成当今世界一些矛盾和问题的因素。

美国等西方国家把自己的主流意识形态当作"普世价值"，极力为本国利益辩护；而中国由于国际传播能力较弱，许多合理要求长期不能得到接纳。美国依赖其强大的文化工业（包括好莱坞电影公司、跨国媒介巨头等），以英语、大众媒体为主要载体，主导世界议程、垄断新闻报道、传播意识形态和理论观念，形成了强大的意识操纵能力。所有这些都对中国增强国际传播能力形成了巨大压力。

迅速发展的中国日益成为西方媒体关注的焦点，由丁文化和意识形态差异，再加上经济竞争，中国不断受到西方媒体的攻击，不仅形象被抹黑，而且在经济上也遭受损失，是不公平、不公正、失衡的国际传播秩序下的受害者。在许多领域，西方媒体对中国的新闻报道话语权处于绝对优势。评价中国最大最强的公司的是美国的《财富》杂志，评价中国最富有的人的是美国的《福布斯》杂志，评价中国所有重大的商业并购事件的是英国的《金融时报》，评价中国企业在海外资本市场上的行动的主要是道·琼斯通讯社、彭博新闻社和路透社，总结中国式管理模式的主要是麦肯锡、IBM 这样一些国际咨询机构，分析中国行业财务数据的是德勤、安永这样的公司。不单单是中国媒体没有话语权，在所有对中国商业进行总结梳理的链条上的机构，都缺乏国际话语权。"这是一个很大的困境。我们有硬实力却缺乏软实力。我们创造了世界的商业奇迹，却失去了对商业奇迹的主流话语权。目前造成这一现象的一个重要原因，是中国媒体缺乏话语权。"①

就目前中国所处的国际传播格局而言，当务之急是大力扭转中国在国际传播秩序中的边缘化趋势，大力改变发展中国家媒体相对落后的发展状况，大力增强中国媒体在国际舆论场上的表达权、话语权、传播权。然而，长期不合理的国际舆论环境，不可能在短时间内得到改变，更何况，美国等西方国家为维护它们的国家利益，西方媒体为维护它们的话语权，也不愿意放弃这方面的权利，再加上

---

① 牛文文：《打造中国媒体的国际话语权》，《中国报业》2007 年第 5 期。

中国媒体缺乏国际话语权，无法真正进入西方国家，这就导致了中国探索建立全球传播治理机制的目标很难实现，因此经常受到负面舆论的冲击。对于这种情况，海外华文传媒的存在，在某种程度上能够缓解西方媒体对中国国家形象的冲击。

海外华文传媒在海外落地生根，虽然是属于少数族群传媒，但是在某种程度上具有影响社会舆论的作用，具有族群和文化认同的凝聚作用，具有构建中国国家形象的作用，在当地主流社会具有一定的亲和力和影响力，非国内媒体所能取代。

海外华文传媒的文化认同不仅促进了华人的自我认同，而且有助于团结世界华人，打造一个文化中国形象。

（二）海外华文传媒影响所在国舆论

国际舆论的形成和发展与大众媒体有着明显、直接的关系。在国际事务上，大众媒体常常扮演着极为重要的角色。在媒介化生存的今天，传媒技术的迅猛发展以及信息的极大丰富，无论是广度还是深度，都拓展了我们对世界的认知范围。从史前的口头和非语言传播，到早期的印刷媒体、电子媒体，再到当今的数字化媒体，媒体在建构"拟态环境"时发挥着越来越强大的作用，特别是以网络、手机为代表的新媒体，对社会进行了全面、深入的媒介化，对社会产生了重要、深刻的影响。人们对外部世界的了解越来越依赖媒介，甚至依赖于手机，常常把媒体所建构的"拟态环境"等同于客观环境本身，从而有意无意受到媒体议程的影响。

在这种由媒体建构起来的"拟态环境"基础上，媒体影响了人们对外部世界的视听，以及人们对外部世界的思考方式与倾向，导致国际舆论的媒介化趋势越来越明显，媒体在国际舆论的形成中介入更加深入、影响更加强烈。从这个意义上来说，谁支配着媒介，谁就控制着媒介话语权；谁支配着媒介话语权，谁就拥有掌控国际舆论的主动权。

2007 年中国曾经遇到玩具召回事件。在该事件中，由于政府反应不够及时、公关滞后，在西方媒体的强势报道下，政府处于极其被动的境地，对"中国制造"产生了负面影响。在事件爆发之初，中国企业和政府有关方面没有及时形成清晰的公关策略，对海外媒体报道的反应不够迅速，从而失去了化解媒体负面形象建构的有利时机。仅美国的 4 家报纸上就出现了 100 多篇新闻，且绝大多数是负面报道。

玩具召回事件之所以能够在国际上发酵，严重抹黑"中国制造"的形象，固然与中国产品生产的质量监控有关，但是此事被如此放大，也直接反映了西方媒体对国际话语权的强大控制力。

对于美国主流报纸对中国玩具的负面报道，《世界日报》《侨报》均勇敢地站出来，用许多真实的数据，客观、中立地反映事情真相，并向美国政府提交相关资料，有力地反击了主流报纸对中国产品的负面报道。也许很多人认为，影响国际舆论的不仅是媒体这一载体与渠道，还有其他的方式，如领导人的出访与演讲，国际组织发布的研究报告等，但是这些影响国际舆论的举动与活动，如果没有媒体的参与，就不能向大众传播，就无法形成更强大的社会影响力。因此，人们对国际舆论媒介化趋势虽有些争议，但是将舆论调查分析所得的意见作为一种呈现方式，得到了大多数人的认可。

作为在海外面向华人传播的媒体，海外华文传媒对国际新闻报道的方式及其倾向直接影响华人对国际问题、中国事务的认识。从国际舆论形成的过程看，海外华文传媒不仅改变了华人以及一部分主流社会人群对中国的认知结构，而且改变了他们观察中国的方法和思想过程，并促使人类社会由相对分散、孤立的发展逐渐走向相互依赖与融合，从彼此陌生到相互有所了解。传播学理论中的"启动效应"、框架作用以及议程设置能力等，就明确指出了海外华文传媒的言论和报道与国际舆论倾向性的生成和发展趋势的内在关系。

从短期来看，海外华文传媒的言论和报道，构成了有关中国舆论的表层结构，这更多的是在国际舆论影响中对中国问题的情绪性表达，如在国际贸易中，往往为了现实的经济利益而出现"经济利益至上"倾向。"当前，国际传播特别是国际新闻传播在时效性上已实现了时时传播、同步传播、跨区域传播。因此，国际公众对某国际问题、他国事务的认知在短时间内难以达到全面的程度，在一些敏感性媒介事件上很容易受到这些媒体言论和报道倾向的影响，情绪化的反映也就难以避免。"[1]所以，在海外，当中国官方无法进入主流社会的渠道时，华文传媒可以承担影响舆论的功能，发挥影响当地舆论的作用。

美国传播学家乔治·格伯纳（George Gerbner）等研究者提出的涵化效果论认为，传媒对受众的影响主要是一个涵化或者说文化过程，[2] 从这个角度来说，华文传媒长期的信息报道方式和倾向性在不同程度上会逐渐被受众消化、吸收，并内化为他们自身认知体系的一部分，形成某种观念甚至是固定不变的看法，继而影响受众对后来事物的认识，从而形成对中国的看法。由此可见，海外华文传媒在影响所在国的舆论中有不可忽视的作用。

---

① 刘肖：《国际舆论与大众传媒关系探讨》，《新闻界》2009 年第 12 期。
② 刘肖：《国际舆论与大众传媒关系探讨》，《新闻界》2009 年第 12 期。

（三）华文新媒体推动中国公共和民间外交

随着新媒体的迅速发展，海外华文网络以强大的传播力、渗透力和穿透力，为海外华人和当地主流社会提供了生活与工作的帮助，在社区化方面做得非常到位。海外华文网络媒体已经成为海外华人最主要的信息交流平台，形成了遍及全球的庞大华文网络媒体群。以海外华文网络媒体为代表的新媒体，以新的传播形态，为海外华文媒体拓展新的发展空间和社会功能创造了条件。

由于新媒体发展迅速，且对社会结构、文化重建与传播等产生了深远的影响，华文新媒体在公共和民间外交方面显现出越来越重要的作用。海外华人通过新媒体了解信息，同时扩散到其他族群，从而促成了一个传播中华文化、构建中国国家形象的公共和民间外交场。

当前，海外华人特别是新生代华人，已经充分将新媒体应用于平时的生活与学习中。华文新媒体及时利用自身开展公共与民间外交的优势，增强了传播力，提升了资源力，既服务海外新生代华人，又培养新生代华人的文化认同感和族群认同感，构建中国国家形象，增强海外华人的凝聚力和向心力。如美国留学园网站，不仅是海外华人了解当地华人社会的主要途径，还是进行中华文化传播和中国国家形象传播的重要战场。许多华人到该网站浏览信息，在遇到实际问题时发布求助信息，增强了与主流社会打交道的能力，并学会与主流社会相处和交流的技巧，逐渐改变了美国白人对华人的看法，促进他们对华人及中国的了解。

当前，以网络为代表的新媒体已经对海外华人产生了重要影响，也是我们观察海外华人社会发展动态的重要窗口，更是中国开展公共和民间外交值得利用的资源。这些华文新媒体不仅影响海外华人新生代对中国的态度，也对中国政府为实现"中国梦"的施政产生重大影响，因此，借助华文新媒体的公共和民间外交功能，大力开展有助于构建中国国家形象的活动，不仅能够真实触摸到海外华人新生代的脉搏，听到他们的声音，看到他们的贡献，而且通过二级甚至多级传播方式，通过华人面向当地主流社会开展各种形式的文化活动，可推动文化交流，促进他们对中国的认知，也可借此为华人创建共同想象、增强文化传播力、扩充资源创造条件。

此外，海外华文传媒还有助于增强中国文化软实力，构建良好的国家形象。新一届党和政府领导集体形成之后，对文化软实力和国家形象的构建提出了更高的要求。2013 年 12 月 30 日，中共中央总书记习近平在中共中央政治局第十二次集体学习时强调，提高国家文化软实力，关系"两个一百年"奋斗目标和中华民族伟大复兴"中国梦"的实现。他指出，要努力增强文化软实力，拓展对外传播平台和载体，努力展示中华文化的独特魅力，注重塑造我国的国家形象，重点展示我国历史底蕴深厚、各民族多元一体、文化多样和谐的文明大国形象，政治清明、经济发展、文化繁荣、社会稳定、人民团结、山河秀美的东方大国形象，坚持和平发展、促进共同发展、维护国际公平正义、为人类作出贡献的负责任大国形象，对外更加开放、更加具有亲和力、充满希望、充满活力的社会主义大国形象。习近平总书记在讲话中，强调了在新时期中国所要构建的新型大国形象，以及中国构建国家形象的新要求和新内涵，对国际传播作出了重要部署。

第二节　少数族群传媒视野下华文传媒的形象构建功能

迅速而频繁的信息传播已经深刻地影响和改变了世界。传播全球化使少数族群传媒对各国政治和义化产生了一定的影响，也让人们深刻认识到少数族群传媒对改变国家形象和维护国家统一的巨大作用。

在全球化趋势越来越明显的背景下，少数族群传媒不仅成为牵动社会神经的信息传播和族群文化传承的重要媒介，也是影响少数族群国家认同，维护社会稳定、种族和谐的重要因素。

一、传播全球化为华文传媒表达诉求提供合理性

一方面，新媒体不断涌现，为少数族群传媒的全球化传播提供了便利的条件。另一方面，在政治、经济、文化的全球化趋势下，处于被边缘化、非主流状态的少数族群传媒，不得不面对日益被主流媒体和跨国媒体挤压的现实。全球化造成弱势族群文化传播空间缩小和话语权减弱。这种局面促使我们不得不面对这样一个事实，那就是少数族群传媒必须进行全球化传播，才能发出少数族群的声音，反映他们的诉求，以引起世界性的关注，从而迫使当地政府正视和解决少数族群的诉求和问题。

全球化存在一个悖论：实力雄厚的媒体在全球化过程中起主导作用。然而，由于多民族（族群）国家存在复杂的民族（族群）关系，少数族群传媒在某个特定时间也拥有强大的话语权，令当地政府不得不加以重视。比如说，在美国，华文传媒虽然是少数族群传媒，但是在政治选举过程中，华文传媒动用跨媒体的传播手段，形成报纸、广播、电视、网络的立体传播体系，不仅影响华人投票意向，使政治候选人不敢忽视它们的作用，也向世界传播了华人的权益诉求。在这样的传播态势下，华文传媒的诉求往往能够得到候选人的呼应，并得到各种承诺。比如，在政治选举过程中，许多候选人亲自到唐人街或华文传媒接受访问，

回答华人的问题，并表示关注华人的各种利益诉求。2009 年 7 月 8 日，寻求第三次连任的纽约市长彭博历史性地走访了位于曼哈顿的侨报社和美国中文电视台，接受两家华文传媒的联合采访。彭博担任纽约市长 8 年以来，很少亲自走访传媒，访问华文传媒总部更是首次。这显示出彭博对华人及纽约华文传媒寄予厚望，希望得到华人和华文传媒的支持，实现连任的目标。"彭博在接受专访时回答了有关纽约经济、唐人街发展、华人非常关心的移民政策等一系列问题，表示他非常重视华人在纽约所作出的贡献，也愿意听取华人的意见，促进华人社会的发展。"① 从美国纽约市长亲自访问华文传媒的例子我们看到，在全球化趋势下，少数族群传媒在复杂的政治、经济、文化、全球化传播等多种因素的综合作用下，其影响力和话语权反而得到增强。因此，如果善于利用这些因素，少数族群传媒也可能产生比当地主流传媒和西方传媒更大的舆论影响力，从而达到维护族群权益的目的。

在推动全球化的过程中，传媒起到了重要的甚至是决定性的作用。作为推动少数族群全球化的重要手段，少数族群传媒同样也发挥了积极的作用。比如说，华文传媒在传播全球化的过程中，是否会因为介入当地的政治、经济、文化，强化族群认同而引发华人与主流社会的矛盾，这是一个很令人关注的问题。华文传媒进行全球化传播的目的是：一方面要争取华人的各种权益，维系族群认同；另一方面要避免华人与主流社会之间产生文化冲突甚至政治冲突。要达到上述目的，当地主流社会应冷静地面对华文传媒传播全球化的趋势，满足华人的合理诉求，华文传媒若能由此获得合法化地位，就可在维护华人形象以及中国国家形象方面提供帮助。

二、华文传媒对族群形象的维护与构建

全球化产生了国家碎片化的危险，使民族国家不得不更加重视境内少数族群的权益，由此提高了少数族群的地位。一些少数族群传媒借此机会关注族群权益，要么倾向独立，致力于争取国家权力；要么与政府合作，共同解决族群问题，从而在保留族群特色的基础上，接受主流社会所拟定的政治、经济、文化制度；要么完全认同主流社会，放弃争取族群的生存权而选择一条被同化的道路。在这三种方式中，第一种方式最具挑战性和冲击性。不可否认，少数族群传媒对民族国家造成了相当大的影响，也强化了少数族群在政治生活中的地位与权利，然而，当它们过分强调族群地位和权益而忽视国家权益时，就有可能挑拨少数族

---

① 《纽约市长彭博走访侨报和美国中文电视寻连任支持》，（美国）《侨报》，2009 年 7 月 9 日。

群的情绪，甚至促使少数族群致力于争取国家权力，造成民族国家面临解体的局面。

许多来自同一文化的人移居到另一个地区或国家，成为当地的少数族群后，常常会办起以本族群语言为传播媒介的传媒。少数族群传媒反映少数族群的诉求，是加强族群和文化认同的重要工具，也是帮助少数族群了解和融入主流社会的重要途径，更是维系本族群的坚韧纽带。因此，拥有多族群（民族）的国家一旦对少数族群传媒问题处理不当，就会引起政府与少数族群之间的相互误解，引发种族仇视，甚至造成国家分裂。面对全球化的冲击，少数族群传媒一方面要维系族群认同感，传播族群文化；另一方面要帮助少数族群在当地求得生存与发展，履行公民义务，增强国家认同，于是它们不得不在维护族群权益、族群认同与国家认同之间求得平衡。在这个平衡过程中，如果主流族群排挤和敌视少数族群传媒，便会引起少数族群传媒的反抗，破坏各族群的和谐，甚至会导致少数族群传媒致力于为本族群争取更多的政治权力，最终使国家分崩离析。因此，尊重少数族群传媒的文化传承，为少数族群提供意见表达的空间和渠道，根据少数族群传媒的新闻报道及时调整政策，有助于缓和种族矛盾，维护社会稳定和国家统一。

华文传媒作为少数族群的重要"喉舌"，致力于维护族群（民族）形象，争取族群权益。如果当地政府漠视其诉求，就可能会引起华人与政府间的紧张关系。实际上，这种例子早已在新加坡发生。1963年，新加坡为了获得广阔的发展腹地，与马来亚联邦合并为马来西亚，然而由于新加坡华人与马来西亚马来人对如何治理合并后的国家产生巨大分歧，1965年，新加坡华人为维护族群权益脱离马来西亚建国。这是族群矛盾引发政治危机，导致一个国家中的某个少数族群走上独立道路的典型例子。在这方面，作为少数族群的"喉舌"，华文传媒发挥的作用尤其显著。例如，在新加坡独立前，华文报纸如《南洋商报》《星洲日报》不断呼吁和鼓动华人争取公民权，并认为这将对华人的生存与发展起到决定性作用。在华文报纸的呼吁下，大量华人向英国殖民政府争取公民权，从而获得了长期居留和发展的权利。这些报纸对唤醒华人的政治意识，以及争取公民权，起到相当重要的作用。这从一个侧面突显了少数族群传媒的政治影响力。新加坡华文报纸强化华人的社会地位与政治权利，促使华人争取政治自决，并独立建国的例子，有可能成为其他少数族群传媒争取族群政治权利的最终出路。然而，这条道路非常危险，很可能会进一步引发和制造新的全球性民族问题，使由多族群、多民族构成的国家面临解体的危险。也正因为如此，少数族群传媒因为反映弱势族群的问题而得到了世界的同情。

三、华文传媒通过集团化争取更多舆论权

21世纪以来，在新媒体的作用下，少数族群传媒已实现传播全球化，但是否会造成族群失语，是它们在全球化过程中要面临并解决的问题。以海外华文报纸为例，在华人社会当中，华文报纸的全球化就引起不少关注。华文报纸在传播全球化过程中，通过整合资源、优化配置，实现了少数几个跨国华文传媒集团的壮大。合并和整合资源有助于华文传媒积聚力量、增强话语权，以抗衡西方传媒，维护海外华人形象。比如说，2008年4月马来西亚星洲媒体集团、南洋报业集团与香港明报集团合并，组建世界华文传媒集团，在全球华人社会引起强烈关注，马来西亚政府对此也颇有顾虑，担心三家集团合并后会重构马来西亚华人社会，甚至影响华人与马来人的种族关系，进而干涉马来西亚的政治、经济和文化制度。

马来西亚华文报纸的发展壮大，以及三家最大的华文传媒集团的合并，引发了人们对族群舆论权的关注，在某种层面上向我们提出了另一个值得思考的问题，那就是全球化为少数族群传媒的传播提供了许多机会与条件，促使同文同种的少数族群传媒走向整合，以增强实力。整合后的少数族群传媒有更多的传播权利，真实和客观地反映族群舆论、表达族群诉求。

华文传媒的集团化，使其更加注重客观、准确地传达族群声音。如何在全球化过程中壮大实力，保护少数族群的舆论权，消除当地主流社会对华文传媒舆论权不断壮大的忧虑，对华文传媒来说，是一个非常重要而且非常敏感的课题。

四、华文传媒文化认同与祖籍国形象的构建

在许多民族国家，少数族群传媒曾经出现过接受当地政府管理但并不认同政府的现象，也出现过接受当地主流族群的价值观但并不接受政府宣扬的国家认同观的现象。这些现象引起学者的研究兴趣。他们通过研究发现，少数族群传媒传播族群文化并不意味着它们妨碍少数族群在政治上认同当地国家。

确实，少数族群传媒在强化族群认同中发挥着重要的作用。然而，很多人把文化认同与政治认同等同起来，从而产生了一种错觉，以为传播族群文化就是在政治上认同祖籍国。也正是这种错觉，造成华文传媒一直蒙受阻碍华人国家认同的不白之冤。事实上，文化认同与政治认同有相当大的差异，也正是这种差异，才使得华文传媒具有双重认同，并能够在文化认同的基础上构建祖籍国形象。

在许多实行民主选举的民族国家中，华人在人数上处于劣势，但是民主选举

制度又为华人获得一定的权利提供了政治条件。华文传媒利用这种条件，通过传播族群文化，发挥华人之间的联系纽带作用，以共同维护族群权益。这样，在主流社会的眼中，它们的族群文化色彩就成为影响华人融入主流社会的障碍，因此把它们的文化传播、族群身份认同与效忠祖籍国联系起来，认为传播族群文化就是鼓励华人在政治上也认同祖籍国，构建祖籍国形象就是拒绝甚至排斥所在国的价值观。这显然误解了华文传媒在文化认同与祖籍国形象构建上的作用。

美国学者布劳等人认为，作为族群重要的象征符号，少数族群传媒的存在和发展始终受到误解，特别是在全球化时代，它们更有可能被解读成增强族群认同感、分裂国家的重要工具，并因此受到政府的严厉压制。[①] 上述结论清晰地反映了一个事实，那就是传播族群文化，自觉不自觉地构建祖籍国形象，并不会强化少数族群对祖籍国的政治认同。

在国家意识淡化的全球化时代，宗教、文化和少数族群权益的诉求突显了少数族群在民族国家中的角色与作用，也强化了少数族群传媒的族群认同作用。当少数族群感觉到被边缘化、地位不平等时，他们就会淡化对政府及国家的认同，走上增强族群认同感的道路。然而，一些当权者没有看到或者漠视因政府出台种种不利于少数族群的政策所导致的少数族群对主流社会的反抗，反而指责少数族群传媒阻碍了少数族群的"归化"与对国家的认同。这种指责显然对少数族群传媒不公平，也反映了当权者狭隘的思想，严重打击了少数族群传媒对国家认同的积极性。

少数族群传媒传播全球化对少数族群的生存与发展产生冲击，同时也带来机遇。全球化促成政治上的解构、经济上的分工、文化上的冲突，少数族群文化和权益在文化全球化的冲击下，面临无法继续得到保护的困境。但是，如果我们从逆向视角来看，全球化恰恰可为少数族群传媒的权益诉求以及族群文化的传播提供机会。比如，在全球化解构民族国家的敏感时刻，民族国家为保持统一和稳定，将不得不考虑少数族群传媒的诉求，这样就为少数族群传媒增强影响力和话语权提供了条件。如果少数族群传媒能够充分认识到民族国家种族关系的敏感性与复杂性，利用这种敏感性设计社会公共议题和传播内容，那么它们就不会被动地应对不利于少数族群的政策。

作为世界主要的移民，华人由于缺乏安全感，因此有很强的心理敏感性。他们特别在意是否被主流社会歧视，政府的政策是否对各个种族一视同仁等。鉴于这种情况，当地政府出台的任何有关华人的政策都要基于公平、公正的原则，避

---

① BLAU JUDITH R. Immigrant communities and their newspapers in America. Sociological analysis，1998（1）：pp. 13 – 24.

免让华人产生被边缘化、权益受损的感觉，更不能把文化认同、对祖籍国文化的推广与在政治上认同祖籍国等同起来。

当前，华文传媒面对全球化的挑战而出现的祖籍国形象构建问题，带给我们对它们前途的思索，也使我们更加关注它们的生存状况。实际上，华文传媒的迷茫，也正反映出华人面对全球化时代的心态，是他们在面对传播全球化时复杂心态的一个缩影。

第三节　海外华文传媒在构建中国国家形象中的独特作用

华人是世界各国（除了新加坡外）少数族群的重要组成部分，很早以前就有中国人移民世界各地，自此之后人数不断增加，在众多领域发挥了愈来愈显著的作用。作为反映华人诉求、承传中华文化的"喉舌"，华文传媒从早期缓解华人思乡愁绪，发展到现在积极参与政治选举，成为当地社会生活中一股不可忽视的力量，在政坛产生了愈来愈大的影响，在某种程度上维护了中国国家形象，促进了中国与所在国的政治关系发展。

一、传媒地位不可替代

华文传媒在帮助华人移民适应主流社会生活的同时，也能够帮助他们与故乡保持一定的联系。华人看到自己熟悉的文字，会自然而然增强对传媒的亲近感，借此舒缓生活在异文化国度的焦虑和压力。同时，华文传媒报道许多有关华人的新闻，如华人社区的信息，中国的政治、经济、社会政策变化，故乡的发展与变化等主流报纸一般不会报道的新闻，从而在罅隙中找到生存的空间，弥补了主流传媒对华人报道的不足。

西方族群理论所界定的族群，是社会中的特定人群，其具有共同的文化传承，而认定这个共同的文化传承的主要依据在于他们是否拥有共同的祖先。除此之外，族群认同还特别强调族群意识，要求族群中的个人有共同的同类观念，并且能显示族群凝聚的力量。

2000年1月，由《星洲日报》策划和进行的"华人文化认同程度"问卷调查结果显示，"有88.3%回应问卷的读者表示愿意继续成为华人，证明他们有强烈的民族性，其结果和之前新加坡的调查结果形成强烈对比，是可喜的现象"[1]。

----

① 《华人文化认同程度》，《星洲日报》，2000年1月31日。

2008 年 5 月，笔者在吉隆坡会展中心（Convention Centre）每年举办一次的大型中文书展上进行了一项名为"马来西亚华人族群和国家认同"的调查。调查发现，有 80.6% 的华人习惯阅读华文报（见下表）。

阅读华文报的习惯

阅读习惯	百分比
极少阅读	2.2%
比较少阅读	5.1%
偶尔阅读	12.1%
经常阅读	80.6%
合计	100.0%

华文报是华人社会当中传承族群文化、凝聚族群力量和增强族群认同的重要工具之一。作为大众传媒和文化传播工具，华文传媒不仅维护华人族群利益，支持华文教育，而且舆论影响力相当大。80.6% 的华人经常阅读华文报，一方面说明华人有维系族群认同的强烈意识，另一方面，他们很自然会受到华文报的影响和文化熏陶，从而主动推动族群认同。这反映了华文传媒已成为华人不可或缺的传播载体。

二、展现少数族群传媒存在的合理性

随着各国民族主义的兴起，泛国家化与民族主义交织在一起，导致少数族群传媒在维系族群认同与文化传播时与主流社会形成了敏感的关系，也引起了相关学者的研究兴趣。一些研究者认为，随着时间的推进，少数族群会逐渐融入主流社会，族群传媒也会因此消失；而另一些研究者则认为，少数族群传媒天生具有"凝固体"的特点，会因为坚持传播族群文化而成为一座防御性很强的"水泥混凝土堡垒"，把少数族群变成一个"文化孤岛"，从而在与主流社会沟通时产生"反向同化"的作用。

对于少数族群传媒究竟对美国社会产生了何种作用，罗伯特·帕克通过对移民报刊的研究，认为"移民报刊的角色有助于维护种族文化，并使读者通过族群语言而接触到都会生活，了解当地主流社会，对缓解新移民的思乡情绪，淡化边

缘人的色彩，从而顺利地融入美国社会中"①。"即便是最冷僻的外语报纸如意第绪语、波兰语等报刊，其作用主要是帮助新近来的移民懂得如何在北美生存下来，很少有报刊鼓励对于原先祖国的忠诚，美国的移民通过传播确立美国文化的标准、价值观念和习俗，帮助它们的移民读者同化于美国文化，从而加速了移民与主流社会的融合。"② 帕克还认为，移民报刊将移民过去的经历与美国城市生活联系起来。"外语（外来移民语言）新闻保存了过去的记忆，同时它成为新经历的通路"，正因如此，"外来移民语言的报刊不自觉地成为美国化中最经常的因素"。③

帕克还提出了"社会距离"和"边缘人"理论。他认为，陌生人之所以"陌生"，实际上是由于新的社会环境导致文化认同的缺失，产生了"两个或以上个体或其他范畴之间的能察觉到的亲近感的缺乏"，即"社会距离"。从根本上说，移民对新环境的"社会距离"是由于自己在心理上迫切地想融入其中，但由于文化上的隔阂等原因，导致很多人陷入了"边缘人"的尴尬境地。"边缘人"对两个社会群体的参与都不完全，处于两个群体的边缘，因此产生紧张感、失落感、自卑感等，成为社会不稳定的因素。故此，如果政府和主流社会帮助移民建立一种缓解心理压力的制度机制，就可以为缓解"边缘人"的心理紧张状态提供缓冲地带。帕克认为，移民报刊为缓解移民的紧张心理作出了突出贡献，读者通过本族群的语言而接触到城市生活，使移民顺利融入美国社会，因此建议政府出台有助于移民传媒发展的政策。

就华文传媒来说，我们认为，其在帮助新移民融入主流社会时，确实有助于缩小华人与主流社会的距离，帮助华人逐渐走出"边缘人"的身份认同困境，在接受当地价值观等方面发挥了积极作用。以美国为例，美国至少有40家华语广播电台每天准时广播，侧重报道当地新闻事件，通常是最新的时事新闻以及有关交通、购物、金融保险、娱乐等信息的最新报道，直接或间接地帮助华人了解华人社区内外的信息。华文网站立足于华人族群，维护社区的利益，兼顾华人思念祖籍国和家乡的情怀以及渴望融入美国主流社会的意愿，开设了众多论坛，为华人排忧解难，帮助他们找到新朋友，密切与社区的联系。华文报纸和电视台则深入报道美国国内外大事，除了大量刊登和播放关于中华文化艺术作品的内容外，还常常有意识或无意识地传播美国价值观。

为了生存，华文传媒立足本地，重视制作本土节目，不断增加对当地新闻的

---

①　R PARK. The significance of social research in social service. Journal of applied sociology, 1924: pp. 264-265.

②　胡锦山：《罗伯特·帕克与美国城市移民同化问题研究》，《求是学刊》2008 年第 1 期。

③　R PARK. The immigrant press and its control. New York：Harper & Brother Publishers，1922：p. 449.

报道，关注当地社区的发展，"作为移民社区的重要信息媒介的功能越来越明显，既保留了移民不同文化背景的特点，又有效并及时地向移民传送美国主流社会的有关信息，进而有效地帮助华人移民在陌生的、多元化的社会环境中生存和发展"①。华文传媒已经成为族群制度机制中的重要环节，能够有效地把华人和主流社会连接起来。"移民即使不通英文，亦可从中知道发生在他们周围的事情，大至国家大事，小至社会名流花边新闻。"②

华文传媒向移民提供了一条进入美国主流社会的捷径，使他们很快能够自在地生活在这片文化背景迥异的土地上。它们的存在，在某种程度上承担了沟通政府、主流社会与华人的任务，在帮助华人融入主流社会，接受美国价值观等方面，降低了政府的行政成本、教育成本，由此引起政府和主流社会的重视，并在日常的政治、文化和经济生活中日益显现出它们的影响力和社会参与力，对所在国的对华关系产生重大影响。

由于以海外的视角看中国问题，以及站在华人的立场分析所在国的涉华问题，海外华文传媒的新闻报道与评论往往具有独特而超然的观点，为世人所关注，影响世界舆论，维护了华人利益和中国国家形象。从这点来说，海外华文传媒能够发挥国内媒体所不具备的独特作用。

三、利用敏感课题增强社会影响力

也许在主流社会和主流媒体看来，少数族群传媒只关注该族群内部事务，不具有对社会的巨大影响力，然而，传播的全球化，"不仅能够重构由非领土扩张所形成的文化意义和认同感，而且能够重构全球文化政治的相关形式"③。迅速而又频繁的信息传播已经深刻地影响和改变了所在国的政治。在政治、经济、文化的全球化趋势下，处于被边缘化、非主流状态的少数族群传媒，虽然面对日益被主流媒体和跨国媒体挤压的现实，政治选举的民主制度以及多元主义的盛行却使少数族群传媒在特定的空间与时间中，不仅成为牵动社会神经的信息传播和族群文化传承的重要媒体，也是影响少数族群的国家认同、维护社会稳定、种族和谐的重要因素，更是影响选情的关键因素。

在政治选举的敏感时期，华文传媒虽然属于少数族群传媒，但是在政治选举过程中，华文传媒动用跨媒体的传播手段，形成报纸、广播、电视、网络的立体

---

① 周敏、蔡国萱：《美国华文媒体的发展及其对华人社区的影响》，《社会学研究》2002 年第 5 期。
② 周敏、蔡国萱：《美国华文媒体的发展及其对华人社区的影响》，《社会学研究》2002 年第 5 期。
③ 约翰·汤姆林森著，郭英剑译：《全球化与文化》，南京：南京大学出版社，2002 年，第 41 页。

传播体系，不仅影响华人投票意向，使政治候选人不敢忽视它们的作用，也向世界传播了华人的权益诉求。在这样的传播态势下，华文传媒的诉求往往能够得到候选人的呼应，并得到各种承诺，从而实现影响舆论的目的，并由此增强了社会影响力与号召力。

在报道的关注点和出发点上，海外华文传媒日益重视中国内地新闻，持续关注海峡两岸局势，同时比国内媒体更加关注港澳地区，构建了相对独立的中国总体形象的框架，已成为华人世界和国际舆论中的一种独立媒体。有关中国内地的新闻报道内容多注重经济新闻，且具有多样化的报道特点；体育娱乐类新闻总量大，在一定程度上体现了"娱乐化"趋势，说明其主张的是反映整个华人社会的文化、观念和心理的变迁。由此看出，华文传媒的国际媒体政治属性及其华语传播方式的文化渊源构成了目前海外华文传媒报道主题的双重特征，即关于中国的新闻报道既具有意识形态浓重的政治性，也有文化归属的趋同性。

由于意识形态的差异和政治上的偏见，一些西方媒体在政界的误导之下，大量制造对中国发展不利的舆论，例如歪曲拉萨"3·14"事件和乌鲁木齐"7·5"事件的真实情况，攻击中国的政治体制。还有，中国经济与社会的迅速变化正在引起世界的关注，但是国际社会对中国的了解并不全面，西方一些人不愿看到中国的快速发展，宣扬"中国威胁论"，主张对中国采取遏制措施。

海外华文传媒植根于所在国，在西方国家对中国进行舆论围攻时，可以依靠其地理及心理上具有接近性的优势，更迅速、有效地澄清西方民众对中国的误解，向西方民众更好地传达中国的真实信息。全球华文传媒不断出现交汇融合的趋势。在中华民族面临新的发展机遇，如北京申办奥运会、中国加入WTO，或遇到舆论危机，如乌鲁木齐"7·5"事件，或出现涉及华侨华人切身利益的事件，如"李文和案"，我们都能看到华文传媒会共同关注并积极影响舆论。因此，华文传媒在弥补中国媒体话语权缺失、构建良好国家形象上的作用是不容低估的。

在全球化的趋势下，华文传媒在复杂的政治、经济、文化、全球化传播等多种因素的综合作用下，其影响力和话语权反而得到增强。因此，如果善于利用这些因素，华文传媒在特定的时空中也可以产生比主流传媒更大的舆论影响力，从而达到维护华人权益、塑造中国国家形象的目的。

然而，值得我们关注的是，在中国日益崛起的国际政治中，华文传媒在传播全球化的过程中，是否会因为介入所在国的政治、经济、文化，强化华人认同而被解读成倾向中国，并被认为是中国媒体在海外的延伸，从而成为被当地政府审查和特别监管的对象，引发媒体政治化的问题。这是一个很令人警惕和敏感的动向，在过去已经有先例。作为少数族群传媒的代表，华文传媒一方面要争取华人的各种权益，维系华人的族群认同；另一方面又要避免华人与主流社会、华人与其他族群之间产生直接、强烈的文化冲突甚至政治冲突，要发挥其影响社会的作用，必然会在某些时间与主流社会产生矛盾。要取得各方面的平衡，华文传媒应冷静地面对传播全球化的态势，理性地使用媒介权利，秉持客观公正的态度，不懈地维护族群利益，发挥说明解释的功能，既维护华人的族群权益，又促进他们与主流社会的融合，避免让主流社会留下华人"再中国化"的印象，尽量消除主流社会猜疑华人的各种因素。

四、有能力维护华人和中国国家形象

海外华文传媒在传播中华文化，塑造文化中国形象，展现中国包容、开放但严守民族尊严的国家形象方面发挥了重要作用。

华人形象与中国国家形象密不可分。维护华人形象，就是维护中国国家形象，反之亦然。维护和构建良好的中国国家形象，体现了海外华文传媒的存在价值。比如说，2005年中国与欧盟、美国发生纺织品贸易纠纷时，《欧洲时报》对法国传媒片面报道中国的纺织品威胁，夸大中国纺织品对法国的冲击进行了反驳。该报于2005年6月17日发表文章《纺织品冲突与传媒的角色》。该文章指出，法国传媒突然开始报道欧盟进口中国纺织品大幅增长时所用的调门集中于"爆炸性增长""上升600%以上""法国的纺织企业将纷纷倒闭，两万多人眼看就要失业""欧盟纺织业250万人就业受到威胁"等等，从总统、总理、部长到企业家、专家都上了"火线"，要抵抗中国纺织品"入侵"。文章批评说，在报道中欧纺织品贸易方面，法国传媒存在诚信问题，不以尽可能客观地报道真相为首要原则，忽视民众的知情权，不仅抛弃了立身之本，更有加剧危机的风险。同时，文章呼吁中国要直面世界对中国产生的"歧视"，通过各种手段反击"歧视"，维护中国以及海外华商的利益。

在美国，华文传媒也勇于发表评论，维护华人形象。2005年6月20日，美国《星岛日报》发表一篇名为"美国广告丑化移民"的评论，其中提到："在一则银行广告中，银行男职员温文有礼，强调银行有懂华语的职员，于是男职员用有严重口音的中文说：'我们同声同气。'对不起，这绝对不是同声同气，是怪声怪气。为了下一代能保存中国文化，这类广告在未改正发音前，应该禁播。然而，在另一则电话公司快速DSL服务的广告中，亚裔男主角在升降机中手机响起，四周人都投以讨厌的眼光，这位男亚裔也低头不好意思地离开了升降机。这是在中文电视台播出的版本。但在英文电视台，主角换了是白人，他的手机响起时，升降机内的人都投以羡慕的眼光。为什么一个广告会有完全不同的两种版本

呢？以上种种，算不算是歧视呢？可以说是见仁见智，但除了歧视外，还有更好的解释理由吗？"

在关系到中国国家形象、利益和中华民族尊严这些原则问题上，海外华文传媒敢于发声。2001年7月，离决定由哪一个城市主办2008年奥运会只有几天的时候，巴黎街头突然冒出直接攻击北京的广告，广告竟将代表奥运的五环改为五个手铐，这是对奥运精神的亵渎。《欧洲时报》对此发表了评论文章，批驳了"无疆界记者协会"的这一做法，此举也受到了有正义感的民众的一致称赞。

通过多种渠道和方式发表维护中国国家形象的文章，在主流社会当中形成重视中国国家形象的舆论，表明海外华文传媒的行动已从当初毫无保留地接受不合理要求，转变为理性和有目的地改变自己的社会和政治地位。这是海外华文传媒走向成熟的一个重要体现。

五、开展维护中国统一形象的活动

努力打破历史局限，弥合政治分歧，促进中华民族团结，是海外华文传媒的努力方面。中国早日实现完全统一，是所有中华儿女的共同心愿。

2005年8月10日，《莫斯科华人报》发表俄罗斯中国和平统一促进会主席温锦华的评论文章《莫斯科华文传媒"促统"大业中的作用日显》，高度评价了俄罗斯华文传媒在反独促统方面的作用。文章举例说，《莫斯科华人报》除了报道俄罗斯和独联体华侨华人反独促统等爱国行动之外，还放眼全球。在2000年8月柏林、2001年7月东京、2002年3月悉尼、2003年莫斯科等召开的全球华人促进中国和平统一大会上，屡屡发现《莫斯科华人报》特派记者忙碌的身影，他们为了宣传中国主权与领土不可分割的理念，彰显实现中华民族伟大复兴、最终完成祖国完全统一大业的主旋律而不懈努力。很显然，华文传媒可以在中国以外的地区筑起一道反独促统的屏障，这对维护中国的完全统一是相当有利的。

目前，反独促统已经成为海外华人社会舆论的一大趋势。反独促统、复兴中华民族的责任感，使众多派别的华人社团、华文传媒团结在一起。鼓吹台湾"独立"的华人社团越来越受到华人唾弃。对于国家完全统一、反对台湾"独立"这一关系到中华民族复兴的大是大非上，绝大多数的华文传媒都站在中国大陆一边，采取各种形式抨击"台独"。

许多华文传媒都秉持这个立场，与"台独"势力作坚决的斗争，对于一切"台独"言行及时地予以揭露和批判。多年来，对于华人要求海峡两岸展开和平谈判的呼声，很多海外华文传媒顺应历史潮流，发表众多支持中国在"一国两制"原则下早日实现完全统一的文章和言论。如美国芝加哥《辰报》创刊时开诚布公地宣示："一个昂首屹立在东方的中国，是所有中国人和海外华人的希望。"除《辰报》外，法国的《欧洲时报》、美国的《美中晚报》、巴拿马的《侨声日报》、罗马尼亚的《欧洲侨报》更旗帜鲜明地公开表示坚持一个中国的原则。新加坡的《联合早报》《联合晚报》，马来西亚的《星洲日报》《南洋商报》等报纸对中国大陆和台湾的关系走向格外关注，经常开辟专栏、专版讨论海峡两岸事务。如请专家就海峡两岸的局势撰写文章，作详尽的分析和透视，以求更加深入地介绍海峡两岸的最新动向，探讨海峡两岸统一的可能性以及统一的条件等。许多海外华文传媒还借中国参与影响巨大的各种国际活动之机，发表社论抨击"台独"。例如，2001 年北京申奥成功之时，《莫斯科华人报》以最快的速度刊发了社论。社论中指出，"北京赢得 2008 年奥运举办权，这不仅仅是北京的成功，而是全体中国人民的成功。不仅仅是北京的胜利，也是整个中华民族的胜利。北京申奥成功，充分显示了 13 亿中国人民、3 000 万海外华人和包括台湾同胞在内的全体炎黄子孙的向心力和凝聚力。'反独促统'，这是人心所向、大势所趋"。

中国大陆改革开放，促进了海峡两岸以及香港澳门的语言互相融合，并且这种融合影响到了海外的华人社会，一些传媒也注意到了读者群的结构在发生变化，要争取中国大陆移民读者。为此，一些传媒不仅在新闻报道方面一改过去"一边倒"的倾向，还创办了一些受中国大陆新移民喜爱的栏目。

目前，海外华人社会普遍拥护中国完全统一，反对"台独"，这在一定程度上限制了"台独"在海外华人社会的扩散和发展，形成了对中国实现完全统一相当有利的氛围。但是我们也要看到，"台独"势力仍然相当猖獗，少数几个国家支持台湾"独立"，以及当前蔡英文当局推"去中国化"政策，都使我们清醒地看到反"独"形势相当严峻，仍然需要我们以及海外华人社会共同努力，压制"台独"势力，促进中国社会的全面发展，最终实现中国的完全统一。

此外，面对香港一小部分人"反中"甚至在社会渲染"港独"的情况，特别是 2014 年 9 月末和 10 月初，由香港所谓的泛民主派组织的"占中"运动，破坏香港法治，骑劫港人利益，损害香港形象，百家海外华文传媒团结一致，于 2014 年 10 月 3 日一起发表宣言，批评"在香港破坏稳定、煽动暴乱的这一小部分人，为了一些连他们自己也说不清楚的所谓'国际标准'和'真普选'，不惜撕裂社会、分裂国家、甘当美英势力遏制中国战略的急先锋"，呼吁"全球华人保卫香港、维护国家，已成当务之急"，"呼吁全球海外华人采取行动，制止极端分子的暴行！"说明在某种程度上，海外华文传媒能够担当维护国家统一、反对分裂的重任。

六、在传播"中国梦"中承担重要角色

中国国家主席习近平在 2013 年 3 月第十二届全国人民代表大会闭幕式上发表了重要演讲，重点提出实现"中国梦"的理想，在海外引起强烈反响，不仅西方主流媒体对此进行了大量报道，海外华文传媒也进行了大范围的传播。

中国是海外华人的祖籍国，"中国梦"甫一提出便引起华人社会的强烈关注。生活在海外的数千万华人为此振奋不已，并对这个理想寄托了众多期望。"中国梦"不仅是中国人的梦想，也是海外华人的梦想，更是全球华人共同的梦想。海外华文传媒纷纷开辟专版，刊登读者来信，在某种程度上反映了海外华人对第十二届全国人民代表大会的高度关注。众多华文传媒均认为此次会议是中国社会发展承前启后的一次盛会，对中国和今后一个时期国际社会的发展，都将起到重要而积极的作用，特别是"中国梦"的提出，不仅指出了今后中国发展的方向，也提出了海外华人的奋斗目标，更振奋了华人的精神。如 2013 年 3 月 17 日《欧洲华人报》开辟了两个版的"中国两会"专版，刊登旅意华人的呼声和感受，表达他们的愿望与诉求。除了传统媒体大量报道第十二届全国人民代表大会，华人网络和移动媒体也传播大会的消息，有关"两会"的发帖铺天盖地，谈论"两会"、关注"两会"、展望中国成为旅意华人生活中不可或缺的一件大事。在东南亚，马来西亚《星洲日报》与新加坡《联合早报》则开辟专版对"两会"进行深度报道。如《联合早报》专门开辟了 5 个版面报道第十二届全国人民代表大会，并以图文并茂的形式刊登了半版关于"中国梦"的新闻与评论。

海外华人是当今世界影响较大、人数最多的移民群体。海外华人继承了中华文明五千多年的历史文化与传统，拥有厚实的文化积淀，形成了很强的文化和族群认同，加上中国国力日益增强，自身形象不断提升，因此在与其他文明交流时，并没有在文化上显示出自卑。虽然华人长期生活在国外，但是文化的共同性使他们很自然地关心中国的社会发展。海外华人的舆情动态，使我们看到"中国梦"不仅在中国具有活力，在海外也让华人充满期待。

"中国梦"是中国领导人对中国发展方向的新定位，不仅为中国描绘了美好的发展蓝图，而且符合人类文明的发展方向，包含了众多海外华人的梦想，由此在海内外引起强烈反响。中国的发展离不开海外华人，而华人在海外的生存与发展也有赖于中国日益提高的国际地位。"中国梦"为中国未来的发展描绘蓝图，使中国经济、社会的发展模式更科学、更健康，这将对全球经济、政治产生重大影响，也会给海外华人带来新的机遇，他们都寄予很大希望、受到很大鼓舞，以多种方式参与中国的现代化建设，关心中国的改革开放，在支持文化母国发展中壮大自己的事业。海外华文传媒是历史见证者，也是记录历史的重要主体。具有一百多年历史的华文传媒是中国从落后走向繁荣的目击者。它们既目睹了中国落后挨打的悲惨历史，也见证了当前中国的崛起，既看到中国的强大，也看到中国当前在国内外所面对的严峻挑战和危机，因此感同身受，对"中国梦"充满希望和期待，自觉自发地努力传播"中国梦"，希望促成一个具有高度社会公平和先进文明的中华民族。

对于海外华人对"中国梦"的期盼，多个海外华文传媒进行了广泛的报道和调查。如联合早报网于 2013 年 3 月与中国中央电视台国际频道共同开展"两会"期间读者联合调查，提出"中国'两会'召开，将产生新一届政府。中国民众对未来会有什么样的期待？会有什么样的'中国梦'"等问题。调查发现，华人对"中国早日实现全面复兴，建立经济发达、政治民主、文化繁荣、社会和谐、生态良好的现代化国家"这个议题最为期待。（见下图）

中国早日实现全面复兴，建立经济发达、政治民主、文化繁荣、社会和谐、生态良好的现代化国家。

37.23%（7 035 票）

中国民众能够迎来更宜居、健康的生活环境。

18.20%（3 440 票）

未来十年中国经济能够稳健发展，带动国民生活水准进一步提升。

12.08%（2 282 票）

中国能够在崛起的过程中平和地与世界相处，成为广受尊重的大国。

20.17%（3 812 票）

中国文化能够保持传统，并不断实现创意创新，成为中国的软实力。

12.32%（2 328 票）

联合早报网与中国中央电视台国际频道共同开展"两会"期间读者联合调查

注：投票总数为 18 897 票，截至 2013 年 3 月 5 日。

从上图的统计数据来看，我们不难发现，海外华人对实现"中国梦"寄予了厚望。这种调查，唯有海外华文传媒才能成功实施。海外华文传媒能够反映华社动态，贴近普通华人，比国内传媒更好地掌握海外华人的心跳与脉搏。它们在实践"中国梦"中的角色与作用，有着浓郁的华人色彩，能够更加准确地反映华人的心声。瑞典华人总会会长叶克清在接受华文报《北欧时报》记者采访时说，"希望'两会'期间代表们能够真正履行自己的职责，把人们关心的问题真

正讨论并找到多方满意的解决办法"。瑞京华人协会的柳少惠认为，"瑞典模式、浙江模式是完全可以相互借鉴、相互学习的，我们作为华侨，有责任把北欧优势产业带到中国，也有责任把中国优秀产业和文化渗透进瑞典"。在中国贫穷落后的沧桑岁月中，海外华人心系故国家园，对中国作出了巨大贡献，如今在中国迅速崛起的辉煌时代中，海外华人仍然心系文化母国，想方设法为之服务，海外华文传媒在中外之间搭起政治、经济与文化的桥梁，充分显示了它们的拳拳游子之心，呈现出在传播和实现"中国梦"过程中的重要作用。

"中国梦"作为华文传媒当下的主流话语，无疑是当前的传播热点。华文传媒对"中国梦"的解读和宣扬，虽有助于凝聚华人的力量，培养华人的自豪感，但是要注意传播内容与手段的科学性与合理性，一些不当传播很有可能导致华人对"中国梦"的误读，从而带来较大的负面影响。

当前，华文传媒普遍把"中国梦"解读为中华民族复兴梦，然而只提中华民族复兴梦，而忽视世界的共同发展和实现人类文明的共同进步，这种传播取向存在一定的偏差。众多华文传媒将"中国梦"说成是民族梦，在国外会造成一种负面影响，那就是给人一种民族主义的印象，随之而来的"黄祸论""中国威胁论"甚嚣尘上，成为美日欧遏制中国的借口。

华文传媒把"中国梦"解读成具有民族主义色彩的民族复兴梦，加重了西方媒体的疑虑，与它们的世界观产生强烈冲突。"中国梦"的提出，不可避免地使外界产生中国硬、软实力越来越具有威胁的意识，尤其是西方世界以零和博弈的视角看待中国与西方的关系，认为"中国梦"要取代"美国梦"，形成对西方的超越，再加上文化和制度差异，很容易受到西方舆论的攻击。因此，如果华文传媒不作更加理性和科学的解释，不仅不利于提升我国人民对"中国梦"的理解，也为西方媒体负面解读制造了口实。

此外，一些华文传媒把"中国梦"解读成宪政梦、人权梦、民主梦，这显然狭隘地理解了其积极意义和广泛内涵。"中国梦"不仅要求法制治国，还体现为实现国家富强、人民幸福。法制对于当前的中国显然很重要，但它仅是维护中国社会秩序、建设民主幸福的基础之一，还有其他积极因素也是保证实现"中国梦"的基础。"中国梦"最大限度地凝聚了中国共识，包容了各种合法、合理、合情的诉求。

"中国梦"要结合自身国情，开创具有中国国情的道路。一些华文传媒把"中国梦"等同于宪政梦，推论出要实现"中国梦"，中国必须推进西方式民主，由此变成反体制的传播者，这显然不利于"中国梦"核心思想的正确传播。而一些华文传媒忽视法制建设和政治体制改革的重要性，只空泛地描绘"中国梦"，没有用事例来阐述和解读"中国梦"的内涵，让华人感到"中国梦"与自己的现实生活很遥远，甚至基于中国当前的一些社会矛盾，认为"中国梦"仅是一个传说，这也不利于"中国梦"核心内容的传播。

华文传媒在解读和传播"中国梦"过程中，既要实事求是地提出当前实现"中国梦"所面对的障碍与问题，也要客观地根据中国国情，全面地进行解读，既不要呆板宣教，也不要偏离中国现实，而要有针对性地提出实现"中国梦"的可行路径，提升"中国梦"的内涵，以实现人民幸福、世界共赢为目标。片面传播"中国梦"的某一方面，既不能帮助人民更好地把握"中国梦"的真正内涵，更不能提升人民对中国未来发展的认识水平，从而滞后于世界文明的发展速度。

七、在建设"一带一路"过程中发挥舆论引导作用

中国国家主席习近平在 2013 年 9 月和 10 月分别提出建设"新丝绸之路经济带"和"21 世纪海上丝绸之路"构想，简称"一带一路"（The Belt and Road，官译 B & R）。"一带一路"不是一个实体或机制，而是合作发展的理念和倡议，是依靠中国与有关国家既有的双、多边机制，借助既有的、行之有效的区域合作平台，旨在借用古代"丝绸之路"的历史符号，高举和平发展的旗帜，主动地发展与沿线国家的经济合作伙伴关系，共同打造政治互信、经济融合、文化包容的利益共同体、命运共同体和责任共同体。

建设"一带一路"的目的，是在通路、通航的基础上通商，形成和平与发展新常态，提出了两个符合欧亚大陆经济整合的大构想：丝绸之路经济带构想和21 世纪海上丝绸之路经济带构想。丝绸之路经济带构想涵盖东南亚、东北亚经济整合，并最终融合在一起通向欧洲，形成欧亚大陆经济整合的大趋势。21 世纪海上丝绸之路经济带构想从海上联通欧亚非三个大陆，与丝绸之路经济带构想形成一个海上、陆地的闭环。

"一带一路"建设打开了筑梦空间，有利于将政治互信、地缘毗邻、经济互补等优势转化为务实合作、持续增长优势。通过"一带一路"建设，无论是"东出海"还是"西挺进"，都将使中国与周边国家形成"五通"，经贸合作是基石，体现了和平、交流、理解、包容、合作、共赢的精神，打造互利共赢的"利益共同体"和共同发展繁荣的"命运共同体"。

作为散居于"一带一路"沿线国家的华侨华人，可以在建设"一带一路"的过程中发挥重要和积极的作用。华文传媒可以通过舆论的形成与引导，向当地和世界传播中国建设"一带一路"的理念，以和平、共同发展的愿景来呼唤"一带一路"沿线国家人民的参与，减少"一带一路"沿线国家人民对中国建设

"一带一路"的疑虑，传播中国与"一带一路"沿线各国共同发展的理念。

经济总是与文化相伴而行的，"一带一路"建设虽以经贸为基石，但是在此基础上，随着经贸的开展，文化交流必然同时进行，华文传媒在其中起到桥梁、纽带作用：一方面帮助中国企业和人民了解和欣赏当地主流文化，在此基础上尊重当地人民的文化；另一方面向当地华侨华人传播各种中国的信息，帮助他们了解中国建设"一带一路"的目的，从而使华人社会形成共识，自觉地在当地传播"一带一路"建设的目的，并通过人际传播，影响当地主流社会参与"一带一路"建设，实现共同发展的愿景。

"一带一路"的文化交流与文化建设，在某种程度上就是中华文化在沿线国家的传播。而文化的传播有赖于媒体的助力，除了中国政府、外交使领馆等与沿线国家的主流媒体打好交道外，还有一股重要的力量值得信赖，那就是华文传媒无形的文化传播力和影响力。自习近平主席提出建设"一带一路"构想后，西方媒体虽有正面、客观的解读，但更多的文章基于偏见而把这个构想称为"中国输出过剩产能，打造一个由中国主导甚至称霸的世界新秩序，与西方和美国对峙"。对于这些言论，由于我国媒体话语权还不够强大，无法强有力地反驳它们，这时就需要借助与我们同文同种的华文传媒的帮助，通过这些华文传媒，向当地主流社会正确地传播中国建设"一带一路"构想，从经济发展和文化交流的视角，帮助当地主流社会理解中国的主张，打消他们的疑虑，实现共同发展的目标。比如，泰国《星暹日报》，马来西亚《星洲日报》《光华日报》《东方日报》，新加坡《联合早报》，菲律宾《世界日报》，印度尼西亚《星洲日报》《国际日报》，阿联酋亚洲商务卫星电视等，广泛传播中国建设"一带一路"的消息，使当地华侨华人对此有充分和深入的了解与认识，并从中发现许多商机。许多华人领袖为此向当地政府推荐"一带一路"构想，鼓励当地政府积极参与"一带一路"建设，推动当地的经济发展。从这个角度来说，华文传媒显然在"一带一路"建设过程中，有助于中国软实力的提升和消除沿线国家的疑虑，展现中国和平与发展的博大胸怀。

第四节　华文传媒构建中国国家形象的策略

面对信息业的日新月异，加强合作，资源分享，共谋发展，成为华文传媒追求的共同目标。现在，海外华文传媒逐渐向中国大陆靠近，反对"台独"，致力于维护中国国家形象，形成了有利于中国和平崛起的力量，这对于塑造中国国家形象，发挥中国的影响力起到了积极的推动作用。

当前，全球华文传媒出现不断交汇融合趋势，而它们的生存与发展离不开所在国主流媒体的支撑与协作。过去，华侨华人给予了中国发展诸多帮助。如中华人民共和国成立后，广大华侨华人充分发挥自身优势，通过不同方式，向所在国政府和主流社会积极传递中国和平发展的政治理念，增进中国与所在国之间的政治互信，为促进中国同所在国建立和发展外交关系作出了重要贡献，也从中突显了文化软实力在建构国家关系，塑造中国国家形象，推动民间外交和文化交流方面的独特作用。

从 21 世纪以来发生的一些国际大事看，华侨华人在我国软实力构建与发展过程中显现出了独特的作用和影响。以 2008 年为例，中国先后经历年初百年不遇的雪灾、3 月的拉萨骚乱和 5 月举国同悲的汶川大地震，以及成功举办北京奥运会。这些重大事件经过海外华文传媒的报道，在海外华侨华人中引起了巨大反响，他们关注着祖（籍）国发生的一切，自发组织起来，为维护中国国家形象而共同奋斗，抗议西方媒体的不公正报道。

在未来，由于新移民数量庞大，他们若能在住在国站稳脚跟，又对中国有强烈的感情，便有能力促进当地华人与主流社会、中国与住在国的联系，改善中国留给当地主流社会的印象。海外华文传媒完全可以发挥联系中国与所在国的纽带作用，增强软实力，积极影响当地主流社会。

一、采用软传播方式

从形象构成的要素来看，小至个人形象，大至国家形象，均要在知名度和美誉度方面进行大力提升。现阶段，中国在世界上的知名度很高，但是美誉度不甚理想。因此，要想提升中国国家形象，当务之急就是在美誉度方面下大功夫。

美誉度是人们对形象的总体评价，因此中国要想提升美誉度，必须采用正确、科学的传播方式，提高世界各国人民对中国的评价。我们要充分借助华文传媒的双文化人的角度与力量，努力在美誉度上做文章；同时，海外华文传媒要注重传播的方式，淡化意识形态色彩，缩小政治方面存在的分歧，求同存异，共同开拓市场，更注重传媒出品的客观性和专业性，更强调以诚实、公正、无偏见的原则采访报道人物事件、选材编排节目，以便在移民社区赢得更高的可信度。同时，应该尽快建立起一套与现代政治和现代文明相适应的新闻媒体管理制度与模式。华侨华人建设中国软实力的作用主要体现在对中华文化的传播，民间外交，对中国国情和发展模式的宣传介绍、支持和解释等方面，而机制在于通过华侨华人的个人行为和方式、海外华文传媒、华文教育以及华人社团发挥作用。

在长达 200 年的新闻实践中，海外华文传媒确实增强了中国的软实力，在许

多重大国际事务中维护了华人形象。如在 2008 年拉萨 "3·14" 事件中，针对西方媒体对中国涉藏政策的歪曲报道，众多华文传媒据理力争，形成了一股强大力量抗衡西方媒体。

华侨华人在推动中国软实力形成和发展的过程中占有重要的地位，但也面临一些困难和挑战，其中一个重要因素就是华侨华人之间存在许多差异和矛盾，如意识形态、认同差异等，因此我们在增强文化软实力，打造良好国家形象的同时，一方面要善于运用华文传媒的力量，另一方面要客观地面对华人存在的意识形态差异，不应要求华人效忠中国，也不应过分要求他们在意识形态方面跟着中国走。在海峡两岸以及香港澳门的文化传播中，我们也不应以意识形态和区域进行分类，而应对彼此之间的文化传播予以支持。事实上，现在海外华文传媒当中，最具影响力与实力的仍属有台湾和香港背景的传媒，如台湾联合报系的《世界日报》、香港星岛集团的《星岛日报》、香港明报报业集团的《明报》，马来西亚的《星洲日报》《南洋商报》虽然独立办报，但是它们与香港明报报业集团也有密切的联系，而且许多从业者在台湾受教育，在办报理念、写作风格等方面受到台湾报业的重大影响。如果我们以中国大陆为正统，排斥这些具有台湾和香港背景的传媒，只倚重于具有中国大陆背景的法国《欧洲时报》、美国《侨报》或由留学生创办的传媒，那么就很难达到文化传播、增强软实力、改善和塑造中国国家形象的目的。

我们要客观地认识到，并非每个华人都热衷于构建良好的中国国家形象。许多华人生活在海外，入籍住在国，他们效忠的是住在国，新生代华人更是如此。我们要以更加客观、理性的态度看待华人的角色、背景，以及他们在构建中国国家形象过程中的作用。

华侨华人存在许多差异是不争的事实。我们应有博大的胸怀，尊重华侨华人的差异，对于他们的文化传播活动，只要是促进中华文化发展，有助于中国国家形象和华侨华人形象的提升，维护中国和华侨华人利益的，我们都应予以肯定，要避免站在意识形态的视角来评价华侨华人传播中华文化的举动和效果，要充分调动各方面的力量共同推动中华文化的海外传播，营造有利于华人发展、增强中国软实力、塑造中国国家形象的环境。

二、大力增强传播力和社会影响力

衡量软实力强大与否的两个重要指标就是一个国家或一种文化是否具有吸引力和影响力。面对海外传媒发展的变化趋势，海外华文传媒要不断自我调适，提高影响国际舆论的能力，增强文化吸引力和影响力。上文已经论述了海外华文传媒作为少数族群传媒，拥有对社会和政治的影响力，在一个全球化传播的时代，其作为面向华侨华人的传播工具，更因此增强了影响力。同时，其承担了传播少数族群文化的职能，向主流社会展现多姿多彩的中华文化，以一种软性的表达方式传递历史悠久的中华文化内涵，吸引主流社会对中华文化产生兴趣，并由此得到他们的尊重。

要实现增强舆论影响力的目的，就要促使媒体相对开放，要按照传播规律运作。在全球化传播时代，维持一个信息封闭的体系将付出非常高昂的代价，而且有很大风险。在一个封闭的信息系统内做决策，这种危险性更大，甚至还会决定一个国家和民族的存亡。

一个国家的国际影响力是衡量该国媒体传播效果和社会舆论影响力的重要指标。从总体来看，中国在国际舆论角逐中的议程设置和话语权相对较弱，中国的文化信息在各国媒体中传播量较小，在舆论引导方面经常处于被动局面。

这一现实，迫切需要中国创新对外传播方式方法，积极有效地影响国际舆论，变相对被动为相对主动。作为海外文化传播的主战场、主阵地，海外华文传媒能够承担这一历史任务，由外及里，帮助中国媒体掌握信息传播的主动权，通过拥有世界 1/5 人口的汉字和中华文化，形成具有强大向心力的传媒业的"大中华圈"，建立起中国在国际传播中的优势，逐步改变信息传播的不平衡状态。而为数众多的海外华文传媒可以在此过程中发挥重要的作用。

要增强舆论影响力，世界华文传媒需致力于打造一个兼容并包、开放多元、淡化意识形态差异的大传播平台，打造华文传媒品牌，推动中国媒体品牌化。当前中国的一些媒介政策已经不能适应信息传播全球化的趋势，管理不科学，非但不会拉近与世界大传媒集团的距离，反而会与它们的距离越拉越大，造成的后果就是中国政府的声音很难通过自己的传媒传播出去，不利于政府参与全球性政治、经济、文化制度的制定。中国媒体要产生强大的传播效应，需解决两个问题：首先要真正进入角色，即尊重和遵循世界通用的规则，根据国际共通性的文化标准来进行传播。这是指传媒自身的建设。其次是中国对外传播的创新问题。这个问题不解决，将极大影响海外华文传媒在海外华人以及主流社会的传播力，更会影响到当地主流社会对中国的观感。

基于塑造良好国家形象和增强软实力的目的，海外华文传媒要客观、正确认识信息传播对舆论的引导作用，并把它作为中国国家形象塑造的有效手段，不压制舆论的发生、发展，反而通过积极的手段，利用文化传播引导舆论的发展，如此，国家的良好形象才能得以树立。

海外华文传媒也要做好"三个贴近"，即贴近民众、贴近现实、贴近所在国国情。一个国家的文化影响力不仅取决于其文化内容，还取决于其风格，以及其

是否具有独特的魅力。要扩大传播途径，改善传播方式，增强文化传播力。在国际舆论环境日趋复杂、媒体生态发生根本变化的今天，应与时俱进，从更广阔的视野审视文化传播的观念。

从当前少数族群传媒增强传播力与影响力的路径来看，海外华文传媒无疑面临诸多困难。在全球化背景下，少数族群传媒能否向主流社会传播本族群的信息，仍然取决于西方社会对该信息的评价标准和少数族群传媒的效度与信度问题。美国学者埃洛斯·帕安尼能（Eloise Paananen）等认为，"少数族群传媒与主流社会的互动存在严重的不对等问题，这个问题导致了主流媒体在转载少数族群传媒的报道时有意无意地歪曲事实，丑化少数族群形象"①。

从重构主义的观点以及主流社会对待少数族群的历史来看，少数族群传媒的报道塑造了一个残缺不全的少数族群形象，集中在一系列关于当地主流社会歧视、不平等对待少数族群的特殊领域，导致美国主流媒体经常误读少数族群传媒的报道，严重扭曲了少数族群的形象。比如曾经轰动一时的"李文和案"，华文传媒指责政府把华人"间谍化"。然而主流媒体对华文报纸的报道却不以为然，认为华文传媒渲染种族主义，并把华文媒体报道内容进行再编排和再传播，传递给主流社会的信息却是华文传媒缺乏对美国的忠诚，把华人塑造成危害美国利益的少数族群，由此丑化了华人在美国社会当中的形象。又如美国学者大卫·怀斯等人在《纽约时报》《华盛顿邮报》等报纸上曾撰文批评华人和华文传媒的"中华文化混凝土情结"②，极力渲染华人从事间谍活动，导致主流社会对华人产生严重偏见。原本就存在的种族隔阂，在传媒的炒作下变成了一个中美两国的政治议题。

从美国学者对德文传媒、日文传媒再到华文传媒的研究历史来看，只要美国跟某一个国家产生纠纷，或该国对美国构成威胁，那个国家在美国的后裔及其所创办的传媒便成为美国学者研究的对象，防范色彩非常浓郁，"冷战"思维极其明显，对这些来自敌对国或非友善国的后裔和传媒的研究存在或多或少的偏见及歧视。美国学者埃洛斯·帕安尼能等认为，"美国主流媒体对这些信息再组织和报道之后，反而使主流社会对华人的误解更加严重，强化了华人不仅在文化上认同中国，而且在政治上认同中国的印象，这种情况进一步刻板了华人在美国人心

①　ELOISE PAANANEN & GEORGE TSUI. The Chinese in American. New York：The Viking Press，2003：p. 78.

②　资源综合来自：DAVID WISE. China's spies are catching up. NewYork Times，December 10，2011；JOBY WARRICK & CARRIE JOHNSON. Chinese spy "slept" in U. S. for 2 decades. Washington Post，April 3，2008；TERRY S TREPPER. Chinese Americans and their immigrant parents：Conflict，identity，and values. London：Routledge，July 13，2000：p. 247.

中的形象"①。这种现象说明华文传媒全球化所造成的影响虽然能够引起美国政府的重视，但是在强大的主流文化和媒体面前，它们的传播力仍然显得非常弱小，只能在族群内部或者在政治选举、社会公共议题等特定领域产生影响。

华文传媒还应利用传播全球化、立体化和网络化的机遇，适当对一些有关华人的社会公共议题进行设置，不仅使一个相对敏感的种族问题能够上升到全球传播的层面上，引起全世界华人的关注，而且影响到中外关系的发展，从而引起主流社会的关注。在这方面，华文传媒也有过成功的例子。如 2008 年希拉里·克林顿参加民主党总统竞选时，其竞选班子在加州拒绝《世界日报》的采访，受到《世界日报》的抗议，第二天她特地抽出一天时间接受包括《世界日报》在内的亚裔传媒的采访，以挽回亚裔的支持。事实上，随着网络的快速发展，在美国的纽约华语电视和华文报纸，通过在网络提供视频、文字和照片信息，不仅面向美国华人传播信息，而且为中国人提供有关美国华人的信息，从而构筑了传播国际化的信息传输网络，迫使美国政府正视华人的民意诉求。与此同时，面对中国迅速提高的经济实力和国际地位，美国需要从各个渠道对中国加强了解，而华文传媒在这方面拥有诸多优势，可以成为联结中美关系的重要桥梁，在国际关系中发挥更大的作用，达到增强传播力、提升话语权的目的。

华文传媒是弘扬中华优秀文化、推动中华文化走向世界的积极传播者；是拓展民间外交、发展中国人民与世界各国人民友好交往的积极推动者。其要充分利用中国崛起的有利因素，以及存在于中美之间的有利条件，发挥华文传媒"文化摇摆人"的独特功能，在推动中美关系发展的过程中实现传播力与影响力的提升。华文传媒要走出只传播华人信息的狭窄范围，把视野投向更广阔的空间，成为世界和平与人类文明的创造者和推进者，从而获得美国主流社会更高的认受性。

三、发挥文化传播的心理渗透作用

因为文化差异，国际社会对海外华侨华人和中国长期形成了一些负面看法。本课题组成员、暨南大学国际关系学院/华侨华人研究院教授陈奕平认为，这种现象大概源自以下方面：西方国家一部分人的"冷战"思维；对中国的情况不了解；中国转型期出现的问题及处理手法。第一种情况一时难以改变；第二种情况需要相互的交流、沟通和理解；第三种情况需要一个过程。在促进中国与世界

---

① ELOISE PAANANEN & GEORGE TSUI. The Chinese in American. New York：The Viking Press，2003：p. 134.

各国的交流与相互理解方面，海外华侨华人可以发挥很大的作用。其中华文传媒在其中可以起到主要和关键作用：一方面，它们具有浓郁的中国情结；另一方面，它们具有语言优势，熟悉所在国社会，可以用当地语言进行文化传播。

海外华文传媒既是中国的软实力资源，也是所在国的软实力资源，关键是能否实现共赢、促进文化交流，因此华文传媒在进行文化传播时要注意策略与技巧，不能让其他民族产生"文化沙文主义""文化狭隘主义"甚至"民族主义"的感觉，要注重文化交流的实效，采用当地通行的文化互动模式，增强文化传播的效果，以实现中华文化融入当地文化的目的，甚至影响其他文化的形成与建设。比如，印度尼西亚华人曾把中华文化传播到印度尼西亚，使印度尼西亚文化增添了中华文化元素，扩大了中华文化的影响力。又如闽南方言在印尼语中被借用，出现了用印尼语演唱京剧的情形。

美国在"9·11"事件以后鉴于基督教文明与伊斯兰教文明的文化差异，检讨了美国价值观在阿拉伯地区传播所存在的问题，为减少阻力，实现美国价值观在阿拉伯世界的顺利嵌入，特别花费 10 亿美元，利用美国文化公关公司进行国际公关，以塑造美国在阿拉伯世界以至全世界的良好形象，推出了"巧传播"的策略。美国动用国家力量，进行形象公关，争取国际支持，是一种非常高明的传播技巧，我们可以学习美国的公关策略，加大国际公关力度，重视文化传播与现代公关的结合，以实现中华文化与当地文化的无缝对接，想方设法减少文化交流的阻力。

要构建中国国家形象，海外华文传媒应注重将对外传播与现代公共关系的理念和手段相结合，如借助"第三方"的传播力量，包括国际主流媒体、各种非政府论坛、行业协会和其他社会团体、学术研究机构的专家学者、企业和专业公共关系公司等。要研究西方社会的舆论运作，细分对外传播的受众，注意做好"草尖"（舆论领袖）和"草根"（一般公众）的工作，尤其要加强对西方社会一般公众的传播，对外要多介绍普通中国人的生活，以影响他们对有关中国问题的认知和态度。

传媒作为一种重要的公关工具，其作用和功能是其他交流手段与渠道无法取代的，特别是海外华文传媒扎根于海外，熟谙当地的政治文化，更有能力和意识开展多种文化交流活动，去影响当地主流社会对华侨华人与中国的态度，培养他们对中华文化的亲善感，减少敌意。比如说，纽约每年一度的文化巡行，当地华侨华人与华文传媒通力合作，设计了多种文化传播形式与内容，既有反映中国传统文化的节目，也有融合西方文化的节目。这一方面改变了主流社会和其他少数族群对华人社会的"文化孤岛""文化自我隔离主义"印象；另一方面也有助于文化的自我生成与发展，实现中华文化与西方文化的相互融合。

在现代公关理念中，民间交往是淡化价值观差异的最好方式之一。中国相关部门在海外举办一些活动时，要改变全程参与的做法，放手让民间组织主办，以减少官方色彩，使文化活动更有民间性，更能减少当地主流社会的警惕与排斥心理。中国政府可通过社会招标，让国内外民间文化组织通过公平、公正的方式获得主办权，而自身只承担监管的职责，甚至可以联合海外华文传媒，全权委托它们举办。海外华文传媒作为文化传播机构，举办文化活动得心应手，又熟谙当地主流社会对中华文化的了解程度，能够采取当地主流社会喜闻乐见的方式吸引他们参与，从而增强文化活动以至中华文化的吸引力，文化中国的形象自然就会建立。在这一点上，中国政府可以参考西方国家的一些做法，改革文化演出体制，调动民间力量广泛参与，不至于使海外的文化传播活动只由政府机构包办，出现应者寥寥的现象。

华文传媒虽然主要面向华侨华人传播，但是要注重报道内容的再编码和再传播过程，注重信息的再增殖，减少向主流社会传播华侨华人信息时的障碍，在敏感时刻，要及时把一些重要、敏感的内容翻译成英语向主流社会传播，避免主流媒体误读。而最有效的办法就是创办英语电视频道或英文报纸，直接向主流社会传播华侨华人新闻。美国犹太人传媒的做法就很值得借鉴，如创刊于 1897 年 4 月 22 日的《前进报》，其不仅发行希伯来文报纸（פֿאָרווערטס），还创办英文报纸（*The Forward*），直接把犹太人的信息传播给主流社会，帮助主流社会了解犹太人和以色列的历史与文化，营造主流社会同情犹太人遭遇的舆论氛围，直接和间接对美国政治产生影响。由于在犹太人社区拥有较高的威望，该报直至今天仍然在发行，而且被视为犹太文化在美国存在的象征符号。

除此之外，华文传媒要充分利用文化影响力与政治动员能力，接近政治人物和主流社会，听取他们的意见，同时反映华侨华人的诉求，以此增进彼此之间的了解，这也有助于他们改变对中国的看法。西方一些政治家对中国怀有敌意或偏见，其中一部分人无论我们怎样努力都无法改变他们对中国的负面看法，这部分人我们就没有必要浪费过多的人力、物力、财力对其公关，有时还应进行针锋相对的斗争，以显示华侨华人的力量和意志；而另一部分人则是因为缺乏对中国的了解而产生偏见，对于这部分人，我们就要采用有效的公关手段，把他们争取过来，增进他们对中国的了解和理解，以减少误会。

总而言之，国际公关能够改善中国的国家形象，而文化传播作为一种软性传播力量，更适合于现代公关。作为在海外进行文化传播的重要力量，华文传媒在这一方面有广阔的空间，同时我们也要重视这股文化力量，并借助这股文化力量，通过文化传播的软性诉说，达到塑造中国良好国家形象的目的。

四、培养构建中国国家形象的人才

海外有 6 000 多万华侨华人，但是熟悉海外华侨华人情况，通晓海外华侨华人历史，以及善于利用传播工具从事中国国家形象构建的人并不多。很多从事中国国家形象传播的人员媒介素养有所欠缺，没有针对海外华侨华人的实际情况从事外宣工作，导致传播效果不佳。因此，华文传媒有必要培养从事中国国家形象构建的专门人才，而中国的相关教育机构也要挑起这副重担，帮助华文传媒培养这方面的人才，让其投身到这个领域中去，更好地服务于中国国家形象构建的战略工作。

故此，要把面向海外华侨华人宣传也纳入国际传播领域，大力培养既懂侨务又懂新闻传播的人才，把这部分人作为国际新闻专业人才培养的重要组成部分。长期以来，我国非常重视对西方的国际传播，但是对海外华侨华人的外宣工作缺乏足够的重视，总是认为海外华侨华人与我们同文同种，不需要对他们讲传播策略，只需要把国内的信息推送出去即可。在这样的外宣思维主导下，侨务外宣必然存在许多不如意的地方。当前，面向海外华侨华人传播的媒介从业者，缺乏新闻和其他相关学科知识，以及新闻传播的意识和思维，在某种程度上阻碍了面向海外华侨华人传播的创新和发展，处于被动状态，传播行为不到位。因此，提升面向海外华侨华人传播的新闻业务能力，是改进构建中国国家形象传播方式、提高中国国家形象传播质量刻不容缓的问题。

实际上，海外华侨华人与我们之间存在许多差异，思想、意识也各不相同，如果我们还是按照传统的方式对生活在新媒体时代的华侨华人进行灌输性宣传，就不可能收到实效，事实证明这种方式是行不通的。因此，要在华侨华人研究院校或新闻学院开设相关专业，打破学科藩篱，实行学科交叉培养，培养华文传媒的跨界人才，从事有针对性的中国国家形象构建与传播工作，有效地推动侨务工作的开展。

第五章　华侨华人与中国的公共外交

中国发展的历史与现实表明，华侨华人在促进我国对外交往，协助我国开展外交工作，促进中国和平统一等方面发挥了重要的作用。可以说，华侨华人是中国政府开展公共外交的重要力量。本章借鉴公共外交理论和实践研究的有关成果，根据侨务工作的特点，动态地把握华侨华人与中国和住在国的复杂关系，总结近年我国公共外交活动的理论和实践，阐述侨务部门工作对象和工作性质的独特性优势，以构建具有中国特色的侨务公共外交模式。

第一节　侨务公共外交的理论

公共外交是"一个国家为了提高本国知名度、美誉度和认可度，由中央政府或者通过授权地方政府和其他社会部门，委托本国或者外国社会行为体通过传播、公关、媒体等手段与国外公众进行双向交流，开展针对全球公众的外交活动，以澄清信息、传播知识、塑造价值进而更好地服务于国家利益的实现。由政府主导，面向社会公众，以传播和交流为主要手段"①。它包括超越传统外交的国际关系领域：政府对其他国家舆论的开发、一国私人集团与他国的互动、外交使者与国外记者的联络等。② 在全球化时代，不同国家在公共外交上的理念和做法差异很大，存在着众多公共外交的实践模式，如美国的战略模式、欧洲国家的文化外交模式、日本的经贸外交模式、以色列的族裔外交模式、伊朗和沙特等国家的宗教外交模式等。③ 一般而言，每个国家都可以从自身实际出发，从国家目标和利益出发确定独特的公共外交模式。我国是一个侨胞众多的国家，且大多数侨胞关心中国的发展。能否发挥他们的优势条件开展公共外交，构建中国的侨务公共外交模式，这是需要在理论和实践上进行探索的一个问题。

"侨务公共外交"是在2011年召开的全国侨务工作会议上首次提出的。在此

---

① 韩方明主编：《公共外交概论》，北京：北京大学出版社，2011年，第7页。
② 唐小松：《中国公共外交的发展及其体系构建》，《现代国际关系》2006年第2期。
③ 赵可金：《把握全球化时代公共外交的规律》，《公共外交季刊》2010年第2期。

次会议上，时任国务院侨办主任李海峰指出，"十二五"时期，要"以'以侨为桥——沟通中国与世界'为主线，加强侨务公共外交"。国务院印发的《国家侨务工作发展纲要（2011—2015 年)》，对未来五年的侨务工作作出了规划和部署，并特别指出，海外华侨是中国公共外交的重要抓手，侨务公共外交有巨大优势。可以说，我国开展侨务公共外交有着多年的实践经验，在理论上却缺乏相应的总结和提炼。本章首先考察近年来我国相关学者和机构对这一概念内涵的界定，然后就侨务公共外交的工作路径和特点、资源与优势展开分析。

一、侨务公共外交的内涵界定

就笔者掌握的材料来看，最早对侨务公共外交这一概念进行界定的是中山大学"华侨华人与广东的公共外交"课题组。该课题组提交的《华侨华人与广东的公共外交》研究报告中这样提出：

> 侨务公共外交是指国家、各省市侨务部门通过传播、公关、媒体、网络等手段对海外华人社会进行双向交流，引导和鼓励海外侨胞以多种方式向住在国政府及主流社会介绍中国的基本国情、发展道路和内外政策，以澄清信息、传播知识、塑造价值，帮助他们客观看待和认识中国的发展进步，以更好地服务于国家利益的实现。[①]

中国人民大学国际关系学院教授金正昆等人从公共外交的主体、客体、目标、方式等基本要素方面这样界定侨务公共外交：

> 对中国较为了解与友好的海外华侨华人，以信息传播与沟通为基本方式，向其住在国政府与社会公众说明中国、推广中国、展示中国，传播中华文化，进而构建良好的中国国家形象。[②]

上海社会科学院专家王伟男视侨务公共外交为一复合概念，并把侨务工作与公共外交从逻辑上和实务上连接起来，认为：

---

① 广东省人民政府侨务办公室、广东省社会科学院：《侨力资源新优势与广东转型发展：2011 广东海外侨务资源调研报告》，广东省侨办，2011 年，第 136 页。

② 金正昆、臧红岩：《当代中国侨务公共外交探析》，《广西社会科学》2012 年第 5 期。

> 侨务公共外交就是一个国家的（中央或地方）政府通过有效利用自身的侨务资源，把侨务工作与公共外交有机结合起来，使二者相互借鉴、相互促进，共同服务于政府的官方外交，共同致力于维护和增进自身认知的国家利益。①

以上三种定义大致说明了侨务公共外交的主体、对象、方式和目的。但笔者认为，有的界定忽略了政府侨务部门在侨务公共外交中的主导性地位和作用，没有反映侨务公共外交路径的特点；有的界定将侨务公共外交局限在侨务部门，忽视了社会其他机构开展的侨务公共外交工作，没有大侨务的观念；还有的界定则语义不够简练，文字上不够准确。如就侨务部门开展公共外交的方式而言，传播、公关、媒体、网络这几个概念在语义上是交叉的，不能并列。

笔者赞同王伟男在界定侨务公共外交内涵上所采取的视角，即将"侨务公共外交"看成是一复合词汇，将"侨务工作"与"公共外交"这两个概念有机地连接起来。其中"公共外交"是主体词汇，它表明侨务公共外交在本质上仍属公共外交的范畴，而"侨务"一词作为修饰词，表明侨务公共外交是与侨务工作有关的一种公共外交活动。笔者在此根据侨务工作的性质，综合以上侨务公共外交的概念，作出这样的界定：

> 侨务公共外交是我国有关政府、社团和民众通过信息传播、文化交流等手段与华侨华人进行接触和沟通，引导和鼓励他们向住在国公众和政府介绍中国的基本国情、发展道路、内外政策、治国理念、历史文化和价值观念，以消除误解、传播信息、塑造价值，进而树立中国良好的国家形象，提升我国软实力。

以侨务部门为主的官方机构在侨务公共外交中处于主导地位。就中央来说，这些部门和团体主要是全国人大华侨委员会、全国政协港澳台侨委员会、国务院侨务办公室、中国致公党、中华全国归国华侨联合会（中国侨联）等。它们构成了华侨华人有关公共外交的活动主体。除此之外，外交部、统战部、教育部、文化部、新闻出版广播电影电视总局、商务部、科技部、公安部、国家对外汉语教学领导小组办公室（国家汉办）等国家机关也会涉及侨务公共外交工作。除国家机构外，还应包括大量的民间组织，如中国海外交流协会、中国和平统一促进会、中华海外联谊会、中国侨商投资企业协会、中国华文教育基金会、中国华

---

① 王伟男：《侨务公共外交：理论建构的尝试》，《国际展望》2012年第5期。

侨国际文化交流促进会、欧美同学会、中华文化促进会等社团，以及与海外华人联系密切的侨乡侨眷和民众，归侨比较集中的高校、科研单位、高新科技园、留学生创业园等。在诸多侨务机构中，国务院侨办和中国侨联是主要的侨务机构。据中国侨联主席林军所说，近十几年来，全国各级侨联组织得到了长足发展，总数已从十几年前的 8 000 多个增加到 18 400 多个，省级侨联组织已覆盖了除港澳台外的各省、市和自治区，一些新经济组织和新社会组织也建立了侨联机构，形成了较为庞大的侨联系统。① 如浙江省已经建立起较为健全完善的侨联组织网络，目前共有市级侨联 11 家，在全省有 90 个县（市、区）建立侨联，乡镇（街道）侨联已达 809 个。此外，在村、社区、机关等还有大量侨联分会、侨联小组。② 广东省侨联组织发展更快。全省基层侨联组织从 2004 年的 3 000 多个发展到 2009 年底的 6 726 个，已基本形成重点侨乡的县（市）、乡（镇）、村，城市的街道、社区、华侨农场都有侨联组织的局面。③ 如江门鹤山市古劳镇侨联网络完善，制度健全。全镇 12 个行政村和社区均建立了侨联小组，侨联小组组长由村委会（社区）主任担任，已形成镇、村、社区三级基层侨联网络。目前该镇从事侨联工作的有 40 多人，主要由镇部门、村干部、侨眷和旅外乡亲组成，且该镇大多侨联组织在人员、经费、阵地、活动方面也有保障。④ 就政府侨办机构而言，目前全国省级行政单位都已建立侨务办公室，大部分区县也建立了侨办组织。在这些侨办机构中，有些是独立建制，有些是和外事机构合在一起，有些则是建在统战部里。

侨务公共外交的对象是居住在中国以外的华侨华人。如果说政府相关部门是侨务公共外交的主体，那么，华侨华人既是侨务公共外交的受众，也是侨务公共外交主体的组成部分之一。作为中国特色文化和价值观念载体的华侨华人，不可避免地因其特有的文化传统、生活方式等被住在国公众视为中国的象征，直接影响到住在国公众对中国的看法，因而中国政府需要积极对这一群体开展公共外交。以侨务部门为主的政府相关部门通过涵养资源，开展侨务文宣、侨务经科等工作，有针对性地影响华侨华人，树立侨胞良好形象，并通过他们与主流媒体和非政府组织接触和沟通，进而影响外国公众和政府对中国的客观了解和全面认识。从这个角度来说，华侨华人是中国政府相关部门的直接工作对象，而外国公

---

① 林军：《励精图治谋发展》，《人民日报》，2012 年 10 月 25 日。
② 《浙江省侨联简介》，http：//www. zjsql. com. cn/Overseassurvey. html。
③ 广东省侨联：《聚侨心·汇侨智·发侨力·护侨益——广东侨联五年工作历程回顾》，http：//www. gdql. org/hdzt/ ShowArticle. asp？ ArticleID＝15319。
④ 张国富：《以文化品牌助推社会经济发展，小侨联亦有大作为——浅谈江门鹤山市古劳镇侨联工作经验》，http：//www. gdql. org/llyj/ShowArticle. asp？ ArticleID＝17136。

众和政府则是其间接工作对象。开展侨务公共外交的手段是政府相关部门利用社会交往、大众传播、文化交流等方式联系和沟通华侨华人，凝聚侨心，达成共识，并通过他们以这些方式向住在国政府和公众介绍中国的基本国情，展示中华民族的悠久历史和灿烂文化，宣传中国的和平发展战略和建设和谐世界的理念，帮助他们客观看待和认识中国的发展进步。

就侨务公共外交的性质而言，它是侨务工作的一个重要组成部分，也是我国开展公共外交的一个重要渠道，可配合国家整体外交工作的开展。侨务工作是指侨务机构为了实现党和国家在一定历史时期的战略目标和任务，以华侨华人和归侨侨眷为主要工作对象所开展的各项工作的总称，而侨务公共外交工作则是一种综合性较强的工作，镶嵌在侨务资源涵养、侨务文宣、侨务经科、华侨和侨眷权益保护等各项侨务工作中。

就侨务公共外交的战略目标来说，它必须服务和服从于国家的整体战略目标。建设现代化的国家、完成祖国统一大业、维护世界和平发展，是中国政府和人民进入 21 世纪的三大历史任务。在 2005 年的全国侨务工作会议上，胡锦涛总书记从经济、政治和文化这三个方面提出了侨务工作三个"大有作为"的重要论断，即在凝聚侨心、发挥侨力，为实现全面建设小康社会的宏伟目标作贡献方面，侨务工作大有作为；在反对和遏制"台独"分裂势力，推动祖国和平统一进程方面，侨务工作大有作为；在开展民间外交，传播中华优秀文化、扩大中国人民与世界各国人民友好交往方面，侨务工作大有作为。2007 年 6 月，胡锦涛会见华侨华人社团联谊大会代表时表示，他希望广大华侨华人在推动住在国发展和进步的同时，努力做中国现代化建设的积极参与者，做中国统一大业的积极促进者，做中华文明的积极传播者，做中国人民和世界各国人民友好交往的积极推动者。从侨务工作服务国家总体外交战略的目标出发，侨务公共外交的工作目标即从侨务渠道增进外部世界对我国基本国情、价值观念、发展道路、内外政策的了解和认识，树立并维护好良好国家形象。可见，侨务公共外交的战略目标就是充分利用侨务资源开展公共外交活动，"向世界说明中国，促进外国公众认识真实的中国——包括中国的文化传统、社会发展、经济状况、政治体制和对内、对外政策等等"①，以增强中国的文化吸引力和政治影响力，改善国际舆论环境，提升中国形象，增强国家软实力。

---

① 赵启正：《公共外交与跨文化交流》，北京：中国人民大学出版社，2011 年，第 5 页。

二、侨务公共外交的特点

关于侨务公共外交的特点，学者金正昆、臧红岩曾撰文指出，侨务公共外交是当代中国总体外交的重要组成部分，它具有引导性、双向性、公共性、公关性、长期性、文化性等特征。① 但笔者认为，与一般的公共外交特点相比，这一概括没有抓住侨务公共外交的本质。笔者在此以公共外交为参照，从侨务公共外交的主体、客体、路径、内容、作用等方面着手，分析其以下一些特点：

第一，主体的广泛性。

从大侨务的观念出发，实施侨务公共外交的主体是广泛的。前文已述，从政府层面来看，除"五侨系统"外，还有外交、教育、文化、统战、人事、公安、外事、商务、科技等部门。从社会团体来看，除中国海外交流协会、中国和平统一促进会等直接涉侨团体外，也包括共青团、妇联等组织，还包括归侨、侨眷等群体。当然，在这些主体中，各级侨办和侨联是开展侨务公共外交的核心机构。

第二，客体的多样性。

侨务公共外交的直接对象是华侨华人，他们在文化属性、公民身份等方面不同于公共外交对象的外国公众，而且世界 6 000 多万华侨华人不是千篇一律、铁板一块的，而是由多样性构成的。从法律身份来看，既有中国公民，又有外籍华人；既有合法移民，又有无证件移民。从"世代"② 的观念来看，既有华人移民，又有土生华人。而华人移民中，既有完全移民，又有 1.5 代移民③；既有老侨，又有新移民。土生华人中，既有在当地出生的第一代，又有定居五六代的华裔。从社会阶层来看，既有普通民众，又有精英阶层，如参政人士、侨领、华商。从地区分布来看，有些居住在"弱势客地文化区域"的南洋地区，华人在文化形态上处于一个较高层次；而有些则居住在像欧美这样经济文化发达的"强势客地文化区域"。从华侨华人与中国和住在国的关系来看，既有已融入当地社

---

① 金正昆、臧红岩：《当代中国侨务公共外交探析》，《广西社会科学》2012 年第 5 期。

② 对"世代"（generation）的解释，英国著名文化史学家彼特·伯克（Burke P.）认为，这个概念可以反映人们成长的经历，通过与上代人的比较而对自己一代作出集体性界定，且让人们通过对一个特殊年龄组的归属意识而把结构变成同个体、事件联系起来。他还认为，应该像对待民族那样，把世代也处理成想象的共同体。每一代的成员分享某种经历和记忆，从而将一种与父母一代不同、以后又与子女一代不同的认同目标联系在一起。参见彼特·伯克著，姚朋等译：《历史学与社会理论》（第二版），上海：上海人民出版社，2010 年，第 181 – 182 页。

③ "1.5 代移民"（1.5 generation 或 1.5G）是移民社会学家提出的术语，主要指未成年时就移民到另一国家、人生价值观尚未形成的人。之所以被称为"1.5 代移民"，是因为他们身上带有来自祖国的一些特点，而又要在一个新的国家被同化和社会化。因此，他们的身份特征是新旧两种文化和传统的一个组合体。

会、同化程度较高、与中国关系疏远的华侨华人，又有强烈认同中国语言文化、社会生活和人际网络未能当地化，且与中国保持密切联系的华侨华人，还有能讲两种语言、在两个或更多国家拥有社会网络和事业的跨国华人。鉴于侨务公共外交客体的多样性特征，开展侨务公共外交工作时，有必要根据工作目标或目的，来具体确定发挥中介作用的对象，做到有的放矢。

第三，路径的复杂性。

公共外交的路径是一国政府和民众针对另一国政府或民众的一次性传播活动，而侨务公共外交则属于二级甚至多级传播活动。其中，华侨华人在此传播体系中处于重要的环节，既是传播的客体，又是传播的主体。从中国政府部门和民间机构到华侨华人，再到外国公众和政府的完整传播体系中，华侨华人经历了从客体到主体的角色转化。可见，不同于公共外交，侨务公共外交属于典型的二级传播模式。这是侨务公共外交的一大特点，也是其复杂性所在。

当然，以上侨务公共外交的路径也不是绝对的。有些侨务部门针对华侨华人开展的活动也吸引了外国公众和政府。近年侨务部门开展的"文化中国·四海同春""文化中国·中华美食"等就是如此。如广东省清远市外侨局于 2012 年初组团远赴巴拿马，开展春节慰侨演出，在巴拿马社会引起了巨大轰动，约有 10 万人次的侨胞及巴拿马其他各族市民、外国游客涌到会场观看演出。巴拿马国家电视台进行了现场直播，当地主流媒体西班牙文的《世纪报》在显著位置报道了演出盛况。[①] 而有些针对华侨华人的侨务活动，则往往通过侨团或侨领来开展。在此以笔者 2012 年 4 月在北京参加的第六届世界华侨华人社团联谊大会和 8 月在西班牙马德里参加的欧洲华侨华人社团联合会成立 20 周年庆典为例。时任国务院侨办主任李海峰在第六届世界华侨华人社团联谊大会上所作的《弘扬中华文化　展示侨胞形象》主题报告中，呼吁海外侨胞弘扬中华文化，展示侨胞形象，努力成为住在国"好公民""好居民"。而随后举行的欧洲华侨华人社团联合会成立 20 周年庆典即以"传承文化、树立形象、做好桥梁"为主题。在两天的时间里，大会就欧洲华侨华人如何响应国务院侨办提出的树立华人形象、重建中华文化价值观、拓展侨务外交等议题展开讨论。大会最后通过了《构建和谐侨社，促进中欧友好呼吁书》，呼吁旅欧侨社率领广大旅欧侨胞肩负起弘扬中华文化的历史责任，积极融入欧洲住在国社会，努力提高华侨华人的政治地位，为促进中欧关系和谐发展作出自己的努力。由此可见，侨务部门开展的很多公共外交工作是由侨团和侨领传递到广大华侨华人中去的，而不是直接以华侨华人为对象。

---

① 《清远外侨局携瑞龙祥狮赴巴拿马慰侨演出》，《广东侨务信息》2012 年第 1 期。

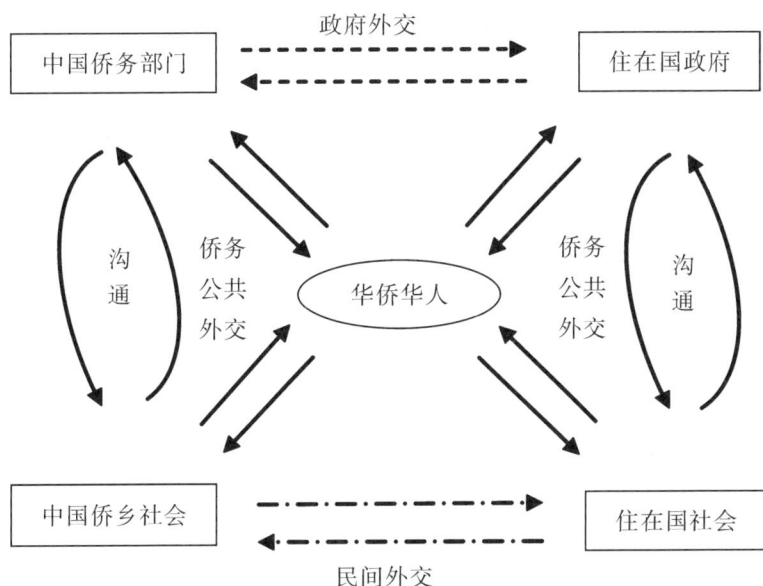

图1　跨国社会空间中侨务公共外交工作的路径

从图1可以看出，在以华侨华人为中心的跨国社会空间中，有四种类型的行为主体关系，即中国侨务部门对住在国政府、中国侨乡社会对住在国社会、中国侨务部门对中国侨乡社会或者住在国政府对住在国社会、中国侨务部门或者中国侨乡社会通过华侨华人对住在国社会和政府。前三种关系分别是政府外交、民间外交、一国内政府和民间的公共关系，只有第四种关系才称为侨务公共外交。

第四，内容的丰富性。

正如侨务部门是一个综合性部门、侨务工作是一项综合性工作一样，侨务公共外交的内容涉及面广、综合性强。在政治层面，涉及国家形象、国家话语权、和谐世界、和平统一等一系列关乎国家战略的重大政治问题。在经济层面，涉及招商引资、招才引智、经科合作等国家硬实力建设问题。在文化层面，涉及侨务外宣、华文教育、文化传播、文化交流等国家软实力建设问题。就经济方面而言，表面看来它与侨务公共外交无关，但实际上，中国政府的侨务资源涵养可以通过与华侨华人经济合作来开展，华商所经营的国际贸易是通过中国的商品输出而影响国家形象，华商通过在住在国的投资也能在当地构建包括住在国政要和民众在内的社会网络，这些都有助于开展侨务公共外交。

第五，作用的间接性。

从作用机制上看，由于侨务公共外交属于二级传播活动，即中国政府和民间通过各种联谊和交流活动，涵养侨务资源，培育和增强华侨华人对中国政府开展

263

公共外交的认知、兴趣，取得他们的理解和支持，这是一级传播，其效果是直接的。但公共外交的最终目的是要影响外国民众和政府，这需要华侨华人通过与住在国普通民众进行长期的沟通和交流来影响他们的公众舆论和公众态度，进而影响其国家对华外交政策的制定和实施，并最终实现塑造中国国家形象、构建国家认同的目标。这是第二次传播活动。由此可见，侨务公共外交更多的是通过华侨华人影响住在国民众特别是主流人士，其作用多是间接性的。

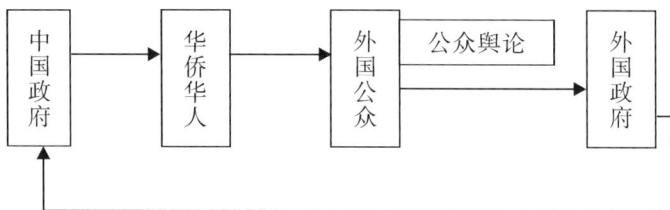

图 2　华侨华人作用机制简图

总的来说，侨务公共外交是侨务工作的一个重要组成部分，也是我国开展公共外交的一个重要渠道，是一种综合性较强的工作，镶嵌在侨务资源涵养、侨务文宣、侨务经科、华侨和侨眷权益保护等各项侨务工作中。侨务公共外交具有主体广泛性、客体多样性、路径复杂性、内容丰富性和作用间接性的特点。

第二节　侨务部门、华侨华人与中国的公共外交

改革开放以来，各地侨务部门围绕国家发展大局，根据世情、国情、侨情的不断变化，以邓小平理论、"三个代表"重要思想和科学发展观为指针，不断进取，锐意创新，从工作实际出发，针对华侨华人开展了大量卓有成效的公共外交工作。华侨华人在当地生存发展的过程中，也根据自己的工作和生活需要，一方面与中国保持经济、文化等多方面的密切联系和合作；另一方面积极融入当地社会，参政议政，维护自己的权益，配合中国政府大力开展公共外交，为自己的事业发展营造和谐、融洽的外部环境。

一、从侨务部门到华侨华人：侨务部门与公共外交

以侨务部门为主体开展针对华侨华人的公共外交，是侨务公共外交传播体系

中的重要一环和必要基础。改革开放以来，各级侨务部门以侨务工作为祖国统一大业服务、为国家外交战略服务、为提升国家软实力服务为出发点，通过"请进来、走出去"的方式，以信息传播和文化交流为主要渠道开展公共外交工作，取得了重要成效，同华侨华人重点社团和人士建立了广泛联系，巩固和发展了一支宏大的友好力量，拓展了华裔新生代、参政华人和中青年侨领等群体的工作，还策划了许多有影响、有实效的品牌活动，引导侨胞加强与住在国政府、社会和媒体的联系与沟通，增进他们对中国政府各项内外政策的理解；推动广大侨胞在增进中外人民友谊、促进国家关系发展中发挥积极作用；加强与有关部门的协作，以满足海外侨胞和归侨侨眷对优秀文化的需要为出发点，加大文化走出去的力度，努力打造一批具有影响力的知名文化品牌。

（一）信息传播

侨务部门通过向华侨华人进行信息传播来开展公共外交的具体形式有以下几种：

1. 开展日常性的联谊工作

通过"请进来、走出去"与侨胞进行面对面的信息交流和感情联络，以及通过电话、电子邮件、书信、贺年卡等方式保持联系和交流是各级侨务部门的一项日常性工作，也是涵养侨务资源的一个重要渠道。时任国务院侨办主任李海峰在 2012 年第六届世界华侨华人社团联谊大会开幕式上作主题报告时指出，国务院侨办仅在 2010 年就邀请了 120 多个国家和地区的 2 010 名侨胞在上海世博园隆重举行"华侨华人回家看世博"系列活动的启动仪式。中国侨联通过参加海外侨团的联谊大会、恳亲大会等活动，加强同海外侨胞的联系；邀请中国侨联海外顾问、海外委员、海外青年委员和海外重要侨团侨领、传统侨社负责人回国参观访问和商贸考察，支持中国侨联海外委员开展不同形式的联谊活动。如在 2011 年间，中国侨联和部分地方侨联组团分赴 20 多个国家和地区参加侨团活动，走访侨社，慰问侨胞。[①]

各地侨办认真应对海外侨情的变化，把华裔新生代、新华侨华人和重点人士、重点社团作为国外侨务工作的重点，通过各种渠道与他们建立联系，加强感情联络，邀请他们回国参观考察，参加当地重大活动，以促进侨胞与当地的感情交流和信息沟通。如福建省侨办创办"闽侨精英故乡行"活动品牌，以家族寻根方式，通过老侨带动新生代子女回乡寻根。2009 年，全省各级侨办通过"请

---

① 林军：《凝聚广大归侨侨眷和海外侨胞力量，为全面建设小康社会再立新功，以优异成绩迎接党的十八大胜利召开》，http://www.chinaql.org/ldjh/2012 - 02 - 06/ 1328496372d8078.shtml。

进来、走出去",组织参与境内外各种恳亲联谊活动等方式,共接待华侨华人重点人士 6 500 多人次,组团参团出访采访 79 个批次,184 人次。①

广东省各级侨务部门积极"走出去"联络侨胞,通过主动介入各类大型经贸、旅游、文化活动的组织工作,有针对性地邀请海外侨胞回国参与各大活动,增进联谊。2009 年全年,省、市侨务部门组织了 429 批团组访问了 150 个(次)国家(地区),省和地级市侨办共接待海外侨胞、港澳同胞近 3.65 万人次。2010 年仅广东省侨办就接待来粤海外侨胞、港澳同胞 5 830 人次,负责邀请和接待了 52 名海外华裔参政人士、东南亚国家侨领出席广州亚运会开(闭)幕式。广东省侨办还通过举办宗亲性大会来开展与侨胞的联谊工作。2010 年,在广东省侨办的指导和协助下,世界客属第 23 届恳亲大会、第六届国际潮青联谊年会等十多个国际性乡亲联谊恳亲活动在广东举办,参会代表总数达 8 890 人。广东省侨办还积极协助泰国粤籍社团开展第六届"世粤联会"筹备工作,并多次结合海外侨社活动组团出访,参加了第二届世界江门青年大会、第七届世界中山同乡恳亲大会、泰国中华总商会成立 100 周年庆典等活动。②

上海市侨办也积极拓展侨胞联系渠道。2009 年,上海市侨办以"宣传世博、联谊侨胞"为主题,组织 9 个侨务出访团到世界 19 个国家进行宣传,支持澳大利亚、美国、加拿大等侨团成立"上海世博会宣传组织委员会",与上海"浦江之声"合作录制"和谐侨界迎新春"节目,举办"贺新岁、迎世博、送彩礼"活动、"唱中华心声、迎世博盛会——华侨华人之歌"歌词征集活动和"快乐城市、快乐的人"迎世博摄影大赛,编印《新起点、新发展——上海发展现代服务业和先进制造业、建设国际金融中心和国际航运中心简介》,向海外 50 家重要侨团寄送数千份世博宣传海报、徽章、DVD 光盘。③

各地其他侨办也在涵养侨务资源方面做了大量工作。2009 年,温州全市侨办系统共举办联谊活动 30 次,邀请 2 500 多名海外侨胞参加活动,其中市侨办举办了温州市海外侨胞、港澳台同胞迎春茶话会,协助市人大民宗侨外委举办了中秋三胞茶话会等大型活动 4 次,近 1 200 名侨胞参加活动。全市共接待侨胞 4 790 多人次,市侨办接待侨胞 1 700 多人次,西班牙、荷兰、意大利、中国香港等国

---

① 福建省侨办:《锐意创新 涵养资源 发挥侨务优势为海西建设做出新贡献——2009 年福建省侨务工作总结》,http://www.fjqw.gov.cn/qbcmsapp/view/zfxxgk/news.jsp?cateunid=C8 E7754C687B0FD0FB 47C1 44687B 742B&unid=7CF67DA9217B938D48E27C399E490477。

② 《关于 2009 年省侨务工作情况的报告》,http://gocn.southcn.com/xxgk2010/gzjhybg/201005/ t20100519_93524.htm;《广东省人民政府侨务办公室 2010 年工作总结》,http://zwgk.gd.cn/ 006940212/201106/ t20110610_189273.html。

③ 上海侨办:《交流经验 优势互补》,《侨务工作研究》2010 年第 1 期。

家和地区的重点侨团 4 批次。全市侨办系统出访 6 批次，到访 11 个国家和地区。① 江苏省各级侨办在 2011 年通过组团或参团 63 批次，出访到 30 多个国家和地区；利用春节、中秋、圣诞等国内外传统节日及侨团的重大活动，及时向海外侨团、侨胞发去贺信、贺卡和电子邮件；在侨胞住在国遭遇天灾人祸，如新西兰和日本地震、泰国水灾、利比亚战争、挪威枪击爆炸案等时，及时发电问候，表达关心爱护。江苏省侨办还先后与非洲、中东、大洋洲等地区的纳米比亚、埃及、肯尼亚、莫桑比克等国家侨界建立了联系，填补了该省海外联系区域的空白。②

我们从此大致可见全国侨务部门的日常性联谊工作。通过这些日常性联谊工作，侨务部门能及时准确地了解华侨华人在海外生存发展的各方面信息，有利于其有针对性地开展侨务工作；而华侨华人与我国有关部门的经常性接触和交流，对于其准确掌握中国政治、经济、文化等各方面的政策和信息，更好地与中国加强经济文化交流和合作、积极开展公共外交，具有很大帮助。

2. 举办制度性的大会、论坛

召开世界性或地区性华侨华人相关社团大会是各级侨务部门精心打造的品牌活动，这已成为侨务公共外交的一项制度性工作，其宗旨是增进友谊与团结、促进合作与发展。如国务院侨办近年打造的品牌活动就有世界华侨华人社团联谊大会、世界华文传媒论坛、华侨华人创业发展洽谈会、世界华文教育大会、世界华人论坛等。世界华侨华人社团联谊大会是国务院侨办和中国海外交流协会的一项品牌活动，创办于 2001 年，每两年举办一届，遴选世界各国主要华侨华人社团负责人代表参加。第六届世界华侨华人社团联谊大会的主题是"弘扬中华优秀文化，展示侨胞良好形象"，来自 110 个国家和地区的约 570 名华侨华人社团负责人出席了此次大会。国家领导人高规格接见与会代表，时任国务委员戴秉国出席开幕式并讲话，时任国务院侨办主任李海峰在开幕式上作了题为"弘扬中华文化　展示侨胞形象"的主题报告。③

国务院侨办等部门也充分认识到了海外华文媒体的作用，注重国内媒体与海外华文媒体的团结合作，共同为中国公共外交的开展作出贡献。世界华文传媒论坛由中国国务院侨办、中国新闻社联合相关地方侨办举办。自 2001 年起，每两年举办一届，已先后在南京、长沙、武汉、成都、上海、重庆举办过六届。2011年 9 月召开了第六届世界华文传媒论坛，论坛的主题是"国际话语体系中的海外

---

① 《温州市人民政府侨务办公室 2009 年工作总结》，http://www.wenzhou.gov.cn/art/2010/2/24/art_7281_127316.html。

② 《钱兴荣主任在全省侨办主任会议上的工作报告》，《江苏侨务通讯》2012 年第 1 期。

③ 《中国推动侨务公共外交》，《大公报》，2012 年 4 月 10 日。

华文传媒"，来自世界 50 多个国家和地区的 600 多位华文媒体负责人参加了这一盛会。

为推动海峡两岸关系发展，促进祖国和平统一，中国 23 个民主党派和有关人民团体共同发起于 1988 年在北京成立中国和平统一促进会（简称中国统促会）。中国统促会是由赞成中国统一的各界人士自愿结成的具有独立法人地位的全国性、非营利性社会组织。其宗旨是高举爱国主义旗帜，团结一切拥护中国和平统一的海内外同胞，推动海峡两岸的民间交流与往来，反对制造"台湾独立""两个中国""一中一台"等分裂中国的活动，促进早日实现中国和平统一。① 迄今为止，全球已有 80 多个国家和地区成立了 180 多个统促会。② 北京的中国统促会是全球统促会系统的中心，它每年召开一次海外统促会会长会议，对各地统促会起到协调和引导的作用，并通过吸纳各国统促会会长为自己的理事成员而成为海外华人与中国沟通联系的桥梁和纽带。多年来，中国统促会与世界各地统促会召开了若干规模不一的全国性、区域性和全球性反独促统大会。

就地方侨务机构来看，广东、福建、浙江等地也积极打造了若干侨务活动品牌。广东省侨办连续七年成功举办"海外杰出华人广东行"系列活动，邀请了海外理事、侨领、华教高层、文化精英等近 2 000 名华侨华人代表出席，增进了海外华侨华人对广东的认识和了解，促进了广东对外交流与合作事业的发展。福建省侨办开展公共外交的联谊平台主要是三年一届的世界福建同乡恳亲联谊会和世界福建青年联会。世界福建青年联会的会员遍及 40 多个国家和地区，代表了 118 个海外主要闽籍社团，入会人数超过 10 万，是福建籍华裔新生代和新华侨华人的重要组织。2010 年 12 月，世界福建青年联会第二次会员代表大会在武夷山举行，来自海外的 100 多位世青会代表参加了大会，并产生第二届理监事会。③ 浙江也是中国的侨务大省之一，该省侨办于 1990 年创办浙江旅外乡贤聚会，至 2012 年已成功举办十七届，聚会从最初的与海外侨团互通信息、增进情谊的联谊活动，发展成为促进海外华侨华人、港澳同胞及其社团与浙江在经济、科技、文化、教育等方面合作交流的重要平台。第十七届大会以"感召侨商回归、共建'两富'浙江"为主题，旨在进一步加强浙江与海外华侨华人和重点社团之间的联谊交流，增进海外浙商与浙江之间的交往联系，向海外浙商深入介绍浙江经济社会发展所取得的成就和实施"四大国家战略举措"的情况，鼓励和推动海外

---

① 《中国和平统一促进会章程》，《统一论坛》2006 年第 1 期。

② 潮龙起、魏华云：《跨国的政治参与：华侨华人的反"独"促统工作探析——以海外中国和平统一促进会为中心》，《理论学刊》2010 年第 6 期。

③ 《福建省侨办 2010 年工作总结》，http：//www.fjqw.gov.cn/qbcmsapp/view/zfxxgk/news.jsp？cateunid = C8E7754C687B0FD0FB47C144687B742B&unid = 819A990DDDAFED7424BB7BBD51583ABC。

侨商回家乡投资兴业。这次大会有来自世界 80 个国家和地区的 400 多名海外浙江籍华侨华人参加。①

3. 加强媒体传播

各级侨办和侨联机构还建立、兴办各种新闻媒体和出版宣传品来开展对华侨华人的信息传播活动。总社设在北京的中国新闻社是在廖承志等党和国家领导人的关怀和推动下成立的，至今已有 60 多年的历史，是中国内地仅有的两家通讯社之一，以海外华侨华人和港澳台同胞为主要服务对象，向境内外媒体提供供稿服务。目前，中国新闻社有 48 个境内外分社和记者站，2 000 余名员工，建立了 24 小时不间断的信息发布系统，拥有文字、图片、特稿、网络、期刊、供版、视频七大主干新闻产品体系，形成了覆盖海外大多数华文媒介的用户网络。该社每月播发 1 000 多幅重大新闻和专题新闻图片，并根据港澳台和海外华文报刊的要求，提供图文并茂的彩色图片专稿；定期向海外华侨华人社团和中国驻外机构提供展览图片，并开办有"中国新闻网""中国新闻图片网"两个大型网站。

很多省级、地级侨办机构也建有自己的官方网站，像广东、浙江、福建一些重点侨乡县区都建有侨网。广东侨网全年上载信息 1.3 万多条，全年有效点击量达 6 000 万次，日均点击量超过 16 万次。② 福建省海外交流协会主办的《福建侨报》创办于 1956 年，是全国少有的在海外多个国家设有落地印刷发行点的报纸，分别在菲律宾、印度尼西亚、澳大利亚、南非、美国、英国、德国、匈牙利、泰国、阿根廷 10 个国家落地印刷发行，发行面覆盖五大洲多国，每期在海外发行量超过 12 万份，年发行总量超过 600 万份，为中国在海外发行份数最多的侨报。《福建侨报》主要与 12 家华文媒体合作，由该报设计好版面，发往海外华文媒体，由海外华文媒体在当地免费印刷发行；华文媒体通过发行侨报，吸引广告，增加收入，从而达到双赢的效果。通过上述与众多海外华文媒体合作落地印刷，报纸直接发行至当地华人社团会馆（所）、餐馆、超市、酒店、车站、码头、国际航班以及部分中国驻外使领馆等。③ 江苏省侨办近年也加大侨务外宣工作，积极加强与美国《侨报》、法国《欧洲时报》、巴西《南美侨报》、加拿大《环球华报》、日本《中文导报》等海外主流华文媒体的联系和合作，扩大了江苏海外专版的覆盖面。该省海外交流协会主办的《华人时刊》发行范围辐射全球 50 多个国家和地区，其推出的"水韵江苏"摄影图片展已成为江苏侨务部门开展对外

① 《第十七届浙江旅外乡贤聚会在杭州举行》，http://www.chinanews.com/zgqj/2012/09－27/4215209.shtml。

② 《关于 2009 年我省侨务工作情况的报告》，http://gocn.southcn.com/xxgk2010/gzjhybg/201005/t20100519_93524.htm。

③ 《学习福建经验 做精做深做实广东侨务》，《广东侨务信息》2010 年第 14 期。

文化交流、宣传江苏经济社会发展和生态文明建设的一个重要品牌。① 2011 年，江苏省侨办系统共制作江苏海外专版 298 个，累计邀请到 180 余家海外华文媒体、260 余名记者编辑到省内各地参观、考察、交流，有效地宣传了江苏，促进了江苏与海外的经济文化交流。②

侨刊乡讯是主要由华侨捐资、在侨乡编辑出版，并寄给海外侨胞的一种"集体家书"，以保持海内外同胞之间的信息互通和感情联络。③ 在维系以血缘和地缘关系为基础的、流散在世界各地同胞之间的凝聚力，重塑侨胞的故乡意识和认同方面，侨刊乡讯这样一种特殊出版物起到了重要作用。④ 从侨刊乡讯的主办方来说，就有宗族、学校、村社和各级政府等。作为侨务大省，2010 年广东省 138 种侨刊乡讯发行到 161 个国家和地区，发行总量达 451 万份。一些侨刊推出了网络版和增加英文内容，进一步扩大了读者面。⑤ 2011 年全省侨刊乡讯总发行 1 753 万份，其中发往海外 452 万份，遍及五大洲 161 个国家和地区。⑥ 2012 年广东境内有侨刊乡讯 141 种。中国侨乡存在的大量侨刊乡讯发挥着联络海外乡亲、传递侨情乡讯、促进侨乡建设、弘扬中华文化的作用，是侨务部门、侨乡民众开展侨务公共外交的重要阵地和平台。

4. 举办各种研习班

为增进侨界精英与中国侨务机构的友谊，引导他们正确认识中国国情、社情和民情，以及中国侨务等相关政策和中华文化，提高社团领导和协调能力，更好地为侨社服务，引领侨胞构建和谐侨社，促进中国与住在国的经济文化交流与合作，国务院侨办与地方侨办联合举办各种研习班，面向海外华文媒体负责人、海外华侨华人社团负责人、中青年骨干和华裔新生代企业家等，仅在 2012 年的前十个月就已举办了 9 期海外侨团负责人研习班，参加的社团负责人达 460 多名。⑦ 广东省侨办于 2008 年创办海外侨团中青年领袖研习班，每年一期。研习班学员

---

① 《江苏省海外交流协会第四届常务理事会 2009 年度工作报告》，《江苏侨务通讯》2010 年第 1 期。

② 《钱兴荣主任在全省侨办主任会议上的工作报告》，《江苏侨务通讯》2012 年第 1 期。

③ 张慧梅、刘宏：《20 世纪中叶新马华人社会与华南互动之探讨》，《南洋问题研究》2006 年第 2 期。

④ MADELINE HSU. Dreaming of gold, dream of home: transnationalism and migration between the United States and South China, 1882 – 1942. Stanford: Stanford University Press, 2000: pp. 124 – 155; Migration and native place: Qiaokan and the imagined community of Taishan County, Guangdong, 1893 – 1993, The journal of Asian studies, 2000, 59（2）.

⑤ 《广东省人民政府侨务办公室 2010 年工作总结》，http://zwgk. gd. gov. cn/006940212/201106/ t20110610_189273. html。

⑥ 谷立辉、廖春花、马钰杞：《广东现有 141 种侨刊乡讯》，《南方日报》，2012 年 9 月 27 日。

⑦ 《国侨办举办多期华社负责人研习班推动和谐侨社》，http://www. gqb. gov. cn/news/2012/1024/ 27906. shtml。

覆盖面广，层次高，代表性强。据统计，前四期研习班共培训学员 132 名，分别来自 37 个国家。学员当中既有传统社团的代表，也有新社团的代表；既有新移民，也有新生代。研习班围绕海外中青年在社团工作、个人事业方面感兴趣的问题开展授课，内容涉及中国国情、广东省情、华侨历史与海外侨情、侨务工作方针政策以及人际沟通艺术、中国儒学思想与和谐社会、社会动员与社团宣传策划、社团组织功能与管理、青年社团领袖素质培养等课程。[①] 2011 年，浙江省侨办根据侨情实际，分别与国侨办、温州市侨办联合举办了两期以欧洲地区浙江籍中青年侨领为主的研习班，就浙江经济现状和发展趋势、和谐侨社建设、侨胞安全防范等问题进行学习探讨，指导重点侨乡丽水市举办华侨企业家培训班。全省各级侨办全年共邀请来自 69 个国家和地区 100 多个侨团的 144 名海外中青年侨领参加各类研习活动，着力扶持侨界新生力量。从 2009 年开始，浙江省侨办还联合宁波市侨办连续多年主办"树文明形象，建和谐侨社——中国公民出国前培训系列讲座"，组织数百名准备出国人员参加培训。

（二）文化交流

文化交流也称为文化外交。文化外交是以文化传播、交流与沟通为内容所展开的外交，是主权国家利用文化手段达到特定政治目的或对外战略意图的一种外交活动。[②] 如同公关外交、媒体外交一样，文化外交作为公共外交的一种活动方式、形式、手段和策略，是促进国家间、人民间相互理解与信任，构建和提升本国国际形象与软实力的一种有效外交形式。文化外交关键是通过培植或影响国际舆论，间接左右他国行为来实现外交战略意图的，而影响国际舆论的手段和形式主要靠国际传播媒介，如互联网多媒体、广播、电视、电影、书报、音像等视听媒介。

战后以来，以美国为首的西方国家在动用经济、军事"资本"的同时，拼命发掘文化资源，以所谓至尊至上的"民主""自由""人权"等人道主义的文化价值观为旗号，见缝插针、不遗余力地向发展中国家输出文化，推行所谓"和平演变"的战略。为适应战后国际形势的发展需要，把中国良好的国家形象展示给全世界，中国政府适时提出和采取了一系列对内、对外政策的主张与行动，勾勒出后"冷战"时期中国文化外交的轮廓和内容。包括对内巩固传统文化，丰富中国文化；对外参与和利用国际多边机制，推动文化保护、交流与合作，并在国

---

① http：//bbs. gd. gov. cn/thread－6666673－1－1. html。

② 李智：《试论文化外交》，《外交学院学报》2003 年第 1 期。

际上主张文化多样性，开展文化外交。① 特别是随着中国的崛起，以胡锦涛为总书记的党的第四代领导集体在 2005 年提出了"和谐世界"文化外交理念，它在我国对外关系中起着重要作用，有利于进一步改善我国的国际形象，增强我国的软实力。

这里所说的"文化"，是指借助于语言文字的运用，以内隐或外显的方式传达表述某种精神、理念，它构成了处于一定历史传统和地理环境下的群体的"特殊成就"——在人类认识世界和改造世界的过程中所取得的特殊经验、智慧，其核心要素是价值观念和思维方式。这种"特殊成就"就是我们通常所说的人类文明，它具有国别性、民族性和地域性，可以习得、继承、传播和交流。中国文化的内涵是丰富的，不仅包括儒家文化、道家文化、法家文化、墨家文化等，在其历史演进过程中还融会、吸收了佛教文化和其他少数民族的优秀思想文化内容，形成和丰富了自己宏大的思想体系。从海外华人的角度来说，一方面，中华文化是中华民族共有的精神家园，是维系海外侨胞与祖（籍）国血肉联系的情感和精神纽带；另一方面，6 000 多万海外侨胞是中华文化的重要传承者和传播者，是中国文化"走出去"的桥梁。近年来，各级侨务部门积极探索，不断创新，加大工作力度，增进海外侨胞对中华优秀文化的了解，充分发挥海外侨胞在弘扬中华文化中的独特优势，推动中华文化走向世界。

1. 华文教育

在与华侨华人的文化交流中，开展华文教育是重中之重，是传承中华文化的重要途径，是维系海外华人中国认同的关键因素，也因此被称为"留根"工程。国务院侨办为此开展了一系列工作，如借助国内高校等机构力量，编写统一的海外华文教育教材，大力培养华语师资力量，为华文教育提供资金支持等。其中，设立中国华文教育基金会就是促进海外华文教育的一项重大举措。该基金会由十四个部委、一个民主党派中央和两所高校组成理事单位。中国华文教育基金会自 2004 年成立以来，大力宣扬中华民族尊师重教、热心公益的优良传统和美德，广泛动员海内外各方面力量，多渠道募集资金，整合资源，为弘扬中华文化，发展华文教育事业，促进中外文化交流作出了应有的贡献。② 时任国务院侨办主任李海峰在 2012 年 4 月召开的第六届世界华侨华人社团联谊大会上讲道，近两年来，我国向世界各地华校发行赠送各类教材近 400 万册；通过学历教育、专题培训、远程教学等形式，累计培训华文教师 1.7 万多人次；表彰了 1 700 多名优秀华文教师和 180 多名杰出华教人士；评选海外华文示范学校 100 多所；启动贫困

---

① 张清敏：《全球化环境下的中国文化外交》，《外交评论》2006 年第 1 期。
② 该基金会网站为 http://www.clef.org.cn。

学校资助项目，首批资助 60 所华校和 16 个重点华校组织，为 200 所华校配置"华星书屋"。①

各地侨办也非常重视华文教育工作。广东省侨办在开展华文教育工作中，加强对海外华文幼儿师资培训班的规范化管理，组织专家讲学团赴印度尼西亚进行《千岛娃娃学华语》教材使用培训，加强外派华文志愿教师工作。在国务院侨办、广东省政府以及相关部门的大力支持下，2004 年以来，广东省侨办累计选派华文教师 500 多人次赴海外华校任教。② 深圳市侨办 2006 年以来共向马来西亚、印度尼西亚等国派出华文教育志愿者 15 批 41 人次，教育专家 4 批 10 人次；在深圳举办华文学校校长培训班 2 期、教师研习班 1 期、幼儿园园长培训班 2 期，共培训了 206 人次；促成海外 17 所华文学校与该市中小学校结成姐妹学校，开展校际交流活动 8 次；向海外华校赠送各类中文书籍 5.6 万多册，以及民族舞蹈服装、舞龙、醒狮等文化活动用品。③ 浙江省侨办于 2011 年从该省华文教育基地学校选派优秀教师，以国务院侨办师资培训团的名义，赴瑞典、法国侨社中文学校开展示范教学，为 22 所中文学校培训教师 505 名；依托温州大学、浙江大学分别举办 3 期海外华文教师培训班，组织来自 10 多个国家和地区的 130 名华校教师参加培训。④

中国政府还开办各种夏（冬）令营，加强华裔青少年对中国文化的了解，其中具有代表性的是海外华裔青少年"中国寻根之旅"。这一活动是国务院侨务办公室和中国海外交流协会为帮助广大海外华裔青少年学习中文、了解中国国情和中华文化、促进海内外华裔青少年的交流而在寒暑假期间举办的活动，主要内容有学习中国民族舞蹈和中华武术、学习汉语和中华文化常识、与中国青少年学生交流、参观历史文化名胜等。已举办的百余期华裔青少年夏（冬）令营，吸引了 4 万余名华裔青少年参加，其中 2010 年海外华裔及港澳台地区青少年"中国寻根之旅"夏令营，规模达 6 000 人。⑤

各地侨务部门根据自身特点和优势，或者接受上级机关的承办任务，或者自行组织夏令营团队。如 2008 年上海的"寻根中国，相聚上海"主题营，即以"了解发展中的中国，前进中的上海，学习中华文化"为目标；福建举办了乡土特色浓郁的"中国寻根之旅——八闽千家情"活动，2010 年海外华裔青少年夏

①　《以侨为"桥"　中华文化香飘海外》，《光明日报》，2012 年 5 月 17 日。

②　《今年我省外派华文教师人数创新高》，《广东侨务信息》2011 年第 8 期。

③　周元春：《打好侨务"组合拳"　服务大局谱新篇——2005 年以来我市侨务工作回眸》，《深圳特区报》，2012 年 6 月 19 日。

④　《浙江省人民政府侨务办公室 2011 年总结》，http：//www.zjqb.com/gtb/index.jsp？url＝http%3A%2F%2Fwww.zjqb.gov.cn%2Fart%2F2012%2F4%2F11%2Fart_444_21.html。

⑤　《以侨为"桥"　中华文化香飘海外》，《光明日报》，2012 年 5 月 17 日。

令营全省营员达 6 741 人，比上年增加 1 倍，创历年之最。① 广东省侨办积极拓宽办营渠道，创新办营模式，加强与教育、文化、旅游等政府相关部门和院校等单位以及海外媒体的合作，实行上下几级侨办联合办营。其举办的寻根夏令营不仅提供书法、绘画、舞蹈等一般性的学习内容，还尝试请专家为较高水平的营员开讲座，讲侨史、谈侨乡，较系统、深入地介绍相关内容，为大学生举办禅宗文化、潮汕文化、五邑文化、茶文化、中国民俗文化等讲座，使营员们深受南粤文化的感染。② 2009 年，广东省侨办会同十市侨务部门及省有关院校举办了 32 期"寻根中国·相约广东"海外华裔青少年夏（冬）令营，参营华裔学生达到 1 110 人。2010 年，广东省侨办依托中华文化传承基地，借助社会相关部门的力量，以走近亚运、学习中华文化、领略博大精深的民族文化、寻根问祖为主题，举办海外华裔青少年"中国寻根之旅"夏令营·广东营，来自英国、美国、巴拿马、马来西亚等 30 多个国家和地区的华裔青少年共 1 515 人参加了 56 个夏令营。广东省侨办还结合宣传亚运会和"广东 2012 华人华侨旅游年"，与广东省旅游局、广州市侨办联合举办了 2010 年海外华裔青少年中国寻根之旅"相约广东·走近亚运"千人夏令营主题活动，同时组织 560 多名华裔青少年赴京参加国侨办举办的"2010 年海外华裔及港澳台地区青少年'中国寻根之旅'夏令营"大联欢活动。③ 中山市外事侨务局自 1985 年至 2011 年已成功举办了 22 届中山华裔青年夏（冬）令营，接待了来自美国、加拿大、日本、澳大利亚、新西兰、新加坡等地的 600 多名华裔学生。④ 浙江省侨办于 2011 年与国务院侨办合作举办"中国寻根之旅·快乐浙江行"华裔青少年夏令营及大联欢活动，组织来自 35 个国家和地区的 1 000 多名华裔青少年参加活动。⑤ 各级侨务部门举办的夏令营活动将学习语言、传承文化、培养感情有机结合起来，增进了海外华裔青少年对祖（籍）国的认同感和向心力，涵养了侨力资源。

"中华文化大乐园"是 2009 年以来国务院侨办为进一步满足海外华裔青少年学习中华文化的迫切需求、进一步推动优秀中华文化在海外的传承与弘扬而着力

① 《福建省侨办 2010 年工作总结》，http：//www.fjqw.gov.cn/qbcmsapp/view/zfxxgk/news.jsp？cateu-nid＝C8E7754C687B0FD0FB47C144687B742B&unid＝819A990DDDAFED7424BB7BBD51583ABC。
② 李嘉郁：《近年来华裔青少年"中国寻根之旅"夏令营活动的特点和发展趋势》，《八桂侨刊》2009 年第 2 期。
③ 侯瑜、何传普：《办好华裔青少年夏令营 大力涵养侨务新资源》，http：//gocn.southcn.com/qw-yj/201104/t20110425_155292.htm；《广东省人民政府侨务办公室 2010 年工作总结》，http：//zwgk.gd.gov.cn/006940212/201106/t20110610_189273.html。
④ 赵锡雄：《中山市以文化为纽带凝聚海内外侨胞的实践与思考》，http：//gocn.southcn.com/qwyj/201104/t20110426155332.htm。
⑤ 《浙江省人民政府侨务办公室 2011 年总结》，http：//www.zjqb.com/gtb/index.jsp？url＝http%3A%2F%2Fwww.zjqb.gov.cn%2Fart%2F2012%2F4%2F11%2Fart_444_21.html。

打造的品牌活动平台。在国务院侨办的关心和支持下，华侨大学早在2006年便启动了"中华文化大乐园"项目，旨在充分利用东南亚国家的寒、暑假期，"走出去"举办夏令营，以"寓教于乐"的教学形式和"因材施教"的教学方法，为当地华裔青少年提供学习中华文化知识、增进了解祖（籍）国的机会。至2012年，已先后在菲律宾12个城市14所华校连续举办6届，在泰国4个城市6所华校举办3届，共计5 000人次参加活动。① 作为"海外华裔青少年'寻根之旅'夏（冬）令营"活动的有益补充与拓展，"中华文化大乐园"活动以其形式灵活、内容丰富、参与便捷等特点得到了越来越多国家和地区的认可与青睐，正逐步从东南亚地区向全世界范围推广。2011年，国务院侨办共派出125名教师分赴欧洲、美洲、大洋洲和东南亚等地的10个国家，直接向5 300余名海外华裔青少年传授中华文化，填补了当地中文学校普遍缺乏中国文化课程的不足，收到了良好效果，引起了海外华文教育界的热烈反响。② 2011年浙江省侨办首次与国务院侨办合作，从省华文教育基地学校遴选14名具有才艺特长的师生，赴西班牙马德里华侨华人中文学校、意大利米兰华侨华人中文学校举办"中华文化大乐园·浙江营"活动，开设中文、中国历史地理、武术、舞蹈、书法、剪纸等12门课程，邀请326名浙江籍华裔青少年参加。③

"中华文化大乐园"特色鲜明，形式灵活，受益面广，效果突出，受到海外华社、华校、华裔青少年的欢迎与好评，得到国务院侨办领导的充分肯定。该项目已成为国务院侨办开展海外华文教育的品牌项目，正逐步向东南亚其他国家推广。

2. 文化输出

"文化中国"活动是国务院侨办近年来在开展侨务文化工作中树立的新品牌，旨在传播中华优秀文化，展示中国发展成就，丰富侨胞文化生活，满足侨胞精神需求，增加世界人民对中国及中华文化的了解和认知。早在1984年，国务院侨办和中国海外交流协会就开始利用每年春节、中秋等中华传统节日，组派具有民族文化特色的艺术团赴世界各地访演，代表国家慰问侨胞，与当地侨胞文艺社团同台联欢，共庆佳节。2006年以来，又以"文化中国"为题，先后推出"七彩云南""锦绣四川""名家讲坛""中华才艺大赛""中华厨艺海外行"等

---

① 《"中华文化大乐园"项目座谈会在华侨大学举行》，http：//www.chinanews.com/hwjy/2012/03 - 31/3789600.shtml。

② 谢晨：《2012中华文化大乐园——悉尼营教师面试工作在宁举行》，《江苏侨务通讯》2012年第5期。

③ 《浙江省人民政府侨务办公室2011年总结》，http：//www.zjqb.com/gtb/index.jsp? url = http% 3A%2F%2Fwww.zjqb.gov.cn%2Fart%2F2012%2F4%2F11%2Fart_444_21.html。

活动。从 2009 年开始，国务院侨办每年组织"四海同春""名家讲坛""中华才艺""中华美食"和"中华医学"等载体丰富的"文化中国"系列活动，不断向广大侨胞提供思想深刻、内容深刻的中华文化精品。鉴于多年来的成功经验，自 2009 年起，国务院侨办和中国海外交流协会把春节期间开展的慰侨访演活动，正式命名为"文化中国·四海同春"。由国务院侨办主要领导率领的多家艺术团组，连续数年马不停蹄分赴全球五大洲，在华侨华人聚居的主要国家和地区举办"文化中国·四海同春"活动。在中国驻外使领馆，中央驻港、驻澳联络办和当地侨社的大力支持下，活动取得了圆满成功。

为弘扬和传播中华优秀文化，加强对海外侨胞与侨社的服务和联系，中国侨联充分发挥文化交流部、海外联谊部、华侨公益基金会等职能，协调各级侨联相关部门、单位，协同海内外社会各界力量，于 2008 年决定开展"亲情中华"主题活动，主要是对按国内外文化交流资源，选派多支具有较高水平和民族特色的艺术团，在国内外重要节假日、中外建交日、海外侨团举办跨地区重大活动期间，重点选择华侨华人相对集中、海外侨团热切期盼的城市开展慰问演出和文化交流活动。截至 2012 年，"亲情中华"海外慰问演出行动已累计派出 70 余个团组，在五大洲巡演 350 余场，其中中国侨联组派了 35 个团组，在五大洲 38 个国家和地区 126 个城市举办了 196 场正式演出和 200 余场联欢活动，并且建立了一整套运行机制，编制了《"亲情中华"海外慰问演出行动指导手册》和《"亲情中华"VIS 形象识别规范手册》，保证了活动的规范化、品牌化和可持续发展。[①]

一些地方还树立大侨务观念，积极整合各种资源，拓展侨务文宣工作。广东省文化厅把对外文化交流特别是对华侨华人的文化服务工作放在重要位置，注重发挥华侨华人的桥梁渠道作用，促进文化"走出去"，努力提升一批面向华侨华人的重要文化活动，加强各项涉侨业务工作，包括支持涉台文物和华侨文物保护、鼓励创作华侨题材文艺作品、支持侨胞引介海外优秀文化活动、建设普宁华侨文化创意园等。2012 年 1—5 月，广东省出访国外及港澳台地区的文化团组共 83 批 1 350 人次。其中，开展慰问华侨华人"欢乐春节"品牌活动成效显著。2012 年春节期间，按照文化部和省委省政府的统一部署和要求，省文化厅向海外及港澳台地区派出了 38 批文艺团组 875 人次，分别赴比利时、英国、巴基斯坦、马尔代夫、法属留尼汪省、新加坡、巴拿马、马来西亚等 9 个国家和地区以及我国香港、澳门、台湾开展"欢乐春节"活动，演出了 146 场，海外观众 20

---

① 林军：《全面贯彻党的十七届六中全会精神 凝聚侨界智慧和力量 为推动社会主义文化大发展大繁荣和中华文化走向世界不懈努力——在全国侨联文化宣传工作会议上的讲话》，http://www.chinaql.org/ldjh/2012-05-17/1337224862d8626.shtml。

万人。文化交流活动内容丰富、形式多样，所到国家和地区政府首脑、各国使节、海外侨领等都亲自接见主要演员并观看演出，国际影响比较大，各大媒体也刊登了"欢乐春节"活动的开展情况。①

2002 年，国务院侨办开办了"海外华人文化社团中华才艺培训班"，旨在推动舞蹈、武术、舞龙、舞狮等中华民族优秀文化走向世界，深入海外华侨华人，丰富海外侨胞的精神文化需求。截至 2012 年，国务院侨办已累计培训 30 多个国家的 600 多名华人社团艺术骨干，为此次大赛的举办奠定了坚实的基础。② "文化中国·中华美食——中华厨艺团"是国务院侨办于 2011 年 9—10 月中秋、国庆期间首次推出的一项大型为侨服务活动。受国务院侨办委派，江苏省、福建省、北京市和广州市侨办分别选派各地中餐名厨，分赴澳大利亚、新西兰、印度尼西亚、英国、意大利、墨西哥、巴拿马和多米尼加 8 个国家访问，为当地的中餐业者进行厨艺培训和辅导，并举办大型中餐厨艺展示活动，受到各地侨界和主流社会的热烈欢迎。江苏侨办淮扬菜厨师团等一行 7 人在澳大利亚的悉尼、墨尔本以及新西兰的惠灵顿、奥克兰 4 座城市，开展了 6 场厨艺培训和展示活动、1 场交流活动。这次走出国门的厨艺培训和展示活动场面热闹非凡，主流高官云集，重量级侨领众多，嘉宾层次高。前来参加活动的主流政要、外交官员等多达50 余人。在惠灵顿，新西兰慈善总会将该场活动和慈善活动联系在一起，利用中国厨艺展示和表演活动的巨大磁场引力，向新西兰主流政要和华人社会发出邀请，以门票和奖券形式筹集善款，雕刻和面点作品当场义卖，所筹款项全部作为帮助华侨华人救难应急之用。华侨华人介入之深，投入之多，大大超出了预期。③

广东省侨办按照建设广东文化强省的部署，深化侨务外宣和侨务文化工作，大力向海外侨胞传递乡情乡音，传播岭南优秀文化，推动广东声音、广东文化、广东形象走进侨社、走向世界，增强广东的国际传播力和文化软实力，重点开展了南粤文化海外行、南粤文化行、南粤华教情、"寻根中国·相约广东"夏令营、华侨文化保育等活动，多形式组织推动海外侨胞来粤开展岭南文化学习和交流。如近年每年举办海外华裔青年禅武文化体验班和研修班各一期，吸引华裔青年武术爱好者参加，让他们感悟禅学思想，学习岭南文化；2010 年着力打造融南粤传统狮艺和禅武特色于一体的"功夫南狮"新品牌，举办了首期"海外华裔青年禅武狮艺培训班"，吸引了 14 个国家和地区的 31 名学员前来学习；开展

①　《省文化厅部署加强涉侨文化工作》，《广东侨务信息》2012 年第 10 期。

②　《"文化中国·全球华人中华才艺（舞蹈）大赛"决赛将举行》，http：//news. xinhuanet. com/world/2012 – 10/11/ c_123811750. htm。

③　魏学勇：《省侨办组织淮扬厨艺团出访澳大利亚、新西兰的情况总结》，http：//www. jsqw. com/html/ dv_453173785. aspx。

"南粤文化海外行"活动，先后组派了 3 批岭南文化特色团组赴巴拿马、越南、印度尼西亚、秘鲁、智利演出和培训。其中"广东禅武及书法文化交流团"深入印度尼西亚和越南华社举行了 8 场春节慰问演出，吸引观众 3 万多人。2009 年至 2010 年共向 59 个国家和地区的 124 个社团（机构）赠送了价值近 160 万元的文化用品。① 广东省侨联以文化阵地建设为突破口，评选出 10 个"侨界文化交流基地"、10 个"侨资企业文化特色之星"和 10 个"海外文化交流中心"，搭建了文艺演出、书画交流、摄影展览等侨界文化交流活动平台。浙江省侨联实施"亲情中华"四大行动，以"亲情中华·书画巡展"为平台，贴近侨胞"送"文化；以"亲情中华·文艺巡演"为载体，凝聚侨心"建"文化；以"亲情中华·文化寻根"为契机，立足侨乡"种"文化；以"亲情中华·刊网并进"为手段，携手合力"强"文化，并设立浙江侨界首个文化发展专项基金，首期募集资金 500 余万元。

二、从华侨华人到外国公众和政府：华侨华人与中国的公共外交

华侨华人通过公关外交、媒体传播和文化外交等方式，面向住在国公众，特别是社会精英介绍和说明中国国情、中国道路、中国模式和发展理念，影响住在国公众舆论和政府决策，是侨务公共外交的最终目标。华侨华人能否积极有效地开展侨务工作，也是检验侨务部门公共外交工作效果的重要标尺。华侨华人开展公共外交主要有以下三种方式：

第一，公关外交。公共关系是指某一组织为改善与社会公众的关系，促进公众对组织的认识、理解和支持，达到树立良好组织形象、促进商品销售目的的一系列公共活动。通过公共关系，公立的和私人的组织机构试图赢得与它们有关的民众的理解、同情和支持——借助对舆论的估价，以尽可能协调它们自己的政策和做法，依靠有计划的、广泛的信息传播，赢得更有效的合作，更好地实现它们的共同利益。② 从公共关系的角度来看，外交关系是国家一种有目的的传播活动和行为规范，主要意图在于塑造良好的国家形象。华侨华人开展公关外交多以侨团为主体，海外中国统促会就是其中的典型。由华侨华人在世界 89 个国家创建的 180 多个中国统促会就是利用其组织或成员在当地长期结成的人脉，向外国公众和政府开展公关外交，说明台湾、西藏等历史和现状，宣传中国政府"和平统

---

① 《广东省人民政府侨务办公室 2010 年工作总结》，http://zwgk.gd.gov.cn/006940212/201106/t20110610_189273.html。

② http://baike.baidu.com/view/20950.htm。

一、一国两制"的方针政策,使"一个中国"原则得到国际社会越来越多的理解与支持。

第二,媒体传播。公共外交在很大程度上是一种对外信息传播活动,而大众媒体在其中发挥了重要作用。前文已述,海外华文媒体在开展公共外交活动中具有独特优势。实际上,改革开放以来,随着中国国际地位的不断提高,与华侨华人联系的日益密切,华文媒体在向国际社会进行危机公关、消除负面影响、宣传中国形象、传播中华文化等方面起到了很大作用。在各地侨务部门的组织和引导下,很多华文媒体与国内媒体合作,大力支持和配合中央及各省主流媒体"走出去",联手报道和宣传中国各地改革开放取得的成就,宣传中国各地的重大赛事和重大活动。

第三,文化外交。"文化外交"也称"人文交流""人文外交",是指观点、信息、艺术形式以及其他文化领域内国家及其人民间的交流与交往,是软实力外交的重要组成部分。21 世纪以来,国际关系的结构发生了深刻变革,文化或人文因素的作用迅速上升,业已冲破国家和民族的界限,在国际关系事务中显得愈加重要。一般而言,文化外交被认为有助于增进国家及其人民之间在文化甚至政策方面的正面认识,强化国家之间的深入合作,降低与交往国之间发生冲突的可能性。[1]

在当前中国经济实力不断增强的态势下,不断扩大中西方之间的文化交流,弘扬中华优秀文化,推动中华文化走出去,是提升中国软实力的重要途径。而与中国对外贸易出口多于进口相比,当前中国的对外文化交流和传播却存在严重"入超",文化"赤字"问题突出,主要表现在电影、电视剧、图书、文艺演出等文化产品进口多、出口少。近年来,中国政府有关部门已认识到文化"赤字"的严重性,正在加大力度实施中华文化"走出去"工程,如近年在海外兴办的孔子学院、中国文化年、海外中华文化中心等。实际上,一直以来,海外华侨华人在日常生产和生活中,都在不断传承和传播中华文化,在不经意的点点滴滴中,自觉不自觉地为中华文化走向世界添砖加瓦。从民俗文化、行为规范到价值观念,从创办华文学校、华文媒体、中华文化中心等各种文化机构到举办各种文化活动,华侨华人都取得了很大成绩。特别是作为中华文化载体的侨团兴建了很多富有中华传统文化特色的会馆、庙宇、坟场、山庄、小区等建筑实体,创办华文学校、中华文化中心等文化教育机构,举办节庆与民俗活动(如春节团拜、春秋二祭、中元普渡、中秋赏月等),极大地促进了中华文化在海外社会的传承和传播。遍布世界各地的唐人街、中餐馆、中医诊所、华文学校、中华武馆等成为

---

① 刁大明:《全球迈入"文化外交"时代》,《中国社会科学报》,2014 年 5 月 14 日。

展示中华文化的重要场所和路径，而华人节庆和婚丧习俗则让当地人有了零距离接触中华文化的机会。越来越多的外国公众开始说起汉语，练起书法，穿上唐装，吃中国菜，学中国功夫，挂中国结，数不尽的洋建筑摆进了中式红木家具，这些无不体现了华侨华人在传播中国传统文化方面所起到的作用。

下文以美国、欧洲和东南亚为地域单位，梳理此三大板块华侨华人在当地开展文化外交的事例，进而分析他们在传播与弘扬中华文化、加强中外人文交流等方面起到的作用。

（一）美国华人与中国对美公共外交

美国与中国是世界排名前两大经济体，同为联合国常任理事国。中美关系是中国外交中最重要的双边关系，是中国外交的重中之重，关乎中国外交的全局，而且它的起伏与好坏对世界影响重大，也影响着中国国家战略目标的实现方式和程度，包括国家统一、文化建设与复兴等。自 1979 年中美关系正常化以来，两国间的经济和文化关系迅速发展，军事关系开始建立起来，不同层次的互访十分频繁。但作为政体、文化、经济等方面差异较大的两个大国，中美之间也存在全球战略、贸易、文化等问题的摩擦和冲突。如在政治安全方面，美国近年对华疑虑在上升，在东海、南海争端问题上态度强硬，纵容中国周边国家挑起事端，无端指责中国单方面改变现状，造成两国政治关系紧张。但总的来说，中美关系是在艰难曲折中不断向前发展的。

自 1965 年美国颁布和实施新的移民法以来，美国侨情发生了较大变化，华人人口数量增长较快，质量明显提高，经科实力大大增强，教育文化事业不断繁荣发展，社会地位不断提高，参政意识日益增强，社团组织不断增长，组织程度不断提高，侨务资源的总量明显增大，质量显著提升，这是我们开展中美人文交流合作的重要基础。需要强调的是，美国华人新移民较多，且文化程度较高，融入当地能力较强。美国华人一方面与中国保持密切的联系和互动，另一方面又能融入主流社会，其族群跨国性在各国华人中是最为突出的，这是我国开展对美公共外交，推进中美人文交流合作的独特资源和重要力量。

作为中国开展对美公共外交的资源，美国华人具有如下独特优势和作用：

第一，侨界精英人脉较广，人文交流优势明显，是中国文化走出去的先驱。

中美人文交流在很大程度上是跨民族、跨种族、跨国家和社会制度、跨文化层次的沟通，交往的双方分属于不同的文化背景或文化系统，而美国华人众多，目前达 420 万，更为重要的是，他们的教育文化程度和综合素质不断提高，掌握了先进的技术、技能和管理经验，因而从事专业性、技术性、管理性工作的白领阶层人数越来越多，在政界、商界、科教文化界影响较大。他们既懂中国文化、

了解中国国情，又融入当地社会、了解美国国情，能够熟练地游刃于中美文化之间，并深知国外公共舆论的运作规则。他们通过其在住在国建立的人脉关系进行人文交流，具有更多的灵活性、更强的渗透性，且由其建立的联系和影响更具持久性。

美中友好协会会长张锦平先生就是促进中美人文交流的典范。他现任美国华美商业发展中心董事长、华美国际企业有限公司董事长，也是美中友好协会的创始人之一。多年来，他不断致力于促进美中两国商业、旅游、文化艺术交流和两国人民之间的友好往来。自 2009 年以来连续五年携手美国东部地区百家机构与美国 NBA 篮网队和 MLB 大都会棒球队在球队主场成功举办一年一度美东地区规模最大的"中华之夜"万人新春或中秋晚会，并作为晚会总召集人和总策划，完美地将东方文化与西方运动精神结合起来，现场观众累计超过 10 万名。在帮助中国商业旅游走进美国的同时，在美国主流平台积极推广中国旅游，共计上百家中外媒体相继对晚会活动进行报道，影响很大。多年来，他还多次组织中国的政府、旅游、商业、文化艺术等代表团访美，与美国工商政界等各界代表交流合作，举办论坛、大型商业会展等活动，为促进中美人文交流作出了积极贡献。①

1935 年出生的杨雪兰，为美国著名华人社会活动家、文化名人，现任美国"百人会"附属的美中文化协会主席。20 多年来，她用艺术与教育作为沟通中美之间的桥梁，帮助中国艺术家走上国际舞台，如歌唱家廖昌永、沈洋，舞蹈家黄豆豆，钢琴家郎朗等。她通过演出和文化教育项目，将中国文化介绍给美国主流观众，如在全美播出的纪录片《帕尔曼在上海》《世界的另一边》等。杨雪兰成为全美传播中华文化，促进中美经济、文化交流最负盛名的华人之一。②

祖籍广东省开平市的邓伟利先生，于 1993 年至 1996 年担任美国亚利桑那州美莎市市长。其在任期间，推动该市与开平市结为友好城市。20 年来，双方利用友城平台拓展了文化、教育等领域的交流合作，两市的友谊也在交往中不断得到巩固。如在教育方面的交流就有：2000 年 5 月至 6 月上旬，美国美莎市成人学院 15 名学生到开平市广播电视大学进行学习交流，游览参观开平市市容、开平抗日历史见证物南楼和历史文物景点开元塔；2001 年西方圣诞节期间，美莎社区大学人类学教师来到开平，和部分开平英语老师见面，了解他们平时在英语教学中遇到的情况，并就如何提高中国中学生英语口语水平问题进行讲解；2002 年 5 月，美莎社区大学师生一行 18 人到广东开平长沙师范学校、开平广播电视

---

① http：//www.safaus.org/leadership_peterbio_cn.html。

② 《"2013 中华之光"候选人：杨雪兰》，http：//news.cntv.cn/2013/10/09/ARTI138 13007014948 42.shtml。

大学、长师附小和金山中学进行文化交流活动；2012年9月，美莎市美莎学院学生交流团一行24人到开平参观交流，参观了自力村碉楼群、立园和在园，了解开平的侨乡历史文化以及改革开放的新面貌。①

哈佛大学著名华人教授杜维明作为现代新儒家学派的新生代学人，是华人知识分子对美传播中国文化方面的代表。他曾在哈佛大学相继取得硕士、博士学位，先后任教于普林斯顿大学、加州大学伯克利分校，1981年始任哈佛大学中国历史和哲学教授，并曾担任该校宗教研究委员会主席、东亚语言和文明系主任，2007年获得美国人文主义协会颁发的"人文主义杰出成就奖"。他长期关切如何使传统文化与中国的现代化接轨，主张通过对话来消除文明之间的矛盾和冲突，从而构建和谐世界。近年来，他身体力行，积极参与世界范围内的文明对话，与各个宗教的世界领袖都有交往。这些宗教领袖和其他不同背景的人士对于中国传统文化的了解，均得益于杜维明的大力推介。他还利用哈佛大学的教职，为该校博士生开设儒家伦理课程，受到该校学生的热烈欢迎。有报纸报道，杜维明讲授的中国儒家文化，"吸引了这么多最有独立思想的最不受束缚的哈佛学生！偌大一个哈佛，只有杜维明是在山得斯上课的，杜维明的课堂最大，杜维明讲的中国文化的课堂最大"②。杜维明还经常利用节假日邀请所有来燕京学社的访问学者和家属去他家包饺子过节，人多时竟有100多人，他们散坐在一楼、二楼和地下室。杜维明家的聚会常成为中国文化的国际盛会。有各国来的中国人，有会讲或多或少中国话的外国人，也有虽然不会讲中国话但是热爱中国的美国人。他们一起讨论儒家理念向外部发展的空间、中国文化软实力、儒家伦理及其在世界范围的普世价值、中国经济的强大和中国文化在世界上可能发出的声音等。③

在向美国传播中国文化的华侨华人中，不仅有像杜维明这样的知识精英，也有普通的美国华侨。早在110多年前，在美国当仆人的中国劳工丁龙捐献了自己的全部积蓄1.2万美元，希望在美国一所著名大学设立汉学系，以传播中华文化，因为在他看来，美国人不了解中国和中华文明。他的雇主卡本蒂埃为了实现丁龙的愿望，陆续捐款将近50万美元。这个汉学系，就是今天的纽约哥伦比亚大学东亚系。其实，丁龙并不是知识分子，对孔子、儒家文化也知之甚少。他只是以中国人的个体形象在海外挣扎，并以自己信奉的理想和道德标准去严格要求自己，却在无形中感化了他人，传播了中华文明。而哥大东亚系不仅是美国最早的汉学系之一，而且是完全按照注重古典文化精神和人文传统的欧洲模式创建

---

① http：//www. jmwqj. gov. cn/newsShow. asp？dataID＝114。
② 陈祖芬：《杜维明：中国文化的课堂有多大》，《光明日报》，2010年2月26日。
③ 陈祖芬：《杜维明：中国文化的课堂有多大》，《光明日报》，2010年2月26日。

的。这不仅得益于哥大一以贯之的严谨办学作风以及尊重历史文化精神的优良传统，还得益于哥大当局在创办东亚系时就得到丁龙和其雇主卡本蒂埃的慷慨捐助。正是因为"丁龙汉学讲座教授"的资金足以力敌欧洲任何大学的酬金，使得它能够邀请到全世界最杰出的汉学家加盟。① 可以说，美国人开始逐步接纳儒家文化，思考它的人文价值，包括美国国会图书馆把《论语》当作西方知识分子必须学习的一个文本（也是唯一入选的非西方典籍），这与美国华侨华人的长期努力是分不开的。

　　美国百人会针对美国主流社会精英开展的一系列维护华人权益、促进中美关系发展的活动也是华侨华人开展公共外交比较突出的例子。美国百人会是1989年5月由建筑设计大师贝聿铭和大提琴演奏家马友友等美籍华人在纽约发起成立的，是美国一个独立、无党派、非营利的会员制组织，由一批来自不同领域的杰出美籍华人组成，现有会员150人左右，他们都是在美国社会中有影响力和知名度的华裔人士。百人会创立之初，更多着力于"推动美国华裔全面参与美国社会"，更多地考虑华裔在美国的利益和社会地位。随着中国的崛起，百人会清楚地看到，中美关系直接关系到华裔在美国的切身利益。因此，百人会将主要精力转向"桥接中美"，"鼓励美国与大中华区人民建立建设性的关系"。由于长期以来存在的误解和偏见，美国媒体和国会议员这两大权势集团对中国的印象并不理想，尤其是在国会里面，每年的"反华提案"皆出于此。鉴于这一情况，百人会每年年会都会邀请美国政界、商界的重要人士参加，并通过递交意见书、召开对话会、邀请访华等形式，帮助美国政府了解中国。例如，2003年的年会就邀请到美国副助理国务卿和前《纽约时报》总编辑等人发表演说，阐述中美关系发展。每逢中美之间发生重要事件，百人会都迅速作出反应，也产生了积极的影响。例如，1998年春，克林顿总统将要访华，美国社会出现了一股反华逆流，企图阻止克氏成行。为此，百人会在北加州紧急开会，会后向传媒公布了一份题为"求同存异——对华政策的致胜之途"的白皮书，呼吁中美两国超越东西文化差异，以双重文化的角度审视中美关系；搞交流对话，不搞对抗，才能确保两国乃至亚太地区和平。1999年发生李文和事件，百人会集合数十个亚裔团体，对不公平的处理方式提出严正质疑。2006年4月在旧金山举行的百人会第十五届年会上，来自华盛顿知名公关公司的罗伯特先生应邀与会，并作主题发言。此人曾经受托邀请一直叫嚷如人民币不升值便要对中国实施制裁的两位美国议员到中国访问。通过那次访问，两位议员对中国有了进一步的了解，推迟了要求人民币

---

① 王海龙：《一个中国劳工与美国哥伦比亚大学东亚系》，《科学大观园》2014年第3期。

升值的议案。①

第二，侨团组织程度较高，组织动员能力较强，是中外文化交流的桥梁。

美国华人不仅人口众多，而且组织程度较高，这与美国社会自由结社的风气和相关法律有关。美国华人社团类型多样，有历史悠久的传统侨团，有成立时间不长但数量增长很快的新型专业人士社团、同乡会、校友会、商会、政治性社团、文化团体、宗教团体、社团联合体等。随着中国改革开放的不断深入、综合实力的不断提高，美国华人与中国联系的日益密切，一些华人社团的当地化、跨国化或国际化的趋势明显，全美或全世界性的华人社团联谊会召开的频率高、参与者众。如1994年成立的全美中文学校协会是以大批留学人员和华裔新移民为主所组成的一个全国性非营利性公益组织。它两年召开一次年会，为会员学校切磋交流、集思广益办好华文教育提供了极好机会。一直以来，美国华人社团积极传播和弘扬中华传统文化、促进东西方文化交流，反对种族歧视、推动华人族群与住在国其他民族相互交往，乃至主动参政议政，建立起与住在国大社会之间的正常联系。

特别值得一提的是，美国华人从自己的生存体验中认识到中美关系对他们的生存发展影响很大，因此他们近年来积极策划并成立了若干促进中美关系的组织，如中美友好城市促进会（UCSCA）、美中友好协会（SAFA）等。总部设在美国洛杉矶的中美友好城市促进会为中美城市在友好、平等、自愿、互利的基础上建立友城关系牵线搭桥，提供咨询和进行协调，致力于整合中美友城各个行业和区域资源，推动两国友城间经贸合作、教育文体交流、经验研讨，推动城市化建设，实现共同发展和繁荣。②中美友好城市促进会在美国已久负盛名，多次成功地在中美城市间搭建起日常沟通、友好城市结对的桥梁。创立于1992年的美中友好协会是一个致力于中美友好的美国民间机构，旨在通过促进各种形式的中美友好活动，建立良好的中美交流平台，增进两国人民之间的了解和友谊，扩大两国交流与合作，深化中美友好关系。协会下设医疗、科技、教育等7个方面合作委员会。多年来，美中友好协会积极推动中美两国在商业、文化、旅游、体育、教育等各领域的合作，精心筹划安排中国在海外的大型庆典及旅游推广宣传活动、中美互访考察、专题座谈、高端论坛以及文化艺术等交流活动，切实促进中美两国地方省州和各级政府，以及民间团体之间的互动与交流合作。③近几年来，美中友好协会的一系列中美交流活动，成功地向全世界人民弘扬和宣传了中

---

① 《美国"百人会"：促中美交流　为华裔发声》，http：//www.chinanews.com/kong/news/2009/12-25/2038938.shtml。

② http：//www.ucsca.org/about.asp? id=24。

③ http：//www.safaus.org/aboutus_cn.html。

国形象和中国旅游，推广和促进了中国公共外交发展，浇灌出一朵朵绚丽的中美友谊之花。

第三，华文教育、华文传媒较为发达，传播力量较强，是中国文化传播的重要阵地。

随着中国综合实力的不断增强，美国华人新移民的增多，华文传媒受众数量的增加，美国华文传媒呈现出新的繁荣发展景象。21 世纪初，全美国中文报纸已接近百家，有近 40 个全天候华语电视台。[①] 华文报纸《世界日报》已成为美国发行量最大的报纸之一。

美国华人人数的快速增长，使华文教育成为华人的迫切需求，加上中国经济持续强劲发展、中美经济关系日益加强，华文经济价值提升，促使各地中文学校迅速发展，并逐渐呈现出兴盛的局面。据 2011 年的统计数据，美国有华文学校 500 多所，学生 6.8 万人。[②]

媒体是开展文化传播的重要手段之一。海外华文媒体作为海外侨胞和留学生发挥其智慧和力量的平台，凭借其在当地心理和地理上的"亲和力"，可以提高信息传播的可信度和有效性。近年中国在这一领域也作出多种努力，如设立国务院新闻办公室，推动中国国际广播电台、中国电视台等媒体在海外开展业务。但是，中国国内媒体在海外运营仍然存在诸多问题。与此相比，海外华人群体创办的媒体则具有特殊优势。华文媒体从业者大多是国内原有的行业从业者，或者是相关行业的精英，他们对国内的发展有着敏锐的嗅觉和较强的领悟力，得天独厚的语言优势和文化底蕴，加之对住在国的了解，可以让华文媒体在报道中更客观公正，更容易让华文节目在住在国产生积极影响。

由于近年美国华人数量增长较快，华文传媒地位提高，越来越多的美国知名企业开始与美国华文媒体合作，不少美国媒体和制作公司也开始与美国华文媒体合作，共同发展。美国鹰龙传媒近年来就联手美国多家知名国际品牌制作了大量的华语节目，在服务当地华语受众的同时，也满足了当地企业的市场拓展需求，形成了良性经营模式。此外，一些华文传媒还积极利用新媒体技术拓展业务，扩大影响。如鹰龙传媒旗下的电台与中国国际广播电台合作成立了北美制作中心，通过新媒体技术加强节目编辑管理和协调机制，开发新媒体项目，包括手机广播、网上广播和主持人与听友的网上互动等。随着这些新媒体技术的应用，华文媒体不仅减少了各族裔媒体之间的语音隔阂，而且拓展了媒体的受众市场，增加

---

① 夏春平：《风生水起　雨后春笋——"新移民华文报刊"的成因、区域流向及特点》，首届世界华文传媒论坛，南京，2001 年；朱辰华：《美国华语电视的新发展》，《新闻记者》2005 年第 11 期。

② 丘进主编：《华侨华人研究报告（2011）》，北京：社会科学文献出版社，2011 年，第 304 – 326 页。

了华文媒体的竞争力，扩大了华文媒体在美国主流社会的影响力，使其努力成为引领未来的声音。①

（二）欧洲华人与中国对欧公共外交

欧洲华人社会在经历了数百年历史和数十年快速发展后，人口规模、经济实力、社会地位等方面都有重大变化。据《海外侨情观察（2014—2015）》，欧洲华人数目约为 255 万，其中新移民 170 多万，侨团数量 1 199 个，华文学校 455 所，华文媒体 142 家。地理分布上，英国、法国、德国、荷兰等西欧老移民国人数较多，相对稳定；俄罗斯、意大利、西班牙等东欧、南欧国家增长较快，但流动性较强；北欧人数较少，增长较慢。②

近年来，围绕中国和平统一大业、中华文化的海外传播等国家战略，欧洲华侨华人也通过人文交流、公关外交等方式开展了大量工作。比利时是欧盟总部和议会所在地，比利时统促会的工作重点是做欧洲议会的工作，积极与比利时上层社会和议会进行沟通和交流。该会曾组织 200 多位华人与议长对话，希望议会坚持"一个中国"政策。在 2004 年 3 月台湾地区领导人选举前，比利时统促会致信比利时政要，呼吁比利时政府继续奉行"一个中国"原则，坚决反对台湾"独立"。③

在传播中国文化方面，欧洲华侨华人也做了大量工作。为了展示中国传统春节文化，西班牙华人社团与马德里市政府和亚洲之家合作，于 2010 年主办了首届"欢乐春节"彩妆游行和庙会，在马德里市中心西班牙广场亮相，以华侨华人为主的 400 多人的彩妆游行队伍中，特意组织了南美国家的移民队伍、马德里大学汉语系的学生队伍。当地私立学校的部分小学生也与中文学校学生一起参与游行。两天的春节庙会和四场演出中，华人社团特邀西班牙艺术家和各国移民艺术家与中国侨民同台演出，共庆中国人的传统节日，分享中国、西班牙、南美国家灿烂的文化艺术。整个春节庆祝活动热闹非凡，吸引当地民众十几万人次，20 多家主流媒体聚焦现场报道盛况。④

青田人毛峰于 2011 年在马德里 Arguelles 区创办"西班牙汉文化中心"。该中心经常举办晚会、茶道、围棋赛、武术表演等文化活动，并向西班牙民众开设

---

① 苏彦韬：《美国华文媒体如何在主流社会发声》，《中国记者》2011 年第 11 期。

② 文峰：《中欧人文交流及华侨华人的角色和参与路径》，载《海外侨情观察》编委会编：《海外侨情观察（2014—2015）》，广州：暨南大学出版社，2015 年。

③ 朱正敏：《在欧洲的心脏推动中国反"独"促统事业》，《统一论坛》2009 年第 3 期。

④ 陶辛夷：《浅析文化传播的润物细无声——兼论海外华文媒体在中华文化对外宣传中的作用》，载《国际话语体系中的海外华文媒体——第六届世界华文传媒论坛论文集》，香港：香港中国新闻出版社，2011 年。

中文、书法、武术等课程，让他们随时可以接触到中国文化。短短一年多，汉文化中心的西班牙学生已从 30 多人增加到 200 多人，并吸引了西班牙电视一台等多家当地主流媒体的关注。目前，青田华侨已经在海外开办了欧洲中国书法家协会、威尼斯中国武术馆等多家中国文化机构，在当地具有相当的影响力。在意大利，经青田县与意大利青田华侨牵线，11 位洋学员特意赶到中国，学习青田鱼灯。学成回国后，青田县向他们赠送了鱼灯道具和服装。之后，这支全部由意大利人组成的"中国·青田鱼灯"表演队，先后受邀参加了远东电影节、意大利中国文化年等重要节庆活动。①

法国华侨华人会、潮州会馆、华裔互助会、广肇会馆、番禺富善社等社团，以各种形式保存和发扬中华文化传统，并向主流社会积极宣传中华文化，扩大影响。近年来，华侨华人积极向法国主流社会推介中华文化，推动更多的人认识和了解中华文化。每年的春节巡游活动，法国政要都会出席，或到侨社拜年，参加侨社的团拜活动。巴黎十三区区长杜篷先生就经常参加华社的活动。另外，华人社团还积极参加法国社会举办的各种大型文化活动。如在 2003 年法国全民音乐节上，华人社团精心组织了富有中国特色的节目参加演出，番禺富善社表演了龙狮大会演，潮州会馆演出了潮州大锣鼓，法国电视台对此还作了专门报道。中华文化在法国逐渐为当地社会所接受和喜爱。②

一些华文媒体一方面通过其传媒向当地社会客观报道中国方面的真实情况，另一方面也作为实体机构来开展各种活动，加强传媒机构与当地社会的互动。《俄罗斯龙报》（简称《龙报》）自 2010 年以来，几乎每个月都组织专门的社会活动，以加强报纸与当地主流社会的交流和沟通。如 2010 年 7 月，《龙报》和圣彼得堡华侨华人联合会配合俄罗斯"汉语年"联合举办"我的中国情"征文活动，包括中新社在内的多家媒体对活动予以支持。2011 年 3 月，《龙报》成功主办了"我为中文狂"俄罗斯人演唱中文歌曲大赛，推动了汉语在当地的传播与发展。③

欧洲华侨华人也利用自己融通中外的优势，为中欧人文交流穿针引线，搭桥铺路。佛罗伦萨中文学校长期与意大利协助发展中国家协会合作，以"中意文化交流"为发展出发点，以"促进中意多元文化交流融合""搭建中意教育沟通桥梁"为发展目的，形成了一套正规化、制度化、合法化的华文教育模式。在该校

---

① 阮春生、徐晓军：《青田"以侨为桥"向世界传播中国文化》，《丽水日报》，2012 年 9 月 10 日。
② 黄爱华：《法国华侨华人与弘扬中华文化》，载吕伟雄主编：《海外华人社会新观察》，广州：岭南美术出版社，2004 年。
③ 刘北宪：《国际话语体系中的世界华文媒体——第六届世界华文传媒论坛主题报告》，《侨务工作研究》2011 年第 5 期。

成立的"中意文化交流协会"成为佛罗伦萨教育部门了解中国的一个重要窗口。该协会通过文化交流积极推动浙江（杭州、温州、瑞安）、广东、江西（九江）等地与佛罗伦萨教育界建立全面合作关系，通过政府教育部门之间的互访和学校间建立姐妹学校关系来实现教学、文化的交流。目前，该校所有对应姐妹学校之间每年都定期进行互访，姐妹学校的数量不断增加，地域范围已从佛罗伦萨一地扩展至米兰、都灵、博洛尼亚、布雷西亚等地。①

（三）东南亚华人与中国对东盟的公共外交

东南亚是海外华人人数最多、居住最为集中、经济实力最为雄厚的地区，也是中国建设 21 世纪海上丝绸之路的重要战略枢纽。因此，借助华侨华人的优势和力量，开展中国与东南亚间的公共外交既有必要，也具备有利的条件。

东南亚的华文媒体稳定发展，持续繁荣。如 2008 年 6 月，马来西亚星洲媒体集团、南洋报业集团与香港明报集团合并，成立了"世界华文媒体"集团，拥有包括马来西亚、中国香港、美国和印度尼西亚等地的《星洲日报》《光明日报》《南洋商报》《中国报》《明报》五大华文报纸和 30 多份华文杂志。2010年，马来西亚的英文和马来文主流报章销量继续卜跌，华文报纸销量则逆流而上，读者群持续增长，渗透率也不断上扬。一项调查结果显示，在马来西亚 600多万华人中，每天阅读中文报章的人数保持在 230 万~260 万；华文媒体覆盖60% 的华人家庭，若剔除 20% 不懂中文的华人家庭，华文媒体覆盖华人家庭的比例则更高。由此可见，马来西亚华文报章对华人影响很大，发展前景乐观。② 新加坡最大的出版机构新加坡报业控股有限公司，旗下华文报集团的 5 份华文报纸、2 份华文期刊都有独立的编辑部，总发行量超过 60 万份。在广播电视方面，从 1996 年 5 月起，新加坡国际传媒集团属下的广播机构和电视机构，每天用 4种官方语言和 6 种华语方言播放各类节目。1999 年 7 月，新加坡政府还批准新加坡报业控股有限公司创办电视台。2000 年 5 月 6 日，该电视台中文电视"优频道"正式开播。③

据马来西亚华校董事联合会总会主席叶新田博士在 2012 年召开的第六届世界华侨华人社团联谊大会上介绍，马来西亚华文学校的发展情况大致是这样的：

---

① 《海内外华教人士相聚温州研讨"华教意大利模式"》，http：//qwb. zj. gov. cn/art/2012/10/23/art_79_57914. html.

② 刘北宪：《国际话语体系中的世界华文媒体——第六届世界华文传媒论坛主题报告》，《侨务工作研究》2011 年第 5 期。

③ 程曼丽、武慧媛：《改革开放 30 年海外华文传媒发展与变迁》，载郑保卫主编：《新闻学论集》（第 21 辑），北京：经济日报出版社，2009 年。

华文小学有 1 291 所，学生总人数 59.8 万。课程内容除了马来文及英文为必修与必考科外，其他科目如数学、科学、道德教育等以华语为教学媒介语，行政用语以华文为主。华文独立中学有 60 所，学生总人数 7.366 万。华文大专有 3 所，学生总人数 3 462。改制国民型中学 78 所，学生总人数 12.644 2 万。在菲律宾，131 所华文学校主要集中分布在大马尼拉（50 所）、吕宋（39 所）、米莎耶（20 所）、棉兰佬（22 所）等地区，其中以大马尼拉的华文学校为最多和最有实力。菲律宾华文学校中，在校生规模在千人以上的有 26 所，达到 4 000 人的有侨中、崇仁等 4 所。2004 年度，90 所华校在校生数量为 68 299 人。①

　　总的来说，东南亚华社中的华人社团、华文学校和华文媒体相较其他地区更为发达，实力更为强大。作为传承中华文化的"三宝"，其社会组织功能各异，但彼此之间相互促进，相互推动。华人社团在不同历史时期为华文学校和华文媒体的发展提供了历史基础和经济支持；华文学校为华人社团和华文媒体的发展提供了文化供给和人才后备；华文媒体则为华人社团和华文学校的壮大塑造了群众基础和舆论力量。②

　　公共外交在很大程度上是一种对外信息传播活动，而大众媒体在其中发挥了重要作用。前文已述，海外华文媒体在开展公共外交活动方面具有独特优势。实际上，改革开放以来，随着中国国际地位的不断提高，与华侨华人联系的日益密切，华文媒体在向国际社会进行危机公关、消除负面影响、宣传中国形象、传播中华文化等方面起到了很大作用。近年来，在各地侨务部门的组织和引导下，很多华文媒体与国内媒体合作，大力支持和配合中央及各省主流媒体"走出去"，联手报道和宣传中国各地改革开放取得的成就，宣传中国各地的重大赛事和重大活动。就广东而言，在广东省侨办的精心组织下，星岛报业集团、马来西亚世华媒体集团等具有全球影响力的海外主流华文媒体积极与中国国际广播电台华语台合作，并多次派记者来粤采访广州亚运会、广东国际旅游文化节、深圳特区成立 30 年等广东重点大型活动，密集报道广东产业结构调整、文化保育、深化东盟合作情况。2010 年、2011 年深圳文博会期间，来自世界五大洲 49 个国家和地区的 89 家海外华文媒体近 200 名记者来深圳参加市侨办举办的"海外华文媒体聚焦深圳""相约深圳·聚焦大运"等活动，为宣传深圳、宣传大运会发挥了积极

---

　　① 史学浩：《多元文化视野中的华文教育——菲律宾华文教育的生存与发展之道》，载吕伟雄主编：《海外华人社会新透视》，广州：岭南美术出版社，2005 年。

　　② 任娜：《中华文化在东南亚地区的传承与发展：华族的角色扮演》，载《海外侨情观察》编委会编：《海外侨情观察（2014—2015）》，广州：暨南大学出版社，2015 年。

作用。① 海外华文媒体还与广东省侨办合办《侨乡广东》专版，仅 2009—2010
年就在海外华文报纸刊登《侨乡广东》、广东华侨华人旅游年等专题专版超过
310 个。

从历史上来看，早期闽粤民众在经商与移民的同时，也将中国的生活习俗和
文化带到南洋地区。根据李金明教授的研究，历史上，闽南人移居菲律宾后，在
与当地人的广泛接触中，他们很自然地把中国的服饰、饮食、语言、陶瓷、农业
技术、印刷术、雕刻艺术等传播到菲律宾，影响到菲律宾人生活的各个方面。②
在亚洲最西化的菲律宾，华人在积极融入当地文化的同时，坚守自身的民族文化
之根，在现代与传统的互动中，展现了富有特色的菲华文化，为中华文化在海外
的传播增添了色彩。③

近些年，马来西亚华社在传承中华文化、推动汉语教育等方面成绩卓著。马
来西亚侨团自 1984 年以来每年举办全国华人文化节，迄今已达 33 届。华人文化
节一方面动员了更多的华人热爱华人文化，加强了马来西亚华社的团结，起到了
整合与凝聚马来西亚华人社会的重要功能；另一方面，马来西亚华社通过华人文
化节主动与其他种族进行沟通和交流的实践，有助于促进马来西亚社会其他种族
对华人社会与中华文化的了解与欣赏，还可以使各族文化在交流中取长补短，提
升文化内涵，增进民族团结，促进马来西亚的和谐发展。④

由马来西亚富贵集团斥巨资打造的中华人文碑林园于 2012 年 10 月落成。它
坐落于马来西亚首都吉隆坡南郊 50 公里外的桃源古镇，始建于 2009 年，占地 20
英亩，被誉为海外第一碑林。园中一座座历史人物雕像，一块块雕刻诗文的石
碑，就像一部部厚重的史书，将浩瀚千年的中华文化串联起来。碑林是中华民族
传统文化艺术的典型代表，书法蕴含了丰富的文化内涵和动人的艺术魅力，是极
具文献价值和艺术价值的人文宝库。中华人文碑林园是马来西亚华人学习和了解
中华传统文化的场所，也为学者提供了一个在海外研究中华传统文化的中心，体
现了马来西亚华人社会对中华文化的热爱和执着，更说明马来西亚是一个多元民
族和谐相处、多元文化交相辉映的国家。该碑林园的建成再现了中国古代先贤的

① 周元春：《打好侨务"组合拳" 服务大局谱新篇——2005 年以来我市侨务工作回眸》，《深圳特区报》，2012 年 6 月 19 日。

② 李金明：《闽南人与中华文化在菲律宾的传播》，《华侨华人历史研究》1998 年第 1 期。

③ 陈衍德：《菲律宾华人在中华文化传播中扮演的角色——以菲华人士及归侨侨眷访谈录为主要研究材料》，《海交史研究》2012 年第 2 期。

④ 焦秀英：《种族、社群、文化：马来西亚华人文化节研究》，厦门大学硕士学位论文，2009 年。

人文结晶和艺术创新，深化了马来西亚人民对中华文化的理解。①

以上简要分析美国、欧洲与东南亚三个不同地域板块的华侨华人在开展公共外交方面的事例，涉及其开展公共外交的方式或手段、主要内容等。受各区域华侨华人本身的社会结构、在当地的融入程度及与中国关系的亲疏等因素影响，这些地区华侨华人在开展公共外交的意愿、方式和效果方面或多或少存在着差异。

第三节　公共外交中侨务部门的地位和工作建议

改革开放以来，在中央政府的正确指导下，各级侨务部门围绕党和国家的中心任务，通过"请进来、走出去"等方式不断涵养侨务资源，在经济科技、文教宣传、国外和国内侨务工作方面取得很大成绩，将侨务公共外交工作贯穿于整个侨务工作之中，为今后侨务公共外交工作的开展打下了坚实基础。

一、公共外交中侨务部门的地位

从侨务部门针对华侨华人的公共外交来看，各级侨务部门的"请进来、走出去"工作既是侨务官员和华侨华人的跨国流动，也是双方的信息交流和情感联谊。侨务部门通过举办研习班、打造侨务活动品牌和对外宣传等，不断聚合和拓展侨务资源，为侨务公共外交工作培养和凝聚了一大批骨干力量，也向海外侨胞传递了我国开展侨务工作的目的和指向，以及期望侨胞担当的角色。如2012年，时任国务委员戴秉国在第六届世界华侨华人社团联谊大会上对海外侨胞就提出三点期望：一是增进中外文化交流，展示中华文化新形象；二是开展侨务公共外交，展示当代中国新形象；三是推动和谐侨社建设，展示海外侨胞新形象。第六届世界华文传媒论坛发布宣言呼吁华文媒体要更多、更快地掌握中国的信息和资讯，公正、客观和全面地报道中国改革开放事业，向世界准确传递中国构建和谐社会的信息；促成所在国与中国的交流与合作，正确说明中国，减少世界对中国的偏见与误读；提升华文媒体的公信力与整体素质，整合华文媒体资源，形成华文媒体的国际优势；推动华文媒体之间的交流合作，实现优势互补、互惠互利、

---

① 王大玮：《马来西亚中华人文碑林园揭幕　推动多元文化发展》，http：//www.chinanews.com/hr/2012/10-29/4283785.shtml；《记马来西亚中华人文碑林园：传承经典中华文化》，http：//www.china.com.cn/international/txt/2012-10/03/content_26695282.htm。

共同发展；促进中国与华文媒体所在国家和地区之间的新闻资讯和经济、文化交流。[1] 可以说，通过互访、研习和大会交流等，政府与华侨华人进行了良好的互动，海外侨胞认真领会并以实际行动支持我国开展公共外交工作。第六届世界华侨华人社团联谊大会的举行，使一些参会侨领亲身体会到祖国政府对海外侨胞的极大关怀和高度重视，大大提高了对"弘扬中华文化，展示侨胞良好形象"的认识，更深刻地理解了其重要性、必要性和紧迫性，更加坚定了弘扬中华文化、展示侨胞良好形象的信心和决心。可以说，这些以信息传播为主要渠道的公共外交工作提升了侨社侨领的领导能力，增强了新生代企业家对我国的了解和认识，激发了海外侨胞开展公共外交的热情和干劲。

各地侨务部门举办海外华文教育研习班、海外中华茶艺培训班和禅武文化培训班等，推进华文教育，为海外社团、文化团体赠送文化物品，派送文化大餐，帮助海外侨胞开展文化传承活动，丰富了侨胞的文化生活，增加了他们对中国及中华文化的了解和认知，增强了中华文化对华侨华人的向心力，这对维系海外侨社团结，增进华侨华人同祖（籍）国的交往与感情，发展壮大海外对我友好力量，以及弘扬中华文化，促进中外文化交流，拓展民间外交，提升国家形象和软实力等起到了很大作用。

从华侨华人针对住在国的公共外交来看，华侨华人积极发挥人脉优势，利用民间渠道，向住在国公众和政府开展公关外交，向住在国政府施加影响，使住在国政府接受我国政府政策，或在涉及我国尊严、利益、形象等重大问题上支持、配合我国开展相关工作，帮助化解难题。从近年来发生的"台独"运动、拉萨"3·14"事件、北京奥运期间反华事件、乌鲁木齐"7·5"事件中可以看到华侨华人在危机公关方面所起到的独特作用。如在反独促统运动中，华侨华人利用自己各方面的条件和优势，向住在国说明台湾、西藏等的历史和现状，宣传中国政府"和平统一、一国两制"的方针政策，使"一个中国"原则得到国际社会越来越多的理解与支持。华文媒体建立了华侨华人与祖（籍）国互动互通、相互了解的平台，增强了海外侨胞的民族情感，发挥了海外华媒融入住在国主流社会的桥梁作用，在海外坚决维护祖（籍）国的民族统一，为全面树立和提升中国对外和平、友善的国家形象和民族形象，抵制和消除"中国威胁论"，起到很大作用。华侨华人在海外建立的各种教育文化机构，以及面向住在国举办的各种文化活动，加深了他们与当地民族间的情感和友谊，弘扬和传播了中华文化，增强了主流社会对中国的认知，塑造了中国良好的国际形象。华侨华人通过公关外

---

[1] 《第六届世界华文传媒论坛发表〈重庆宣言〉》，http：//www.chinanews.com/hr/2011/09 – 18/3335341.shtml。

交、媒体传播和文化外交等方式，面向住在国公众特别是社会精英介绍和说明中国国情、中国道路、中国模式和发展理念，在一定程度上影响了住在国公众舆论和政府决策，这也是我们开展侨务公共外交的最终目标。

关于侨务公共外交的作用，笔者曾于 2012 年 4 月利用为国务院侨办主办、暨南大学承办的"侨务工作与公共外交"专题研讨班授课的机会，向来自全国各地的学员进行题为"侨务工作者对侨务公共外交及其作用的认知"的问卷调查。这些学员都是省级侨办的处长或地级侨办的主任。在 51 份有效问卷中，认为侨务公共外交能传播中华文化、促进中国与华侨华人住在国的友好关系的最多，占了 96.1%，有助于国家的和平统一的占 90.2%，宣传中国外交政策的占70.6%，介绍中国发展模式的占 68.6%，维护中国国家形象的占 58.8%。

侨务部门的活动和华侨华人的优势发挥了侨务公共外交的巨大作用，这也赋予侨务部门在我国公共外交中的重要地位。

二、对侨务公共外交工作的建议

改革开放以来，为充分发挥侨务部门和华侨华人在中国公共外交中的作用，彰显侨务部门在中国公共外交领域的突出地位，侨务部门需要紧密围绕党和国家不同时期的战略任务，密切跟踪世情、国情和侨情发展的新动向，根据当今全球化和公民社会发展的新特点，不断改善和完善侨务工作机制，切实维护华侨华人的利益，真正解决华侨华人所关心的问题，让他们充分感受到祖（籍）国的温暖和力量，着力为华侨华人生存和发展服务，促进中国和华侨华人经济合作的互利共赢。在此基础上，针对华侨华人的特点，加强有效的文化和观念输出，通过他们影响国外公众、非政府组织和政府，从而更好更有效地增强中国的文化吸引力和政治影响力，改善国际对华舆论环境，实现中国的国家利益。笔者认为，有效开展侨务公共外交，涉及侨务部门和华侨华人这两个层面。下面就这两个层面提出工作建议。

（一）侨务部门的组织体制、机制和人才建设

1. 确立侨务公共外交的战略框架

对于未来中国侨务公共外交的目标而言，笔者将其分为低层次与高层次两个发展阶段，低层次目标是"将真实的中国展示给世界"，进一步改善中国的国际形象、营造良好的国际舆论氛围；高层次目标则为在此基础上"发出有影响力的话语"，提高中国的国际话语权和国家软实力。作为一项长期的系统性工程，侨务公共外交战略框架的搭建需要多项配套工程的完善，如制定侨务传播战略，在

传播手段和方式技巧上与国际主流媒体接轨；制订专门的侨务人才培训计划，造就一支精通政策、熟悉业务、善于沟通的侨务公共外交人才队伍；提高华侨华人的文化素养和参政议政能力等。

2. 建立有效的侨务公共外交体制和机制

由于开展侨务公共外交工作的主体具有广泛性，因此，一方面要充分发挥侨务部门的引领、统筹、协调作用，另一方面要充分整合、带动社会资源来开展侨务公共外交工作，形成目标一致、步调一致的良好局面。为了提高侨务公共外交工作的成效，必须整合相关资源，协调关系，成立专门的侨务公共外交委员会。该委员会由涉侨信息传播、文化教育、民间交流等部门的负责人组成，协调有关部门的侨务公共外交工作，定期召开例会，沟通了解情况，指导侨务公共外交工作的协调运行，并及时向最高外交决策层提供建议和咨询。侨务公共外交委员会主任可由主管外事侨务的国务委员担任，副主任可由外交部、教育部、文化部、中国侨联等有关机构的副职担任，负责调动各个部门和有关社会力量做好侨务公共外交工作。应设置常务副主任，由国务院侨办主任担任，以突出国务院侨办在侨务公共外交中的地位。在侨务公共外交委员会之下，可设立相关职能部门，如国际广播部、教育文化事务部等，主要负责侨务公共外交各个领域的调查，研究国际形势中全局性和战略性的问题，研究开展侨务公共外交工作的理念、议题和思路；制定侨务公共外交活动手册，协调各部门、各单位和驻外使领馆的侨务公共外交调研工作，指导基层部门、驻外侨务领事和华人社团的侨务公共外交工作，负责就侨务公共外交各个领域的工作进行协调、沟通、上情下达和下情上传等。

各省、自治区、直辖市以及市、县级政府应按照中央政府的侨务公共外交委员会体制建立相应的侨务公共外交委员会，在体制上保证侨务公共外交委员会的独立性和自主性，即侨务公共外交委员会必须有自己负责办理日常事务的办事机构和职能机构，必须有自己的基层工作机构和预算计划，必须具备合理的杠杆调动华侨华人的积极性和创造性，如经费、政策、权力等。必须整合使领馆政治处的外联职能、新闻处的外宣职能、商务处的协调职能、教育文化处的国际交流职能等，实施上级侨务公共外交部门的项目、计划和任务。

充分挖掘中国海外交流协会、中国侨商投资企业协会、中国华文教育基金会、中国华侨国际文化交流促进会、欧美同学会等社团蕴含的资源和能量，依托各种协会，有针对性地开展侨务公共外交。

加大侨务公共外交人才队伍建设的力度，制定人才培养、考察、评估、晋升等方面的政策，不断增强侨务干部的综合素质，进一步提高其统筹协调、调查研究和应对复杂局面的能力。

开展侨务公共外交是一项耗资巨大的社会工程，需要国家提供一笔数量可观的专项资金，确保侨务公共外交活动能够顺利运行。

3. 确立侨务公共外交的工作原则

开展侨务公共外交，要根据公共外交和华侨华人的特点，以及不同国别华侨华人的多样性，确立侨务公共外交的基本工作原则。

第一，公开合法原则。开展侨务公共外交，原则上要符合住在国的法律和习惯，公开合法地进行，这也是公共外交不同于传统外交之处。特别是在东南亚一些对民族问题比较敏感的国家，更应该公开合法进行，避免猜疑。

第二，合作共赢原则。开展侨务公共外交，应既以我为主，又注意听取华侨华人的意见，尊重华侨华人的意愿，考虑华侨华人的利益，以双赢为出发点和落脚点。也就是说，开展侨务公共外交，不仅要有利于维护中国国家利益，有利于促进两国关系的友好发展，而且要有利于华侨华人的生存发展。这样的工作才能调动多方面的积极性，也才能长久。

第三，引导支持原则。开展侨务公共外交，着重在引导。由于侨务公共外交的主体和客体多，因此要加强引导，使他们了解我公共外交的目的、方向，做到目标明确，步调一致，活而不乱，有的放矢，提高工作效率，避免因行为做法不当而产生不良效果。

第四，区别对待原则。针对不同地区的华侨华人，或者同一地区不同法律身份、不同世代身份、不同阶层的华侨华人，要采取不同的政策措施和工作方式。按照《国家侨务工作发展纲要》提出的要求，要重点做好对当地主流社会有影响力的华裔杰出人士特别是参政人士的团结友好工作；发挥海外侨胞在发展我国与未建交国家关系、缔结友好城市等方面的积极作用；依托沿海、沿边地区地缘亲缘优势，大力开展民间友好活动，巩固周边睦邻友好关系。

第五，有为有不为原则。政府侨务部门应考虑工作对象的特点和侨务工作的性质，做到有为有不为。从公共外交的理论来讲，侨务部门更多的是提供政策引导和资助，而不是直接出面开展侨务公共外交工作，特别是针对外国公众的，或者是针对民族问题比较敏感国家的华人的工作。笔者认为，开展侨务公共外交，政府侨务部门起主导作用，但主体是华侨华人，特别是华侨华人精英、华侨华人社团、华文学校、华文媒体等。侨务部门要摆正位置，定位要准确。很多教育文化交流活动是一种社会领域中发生的自觉自愿的文化消费活动，如果完全由政府出面进行筹划和控制，就会失去文化消费应有的吸引力。因此，在一些文化交流活动中，侨务部门绝不能直接控制和垄断，其定位应该是间接的宏观领导，统筹协调，积极引导，提供服务，而经营运作由民间部门负责。

第六，润物细无声原则。侨务公共外交是一项广泛的、长期的、基础性的跨文化交流大工程。同时，公共外交还是一种软实力的表达，这种表达是文化性的，因而往往是比较柔和、直截了当和容易被理解的。

（二）华侨华人资源的涵养、开发和保护

侨务公共外交的主体是华侨华人，有效地开展侨务公共外交工作，必须壮大华侨华人力量，充分调动华侨华人的积极性，使他们有兴趣、有能力、有办法开展侨务公共外交工作。笔者认为侨务部门应从以下几点着手：

1. 引导和促进华侨华人融入当地社会

华侨华人只有融入当地社会，参与当地事务，并为当地作出贡献，才能广结人缘，广交朋友，赢得当地人民的信赖与尊重，也才能更好地发挥作用。特别要引导和鼓励华人参政，一方面，可以更好地维护华人自身的权益；另一方面，可以在公共外交中发挥更重要的作用，更好地促进住在国与中国的相互了解、友好往来和交流合作。

2. 加强华侨华人精英阶层和重点社团的工作

华侨华人精英阶层主要是参政人士、社团首领、大企业家、科学家、律师、传媒高层、宗教领袖，此外还有特殊身份的人士。华侨华人重点社团主要是华洋结合的半官方社团，著名政治性社团，主要商会组织，全国性、地区性地缘性社团等。华侨华人精英阶层和重点社团在华人社会和当地社会都有一定的地位和影响力，发挥这些力量开展侨务公共外交，可起到事半功倍的效果。要以侨引侨，通过华社侨领、华人企业家组织华裔参政人士来华寻根、访问考察，做好华裔参政人士工作。必要时对精英阶层开展工作所需条件给予支持，邀请他们来华（回乡）访问考察，给予一定荣誉（成为海外交流协会理事、列席政协会议华侨代表、领导会见等），并在会务开展、夏令营、文化活动等方面给予支持。

3. 发挥海外华文媒体作用

华文媒体不仅对华侨华人了解中国、传播中华文化有重要作用，在一些国家或城市也对主流社会产生影响，还可以通过华媒人士沟通与主流媒体和高层人士的联系。支持海外华文媒体做大做强，扩大华文媒体在华人社会乃至主流社会的覆盖面，可以借鉴海外华文教育示范学校评选和资助方式，选择一些有实力、有影响的华文媒体作为重点培育对象，在人员、资金、业务等方面进行支持和资助；邀请海外华媒高层来访，加强合作交流，建立合作机制；向海外华文报纸、网站提供信息、专版；帮助海外华文报纸培训编辑、记者，甚至帮助华文报纸物色主编、记者。要"借船出海"，通过海外华媒或华侨华人，邀请主流媒体高层、记者、制作人、专栏作家等来华访问和采访报道，以外国人的视角，用外国人熟悉的面孔和方法来宣传一个真实的中国。

第六章　华侨华人与中国软实力内向性建设

国家软实力是一国软实力资源在国内与国外两个向度上所产生的影响力、感召力、凝聚力与吸引力等的统一。前已述及，华侨华人通过自身一系列直接、间接的行为，参与中国软实力的外向性建设，在传播中华文化、助力中国公共外交、提升中国国家形象、增强中国海外影响力等方面发挥着独特而重要的作用。本章则从中国改革开放和侨乡社会经济腾飞、投资增长与制度创新建设、慈善捐赠事业的发展、良好社会风气的形成等方面，梳理华侨华人在新中国国家软实力内向性建设方面的贡献。

第一节　华侨华人与国家软实力内向性建设的关系

华侨华人在中国国家软实力建设过程中发挥了不可替代的重要作用。中国是全球移民输出大国，华侨华人遍布世界各地。长期以来，广大华侨华人艰苦创业，行迹遍及全球各大洲。大多数华侨华人不仅了解中国的语言习俗、历史传统，而且了解中国国情和发展模式。他们既可以成为加深各国对中国了解的窗口，又可以作为连接中国与世界的桥梁，具有十分特殊的纽带作用。该群体作为一个特殊的载体，自中华人民共和国成立以来，尤其是改革开放以来，在中国国家软实力建设方面扮演着重要角色。中国改革开放总设计师邓小平曾指出："我们有几千万爱国同胞在海外，他们对祖国作出了很多贡献。"[1]

具体来看，华侨华人在国家软实力建设方面具有内向性和外向性的双重作用。可以说，无论是约瑟夫·奈还是中国学者，在界定软实力概念时其主体均是以国家为基础，而当软实力概念以国家为基础之时，来自国家的软实力资源首先是在国家内部社会产生效应，继而才有可能在对外传播中产生一定的影响力和吸引力。因此对于国家软实力内涵和外延的理解，我们就不能只关注一国

---

[1]　国务院侨务办公室、中共中央文献研究室编：《邓小平论侨务》，北京：中央文献出版社，2001年，第12页。

为达到某种国家目标而影响、吸引他国的能力，还要考虑到一国国内制度、文化、民族精神、社会风尚等领域的建设，即内部能力与外部能力并重的"软实力"。国家软实力应该是一国软实力资源在国内与国外两个向度上所产生的影响力、感召力、凝聚力与吸引力等的统一，因此根据主体内外的不同，我们才将国家软实力的建设划分为软实力的外向性建设和内向性建设两部分。①

顾名思义，华侨华人与国家软实力的外向性建设是指海外华侨华人通过自身一系列直接、间接的行为来直接或者间接影响国家软实力的向外施展、延伸，使中国软实力的影响力顺利走向世界。近年来，华侨华人在国家软实力的外向性建设方面所做的努力以及取得的成果是有目共睹的，华侨华人在助力传播中国文化、推广华文教育、推广中国的公共外交方面发挥了不可或缺的关键性作用。唐人街的文化名牌，"汉语热"的日渐盛行，华文学校的广泛建立，公共外交的顺利实施，华侨华人功不可没。相比之下，软实力的内向性建设则是指海外华侨华人以及港澳同胞通过自身一系列直接、间接的行为来直接或者间接影响国家软实力的内向构建、提升，使中国软实力在优质组合的过程中影响内地发展，同时更好地走向世界。以法制建设方面而言，华侨华人的直接行为包括未立法之时的建言、立法之时的参与讨论等行为，间接行为包括对立法的动向以各种形式如座谈会、发表声明等表示支持等行为。一系列行为造成的直接影响即为大力推动立法进程实施，促进了中国的法制建设进程，加强了中国国家软实力的内向性建设；间接影响则是在这个过程中提高了国内民众的法律意识，对于推进全民法制教育具有重大作用。

华侨华人推动中国国家软实力内向性建设的机制表现为两种：一是直接推动中国国家软实力的内向性建设，这种机制在华侨华人推动国家软实力内向性建设方面占大多数，在国家法制建设方面，华侨华人积极参与立法过程，参加各种相关会议、献言献策，直接推动了国家立法的进程以及法制建设的完善，直接推动了国家软实力内向性的建设。在中国经济转型的关键时期，华侨华人一如既往地支持中国经济发展，无论是从人力、物力还是财力方面，均贡献了自己的一份力量，进而直接推动中国经济的产业升级。在支持内地文教事业发展方面，华侨华人多年来通过捐资修建硬件设施、资助贫困学生等直接方式帮助内地文教事业的发展，直接推动国家软实力的内向性建设。二是通过推动经济等中国硬实力的发展进而间接推动中国国家软实力的内向性建设。这种机制在华侨华人推动国家软实力内向性建设方面处于辅助地位，但由于华侨华人的

① 参见蒋英州：《政治文化视角的国家软实力研究》，武汉大学博士学位论文，2010 年，第 30 - 38 页。

特殊地位以及作用，往往会取得意想不到的效果。在法制建设方面，华侨华人通过直接推进中国法制建设的行动，传递了对法制建设的关注度，提高了国内民众的法律意识，优化了国内的立法施法环境。在经济转型方面，华侨华人虽然并未直接推动国家首批纯民营资本银行的成立，但正是由于华侨华人寄回家乡的侨汇数额巨大且处于闲置、直接推动经济发展等因素的综合影响，国内银行业的发展出现历史性突破。在爱心捐赠方面，正是由于华侨华人历次的踊跃捐赠，国内的捐赠、公益风气逐渐形成，社会正能量得以体现。通过以上两种机制的综合与互为补充，华侨华人在推动、提升中国国家软实力的内向性建设方面发挥了独特的作用力和影响力。在此基础之上，笔者将具体论述华侨华人在中国国家软实力内向性建设方面的作用。[①]

第二节　华侨华人与中国社会经济发展

侨汇是华侨华人对祖（籍）国经济社会建设发展的最直接支持，因为侨汇作为非贸易外汇和劳动力货币补偿，决定了侨汇的进入不必以实物物资输出相抵。同时，作为侨汇作用的另外一个方面，侨汇急剧增长不仅带动汇款方式的转变、就业市场的扩大、侨乡社会生活的多元化和丰富化，还带来侨眷家庭投资理念的发展以及基层社会精神文明程度的逐步提高，从这个意义上来讲，侨汇在促进国家软实力增长方面具有重要意义。

一、新移民与侨汇数额增长

1978 年改革开放后，侨汇政策发生了与以往不同的变化，以钞代汇、以物代汇成为新时期侨汇进入中国大陆的普遍形式，在此情况下侨汇数量不断减少。然而经过 20 世纪 80 年代侨汇的逐渐低落阶段后，自 90 年代起，中国侨汇收入却重新进入新一轮增长时期，特别是 90 年代后半期以来，侨汇总量的增长已经远远超过自中华人民共和国成立以来 40 年的增长总额，形成新形势下侨汇发展的新局面。

为便于作出说明，本部分以 1978—2013 年中国海外移民汇回国内的汇款总量及其变化为例。

[①]　参见蒋英州：《政治文化视角的国家软实力研究》，武汉大学博士学位论文，2010 年，第 30–38 页。

表1　1978—2013 年中国海外移民汇回国内款项统计表

单位：百万美元

年度	汇款额	年度	汇款额
1978	537	1996	1 790
1979	590	1997	4 661
1980	576	1998	4 127
1981	418	1999	4 796
1982	564	2000	6 244
1983	497	2001	8 385
1984	371	2002	13 012
1985	253	2003	17 815
1986	438	2004	19 014
1987	234	2005	20 337
1988	385	2006	23 319
1989	???	2007	32 833
1990	210	2008	40 641
1991	436	2009	41 600
1992	739	2010	52 460
1993	811	2011	61 576
1994	986	2012	57 987
1995	1 053	2013	59 491

资料来源：世界银行网站，http：//econ. worldbank. org/WEBSITE/EX – TERNAL/EXTDEC/ EXTDECPROSPECTS/0，contentMDK：21122856 ~ menuPK：5963309 ~ pagePK：6416540 1 ~ piPK： 64165026 ~ theSitePK：476883，00. html；http：//www. worldbank. org /en/topic/migrationremittanc- esdiasporaissues/brief/ migration – remittances – data。

与 20 世纪 90 年代以来侨汇高增长相伴随的一个重要现象，是中国新移民人口数量的急剧增长及其汇款能力的提升。改革开放以来，中国新移民的海外分布以美洲和欧洲为主要地区。美国国安部 2009 年 8 月 13 日公布 2008 年移民报告，报告显示：仅 2008 年加入美国国籍的新移民就达到 104. 7 万人，比 2007 年猛增 58%。按祖籍国划分，墨西哥裔最多，为 23 万；其次为印度裔和菲律宾裔，分别有 6. 6 万和 5. 9 万；中国大陆为 4 万，占总数的 3. 8%。从获得长期居留权来

看，按出生地划分，2008 年中国出生的公民获得美国绿卡总数居第二位。2008 年，美国共发放绿卡 110.7 万张，比 2007 年增加 5 万张，其中新批准中国出生的绿卡持有者 8 万人，比 2007 年增加 4 000 人，占绿卡审批比例的 7.3%，次于墨西哥出生者 17% 的比例，但高于印度 5.7% 和菲律宾 4.9% 的比例。[1] 与中国新移民数量增长相伴随的侨汇数额增长可谓相当惊人。以浙江温州为例，海外温州人、温籍港澳台同胞有 50 多万人，分布在 80 多个国家和地区，其中在欧洲的温州人最多，这些年来已经从经营餐饮业逐步转向外贸等各行各业。逢年过节，在华侨较多的文成、瑞安等地，侨汇资金量相当惊人。根据统计，2008 年 1 月 1 日至 20 日，全市外币汇入 7 亿多美元，净流入为 6.6 亿美元。按照当时人民币对美元汇率中间价，折合人民币有 30 多亿元。大量资金流回温州，一方面，将会对温州经济发展和现代化建设起到很大的作用；另一方面，温州人创造的实际国民生产总值及温州城乡居民实际收入都要大大超过正常的统计数据。[2]

再据福建省政府发展研究中心研究员朱美荣的研究，20 世纪 70 年代末至 21 世纪初，中国大陆国际新移民至少有 100 万人。而据 1997 年福建省侨办侨情普查，1949—1996 年福建全省新移民是 53.35 万人，总数中 90% 以上移民是在 1979 年以后出国的。因此，1979—1996 年的新移民数量是 50 万左右。从福建出入境情况看，1979—1998 年公民出国人数是 55.96 万，其中办因私护照出国定居的约 5.6 万人，办探亲、自费留学、旅游、劳务、其他等因私护照成为新移民的约 20 万人，公派劳务滞留不归成为新移民的约 2 万人，估计以偷渡和其他非法途径（持假证件如假护照）出境成为新移民的至少也有 22 万人。1979 年以来，福建省公民出国主要集中在福州和泉州。两市占总出国人数的 84.2%，其中福州占 49.6%，比例最高，且非法移民更集中在福清、长乐、连江三地。三明、南平、龙岩、宁德属老移民少但新移民后发地区，发展速度快，仅几年新移民人数已与厦门、漳州、莆田相当，占总出国人数的 8%，且走势强劲，尤其是三明明溪已成为福建"旅欧第一县"。福建新移民迁入地主要是美国、菲律宾、日本、新加坡四国，共占全省出国总人数的 66%；其次是加拿大、印度尼西亚、马来西亚、澳大利亚、英国，共占全省出国总人数的 17%；其余 17% 零星分布在近百个国家和地区。这些国家中，新移民在 1 万人以上的有 8 个国家，0.1 万~1 万人的有 13 个国家，这 21 个国家共有新移民 43.5 万人，约占新移民总数的 87%；其中东南亚六国占 40%，美、澳、欧、日等发达国家和地区占 60%。发

---

① 《美国移民报告：2008 年近 105 万人入籍　猛增 58%》，中国新闻网，http://www.chinanews.com/hr/hr-ymfb/news/2009/08-14/1819236.shtml，2009 年 8 月 14 日。

② 《侨乡温州侨汇资金量惊人：二十天汇回七亿多美元》，中国温州商会网，http://www.88088.com/zoujinwz/cfwz/2008/0214/265299.shtml，2008 年 2 月 13 日。

达国家是福建新移民的最大迁入地。新移民增长和侨汇数量增长带来不少新变化。[①]

二、侨汇方式及作用的新变化

第一，侨汇寄递方式更为便捷。如 2007 年以来中国银行温州市分行与国际知名汇款公司 BTS 汇款公司合作，推出了个人国际汇入汇款新业务——"侨汇通"。"侨汇通"汇入汇款采用两种方式：一是现金取款，即汇款人如果仅能提供收款人姓名、联系电话、地址和有效身份证件号，款到境内后银行将通知收款人前来柜台办理取款；二是直接打入收款人账户。BTS 汇款公司有网点 3.5 万余家，遍及全美，方便了劳务输出人员、境外就业人士、海外侨胞向境内汇款。[②]

第二，减轻国内就业压力，增加侨汇数量，带动家乡经济发展。以福建新移民为例，福建三明、南平每年各有上千人出国，不仅开辟了农村剩余劳动力的就业渠道，而且汇回的对外劳务收入占县农民人均纯收入的 1/10 以上。又如福清市剩余劳动力逾 10 万人，但 1979 年以来福清办定居护照的合法移民加合法出境滞留不归者约 6 万人。据不完全统计，在日本，一个福清人打工一年，平均能汇回 15 万元人民币。这些人出国客观上大大减轻了剩余劳动力就业对当地政府的压力，且外汇收入也不断增长。以旅居美国的福建华侨为例，他们通过中行汇回的美元逐年增加。长乐市侨汇收入 1991 年是 1 600 万美元，1998 年是 2.3 亿美元。如果加上由地下钱庄汇回的，可达到 5 亿~6 亿美元，远远超过了长乐市的财政收入 2.8 亿元。就连三明明溪县新移民 1998 年汇回的外汇存款也达到 311 万美元。[③]

第三，在新移民不断增长的趋势下，中国大陆新侨乡不断出现，侨汇大量转化为投资。改革开放后，大批中国人移居海外，很多人已取得住在国的长期居留权（绿卡）成为新华侨，或者加入住在国国籍成为新华人。改革开放后北京每年有 7 000 多人出国留学，其中 2/3 旅居国外。北京归侨、侨眷、留学人员在京眷属有 30 余万人，侨资企业达 1 万余家。随着在海外的乡亲越来越多，北京迅速成为新侨乡。据不完全统计，从 2001 年起北京籍新移民数量已超过 10 万，他们有着与老华侨华人和其他省市新移民不同的地域特点。首先，他们多以留学生身份出国，较为年轻，文化素质高。这与北京作为全国科技、文化中心的地位是

① 朱美荣：《福建省新移民问题剖析及相关政策初探》，《人口研究》2001 年第 5 期。
② 《温州"侨汇通"方便侨胞》，《人民日报》（海外版），2007 年 9 月 14 日。
③ 朱美荣：《福建省新移民问题剖析及相关政策初探》，《人口研究》2001 年第 5 期。

302

分不开的。其次，他们多从事科研、企业管理等职业，与老华侨华人和其他省市的新移民在国外多从事餐饮等传统服务行业不同。再次，新移民十分重视与国内的联系，他们了解国内的社会状况及人民的生活情况，与国内有千丝万缕的联系，桥梁作用显著。最后，新移民较快地成立了自己的社团，截至 2006 年 9 月以北京冠名的华侨社团从无到有，已有 24 个，他们能够主动接触当地主流社会，参政意识较强。① 新移民投资热情很高，截至 2005 年 9 月，留学人员在京创办的企业已达 5 000 多家，成为北京经济发展新的增长点。其中，在中关村科技园区内留学人员创办的企业就达 2 728 家，高峰时平均每个工作日就有两三家留学人员企业注册成立，比 1999 年增加了近 9 倍，注册资金总额达 34.8 亿元人民币，园区从业留学人员近 6 800 人，是 1999 年的 5 倍。同时，在留学人员创办的企业中，已涌现出一批像中星微、博奥芯片、华大基因、启明星辰、UT 斯达康、亚信科技、搜狐等拥有自主知识产权、在各自领域内位居全国甚至国际前列的高新技术企业。全国 21 家在美国纳斯达克上市的高新技术企业中，有 8 家由在中关村的留学人员创办。② 2008 年 4 月 18 日，在毗邻北京的天津滨海新区，全国首只华侨投资基金正式设立，基金规模达 50 亿元人民币。该基金重点投资于市政府政策鼓励或滨海新区具有竞争优势的发展项目，以及中国在全球范围内资源性项目的开拓。该基金为有限合伙制人民币基金，已承诺投资的发起股东包括外资银行、国内外知名企业及杰出华侨商人等。③ 此外如福建省，新移民为家乡建设和各项事业发展也作出很大贡献。如福州市有新移民 26 万人。仅"九五"以来福州市共批准"三资"企业 1 327 家，实际利用外资 32.7 亿美元，其中来自侨胞和港澳同胞的投资占 70% 以上。在重点侨乡，如福清，这部分资金还占到 90% 以上。根据不完全统计，1993—1998 年福州市海外乡亲捐赠的款物金额已超过 8 亿元人民币，有力地支援了家乡建设。④

随着侨汇数量的提升，在如何使用包括侨汇在内的侨乡大量金融资产方面，出现了制度创新的呼声和举措。如 2009 年温州年侨汇收入超过 190 亿美元，在国家批准设立温州金融综合改革试验区后，温州民间资本至少 4 次提交办民营银行的正式申请。从数据上看，截至 2013 年 6 月末，温州民资已经进入金融领域的资金规模合计约 360 亿元，其中进入银行业的资金规模约 200 亿元。在此背景下《温州市个人境外直接投资试点方案》已获国家外汇管理局浙江省分局批准，自 2011 年 1 月 4 日始温州市成为全国首个开展个人境外直接投资试点工作的城

① 《试论北京新侨乡的由来及发展》，国务院侨办网站，2006 年 9 月 28 日。
② 《投资创业环境好　北京成"海归"创业首选之地》，人民网，2005 年 9 月 30 日。
③ 《全国首只华侨投资基金落户滨海新区》，《北京商报》，2008 年 4 月 21 日。
④ 朱美荣：《福建省新移民问题剖析及相关政策初探》，《人口研究》2001 年第 5 期。

市。其规定个人单项境外投资额不超过等值 300 万美元；多个投资者共同实施一项境外直接投资的，投资总额不超过等值 1 000 万美元；个人境外直接投资年度总额不超过 2 亿美元。① 这是侨乡金融制度创新的重要例证。当然，面对新时期侨汇发展所产生的新局面，在阐述正面价值的同时，也应看到侨汇所带来的负面问题。这些问题主要是指侨汇地下钱庄的日益猖獗及其伴随的热钱涌入问题，21 世纪以来此类大案不断发生，而这一新问题就要求侨汇政策必须从单纯保护转变为保护与防范并重、提倡与规制并举的新型管理模式，这种管理模式不仅要求具有可操作性，还要求有很强的执行力，维护中国金融安全，维护海外侨胞和国内侨眷的经济利益，提升中国相关行业整体素质和能力，使近年来渐被忽视的侨汇政策，真正为中国经济社会的快速发展认真服务，为中国金融、邮政的国际运营安全保驾护航。

第三节　华侨华人与中国经济模式的转变

华侨华人的在华投资作为联系中国与外部世界经贸往来的桥梁，其投资地域之广、行业领域之大、投资数量之巨十分惊人，不愧为引导外资进入中国的先锋和主力，极大地促进了中国经济社会的现代化。而且在 21 世纪以来，华侨华人投资还带动政策层面对侨资企业合法权益的保护、区域合作模式的创新、投资平台的扩大等一系列新变化，在制度层面、舆论层面、社会效益层面等都产生了积极效果，促进中国社会物质文明和精神文明事业的双发展。

一、21 世纪以来海外华侨华人对中国大陆投资基本情况

（一）21 世纪以来的侨资发展变化

2001 年以来中国大陆对外资形成全面开放格局，在继续改善投资环境的同时，中国政府逐渐将引资重点转向高新科技领域和引导外资投入国内薄弱产业部门。引进外资的重点也由开放之初主要解决国内建设资金不足，向配合产业调整和升级、提高技术水平、形成有国际竞争力的产业门类方向转变。21 世纪以来中国外资引进逆势而上，在此阶段侨资企业进入稳定成长时期，特别是随着中国国内需求不断增长，侨资与外资开始转向以中国国内市场定位其投资取向，中国

---

① 《温州获准国内首家试点个人境外直接投资》，《南方周末》，2011 年 1 月 12 日。

大陆作为国际新兴市场成为侨商投资的主导因素。追求中国国内市场占有率，成为华商投资新的选择重点。同时，中国坚持对外开放基本国策不动摇，不断完善外商投资的法律法规，依法保护境内外投资者和外商投资企业的合法权益，鼓励并正确引导外商投资，积极推动贸易投资便利化，国际引资竞争力得以不断增强。从改革开放至 2010 年 12 月，中国累计批准设立外商投资企业超过 71 万家，实际使用外资超过 1 万亿美元，连续超过 16 年居发展中国家首位。[①] 其中 2003年中国首次超过美国成为世界最大外资引进国，截至当年 12 月全国累计批准设立外商投资企业 46.52 万家，实际利用外资 5 014.7 亿美元，[②] 但 2004 年之后外资在中国大陆的发展呈现加速度态势，在 2004—2010 年期间全国累计批准设立外商投资企业 25 万余家，实际利用外资超过 5 000 亿美元。短短 7 年时间中国大陆所利用外资数额与改革开放 25 年来的实际利用外资额相等，可见 21 世纪以来在国际经济的快速发展中海外投资者对中国大陆新兴市场的投资热情和信心。另有统计数据显示，自 2004 年以来海外华侨华人、港澳投资者在中国大陆创办的企业约占外资企业总数的 70%，投资额约占实际利用外资总额的 60%。[③]而在最早实施经济开放的沿海地区，诸如广东省，海外华侨华人、港澳投资者在当地的投资额占外资额的比例甚至高达 70%。从截至 2010 年的官方统计数据来看，广东所吸引的海外投资中，超过 70%是来自海外华侨华人和港澳同胞。[④] 2009 年在国际经济危机影响下，中国政府采取全方位保增长措施，大力推进投资和贸易环境优化政策，为包括外商投资企业在内的各类企业创造了走出困境、实现增长的良好环境。2009 年在全球跨国直接投资下降近 40%的情况下，中国吸收外资仍保持 900 亿美元的较高水平，同比仅下降 2.56%，居全球第二位，不少在华外商投资企业还成为母公司全球业务的增长点和利润中心。[⑤] 而 2010 年 1—12 月全球经济实现快速转暖，同时期全国新批准设立外商投资企业 27 406 家，同比增长16.94%；实际使用外资金额 1 057.35 亿美元，同比增长 17.44%。[⑥] 根据中国商务部公布的统计数据，本研究将 2003—2010 年中国大陆利用外资情况列表如下：

---

① 《中国利用外资各年度统计》，中国商务部网站统计数据之利用外资，截至 2011 年 1 月 18 日。

② 《2003 年 1—12 月全国利用外商直接投资情况》，中国商务部网站统计数据之利用外资，2004 年 1月 14 日。

③ 《海外华商：世界商团中的劲旅》，《中国经济周刊》，2005 年 7 月 1 日。

④ 《广州经济总产值外商侨资企业贡献 53.6%》，上海市人民政府外事办公室网站，2007 年 11 月 12日；《广东统计年鉴 2010》（十六、对外经济），北京：中国统计出版社，2010 年。

⑤ 崔鹏：《截至 3 月中国实际使用外资累计超 1 万亿美元》，《人民日报》，2010 年 4 月 21 日。

⑥ 《2010 年 1—12 月全国利用外商直接投资情况》，中国商务部网站统计数据之利用外资，2011 年 1月 18 日。

表 2 2003—2010 年中国大陆利用外资情况

年度	全年新增外商投资企业数额（亿美元）	同比增长或下降（%）	实际利用外资金额（亿美元）	同比增长或下降（%）	对华投资前十位的国家和地区（以实际投入外资金额计）
2003	41 081	+ 20.22	535.05	+ 1.44	中国香港、英属维尔京群岛、日本、韩国、美国、中国台湾、新加坡、萨摩亚、开曼群岛和德国
2004	43 664	+ 6.29	606.30	+ 13.32	
2005 年 1—11 月	39 679	+ 1.17	531.27	− 1.90	中国香港、英属维尔京群岛、日本、韩国、美国、新加坡、中国台湾、开曼群岛、德国、萨摩亚，前十位国家和地区实际投入外资金额占中国大陆实际使用外资金额的 84.37%
2006	41 473	− 5.75	630.21	+ 4.47	
2007	37 871	− 8.69	747.68	+ 13.59	
2008	27 514	− 27.35	923.95	+ 23.58	中国香港（410.36 亿美元）、英属维尔京群岛（159.54 亿美元）、新加坡（44.35 亿美元）、日本（36.52 亿美元）、开曼群岛（31.45 亿美元）、韩国（31.35 亿美元）、美国（29.44 亿美元）、萨摩亚（25.5 亿美元）、中国台湾（18.99 亿美元）和毛里求斯（14.94 亿美元），前十位国家和地区实际投入外资金额占中国大陆实际使用外资金额的 86.85%

（续上表）

年度	全年新增外商投资企业数额（亿美元）	同比增长或下降（%）	实际利用外资金额（亿美元）	同比增长或下降（%）	对华投资前十位的国家和地区（以实际投入外资金额计）
2009	23 435	−14.83	900.33	−2.56	中国香港（539.93 亿美元）、中国台湾（65.63 亿美元）、日本（41.17 亿美元）、新加坡（38.86 亿美元）、美国（35.76 亿美元）、韩国（27.03 亿美元）、英国（14.69 亿美元）、德国（12.27 亿美元）、中国澳门（10 亿美元）和加拿大（9.59 亿美元），前十位国家和地区实际投入外资金额占中国大陆实际使用外资金额的 88.3%
2010	27 406	+16.94	1 057.35	+17.44	中国香港（674.74 亿美元）、中国台湾（67.01 亿美元）、新加坡（56.57 亿美元）、日本（42.42 亿美元）、美国（40.52 亿美元）、韩国（26.93 亿美元）、英国（16.42 亿美元）、法国（12.39 亿美元）、荷兰（9.52 亿美元）和德国（9.33 亿美元），前十位国家和地区实际投入外资金额占中国大陆实际使用外资金额的 90.1%

资料来源：中国商务部网站，http：//www. mofcom. gov. cn/static/v/tongjiziliao。

　　仅按照海外华侨华人、港澳投资者对中国大陆投资额约占实际利用外资总额 60% 的比例计算，2003—2010 年海外华侨华人、港澳投资者在中国大陆的实际投资金额依次约为 321.03、363.78、318.762、378.126、448.608、554.37、540.198、634.41 亿美元，从此数据可见 2008 年是侨资企业在中国发展的一个小高峰，受经济危机影响，2009 年侨资企业发展速度减缓，但仍维持在 500 亿美元以上的较高水平，并且减缓时间不长即再次进入快速发展通道，2010 年甚至高达 634.41 亿美元，这一点表明中国政府及时出台的经济刺激计划适时扭转了中国大陆经济下滑的势头，保障了经济发展的平稳和较快进行。再者，从 2003—

2010 年新增外商投资企业数额变化来看，2009 年新增企业数最低，仅为 2004 年最高新增企业数的 53.67%，2010 年略见回升，不过实际利用外资金额总数却不断提高，2010 年实际利用外资金额总数是 2004 年实际利用外资金额总数的 1.743 9 倍，可见外资企业投资数额的不断提升，是新增外商投资企业数量减少但投资数额增加的主要原因。在投资来源地区分布和投资额变化方面，2008 年美国对中国大陆投资新设立企业数同比下降 32.55%，实际投入外资金额同比增长 12.54%；原欧盟十五国对中国大陆投资新设立企业数同比下降 22.65%，实际投入外资金额同比增长 30.12%。① 2009 年亚洲十国和地区（中国香港、中国澳门、中国台湾、日本、菲律宾、泰国、马来西亚、新加坡、印度尼西亚、韩国）对中国大陆投资新设立企业18 321 家，同比下降 15%，实际投入外资金额 731.48 亿美元，同比增长 1.69%。美国对中国大陆投资新设立企业 1 588 家，同比下降 14.67%，实际投入外资金额 35.76 亿美元，同比下降 21.97%。欧盟二十七国对华投资新设立企业 1 578 家，同比下降 23.21%，实际投入外资金额 59.52 亿美元，同比下降 8.76%。② 2010 年亚洲十国和地区对华投资新设立企业 22 058 家，同比增长 20.4%，实际投入外资金额 881.79 亿美元，同比增长 20.55%。美国对华投资新设立企业1 576家，同比下降 0.76%，实际投入外资金额 40.52 亿美元，同比增长 13.31%。欧盟二十七国对华投资新设立企业 1 688 家，同比增长 6.97%，实际投入外资金额 65.89 亿美元，同比增长 10.7%。③ 在 2008 年经济危机初步结束的同时，亚洲资金仍为中国外资的主要来源，且对中国市场抱有信心，而美资对中国市场发展的前景也较为乐观。

在外资稳定增长的同时，侨资企业在华获得较大发展。按照海外华侨华人、港澳投资者在中国大陆创办的企业约占外资企业 70%、投资额约占实际利用外资总额 60% 的比例来估算，截至 2010 年底，海外华侨华人、港澳投资者在中国大陆投资企业数额约为49.7 万家，投资总额约为 6 000 亿美元，其中在中国大陆各地因侨务资源分配不同还另有差别。据 2010 年统计数据，拥有 3 000 余万华侨华人的中国最大侨乡广东，侨资企业约占广东外资企业总数的 70%，已达 63 000 多家，居全国第一。④ 自改革开放以来，广东全省累计实际引进外资超过 2 500

① 《2008 年 1—12 月全国吸收外商直接投资情况》，中国商务部网站统计数据之利用外资，2009 年 1 月 22 日。

② 《2009 年 1—12 月全国吸收外商直接投资情况》，中国商务部网站统计数据之利用外资，2010 年 1 月 15 日。

③ 《2010 年 1—12 月全国利用外商直接投资情况》，中国商务部网站统计数据之利用外资，2011 年 1 月 18 日。

④ 《广东吸引外资优势仍强劲 外资企业总数超过 9 万户》，广东省人民政府网站，2010 年 5 月 14 日。

亿美元，其中 1994 年首次实际引进外资突破每年 100 亿美元，2008 年首次突破每年 200 亿美元，而侨资、港澳资本约有 1 700 亿美元，在侨资中潮籍侨资占1/3以上，而广州一地包括侨资在内的外商企业投资约占广州经济总产值的 53.6％,①是全省乃至全国侨资企业最多、侨资经济发展最快的城市之一。广东省中山市的侨资企业在 2008 年就超过 1 300 家，投资总额超过 50 亿美元。② 在 2009 年的纳税大户前十位中，属于侨资企业的完美集团、雅居乐集团、好来化工、依顿四家企业均榜上有名，其中属于马来西亚侨资企业的完美集团更以纳税 7 亿元连续占据中山市纳税第一大户的位置。③ 2010 年初，中山市的完美集团、雅居乐集团、好来化工、曼秀雷敦四家侨资企业入选全国百家明星侨资企业，高雅公司、杰士美、洋紫荆、侨光纺织、创尔特、崇高玩具、纸箱总厂等 10 家侨资企业入选广东省百家明星侨资企业。④ 而作为全国重点侨乡之一的深圳，2010 年 9 月已有海外华侨华人、港澳同胞在深投资企业 13 000 多家，占深圳外资企业的 70％以上，为深圳发展作出了重要贡献。⑤

旅居海外的福建籍华侨华人 1 200 多万人，分布在世界 176 个国家和地区。改革开放以来福建实际引进外资总量为 1 015.35 亿美元，2009 年继 2008 年之后实际引资数额再次超过 100 亿美元，成为历年引资数额之冠，2010 年略有减少，为 73.76 亿美元。而 1979—2010 年侨资及港澳资本在闽投资约有 634.4 亿美元。在福建的 3 万多家外资企业中，侨资企业占 2.1 万家以上。⑥

另就侨乡大省浙江而言，目前浙江籍华侨华人、港澳同胞 150 余万人分布在世界 170 多个国家和地区。他们拥有雄厚的经济、科技实力和广泛的商业网络、人脉关系，也蕴藏了丰富的人力资源，是浙江省改革开放和经济发展的一支重要力量。到 2010 年初，来浙江投资创业的侨资企业共有 2.8 万多家，总投资约 1 548.54 亿美元，其投资总数和投资金额，分别约占外资企业总数的 65％和外资总额的 60％。⑦ 浙江省温州市作为改革开放后逐渐兴起的新侨乡，约有 43 万温州籍华侨华人遍布世界 131 个国家和地区，而且温州华侨华人在海外移民地比较

① 《广州经济总产值外商侨资企业贡献 53.6％》，上海市人民政府外事办公室网站，2007 年 11 月 12 日；《广东统计年鉴 2010》（十六、对外经济），北京：中国统计出版社，2010 年。

② 《三家侨企跻身我市年度"纳税十强"》，《中山日报》，2008 年 1 月 29 日。

③ 《纳税大户前十侨商占四席》，《广州日报》，2010 年 3 月 26 日。

④ 《中山市四家侨资企业获评"全国百家明星侨企"》，《中山日报》，2010 年 3 月 24 日。

⑤ 《深圳侨资企业超 13 000 家　占深圳外资企业 70％以上》，《深圳商报》，2010 年 9 月 21 日。

⑥ 《福建省统计年鉴 2010》（十五、对外经济），北京：中国统计出版社，2010 年；《2010 福建利用外商直接投资情况回顾及 2011 年展望》，福建省统计局外部信息网之统计分析，2011 年 2 月 24 日。

⑦ 《侨资，该如何利用？》，《人民日报》（海外版），2009 年 12 月 3 日；《浙江副省长：侨资占外资企业投资总额 60％》，中国新闻网，2010 年 2 月 1 日。

集中，其中约有 33.7 万人侨居于欧洲，而移民到意大利、法国、荷兰、德国、西班牙这五个国家的温州人，又占了全欧洲温州华侨的 92.68%。在这五国里，温州华侨又主要集中在意大利的普拉托和米兰、法国的巴黎、荷兰的阿姆斯特丹和海牙、德国的法兰克福等城市。温州移民主要从事商贸业。现在温州全年进出口贸易总额达 130 亿美元，基本上每年保持两位数的增长。温州的"三资"企业中侨资企业占主体，目前温州开发区有 95% 的项目均由温州华侨投资兴办。①

除东部沿海地区外，内陆省份的侨资企业近年来也获得较大发展。云南省是仅次于广东、福建、广西、海南的著名侨乡，有海外云南籍侨胞 250 万人，省内归侨侨眷 50 余万人，有 35 个重点侨乡县，13 个华侨农（林）场。2010 年初，云南省外资企业中 65% 为侨资企业，侨资企业固定资产达人民币 480 亿元，年总产值达人民币 240 亿元，从业人员 10 余万人，年上缴利税超过人民币 20 亿元。②湖北省的侨资企业近年来获得较大发展，侨资企业总数由 2004 年的 1 100 余家增加到 2010 年的 3 000 余家，每年创造产值上百亿元。③湖北省长期致力于海外优秀人才的引进工作。2010 年 9 月 15 日由国务院侨办主办的"海外华侨华人专业协会会长联席会"在武汉举行，来自 12 个国家的 74 个海外专业协会派代表参会，共商加速引进海外科技人才，为华侨华人专业人士回国创业提供服务。近年来中国大批海外人才回国投资创业，在各领域发挥了越来越重要的作用，然而与目前中国经济发展的需求和每年出国人员数量相比，开展海外引智工作的力度仍有极大的提升空间。此届联席会邀请了来自美国、加拿大、英国、德国、法国等地的海外专业协会近 80 名主要负责人。通过交流讨论，与会者对中国"海外人才为国服务计划"提出了不同的意见和建议，并纷纷表示会努力为华侨华人回国投资创业创造更广阔的平台。④此次会议的举办，不仅凸显了中央政府对引进海外人才工作的重视，也体现了包括湖北省在内的中国大陆地方省份，在加快和吸引海外华侨华人智力资源、推动侨资企业创办方面的诚挚态度。而截至 2010 年，安徽省共有皖籍海外侨胞 30 余万人，在安徽注册的 8 700 多家外商企业中，70% 均来自海外华侨华人和港澳同胞投资。⑤另就西部地区的直辖市重庆而言，截至 2010 年底，全市已有侨资企业 3 500 家，在渝投资总额已超过人民币 5 000 亿元。⑥从所举几例来看，侨资企业在内地的发展从东部到西部，从西北到西南，

---

① 《投资移民潮中的温州样本：43 万华侨华人遍布世界》，《经济参考报》，2010 年 12 月 13 日。
② 《云南：侨资企业年缴利税 20 亿》，《昆明日报》，2010 年 9 月 13 日。
③ 《湖北侨资企业数量 5 年翻两番 年产值上百亿》，中国新闻网，2010 年 3 月 29 日。
④ 《海外华侨华人协会聚首武汉共商为国引智计划》，新华网，2010 年 9 月 15 日。
⑤ 《安徽七成外企来自华人华侨和港澳同胞投资》，中新网，2010 年 4 月 15 日。
⑥ 《重庆市侨联 30 周年庆典传佳音 在渝侨资破 5 千亿》，华龙网，2010 年 12 月 20 日。

相比改革开放之初，在投资数量和投资水平上均有较大发展，发展势头良好。

综上可见，侨资在中国大陆的发展趋势与外资在华投资趋势基本一致，其中既受到中国大陆新兴市场发展的吸引，也曾受到 2008 年国际经济危机的影响。但是无论国际经济发展的冷热快慢，21 世纪以来海外华侨华人在中国大陆的投资总量已明显超过 2001 年以前侨资在中国大陆投资的总额，同时在侨资与外资比率关系上，侨资总额已明确占到外资总额的绝大多数。就中国大陆地区接受侨资的各省区市而言，东部沿海最早实施对外开放以及具有较好的交通设施基础和市场经济比较活跃的传统与新兴侨乡地区，仍是侨商投资的主要地区，其中广东、福建、浙江在总量上居全国前列，特别是广东省仍是侨资投入的最重要省份。但是新兴侨乡的发展也颇为令人瞩目，以浙江温州为代表的新兴侨乡，在改革开放后形成大量移民欧洲的出国浪潮，移民热给移出地带来的经济回馈和投资，已经极大地改变了当地社会的经济面貌和精神面貌。如温州文成县 30 多万人口中就有 10 万人是华侨，每年文成县春节前一二十天的侨汇就可达 6 000 万～7 000 万美元。2010 年 1—5 月中国银行温州区域内的外币存款增长达到了近 4 亿美元，而实际上从 2008 年开始，春节前 20 天左右进入温州区域的外币已高达 7 亿多美元，净流入为 6.6 亿美元。进入 2009 年，这种外汇流量开始增速。截至 2009 年底，温州的中国银行外汇存款余额达 14.39 亿美元，各项外汇贷款余额达 5.92 亿美元，国际结算业务量突破 100 亿美元，达到 102.89 亿美元，各项外汇业务余额及发生额均创下了历史新高。在这些资金中，不少都转化成为投资资本，推动温州地方经济发展。[①] 而除东部沿海地区外，内陆省区市的侨资企业发展也获得提升，尽管在总量上不如东部沿海，但是在增速上也有不小进步，这与中国大陆整体经济的地理协调发展、制造业向中西部转移、中国西部开发及中原经济区的发展等国家战略主导因素相关联，促使侨资向中西部转移的步伐开始加快，同时在技术含量较高的科技制造业以及服务业领域也有快速提升，侨资企业发展的空间得到极大拓展。

（二）挑战与机遇：金融危机影响下的侨企利益维护

2008 年下半年以来，席卷全球的国际金融风暴已波及中国侨资企业，致使部分地区、部分行业侨资企业出口订单减少，企业开工不足，经营成本上升，企业利润下降，有的企业被迫减产裁员，甚至倒闭，内地侨资企业亦受到较大影响。以四川为例，因为四川很多侨资企业与海外总公司关系紧密，在资产归属上往往是海外总公司的子公司或分公司，在资金管理上与海外集团成员企业在同一

---

① 《温州侨汇激增筹谋华侨银行》，《21 世纪经济报道》，2010 年 5 月 12 日。

资金链上循环，四川侨资企业占外资企业在川总数的 60% ~ 70%，泰国正大集团、世茂中国、嘉里集团、联邦制药、雅居乐集团、华人置业集团、玖龙纸业、可达投资有限公司、新加坡华侨银行、仁恒集团、澳大利亚汇融集团、菲律宾顶峰集团、SM 集团、印度尼西亚力宝集团、马来西亚丰隆集团等，普遍遭遇资金短缺和融资困难、外贸出口额大幅降低等问题。此外，四川侨资企业外向型程度高，与国际市场关联密切，它们大多先后在海外投资发展，其海外资产占有相当比例，因而受金融危机影响更深。① 在危机影响下，中央、省、市各级政府和有关部门制定出台了一系列扩大内需、促进出口的政策措施，大力扶持侨资企业抵御危机。国家先后七次上调部分商品出口退税率，同时各级政府还通过举办数百场经贸活动，帮助企业抢抓订单等方式扶持企业渡过难关。2009 年 3 月 9 日，全国政协港澳台侨委员会副主任林兆枢提出，积极扶持在金融危机冲击下的侨资企业，特别是中小侨资企业，是凝聚侨心、保持和涵养侨力资源科学发展的客观要求。为此他进一步提出六点建议，包括积极扶持侨资企业的转型升级或产业转移；建立帮助侨资企业产业升级、转移的服务机制，认真落实各项就业扶持政策和有关减轻企业负担、稳定就业局势的政策措施，允许困难侨资企业在 2009 年之内缓缴社会保险费，同时阶段性降低四项社会保险费率；帮助侨资企业拓展两个市场特别是内销市场等。② 国家对侨资企业的保护已成为侨务部门高度重视的工作内容。

2009 年国务院赋予国务院侨办协调涉侨经济投诉工作职能，并明确在国务院侨办经济科技司加挂"投诉协调司"牌子，承担协调涉侨经济等投诉的具体工作。国务院侨办还增设投诉协调处，专司侨商投诉协调处理工作，其主要职能是研究制定相关政策、法规；协调、指导和监督全国侨商投诉协调处理工作；接待侨商来信、来访。③ 2009 年国务院侨办组织开展了"维护侨商投资权益行动年"活动，并会同其他涉侨组织组成 4 个联合调研组，分赴 12 个省、自治区、直辖市开展侨商投资权益保护专题调研。全年国务院侨办直接受理的侨商投诉案件 100 余件，已经办结的有 60 余件，其中部分案件取得较好的协调处理结果。④ 2010 年 1 月 11 日全国侨办主任会议在北京举行，时任国务院侨办主任李海峰再次强调，维护侨商在国内的投资权益，是侨务部门一项长期而艰巨的任务，各级侨办要将之作为重中之重常抓不懈；继续完善"五侨"在维护侨商投资权益方

① 《金融危机对四川侨资企业影响和侨务部门应对举措》，中新网，2009 年 11 月 10 日。
② 《侨资企业呼唤政策扶持》，《人民政协报》，2009 年 3 月 10 日。
③ 《中央涉侨单位启动联合调研 助力侨资企业发展》，中新网，2009 年 9 月 1 日。
④ 《国侨办主任李海峰回顾 2009 年，并展望 2010 年侨务工作——做好侨务引智 维护侨商权益》，《深圳侨报》，2010 年 1 月 14 日。

面的联动机制，举全国侨务系统之力，切实解决一批涉侨经济纠纷和案件，推动维护侨商合法权益工作持续开展。① 各地侨务部门为此陆续出台了一系列维护侨资企业的政策和措施。

2010 年 3 月，为解决侨资企业困难，切实维护侨商合法权益，天津市举办了侨商座谈会等活动。天津市有侨资企业 2 000 余家，投资总额达 150 多亿美元。天津市侨务部门把维护侨商合法权益作为工作重点，努力创新涉侨维权协调服务机制，协调有关部门认真受理各类投诉案件，积极维护侨商合法权益。截至当年 3 月，天津市侨办共受理侨商投诉案件 14 件，涉及土地纠纷、资金纠纷、工程质量、经济诈骗等问题，经协调解决，大多顺利结案。针对国际金融危机带来的负面影响，天津市侨务部门继续开展以"保增长、渡难关、上水平"为主题的"为侨资企业服务行动年"活动，通过侨商座谈会、现场办公会等形式，倾听侨商意见，尽心竭力为侨资企业排忧解难，由此还推动了一批侨商投资项目在天津落户。②

2009 年广东省财政拿出 10 亿元人民币扶持包括侨资企业在内的加工贸易企业转型升级，拿出 19 亿元人民币扶持机电产品、高新技术产品出口。为进一步帮助广东侨资企业摆脱困境，提供优质高效的法律服务，由广东省司法厅和广东省侨办联合组建的"广东省侨资企业律师服务团"于 2009 年 3 月 19 日在广州举行成立大会。该服务团的主要职责是为侨办提供法律咨询，为广大侨资企业提供专门性和一般性法律服务。③ 2010 年 8 月广东省政协外侨委还专门组织专家学者赴广东东莞进行侨资企业调研，主要了解侨资企业的经营状况，听取他们对构建侨资企业、政府、职工三者之间和谐关系的思路、意见和建议。调研组表示，侨资企业面对的问题多、困难大、涉及面广，此次调研将认真总结这些情况，加强与当地政府部门沟通，全力反映侨资企业的意见和要求，进一步维护侨资企业的合法权益。④ 同年 10 月广东省侨办领导在接待法国侨团来访时进一步表示，广东省侨办将开展制定保护侨商合法权益办法的调研，希望能够尽早立法，通过立法来保护侨商的投资权益。⑤

在浙江，2008 年下半年侨资企业受危机影响较大，浙江省各级侨务部门及时开展了"为困难侨资企业送服务"活动，其间共走访 900 余家侨资企业，帮助解决 600 多项问题，为侨企融资 38 亿元人民币。同时，浙江还成立"侨商会维

① 《金融危机下维护侨商投资权益成中国侨务新亮点》，中国新闻网，2011 年 1 月 11 日。
② 《维护合法权益　天津副市长提出逐一解决侨商难题》，中国新闻网，2010 年 3 月 19 日。
③ 《广东侨资企业、中小企业、"三农"律师服务团成立》，《南方日报》，2009 年 3 月 20 日。
④ 《广东省政协外侨委调研组东莞调研　走访侨资企业》，中国新闻网，2010 年 8 月 30 日。
⑤ 《法国侨团拜访广东省侨办　交流侨商权益维护事宜》，中国新闻网，2010 年 10 月 25 日。

权委员会"，该会已帮助协调处理涉侨经济纠纷 115 起，如罗马尼亚侨商与义乌市通远货运公司运输纠纷案，涉案金额达 3 亿多元人民币，牵涉侨商几十人。后在侨商会维权委员会的帮助和处理下，案件得以妥善解决，海外侨商免遭重大经济损失。[①] 2010 年 7 月浙江省召开了涉侨投诉司法联系协调工作机制工作会议，以此逐步建立起涉侨投诉司法联系协调工作机制，并加强侨务部门与司法部门的联系和沟通，做好侨商投诉协调处理工作，共同推动重点涉侨经济纠纷和案件的妥善解决。[②]

上海有侨资企业 1.5 万家以上，资金总额超过 3 000 亿元人民币。为更好地服务侨资企业，上海市政府组织成立了侨商会，该会有来自 26 个国家和地区的近 500 位会员，其中制造业会员占会员数的 35%，服务业会员占会员数的 34%，高新科技企业会员占会员数的 11%，房地产业会员占会员数的 8%。为应对危机，2009 年 6 月，作为上海市侨商会成立五周年的重要活动，上海举办了"首届泛长三角合作发展高层论坛"，邀请江、浙、皖三地侨商组织共谋合作发展。四地侨商组织还共同签署了《加强泛长三角地区侨商组织友好合作发展倡议书》，以此加强互相合作，依法维护侨商会成员正当权益。在上海市政府和侨商会的努力下，2009 年上海市侨商会会员实现"零倒闭"，3 000 亿元侨资平安渡过危机。[③] 2010 年 4 月为依法妥善维护侨商合法投资权益，拓展侨资企业纠纷矛盾化解新机制，上海市高院还与上海市侨办共同签署了《关于加强上海侨商投资合法权益保护建立商事审判和行政协调合作机制的座谈会纪要》（简称《纪要》），就商事案件协调机制和矛盾化解机制达成共识。《纪要》要求司法与行政形成合力，围绕上海经济社会发展建设大局和维护侨商投资合法权益，拓展涉侨经济纠纷矛盾化解新机制，提升投诉协调工作效能，为侨商投资营造良好的法制环境，以促进上海"四个中心"建设，服务上海"调结构、转方式"的转型发展。《纪要》还专门要求对商事案件的委托调解和协调机制予以明确，对上海法院受理的涉侨经济案件，特别是双方均为侨资企业或者在侨界影响较大的案件，可由高院委托市侨办介入调解，以合力化解纠纷矛盾；对进入法院审判程序的涉侨经济纠纷案件，市侨办对所接到的投诉或协调申请，可与高院联系，由高院按照相关程序督办等。[④]

改革开放以来，中国大陆各级政府及主管职能部门对侨资企业均采取维护和

---

① 《侨资，该如何利用？》，《人民日报》（海外版），2009 年 12 月 3 日。
② 《维护侨商投资合法权益　浙江省率先建立协调机制》，中国新闻网，2010 年 7 月 6 日。
③ 《3 000 亿元侨企资金安度危机》，《文汇报》，2009 年 7 月 30 日。
④ 《高院与市政府侨办建立侨商合法投资权益保护商事审判和行政协调合作机制》，上海法院网，2010 年 4 月 16 日。

扶持的基本态度，推动了侨资企业在中国大陆的发展壮大。21 世纪以来出现的
2008 年国际金融危机，可以被认为是侨资企业在近十年中遭遇到的最为严峻的
国际经济困境，对此，中国大陆各级侨务部门和相关职能部门在秉承既有支持政
策的基础上，果断采取了各类扶助性经济、司法和行政措施，力图为侨资企业摆
脱经营困局和制度障碍提供帮助。在此期间，侨务部门的支持和扶助政策并未单
纯地发展为单向度政策，即仅仅是对侨资企业产生支撑和鼓励作用，而是同时在
自身制度创新方面产生推动效应，特别是在国务院侨办领导下，各地侨办和司
法、行政部门积极摸索、探讨和建立涉侨投诉司法联系协调工作机制，就是在解
决如何有效结合司法与行政、管制手段与市场机制等问题上进行制度创新，上
海、浙江已作出积极尝试，广东也在进行调研探索。这些尝试和调研结果不仅能
为协调机制的运转、评估和修正提供现实经验，也为侨资企业制度保障的落实提
供了决策依据。2008 年国际金融危机过后，侨务部门等为维护侨资企业利益而
提出的各类措施也由应急性转变为常规性，如何进一步维护侨资企业的法律和经
济权益，以及如何建立侨资企业扶助政策体系和更大范围的联席工作机制，则是
需要进一步思考的大问题。

二、海外华侨华人在中国大陆投资的发展趋势

（一）侨资规模和范围的变化

2001 年以来华侨华人在中国大陆的投资规模趋于大型化，不少海外华侨华
人与港澳台商人开始进行联合投资，而且海外华人大财团与发达国家跨国公司联
合开拓中国市场也成为一种新的发展趋势。在地域选择上，侨资除继续在珠三
角、长三角与环渤海地区投资外，[①] 侨资范围也逐步扩展到中西部地区，其中诸
如西南、西北、东北等地区得到了特别关注，这也进一步体现出中国政府对侨资
在中国大陆的分布更侧重于地域性、功能性、协调性和辐射性。地域性是指关注
周边国家市场与中国沿边地区、少数民族聚居地区的经济合作力度，加强侨资企
业在其中的社会作用和经济价值，深化区域合作的内涵；功能性是指将侨资企业
发展政策与睦邻外交政策相结合，提升海外华侨华人在该区域的影响力，带动外
资进一步参与其中，拓广和展示中国经济文化的优秀内涵，达到吸引他人的目
的，深化和平发展的国家战略；协调性是指改变侨资企业单一或极大比例地集中

[①] 龙登高、赵亮、丁骞：《海外华商投资中国大陆：阶段性特征与发展趋势》，《华侨华人历史研究》
2008 年第 6 期。

于沿海和东部开放地区的局面，加强对内地经济资源的开发利用，实现东西部协调发展以及能源业、制造业、旅游业、农林渔业等不同区位优势产业的协调发展；辐射性是指通过侨资企业的深入参与开发，吸引更多的侨资、外资参与到中国大陆内陆省区的经济和社会建设中来，同时带动邻国和邻近地区的经济发展和产业分工合作，提升国际和国内的交流合作力度、水平和内涵，深化国际竞争，提升自身优势。

在此背景下，加强侨资企业发展并提升广西与东盟地区的合作就是一例。2009 年 10 月 21 日，"海外华商相聚中国—东盟博览会暨广西北部湾经济区项目推介会"在南宁举行。来自美国、加拿大、新西兰、马来西亚、泰国、新加坡、柬埔寨、越南等 26 个国家和地区的华商，以及中国东部沿海地区的广东、江苏和深圳等省（市）的侨商会代表近 200 人参会。在推介会上，南宁—东盟经济开发区、崇左凭祥边境经济合作区、玉林龙潭产业区、钦州港经济开发区、防城港大西南临港工业园与参会华商签订了 11 个合作项目，投资规模达 24.89 亿元人民币，项目涉及合金钢铸锻、再生资源、现代化养殖场、有机肥料生产、农机合作发展、钛白粉、淀粉技改、车辆制造、半导体模块制造和信息系统研发等十多个领域。此外，据统计，截至 2009 年 10 月在广西北部湾经济区所在市投资的涉侨项目金额已高达 48.8 亿元人民币。由此可见，在广西北部湾经济区的开放开发和加快中国—东盟自由贸易区建设的进程中，海外华商是不可或缺的活跃因素，同时广西巨大的市场潜力和无限商机也吸引了华商纷纷前来投资贸易。①

2010 年 6 月 8 日，由国务院侨办和广西壮族自治区政府主办的"中国—东盟自由贸易区背景下的广西新商机推介会"在南宁开幕，该次活动主题为"同享机遇，共同发展"。共有来自马来西亚、新加坡、泰国、印度尼西亚、菲律宾、柬埔寨、文莱等东盟国家和美国、加拿大、英国、法国、意大利、澳大利亚、日本等国以及中国香港、中国澳门的 300 多位海（境）外华商与会，他们大多是世界 500 强企业代表、国内外商会代表等重点华商。大会围绕广西北部湾经济区开放开发、广西社会经济发展及重点产业规划布局、投资优惠政策和软环境建设等展开讨论，并鼓励华商充分利用广西得天独厚的区位优势和多重优惠政策投资兴业。②

（二）投资结构的变化

侨资企业产业层级发生转变，高技术产业、金融行业、现代服务业、现代旅

---

① 《广西北部湾优势尽显　海外华商投资 24.89 亿元》，中国网，2009 年 10 月 21 日。
② 《300 华商聚广西觅中国东盟自贸区建成后新商机》，中国新闻网，2010 年 6 月 8 日。

游业等高劳动附加值的行业，成为侨资企业新的增长点。2001 年以后从事服务业的侨资企业比重逐渐增加。在京、津、沪、深、穗等大城市，侨资企业在服务业领域的比重从 1991 年前的 27% 大幅度上升到 2004 年的 40%，其中北京服务业比例以 55.4% 居冠。就实际引进资本来看，服务业比重更大。2006 年广东省实际利用外资金额中服务业占 24.4%。2007 年服务业同比增长 33.3%，实际利用外资增长 71.6%。长三角地区，在 2000—2006 年，江苏外商直接投资于制造业的比重出现递减趋势，从 2001 年的 91.1% 下降到 2006 年的 78.7%，五年期间下降了近 13 百分点。而 2007 年江苏省服务业实际吸收外资增长 77.3%，主要分布在现代物流、公用设施、信息咨询、社会服务等领域，是江苏利用外资增幅最高的产业。再者，以科技产业为主导的侨资企业数自 2000 年后迅速增长。以电子信息产业为例，2009 年，该产业在侨资企业中所占比例以北京的 21% 为最高。深圳的电子信息产业，侨资企业有 1 071 家，占该市侨资企业总数的 7.75%。而科学研究与技术服务业的侨资企业，占全国侨资企业总数的 2.3%，其中深圳市高达 526 家，占该市侨资企业总数的 3.8%。北京、上海都超过 100 家。[①]

此外，侨资的产业集群性也日益突出，珠三角、长三角两个区域都形成具有国际竞争力的产业链与产业集聚。同时，虽然东南沿海侨乡在吸引侨资方面不再一枝独秀，但侨源仍成为拓展中国市场的有利因素。这两方面突出表现于侨资企业在中国新兴的房地产业中的发展，房地产业的侨资企业数量与百分比以北京最高，其中 429 家侨资房地产企业占该市侨企总数的 11.4%，居全国之冠，上海 366 家占 8.3%，天津 71 家占 5.5%，广州 514 家占 10.7%，深圳 388 家占 2.8%。在新兴外资服务业中，海外华商利用中西桥梁的优势，也获得新的成长契机。[②]

海南侨资企业已有一定历史，但在侨资企业发展新的热点投资方面，海南国际旅游岛规划无疑成为 2010 年最为引人瞩目的投资目标。海南籍华侨华人在全世界有 300 余万，分布在世界 60 多个国家和地区。而著名的海南侨乡文昌，有 130 多万文昌籍华侨华人分布在世界 50 多个国家和地区，文昌籍华侨华人在侨居国经过几十年的发展，有不少已成为具有实力的企业家，近年来文昌籍华侨华人回乡人数每年都达近 10 万人次，他们热心家乡建设，投资侨乡企业，推动当地

---

①　清华大学经济学研究所：《侨资企业的产业构成与发展趋势》，江苏侨网之侨务论坛，2009 年 4 月 14 日。

②　龙登高、赵亮、丁骞：《海外华商投资中国大陆：阶段性特征与发展趋势》，《华侨华人历史研究》2008 年第 6 期；清华大学经济学研究所：《侨资企业的产业构成与发展趋势》，江苏侨网之侨务论坛，2009 年 4 月 14 日。

经济发展。① 截至 2009 年底，海南累计注册侨资企业 7 000 家左右，累计实际利用侨资逾 100 亿美元，其中侨资企业和侨资均占海南省注册外资企业和实际利用外资总数的七成以上。海南侨资企业特点有三：一是华侨华人投资企业占海南外商投资企业的绝大部分。至 2009 年底，海南实有外商投资法人企业 1 473 家，实有侨资企业和投资额分别占全省实有外商投资法人企业总数和投资总额的 52.48% 和 66.95%。二是投资地相对集中，主要集中在海口、琼海、文昌、三亚、万宁、澄迈等市县，在中部和少数民族地区相对较少。三是投资第三产业较为集中，主要投资领域为房地产、酒店、餐饮和旅游服务业。②

随着 2010 年 1 月 4 日中国国务院正式出台《关于推进海南国际旅游岛建设发展的若干意见》，海南国际旅游岛建设被纳入国家发展战略，而国际旅游岛战略计划的实施，吸引了一批有实力的海外华侨华人投资者陆续来海南寻找创业机会，有些投资还进入工业等领域，由此进一步推动了海南社会经济的发展。为维护侨资企业发展环境，海南省政府陆续出台了《优化投资环境促进经济发展 50 项措施》《关于服务海南旅游业发展的 10 项措施》《海南经济特区企业法人登记管理条例》，并在全国范围内率先实行企业直接登记制度。该省工商行政管理局在侨资企业登记注册中，开辟"绿色通道"，实行"一审一核制"和首办责任制，提高对侨商的服务水平和质量。此外，海南省还积极吸引有实力、影响力大的琼籍华侨华人参与海南国际旅游岛建设，采取安商扶商措施，使其进得来、留得住、能发展。该省工商行政部门坚持华侨华人投资重点项目登记注册跟踪服务制，实行责任到人、提前介入、限时办结、零耽误办结等服务制度。海口市成立由 38 名华侨华人精英组成的"海口市海外智囊团"，为侨资企业举办多场境外融资、开拓国外市场、企业转型升级等专题讲座。③ 海南省侨办领导表示，国务院将海南国际旅游岛建设上升为国家战略，势必将增加海外华侨华人到海南投资的信心，而新加坡等地的不少华侨华人投资者已经表示，将到海南投资考察，或追加在海南原有的投资。此外，海南的侨务工作已有一定基础，对华侨华人和归侨侨眷权益的保护有较大发展。通过侨务部门的努力，海南省已经消除归侨、侨眷零就业家庭，部分生活困难人群已被纳入城市新农合保险的范畴。那么随着国际旅游岛建设的起步，海南侨务部门会更加重视对归侨侨眷就业等权益的保护，这也将成为吸引大量侨资企业在琼落户的主要因素之一。④

---

① 《吴士存：鼓励侨资参与海南国际旅游岛建设》，新华网，2010 年 1 月 28 日。
② 《海南侨资占全省实际利用外资总额 7 成以上》，中国新闻网，2010 年 11 月 24 日。
③ 《海南省多措并举　保障华侨投资权益》，新华网，2010 年 11 月 24 日。
④ 《海南国际旅游岛建设将引发华侨华人投资热潮》，中国新闻网，2010 年 1 月 13 日。

（三）引资引智平台不断扩展

21 世纪以来，中国大陆面向海外华侨华人的引资引智平台不断增多且水平不断提升，诸如华侨华人创业发展洽谈会、东盟华商投资西南项目推介会暨亚太华商论坛、海外华商中国投资推介会、华商企业科技创新合作交流会、海外华侨华人高新科技洽谈会、海外华侨华人专业人士恳谈暨项目对接会、侨资企业西部行、华侨华人中原经济合作论坛、中国留学人员广州科技交流会等，均对中国经济发展起到良好的推动作用，进一步提升了海外华侨华人对中国大陆经济发展的了解、认知和参与程度，成为中国官方举办的为海外华商认同的高质量交流平台，吸引了广大海外华侨华人的关注。

2009 年 9 月第三届海外华商中国投资推介会（简称"海华会"）在厦门举行。该届"海华会"由国务院侨办主办，中国国际投资贸易洽谈会组委会与中国侨商投资企业协会及福建省、厦门市两级政府侨办承办，以"投资中国，实现共赢"为主题，旨在宣传推介中国经济发展政策和机遇，为海外华商投资中国特别是海峡西岸经济区和中西部地区搭建桥梁，促进交流、共谋合作发展。参会的海外华商，包括许多海外重点侨团和知名企业集团，如菲律宾裕景兴业有限公司、马来西亚郭氏兄弟有限公司、泰国华人青年商会、世界越柬寮华人团体联合会、马来西亚中国经济贸易总商会、阿根廷中华工商企业联合总会、马达加斯加华商总会等。[①] 在"海华会"以及中国国际投资贸易洽谈会的推动下，厦门市、区侨办共参与引进外商投资项目 30 多个，合同投资金额 10 亿美元，引导海外捐赠超过 1 亿元人民币。[②]

2009 年 10 月由国务院侨办、湖北省及武汉市政府共同主办的第九届华侨华人创业发展洽谈会（简称"华创会"）在湖北武汉举行，该会以"应对金融危机、促进合作共赢"为主题，秉持为海外侨胞事业发展服务和为地方经济社会发展服务相结合的原则，深度打造全国侨务界"引智引资"品牌，以实现促进中部地区崛起，促进华侨华人事业发展的目标。该届"华创会"有来自 43 个国家和地区的海内外代表 2 900 多人参会，共签订合作交流项目合同、协议 135 个，包括投资上千万元项目 40 个、上亿元项目 16 个，其中浙江正达集团与武汉市东西湖区人民政府规划建设水乡旅游新城，该项目计划总投资 80 亿元。另据了解，第一至第八届"华创会"共签订交流合作项目 871 个，仅海外华侨华人专业人士在武汉创业园创办的 500 家高新技术企业，年产值就达 40 多亿元人民币，促成

---

① 《第三届海外华商中国投资推介会在厦门举行》，《上海侨报》，2009 年 9 月 9 日。
② 《2009 海华会 8 日开幕　450 海外华商聚首厦门》，《厦门日报》，2009 年 9 月 4 日。

了海外华商与中国大陆经济社会发展的双赢局面。①

2010 年 9 月，由国务院侨办、河南省人民政府主办，河南省人民政府外事侨务办公室、平顶山市人民政府承办，中国侨商投资企业协会协办的第三届华侨华人中原经济合作论坛（简称"华合论坛"）在平顶山市举行。"华合论坛"是国务院侨办首次在非省会城市举办的全国性侨务活动，此前已分别于 2008 年、2009 年成功举办两次。第一届"华合论坛"已建成项目 16 个，投资总额 76.82 亿元人民币，在建项目 10 个，投资总额 81.80 亿元人民币，正在筹备洽谈项目 12 个，投资总额 160.70 亿元人民币；第二届"华合论坛"已建成项目 11 个，投资总额 37.35 亿元人民币，在建项目 15 个，投资总额 148.50 亿元人民币，正在筹备洽谈项目 20 个，投资总额 205.81 亿元人民币。在第三届"华合论坛"上发布的近 400 个招商引资项目中，有 200 多个被与会的华侨华人及国内企业界人士看好，并完成签约，签约金额近 400 亿元人民币，其中最大一笔投资将近 50 亿元人民币。②

2010 年 9 月 15 日，由国务院侨办和重庆市政府共同主办的 2010 华侨华人重庆合作交流会在渝举行。来自美国、泰国、加拿大、马来西亚、澳大利亚、英国、意大利、法国、俄罗斯等 17 个国家和地区的 110 多个华侨华人社团的 400 多位华侨华人齐聚重庆。此次交流会签约项目涉及投资金额近 100 亿元，其中引进海外高层次人才合作项目 7 个，经贸合作项目 23 个。重庆市两江新区、南岸、永川、秀山等 7 个区县的企业参与签约，项目包括橡胶轮胎制造、农产品与旅游产品加工物流、航空运输、城市建设开发等方面。③

2010 年 10 月 12 日，由国务院侨办、天津市人民政府共同主办的"中国·天津 2010 华侨华人滨海新区创业发展洽谈会"正式开幕，本次洽谈会主题为"滨海新发展，侨商新机遇"，吸引了来自美国、日本、德国、法国、印度尼西亚、菲律宾和中国香港、中国澳门等 20 多个国家和地区的近 400 名侨商组织代表、专业人士参会。洽谈会集项目洽谈、科技文化交流、参观游览于一体，其中项目洽谈对接活动包括基础建设、先进制造业、医药医疗器械、新能源新材料、IT 计算机软件、华文媒体及法律咨询等内容。④ 侨商代表、中国侨商投资企业协会会长、泰国正大集团董事长谢国民在大会上代表侨商讲话时谈到，通过几天在津参

---

① 《华侨华人创业发展洽谈会（2009 年 10 月 15—18 日）》《"华创会"拓宽引资引智渠道 签订项目百余个（2009 年 10 月 18 日）》《武汉通过"华创会"引进最大旅游项目 总投资 80 亿（2009 年 10 月 18 日）》《第九届"华创会"举行侨商投资项目推介会（2009 年 10 月 18 日）》，国务院侨办网站，2009 年 10 月。

② 《"华合论坛"签约 400 亿 华侨华人看好中原经济区》，《东方今报》，2010 年 9 月 20 日。

③ 《2010 华侨华人重庆合作交流会签约金额近 100 亿》，华龙网，2010 年 9 月 25 日。

④ 《中国·天津 2010 华侨华人滨海新区创业发展洽谈会开幕》，滨海新区网，2010 年 10 月 13 日。

观考察，看到天津翻天覆地的变化后，他感慨自己来晚了，应该在几年前就来。随后他在会上正式宣布，正大集团会抓住这次机会，投资滨海新区的建设。[①]

中国大陆各类引资引智平台的搭建，为侨资企业寻求理想的项目并获得政策扶持提供了良好的环境和条件。

（四）与投资地社会发展变化高度互动

首先，为吸引海外华侨华人而逐渐兴起的中国地方文化特色的发展，成为与侨资并行发展的一大社会产物。以安徽省为例，目前安徽已与东南亚、美洲、欧洲、大洋洲等大约 200 个华侨华人社团建立了密切的联系，先后在西欧、南美、俄罗斯、美国、加拿大、澳大利亚等地区和国家举办了安徽文化周以及黄梅戏、徽剧的出境演出，扩大了"皖风徽韵"在海外的影响，并结合安徽地方特点和产业发展优势，整合侨务资源，精心打造了"徽商国际大会""海外乡友安徽行""高层次人才皖江行"等品牌活动，收到了明显效果。[②]

其次，侨资发展与中国重大社会活动之间呈现出高度互动关系。诸如 2010 年上海市举办的世博会活动就是如此。2010 年 10 月由国务院侨办、上海市侨办共同举办的"华侨华人回家看世博"活动，以"同享世博、合作共赢"为宗旨，在呼吁华侨华人回国参观世博会的同时，为他们回国寻求发展提供服务，推动他们与国内经济、科技领域的同仁交流与合作。通过参加"华侨华人回家看世博"活动，法华工商联合会会长蔡足焕先生又赴浙江省展开经贸考察。他谈到，上海世博会对于华侨华人而言是一次难得的契机，为海外侨胞提供了新的发展机遇。通过世博会这个平台，不但可以了解中国的巨大变化，在中国各省市馆还能获知各省市的投资需求，为侨胞的个人事业提供了新的发展机遇。此外，中美工商协会、新加坡中华总商会等海外侨团也参观了世博会，并借机考察了上海等地的投资环境，不少侨商已经表示准备回国投资。美国冠军集团董事会主席、美东华人社团联合总会主席梁冠军，曾在美国创办万宝路建筑公司，并组建了拥有 20 多个分公司的万宝路国际企业集团。他从 1991 年开始就参与华人社区工作，并担任全美华裔总商会会长，1999 年当选为美国纽约华人社团联合总会主席，成为纽约华人社区大型侨团中有史以来最年轻的侨领。他在参观上海世博会时谈到，"上海举办世博后，（上海将）成为北京之后最出名的地方。我们华侨华人要继续推动人才的引进等，让中国更加快速发展。最主要是人才引进，上海需要很多

[①] 《捷克华商联合会组团参加中国·天津 2010 华侨华人滨海新区创业发展洽谈会》，捷克华商联合会网，2010 年 10 月 14 日。

[②] 《安徽七成外企来自华人华侨和港澳同胞投资》，中国新闻网，2010 年 4 月 15 日。

包括科技等各个领域的人才，我在美国多推动这方面的事情。至于在上海投资，正在进行，可能在网络领域投资。在海外，我们将继续宣传上海，让上海走向世界"①。

除此之外，在投资与捐赠的关系上，海外华侨华人在投资之外所进行的捐赠活动，已成为影响投资地社会发展的重要事件这一点应引起注意。如改革开放以来，温州华侨华人在经商投资之余，还向本地直接和间接捐赠 5 亿元人民币，主要用于新农村建设，对改善温州地区发展不平衡起到了很大作用。② 苏州全市累计注册侨资企业达 8 500 多家，在全市姑苏创新创业领军人才中有 85% 是华侨华人，入选国家"千人计划"的人才全部是华侨华人。华侨华人已成为苏州市新兴产业和自主创新的一支骨干力量。在投资之余，广大侨界人士还积极参与苏州社会公益事业，捐资兴办医院和学校、设立助教助学奖学金、开展暖心行动、抗震救灾等。截至 2010 年底，苏州全市华侨公益捐赠累计达 6.93 亿元，居江苏全省第一。③ 再以安徽省为例，安徽侨办与法国中法友谊互助协会、香港轩辕教育基金会、美国欣欣教育基金会等建立起密切联系，共接受海外捐赠 2 亿多元，大大改善了安徽部分贫困地区的教育、医疗、养老等民生条件，现在越来越多的捐赠者，从单一的捐赠教育到有意配合国家新农村建设、关注农村的医疗卫生和养老等福利事业，以此作为国家新农村建设的有益补充。④

综上可见，新时期侨资在中国大陆的发展趋势与中国政府的引导和支持之间有着重要联系。扩大、拓展投资领域和地域，提升投资的科技含量和促进产业多样化、多层次化，充分发挥中国大陆各地区之间的资源分布特色和地缘优势，扶持中国沿边和少数民族地区的经济发展，促进国际经济发展战略的推进和落实，使侨资以区域经济的参与者形式扩大投资重点、深化投资内涵，提升侨资发展的总量和多样性，是新时期中国大陆侨资发展的重要趋势和特点。中国基层政府对推动侨资发展的态度，无疑是欢迎和大力支持，正如 2010 年 5 月大连市市长李万才在接待第五届世界华侨华人社团联谊大会访问团一行 83 人时所言：辽宁沿海经济带发展正式纳入国家战略，进一步明确了大连在区域发展中的核心地位和龙头作用。而海外华侨华人是中华民族的独特资源和宝贵财富，希望访问团一行在贡献住在国经济社会发展的同时，继续关心、支持、参与大连的现代化建设，

---

① 《"华侨华人眼中的世博会"之——世博为海外侨商提供了发展机遇》，华语广播网，2010 年 10 月 18 日。

② 《投资移民潮中的温州样本：43 万华侨华人遍布世界》，《经济参考报》，2010 年 12 月 13 日。

③ 《华侨公益捐赠苏州全省第一》，《苏州日报》，2011 年 1 月 7 日。

④ 《安徽七成外企来自华人华侨和港澳同胞投资》，中国新闻网，2010 年 4 月 15 日。

深化与大连的战略合作，实现互利共赢。① 而在 2010 年 6 月由国务院侨办和吉林省政府联合举办的第六届海外华侨华人专业人士恳谈及项目对接会活动上，时任吉林省副省长陈伟根也谈到，对接会已经成为海外侨胞寻求合作的重要平台，也为海外高层次人才提供了创新创业的机会，希望有更多海外华侨华人利用对接会等平台，回国寻求合作，创业发展。②

明确认识到侨资企业的重要性，渴望侨资企业在本地区的发展等基层政界共识，为侨资企业在当地的创办和运营提供了良好的社会基础。同样，侨资企业与中国社会发展变化的相互影响也推动了侨资企业深入融合进当地社会，为侨资的发展壮大甚至寻求更多发展机会和社会资源提供了便利条件，增强了中国对外资的吸引力，形成了良好的投资舆论环境和制度环境，是国家软实力内向性建设中的组成要素，特别是投资之外的侨捐活动，成为海外华侨华人对中国大陆社会经济发展的另一重大贡献。

第四节　华侨华人与中国的公益慈善

华侨华人、港澳同胞对新中国慈善公益事业的贡献，与历史上华侨华人捐赠活动之间具有深刻的内在联系，是近代以来华侨华人捐赠活动发展的历史延续，是华侨华人爱国爱乡传统的继承和体现。在新的历史时期，华侨华人、港澳同胞在开展慈善捐赠活动中培育而成的侨捐文化，作为制度创新和社会文化创新成果，是华侨华人、港澳同胞对中国慈善公益事业的新贡献。

一、21 世纪以来华侨华人对中国大陆的捐赠

（一）侨捐在中国大陆的发展变化

改革开放以来，华侨华人及港澳同胞累计捐赠中国国内公益事业的款物总额超过 900 亿元人民币，其中绝大部分用于文教、扶贫、救灾、科技等领域。③ 不少重点侨乡因此获得快速发展。

---

① 《大连市市长李万才诚邀海外华侨华人来大连投资兴业》，《大连日报》，2010 年 5 月 15 日。
② 《海外华侨华人 26 个项目吉林对接　总投资额 64 亿》，中国侨商投资企业协会网，2010 年 6 月 24 日。
③ 《华侨华人：提升中国软实力的重要资源——访暨南大学华侨华人研究院院长刘泽彭》，《中国社会科学报》，2014 年 9 月 22 日。

2008 年，广东省侨办还将侨务慈善工作与助推新农村建设结合起来，实施了国务院侨办、农业部共同推动的"侨爱工程——万侨助万村活动"（简称"双万活动"），引导侨力助推农村对外开放、扶贫开发、公共服务、社区建设和农民持续增收。据不完全统计，当年侨胞参与"双万活动"项目共计 143 项，捐赠金额超过 5.7 亿元人民币。广东全省有茂名市高州五里岭村、梅州市梅县雁洋镇卫生院、英德市英华老人院等近 20 个由海外侨胞、港澳同胞捐助建设的侨爱项目成为示范项目。而"侨心居"项目是广东省侨办提出的新型慈善救助项目，即在各级政府的补助和灾民个人自筹款项的基础上，由华侨华人和港澳同胞给予一定资助，扶持贫困或者受灾群众重建房屋。广东省侨办已经引导侨捐近 600 万元，扶持华侨农场和乳源的 1 040 户归难侨、瑶族同胞建设"侨心居"。① 此外，随着慈善事业在侨乡陆续兴起，侨捐文化的发展逐渐推动广东各地出现新的侨乡文化，为构建和谐侨乡创造了良好氛围。② 从 1988 年起每年春节期间在中山市发起的"中山慈善万人行"活动，成为该市极具特色的节日文化。截至 2010 年"中山慈善万人行"已累计募集善款近 6.56 亿元人民币，其中 2010 年获得捐赠 7 668.96 万元人民币，为历年之最。"中山慈善万人行"捐款中超过 2.5 亿元用于帮助困难家庭。除接受现金直接捐助外，中山市还有 30 万人次接受免费医疗服务，困难残疾人士得到上门医疗服务 6 800 多人次，特困家庭子弟获就学 1 万多人次，助学资金累计投入 680 多万元，同时下岗及特困职工受捐助资金达到 230 多万元，累计接受义工服务 3 000 多人次。③ 广东另一著名侨乡江门市，自 2004 年举办首届"慈善公益万人行"活动以来，累计收到各类捐款超过 3.4 亿元人民币，其中 2010 年度就收到 4 742 万元人民币捐赠。这批捐款累计救助困难群众超过 8 万名，支持社会公益福利建设项目 400 多个，对促进江门公益事业发展和文明进步起到了重要作用。④ 除"慈善公益万人行"活动外，有海外乡亲近 400 万的江门在近 30 多年来，已累计接收海外华侨华人慈善公益捐资赠物金额达 57 亿港元。截至 2010 年底，在江门市正式登记的公益服务类社会组织有 8 个，江门市慈善会及所属各县级市（区）慈善会累计筹集慈善事业发展资金 5.590 4 亿元人民币。⑤ 此外，据截至 2010 年 12 月的统计数据，对广东进行捐赠的侨胞超过 10 万人次，在来自上百个国家和地区的个人捐赠中，最高者超过 30 亿元，

---

① 《广东海外乡亲爱祖爱乡"万侨助万村"引侨捐5.7 亿》，《南方日报》，2010 年 6 月 24 日。
② 《侨资企业占广东外资大半壁江山》，《南方日报》，2007 年 7 月 20 日。
③ 《中山慈善万人行捐款突破 5 亿》，《南方日报》，2008 年 2 月 22 日。
④ 《本周欢迎做慈善》，《南方都市报》，2009 年 2 月 11 日；《江门侨友积极参加市 2010 年慈善公益万人行活动》，广东侨网，2010 年 3 月 4 日。
⑤ 《侨乡江门累计接收海外华侨华人慈善公益捐赠 57 亿港元》，新华网，2011 年 2 月 13 日。

捐赠累计超过 1 000 万元的达 200 多人。①

可以说，21 世纪以来以广东侨乡为代表的中国大陆侨捐事业发展，将国外的理念、制度、物资设备等引入中国，促进中国各项建设事业长足发展，同时在文化层面，推动社会公益慈善事业的理念在中国深入传播、发展和普及，为中国社会形成扶危济弱的人文关怀和散财有道的行为风范起到引领和标榜作用，全国性的侨捐活动也获得越来越多的支持。而事实上国务院侨办国内司的统计数据显示也的确如此。国务院侨办联合农业部于 2008 年启动的"双万活动"，据截至 2010 年底的统计数据，海外侨胞在"双万活动"中已投入资金达数十亿元人民币，实施项目 2 000 多个，受惠农民超过 1 500 万人。随着活动的不断深入开展，其覆盖面日宽、受益面日广、影响力日深。时任国务院侨办国内司司长杜志滨认为，广大海外侨胞以投资合作、引进技术、拓展市场、培育良种、捐赠公益、科技扶贫、结对帮扶、智力支持、建言献策等各种方式，支持农村发展生产、促进农民增收、改善农村环境，成效显著、影响远播。② 此外，2010 年 12 月 2 日国务院侨办数据显示，全国累计接受海外华侨华人捐赠建设的各类中小学项目总数达到 27 642 个，累计投资总额 195 亿元人民币，全国侨捐中小学项目使用情况良好。

随着侨捐事业的不断发展、侨胞思想意识和集体意识的不断增强以及捐赠目标价值的日渐提升，除个体捐赠外，群体性侨捐逐渐成为一种越来越重要的捐赠方式，在侨捐领域发挥着越来越重要的作用。例如，2009 年 2 月中山市东凤镇共筹得"中山慈善万人行"善款 2 010 万元，成为全市捐款最多的镇区。该镇已有 8 家企业捐款超 100 万元，其中广东玉峰玻璃集团股份有限公司捐款 600 万元，广东天乙集团有限公司捐款 238.8 万元，中山市永益建筑有限公司捐款 168 万元，中山市辉辉工贸有限公司捐款 168 万元，广东格美淇电器有限公司捐款 118 万元，中山市星达集团有限公司捐款 108 万元，中山市顺发电池塑料有限公司捐款 103 万元，中山市富华电器有限公司捐款 100 万元。③ 这种群体性捐赠不仅体现在侨乡村镇，也体现在不同类型城市的生产生活中。它们的意义不仅仅在于为实现某一共同捐赠目标而迸发的集体凝聚力，更为重要的是将个人能力所不能达到的捐赠目标通过集体捐赠手段加以实现，以此体现侨胞群体对祖（籍）国情感相系和支持家乡建设的心理诉求、共同愿望和努力。同时，从祖（籍）国角度来看，也体现出祖（籍）国情事对华侨华人群体的牵动和影响，以及双方互

---

① 《全国累计接受侨捐中小学项目超过 27 000 个》，新华网，2009 年 12 月 3 日。
② 《"万侨助万村"惠及农民逾 1 500 万 投入数十亿》，国务院侨办网站，2011 年 3 月 1 日。
③ 《东凤万人行筹款逾 2 000 万》，《中山日报》，2009 年 2 月 8 日。

动的增强和深入。①

改革开放 30 多年来，中国累计接受的华侨华人及港澳同胞捐赠在各地分布不尽相同，甚至差别巨大。根据国务院侨办相关统计，2007 年经由全国侨办系统受理或牵线搭桥的华侨华人及港澳同胞捐赠项目共 4 120 个，捐赠总额达 30.25 亿元人民币。受理捐赠额超亿元的省市有 7 个，分别为福建、广东、北京、江苏、上海、浙江和海南，这 7 个省市的捐赠额占全国捐赠总额的 92.7%。其余接受捐赠超千万元的省份和自治区有 8 个，分别为江西、河南、四川、安徽、广西、甘肃、山东、湖南。② 从该统计中可以了解到，在拥有千万以上海外乡亲的侨乡地区，华侨华人及港澳同胞捐赠总量与海外乡亲数量成正比，如广东和福建，其中闽籍华侨华人、港澳同胞总数 1 000 余万人，截至 2008 年捐赠总量为 180 余亿元人民币，③ 2009 年全年福建籍华侨华人在中国大陆捐赠超过 10 亿元人民币，其中仅在闽捐赠公益事业就超过 6.8 亿元人民币，为历年之最，④ 符合上述所言。但是，对于千万人以下的侨乡来说，海外乡亲数量并不是决定获取捐赠数量的最主要原因，尽管仍起一定作用，如截至 2008 年国内接受捐赠最多的地市级地区是福建泉州及其下辖各县，因泉州籍华侨华人及港澳同胞总数为 700 余万，共接受海外乡亲捐赠近 70 亿元人民币。⑤ 除此之外，也有与海外乡亲数量成反比的情况，如拥有 300 余万琼籍华侨华人和港澳同胞的海南，自 1978 年至 2006 年仅获得捐赠 6.31 亿元人民币，⑥ 而据上海市截至 2003 年的统计数据，沪籍华侨华人和港澳同胞约为 68 万人，但 1978—2006 年上海获得的捐赠却高达 16.5 亿元人民币。⑦ 因此，对于中国千万以下海外乡亲人数的省市侨乡而言，海外乡亲人数并不是影响捐赠的单一因素和决定性因素，至少还应包括海外乡亲的富裕程度和捐赠意愿。具体而言，捐赠数量与海外乡亲报效乡里的情感认同程度，国内其他地区而非祖籍地的情况，某一地区特殊的政治、经济、文化、地理位置等形成的独特优势和吸引力，捐赠后实际获得的结果等均有关系。那么，针对不同省、市、自治区以及各地的具体情况，应该会有不同的解释，如四川因遭遇重大地震灾害才获得超大数额华侨捐赠，就是其特有原因。⑧

---

① 张应龙主编：《华侨华人与新中国》，广州：暨南大学出版社，2009 年，第 252 - 319 页。
② 马儒沛：《解放思想　发挥优势　开创华侨捐赠工作新局面》，《侨务工作研究》2008 年第 3 期。
③ 《改革开放以来海外侨胞在福建捐赠超过 182 亿元》，中国侨网，2009 年 2 月 12 日。
④ 《闽籍侨胞 2009 年在中国捐赠公益事业超 10 亿元》，《福州日报》，2010 年 5 月 28 日。
⑤ 《泉州接受侨捐已近 70 亿元人民币》，浙江在线新闻网站，2008 年 1 月 11 日。
⑥ 《华侨华人港澳同胞 6.31 亿捐款给海南带来什么？》，《海口晚报》，2006 年 2 月 20 日。
⑦ 《上海侨办举办表彰会：感谢侨胞支持慈善公益事业》，新华网，2006 年 9 月 8 日；《投资创业求发展　来沪"新华侨华人"已逾六万人》，国务院侨办网站，2006 年 5 月 22 日。
⑧ 张应龙主编：《华侨华人与新中国》，广州：暨南大学出版社，2009 年，第 252 - 319 页。

2008 年 5 月 12 日，四川省汶川县发生了里氏 8.0 级特大地震灾害，地震波及陕西、甘肃、重庆、云南等 8 个省和直辖市，造成大量房屋倒塌、人员伤亡和财产损失。在大灾面前，世界各地华侨华人迅速行动起来，为受灾群众捐款捐物。截至 2008 年底，华侨华人和港澳台同胞通过中联办、国台办、国侨办等转交捐赠款物 19.58 亿元人民币。[①] 这次全球华侨华人支持中国抗震救灾具有范围广、热情高、捐赠数量大，手足情深、众志成城，深入灾区、共克时艰的特点。在这次地震中，法国川渝同乡会会长杜娟有两位亲属不幸遇难，她强忍悲痛，没有马上返乡照顾亲人，而是留下来组织募捐活动。她负责的法国川渝同乡会把第一批善款 10 万元人民币全部汇往中国红十字会总会，接着又把筹得的 20 万元人民币汇到了四川省红十字会，后来又把筹集到的大量欧元汇到四川省侨办。在日华侨施海潮，是日本大阪福利大学的医学教授。5 月 15 日，他和四川省侨办主任周敏谦联系上，表示他曾经参加过日本阪神大地震的医疗救护队，今天中国遭受这么大的灾难，他一定要去灾区当志愿者，救护伤员。第二天，施海潮就飞往四川成都，参加汶川大地震重灾区之一绵阳安县茶坪乡的救助活动。他不仅现场指导当地的救援和防疫工作，还直接领导了一个由 22 名志愿者组成的救援防疫队，一直战斗在救援第一线。[②] 大灾面前，海外华侨华人所体现出的血浓于水、亲情不断的感人情感，永远铭记在中国侨捐发展历程的史册上。

（二）21 世纪以来中国大陆的侨捐个案

21 世纪以来，中国大陆的侨捐事业发展不仅体现在数量的提升上，还体现在捐赠领域的逐渐扩展，捐赠内涵的逐步深化，从货币捐赠向实物与货币捐赠并重，从个人捐赠向个人与群体捐赠并重，国外捐赠与国内捐赠相结合，从偶发性捐赠向长期性捐赠的多样化发展道路上，此外免费医疗等公益行为也已逐渐成为海外华侨华人采取的一种无私奉献形式，其意义相当可贵，而且此类捐赠行为更体现出精神领域传播和示范作用的巨大影响力，为树立良好的社会风范提供了基础。

1. 文化教育

2004 年 9 月组建成立的中国华文教育基金会是中国官方设立的华文传播促进机构。其宗旨是发展华文教育事业，弘扬中华文化，促进中外文化交流。五年来基金会大力推动华文师资培养、华裔青少年中华文化传承、华文教师暖心、传统

---

①　《2008 年度中国慈善捐助报告（全文）》，中国发展门户网，2009 年 3 月 12 日。

②　《全球华侨华人广泛支持四川抗震救灾　捐赠数量大》，中国侨网，2008 年 6 月 2 日；张应龙主编：《华侨华人与新中国》，广州：暨南大学出版社，2009 年，第 252－319 页。

节庆文化拓展、华文教育现状调研等"六大工程"的实施。2009 年 9 月以来，中国华文教育基金会连获多笔大额捐赠：9 月 7 日，香港雅居乐地产控股有限公司向中国华文教育基金会捐赠 2 000 万元人民币。10 月 19 日，金光集团联合黄奕聪慈善基金会向中国华文教育基金会捐赠 1 亿元人民币，为该基金会成立以来接受的最大笔捐款。① 11 月，五家侨资企业捐赠中国华文教育基金会 9 000 万元，参加捐赠仪式的五家企业和捐赠数额是：融侨集团股份有限公司 5 000 万元，弘阳集团有限公司 1 000 万元，中国振乾坤投资集团有限公司 1 000 万元，中惠熙元房地产集团有限公司 1 000 万元，深圳坤祥投资有限公司 1 000 万元。② 2010 年 12 月 10 日，中澳企业家联合会在北京向中国华文教育基金会捐赠 900 万元人民币。上述捐赠有力地推动了中国华文教育基金会的业务开展，其意义正如时任国务院侨办副主任赵阳所言，华文教育作为海外侨胞保持中华民族特性的"留根工程"，正处于十分关键的发展阶段，大笔海外资助将让众多华裔青少年受益。③

2009 年 11 月，美籍华裔范季融先生、胡盈莹女士向国家文物局捐赠了个人收藏的 9 件秦公墓、晋侯墓青铜器。范季融先生 1988 年就曾受其岳父胡惠春委托，向上海博物馆捐献 76 件精品瓷器，上海博物馆将陶瓷馆命名为"暂得楼陶瓷馆"。1991 年以来范先生又先后三次向上海博物馆捐赠西周青铜器、明代绘画等珍贵文物，1994 年又捐赠 25 万美元支持上海博物馆新馆建设，1993 年还组织美国各界人士在纽约注册成立"上海博物馆之友"基金会。这是中国博物馆在海外唯一的基金会，会员基本为美国主流社会的上层人士。秦公墓、晋侯墓青铜器属于国家珍贵文物，范季融伉俪的此次捐赠义举，不仅使这批具有重要历史、考古价值的流失文物重归故里，更树立了榜样，推动更多中国流失海外的珍贵文物回归祖国。④

在 2010 年上海举办世博会前夕，旅法华侨、欧洲时报社社长杨咏桔向上海世博会组委会捐赠了自己在巴黎拍卖市场上竞拍得到的一本 1900 年巴黎世博会影集。该影集一共收藏了近 300 幅历史图片，全面介绍了 1900 年巴黎世博会的场景。据考证，巴黎世博会于 1900 年 4 月 14 日开幕，主题为"新世纪发展"，参观观众逾 5 000 万人次，而当时法国人口约为 4 000 万。占地 3 300 平方米的中国馆由主办方建成，分成 5 座建筑，分别模拟北京城墙、万里长城、孔庙等中国特色建筑。在展品方面，中国的象牙、瓷器、织物等工艺品以及茶叶、小麦等均得到展示。影集中的一张照片就揭示了当时中国人参加巴黎世博会的情景，照片

---

① 《中国华文教育基金会三月内获捐资金超两亿元》，中国华文教育网，2009 年 11 月 17 日。
② 《五家侨资企业资助中国华文教育基金会联合捐赠仪式在京举行》，人民网，2009 年 11 月 16 日。
③ 《华教基金会获捐 900 万　赵阳：大笔资助让华裔受益》，国务院侨办网站，2010 年 12 月 10 日。
④ 《华侨向国家文物局捐赠 9 件青铜器》，《新京报》，2009 年 11 月 23 日。

中除中国馆影像外，还有穿燕尾服的外国人，以及戴着斗笠、留着长辫的中国人。杨咏桔认为，通过历史的反观可见百余年来中国命运的变迁。2010 年上海世博会，是第一个在发展中国家举办的世博会，这是一个低碳的世博会，展现着人类对美好生活的追求与能力；这也是一个团结的大聚会，让所有国家自由平等地展示自己的风采。她决定把这本影集捐赠给上海世博会时曾谈道，"有人跟我谈过，利用这个影集做一些生意，但是，我想商业的价值毕竟有限，我希望有更多的人能够看到它，从中了解世博会的历史、我们的历史"①。

旅加华人邵晓妹女士身居海外，长期关注祖国发展，2008 年就曾为四川汶川地震灾区捐赠款物，价值 30 多万元人民币。此外她曾了解到中国云南省文山州高等教育和文化事业落后的现状，后经多方奔走呼吁，并发动侨界和加拿大友人共同参与，终于在 2010 年 5 月为云南文山学院和文山州图书馆捐赠了14 090本英文原版图书，希望以此方式推动文山高等教育和文化事业的发展。在中国驻温哥华总领馆的积极协调下，中远集团总公司和中远集团驻温哥华分公司免费将这批重达 3 吨的英文原版图书从加拿大运到中国，充分体现了中国大型国有企业的社会责任感，体现了侨捐事业发展的带动作用以及侨捐与国内捐助结合发展的现实。该批运抵文山的英文图书，质量高、种类多、学科全，这也是文山史上首次接受如此大批海外捐赠图书。图书共分五大类，涉及 32 个领域（工具书：英语、日语、德语、汉语、中英双语、科技词典；百科全书类：大百科全书；自然科学类：数学、化学、物理、计算机、医学、天文、地理、科学期刊、国家地理；社会科学类：哲学、社会学、文学、心理学、绘画、小说、诗歌、乐谱、少年英语读物、儿童读物；居家实用类：烹调技术、花圃技术、手工技艺、室内装潢设计、服装设计、玩具制作）。文山州图书馆副馆长王芳说，这批海外捐赠图书的到来，丰富了州图书馆的馆藏，扩大了文山市民的阅读范围，具有很好的社会效益。②

2. 抗灾救难

2010 年 4 月 14 日，青海省玉树藏族自治州玉树县发生了 7.1 级强烈地震，造成重大人员和财产损失，灾情和灾区的救援工作牵动了全球华人的心。以澳大利亚钦廉同乡会为主的华侨华人于 4 月 15 日在中国驻悉尼总领馆向青海玉树地震灾区捐款。澳大利亚钦廉同乡会会长陈纬球说，作为海外华人，为地震灾区捐款捐物是义不容辞的责任，此次悉尼华侨华人向青海玉树地震灾区捐赠 4 万澳

① 《旅法华侨向上海捐赠百年世博影集》，《解放日报》，2010 年 5 月 1 日。
② 《加拿大华人华侨爱心捐赠的英文原版图书顺利运抵文山》，云南文山壮族苗族自治州人民政府网站，2010 年 5 月 14 日。

元，并请驻悉尼总领馆代转。① 4 月 27 日晚，近 200 名在德的华侨华人、留学生代表聚集在柏林中国文化中心，参加了"情系玉树，大爱无疆——全德华侨华人赈灾义演晚会"，并向在青海玉树地震中不幸遇难的同胞表达了深切的哀悼。这次赈灾义演晚会由全德华侨华人联合总会、德国中国和平统一促进会、中国留德学者学生团体联合会、柏林中国妇女联谊会等 20 多个侨团、侨社联合德国学界自发共同组织。晚会上德国华侨华人通过义卖、义诊和书画拍卖等方式，共为灾区人民募得善款近 1 万欧元，并交由中国驻德国大使馆转交灾区。②

柬埔寨中国和平统一促进会、柬埔寨中华文化发展基金会、柬华理事总会、柬埔寨中国商会和柬埔寨港澳侨商总会于 4 月 28 日将募集到的 17 万余美元善款送交中国驻柬埔寨大使馆，支援玉树抗震救灾和灾后重建。比利时欧洲华商扶贫基金会会长何晓耀 4 月 27 日在布鲁塞尔宣布，他所在的扶贫会向青海玉树地震灾区捐款 21 800 欧元。何晓耀强调，扶贫会的成员遵循能力不分大小、捐款不分多少、善举不分先后的理念，捐款完全是为了表达当地华侨华人对灾区民众的爱心与真情。4 月 28 日，中国驻澳大利亚悉尼总领馆收到当地华侨华人给玉树灾区的捐款已达 21 万澳元（约合 19.3 万美元）。澳大利亚新州伯伍德市市议员王国忠在接受新华社采访时说，青海玉树地震灾区的救援工作虽然遇到很多困难，但救灾工作依然高效及时，相信青海人民很快将重建家园。4 月 29 日，蒙古国福建商业联合总会一行 7 人来到中国驻蒙古国大使馆，为青海玉树地震灾区捐款 608.5 万图格里克（约合 4 300 美元），以表达他们对灾区人民的慰问。4 月 26 日，西班牙华侨华人已经募集善款 17 万余欧元，其中西班牙巴塞罗那的瑞安华侨华人经贸总会捐款 6 万欧元，并当即转交地震灾区；马德里的中西百货行业协会共募集 4 万多欧元并将善款电汇给地震灾区；西班牙华人企业联合会捐款 3.07 万欧元；马德里华商协会捐款 2 万余欧元；西班牙东部的巴伦西亚中国商会捐款 1.26 万欧元；西班牙华侨华人协会捐款 1.04 万欧元。③ 5 月 4 日，菲律宾商联总会理事长黄祯潭、菲华各界联合会主席戴宏达一行来到中国驻菲使馆，亲手向刘建超大使递交了由这两家菲华社团发动当地华侨华人为玉树灾区筹得的善款 3 287.7 万比索（约合 500 万元人民币）。此外，菲律宾其他华侨华人团体和个人直接向使馆递交的捐款达 1 040.9 万比索（约合 159 万元人民币）。④

据不完全统计，截至 2010 年 5 月 10 日 14 时，海外侨胞通过各种渠道支援青海灾区的捐款金额已达 22 037 万元人民币，捐赠物资价值 1 100 万元人民币。

---

① 《全球华侨华人掀赈灾玉树热潮》，新华网，2010 年 4 月 20 日。
② 《德国华侨华人为青海玉树灾区举行赈灾义演》，国际在线，2010 年 4 月 28 日。
③ 《综合消息：海外华侨华人继续为玉树地震灾区捐款》，新华网，2010 年 4 月 29 日。
④ 《菲律宾华侨华人为青海玉树灾区捐款 659 万人民币》，中国新闻网，2010 年 5 月 11 日。

其中，通过国务院侨办"侨爱工程"平台捐赠的款项近 8 000 万元人民币，捐赠物资价值 1 100 万元人民币。① 对广大海外侨胞的善举，正如时任中国驻柬埔寨大使潘广学所言，这些善款表达了华侨华人对地震灾区人民血浓于水的同胞深情，展现了中华民族扶危济困、大爱无疆的优良传统。② 而时任中国驻韩国大使馆总领事何颖也谈到，华侨华人情系灾区、感同身受，及时伸出援助之手，充分体现了中华民族"一方有难，八方支援"的传统美德以及血浓于水的亲情。③

3. 医药卫生

美国的"微笑列车"是美籍华人王嘉廉于 1999 年在美国发起并正式注册的非营利性慈善组织。这个组织的宗旨是通过在全球富裕国家和地区进行募捐，利用募捐所得，资助发展中国家贫困家庭的唇腭裂患者进行免费修复治疗，目标是最终消灭唇腭裂。截至 2008 年 12 月，微笑列车基金会已为全球 76 个国家的近 38 万名贫困患者提供了免费唇腭裂修复手术治疗。④ 美国"微笑列车"与中国中华慈善总会的合作始于 1999 年初，至 2009 年 1 月，微笑列车基金会已与中国 31 个省、市、自治区的 400 余家医院建立了合作关系，在每一个地级市设立了至少一家项目合作医院，为来自贫困家庭的唇腭裂患者提供免费的修复手术，这为确保中国在五年内实现"无未治唇腭裂患者"的目标提供了强大支撑。⑤ 截至 2009 年，美国微笑列车基金会已在中国实施免费唇腭裂修复手术约 18 万例，仅 2008 年即完成项目手术超过 3.4 万例，平均每个工作日资助手术超过 100 例。与此同时，美国微笑列车基金会还为 8 000 多名中国医务工作者提供了免费、系统的专业培训，以保证其项目手术的质量和安全性。⑥ 创始人王嘉廉曾说，"中国是美国微笑列车基金会在全球开展其慈善旅程的第一站，十年前，在这里，我们开始了通过一个一个手术来改变来自贫困家庭唇腭裂患者的命运的慈善工作"，"我们希望，所有来自贫困家庭的儿童不再因患有唇腭裂而感到羞耻和痛苦，因得不到治疗而受折磨"。⑦ 华西医科大学口腔医院副院长石冰也评价说："微笑列车慈善项目的重要意义在于它将救助活动定位于唇腭裂患者来到人世间的第一时刻，

---

① 郭芮：《海外华侨华人为青海玉树地震灾区捐款逾 2.2 亿元》，《侨务工作研究》2010 年第 3 期。

② 《综合消息：海外华侨华人继续为玉树地震灾区捐款》，新华网，2010 年 4 月 29 日。

③ 《旅韩华侨华人踊跃向青海玉树地震灾区捐款》，中国驻韩国大使馆官网—领事业务，2010 年 5 月 18 日。

④ 崔静：《美国微笑列车基金会在五年内助中国消除唇腭裂》，新华网，2009 年 1 月 14 日。

⑤ 崔静：《美国微笑列车基金会在五年内助中国消除唇腭裂》，新华网，2009 年 1 月 14 日。

⑥ 崔静：《美国微笑列车基金会在五年内助中国消除唇腭裂》，新华网，2009 年 1 月 14 日。

⑦ 《卫生部携手微笑列车 开展唇腭裂修复慈善项目》，中国经济网，2009 年 1 月 16 日。

是对患儿残缺人生最及时的弥补，为患者及其家庭增添了生存下去的勇气和信心。"①

2009 年 11 月 17 日，由中华慈善总会主办的"微笑列车在华十年贡献奖颁奖大会暨《微笑列车中国十年》特刊出版新闻发布会"在北京举行。中华慈善总会负责人曾表示，中华慈善总会从 1999 年开始与美国微笑列车基金会合作在中国境内开展对贫困的唇腭裂患者实施免费手术，帮助那些因贫困没有进行唇腭裂治疗的患者。除提供免费的手术外，"微笑列车"还举办了 6 次全国大型学术会议，每年还资助医护人员参加区域培训和国外培训。至 2009 年，提供的免费培训超过 8 000 人次。② 2010 年由美国微笑列车基金会资助的"微笑列车唇腭裂修复甘肃示范省慈善项目"于 1 月 21 日圆满完成。经过 12 个月的筛查，甘肃全省共发现未治唇腭裂患者 4 677 人，唇腭裂出生缺陷婴儿 468 人，通过治疗将使甘肃成为中国第一个无唇腭裂患者的省份，该筛查结果对预测中国内地待治唇腭裂患者总量及所需医疗资源有重要参考价值，并为"微笑列车"在 2014 年实现中国无未治唇腭裂患者的最终目标奠定了基础。"微笑列车"奠基人、董事长王嘉廉表示，相信"中国将成为发展中国家中第一个实现不再有因贫困而得不到及时手术修复唇腭裂患者的国家"③。

4. 侨捐楷模

2009 年旅菲归侨、世纪金源集团董事局主席黄如论先生全年捐款 9.8 亿元人民币，创造个人单年捐赠额之最，捐款覆盖了敬老、助学、文化等多个领域，为促进当地社会经济发展提供了有力支持。在黄如论的年度捐款中，有多笔为历年基础上的连续捐赠。如捐赠中国人民大学国学院 200 万元，自 2006 年起至 2009 年已经连续 4 年，金额合计 800 万元；捐资中国职工发展基金会 300 万元，自 2003 年起至 2009 年已持续 7 年，金额合计 1 400 万元；捐资连江县马鼻中心小学 2 万元，自 1992 年起至 2009 年已连续 18 年，金额合计 34 万元。为帮助 2003 年捐资 1.8 亿元兴建的江夏学院捐建工程尽快完成后期建设，再度向该学院捐资 5 000 万元，合计 2.3 亿元。这些持续多年的爱心捐赠，使各项受到资助的公益事业在有稳定资金来源的基础上，实现积累和发展，从而在相应领域为社会作出更多、更持久的贡献。④

2009 年 4 月，黄如论决定分两年向山东慈善事业捐赠 6 000 万元人民币，用

---

① 崔静：《美国微笑列车基金会在五年内助中国消除唇腭裂》，新华网，2009 年 1 月 14 日；张应龙主编：《华侨华人与新中国》，广州：暨南大学出版社，2009 年，第 252 – 319 页。

② 《"微笑列车"使 18 万唇腭裂患者露出微笑》，新华网，2009 年 11 月 18 日。

③ 《美国微笑列车唇腭裂修复甘肃示范省慈善项目完成》，中国新闻网，2010 年 1 月 21 日。

④ 《最具爱心慈善捐赠个人——黄如论》，凤凰网，2010 年 4 月 7 日。

于帮助孤寡老人、救助困难学生，至此其个人累计慈善捐赠已超过人民币 19 亿元。[①] 黄如论先生时常通过各地各级慈善总会对捐款进行具体分配和使用，将个人捐赠与社会公益管理结合起来，实现善款善用，具有良好的适应度，收到理想效果。2009 年全年黄如论三笔捐赠过亿的项目是：捐资 4 亿元兴建合肥市第四十八中学南校区、合肥师范学院附属小学东校区；捐资 1.7 亿元兴建长沙雅礼外国语学校；捐资 1.3 亿元兴建贵阳市第一实验中学、贵阳市第一实验小学。上述学校建成后，均无偿捐献给当地教育部门，推动当地基层教育的发展。此外，黄如论还积极资助文物和传统文化保护等事业，例如捐赠 3 000 万元给河南潢川县和固始县用于文物保护；捐资 1 000 万元用于云南凤庆县文昌阁以助推当地旅游文化事业的进一步发展。上述举措，不仅继续拓展了侨资捐赠的社会领域，而且产生了良好的社会效益和社会影响，为侨捐文化的深入发展起到推动作用。[②] 2010 年黄如论向福建省科技馆捐资 6 亿元，用于新馆各项建设，这是黄如论捐赠公益事业以来最大的一笔捐款，全年捐款总数达到 9.884 8 亿元。黄如论自言以后不会留给后代很多家产，大部分会捐给社会，"我要回报社会，特别是文教事业和高科技行业，因为这能为地方发展创造更多机会，是最有意义的事"[③]。

2010 年 12 月 3 日，由广东省侨办和广东南方电视台主办的第三届年度华语世界最具影响力的公益品牌活动"2010 南方·华人慈善盛典"在广州举行，此次盛典共表彰 10 名慈善人物、1 个慈善集体和 1 个慈善项目，共 12 个奖项，其中慈善人物奖获得者有：冯广源（中国香港）、陈达（中国香港）、陈策文（中国香港）、吴宏丰（泰国）、林如光（印度尼西亚）、谢贤团（中国香港）、赖云英（马来西亚）、辜炳标（泰国）、黎灿（中国香港）、霍宗杰（加拿大）；澳洲要明洪福堂同乡会获得慈善集体奖；由 25 个国家和地区的华侨华人、港澳同胞共同参与的"侨心居"项目获得慈善项目奖。获奖者合计捐赠超过 7 亿元。"南方·华人慈善盛典"从 2008 年开始至 2010 年已举办三届，前两届共表彰了 41 名个人、1 个慈善集体。2010 年盛典首次设立"慈善项目奖"，主要用于评选那些侨胞参与广泛、效果好、社会影响大、美誉度高、能持续发展的慈善项目。本次获奖的"侨心居"项目，历时 4 年，受益者数千人，遍及粤、川等省灾区和华侨农场贫困归侨。[④] 而拥有 140 年历史的澳洲要明洪福堂同乡会，是一个以在澳大利亚的广东高要、高明乡亲为核心的非营利、纯慈善性机构。经过多年不断发展，同乡会已有会员 1 万余人。从 20 世纪 80 年代至今，该同乡会共捐资超过

---

① 《黄如论向山东省捐赠善款 6 000 万元人民币》，《大众日报》（网络版），2009 年 4 月 12 日。
② 《最具爱心慈善捐赠个人——黄如论》，凤凰网，2010 年 4 月 7 日。
③ 《黄如论：举善报桑梓的"商界枭雄"》，《东南快报》，2011 年 1 月 3 日。
④ 《2010 南方·华人慈善盛典 12 月 3 日在广州隆重举行》，广东侨网，2010 年 12 月 4 日。

1 000万元人民币支持高要市（现为高要区）建设。无论是回龙华侨小学、侨光小学、蛟塘小学、松塘小学、怀集中洲镇泰南小学等学校，还是高要回龙医院、敬老院等民政福利工程，甚至是镇、村道路及牌坊和镇、村自来水工程等公共设施和环境设施，同乡会都积极捐款参与。2006—2009年，同乡会先后4次组织多位白内障医生到肇庆参与"光明之行"，通过活动让431名患有白内障的贫困山区老人重见光明。除作为家乡建设的推动力量外，同乡会在抗灾救灾方面也是不遗余力，如1991年的华东水灾、1994年的华南水灾、2008年的南方冰灾和四川汶川大地震、2010年的青海玉树大地震，同乡会共计筹集善款200多万元人民币。正如同乡会名誉会长黄汉元所言："同乡会里面的大多数人生活并不富裕，部分甚至只是农场种菜的菜农，但他们为支援家乡建设，为支持家乡的慈善公益事业，毫不吝啬地将赚来的几十、几百元捐献出去。"[①] 时任广东省侨办副主任林琳在谈到举办此次盛典的感想时表示，举办盛典目的是要表彰和弘扬海外侨胞、港澳同胞爱国、爱乡、爱民的精神，如吴宏丰先生在家乡捐建教育村，有力地促进了当地教育事业的发展；谢贤团先生的愿望就是在五年内捐赠一个多亿，把家乡的村子建设成为社会主义新农村。这些感人举动对推动社会慈善风尚的形成和慈善事业的发展势必起到积极作用。[②]

（三）21世纪以来侨捐发展的特点

从上述案例可见，21世纪侨捐事业在地域分布、影响捐赠的因素和捐赠数量、侨捐事业的延续性、侨捐事业的社会意义等方面表现出不少新的特点。

（1）21世纪以来的侨捐事业发展在地域分布上，广东、福建等重点侨乡和沿海地区接受捐赠数量仍然最多，比重也最大，但是值得注意的是，西部地区侨捐事业发展速度也在加快，西部地区侨捐事业的发展反过来促进了当地侨务工作的开展。

例如，2006—2010年，经甘肃省外事办牵线搭桥，海外华侨华人及港澳同胞对甘肃省的援助遍及经济、医疗、教育等各项事业，各类捐赠共计9 003.9万元，修建、改建学校247所，农村卫生院32所，水窖1 200余眼，资助非义务教育贫困学生2 100余人，免费为1 500多名白内障患者实施复明手术，对甘肃省社会经济发展给予了有力支持。同时，海外华侨华人及港澳同胞对"5·12"汶川大地震、"8·7"舟曲山洪泥石流等甘肃受灾地区也伸出援助之手，捐款捐物，甚至赶赴灾难现场参与救灾，对救灾及灾后人民群众生活生产的恢复起到了巨大

---

① 《百年侨团澳洲"要明洪福堂"同乡会扶贫济困献爱心》，中国新闻网，2010年12月4日。

② 《林琳副主任：华人慈善盛典助推慈善风尚》，中国新闻网，2010年12月4日。

的帮助作用。与此同时，甘肃省也努力做好归侨侨眷工作。在这五年，共受理归侨侨眷来信来访案 351 件（次），结案率 91%，下拨贫困救济金 163 万元，对 470 余户 1 800 余名贫困归侨侨眷进行了持续的救济扶持。①

（2）侨捐数量的发展变化除受侨乡因素和经济发展程度等影响外，还与慈善组织的地区分布及自然灾害发生地区等多种因素相关，诸如 2008 年四川震灾发生后就累计接收捐款 19.58 亿元人民币，创造四川接收侨捐的历史纪录。另外从接收社会捐赠额的总量来看，也可了解不同因素在影响捐赠数量发展方面的意义。中国社科院发布的《中国慈善发展报告（2010）》指出，广东为经济发达大省，也拥有侨胞捐助的丰富资源，2009 年共接收 21.65 亿元捐赠，位居全国首位；北京因拥有较多的中央部门和全国性慈善组织，2009 年接收了 15.59 亿元的捐赠量，而四川因为灾后重建持续受到全国各地的关注，2009 年接收了约 12.38 亿元的捐赠。在捐赠款物去向方面，2009 年教育、救灾和社会服务等领域仍然是国内最能吸引捐赠资源的领域。其中有 353 笔捐赠用于基础教育、职业教育、高等教育和其他教育领域，总额达 37 亿元（其中过半为承诺捐赠），占社会捐款总量的 41.07%。此外，2009 年中国大陆接收来自外国、国际组织、华侨华人等境外捐赠共计 45.05 亿元，占全国接收捐赠总额的 14.1%，来自华侨华人和港澳台地区的捐赠达 36.6 亿元（含 18.4 亿元承诺捐赠），约占境外捐赠总额的 81.2%。②

（3）华裔新生代逐步接续老一代华侨华人的捐赠传统，推动了侨捐事业的持续发展，同时也促进国内职能部门对做好华裔新生代工作的重视。例如福建省莆田市的华侨华人新生代数量就较为庞大。据 2006 年侨情普查，全市共有海外华侨华人 77.96 万人，其中，新生代占 90% 以上，主要集中在印度尼西亚、马来西亚、新加坡等东南亚国家。近年来，据不完全统计，莆田全市接收海外华侨华人等捐赠达 10.66 亿元人民币，实际利用侨资 40.49 亿美元，对侨乡的经济社会发展起到了重要的促进作用。③ 另据 2006 年侨情调查数据，与宁波市北仑区有广泛联系的海外华侨华人有 5 017 人，侨眷 13 346 人，海外留学人员 200 余人，分布在美国、加拿大、英国等 30 多个国家和地区。北仑区统战、侨务部门积极开展工作，促进北仑籍新华侨华人和华裔新生代回乡进行经贸、科技、文化等领域的交流与合作，并邀请其参与"感悟新农村建设"活动等。这些华裔新生代和新华侨华人，日益关心家乡的经济文化建设，截至 2008 年 10 月共捐资 1 453 万

---

① 《海外华侨华人及港澳同胞 5 年捐赠甘肃 9 000 多万》，新华网，2011 年 1 月 23 日。
② 《2010 年〈慈善蓝皮书〉发布　粤接收捐赠居全国首位》，《南方日报》，2010 年 11 月 3 日。
③ 《增强华侨华人新生代家乡认同感》，《侨乡时报》，2010 年 8 月 30 日。

元人民币，其中顾建纲捐赠500万元助建宁波职业技术学院，创顾氏家族单项捐赠最高纪录，另捐赠168万元助建顾国和中学、周翠玉幼儿园等项目；孙卫民捐赠600万元助建柴桥实验小学和大矸中学体艺馆等；严玉德捐赠165万元建造宁波大学严信才楼；戴振平捐赠20万元助建霞浦街道方戴村老年活动中心等。① 由此进一步提出，侨务部门在推动侨捐事业发展上，应坚持老侨、新侨工作并重原则，继续保持与海外社团和老一代华侨华人的经常性联系，通过老侨领、老华侨的影响和带动，加强与华裔新生代的沟通联络，促使侨捐事业不断发展壮大。②

（4）侨捐事业发展推动了相关侨捐监管的规范管理在全国逐步确立。为在新时期进一步规范侨捐管理，侨务大省广东2006年率先在全省建立起省、市、县、镇侨捐项目监管网络和制度，基本实现从过去侧重于受赠过程的管理到全面监管。广东省提出此举，旨在把侨捐项目管理好、维护好，使之不仅能充分发挥作用，为建设经济强省、文化大省服务，而且有利于进一步激发广大海外侨胞、港澳同胞关心、支持广东省现代化建设的积极性，为建设富裕、安康的广东作出新贡献。同时，侨捐项目凝聚了海外侨胞、港澳同胞恋祖爱乡、造福桑梓的精神，体现了华侨文化的特质，是开展爱国主义教育、侨情教育和弘扬民族精神的生动教材。把侨捐项目维护好、发展好，对弘扬民族精神、发展华侨文化有着重要的意义。再者，海外侨胞、港澳同胞十分关注侨捐项目，通过侨捐项目不仅可以加强与捐赠人的联系，还可以带动华裔新生代及其他侨胞的工作。建立侨捐项目的监管制度，有利于构建与海外侨胞、港澳同胞联系的渠道，延伸海外侨务工作领域，培育侨务资源，实现侨务工作的可持续发展。为此，2005年广东省侨办下发了《关于在全省建立华侨港澳同胞捐赠公益事业项目监督管理制度的意见》，并要求从2006年起，在全省范围内用两年时间做好侨捐项目的普查确认工作，建立和完善各项监督管理制度，做到底子清，即核清本辖区内侨捐项目情况；档案齐，即健全侨捐项目的文字档案，建立全省联网的电子档案资料库；责任明，即明确侨务部门、政府相关部门、受赠单位及其主管部门对侨捐项目监督和管理的职责；制度完备，即制定和完善使用、管理和维护侨捐项目的制度，建立各项监管制度；监管到位，即监管工作规范化、制度化，监管措施落实到位。③ 同时，广东省政府颁发了《广东省华侨捐赠公益事业项目监督管理办法》，以及配套规章《关于在全省建立侨捐项目监管制度的意见》，对受赠单位责任与义务、捐赠人权利、管理与监督等作出明确规定，为建立制度加强监管开辟了坦

---

① 《创新机制，促进侨务资源可持续发展》，中共宁波北仑区委统战部网站，2008年10月6日。
② 《增强华侨华人新生代家乡认同感》，《侨乡时报》，2010年8月30日。
③ 《转发关于在全省建立华侨港澳同胞捐赠公益事业项目监督管理制度意见的通知》，《中山市人民政府政报》，2006年5月18日。

途、创造了良好环境。此举无疑为全国侨捐管理工作树立了榜样和规范。侨捐工作涉及社会公益，树立侨捐法规的权威，不仅能够带动社会和公众共同监管侨捐项目，而且能让广大侨胞放心、安心地进行捐赠和贡献，这是利国利民的政策举措。[①]

在广东的带动下，湖南省侨办出台了《湖南省华侨捐赠公益事业项目监督管理办法》，海南省出台了《海南省华侨捐赠公益事业若干规定》，安徽省出台了《关于华侨捐赠事宜的有关条例》，新疆维吾尔自治区出台了《关于华侨捐赠的管理办法》，四川赈灾期间国务院办公厅出台了《关于加强汶川地震抗震救灾捐赠款物管理使用的通知》。此外，北京市政府为做好奥运场馆的捐赠工作，专门发布了《关于港澳同胞台湾同胞和华侨华人捐款建设北京奥运场馆的意见》及奖励和管理办法，确保捐赠工作的公开和透明，明确了各项工作的具体要求。河北省等地还安排专项资金，为开展华侨捐赠工作提供经费保障。许多地方政府领导还组织召开协调会，由侨务部门牵头推动教育、财政、国土、规划、工商、税务等部门及时提供配套资金，为侨捐项目提供"绿色通道"，减免各种税费，加快审批速度，鼓励受赠单位精打细算，使华侨捐赠的资金发挥了最大的效用，令捐赠人十分满意。与此同时，国务院侨办和司法部还联合推动侨法宣传，将华侨捐赠法律法规纳入全国"五五"普法内容。江苏、北京、上海、天津、广东、广西、山东、湖北、湖南、河北、河南、黑龙江、吉林、辽宁等地侨办，采取不同形式宣传落实华侨捐赠法律法规，组织各级干部群众深入学习领会《公益事业捐赠法》及地方捐赠法规的精神实质。上海、天津、江苏、福建、浙江、湖南、陕西等地人大还专门开展华侨捐赠法规执法检查，对华侨捐赠项目和实施情况进行专项督查，抓住重点案件，深入协调、督促，把法律法规真正落到实处。[②] 正是在这一系列举措的日益规范和完善中，中国侨捐事业不仅逐渐走向成熟和理性，而且能体现捐赠者的真实情感并使其真正放心。

华侨捐赠是海外华侨华人参与祖（籍）国社会经济发展的重要内容和方式，他们不仅真正支持了中国社会相关领域的现实需要和发展，而且在精神层面为社会树立起道德和正面价值观念的标杆，是培育民族向心力、民族凝聚力和民族自豪感的重要成就。在此基础上形成的慈善捐赠监管制度，同时也是我国制度文明建设的重要成就，是国家软实力内向性建设的重要组成部分。如持续 20 多年的"中山慈善万人行"就以实际行动推动了广东侨乡的社会和睦和一方安宁。但保

---

① 《粤侨捐总数占全国六成　我省侨捐监管在全国闯出新路》，《南方日报》（网络版），2008 年 5 月 14 日。

② 马儒沛：《解放思想　发挥优势　开创华侨捐赠工作新局面》，《侨务工作研究》2008 年第 3 期。

持侨捐事业持续发展，不能仅仅停留在感情的渲染和对华裔新生代的教育工作上，更重要的还是在制度保障基础上将侨捐用在实处，保护好捐赠者的良好愿望和善良初衷，促使受捐者能善用善意且传播善意。《广东省华侨捐赠公益事业项目监督管理办法》的出台带了个好头，但这一制度创新仅仅是开始，还有大量细致工作需要继续进行和完善，而各地也需要根据各自的实际情况加以调整，才能制定出因地制宜的管理办法来，并在此基础上最终形成更具影响力的全国性法规或条例，这是保证侨捐事业继续发展的根本。

第七章 实证分析：华裔新生代的认同、对华认知及对侨务工作的意义

华侨华人与中国国家软实力的关系，从来都不是形而上的，也不是抽象的，它应该可以用某些具体的指标来衡量，即两者是正相关还是负相关的关系，我们不能空洞地谈论两者之间的关系。基于此，从 2010 年到 2013 年，课题组在亚洲、美洲、欧洲和大洋洲等地区选择了一部分国家进行问卷调研和访谈。

调研分为两大主题和两个阶段，其中一个调研主题为东南亚华侨华人的文化认同及对中国事务的认知，另一个为华侨华人与中国的关系，后者又细分为两个调研问卷，分别是华侨华人对中国国家形象与侨务工作的认知、住在国居民对华人形象与中国侨务工作的认知。第一个调研主题的目的是考察东南亚地区几国华侨华人的认同、情感、文化保持和对涉华事务的认知，通过对这一系列问题的考察，我们希望发现东南亚地区华侨华人对中国的情感与态度，这是我们思考华侨华人与中国软实力建设的前提和基础。第二个调研主题则具体到对中国形象、华人和侨务工作的认知，因为这些问题同样是华侨华人与中国国家软实力这一命题是否成立的关键所在。一方面，我们希望考察华侨华人眼中的中国形象及其对侨务工作的认知；另一方面，我们还希望考察住在国居民眼中的华侨华人形象及其对中国侨务工作的态度，这些问题已经关系到推行国家软实力的具体措施是否可行。我们还希望对比华侨华人与住在国居民在一些关键问题上的认知差异，比如对华侨华人政治认同的判断，从中发现中国侨务工作以及向外推行软实力的政策空间，而不是空洞地或者想当然地对华侨华人与中国软实力构建的关系作过于简单的判断或推理。此外，在三个调研框架下，我们选取了一些国家进行国别之间的比较和分析，以探究不同国家之间的差异。

第一节 东南亚四国华裔新生代的文化认同、对华认知与中国软实力

本节主要考察海外华侨华人的文化认同现状及其对中国事务的认知，从而思考其对中国软实力构建的意义。本研究设计的逻辑在于，在构建华侨华人与中国

国家软实力的关系之前，我们必须了解海外华侨华人的认同现状，以及他们对与中国有关事务的认知，由此探究华侨华人参与中国国家软实力构建的现实可能性。

在问卷设计思路上，我们主要从语言能力、族群文化、族群关系、对中国的认知、与中国的互动等角度来作具体的探讨与分析。

调研对象国上，我们选取了菲律宾、印度尼西亚、马来西亚、泰国、缅甸和柬埔寨六国进行调研，不过在进行比较分析时，我们只选取了菲律宾、印度尼西亚、马来西亚和泰国四个国家进行国别比较。

一、受访者信息与研究思路

本研究将菲律宾、印度尼西亚、马来西亚、泰国四国的华裔新生代进行综合比较，四个国家的样本数量分别为 753 份、703 份、514 份、1 168 份，希望借此探讨四国华裔新生代在认同和对华认知上的差异与共同之处。如表 1 所示，来自四个国家的受访者，年龄在 35 岁以下的比例分别为 93%、93.8%、91.1%、80.9%，因此将这些数据放在同一个平台上进行比较是合理的。

需要说明的是，菲律宾是我们最先开展调研的国家，我们在调研中发现问卷本身存在一些问题，因此在其他国家进行调研时，我们对问卷作了进一步的完善，从而导致菲律宾的问卷和其他国家的问卷存在些微的差别。

在具体的研究方法上，我们采取了和分报告一致的方法，即从语言能力、族群文化、族群关系、对中国的认知、与中国的互动等角度来作具体的比较。

表1　四国华裔新生代的年龄结构

	12~17 岁	18~34 岁	35~45 岁	45 岁以上
菲律宾	75.3%	17.7%	2.4%	4.6%
印度尼西亚	39.6%	54.2%	3.9%	2.4%
马来西亚	54.0%	37.1%	6.3%	2.6%
泰国	40.1%	40.8%	8.1%	11.0%

菲律宾的问卷样本来自菲律宾侨中学院（Philippine Cultural College）、崇德学校（Saint Jude Catholic School）以及雅典耀大学孔子学院（Ateneo De Manila University）。就职业而言，82.3% 的受访者为学生，其次是专业人士和公司职员，分别占 10.6% 和 5.6%。在学历上，中学和大学或以上学历的比例分别为

74.5%、21.8%。

泰国的问卷主要来自泰国汉语教学中心、北京华文学院泰国分院、曼谷时代中学、曼谷和顺语言学院、南邦育才学校等机构。就职业构成而言，学生构成受访者主体，占 62.1%，私营业主、公司职员和专业人士分别占 15.6%、12%、4%。

印度尼西亚的问卷样本主要来自印度尼西亚的华人社团、三语学校、大专院校以及中国国内两所华侨学府（暨南大学和华侨大学）的华文学院。从职业数据来看，在校学生占了绝大多数（74.5%）；受教育水平方面，65.5%在中学以上，28.7%在大学或以上。

马来西亚的问卷来自马来亚大学、新纪元学院、部分华文独立中学，以及槟城的少数华人社团。就职业构成而言，学生占了绝大部分，为 75.5%，专业人士、公司职员、私营业主分别占到 13%、9.2%、1.1%。

二、东南亚华裔新生代的宗教信仰、传统与文化

（一）宗教信仰

表2 东南亚华人的宗教信仰

	基督教	天主教	佛教	伊斯兰教	其他	无信仰
菲律宾	22.60%	63.30%	15.20%	0.40%	3.30%	—
印度尼西亚	22.1%	14.2%	51.5%	3.3%	5.7%	2.8%
马来西亚	8.5%	1.4%	69.2%	0.2%	7.6%	13.5%
泰国	3.9%	1.3%	92.1%	1.6%	0.3%	0.4%

注："—"表示没有该选项。

如表2所示，在菲律宾、印度尼西亚、马来西亚、泰国四国中，除菲律宾外，其他三国华裔新生代的宗教信仰都以佛教为主体，菲律宾华人的宗教信仰与主流社会的信仰保持着大体一致的比例，即超过85%的人信仰天主教或者基督教。泰国本身是佛教国度，因此华人以佛教信仰为主尚属正常。可见，相比之下，泰国和菲律宾两国华人的社会融合度是最高的。

尽管印度尼西亚和马来西亚都是以伊斯兰教为主体的国家，但是两国华人信仰伊斯兰教的比例非常低。马来西亚是中国之外华文教育体系最健全的国家，因此华人能够保留自己的族群语言和文化以及宗教信仰。在印度尼西亚这样一个华人人口比例小的地方，华人信仰伊斯兰教的比例依然较低，也许说明印度尼西亚

华人仍然试图维系自己的族群文化而不被同化。此外，数据也显示，印度尼西亚华人信仰基督教的比例不低，这可能预示着印度尼西亚年青一代华人信仰的新动向。

（二）中国文化与传统价值观

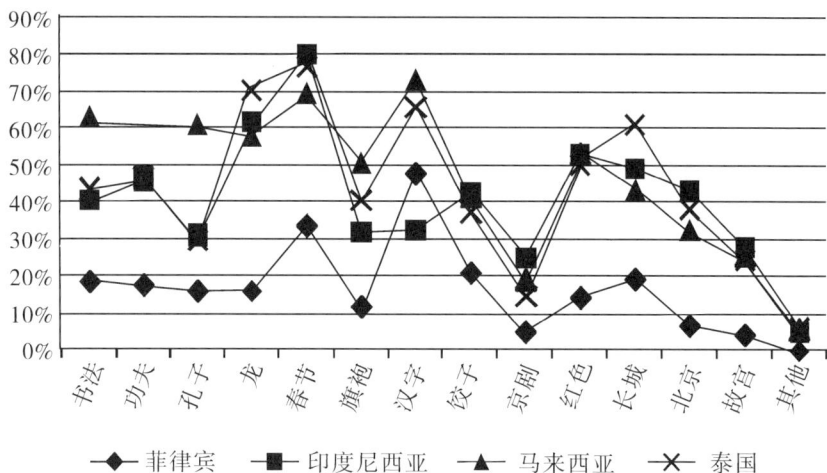

图1　对中华文化符号的熟悉度

在对中华文化符号的熟悉度上，首先，就国别而言，马来西亚华人对中华文化符号的熟悉度整体而言是最高的，菲律宾则是最低的。泰国和印度尼西亚大致差不多，但是整体而言泰国比印度尼西亚稍微高一些。就趋势而言，春节、汉字、长城是四个国家的受访者都相对最为熟悉的文化符号，既包括中华传统节日，也有软性和硬性的文化符号。此外，对于京剧这样的中华传统文化国粹，实际上海外华裔新生代都比较陌生。基于此，我们在海外传播中华文化的时候，就应该采取更能为他们所接受的文化符号。

从图2我们可以看到，在家庭主要庆祝节日上，菲律宾华裔新生代庆祝菲律宾本土节日的比例最高，庆祝中华传统节日如春节和中秋节的比例最低。整体而言，春节是印度尼西亚、马来西亚和泰国华人最重要的庆祝节日。此外，值得注意的是，印度尼西亚华人和马来西亚华人庆祝本土节日如开斋节、宰牲节和国庆节的比例非常低。由此我们可以得出结论：第一，在节日庆祝方面，菲律宾华人的本土化程度最深；第二，春节仍然是印度尼西亚、马来西亚和泰国华人最主要的家庭庆祝节日；第三，印度尼西亚、马来西亚华人庆祝本土节日的比例非常低。

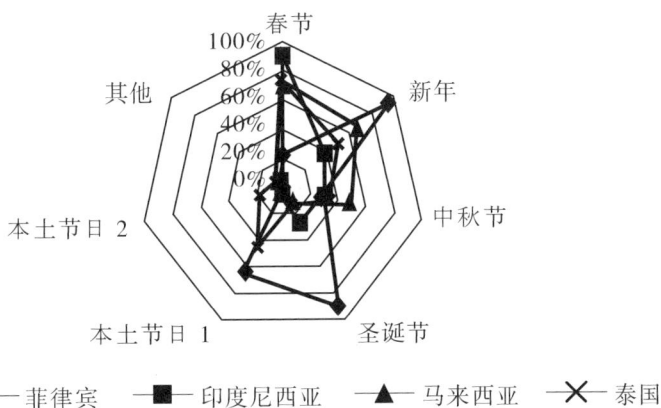

	春节	新年	中秋节	圣诞节	本土节日 1	本土节日 2	其他
菲律宾	23.4%	93.4%	27.4%	89.4%	63.6%	21.7%	5.2%
印度尼西亚	87.7%	37.7%	29.2%	27.2%	4.7%	3.0%	3.5%
马来西亚	70.0%	65.4%	46.5%	12.6%	3.1%	4.1%	7.0%
泰国	73.9%	48.1%	33.1%	13.1%	43.8%	17.1%	6.9%

图 2　家庭主要庆祝节日

注：在菲律宾，本土节日分别指万圣节、清明节（Qing Ming Festival），不过在本调研中，菲律宾华人可能把 Qing Ming Festival 当作菲律宾本土的"清明节"即 11 月 2 日的亡人节（All Souls' Day）了，另外圣诞节在菲律宾也属于本土节日；印度尼西亚的本土节日分别指开斋节、宰牲节；马来西亚的本土节日分别指开斋节、国庆节；泰国的本土节日分别指泼水节、佛诞节。

　　就感受中华文化的场合而言，如图 3 所示，印度尼西亚、马来西亚和泰国的受访者展示了大致相同的趋势，而菲律宾华人则不同，华文学校是菲律宾华人最能感受中华文化的场所。不过，对所有的受访者来说，华人传统节日仍然是他们感受中华文化的主要场合，可见中华传统节日在文化传承中的重要性。

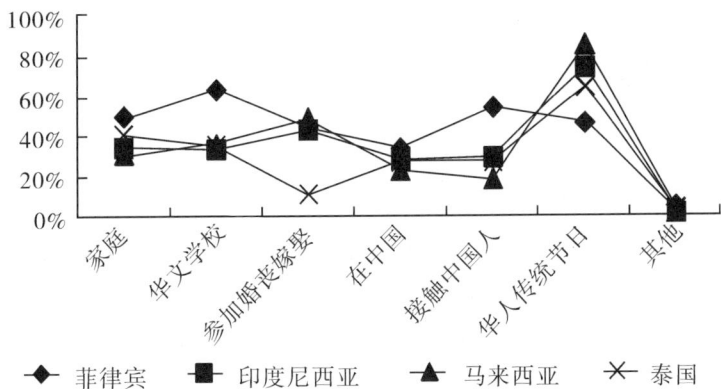

图 3　感受中华文化的场合

（三）家庭主要沟通语言

表 3　家庭主要沟通语言

	本土官方语言	印度尼西亚方言	中国其他方言	闽南语	粤语	英语	汉语普通话	其他
菲律宾	56.7%	—	—	46.6%	7.0%	11.0%	1.2%	1.3%
印度尼西亚	39.3%	10.0%	50.6%	—	—	5.6%	10.7%	7.2%
马来西亚	0.8%	—	37.9%	—	—	7.4%	78.3%	3.1%
泰国	90.0%		14.5%			2.2%	5.0%	3.7%

注：本土官方语言，在菲律宾是他加禄语，印度尼西亚是 Bahasa Indonesia，马来西亚是马来语，泰国是泰语。"—"表示无该选项。

在家庭主要沟通语言上，除了马来西亚因众所周知的原因使用汉语普通话为主要沟通语言外，其他三国的受访者中，90% 的泰国华人在家庭中都用泰语交流，菲律宾也有 56.7% 的受访者使用他加禄语交流，而马来西亚华人使用马来语进行交流的比例相当低。此外，在菲律宾和印度尼西亚两国的华裔新生代中，使用中国方言来进行交流的比例都超过了 50%。如果家庭主要沟通语言可以作为文化融合的一项指标，我们可以初步得出如下结论：第一，泰国华人的文化融合度最高，马来西亚华人的文化融合度最低；第二，在菲律宾和印度尼西亚，中国方言仍然在日常交往中占有非常重要的地位，这也是维系华人族群身份认同的纽带。不过在菲律宾，中国方言（主要是闽南语）之所以使用比例如此之高，首先是因为华人的幼儿园使用闽南语教学；其次，闽南语作为华人商业上的工作语言，地位仍然是独特的。因此很多菲律宾华人，即便不谙华文，都可以说流利的闽南语。

三、华文能力及对华文的态度

（一）学习华文的重要性与动力

在学习华文的重要性上，菲律宾、印度尼西亚和泰国受访者认为重要的比例都超过 80%，反而是以汉语普通话为主要沟通语言的马来西亚，认为重要的比例稍低于上述三国，但也接近 80%。相比之下，菲律宾和印度尼西亚的华裔新生代更认可学习华文的重要性。

表 4　学习华文的重要性

	非常重要	比较重要	不好说	不太重要	完全不重要
菲律宾	64.2%	23.5%	2.2%	9.8%	0.4%
印度尼西亚	65.6%	23.1%	8.9%	2.2%	0.3%
马来西亚	39.6%	40.2%	17.7%	2.6%	0%
泰国	42.9%	42.0%	12.2%	2.3%	0.7%

　　至于学习华文的动力，如图 4 所示，相对而言，"更好地了解华人的文化和传统"是四国受访华人公认最重要的动力，可见，东南亚这四国的华人能够意识到华文学习与族群文化传统之间的关系，并能够主动地将之内化为学习的动力。不过，前途考量也是非常重要的动力，比如在泰国，高达60.6%的受访者学习华文是出于前途考虑。

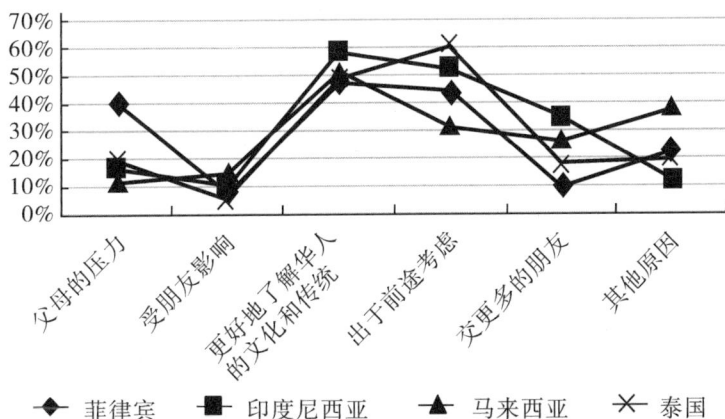

图 4　学习华文的动力

（二）汉语普通话能力

　　在汉语普通话能力方面，如图 5 所示，显然马来西亚华人的汉语普通话水平是最高的，达到"非常好"和"好"的比例高达81.4%，而泰国华人的汉语普通话水平则相对最低，印度尼西亚华人的汉语普通话水平则略高于菲律宾华人，印度尼西亚华人和菲律宾华人的汉语普通话达到"非常好"和"好"的比例分别为53.2%和41.2%，整体水平大致相当。不过，需要强调的是，本课题的数据大多源自华文学校，很可能社会上其他华人的汉语普通话水平落后于这些学生受访者。

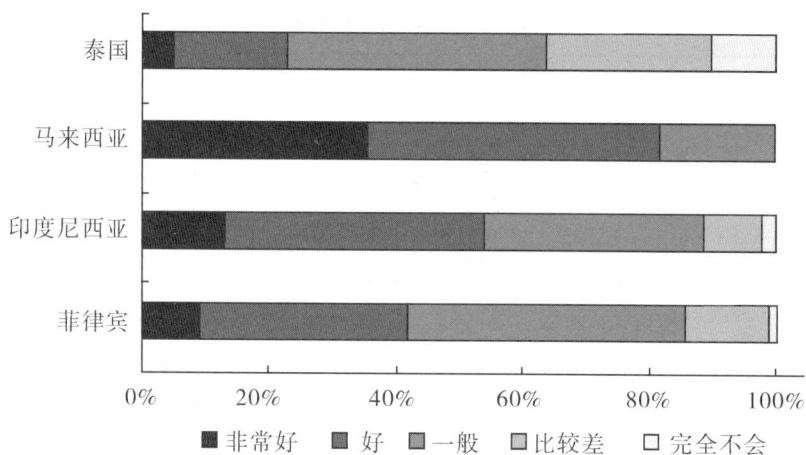

图 5　汉语普通话水平

图例：■ 非常好　■ 好　■ 一般　□ 比较差　□ 完全不会

四、族群身份与族群关系

（一）族群身份

表 5　族群身份的自我认定

	受访国人	受访国华人	华人	华侨	视情况而定	其他
菲律宾	10.3%	58.5%	17.5%	2.5%	9.5%	1.6%
印度尼西亚	7.1%	68.1%	13.4%	—	11.0%	0.4%
马来西亚	10.8%	56.0%	25.6%	—	6.3%	1.4%
泰国	34.3%	55.2%	2.9%	—	7.0%	0.7%

注："—"表示没有该选项。

在族群身份的自我认定上，如表 5 所示，首先，我们可以看到，认定自身为"受访国人"也就是泰国人的比例，泰国华人高达 34.3%，远高于其他三国，这充分说明泰国华人的融合度是最高的；其次，认可自身华人身份的比例，马来西亚华人最高，为 25.6%，泰国最低，为 2.9%，这说明马来西亚华人族群身份认同是最强烈的。这也在我们的预计之中，因为马来西亚有着全世界除中国之外最完整的华文教育体系，华人文化被保留得非常完整。

（二）族群关系

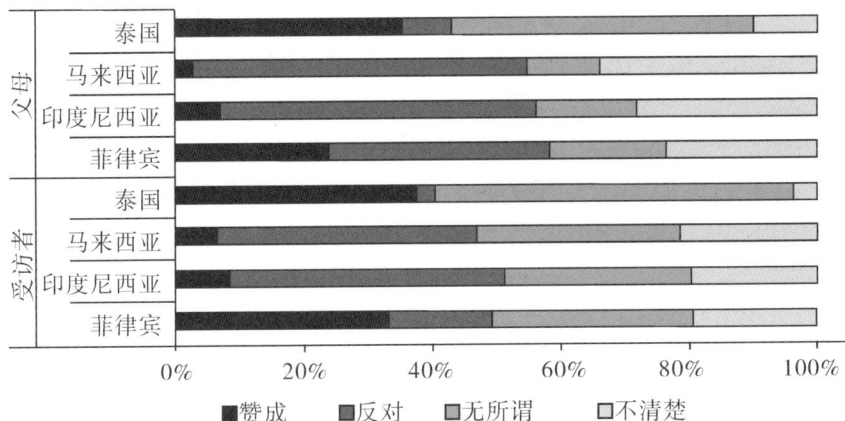

图 6 对跨族群婚姻的态度（受访者及其父母）

在对待跨族群婚姻的问题上，如图 6 所示，第一，受访者本人的态度上，泰国和菲律宾华人的赞成度最高，反对度最低，两国受访者的赞成度分别为37.2%、32.5%，反对度分别为 2.7%、16.4%，这同两国华人与主流社会的融合程度及族群关系是一致的。马来西亚华人的赞成度为 2%，反对度为 52.7%，其赞成度最低，而反对度最高，印度尼西亚华人的态度与马来西亚华人的态度相差无几。这一结论和前面其他几项调研的数据结果是一致的，即马来西亚华人的族群身份中华人性是强烈的。第二，根据对受访者的调研，他们对父母态度的预判和其本人是完全一致的，也就是父母一辈对跨族群婚姻的态度和其本人是一致的，不过，基本而言，父母一辈对跨族群婚姻的支持度普遍低于年轻的受访者，而反对程度则更高，这也在我们的预计之中。因为可能父母一辈身上的中华烙印相对更深刻。需要指出的是，菲律宾受访者中，父母一辈反对跨族群婚姻的程度远高于年青一辈，代际差异远高于其他国家的华人，这可能意味着菲律宾的年青一代正在加速融入主流社会。

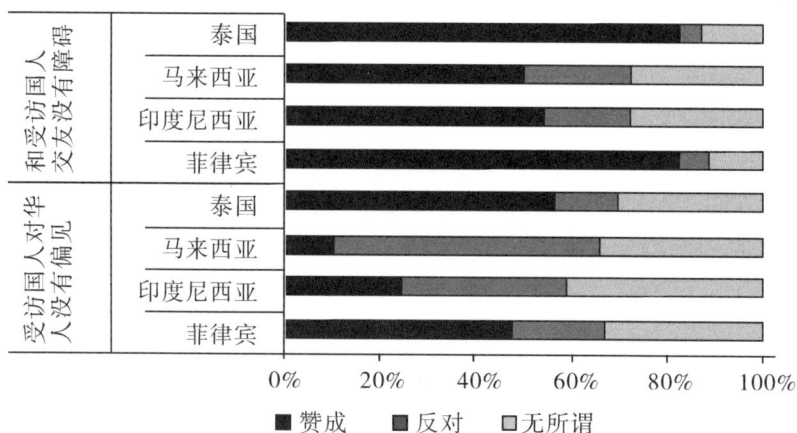

图 7　对族群关系的认知

注：此处的"受访国人"专指住在国主体族群。

我们设计了两个题目来考察华人与住在国族群的关系，分别是"受访国人对华人没有偏见"与"和受访国人交友没有障碍"（图7）。就第一个问题而言，持赞成态度比例最高的是泰国和菲律宾，分别为57.2%、46.9%，这两国持反对立场的比例同样是最低的，分别为12%、19.5%。马来西亚持赞成立场的比例最低，为9.5%，持反对立场的比例最高，为55.8%。

第二个问题的数据与第一个问题的数据吻合，泰国和菲律宾赞成"和受访国人交友没有障碍"的比例分别为81.7%、82.4%，而印度尼西亚和马来西亚分别为53.4%、49.5%，泰国和菲律宾持反对立场的比例分别为5.3%、6%，印度尼西亚和马来西亚分别为18.5%、22.3%。

表6　主要朋友来源

	受访国人	受访国华人	华人、受访国人各一半	其他
菲律宾	46.9%	6.4%	45.7%	0.9%
印度尼西亚	41.2%	5.9%	51.9%	1.0%
马来西亚	0.6%	90.6%	6.5%	2.3%
泰国	52.0%	3.7%	42.5%	1.8%

从表6数据来看，首先，以马来西亚为例，马来西亚华人的朋友来源中，90.6%为马来西亚华人，这是所有受访国中最高的。与此同时，数据也显示马来西亚华人很少与马来人交朋友。因此，这是否也说明了马来西亚华人在主流社会中的相对封闭性呢？或者华人与马来人之间其实互动还是非常有限的？其次，其

他三国受访者的朋友来源差不多，其中泰国华人拥有住在国朋友的比例要高于印度尼西亚和菲律宾，这和泰国华人的高度融合是一致的。

因此，综合以上几个问题的数据，我们可以谨慎地推论，在四个受访的国家中，泰国和菲律宾的族群关系最为融洽，而印度尼西亚和马来西亚的族群融洽程度相对要低，或者说族群之间的交往和密切程度相对要低，尤其是马来西亚华人与马来人之间，族群之间的偏见依然较为普遍。

五、与中国的互动及对华态度与认知

（一）与中国的互动

在与中国的互动上，如图 8 所示，在印度尼西亚、马来西亚和泰国三国中，华人与中国的互动表现形式不一，不过到中国大陆旅游以及参加华社组织的中华文化活动是三国华人的共性，泰国、马来西亚和印度尼西亚华人到中国大陆旅游的比例分别是 43%、32.2%、29.6%。此外，整体而言，印度尼西亚华人与中国最频繁的互动方式分别是"参加华社组织的中华文化活动"（36.5%）、"到中国大陆旅游"和"到中国大陆留学/游学"（26.2%），马来西亚华人与中国最频繁的互动方式分别是"参加华社组织的中华文化活动"（36.2%）、"到中国大陆旅游"（32.2%）和"到中国台湾旅游"（32.4%），泰国华人与中国最频繁的互动方式分别是"到中国大陆旅游"（43%）、"到中国大陆留学/游学"（18.5%）和"到中国台湾旅游"（14.6%）。

至于菲律宾华人与中国的互动，如表 7 所示，"参加华社组织的中华文化活动"和"到中国大陆旅游"同样是与中国最频繁的互动方式。因此，"到中国大陆旅游"以及"参加华社组织的中华文化活动"，是东南亚四国华人与中国互动的最主要方式。

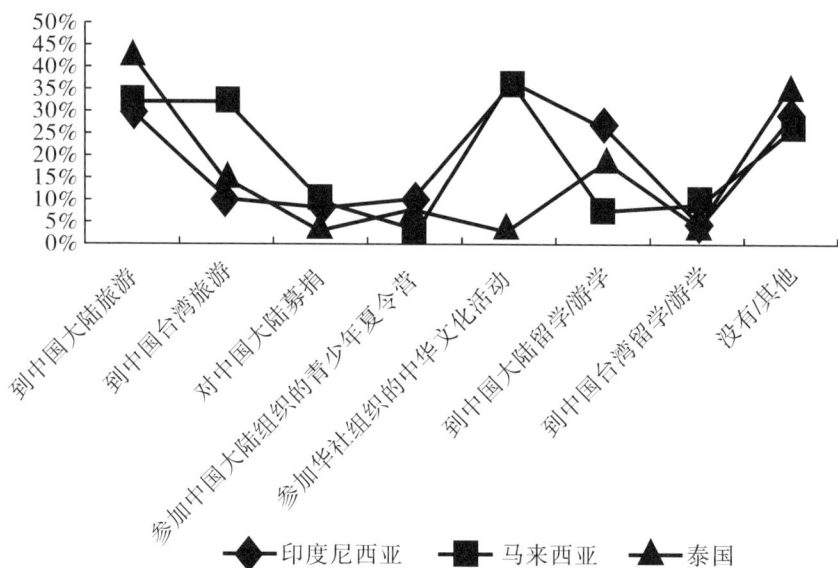

图 8 　与中国的互动

表 7 　菲律宾华裔新生代与中国的互动

	约一年一次	一年两次或更多	2~3 年一次	更长时间一次	从来没有
到中国大陆旅游	12.0%	3.1%	12.8%	15.6%	56.6%
到中国台湾旅游	4.9%	1.2%	4.7%	9.4%	79.8%
对中国大陆募捐	5.8%	0.8%	2.7%	6.5%	84.2%
参加中国大陆组织的青少年夏令营	5.9%	0.8%	5.4%	9.2%	78.7%
参加华社组织的中华文化活动	16.9%	7.3%	6.5%	8.1%	61.3%

（二）对华态度与情感

1. 对中国足球队的态度

在对中国足球队的支持度上，如表 8 所示，泰国华人对中国足球队的支持率最高，而马来西亚华人的支持率最低。在表 9 中，我们可以看到，当面临菲律宾队和中国大陆队的比赛时，菲律宾和中国大陆之间的支持率差不多为 3：1，但是一旦中国大陆队和其他国家队对垒时，菲律宾华人则主要支持中国大陆队。

表8 对中国足球队的支持度

	印度尼西亚	马来西亚	泰国
热情	29.5%	15.7%	45.1%
一般	50.7%	46.6%	42.7%
不热情	9.7%	19.5%	4.4%
无所谓	10.0%	18.3%	7.8%

表9 菲律宾华裔新生代对不同球队的支持度

菲律宾队 VS 中国大陆队	菲律宾队	中国大陆队	无所谓	不清楚
	47.5%	15.1%	23.5%	13.9%
中国大陆队 VS 其他国家队	中国大陆队	其他国家队	无所谓	不清楚
	35.9%	20.3%	24.3%	19.5%

2. 留学目的地

在留学目的地的选择上，我们可以看到，首先，除了印度尼西亚华人之外，菲律宾、马来西亚和泰国华人的首选留学地都是美国。其次，在选择中国的比例上，印度尼西亚华人最高，为43.8%，泰国华人次之，为23.8%。再次，菲律宾和马来西亚华人受访者选择中国为留学目的地的比例极低。不过，这一问题可能不仅仅和文化与认同有关，还和国家软实力以及获取奖学金的难度有关。

表10 留学目的地

	美国	中国	新加坡	日本	其他国家	不清楚
菲律宾	71%	4%	1%（印度）	12%	9%	3%
印度尼西亚	26.7%	43.8%	11.5%	7.2%	8.9%	1.9%
马来西亚	30.4%	9.5%	23.9%	4.7%	16.6%	15.0%
泰国	33.8%	23.8%	9.1%	5.9%	7.1%	20.3%

注：在菲律宾的调研中，设置的是印度而非新加坡的选项。

3. 心目中的中国形象

首先，就正面形象而言，如图9所示，印度尼西亚、马来西亚和泰国三国华人对中国的整体看法没有非常大的差异，不过马来西亚华人最认可中国的"历史悠久"，比例为85.7%，远高于泰国和印度尼西亚。整体上，三国华人最认可中国"历史悠久""发展迅速"和"大国"的形象。其次，就负面形象而言，如图

10 所示，马来西亚华人对中国的负面认知最强，而印度尼西亚华人对中国的负面认知最弱。这充分说明，相对而言，马来西亚华人对中国的评价是最低的，而印度尼西亚华人对中国的印象最好。此外，整体来看，三国受访华人对中国的正面认知远高于负面认知，即他们对中国形象的整体认知仍是正面的。

在菲律宾问卷中没有设置该选项，不过在课题组的另外一项大规模的田野调查中，有三个问题涉及菲律宾华人对中国形象的认知，即尊重他国主权、尊重人权和法治、负面新闻。在这三个问题上，菲律宾华人给出的评价分别为6.7分、5.7分和6.5分（分值范围1～10分），可见菲律宾华人对中国的评价持中，但稍微偏低。

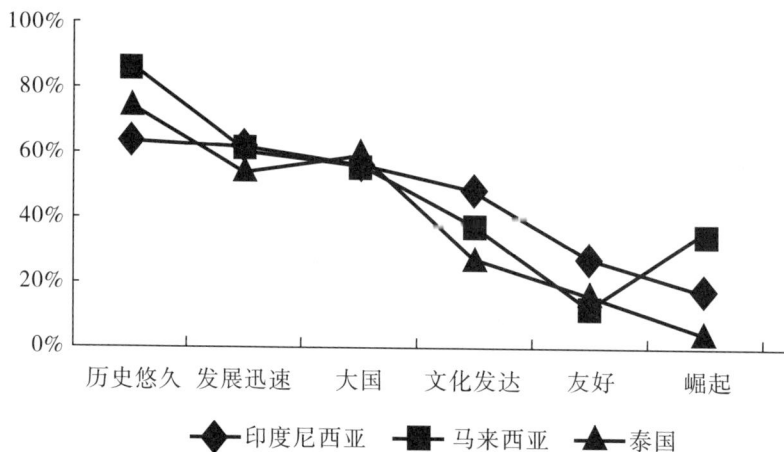

图9　对中国形象的正面认知

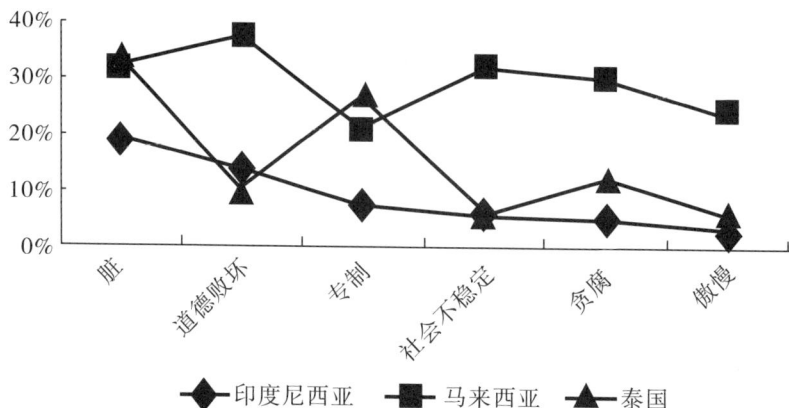

图10　对中国形象的负面认知

注：在菲律宾问卷中没有设置该选项。

在对中国整体形象的评价上，表 11 中的数据与图 9 和图 10 保持一致，我们看到，印度尼西亚华人对中国形象的评价最高，为 83.15 分，其次是菲律宾和泰国，最低的是马来西亚，为 62.27 分，再次验证了上面的论点，即印度尼西亚华人对中国的印象最好，而马来西亚华人对中国的印象最差。

表 11　对中国整体形象的评价分数

印度尼西亚	菲律宾	泰国	马来西亚
83.15	79.5	77.84	62.27

（三）对中国事务的认知

在对中国新闻的兴趣上，如表 12 所示，菲律宾和印度尼西亚华人对中国新闻的兴趣最高，而马来西亚华人对中国新闻的兴趣最低，作为四个调查国中华语程度最高的国家，马来西亚华人对中国新闻的兴趣度偏低，有可能和他们对中国形象的认知有关。当然，这只是一种猜测。

表 12　对中国新闻的兴趣

	非常有兴趣	比较有兴趣	不知道	不怎么有兴趣	根本没兴趣
菲律宾	43.0%	24.4%	—	23.3%	9.3%
印度尼西亚	27.4%	42.8%	10.9%	17.2%	1.6%
马来西亚	4.7%	37.5%	25.0%	29.9%	2.9%
泰国	6.1%	40.6%	20.5%	26.7%	6.2%

注：在菲律宾的调研中，此题选项采用的是关注中国新闻的频度，分别是"每天"，"一周一次""一个月一次""三个月一次""半年一次或更少""不关注"。为了便于统计和比较，我们将"每天"换算为"非常有兴趣"，"一周一次"换算为"比较有兴趣"，"一个月一次""三个月一次"和"半年一次或更少"换算为"不怎么有兴趣"，"不关注"换算为"根本没兴趣"，"不知道"选项空缺。

对近三十年来中国经济快速增长的原因，如表 13 所示，从整体而言，四国华人受访者公认经济模式和科技创新力是两个最重要的推动因素，相比之下，认为中国传统文化价值观和国民素质的影响较小。

在被问到中国的政治制度及发展道路能否很好地服务其国民时，图 11 显示，菲律宾华人对中国认可度最高，持肯定答案的比例为 59.8%，泰国和印度尼西亚华人中持肯定立场的比例分别为 53.1%、47.5%，而马来西亚华人持肯定立场的比例最低，为 20.2%，持否定立场的比例最高，为 16%。此外，还有为数不少的受访者持不确定的立场。可见，马来西亚华人对中国政治制度及发展道路最不看好，相比之下，菲律宾华人最看好中国的政治制度和发展道路。

表 13   近三十年来中国经济快速增长的主要推动因素

	经济模式	科技创新力	政治制度	劳动力资源	中国传统文化价值观	国民素质	其他
菲律宾	44.3%	45.5%	36.4%	29.5%	25%	13.6%	—
印度尼西亚	64.0%	45.9%	40.1%	38.3%	22.5%	21.1%	4.3%
马来西亚	67.9%	53.8%	30.5%	48.7%	18.0%	14.7%	4.0%
泰国	61.5%	37.1%	41.7%	50.1%	29.4%	23.8%	5.1%

注："—"表示没有该选项。

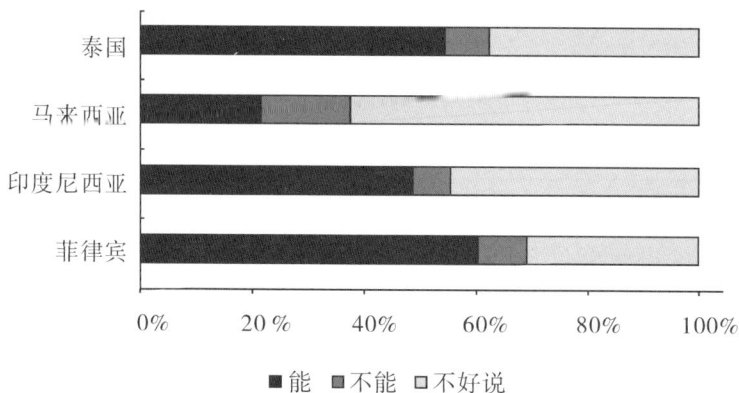

图 11   中国的政治制度及发展道路能否很好地服务其国民

对中国在国际舞台上的影响力，图 12 显示菲律宾和印度尼西亚华人对中国在国际舞台上影响力的看法最为积极，而马来西亚华人的看法稍逊于泰国华人，远低于菲律宾和印度尼西亚华人。

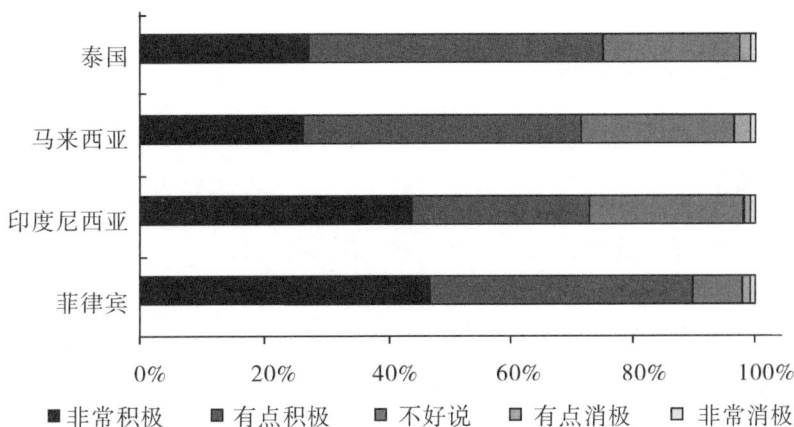

图 12 中国在国际舞台上的影响力

对中国的软实力，第一，从整体而言，印度尼西亚华人对中国软实力的评价最高，而马来西亚华人对中国软实力的评价最低；第二，"产品质量"是中国软实力中得分最低的选项；第三，在四个选项中，"对本国的重要性"得分最高，可见四国华人都认可中国对住在国的重要性，不过，菲律宾和泰国华人的认可度最高，分别为8.9分和8.33分，而马来西亚华人的认可度最低，为7.19分。

表 14 中国的软实力（1~10分）

	对本国的重要性	文化吸引力	产品质量	科技水平
菲律宾	8.9	7.1	5.4	7.6
印度尼西亚	7.87	7.58	6.91	7.81
马来西亚	7.19	6.23	5.19	7.17
泰国	8.33	6.97	5.91	7.37

注：菲律宾的调查问卷没有设计该问题，本问题中的菲律宾数据来自另外一项田野调查，其中"文化吸引力"在原问卷中为"历史文化的丰富性"，此处列出数据仅为参考。此外，"对本国的重要性"只是一项综合判断，与软实力无关，此处为制表方便，统一命名为"中国的软实力"。

六、结论与政策建议

（一）结论

1. 东南亚四国华裔新生代的宗教信仰、传统与文化

第一，宗教信仰。

泰国华人和菲律宾华人的宗教信仰与住在国主流社会的宗教信仰保持一致，即前者信仰佛教，后者信仰天主教和基督教，而印度尼西亚华人和马来西亚华人信仰伊斯兰教的比例极低，他们的宗教信仰仍然以华人传统宗教佛教为主。

第二，中国文化与传统价值观。

马来西亚华人对中华文化符号的熟悉度整体而言是最高的，菲律宾华人则最低。相对而言，春节、汉字、长城是四国华人最为熟悉的中华文化符号，对于京剧这样的中华传统文化国粹，实际上海外华裔新生代都比较陌生。

中华传统节日是海外华人感受中华文化的主要载体。在家庭主要庆祝节日上，春节仍然是马来西亚、印度尼西亚和泰国华人最主要的庆祝节日，其中印度尼西亚、马来西亚华人庆祝本土节日的比例非常低，而菲律宾华人的本土化程度最深。

第三，主要沟通语言。

大部分泰国华人和半数菲律宾华人使用当地语言作为家庭主要沟通语言，印度尼西亚华人和菲律宾华人使用中国方言作为沟通语言的比例也非常高，而马来西亚华人主要使用汉语普通话和中国方言作为沟通语言，极少使用马来语。可见中国方言仍然在日常交往中占有非常重要的地位；泰国华人的文化融合度最高，马来西亚华人的文化融合度最低。

2. 华文能力及对华文的态度

第一，学习华文的重要性与动力。

四国华人整体都非常认可学习华文的重要性。其中，为了"更好地了解华人的文化和传统"是受访华人最重要的学习动力，此外，前途考量也是非常重要的动力。

第二，汉语普通话能力。

马来西亚华人的普通话水平最高，泰国华人的普通话水平最低，印度尼西亚华人的普通话水平则略高于菲律宾华人。

3. 族群身份与族群关系

第一，族群身份。

泰国华人与当地社会的融合度是最高的，马来西亚华人的族群身份认同则最强烈。

第二，族群关系。

在对待跨族群婚姻的问题上，泰国和菲律宾华人的赞成度最高，反对度最低，而马来西亚华人的赞成度最低，反对度最高，印度尼西亚华人的态度与马来西亚华人的态度相差无几。

在族群关系上，马来西亚华人最认可族群之间的偏见，而泰国和菲律宾的族群关系相对比较融洽。在社会交往上，马来西来华人以本族群内部交往为主，较少与马来人往来。因此，泰国和菲律宾的族群关系最为融洽，而印度尼西亚和马来西亚的族群融洽程度相对要低，或者说族群之间的交往和密切程度较低，尤其是马来西亚华人与马来人之间的偏见依然较为普遍。

4. 与中国的互动及对华态度与认知

第一，与中国的互动。

"到中国大陆旅游"以及"参加华社组织的中华文化活动"是四国华人与中国互动最主要的形式。

第二，对华态度与情感。

在对华好感度方面，泰国华人对中国的好感度最高，而马来西亚华人对中国的好感度最低。在留学目的地方面，菲律宾、马来西亚和泰国华人的首选留学地都是美国，只有印度尼西亚华人的首选地是中国。

第三，心目中的中国形象。

整体来看，华人对中国的正面认知远高于负面认知，即他们对中国形象的整体认知以正面为主。另外，马来西亚华人对中国的负面认知最强，而印度尼西亚华人对中国的负面认知最弱，这充分说明，相对而言，马来西亚华人对中国的评价是最低的，而印度尼西亚华人对中国的印象最好。

在对中国整体形象的评价上，印度尼西亚华人对中国形象的评价最高，马来西亚华人的评价最低。

第四，对中国事务的认知。

菲律宾和印度尼西亚华人对中国新闻的兴趣最高，马来西亚华人对中国新闻的兴趣最低。

对近三十年来中国经济快速增长的原因，经济模式和科技创新力是四国华人公认最重要的推动因素，而认为中国传统文化价值观和国民素质的影响较小。马来西亚华人对中国政治制度及发展道路最不看好，相比之下，菲律宾华人最看好中国的政治制度和发展道路。

对中国在国际舞台上的影响力，菲律宾和印度尼西亚华人的看法最为积极，而马来西亚华人的看法相对最为消极。

至于中国的软实力，印度尼西亚华人对中国软实力的评价最高，而马来西亚华人对中国软实力的评价最低。"产品质量"是中国软实力中得分最低的选项，"对本国的重要性"得分最高。

（二）推论与建议

第一，本调查结果显示，泰国和菲律宾的华人在族群关系上更加融洽，马来西亚和印度尼西亚华人的族群关系相对没有那么融洽。马来西亚、印度尼西亚和泰国、菲律宾最大的差异在于，泰国和菲律宾非伊斯兰文化的国家，其社会文化更加宽容，一般不存在所谓的主流族群的文化霸权。这样一种宽松的社会环境，可能最终有利于作为少数族群的华人融入，并且较少面临来自少数族群在社会融合方面的抵制。因此，在不同的国家，为我国国外侨务工作提供的空间是不同的。

第二，应支持华人和华人社团在住在国举办的各种中华文化活动，因为这种文化活动对年青一代更有吸引力，可以此维系他们的中华文化和族群身份认同。

第三，应鼓励和支持推广像春节这样的中华传统节日，以此作为推广中华文化的平台和媒介，吸引更多的华人参加。

第四，应以华人能够接受和理解的中华文化符号，在海外推广和传播中华文化，以中华传统节日和中华文化活动为载体，赋予中华文化以新的、年轻的内容，以便吸引海外华裔新生代的兴趣和积极参与。

第二节　华人对中国形象与侨务工作认知的比较分析

在上一节探讨华人认同及对中国事务的认知基础上，本调查进一步探讨华人对中国形象以及中国侨务工作的认知，因为中国形象的构建以及中国政府侨务部门所推行的海外侨务工作，往往与软实力建设息息相关。或者说，对华人之于中国国家形象以及侨务部门海外涉侨工作的认知进行探讨，可以更好地为中国国家软实力的构建指明方向。

菲律宾的问卷主要采集自华文学校、菲律宾华裔青年联合会、华文报社，共发放问卷近 300 份，回收有效问卷 119 份。年龄在 30 岁以上的受访者比例为 99.1%，81.4% 的受访者职业为专业人士和公司职员。就国籍而言，73.9% 为菲

律宾华人，26.1% 持有中国国籍。

马来西亚的问卷来自吉隆坡华人社团，以及一些大学机构，共回收 242 份有效问卷，其中，99.6% 的受访者拥有马来西亚国籍，他们中有 99.2% 的出生地为马来西亚，是典型的华人族群。

蒙古国的有效问卷共 82 份，87.7% 的受访者年龄为 18～49 岁，受访者职业分布为政府雇员（3.7%）、专业人士（13.4%）、公司职员（19.5%）、私营业主（36.6%）、农民（3.7%）、学生（22%）及其他（1.2%）。

德国的问卷共 166 份，其中 48.3% 的受访者拥有德国国籍，50.3% 持中国国籍。72.5% 的受访者出生地在中国大陆，10.6% 来自港澳台地区，16.9% 为来自其他地区的再移民。从职业构成来看，此次调查的受众不只局限于学生，也能兼顾到工商界、科技界、政府行政及农业各界人士的意见，受访者职业结构比例分别为政府雇员 2.7%、专业人士 10.1%、公司职员 28.4%、私营业主 33.1%、农民 2.0%、学生 15.5%、其他 8.1%。

美国的问卷总共 526 份，主要来自华人社区、华人社团、华人基督教会和大学等，其中 68% 的受访华侨华人拥有美国国籍，31.6% 的人持中国国籍，其余持其他国国籍。从出生地看，33.6% 的华侨华人出生于中国大陆，17.5% 出生于港澳地区，16.5% 出生于台湾地区，余外 32.4% 出生于其他地方（主要是美国）。从职业构成看，此次调查的华侨华人受访者以专业人士、学生和公司职员居多，大致与美国华人社会整体的职业结构相似，其中专业人士最多，占 34%；学生其次，占 16.5%；公司职员占 15.9%。

一、调研及受访者信息

本比较分析只选取了美国、马来西亚和菲律宾三个国家的华人来进行比较，探讨三国华人在中国形象和中国侨务工作认知方面的差异。之所以选择这三个国家，乃是出于如下考虑：马来西亚华人占马来西亚总人口近 24% 的比例，是马来西亚的主要族群之一；菲律宾华人占菲律宾总人口的比例不到 1.5%，是个典型的少数族群，但在经济上又占据着非常重要的地位；美国华人占美国总人口比例的 1.2%，也是个典型的少数族群，但在美国社会经济结构中的地位远不同于菲律宾华人。

就受访者年龄而言，马来西亚受访者中 34 岁以下者占 59.2%，35～64 岁者占 36.65%。而美国和菲律宾的受访者年龄稍微偏大，主要分布在 30～39 岁，以及 40～64 岁，美国受访者在上述年龄段的比例分别为 13.8%、74.8%，菲律宾受访者的比例分别为 34.1%、56.9%。

在职业结构上，如表 15 所示，三国受访者的职业结构非常多元化，除了在马来西亚 39.7% 的受访者为学生外。在受教育程度上，三国受访者大多为大学及以上学历，马来西亚的大学学历受访者低于其他两国。

表 15　受访者职业结构

	政府雇员	专业人士	公司职员	私营业主	农民	学生	其他
美国	4.4%	34.9%	15.9%	2.8%	18.1%	16.5%	7.5%
马来西亚	0.9%	13.8%	15.9%	19.0%	3.0%	39.7%	7.8%
菲律宾	0%	62.8%	18.6%	9.3%	1.2%	8.1%	0%

表 16　受访者受教育程度结构

	美国	马来西亚	菲律宾
小学及以下	0%	7.4%	2.4%
中学	5.9%	32.2%	4.9%
大学及以上	94.1%	60.4%	92.7%

需要说明的是，我们的受访者既有华侨又有华人，为了排除未知因素的干扰，在本报告中我们只选择华人受访者，即拥有当地国籍的受访者。不过即便是当地华人，其中的很多人也并非土生土长的华人，很多华人出生在定居国之外，出生地的不同可能会影响他们在不同问题上的立场。如表 17 所示，美国华人中，出生在中国大陆的比例为 26.8%，出生在中国香港或澳门和中国台湾的比例分别为 18.3%、22.2%，上述四地的比例高达 67.3%，可见本调查中大部分受访的美国华人都不是在美国本土出生的。不过，马来西亚华人和菲律宾华人受访者大多是在当地出生的。

在来往中国的频率上，如表 18 所示，我们可以看到，相对而言，菲律宾华人来往中国较为频繁，马来西亚华人次之，美国华人受访者来往中国的频率最低。

表 17　受访华人出生地

	中国大陆	中国香港或澳门	中国台湾	新加坡	菲律宾	马来西亚	其他
美国	26.8%	18.3%	22.2%	1.3%	—	—	31.4%
马来西亚	0.4%	0.4%	—	0%	—	99.2%	0%
菲律宾	9.1%	4.5%	—	—	86.4%	—	0%

注：表中"—"表示调查中没有该选项；"其他"主要指美国。

表 18　来往中国的频率

	一年两次及以上	约一年一次	2～3 年一次	更长时间一次	从未去过
美国	1.9%	8.0%	29.8%	52.2%	8.0%
马来西亚	10.1%	9.2%	13.0%	19.7%	47.9%
菲律宾	5.7%	19.5%	14.9%	40.2%	19.5%

二、文化认同

（一）认可和熟悉的中华文化符号

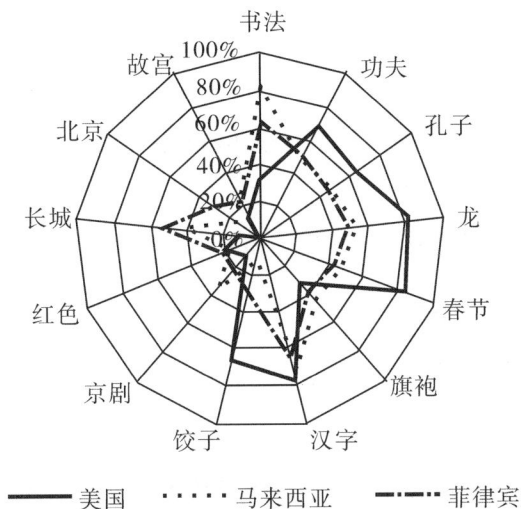

图 13　哪些要素是中华文化的代表符号？

　　在被问到哪些要素是中华文化的代表符号时，如图 13 所示，三国华人受访者的表现不一。大致而言，美国华人受访者最认可的文化符号分别是春节、龙和汉字，马来西亚华人受访者最认可的文化符号分别是书法、汉字和龙；菲律宾华人受访者最认可的文化符号分别是汉字、书法和长城。整体而言，汉字是三国受访华人共同认可的中华文化符号。对于京剧、红色这样的符号认可度比较低。

　　在熟悉的中华文化符号上，如图 14 所示，美国华人受访者最熟悉的文化符号分别是春节、汉字和饺子，马来西亚华人受访者最熟悉的文化符号分别是汉字、春节和书法，菲律宾华人受访者最熟悉的文化符号分别是汉字、春节和书法。整体而言，春节和汉字都是三国华人受访者最熟悉的中华文化符号。此外，

361

京剧、故宫、北京是三国华人受访者最不熟悉的中华文化符号。除了菲律宾华人受访者，其他两国华人受访者对红色作为中华文化符号的熟悉度也非常低。

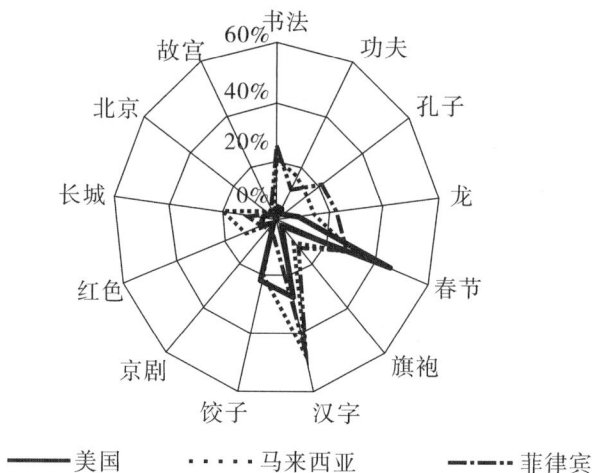

图14　哪些要素是最熟悉的中华文化符号？

（二）对华文和中华传统价值观的态度

如图15所示，在学习华文的重要性方面，菲律宾和马来西亚华人中认为"非常重要"的比例分别为71.6%、64.6%，远高于美国华人。纵观全面的数据，菲律宾和马来西亚华人受访者可谓高度认可学习华文的重要性，而美国华人受访者对学习华文的重视则远不如前两个国家。

这一结论与表19中的数据一致。在中华传统价值观对工作和生活的影响方面，菲律宾华人最为认可，高于马来西亚华人和美国华人，其中美国华人对中华传统价值观的影响最不认可。至于为什么菲律宾华人相对马来西亚华人更认可中华传统价值观的影响，可能在于如下两个原因：第一，马来西亚华人生活在华人文化圈中，中华文化传承较好，反而不一定感受到中华传统价值观的影响；第二，菲律宾华人作为一个典型的少数族裔，生活在菲律宾文化的汪洋大海之中，很多华人家庭其实比中国国内的家庭更加保守，更重视中华传统价值观。

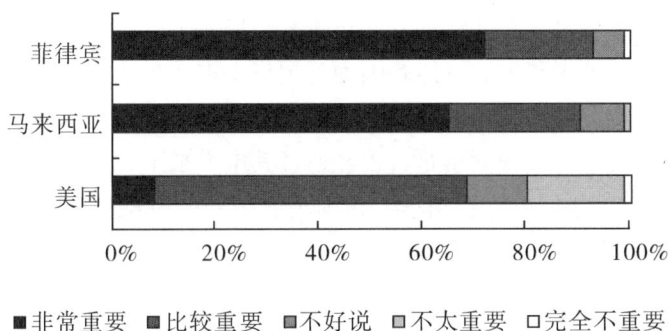

图 15　学习华文的重要性

表 19　中华传统价值观的影响（1~5 分）

	工作	生活
美国	2.95	3.72
马来西亚	3.77	4.01
菲律宾	4.12	4.15

（三）对中国信息的了解与传播

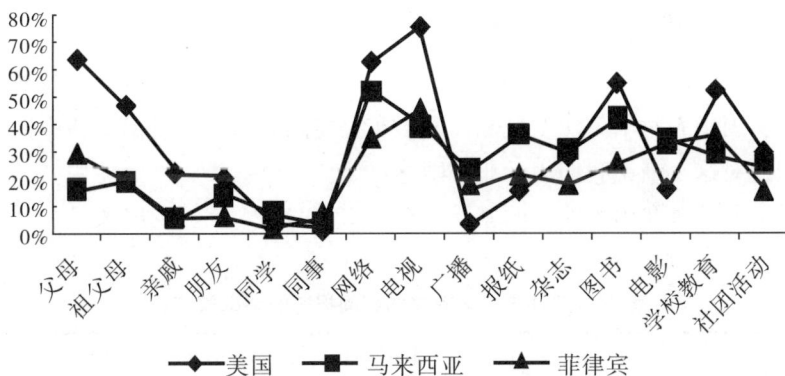

图 16　了解中华文化或艺术的途径

图 16 展示了华人了解中华文化或艺术的途径（或者意向）。如图所示，网络和电视是三国受访华人公认最主要的两个了解中华文化或艺术的途径。此外，其他途径如图书、杂志、报纸等的作用也不小，反而是人际关系网络，如亲戚、朋友、同学和同事等很少作为了解中华文化或艺术的途径，尤其是在马来西亚和菲

律宾。相比之下，父母、祖父母和亲戚对于美国华人了解中华文化或艺术发挥着非常重要的作用。笔者猜测，可能是因为美国华人占人口比重小，其文化处于相对弱势的地位，因此家人和亲戚才成为他们了解中华文化或艺术的重要途径。

在被问到朋友、邻居或同事是否曾经通过其本人来了解以下有关中国的信息时，如表20所示，我们可以看到华人作为沟通中外的桥梁纽带作用是非常明显的。不过，中华文化或艺术以及中华价值观方面是主要了解的信息，而对经济、政治发展与现状的了解相对较少，这一结论和我们对当地国民进行调研所获得的数据是相符的。

表20　您的朋友、邻居或同事是否曾经通过您来了解以下有关中国的信息？

	中华文化或艺术	中华价值观方面	经济发展和现状	政治发展和现状
美国	83.3%	82.4%	42.2%	16.5%
马来西亚	73.3%	76.8%	46.6%	37.9%
菲律宾	87.5%	87.5%	57.5%	44.8%

三、对中国的认知

（一）对中国的关注及对华报道的态度

在对华关注度上，如表21所示，菲律宾华人对华关注度最高，马来西亚华人其次，美国华人对华关注度最低，而事实上美国华人受访者出生在中国的比例最高，因此对这一结论我们表示非常困惑。

不过，受访者在出生地上的差异，在表22和表25上显现出来。

表21　关注与中国有关的新闻报道的频率如何？

	每天	一周一次	一个月一次	三个月一次	半年一次或更少	不关注
美国	5.8%	41.1%	25.8%	18.4%	3.7%	5.2%
马来西亚	35.0%	29.5%	12.4%	3.0%	9.4%	10.7%
菲律宾	43.0%	24.4%	10.5%	5.8%	7.0%	9.3%

如表22所示，认为住在国主流媒体对中国的报道不客观的比例，美国华人受访者远高于马来西亚华人受访者和菲律宾华人受访者。在马来西亚和菲律宾，

认为对华报道比较客观的比例分别为 39.7%、41.2%，远高于美国华人受访者 10.8% 的比例。之所以出现如此大的差异，我们认为可能是因为美国华人受访者大多出生在美国之外，尤其是中国大陆和台湾，而马来西亚和菲律宾的华人受访者大多出生在当地（见表 17），前者在思维方式、看问题的视角方面与中国大陆有着更多的共同点。

这一差异在表 25 中延续。当被问到如果有机会，是否愿意采取行动纠正上述媒体对中国的不真实报道时，美国华人受访者中 94.2% 的人表示愿意，而马来西亚和菲律宾的华人受访者表示愿意的比例分别为 46.0% 和 75.0%。当然，这也可能与美国华人受访者受教育水平整体较高有关，或者与职业结构有关。

为了弄清这一问题，我们相继导入职业变量、教育变量和出生地变量进行探究。我们首先发现职业变量没有对结果产生有意义的差异，其次在导入教育变量后，如表 23、表 24 和表 26、表 27 中的数据显示，受访者的教育结构并没有弱化他们在表 22 和表 25 中的数据表现，反而是出生地的影响更大。

因此，我们的结论是：出生在中国特别是中国大陆的受访者，即便他们已经取得住在国的国籍，但是他们在思维方式上可能和中国有着更多的共同点，或者因为出生地的原因以及由此带来的不同的社会关系，他们对中国大陆有着更深的理解或者情感，因此更容易从中国的角度去理解问题。因为表 24 和表 27 已经表明，出生在中国的人，无论是大陆、香港、澳门还是台湾，他们的表现与出生在美国的华人明显不同。

表 22　住在国主流媒体对中国的报道是否客观真实？

	完全客观	比较客观	不好说	有点不客观	完全不客观
美国	0%	10.8%	44.6%	43.7%	0.9%
马来西亚	5.6%	39.7%	42.7%	10.7%	1.3%
菲律宾	8.2%	41.2%	41.2%	9.4%	0%

表 23　美国华人对美国主流媒体上涉华报道真实性的态度（教育变量）

受教育水平	完全客观	比较客观	不好说	有点不客观	完全不客观
小学及以下	0%	0%	100.0%	0%	0%
中学	0%	8.1%	43.2%	48.6%	0
大学及以上	0.4%	13.5%	45.5%	40.0%	0.7%

表24　美国华人对美国主流媒体上涉华报道真实性的态度（出生地变量）

出生地	完全客观	比较客观	不好说	有点不客观	完全不客观
中国大陆	0%	15.4%	42.6%	42.0%	0%
中国香港或澳门	0%	12.8%	33.7%	53.5%	0%
中国台湾	0%	6.3%	36.7%	55.7%	1.3%
其他	1.3%	14.4%	60.1%	22.9%	1.3%

注："其他"主要指美国。

表25　如果有机会，您是否愿意采取行动纠正上述媒体对中国的不真实报道？

	是	否	不好说
美国	94.2%	2.2%	3.6%
马来西亚	46.0%	23.8%	30.2%
菲律宾	75.0%	12.5%	12.5%

表26　如果有机会，美国华人是否愿意采取行动纠正上述媒体对中国的不真实报道？（教育变量）

受教育水平	是	否	不好说
中学	100.0%	0%	0%
大学及以上	92.4%	2.3%	5.2%

注：小学及以下教育程度的受访者一律没有回答这一问题。

表27　如果有机会，美国华人是否愿意采取行动纠正上述媒体对中国的不真实报道？（出生地变量）

出生地	是	否	不好说
中国大陆	95.3%	1.6%	3.1%
中国香港或澳门	90.7%	0%	9.3%
中国台湾	95.2%	2.4%	2.4%
其他	85.7%	2.9%	11.4%

注："其他"主要指美国。

（二）对中国事务的立场

对于近三十年来中国经济快速增长的原因，如图17所示，三国华人受访者普遍认为经济模式是最主要的推动因素，劳动力资源和科技创新紧随其后。整体而言，认为国民素质和传统文化价值观是推动中国经济快速增长的比例最低。可

见，一方面，海外华人对中国经济模式和科技创新普遍认可；另一方面，对中国国民素质的评价普遍偏低。

对于中国当前的政治制度及发展道路，图17总的数据与图18的结论保持一致，即美国华人对中国政治制度的认可度最低，相对而言菲律宾华人对中国政治制度的认可度最高。当然，在这一问题上立场模糊的比例也非常高。

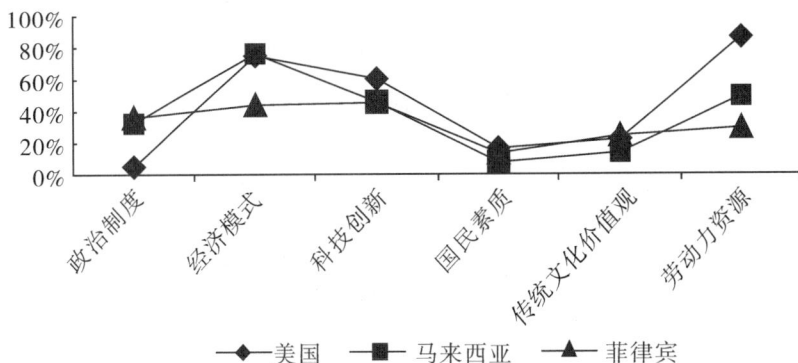

图17 近三十年来中国经济快速增长的主要推动因素

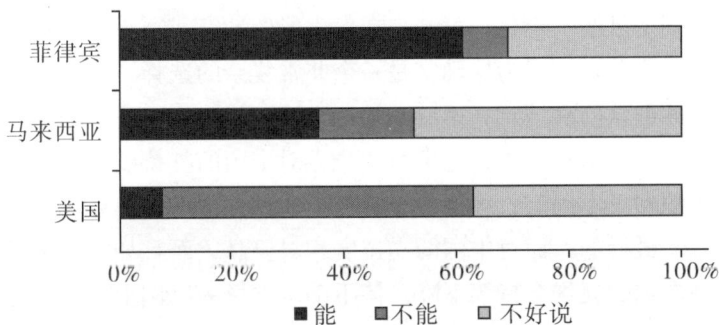

图18 中国当前的政治制度及发展道路能否很好地为其国民服务？

对中国在世界舞台上的影响力，如图19所示，三国华人受访者对中国的影响力较为认可，认为"非常积极"和"有点积极"的比例，美国、马来西亚、菲律宾华人受访者分别是87.4%、78.6%、89.8%。相对而言，菲律宾华人受访者最认可中国在世界舞台上的影响力。

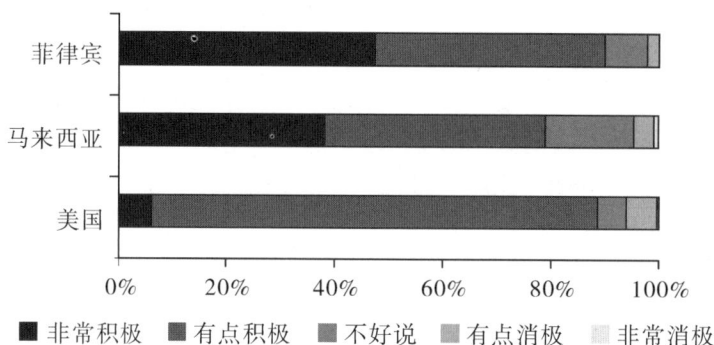

图 19　中国在世界舞台上的影响力

（三）对华情感与认同

一旦住在国与中国进行足球比赛，或者在经贸和军事上产生冲突，华人将何去何从？他们的立场又会怎样？虽然这一问题也许非常敏感，但仍可以作为某些指标来衡量华人对中国的情感与认同。

如图 20 所示，我们可以看到，第一，无论在哪一种情形下，住在国都是华人首要的支持对象，他们对住在国的支持远高于对中国的支持，这充分说明海外华人在政治认同上已经本土化；第二，在发生经贸冲突或军事冲突的情况下，很多华人的立场仍不确定，因为这确实是一个非常复杂的选择，不仅关系到政治认同，还关系到族群认同和情感；第三，相比之下，马来西亚华人的本土化最为彻底，因为在上述三种情形之下，马来西亚华人对中国的支持度都是最低的，虽然他们中很多人的立场不确定；第四，无论在上述哪种情形下，菲律宾华人对住在国的支持度都是最低的，而对中国的支持度相对要高。而且如果冲突升级，菲律宾华人支持住在国的立场会持续下降，持不确定立场的比例上升。这充分说明华人情感选择的两难困境。此外，这一结果也展示了不同国家的华人在对华情感上的差异，比如菲律宾华人虽然非常本土化，而且86.4%的受访者是土生土长的华人，但他们的对华情感似乎不同于美国华人和马来西亚华人。不过，仅仅由数据显示的结果就质疑华人对住在国的情感，仍然过于武断。

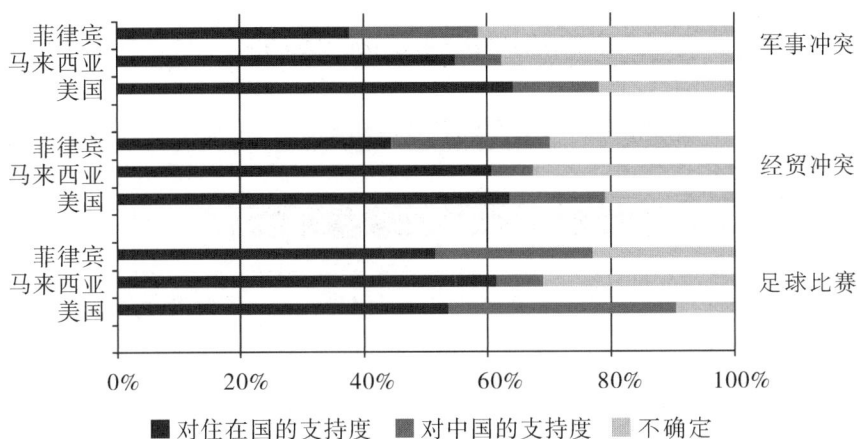

图 20　住在国与中国进行足球比赛及发生经贸冲突/军事冲突时的立场

四、对华人角色与中国侨务工作的认知

如图 21 所示，华人普遍赞成加强与中国的联系，不过在美国华人受访者中，有 11.8% 的人反对华人加强与中国的联系，当然客观来说，这一比例其实也属正常。

海外反独促统一直是中国侨务工作的重点内容，海外华人自然是中国该项工作的争取对象。在反对还是赞同华人参加支持中国统一的活动或组织上，如图 22 所示，除了马来西亚华人，无论是美国还是菲律宾，海外华人中的绝大多数都赞同华人参加支持中国统一的活动或组织。马来西亚华人赞同的比例虽然相对较低，但也有 42.9%，不过持不确定立场的比例也高达 42.45%。总体而言，海外华人还是非常赞同参加支持中国统一的活动或组织，反对的比例较低。

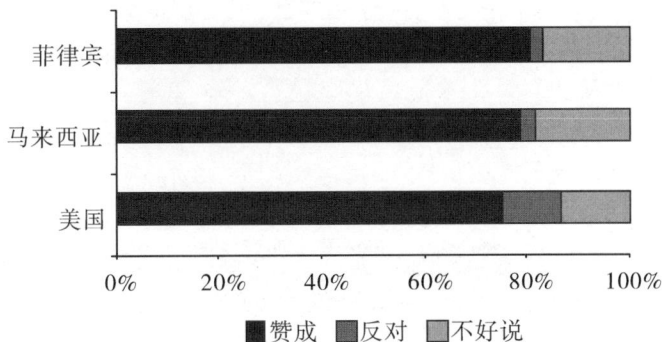

图 21　是否赞成华人加强与中国的关系?

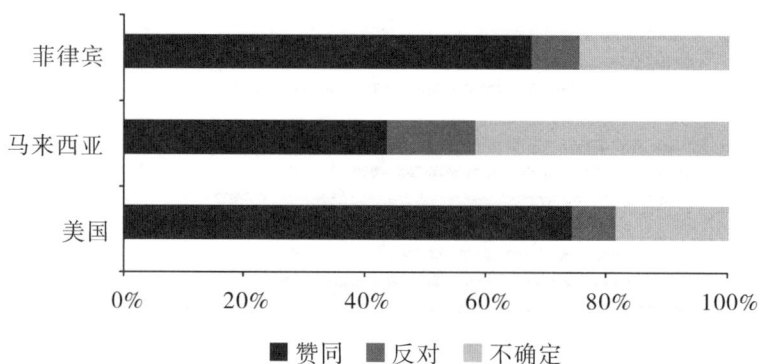

图22　反对还是赞同华人参加支持中国统一的活动或组织？

在参加与中国有关的活动上，如图23所示，我们发现了如下几点：第一，接待中国访问团及对中国募捐是与中国发生互动最为普遍的方式，到中国参加乡亲联谊活动的比例相对而言也不算低。当然，这可能与受访者的结构有关，比如华人社团或者企业家与中国互动的方式也许会有所不同。第二，尽管马来西亚华人有着语言和地理上的便利——他们的华语水平更高，与中国的交通更方便，但是他们与中国互动的频率，就整体而言，并不高于美国和菲律宾华人。

对于中国侨务部门访问海外侨社并组织一些活动，如图24所示，上述三国受访华人大多表示欢迎，不欢迎的比例极低，可能因为侨务部门的访问经常伴随着一些相关的文化和艺术活动。

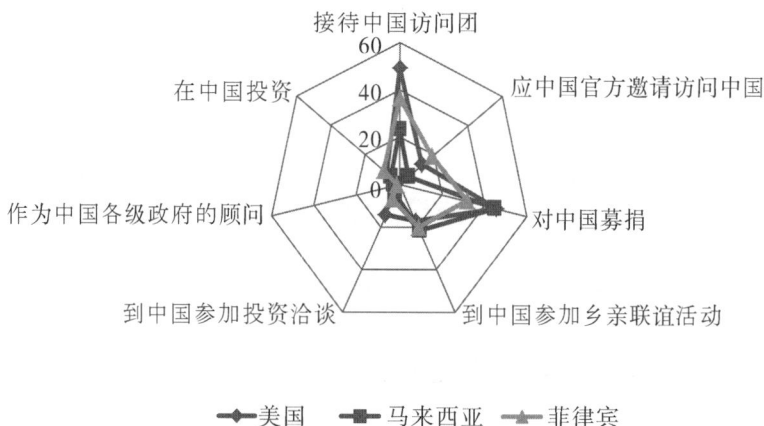

━◆━美国　━■━马来西亚　━▲━菲律宾

图23　参加与中国有关的活动

■ 非常欢迎　■ 比较欢迎　■ 不好说　■ 不欢迎　■ 非常不欢迎

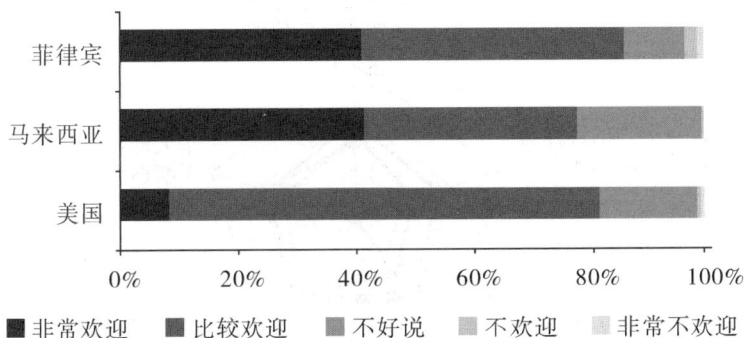

图 24　对中国侨务部门访问海外侨社并组织活动的看法

随着中国的日益发展和崛起，以及中国对海外侨务工作的重视和投入，很多海外华人以各种方式参与到与中国有关的活动当中，比如海外反独促统、北京奥运会圣火传递等。但并不是所有的活动都起到了预期的效果，有些活动如果把握不好可能会适得其反。基于此，我们设计了一些问题，考察华人对参与这些活动的认可度。

在对华人活动的认可度上，如表 28 和图 25 所示，我们可以看出，第一，从整体而言，菲律宾华人对参与以上活动，以及华人所能发挥的角色最为认可，而马来西亚华人的认可度相对而言整体偏低；第二，相对而言，对于"华人能促进中国与住在国的关系"，各国华人受访者都非常认可，可见华人乐意作为沟通中外的桥梁和纽带。至于"华人能改善中国的国际形象""华人能促进海峡两岸的交流"这两个议题，除马来西亚华人之外，其他两国华人受访者的认可度都较高。

表 28　对华人活动的认可度（1~5 分）

	华人参加 2008 年北京奥运圣火的海外传递	华人能促进海峡两岸的交流	华人能促进中国与住在国的关系	华人能改善中国的国际形象	华人与中国的合作会影响住在国安全
美国	2.96	3.70	3.85	3.53	—
马来西亚	3.27	2.97	3.71	2.59	2.46
菲律宾	3.77	3.67	4.02	3.80	3.40

注："—"表示没有该选项。

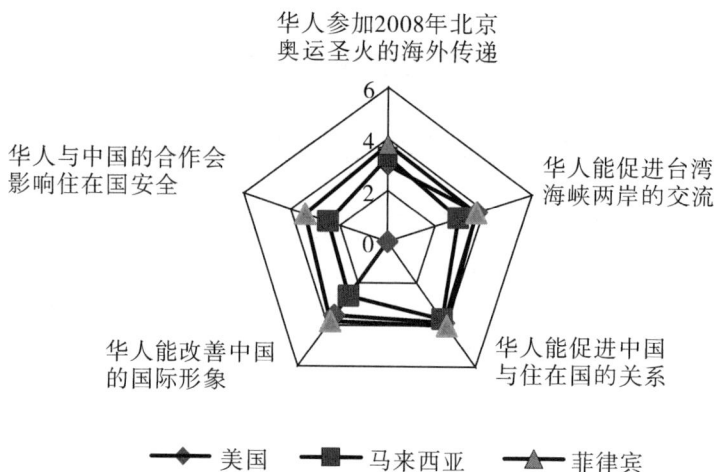

图 25　对华人活动的认可度

对于国务院侨办组织的一些侨务活动，如表 29 所示，首先，从整体而言，美国华人对侨办活动的认可度最高；其次，在活动类别上，除了"邀请华人列席政协会议"之外，华人对其他活动的认可度都非常高，"海外华文学校教师培训"，以及"海外华人中华才艺培训班"的认可度最高。当然，对"'文化中国·四海同春'演出活动"和"华裔青少年'寻根之旅'夏令营"活动，整体认可度也并不低。可见，华人整体偏向教育和文化类的侨务活动。

对于华人和中国的形象，如图 26 所示，无论是对华人的形象还是中国的形象，菲律宾华人给予的评价都是最高的，而马来西亚华人则最低。其次，华人的形象普遍高于中国的形象，虽然两者的差别并不大。

表 29　对国务院侨办活动的认可度（1～5 分）

	"文化中国·四海同春"演出活动	华裔青少年"寻根之旅"夏令营	世界华侨华人社团联谊大会	海外华文学校教师培训	邀请华人列席政协会议	海外华人中华才艺培训班
美国	4.23	4.18	3.79	4.58	3.09	4.34
马来西亚	3.70	3.81	3.76	4.09	3.20	3.97
菲律宾	3.57	3.92	3.39	4.30	2.83	3.92

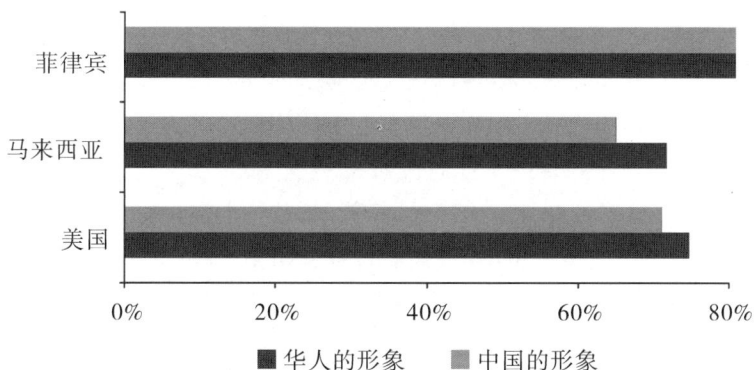

图 26　华人和中国的形象

五、总结与政策建议

（一）结论

1. 文化与认同方面

第一，在对华情感与认同上，不同国家的华人会展现较大的差异，不能简单地将华人视为一个整体。华人在对华情感上，往往存在两难的选择，即政治认同和族群认同会左右华人的对华认知和情感。

第二，海外华人是一个非常多元化的群体，不同的群体对中国的认知存在巨大的差异。不过，出生在中国特别是中国大陆的受访者，即便他们已经取得住在国的国籍，但是他们在思维方式方面可能和中国有着更多的共同点，或者因为出生地的原因以及由此带来的不同的社会关系，他们对中国大陆有着更深的理解或者情感，因此更容易从中国的角度去理解问题。

第三，像菲律宾这样的国家，虽然华人占当地总人口的比例极小，但因为身处亚洲，能够与中国保持密切的互动，所以华人可能会更重视中华传统价值观。而马来西亚华人虽然是住在国的主体族群，保留着非常完整的华文教育体系，但是由于种种原因，他们对中国大陆反而保持着一定的距离。

2. 文化传播方面

第一，华人作为沟通中外的桥梁和纽带作用非常明显，尤其是在传播中华文化艺术和价值观方面。

第二，在文化传播的途径上，网络和电视是华人公认的两个最重要的途径，其他途径诸如图书、杂志、报纸等的作用也不小，反而是人际关系网络，如亲戚、朋友、同学和同事等很少作为了解中华文化或艺术的途径。

3. 对中国的认知

海外华人对中国经济模式较为认可，但对中国政治制度及发展道路的看法存在分歧。大多数华人都认可中国在世界舞台上的积极影响力。

4. 对华人角色与中国侨务工作的认知

第一，华人普遍赞成加强与中国的联系，从整体而言乐意参加中国海外反独促统等活动。对于中国侨务部门访问海外侨社并组织一些活动，华人大多表示欢迎，不欢迎的比例极低。对于"华人能促进中国与住在国的关系"，各国华人受访者都非常认可，可见华人乐意作为沟通中外的桥梁和纽带，但不同国家的华人热情度和参与度不同。

第二，对于国务院侨办组织的一些侨务活动，华人整体偏向教育和文化类活动。比如，除了"邀请华人列席政协会议"之外，华人对其他活动的认可度都非常高，其中"培训海外华文学校教师"和"海外华人中华才艺培训班"的认可度最高。对"'文化中国·四海同春'演出活动"和"华裔青少年'寻根之旅'夏令营"活动，整体认可度也并不低。

（二）政策建议

第一，在海外传播中华文化时，宜从海外华人的角度出发，选择他们熟悉的中华文化载体，诸如春节，然后赋予这一熟悉的载体更多的文化内涵。我们所公认的一些文化要素如京剧，也许过于复杂，不一定可以起到传播文化的功效。

第二，支持海外华文媒体的发展，不能仅限于传统的平面媒体，要抓住华裔新生代的特点，支持华文新媒体如网络论坛等的发展。

第三，重视海外华人的特性，不能把海外华人作为一个整体来看待，不同国家的华人在对华态度和情感上会呈现较大的差异。

第三节　住在国国民对华人、中国以及中国侨务工作认知的比较分析

本节旨在探讨住在国国民对华人、中国以及中国侨务工作的认知，因为这涉及中国海外涉侨工作的空间以及推行国家软实力的现实可行性。如果我们不了解住在国国民对华人、中国的态度以及对中国侨务工作的认知，我们的侨务工作和软实力构建就不可避免地会带有盲目性，甚至可能会因不了解当地情况而危及华人在住在国的生存现状，也就更谈不上凭借华人来支持中国国家软实力的建

设了。

菲律宾的问卷样本主要采集自菲律宾大学、媒体和企业，共发放问卷 500 份，回收有效问卷 371 份，其中 95.4% 的菲律宾受访者是大学及以上学历。马来西亚的问卷有 187 份，来自部分马来西亚大学，97.8% 的受访者为 18~34 岁。印度尼西亚问卷有 194 份，采集自一些企业和大学机构；年龄在 18~39 岁者占 86%，其中 18~29 岁的年轻人超过六成，占 68%，30~39 岁的占 18%。蒙古国的有效问卷共 122 份，主要来自一些企业和大学机构。美国的有效问卷一共 257 份。

一、受访者信息

本报告主要比较蒙古国人、美国人、马来西亚人、菲律宾人和印度尼西亚人对华人、中国以及中国涉侨工作的认知。就受访者的职业分布而言，马来西亚、菲律宾和印度尼西亚的受访者以学生为主，而蒙古国和美国的受访者在分布上非常广泛。在年龄结构上，除美国外，其他几国的受访者大多年龄为 18~34 岁和 35~49 岁，其中马来西亚受访者年龄在 18~34 岁的占 97.8%。

在某些问题上，职业和年龄结构可能会产生独特的影响。比如在与中国的互动上，年轻人可能会受阅历所限，与中国的互动没有年长者那么频繁。为了防止职业结构和年龄结构对结果输出的影响，我们在分析中将区别对待这些变量的影响。

在受教育水平上，基本上所有的受访者都接受过中学或大学阶段的教育，其中又以大学阶段的受访者为主，因此在对问卷的理解上一般不存在困难。

表 30　受访者职业结构

	蒙古国	美国	马来西亚	菲律宾	印度尼西亚
政府雇员	8.2%	2.7%	2.7%	12.7%	16.8%
专业人士	20.5%	27.2%	4.9%	12.9%	15.3%
公司职员	27.9%	25.7%	2.2%	23.2%	4.2%
自由职业者	29.5%	12.8%	0.5%	1.9%	0.5%
农民	2.5%	1.2%	0.5%	1.1%	0.5%
学生	8.2%	27.2%	89.1%	45.0%	60.0%
其他	3.3%	3.1%	0%	3.2%	2.6%

表 31　受访者年龄结构

	蒙古国	美国	马来西亚	菲律宾	印度尼西亚
18～34 岁	47.5%	21.5%	97.8%	27.3%	70.2%
35～49 岁	40.2%	13.3%	1.6%	49.2%	18.6%
50～64 岁	11.5%	48.8%	0.5%	15.7%	11.2%
65 岁及以上	0.8%	10.2%	0%	7.8%	0%

表 32　受访者受教育水平

	蒙古国	美国	马来西亚	菲律宾	印度尼西亚
小学	1.7%	0%	0.5%	0%	0%
中学	33.1%	12.5%	2.2%	4.6%	35.1%
大学及以上	65.3%	87.5%	97.3%	95.4%	64.9%

在五国受访者中，在拥有华人朋友的数量上，拥有 5 人及以上的华人朋友的比例，都在 30% 以上。在菲律宾，虽然菲律宾人拥有很多华人朋友的比例并不高，但毕竟菲律宾华人只占菲律宾总人口不到 1.5% 的比例。值得注意的是马来西亚，虽然马来西亚华人占总人口近 24% 的比例，但是表 33 透露的信息是，相对华人在总人口中的比例，马来人与华人的交往似乎没有我们想象中的密切，此外，尚不确定马来西亚以学生为主体的受访者结构是否影响了本次研究的结果。

在被问到是否去过唐人街观光游览、购物或者参加相关活动时，马来西亚和印度尼西亚受访者的肯定回答比例都偏低。在马来西亚吉隆坡的茨场街有着全球闻名的唐人街，但是笔者在采访中发现，因为马来西亚华人人口规模大，马来西亚的很多城市不仅分布着大量华人，而且在城市建筑和文化上都烙上了深刻的中华烙印。和华人有关的商品不仅见于唐人街，在唐人街之外的其他地方也较为普遍，很多华人表示平时如果没有需要，一般都不会去唐人街，这也许也是马来人很少去唐人街活动的原因。在印度尼西亚，华人人口虽然总数较多，但占人口比例低，而且分布不均匀，唐人街只分布在有限的城市，这或许是印度尼西亚华人较少光顾唐人街的原因。在美国，因为调查问卷只来自加州，而加州是华人主要聚集地，因此这或许是有高达 19.5% 的美国人经常去唐人街的原因之一。

表33　华人朋友的数量

	蒙古国	美国	马来西亚	菲律宾	印度尼西亚
10 人及以上	33.6%	10.9%	24.0%	20.8%	29.0%
5~9 人	18.9%	37.1%	11.5%	13.2%	18.1%
3~5 人	11.5%	29.7%	10.9%	20.2%	20.7%
1~2 人	17.2%	14.8%	23.5%	20.5%	21.2%
没有	18.9%	7.4%	30.1%	25.3%	10.9%

表34　是否去过唐人街观光游览、购物或者参加相关活动？

	蒙古国	美国	马来西亚	菲律宾	印度尼西亚
经常去	32.8%	19.5%	5.9%	15.5%	4.6%
很少	42.6%	74.4%	38.2%	48.1%	48.5%
从来没有	24.6%	6.1%	55.9%	36.4%	46.9%

二、对华人的认知

如图27所示，在调查的五个国家中，受访者对华人的评价整体都是趋于正面的。在正面评价中，诸如"勤劳""会做生意"的比例较高。从整体而言，美国受访者对华人的评价，除了"会做生意"这一点外——这可能和美国华人的职业结构有关，整体比其他国家的受访者更加积极。在负面评价中，"扎堆"和"说话大声"是相对而言较为突出的华人的负面形象，不过即便如此，上述五国的受访者对华人的负面评价较低，显示出这些国家的人们对华人的印象整体偏向正面。

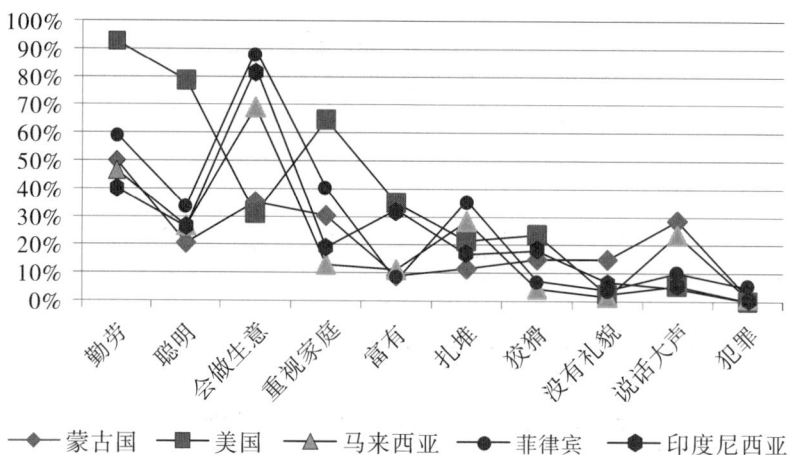

图 27　华人形象

华人是应该保留其独特的文化和语言，还是融合主流社会，甚至被主流社会同化，一直是个颇具争议性的问题。不过我们的研究显示，除了印度尼西亚之外的其他几国受访者，都有超过40%的比例认为华人保留其独特的文化和语言是有利于住在国的，认为"有害的"比例非常小，虽然持"不好说"立场的比例非常高，并且不排除在某些特殊事情的刺激之下——如美国的李文和案，持该立场的人可能会转向持"有害的"立场。不过，像印度尼西亚这样，有高达37.5%的受访者认为华人保留其文化和语言有害于印度尼西亚，确实非常值得关注。由此可见，印度尼西亚华人的生存环境还是存在很多隐患，华人仍然需要持续致力于推动族群之间的理解和友谊。

表 35　华人保留其独特的文化和语言对住在国的影响

	蒙古国	美国	马来西亚	菲律宾	印度尼西亚
有利的	41.0%	55.5%	48.9%	55.4%	37.5%
有害的	9.0%	9.8%	9.7%	9.0%	37.5%
不好说	50.0%	34.6%	41.4%	35.6%	25.0%

华人的政治效忠从来都是一个敏感甚至禁忌的话题。不过尽管如此，类似的问题不仅在学术领域而且在政治领域仍然反复出现。如表36中的数据所示，首先，尽管马来西亚的族群关系仍然是个问题，但是相比之下，马来人对华人的政治效忠最为放心，这可能和马来西亚华人在马来西亚的政治参与有关。其次，在美国有高达47.9%的受访者认为华人是效忠中国的，蒙古国和菲律宾也有超过

30%的受访者持同一立场，这就值得引起高度关注，可见华人的政治效忠问题将会一直持续下去，即便是在像美国这样自由、民主的国家。最后，尽管印度尼西亚受访者认为华人效忠中国的比例低于美国、蒙古和菲律宾，但是认为华人效忠印度尼西亚的比例也非常低，很多人持"不确定"的立场，这些立场"不确定"的人同样可能转向消极的立场。因此，印度尼西亚人对华人的政治效忠实际上也是非常不乐观的。从整体而言，上述五国的调研数据说明了一个共同的问题：华人在政治上的效忠依然受到他们住在国国民的质疑。当然，这种质疑是否会造成现实中的影响，可能就要因国家而异。

　　上述对华人政治效忠的质疑，也反映在表37我们预设的三个场景下对华人立场的预判，也就是在足球比赛、经贸冲突和军事冲突下华人的立场选择。

表 36　华人在政治上更忠于哪一方？

	蒙古国	美国	马来西亚	菲律宾	印度尼西亚
住在国	21.5%	33.1%	53.8%	36.4%	29.5%
中国	33.1%	47.9%	14.7%	31.3%	21.6%
其他	3.3%	3.1%	1.6%	3.0%	4.7%
不确定	42.1%	16.0%	29.9%	29.4%	44.2%

表 37　对华人立场的预判

		蒙古国	美国	马来西亚	菲律宾	印度尼西亚
足球比赛	住在国	27.0%	42.0%	50.8%	45.7%	62.7%
	中国	53.3%	44.4%	12.3%	24.6%	23.8%
	不确定	19.7%	13.6%	36.9%	29.7%	13.5%
经贸冲突	住在国	17.4%	38.5%	40.3%	32.2%	38.1%
	中国	47.9%	38.1%	33.1%	48.9%	37.0%
	不确定	34.7%	23.3%	26.5%	18.9%	24.9%
军事冲突	住在国	19.8%	38.7%	37.2%	26.5%	34.2%
	中国	46.3%	34.8%	17.2%	38.9%	19.5%
	不确定	33.9%	26.6%	45.6%	34.6%	46.3%

　　如表37所示，蒙古国的受访者认为在足球比赛、经贸冲突或者军事冲突中，华人都会偏向中国而不是住在国；菲律宾的受访者只是在足球比赛中，才认为华人对菲律宾的支持高于对中国的支持；美国的情况与菲律宾正好相反；印度尼西

亚和马来西亚的受访者中，认为华人支持住在国的比例高于中国。这一数据与表36中的数据是一致的，都说明了华人的政治效忠依然是个问题。更重要的是，这些当地人对华人的认知与华人对自身的认知存在较大的差距，即尽管华人认为自身在认同上已经实现本土化，却并没有被当地人所认识和理解。

无论是对华人形象还是对中国形象，印度尼西亚和马来西亚的评价都是较低的。菲律宾人对华人的评价最高，蒙古国和菲律宾对中国的评价也都较高。究其原因，可能因为华人在经济上的成功，已经成为菲律宾人学习的榜样。另外，中国形象与华人形象之间，并不一定存在正向或者反向的关系。因为很多受访者表示，华人是华人，华人不同于中国。

表38 对华人形象和中国形象的评价（满分为100分）

	蒙古国	美国	马来西亚	菲律宾	印度尼西亚
华人形象	71.77	71.16	68.49	81.50	64.57
中国形象	82.17	69.26	64.17	76.39	67.90

三、对华人作为沟通桥梁的作用的认知

如表39所示，在调查的五个国家的人群中，通过华人朋友、邻居或者同事来了解有关中国的信息非常普遍，由此可见华人作为沟通中国与住在国桥梁的作用。整体来说，这些国家的受访者更倾向于通过华人来了解中国的文化、艺术，以及中华价值观。

虽然，华人作为沟通中外的纽带，其起到的作用并不一定就是正面和积极的，而是存在多种可能性，但是如表40所示，尽管与华人的接触不一定改变了受访者对中国的看法，或者不一定将他们对中国的认知导向积极面，但与华人的接触在很大程度上让受访者对中国的认知发生了积极的变化。相对而言，对中国的认知发生负面变化的比例较低。所以从整体而言，华人仍然可以被视为沟通中外的积极桥梁。

表39 是否通过华人朋友、邻居或者同事了解以下有关中国的信息？

	文化或艺术	经济发展和现状	政治发展和现状	中华价值观
蒙古国	55.4%	57.4%	45.5%	58.7%
美国	81.1%	31.1%	22.1%	88.6%

（续上表）

	文化或艺术	经济发展和现状	政治发展和现状	中华价值观
马来西亚	82.7%	62.5%	42.8%	73.5%
菲律宾	80.5%	55.9%	42.2%	84.1%
印度尼西亚	70.8%	49.7%	25.4%	57.3%

表 40　与华人的交往或接触是否改变对中国的看法

	蒙古国	美国	马来西亚	菲律宾	印度尼西亚
正面变化	60.7%	32.8%	43.8%	39.7%	42.6%
负面变化	11.5%	16.4%	8.1%	3.5%	3.2%
没有变化	27.9%	50.8%	48.1%	56.8%	54.2%

四、对华人活动的认知

我们设计了三个题目来测试调查对象对华人与中国互动的认知，分别是表41 的华人加强与中国的关系对哪一方更有利、表 42 的华人在中国的投资贸易活动对本国经济发展的影响如何、表 43 的华人以及华人企业对华人住在国的贡献。

在被问到"华人加强与中国的关系对哪一方更有利"时，除了马来西亚，其他几国的受访者都认为对中国的利益超过对华人住在国，不过，绝大多数受访者还是认为"双方一样有利"。在被问到华人对华投资贸易活动之于本国经济发展的影响时，人多数受访者认为影响是积极的。不过，我们发现：第一，蒙古国的受访者中，选择"不确定"的比例高达 46.7%，虽然选择"非常积极"和"有点积极"的比例分别为 20.5% 和 26.2%，但不排除这一群体的立场可能受具体事件的影响；第二，美国受访者选择"不确定"和"有点消极"的比例分别高达 43.8% 和 18.0%，这一点是值得我们关注的；第三，印度尼西亚受访者选择"不确定""有点消极"和"非常消极"的比例分别高达 27.5%、19.2% 和11.4%，说明印度尼西亚人不大乐见华人加强与中国的经贸关系，这一点可以联系表 41 中的数据，只有 3.1% 的受访者明确表示华人加强与中国的关系对印度尼西亚有利。

由此可见，印度尼西亚人对华人的疑虑是最为深刻的，即便在美国这样自由、开放的国家，很多美国人对华人也仍然持有怀疑态度。

不过，在被问到华人及其企业之于本国的经济影响时，在五国的调查对象中，大部分受访者都认可华人及华人企业对所在国家的贡献，即便是对华人一直持有怀疑态度的美国和印度尼西亚，认为华人贡献是"积极"（包含"非常积极"和"有点积极"）的比例，也分别为88.2%和78.3%，其他三国受访者中的这一比例也都在60%以上。因此，可见这五国国民对华人的认知其实充满了矛盾，即一方面认可华人及其企业对住在国的贡献，另一方面对华人的忠诚有着根深蒂固的怀疑。

表 41　华人加强与中国的关系对哪一方更有利？

	蒙古国	美国	马来西亚	菲律宾	印度尼西亚
华人住在国	12.3%	9.3%	12.9%	12.5%	3.1%
中国	21.3%	32.3%	10.8%	22.5%	17.2%
双方一样有利	46.7%	54.1%	67.2%	59.3%	70.8%
不确定	19.7%	4.3%	9.1%	5.7%	8.9%

表 42　华人在中国的投资贸易活动对本国经济发展的影响如何？

	蒙古国	美国	马来西亚	菲律宾	印度尼西亚
非常积极	20.5%	9.8%	18.9%	21.8%	12.4%
有点积极	26.2%	28.1%	50.8%	58.2%	29.5%
不确定	46.7%	43.8%	25.9%	9.7%	27.5%
有点消极	4.9%	18.0%	3.8%	10.0%	19.2%
非常消极	1.6%	0.4%	0.5%	0.3%	11.4%

表 43　华人以及华人企业对华人住在国的贡献

	蒙古国	美国	马来西亚	菲律宾	印度尼西亚
非常积极	30.3%	20.0%	20.8%	24.3%	31.4%
有点积极	32.0%	68.2%	48.6%	62.0%	46.9%
不确定	28.7%	10.6%	25.7%	7.0%	15.5%
有点消极	7.4%	0.8%	3.8%	5.9%	4.6%
非常消极	1.6%	0.4%	1.1%	0.8%	1.5%

至于华人参与和中国有关的活动，或者华人在国际交往中的作用，如图28所示，五国受访者的差异非常大。从整体而言，第一，菲律宾人对华人下述活动的认可度最高，美国人其次，蒙古国人对华人下述活动的认可度是最低的，印度

尼西亚次之。第二，就活动类别而言，对华人"能促进中国与您所在国的关系"的认可度最高，可见大多数受访者认可华人作为沟通桥梁的作用。第三，无论是对于华人参与中国官方组织的活动，还是对中国进行捐赠，图28中所列出的各类活动，从整体而言各国受访者都是认可的，只有蒙古国和印度尼西亚的评价偏低。联系到本报告中关于蒙古国的其他数据，我们发现蒙古国人无论对华人还是华人与中国关系的评价，整体都非常低下。笔者分析，其中可能存在地缘政治方面的担忧，即因为蒙古国与中国接壤，蒙古国作为一个小国，对中国的担忧可能就转嫁到对国内华人的担忧上。而印度尼西亚人的评价，则与其国内长期存在的族群问题有关。

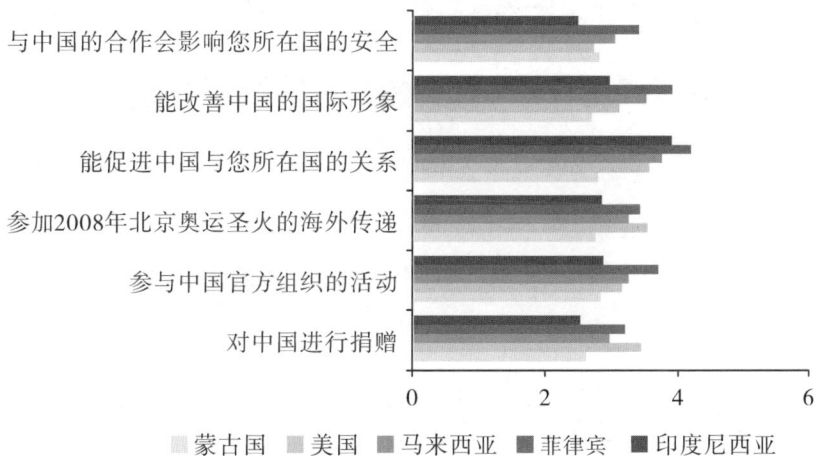

图28　对华人参与和中国有关活动的认可度（1～5分）

五、对中国侨务工作的认知

对于中国侨务部门访问华社并组织的活动，如图29所示，除蒙古国外，其他四国受访者中持"欢迎"（包括"非常欢迎"和"比较欢迎"）立场的比例都在45%以上，而蒙古国受访者持该立场的比例最低，为39%。相对而言，持"不欢迎"（包括"非常不欢迎"）立场的比例较低，最高如蒙古国为14.4%。整体而言，菲律宾和印度尼西亚受访者的支持度最高。不过，持"不好说"立场的比例仍然非常高。

对于本调查所列出的一些具体的侨务活动，第一，如图30所示，在本研究所提到的六项涉侨活动中，"海外华文学校教师培训"的活动认可度最高，其次是"'文化中国·四海同春'演出活动"，而"邀请华人列席政协会议"的认可度最低，可见海外涉侨活动中文化和教育类活动的认可度较高；第二，如图31所示，就国别而言，美国受访者对中国侨务活动的认可度高于其他国家，而蒙古国受访者的认可度从整体而言最低。

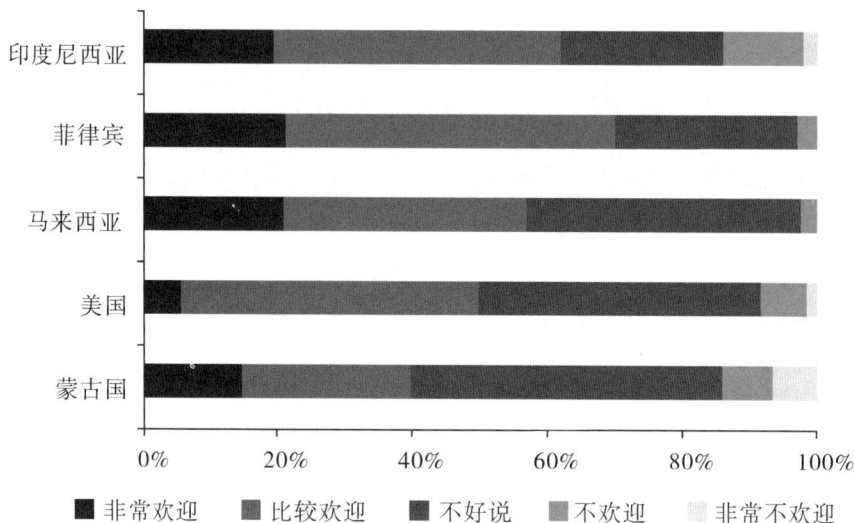

图29　对中国侨务部门访问华社并组织一些活动的看法

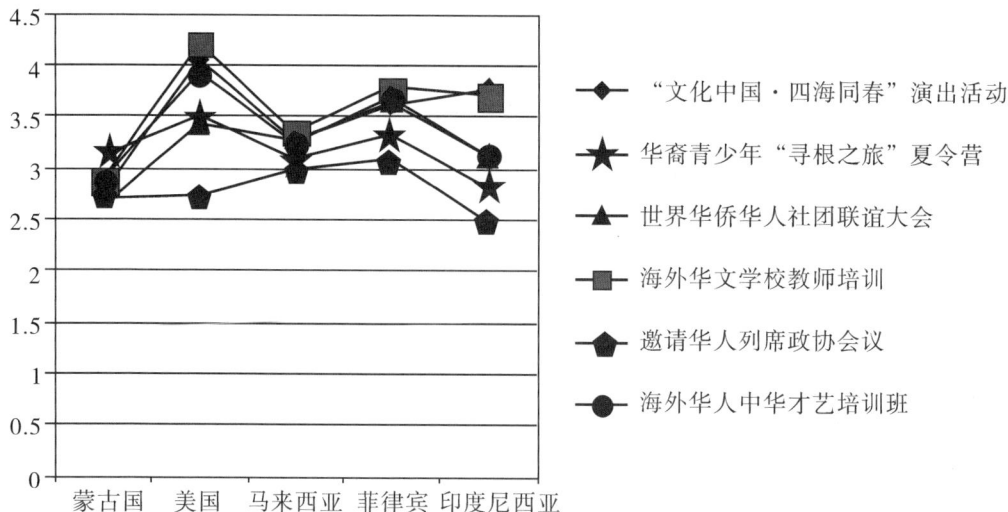

图30　对中国侨务活动的认可度（1~5分）

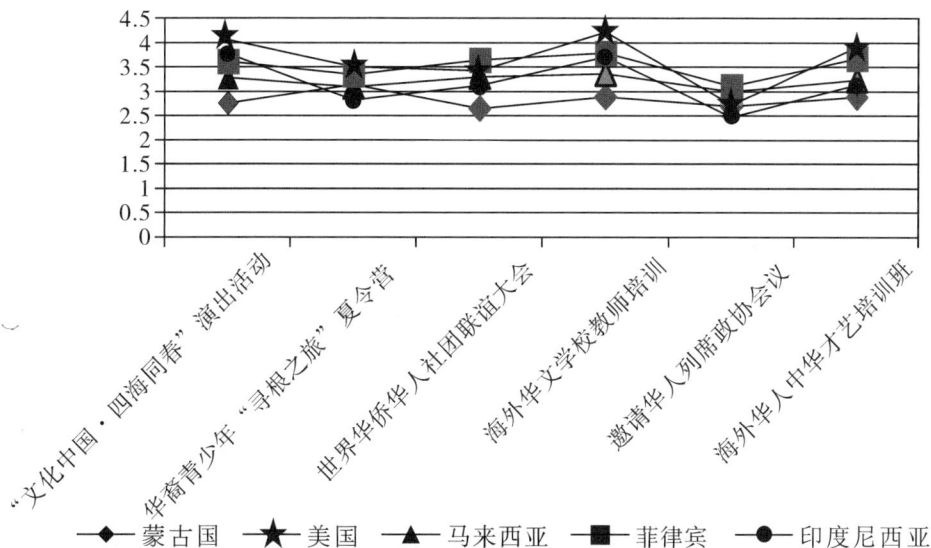

图 31　对中国侨务活动的认可度（国别比较）（1～5 分）

六、结论与政策建议

（一）结论

1. 对华人的认知

受访者倾向于从积极的方面评价华人，负面评价较低，其中美国人对华人的评价最为积极。大多数受访者认可华人保留他们独特的文化和语言，不过印度尼西亚受访者是个例外。

受访者对华人的认知充满了矛盾，即一方面认可华人及其企业对华人住在国的贡献；另一方面，对华人的忠诚仍然存在根深蒂固的质疑，怀疑他们在很多情况下会效忠中国而不是住在国，即使在像美国这样自由、开放的国家情况也是如此。

此外，印度尼西亚人对华人的不信任也非常普遍，可见印度尼西亚华人的生存环境还是存在很多隐患，华人仍然需要持续致力于推动族群之间的理解和友谊。

蒙古国人对华人的评价和认知整体偏向负面，这非常值得我们警惕，不过其中可能存在地缘政治方面的担忧，即因为蒙古国与中国接壤，蒙古国作为一个小国，对中国的担忧可能就转嫁到对国内华人的担忧上。

2. 对华人作为沟通桥梁的作用的认知

调查发现，华人对于传播中国的文化、艺术，以及中华价值观起着非常重要的作用。与华人的接触在很大程度上让受访者对中国的认知发生了积极的变化。在大多数情况下，相对而言，对中国的认知发生负面变化的比例较低。因此从整体而言，华人仍然可以被视为积极沟通中外的桥梁。

此外，受访者也普遍认可华人在改善中国形象、促进中外交流中的作用。

3. 对中国侨务活动的认知

整体而言，在涉侨活动中，对诸如海外华文学校教师培训和"文化中国·四海同春"的文化演出等教育和文化艺术类活动的认可度最高，而对和政治有关的活动认可度最低。

(二) 政策建议

第一，华人的政治效忠一直是个非常敏感的问题，无论是在政治开明的国家还是在政治相对保守的国家。这要求我们的侨务工作保持一贯的敏感，准确估计华人住在国的国情，尤其是在像印度尼西亚这样族群问题突出、有着传统排华立场的国家。

第二，涉侨活动应该内外有别。即在海外进行侨务活动时，应以教育和文化、艺术类为主，以免在当地引发不必要的误会，和政治有关的侨务活动宜在中国国内举行。

第三，鉴于目前蒙古国国内民族主义盛行，而且蒙古国国内中资企业发展迅速，建议驻外使馆做好企业和侨民的引导工作，防止中国公民和中资企业的不当行为引发当地居民的不满，从而引起排华行为。

第四节　华人与中国国家软实力关系的思考

要考察华人与中国国家软实力建设的关系，我们需要对这一命题进行解构，将之细化为一系列更小的命题，比如华人对中国形象的认知、华人对中华文化和族群身份的认同、华人对中国的态度与情感、华人在中外文化沟通中的作用，以及住在国居民对华人的认识等，通过这些问题来考察华人与中国国家软实力之间的关系。总结前三节的实证分析，我们可以初步得出以下结论。

一、软实力的基础：华人的文化认同及对中国事务的认知

（一）华人的认同与情感

就华人的认同而言，在不同的国家，华人与主流社会的关系不一，有的国家族群关系融洽，有的则相对生疏。但无论在哪个国家，仅就我们调研的范围，整体而言，华人仍然试图维系自身的族群和文化身份认同，他们学习华文最大的目的仍然是"更好地了解华人的文化和传统"，中国的方言也在很大程度上被华人使用。

当然，在不同的国家，这种维系族群身份认同的努力程度不一，比如在马来西亚，华人的身份认同是最强烈的，而这一切，无疑和马来西亚华人华语教育体系的独立，以及主流族群的特权、少数族群的抗争有关。

不管如何，华人已经在政治认同和政治效忠上实现了本土化。可是，政治效忠在很多情况下会和族群与文化认同发生复杂的反应，即在很大程度上，华人的身份会影响他们的政治效忠，不管他们对中国形象的评价是正面的还是负面的，华人对中国的情感依然是独特的。

但是，我们需要驳斥一个较为流行的观点，即对中国的了解会加深海外华人对中国的情感和支持度。在中国之外，马来西亚华人精通华语，他们对中国事务的了解可能超过任何一国的华人，但是他们对中国的评价是极低的。再比如印度尼西亚华人，来华留学的印度尼西亚华人，和印度尼西亚国内的华人相比，对中国的了解更为深刻，可是偏偏他们对中国的印象和评价更差。这充分说明，内在的修炼，中国内部的完善，才是中国软实力构建的基础。如果中国能够构建真正和谐的社会，发扬中华传统文化和道德中的优良部分，其对海外华人的吸引力将会倍增。

（二）华人对中国的认知

整体来看，华人对中国的正面认知远高于负面认知，即他们对中国形象的整体认知以正面为主。华人普遍认可中国经济的发展模式，但对中国的政治制度及发展道路的看法存在分歧。大多数华人都认可中国在世界舞台上的积极影响力。

海外华人是一个非常多元化的群体，不同的群体对中国的认知存在巨大的差异。不过，出生在中国特别是中国大陆的受访者，即便他们已经取得住在国的国籍，但是他们在思维方式方面可能和中国有着更多的共同点，或者因为出生地的原因以及由此带来的不同的社会关系，他们对中国大陆有着更深的理解或者情感，因此更容易从中国的角度去理解问题。

二、软实力的可能性一：沟通中外的桥梁

（一）沟通功能

华人作为沟通中外桥梁纽带的作用非常明显，尤其是在传播中华文化艺术和价值观方面。而与华人的接触在很大程度上让受访者对中国的认知发生了积极的变化。在大多数情况下，相对而言，对中国的认知发生负面变化的比例较低。因此从整体而言，华人仍然可以被视为积极沟通中外的桥梁。

此外，受访的外国居民也普遍认可华人在改善中国形象、促进中外交流中的作用。

（二）对自我角色的认定

华人普遍赞成加强与中国的联系，从整体而言乐意参加中国海外反独促统等活动。对中国侨务部门访问海外侨社并组织一些活动，华人大多表示欢迎，不欢迎的比例极低。对于"华人能促进中国与住在国的关系"，各国华人受访者都非常认可，可见华人乐意作为沟通中外的桥梁和纽带，但不同国家的华人热情度和参与度不同。

三、软实力的可能性二：住在国居民对华人的认知

从整体而言，受访的外国居民倾向于从积极的方面评价华人，负面评价较低，大多数受访者认可华人保留他们独特的文化和语言。

不过，受访者对华人的认知充满了矛盾，即一方面认可华人及其企业对华人住在国的贡献；另一方面，对华人的忠诚仍然存在根深蒂固的质疑，怀疑他们在很多情况下会效忠中国而不是住在国，即使在像美国这样自由、开放的国家情况也是如此，而在像印度尼西亚这样的国家，对华人的不信任更加普遍。

综上所述，无论是华人的对华情感与认知，还是华人在沟通之中所扮演的角色和发挥的功能、华人对自身角色的认可，抑或住在国居民对华人的认知，我们取自于大量实地调研的数据，都说明了华人可以在中国国家软实力的构建中，发挥极大的功能。只要我们运用得好，海外华人可以是中国国家软实力的正面资产。

附　录　调查问卷

问卷一：泰国华人的文化认同及对中国事务的认知

亲爱的朋友：

您好！本研究旨在考察泰国华人对中华文化和中国事务的认知，非常感谢您的配合。本调查之结果仅用于研究，不会公开受访者的任何私人信息。如果您有任何问题，请与我们联系：overseaschinese. jnu@ gmail. com，谢谢！

暨南大学华侨华人研究院

填写说明：1. 请在空栏内填写或在相应的选项上画"○"或"√"；2. 如无说明均为单选题；3. 尽量不要漏选。

Q1. 您是在泰国出生的第几代华人？

1. 一代　　2. 二代　　3. 三代　　4. 四代或以上

Q2. 您是否拥有华族以外其他族群的血统？

1. 是　　2. 否

Q3. 在以下中华文化符号中，您最熟悉的是哪些？（多选）

1. 书法　　2. 功夫　　3. 孔子　　4. 龙　　5. 春节　　6. 旗袍　　7. 汉字
8. 饺子　　9. 京剧　　10. 红色　　11. 长城　　12. 北京　　13. 故宫
14. 其他（请注明：　　　　）

Q4. 您的家庭比较重视什么节日？（多选）

1. 新年　　2. 春节　　3. 圣诞节　　4. 中秋节　　5. 泼水节　　6. 佛诞节
7. 其他（　　　　）

Q5. 您什么时候会感觉到自己和中华文化之间的关系？（多选）

1. 在家　　2. 在学校　　3. 参加婚丧嫁娶　　4. 去中国　　5. 与中国人接触　　6. 春节、中秋节等华人传统节日　　7. 其他（　　　　）

Q6. 您觉得中华传统价值观（如重视教育和家庭、孝敬老人等）对您的工作或生活有影响吗？请用打分的方式告诉我们您的真实态度。其中 10 分表示"非常有影响"，1 分表示"完全没有影响"。

1. 中国传统价值观对您工作的影响程度：＿＿＿分（1～10 分）。

2. 中国传统价值观对您生活的影响程度：＿＿＿分（1～10 分）。

Q7. 您的家庭以什么语言为主要沟通语言？

1. 泰语　　2. 中国汉语方言　　3. 英语　　　4. 汉语普通话

5. 其他（　　　）

Q8. 您为什么学习华文？（多选）

1. 父母的压力　　2. 受朋友影响　　3. 更好地了解华人的文化和传统

4. 基于前途的考虑　　5. 交更多的朋友　　6. 其他（　　　）

Q9. 您认为您或者您的小孩学习华文对未来取得成功重要吗？

1. 非常重要　　2. 比较重要　　3. 不好说　　4. 不太重要　　5. 完全不重要

Q10. 您的华文整体水平如何？

		1. 非常好	2. 好	3. 一般	4. 比较差	5. 完全不会
普通话						
华文实际运用能力	听					
	说					
	读					
	写					

Q11. 您如何看待您的族群身份？

1. 泰国人　　2. 泰国华人　　3. 华人　　4. 视情况而定

5. 其他（　　　）

Q12. 您的朋友主要来自哪个族群？

1. 华族　　2. 泰族　　3. 华族、泰族各一半　　4. 其他（　　　）

Q13. 如果您的兄弟姊妹和泰族人结婚，您和您的家人对此态度如何？

	1. 赞成	2. 反对	3. 无所谓	4. 不清楚
您本人				
您父母				

Q14. 您是否认可以下说法？

	1. 赞成	2. 反对	3. 不清楚
泰族对华族没有偏见			
和泰族交友没有障碍			

Q15. 如果有以下五个队参加的足球比赛，您对这些参赛队伍的态度如何？（请选择a、b、c、d填到选项括号中）

a. 热情　　　b. 一般　　　c. 不热情　　　d. 不知道

1. 泰国队（　　　）　　　2. 日本队（　　　）　　　3. 中国队（　　　）

4. 美国队（　　　）　　　5. 马来西亚队（　　　）

Q16. 您是否曾经参加以下活动？

1. 到中国大陆旅游　　2. 到中国台湾旅游　　3. 对中国大陆募捐　　4. 中国大陆组织的青少年夏令营　　5. 华社组织的中华文化活动　　6. 到中国大陆留学/游学　　7. 到中国台湾留学/游学　　8. 其他/没有

Q17. 您对报纸、网络等媒体上有关中国的新闻是否感兴趣？

1. 非常有兴趣　　2. 比较有兴趣　　3. 不怎么有兴趣　　4. 根本没兴趣

5. 不知道

Q18. 除了泰国之外，您最希望您或者您的孩子在哪里接受高等教育？

1. 新加坡　　2. 中国　　3. 日本　　4. 美国　　5. 其他国家（　　　）

6. 不清楚

Q19. 您认为以下哪些因素是近三十年来中国经济快速增长的主要推动因素？（多选）

1. 政治制度　　2. 经济模式　　3. 科技创新能力　　4. 国民素质　　5. 中国传统文化价值观　　6. 劳动力资源　　7. 其他（请注明：　　）

Q20. 您觉得中国当前的政治制度及发展道路能否很好地为其国民服务？

1. 能　　2. 不能　　3. 不好说

Q21. 您觉得中国在世界舞台上发挥了什么样的影响力？

1. 非常积极　　2. 有点积极　　3. 不好说　　4. 有点消极　　5. 非常消极

Q22. 请从0~10打分，对这些国家在如下领域的表现作出评价。0分代表很低或很差，10分代表很高或很好。

	日本	新加坡	中国	美国	马来西亚
对泰国的重要性					
电视节目、电影、音乐、动漫的吸引力					
产品质量					
科学技术水平					

Q23. 您认为以下哪些词汇可以描绘您心目中的中国形象？（多选）

1. 历史悠久　　2. 贪腐　　3. 文化发达　　4. 道德败坏　　5. 发展快速

6. 社会不稳定　　7. 大国　　8. 专制　　9. 友好　　10. 脏　　11. 崛起

12. 傲慢　　13. 其他

Q24. 您给中国的整体形象打＿＿＿分。（满分为100分）

个人信息

F1. 您的年龄：1. 12～17 岁　2. 18～34 岁　3. 35～45 岁　4. 46 岁及以上

F2. 您的宗教信仰：1. 基督教　　2. 佛教　　3. 天主教　　4. 伊斯兰教
5. 没有　　6. 其他（　　　　）

F3. 您的职业：1. 政府雇员　2. 专业人士（如老师、医生等）　　3. 公司职员　4. 私营业主　5. 农民　6. 学生　7. 其他（请注明：　　）

F4. 您的受教育水平：1. 小学及以下　　2. 中学　3. 大学及以上

问卷二：马来西亚华人对中国形象与侨务工作的认知问卷调查

亲爱的朋友：

您好！本研究旨在考察华侨华人对中国的态度与认知，非常感谢您的配合。本调查之结果仅用于研究，不会公开受访者的任何私人信息。如果您有任何问题，请与我们联系：overseaschinese. jnu@ gmail. com，谢谢！

暨南大学华侨华人研究院

填写说明：1. 本调查对象为海外华侨、华人；2. 请在空栏内填写或在相应的选项上画"○"；3. 如无说明均为单选题。

＊＊＊＊＊＊＊＊＊＊＊＊＊＊＊＊＊＊＊＊＊＊＊＊＊＊＊＊＊＊＊＊

Q1. 您认为以下哪些符号最能代表中华文化？（多选）

1. 书法　　2. 功夫　　3. 孔子　　4. 龙　　　5. 春节

6. 旗袍　　7. 汉字　　8. 饺子　　9. 京剧　　10. 红色

11. 长城　　12. 北京　　13. 故宫　　14. 其他（请注明：　　　）

Q2. （关于 Q1 选中的项目）在这些中华文化符号中，您最熟悉的是哪一个？

1. 书法　　2. 功夫　　3. 孔子　　4. 龙　　　5. 春节

6. 旗袍　　7. 汉字　　8. 饺子　　9. 京剧　　10. 红色

11. 长城　　12. 北京　　13. 故宫　　14. 其他（请注明：　　　）

Q3. 如果您要了解中国文化或艺术，您会选择以下什么途径？（多选）

1. 父母　　2. 祖父母　　3. 亲戚　　4. 朋友　　5. 同学　　6. 同事

7. 网络　　8. 电视　　9. 广播　　10. 报纸　　11. 杂志　　12. 图书

13. 电影　　14. 学校教育　　15. 社团活动　　16. 其他（请注明：　　　）

Q4. 您认为您或者您的小孩学习华文对未来取得成功重要吗？

1. 非常重要　　2. 比较重要　　3. 不好说　　4. 不太重要　　5. 完全不重要

Q5. 您觉得中国传统文化价值观（如重视教育和家庭、孝敬老人等）对您的工作或生活有影响吗？请用打分的方式告诉我们您的真实态度。其中 5 分表示"非常有影响"，1 分表示"完全没有影响"。

1. 中国传统文化价值观对您工作的影响程度：＿＿分（1~5 分）。

2. 中国传统文化价值观对您生活的影响程度：＿＿分（1~5 分）。

Q6. 您的朋友、邻居或者同事是否曾经通过您了解以下有关中国的信息？

	是	否
中华文化或艺术方面	1	2
中国经济发展和现状	1	2
中国政治发展和现状	1	2
中华价值观方面（如重视教育和家庭、孝敬老人等）	1	2

Q7. 您关注与中国有关的新闻报道的频率如何？

1. 每天　　2. 一周一次　　3. 一个月一次　　4. 三个月一次　　5. 半年一次或更少　　6. 不关注

Q8. 您觉得您住在国的主流媒体对中国的报道是否客观真实？（如果选第 4 或第 5 项，请回答 Q8. SQ1）

1. 完全客观　　2. 比较客观　　3. 不好说　　4. 有点不客观

5. 完全不客观

Q8. SQ1. 如果有机会，您是否愿意采取行动纠正上述媒体对中国的不真实报道？

1. 是　　2. 否　　3. 不好说

Q9. 您认为以下哪些因素是近三十年来中国经济快速增长的主要推动因素？（多选）

1. 政治制度　　2. 经济模式　　3. 科技创新能力　　4. 国民素质

5. 中国传统文化价值观　　6. 劳动力资源　　7. 其他（请注明：　　　）

Q10. 您觉得中国当前的政治制度及发展道路能否很好地为其国民服务？

1. 能　　2. 不能　　3. 不好说

Q11. 您觉得中国在世界舞台上发挥了什么样的影响力？

1. 非常积极　　2. 有点积极　　3. 不好说　　4. 有点消极　　5. 非常消极

Q12. 您是否认可以下有关华侨华人和中国的说法？请用打分的方式告诉我们您的真实态度。其中 5 分表示"非常认可"，1 分表示"完全不认可"。

	您认可的程度（1~5分）
华侨华人能促进中国与您所在国的关系	
华侨华人能改善中国的国际形象	
很多华人非常踊跃地参加 2008 年北京奥运圣火的海外传递	
华侨华人能促进海峡两岸的交流	
华侨华人与中国的合作会影响您所在国安全	

Q13. 您是否赞成华人加强与中国的关系？

1. 赞成　　2. 反对　　3. 不好说

Q14. 如果您所在的国家与中国发生以下事情，您会站在哪一方？

	住在国	中国	不确定
双方进行足球比赛时	1	2	3
双方发生经济或贸易上的冲突时	1	2	3
双方发生军事上的冲突时	1	2	3

Q15. 您是否曾经参加以下和中国相关的交流活动？（多选）

1. 接待中国访问团　　2. 应中国官方邀请访问中国　　3. 对中国募捐

4. 到中国参加乡亲联谊活动　　5. 到中国参加投资洽谈　　6. 作为中国各级政府的顾问　　7. 在中国投资　　8. 其他（请注明：　　）

Q16. 不同国家和地区在描述海峡两岸时会使用一系列对应的词汇，您最认可以下哪一种描述方式？

1. 北京与台北　　2. 中国与台湾　　3. 大陆与台湾　　4. 海峡两岸

5. 其他（请注明：　　）

Q17. 您支持还是反对华人参加支持中国统一的活动或组织？

1. 反对　　2. 支持　　3. 不确定

Q18. 中国侨务部门定期或不定期访问华社，并组织一些活动，您对此怎么看？

1. 非常欢迎　　2. 比较欢迎　　3. 不好说　　4. 不欢迎　　5. 非常不欢迎

Q19. 以下列举了中国侨务部门开展的一些相关活动，您对此了解和认可程度如何？请用打分的方式告诉我们您的真实态度。其中 5 分表示"非常认可"，1 分表示"完全不认可"。

	您认可的程度（1～5分）
"文化中国·四海同春"演出活动	
华裔青少年"寻根之旅"夏令营	
世界华侨华人社团联谊大会	
培训海外华文学校教师	
邀请华人列席政协会议	
举办海外华人中华才艺培训班	

Q20. 您给华侨华人的整体形象打＿＿＿分。（满分为100分）

Q21. 您给中国的整体形象打＿＿＿分。（满分为100分）

个人信息

F1. 您的性别：1. 男　　2. 女

F2. 您的年龄：1. 18～34 岁　　2. 35～49 岁　　3. 50～64 岁　　4. 65 岁及以上

F3. 您的职业：1. 政府雇员　　2. 专业人士（如老师、医生等）　　3. 公司职员　　4. 私营业主　　5. 农民　　6. 学生　　7. 其他（请注明：　　　）

F4. 您的受教育水平：1. 小学及以下　　2. 中学　　3. 大学及以上

F5. 您的国籍：＿＿＿＿

F6. 您的出生地：1. 中国大陆　　2. 中国香港或澳门　　3. 中国台湾　　4. 新加坡　　5. 其他（请注明：　　　）

F7. 您是否为社团成员？1. 是　　2. 否

F8. 您在当地的居住年限：1. 4 年及以下　　2. 5～9 年　　3. 10～19 年　　4. 20 年及以上

F9. 您去（来）中国的频率是：1. 一年两次及以上　　2. 约一年一次　　3. 2～3 年一次　　4. 更长时间一次　　5. 从未去过

问卷三：马来人对马来西亚华人与中国的认知

亲爱的朋友：

您好！本研究旨在考察各国人士对华人与中国关系的认知，非常感谢您的配合。本调查之结果仅用于研究，不会公开受访者的任何私人信息。如果您有什么问题，请与我们联系：overseaschinese. jnu@ gmail. com，谢谢！

暨南大学华侨华人研究院

填写说明：

1. 本调查对象为非华裔人士；2. 请在空栏内填写或在相应的选项上画"○"；3. 如无说明均为单选题。

* *

Q1. 您认为以下哪些词汇可以描绘您心目中的华人形象？（多选）

1. 勤劳　　2. 聪明　　3. 会做生意　　4. 重视家庭　　5. 富有

6. 扎堆　　7. 狡猾　　8. 没有礼貌　　9. 说话大声　　10. 犯罪

11. 其他（请注明：　　）

Q2. 您有去过唐人街观光游览、购物或者参加相关活动吗？

1. 经常去　　2. 很少　　3. 从来没有

Q3. 您是否曾经通过您的华人朋友、邻居或者同事了解以下有关中国的信息？

	是	否
中国文化或艺术方面	1	2
中国经济发展和现状	1	2
中国政治发展和现状	1	2
中华价值观方面（如重视教育和家庭、孝敬老人等）	1	2

Q4. 您与华人交往或接触后，您对中国的看法发生了怎样的变化？

1. 正面变化　　2. 负面变化　　3. 没有变化

Q5. 您认为华人保留他们独特的文化和语言对您的国家有着怎样的影响？

1. 有利的　　2. 有害的　　3. 不好说

Q6. 如果您的国家与中国发生以下事情，您认为本地华人会站在哪一方？

	住在国	中国	不确定
双方进行足球比赛时	1	2	3
双方发生经济或贸易上的冲突时	1	2	3
双方发生军事上的冲突时	1	2	3

Q7. 您认为华人在政治上会更忠于哪一方？

1. 华人住在国　　2. 中国　　3. 不确定　　4. 其他（请注明：　　）

Q8. 您认为华人加强与中国的关系对哪一方更有利？

1. 华人住在国　　2. 中国　　3. 双方一样有利　　4. 不确定

Q9. 您认为华人在中国的投资贸易活动对本国经济发展的影响如何？

1. 非常积极　　2. 有点积极　　3. 不确定　　4. 有点消极　　5. 非常消极

Q10. 您认为华人以及华人企业对华人住在国的贡献如何？

1. 非常积极　　2. 有点积极　　3. 不确定　　4. 有点消极　　5. 非常消极

Q11. 您是否认可以下有关华人和中国的事项？请用打分的方式告诉我们您的真实态度。其中 5 分表示"非常认可"，1 分表示"完全不认可"。

	您认可的程度（1~5 分）
华人对中国进行捐赠	
华人参与中国官方组织的一些活动 （如政策咨询、投资洽谈或乡情联谊）	
很多华人非常踊跃地参加 2008 年北京奥运圣火的海外传递	
华人能促进中国与您所在国的关系	
华人能改善中国的国际形象	
华人与中国的合作会影响您所在国的安全	

Q12. 中国侨务部门定期或不定期访问华社，并组织一些活动，您对此怎么看？

1. 非常欢迎　　2. 比较欢迎　　3. 不好说　　4. 不欢迎　　5. 非常不欢迎

Q13. 以下列举了中国侨务部门开展的一些相关活动，您对此了解和认可程度如何？请用打分的方式告诉我们您的真实态度。其中 5 分表示"非常认可"，1 分表示"完全不认可"。

	您认可的程度（1~5 分）
"文化中国·四海同春"演出活动	
华裔青少年"寻根之旅"夏令营	
世界华侨华人社团联谊大会	
海外华文学校教师培训	
邀请华人列席政协会议	
举办海外华人中华才艺培训班	

Q14. 您给华人的整体形象打＿＿分。（满分为 100 分）

Q15. 您给中国的整体形象打＿＿分。（满分为 100 分）

个人信息

F1. 您的性别：1. 男　　2. 女

F2. 您的年龄：1. 18~34 岁　2. 35~49 岁　3. 50~64 岁　4. 65 岁及以上

F3. 您的职业：1. 政府雇员　　2. 专业人士（如老师、医生等）　　3. 公司职员　　4. 自由职业者　　5. 农民　　6. 学生　　7. 其他（请注明：　　）

F4. 您的受教育水平：1. 小学及以下　　2. 中学　　3. 大学及以上

F5. 您的国籍：____

F6. 您是否到过以下地区旅游或从事商业活动？（多选）

1. 中国大陆　　 2. 中国香港或澳门　　 3. 中国台湾　　 4. 没有

F7. 您有几位华人朋友？

1. 10 人及以上　　 2. 5 ～ 9 人　　 3. 3 ～ 5 人

4. 1 ～ 2 人　　 5. 没有

第八章 他山之石：借助海外侨民 提升国家软实力的国际经验

如何通过成功的公共外交提升一国的软实力？学者在谈论公共外交以史为鉴的法则时提到，"政府发布的信息只是当今跨国传播的一种方式，舆论还可以通过在网络空间或现实世界中的个人之间的直接接触体验而形成"，所以"公共外交需要人人参与"。① 由此看来，每位海外移民因其特有的跨国经历都可以成为祖籍国当仁不让的"公共外交大使"，向世界展示祖籍国特有的"吸引力"。6 000多万的华侨华人生活在198个国家和地区，"以侨为桥"，针对外界关注的热点问题，组织海外侨胞实地参访和交流，鼓励他们通过所见所闻，向当地主流社会全面、真实地介绍中国，帮助世界认识、了解、欣赏中国，有助于提升中国的软实力。"他山之石，可以攻玉"，许多国家在借由侨民推动公共外交，提升软实力方面做了很多尝试，积累了宝贵的经验教训。

第一节 美国如何借助海外侨民提升国家软实力

美国提升国家软实力的一个重要方面是传播美国价值观。美国文化中有一种源自清教与欧洲启蒙思想传统的"使命感"，坚信美国是"自由世界的灯塔"，肩负着向全世界推广自由、民主思想的"天赋使命"。传统文化价值观与现实政治的考量相结合，促使美国政府积极宣扬并输出其价值观。积极开展公共外交是美国政府推广美国价值观计划的一个重要手段。从对外援助、教育文化交流到大众媒体传播、文化产品输出，美国成为历史上运用软实力最成功的国家之一。自19世纪美国商人和传教士走向海外，美国人开始了移居世界各国的历史。"冷战"期间，美国在德国、韩国等国有大量的驻军；美国政府通过"富布莱特项目""和平队"以及各种文化交流协议鼓励年轻人走出国门。据美国国务院估算，目前有3 000 000～6 000 000名美国人生活在海外。② 近些年，因为工作、养

---

① American diaspora. http：//en. wikipedia. org/wiki/American_diaspora.

② American diaspora. http：//en. wikipedia. org/wiki/American_diaspora.

老、避税等原因，移居海外的美国人在逐渐增多。美国没有独立的侨民管理机构，但这不妨碍美国在开展公共外交时将海外美国人纳入其中，使其为提升美国的软实力贡献力量。

表1 美国人移居人数较多的国家和地区

国家和地区	墨西哥	加拿大	菲律宾	以色列	意大利	英国	德国	法国	巴西	澳大利亚
人数	738 203（2010 年）	311 215（2011 年）	300 000	185 000	170 000—200 000	158 000（2013 年）	107 755（2013 年）	100 610	98 000	90 100（2011 年）
国家和地区	日本	多米尼加共和国	中国	西班牙	韩国	哥伦比亚	中国香港	中国台湾	比利时	沙特阿拉伯
人数	88 000（2011 年）	82 000	71 493（2010 年）	63 362	67 000	60 000	60 000	38 000	36 000	36 000

资料来源：Emigration from the United States. 维基百科，http：//en. wikipedia. org/wiki/Emigration_from_the_United_States.

一、"人民大使"传播美国文化，争取理解

"冷战"初期，为了达到"不战而屈人之兵"之效，美国发动了"心灵之战"。1946 年，来自阿肯色州的参议员 J. 威廉·富布莱特提出了《富布莱特法案》（the Fulbright Act），这个提案主张将美国政府在海外的"二战"剩余物资就地变卖兑换为当地货币，并用来资助美国与当地的教育交流计划。富布莱特希望通过教育、人员交流、知识和技术交换来增进美国和其他国家的交流与相互理解。富布莱特项目将为学生、学者及专业人士提供在海外学习交流的资金。1946年，杜鲁门总统签署批准了《富布莱特法案》。1948 年，第一位获得富布莱特项目资助的美国学者赴海外交流。至今，这项世界上声誉最高的国际教育交流计划之一在美国国务院教育和文化事务局监督下由 50 个双边负责机构、美国大使馆及合作组织管理，在 155 个国家和地区运作，约 325 400 名"富布莱特人"获得这个项目的资助，其中 122 800 名来自美国，202 600 名来自其他国家。[①] 美国的富布莱特学者和学生都是"人民大使"，在世界各地以交流和互相尊重的态度带去快乐、信息或经验，通过"润物细无声"的方式传播美国价值观，培育长期

[①] Bureau of Educational and Cultural Affairs. About Fulbright. http：//eca. state. gov/fulbright/about – fulbright.

关系，形成良好纽带，体现除官方形式外，美国在东道国的另一种存在、影响方式。除富布莱特项目，美国政府相继推出各种国际文化教育交流项目，鼓励美国学者、年轻学生走出国门，宣扬美国的文化、思想。

艾森豪威尔政府时期推出"人民与人民计划"，通过美国人民与不同国家、不同文化的人民之间各种方式的直接交往，在全球营造不分彼此的"我们"的感觉，巩固各种对美国的支持，弱化对美国的敌视。艾森豪威尔卸任后，将"人民与人民计划"私营化为非营利性组织"人民与人民国际计划"，并担任董事会主席。美国贺曼贺卡公司创始人乔伊斯·霍尔，美国著名喜剧、电影演员、有"最受尊重的娱乐界人士"之称的鲍勃·霍普以及迪士尼公司的创始人华特·迪士尼共同参与董事会的工作。至今，"人民与人民国际计划"已经组织、资助各年龄段的美国人到世界160多个国家开展文化、教育和人道活动。2013年，"人民与人民国际计划"资助访问古巴、摩纳哥、尼泊尔、中国西藏、新西兰、秘鲁的人道主义组织的美国学生和成年人，2014年资助访问阿尔巴尼亚、罗马尼亚、缅甸和中国台湾的那些美国人。目前，"人民与人民国际计划"有稳定的分会网络、学校和教室计划、全球年轻人论坛以及旅行计划和会议，希望每位走出国门的美国人，特别是18~30岁的美国人都成为"人民大使"，通过文化、教育、人道活动推动文化理解和友谊，在国际关系、对外事务以及国家安全等领域发挥作用。

肯尼迪政府时期，美国政府于1961年3月1日通过10924号行政命令，并于同年得到美国国会以通过《和平队法案》的方式授权，组建了世界上最大的服务于海外的政府志愿者组织——和平队，向发展中国家派遣教师、护士、各种技术人员等具备初、中级技能的志愿者，帮助发展中国家推动社会发展。和平队的宗旨是通过向世界各地派遣训练有素的人员，促进美国人民甚至世界人民的相互了解。肯尼迪总统对和平队寄予厚望。他在接见第一批即将踏上异国他乡的志愿者时说："有数以亿计的人民散居在世界各地，你们将只与其中一小部分接触。但是，在那些国家里，对于我们是什么样的国家、我们是什么样的人们的强烈印象，取决于他们的判断，取决于你们的表现。你们将成为青年美国人特殊组织的一员，如果你们在对自由承担义务、增进各地人民的利益、为你们的国家和他最好的传统及所代表的一切感到自豪等方面能够给他们留下深刻印象，其影响将会是深远的。"① 截至2014年，有215 000位美国公民参加过和平队的工作，他们

---

① KENNEDY S. Speech to peace corps' volunteers. John F Kennedy Library，Box86，转引自刘国柱：《和平队与美国对第三世界外交的软实力》，《浙江大学学报（人文社会科学版）》2008年第1期。

的足迹遍布世界 139 个国家。① 和平队的志愿者通过在海外的多年工作和生活，着力展现美国文化价值观念的精华，介绍美国文化、政治制度的优越性，同时深入、细致了解所服务国家的文化、社会环境，成为美国与世界许多国家联系的一种媒介，成为美国对外关系的"软实力"。

二、海外投资营销"美国形象"

伴随美国海外投资的发展，大批美国企业家、技术人员、管理人员到世界各地工作、生活。美国政府鼓励、支持美国企业在世界各地创办各种商业组织论坛，传播美国商业精神。"二战"后，美国十分重视海外投资的法律支持，专门制定了《经济合作法》《对外援助法》《共同安全法》等有关法律，扩大对海外投资的保护和支持。从 1950 年到 1980 年，美国对外投资额增长了 18.2 倍，超过了同期国内工业生产的增长速度，成为对外直接投资增长最快、规模最大的国家。② 20 世纪 90 年代后，由于经济全球化的发展和美国经济长周期的影响，美国对外直接投资在速度和规模上都呈现出前所未有的扩张态势，对世界经济影响深远。1989 年美国对外直接投资流出额约为 2 076.0 亿美元，2002 年则增至 6 189.2 亿美元，是 1989 年的 2.98 倍。③ 庞大的海外投资使得美国的跨国公司、中小企业以及美国海外私人投资公司④走向世界的每个角落，成为美国公共外交的重要承担者，因为美国的海外投资疏通了美国公共外交的渠道，展现出"进得去，站得稳，影响广"的特点，可以通过资本的力量，传播美国的政治理念，影响东道国的企业和民众。

例如，美国海外私人投资公司会参与制定其在投资东道国的环境与社会政策，促使当地社会经济可持续发展；强调只有采用美国制定的环境、社会与人权标准，东道国才能得到美国相关的投资技术安排；与此同时，通过设立专项基金，有针对性地对特殊地区和特殊产业进行投资。例如，大量美国的私人基金在得到美国海外私人投资公司的融资担保、政治风险保险后，在非洲和中东地区以

① Peace corps: Making a difference in communities abroad, in the lives of volunteers, and in the United States. http://www. peacecorps. gov/today, 2014 – 06 – 13.

② 金仁淑：《二战后日美对外直接投资战略比较》，《现代日本经济》2000 年第 3 期。

③ 中国国际贸易促进委员会驻美国代表处：《美国对外投资的特点与政策》，http://daibiaochu. ccpit. org/Contents/Channel_1340/2007/0705/48381/content_48381. htm，2007 年 7 月 5 日。

④ 1961 年，美国通过对外援助法（Foreign Assistance Act）并设立国际发展署（Agency for International Development），专门负责监督并执行美国海外援助和私人投资。1969 年，美国国会第 8 次修订对外援助法，并于 1971 年正式设立海外私人投资公司（Overseas Private Investment Corporation，OPIC）。美国海外私人投资公司虽然是美国政府机构，但其自负盈亏，运行资金不是每年通过政府预算拨付的。

"人道主义项目"为旗帜，进行住房、水资源保护、健康食品生产等项目的投资。总之，美国海外私人投资公司作为企业与政府的桥梁，把推动美国公共外交发展融合在美国企业对海外经济利益和安全保障的诉求中，产生了彼此促进的双赢效果。[①]

早在 20 世纪 70 年代，跨国公司就被称为继美苏两个超级大国之后的"第三大力量"，所以在决定世界体系中"谁获得什么"方面扮演着重要角色。[②] 美国跨国公司的国家属性和国家形象的重要标牌作用使其成为美国公共外交可资利用的巨大资源。第一，跨国公司可以通过产品服务、商业广告、内部管理、企业文化和社会责任等途径，传播母国文化，提升国家形象。例如苹果公司、可口可乐公司、微软公司等，其产品和服务超越文化意识形态的鸿沟深入世界各地普通民众的日常生活，传播着美国的文化价值观，提升美国的国家形象；第二，美国的跨国公司直接在东道国进行投资和经营活动，能够深入东道国社会生活的各个方面，传播美国的各种理念，争取对美国的理解和认同；第三，美国跨国公司的高级管理人员在各个国家内部大都属于上层集团成员，他们拥有各种社会关系和社交网络，同掌握国家政治、经济大权的人物发生直接接触和联系，随时担当"人民大使"角色，传递各种信息理念。

三、传教和救援赢得民心

美国政府动员、支持在世界各地传教的美国宗教人士通过赢取民心帮助推动美国对外政策目标的实现。虽然美国宗教人士的主要使命是传播宗教文化，使更多的人皈依上帝，不过这些宗教人士同时也是美国文化的产物，笃信美国的基本价值观念——个人主义、自由、民主、企业家精神等，所以会通过布道、牧函、训诫、见证以及为配合传教而参与的其他世俗活动等方式，阐述、宣扬和灌输以宗教为基础的美国文化、政治和价值观念，影响其所在地区信众和公众对外交事务和国际问题的看法。美国的宗教团体还会通过海外传教、教育、医疗、慈善和人道主义救援等活动，或直接改变其他国家和地区人民的宗教信仰和认同，或间接影响其他国家和地区对美国的观念和态度，这不仅是美国宗教在草根层面对其他国家和民众"产生影响的最有效的方式"，也是美国民众特别是信众获知国际

---

① 吉小雨：《美国公共外交的推手：美国海外私人投资公司》，《当代世界》2012 年第 8 期。

② 苏珊·斯特兰奇著，肖宏宇、耿协峰译：《权力流散：世界经济中的国家与非国家权威》，北京：北京大学出版社，2005 年，第 46 页。

事务的主要渠道之一。①

此外，宗教机构在美国对外援助中扮演着重要角色。基督教的医务布道和教育布道方式为美国的对外援助提供了现成的途径。特别是 20 世纪 80 年代以后，美国对外援助"私营化"进一步加强，美国各种基金会、民间志愿组织、私营企业以及宗教组织承担了越来越多的对外援助任务。以美国国际开发署为代表的各类美国政府机构为美国宗教组织提供大量资金，宗教组织利用这些资金进行灾难救济、难民援助、发展援助等项目，向受援者宣扬他们的宗教信仰、文化价值观念，完成某些美国政府不方便直接开展的工作。2009 年，美国国际开发署等政府机构给予基督教救援与发展组织的各项拨款在美国遭受经济危机的阴影下仍继续上升。② 美国政策研究组织哈德逊研究所（Hudson Institute）的资料表明，2004 年美国为海外慈善事业提供了 57 亿美元捐款，为海外工程提供志愿服务的时间折合为 40 亿美元。这些援助款项的来源为个人和基金会给慈善组织的捐款，其中仅宗教团体提供的捐款即达 45 亿美元。③ 公共外交是一种信息传播方式。公共外交的有效性更加取决于它的信息传播者，而不仅是它所要传播的信息本身。④ 由于教会具有长期从事慈善援助的历史，而且较少官僚习气，所以宗教组织宣扬的价值观念和政治理念比世俗组织机构宣扬的更容易被受援国民众接受，相比政府部门，能够更加长期、高效地实现外援传播美国价值观念的作用，有助于在受援国内渗透美国所谓的民主制度、人权观念、经济现代化、政治自由等理念，将美国富有、自由、民主、乐善好施的形象传递到受援国，在塑造美国国家形象方面发挥了十分重要的作用。19 世纪末，美国就已经成为宗教超级大国。遍布全球各地的美国宗教网络成为美国公共外交的重要力量。美国宗教慈善组织在海外积极参与救灾、保护儿童、教育、救助弱势群体、公共卫生等领域的工作，宣扬捍卫美国核心的政治思想理念，推动完善了美国国家形象的正面塑造。"冷战"后，宗教成为美国实现全球利益的重要渠道，宗教因素更加全面地融入美国的对外战略，特别是"巧实力"外交。

海外美国人掌握大量所在国家真实、丰富的信息，这些信息对美国政府制定、调整外交政策十分有益。自 2002 年起，美国每年在华盛顿举行"海外美国

---

① 徐以骅：《宗教与冷战后美国外交政策——以美国宗教团体的"苏丹运动"为例》，《中国社会科学》2011 年第 5 期。

② 参见美国国际开发署财政年度报告，http：//www. usaid. gov/policy/afr09/USAIDFY2009AFR. pdf，http：//www. usaid. gov/performance/apr/APR2010 - 2012. pdf。

③ 《美国人民为海外慈善事业贡献一己之力》，http：//www. ait. org. tw/infousa/zhtw/PUBS/SocietyValues/02 - 936501. html。

④ 陈奕平：《和谐世界之桥：华侨华人与中国国家软实力》，广州：暨南大学出版社，2014 年，第27 页。

人周"（Overseas Americans Week）活动，给予各种海外美国人组织与美国决策者和各种政府机构对话的机会，使这些"公共外交大使"可以通过这个每年一度的"敲门"（door - knocking）参与影响美国政府的决策。总之，无论美国希望提升"软实力"还是"巧实力"，越来越多的海外美国人在各种制度安排下成为美国公共外交的先锋，广泛传播美国的文化、价值观，争取世界对美国的认同。

第二节　印度如何借助海外侨民提升国家软实力

印度是世界移民大国，目前生活在印度境外的"海外印度人"（包括印度侨民和外籍印度人）已超过 2 500 万。海外印度人分布非常广泛，分布在五大洲的 130 个国家，其中亚洲占 36%，海湾地区占 19%，北美洲占 14%，非洲占 12%，欧洲占 10%，加勒比地区占 6%，其余占 3%。[①] 他们自称为"日不落民族"。这些海外印度人住在不同国家，讲不同语言，从事不同职业，相同的是印度血统、潜意识里的文化传统，以及对印度深深的依恋。也就是说，散居在世界各地的海外印度人大多保持着印度固有的价值观和行为方式，即所谓的"印度本性"。海外印度人大都成就斐然。印裔美国人不仅是平均受教育程度最高的少数民族，也是美国少数民族中最富有的群体，人均收入超过 6 万美元，百万富翁多达 20 万名。在英国，海外印度人的人均收入要比全国的人均收入高 15%。在加拿大这个数字是 20%。[②] 随着印度政治、经济的发展，国力的提升，印度政府越来越重视海外印度人事务。印度著名的战略家拉吉·莫汉认为，人数众多且成就突出的海外印度人是印度最重要的软实力。[③]

一、完善侨务管理机构、制度

21 世纪，印度的侨民联系管理制度和机构日渐完善。20 世纪 70 年代，印度政府曾设立"移民保护办公室"，负责管理日益增多的印度劳工移民。印度外交部和内务部也会参与某些海外印度人的管理工作。多部门、分散的管理弊端重重。随着海外印度人政治地位的提高和经济实力的增强，以及印度经济改革的实行，印度政府越来越重视海外印度人。为了更切实可行地加强海外印度人与印度

---

① 丘立本：《印度国际移民与侨务工作的历史与现状》，《华侨华人历史研究》2012 年第 1 期。

② 时宏远：《软实力与印度的崛起》，《国际问题研究》2009 年第 3 期。

③ C RAJA MOHAN. Indian diaspora and "soft power". The Hindu, January 6, 2003.

的各种联系，瓦杰帕伊政府决定由外交部牵头成立一个高级别的"海外印度人高级委员会"（High Level Committee on Indian Diaspora）。2000 年 9 月，"海外印度人高级委员会"正式成立，负责调查海外印度人的生存条件，探讨印裔及印侨对印度的作用、印度可授予他们的权利等问题。该委员会在政府各部门、各相关学术团体和海外印度人的大力支持下，终于在 2001 年底完成了一份 570 页约百万字的详细报告，全面反映海外印度人在政治、经济、文化、教育、医疗等领域的现状与诉求，并提出系统的政策建议，主要内容包括：一是制订并实施"印裔卡"（the People of Indian Origin Card，PIO Card）计划，即由印度政府向外籍印度人（包括印度裔和有印度血统的外国人）颁发一种特殊的证件，方便他们出入、定居印度；二是在圣雄甘地从南非返回印度领导独立运动日举办"海外印度人日（Pravasi Bharatiya Divas）"，并颁发"海外印度人奖（Pravasi Bharativa Samman Awards）"，表彰在国际社会表现比较突出或有卓越成就的若干海外印度人；三是实行双重国籍政策。[①]

为了更加有效地实现报告提出的各项政策，2004 年 5 月，印度中央政府建立了"印度侨民事务部（Ministry for Non – Resident Indian Affairs）"。同年 12 月，辛格政府将"印度侨民事务部"改为"海外印度人事务部（Ministry of Overseas Indian Affairs）"，该部职权扩大，先后接管了原外交部侨民司和劳动就业部海外移民司的业务，不仅负责印度侨民的事务，也负责世界各地印度裔的事务。"海外印度人事务部"由一名内阁部长（Cabinet Minister）领导，下设 4 个司，即海外印度人社区服务司（Diaspora Services Division）负责海外印侨与外籍印度人的身份认同、海外印度人日与杰出人物奖励活动及其他文教计划的实施；对外移民服务司（Emigration Services Division）负责海外移民政策的制定、移民制度的改革、国际移民协定的签署以及移民的保护与管理等事务；经济服务司（Financial Services Division）负责筹建投资协助中心、基金会与网络，以及引进侨资、侨智等；行政管理司（Management Services Division）主要负责人事与后勤，与国会、各部、各邦的协调，官方语言的运用及其他行政事务，以保证该部工作的顺利进行。[②] 制度机构的整合完善有利于印度政府有效地借助海外印度人的力量，扩大印度与国际社会的联系及印度的国际影响力。

---

① Report of the High Level Committee on the Indian Diaspora 2002. http：//indiandiaspora. nic. in/diasporapdf/chapter38. pdf.

② Ministry of Overseas Indian Affairs. "Annual Report 2008 – 2009". http：//moia. gov. in/writereaddata/pdf/Annual_Report_2008 – 09. pdf；Annual Report 2010 – 2011. http：//moia. gov. in/writereaddata/pdf/Annual_Report_2010 – 2011. pdf.

二、"海外印度人日"加强认同感、凝聚力

印度政府根据"海外印度人高级委员会"的建议，将1月9日设立为"海外印度人日"，希望借此聚会加强海外印度人对印度的认同感和凝聚力。1月9日在印度历史上是具有特殊意义的日子。1915年1月9日，印度国父甘地从南非回到印度孟买，开始领导印度独立、自治斗争。2003年1月9日第一届"海外印度人日"大会在新德里召开，来自66个国家各行各业的2 000多名海外印度人代表参加了会议。时任印度总理瓦杰帕伊以及各主要的内阁部长都出席会议并发表演讲。在开幕式上，瓦杰帕伊致辞并代表印度政府向包括毛里求斯总理在内的10名杰出海外印度人士隆重授予"海外印度人奖"，以表彰他们长期以来为国际社会和印度利益作出的巨大贡献。2004年的第二届"海外印度人日"大会不仅继续为杰出海外印度人士颁奖，还启动了旨在加强与年青一代海外印度裔关系的青年实习医生计划，商议整合世界各地印度人商会的力量，并举行了加强印度传媒与海外印度人联系的民族传媒展，此外，还有食品节以及各种娱乐节目充分展示印度文化。作为讨论海外印度人事务的一种论坛，此后的"海外印度人日"活动探索了如何通过持续、有效、互动的政策机制了解海外印度人对印度的感情和期望；策划建立全世界印度移民网络，关注年青一代的印度移民，了解海外印度工人和专业人士面临的问题等。

2010年第八届"海外印度人日"的活动在海外印度人事务部的官方网站上直播，并通过Kotak Mahindra银行赞助支持的博客以及推特上的微博实时播报。时任印度总理辛格宣布建立便于海外印度人投资的"海外印度人促进中心"（the Overseas Indians Facilitation Center），加强海外印度人对印度发展的参与。2013年的"海外印度人日"大会在印度的科钦（Kochi）举行，印度—加拿大商会（Indo - Canada Chamber of Commerce，ICCC）成为活动的组织伙伴。印度裔的毛里求斯前总统拉杰克斯瓦尔·普里亚格（Rajkeswur Purryag）是开幕式的主要客人，加拿大外交部部长杰森·肯尼成为第一位在"海外印度人日"大会致辞的非印度裔人士。2014年的"海外印度人日"大会在新德里举行，来自51个国家的1 500名代表参加，印度总统普拉纳布·慕克吉颁发了"海外印度人奖"。这次大会的主题是"吸引侨民：跨时代的联系"（Engaging Diaspora：Connecting Across Generations）。[1] 尽管有过各种各样的不满、批评，但是"海外印度人日"大会一直在坚持举办，姑且不论主题与活动，也许坚持本身就是对海外印度人的一种召唤和鼓励。

---

[1] Pravasi Bharatiya Divas. http：//en. wikipedia. org/wiki/Pravasi_Bharatiya_Divas.

三、推出出入境便利措施，加强联系

印度政府推出印裔卡和印度海外公民卡（the Overseas Citizenship of India Card，OCI Card），方便海外印度人返回印度，大大加强了印度与海外印度人的联系。2002 年 9 月，印度政府宣布发放印裔卡，居住在世界各国、四代以内的印度裔（除居住在巴基斯坦、孟加拉国、阿富汗、不丹、中国、尼泊尔以及斯里兰卡之外）可以申请获得印裔卡。持卡人可以自由进入印度，享有非常住印度人拥有的所有权利，甚至包括购买非农业土地，但是没有任何选举权。印裔卡的有效期为 15 年。2005 年，印度政府又推出印度海外公民卡，主要是针对原籍或双亲、祖父母为印度公民的印度裔，他们申请获得印度海外公民卡，依然可以保留住在国国籍，就等于拿到了返回印度的永久签证，可以无限期地在印度居留和工作。而印裔卡的持有者在印度停留超过 180 天后，必须向外国人登记机构报告。① 截至 2010 年 3 月，印度已经发放了 4 000 000 张印度海外公民卡和 7 000 000 张印裔卡，共 11 000 000 张，极大地促进海外印度人才的回流与环流。在印度类似的双重国籍政策出台之前，印度只雇用了 7 000 名软件专业人才，而在 2006 年，印度已经有了 700 000 名软件从业人员，专业人才几乎增加了 100 倍，并成为仅次于美国的全世界第二大软件出口国，以及世界第一大软件外包业务接纳国，后劲十足。② 不仅如此，印裔卡和印度海外公民卡也极大地方便了印度移民后代返乡寻根问祖，获得民族认同、自我认同。

表 2　印裔卡和印度海外公民卡的差异

	印裔卡	印度海外公民卡
申请资格依据	本人、父母、祖父母、曾祖父母、配偶	本人、父母、祖父母
现国籍所属国的双重国籍法	没有限制	虽然印度不允许双重国籍，但是现国籍国必须允许某种形式的双重国籍

---

① http：//www. piocard. com。

② 王辉耀：《"海外公民证"与国际人才竞争》，http：//scgti. org/wanghuiyao/a/zhuanlan/2011/1030/991. html，2011 年 10 月 30 日。

（续上表）

	印裔卡	印度海外公民卡
排除在外的国家	必须任何时候都不是阿富汗、孟加拉国、不丹、中国、尼泊尔、巴基斯坦、斯里兰卡的公民	必须任何时候都不是孟加拉国和巴基斯坦的公民
在国外出生、父母是印度公民的孩子	有申请资格	没有申请资格，父母至少有一方是印度裔的外国公民
申请程序	下载填写表格，然后寄给适当的大使馆、领事馆或印度移民局	在线申请 A 部分，获得登记号码，向适当的大使馆、领事馆或印度移民局提交所需要的文件；印度新德里将集中处理申请；海外印度人事务部将 OCI 卡发到大使馆和领事馆；申请者将护照寄存在大使馆或领事馆，以便将 OCI 卡粘贴在护照里
效力	终生如果换了新护照，可以带着新旧护照出行，或者将新护照的号码背书在 PIO 卡上，不需要重新申请 PIO 卡	终生虽然 OCI 卡是终生有效，但是 21 岁以下和 50 岁以上的人，每次换新护照都要重新申请 OCI 卡。程序、所需文件以及时间与第一次申请 OCI 卡时一样，只是费用低些。这就意味着儿童每 5 年就要申请新的 OCI 卡，老人每 10 年要申请新的 OCI 卡。这是 OCI 卡和 PIO 卡相比主要的缺点
访问/工作	允许	允许
政府雇员	不可以	不可以
选举权	没有	没有
向警察部门报告	无论停留多久都不需要报告	无论停留多久都不需要报告
农业和种植土地	可以继承，但是不能购买	

（续上表）

	印裔卡	印度海外公民卡
印度公民资格	在印度居住 7 年后可以申请公民资格。获得印度公民资格时，要放弃其他国家公民资格	5 年后可以申请印度公民资格，但是至少在印度居住 1 年。获得印度公民资格时，要放弃其他国家公民资格
在印度投资	可以	可以

资料来源：根据网络资料整理，PIO Card vs. OCI Card. http：//www. immihelp. com/nri/pio - vs - oci. html；Difference between OCI and PIO. http：//www. path2usa. com/difference - between - oci - and - pio.

四、传承文化传统，增强国际影响力

对印度抱有强烈的认同感，恪守民族传统，保留自己的信仰、服饰和饮食习惯的海外印度人不仅会宣扬印度文化，而且会利用自身强大的影响力积极游说住在国政府或议会，使其制定对印度友好的政策，促进印度与其住在国的友好关系。印度是一个笃信宗教的国度，宗教信仰和文化在印度民族性格的形成中起到了极为重要的作用。在印度宗教文化长期熏染和陶冶下，印度人形成了独特的民族心理和民族性格，即便远走异国他乡，宗教依然将海外印度人和印度紧紧地联结在一起。无论居住在哪里，印度人不仅会建造起与祖籍国相似的各种宗教场所，而且终生希望到印度的圣地朝觐。美国皮尤研究中心根据其在全世界 47 个国家所作的调查得出结论："世界上，印度人最自恋。"调查显示，93% 的印度人认为本国文化是世界上最好的文化；另有 63% 的印度人认为印度在任何方面都比别的国家好。[①] 在这种强烈的文化自豪感影响下，海外印度人非常注意保留、传承民族文化，印度食物、音乐、舞蹈是海外印度人流传几代仍保存完好的文化特征。当然，海外印度人也热衷于学习祖先的语言，海外印度人社区里大多数宗教仪式和集会都会使用母语朗诵圣歌和民歌，印度政府也会因势利导地派遣印地语、泰卢固语和泰米尔语教师教授海外印度人母语。几千年来，印度的宗教和文化深深地影响了周边国家，如今印度的宗教老师走遍世界传播瑜伽和神秘主义。印度外交部部长（the External Affairs Minister）辛哈（Sinha）提出："印度

---

① 黄慎：《印度人自认本国文化最优秀　对外来冲击恐惧不安》，搜狐网，http：//news. sohu. com/20071220/n254192437. shtml，2007 年 12 月 20 日。

裔人因其在居住国拥有的影响和尊重成为支持印度政府实施其政策非常重要的资源。"① 南非的德班和肯尼亚的内罗毕是非洲两大印度移民聚居地。这使得南非和肯尼亚非常熟悉印度的文化。印度和非洲的政治、经济关系历史悠久。为了与西方国家和中国竞争，印度政府越来越关注通过印度移民在非洲广泛传播印度文化和价值观，认为与另一个大陆接触，且从长远来讲，文化传播比提供大额的贷款更加重要。

人数众多的、具有强烈民族认同感的、恪守民族传统的海外印度人经过两个多世纪的艰苦奋斗，在国际社会上已拥有良好的声誉和极大的国际影响力。在社会经济领域，海外印度人常常是移居国受教育程度最高、人均收入最多的少数民族。海外印度人在发达国家特别是美、英、加等国的工程、信息技术、医疗、金融、工商管理、会计等知识密集型领域非常成功。据统计，美国硅谷 1/3 的工程师是印度裔；美国 10% 的医生来自印度裔，而医生是美国收入最高和难度最大的职业之一；只有美国总人口 1% 的印度裔还创立了全美 8% 的科技创新企业。② 在政治领域，海外印度人同样表现出色。在世界各地，海外印度人曾出过 3 位总统、3 位总理、68 位部长和 250 多位议员。美国路易斯安那州前任州长和南卡罗来纳州现任州长都是印度裔，其中前路易斯安那州州长鲍比·金达尔是全美最年轻的州长，是政坛上一颗冉冉升起的新星，美国《国会山杂志》曾认为他是角逐 2016 年副总统职位的理想人选之一。这些海外印度人成为各自定居国政治舞台上一支不可忽视的力量，也是沟通印度与其住在国关系的"无形的手"。美国布鲁金斯学会（Brookings Institution）亚洲项目总监坦维·马丹（Tanvi Madan）认为，"印度和别的国家也有防务和经济联系"，但是生活在美国的印度人数量之众"让这种关系变得不一样起来"。③ 2014 年 9 月底，印度总理莫迪赴美访问后，印度加快了对印度裔美国人赴印旅游、投资的签证审批程序，赴印签证有效期有望大大延长，这一政策无疑将大大方便美国的印度裔人回印度探亲、投资。

---

① C RAJA MOHAN. Indian diaspora and "soft power". http：//www. thehindu. com/thehindu/2003/01/06/stories/2003010604431100. htm.

② 《美国印裔炼成"移民优等生" 思想活跃爱创业》，环球网，http：//world. huanqiu. com/exclu-sive/2014‒10/5176581. html，2014 年 10 月 23 日。

③ 《莫迪再度访美受到明星礼遇 印裔美国人热切关注》，凤凰网，http：//news. ifeng. com/a/20140929/42112784_0. shtml，2014 年 9 月 29 日。

第三节　爱尔兰如何借助海外侨民提升国家软实力

自18世纪初，因宗教、战争、饥荒以及经济等原因，大批的爱尔兰人移民海外。目前，大约有80 000 000名爱尔兰人后裔以及1 200 000名在爱尔兰出生的公民生活在英国、美国、加拿大、澳大利亚、阿根廷、新西兰、墨西哥、南非等国，约是爱尔兰本土人口的15倍。[①] 经历过"凯尔特之虎"的经济奇迹和2008年的经济危机后，爱尔兰越来越珍惜和重视与生活在海外的爱尔兰后裔的特殊关系。人数众多的海外爱尔兰人不仅掌握先进的知识、技术以及经验，拥有大量的资金，而且在世界一些主要的发达国家深具广泛的政治影响力。爱尔兰的海外侨民成为爱尔兰提升国家软实力的重要资源库。

一、建立健全侨务管理机制

为加强与海外爱尔兰人的联系，爱尔兰政府不断进行机构改革，成立专门机构处理海外爱尔兰人事务。1999年，爱尔兰修宪，新宪法的第二条向世人宣告："爱尔兰国家十分珍惜与生活在国外的爱尔兰后裔的特殊关系，他们与我们有着共同祖先、共同的认同，分享着共同文化遗产。"[②] 爱尔兰政府随着对海外爱尔兰人管理的不断扩展，为了提高行政效率，试图建立一个统一的组织来实现对爱尔兰侨民的统一管理。2001年12月，爱尔兰政府成立"海外移民政策专门工作组"（the Task Force on Policy Regarding Emigrants）调研海外移民事务。2002年8月，该工作组向爱尔兰外交部部长提交题为"爱尔兰与海外爱尔兰人"的政策报告。[③] 这份报告认为，鉴于世界不同地区的爱尔兰人社区有着不同的需要，原则上不能用单一的方法加以应对，必须根据不同情况以不同方式加以处理，必须考虑他们的权利，尊重他们的意见。据此，政策报告提出了政策目标、行动规划以及组织和资源保障等方面的建议。在"组织和资源保障"建议部分，报告提出：①外交部全权负责对外移民政策的制定以及移民支援机构和海外爱尔兰人社

---

①　Irish diaspora. http：//en. wikipedia. org/wiki/Irish_diaspora；MARK DALY. Fianna Fail Proposal for the Irish overseas and diaspora. http：//senatormarkdaly. files. wordpress. com/2013/09/diaspora－290813md－1. pdf .

②　MARK DALY. Fianna Fail Policy Proposal for the Irish overseas and diaspora. http：//senatormark-daly. files. wordpress. com/2013/09/diaspora－290813md－1. pdf .

③　BRIAN COWEN T D. Ireland and the Irish abroad：Report of the task force on policy regarding emigrants to the minister for foreign affairs. https：//www. dfa. ie/media/dfa/alldfawebsitemedia/ourrolesandpolicies/TaskForceRe-eport. pdf .

团之间的协调工作；②在外交部下设一个新的机构——海外爱尔兰人事务处（the Agency for the Irish Abroad），联络爱尔兰移民组织和海外爱尔兰人社团；③增加外交部国内和驻外使领馆中的工作人员，支持海外爱尔兰人；④对参与移民工作的其他部门增加预算，以便他们改善、提高为移民提供的服务；⑤大幅增加移民服务的官方经费，2003 年为 18 000 000 欧元，2005 年增加至 34 000 000 欧元。

来自外交部、社会和家庭事务部、企业贸易就业部、健康儿童和环境部门以及地方政府的代表组成的部际工作组审议了海外移民政策专门工作组的政策报告，并提出具体实施建议，这标志着爱尔兰和海外爱尔兰人的关系进入了全新的阶段。尽管爱尔兰政府经历变更，但政策报告提出的各项措施已逐步得到落实。2004 年，外交部设立"海外爱尔兰人事务处"（the Irish Abroad Unit），"保护和支持"海外爱尔兰人。海外爱尔兰人事务处负责爱尔兰政府和海外爱尔兰人之间的联系，包括以各种移民支援项目支持和褒奖海外爱尔兰人；授予海外爱尔兰人"总统杰出贡献奖"（the Presidential Distinguished Service Awards）；通过全球爱尔兰人网络（the Global Irish Network）① 和全球爱尔兰人经济论坛（Global Irish Economic Forum）② 鼓励海外爱尔兰人参与爱尔兰的经济建设。

2013 年，海外爱尔兰人的代言人、国会议员马克·戴利（Mark Daly）就海外爱尔兰人事务提出政策建议报告，其中提到应尽快任命海外爱尔兰人事务部长，该部长负责海外爱尔兰人和全球爱尔兰人网络的工作，推动外交部海外爱尔兰人事务部门的工作，协调事关海外爱尔兰人事务的各政府部门的工作，为海外爱尔兰人特别是遭受灾害影响和刚移民的年轻爱尔兰人提供各种帮助。戴利在报告中特别提到改善爱尔兰的国际形象，从而提升爱尔兰"软实力"的最佳办法是与世界各地的爱尔兰裔积极接触，海外爱尔兰人事务部长将致力于加强与海外爱尔兰人的联系。③ 2014 年 7 月，爱尔兰政府任命吉米·迪尼汉（Jimmy Deenihan）担任侨民国务部长（Minister of State for the Diaspora）。马克·戴利听到这个任命后说："迪尼汉国务部长的任命显示了世界各地 70 000 000 名海外爱尔兰人的重要性，他面临的是事关美国 50 000 名无证爱尔兰人的移民改革、进入美

---

① 2010 年初，全球爱尔兰人网络建立，分布在约 40 个国家的 350 多位来自各行各业的海外爱尔兰人成为这个网络的成员，多为国际商界的成功人士，与爱尔兰联系密切，帮助推动爱尔兰的发展。Review of Ireland's engagement with the diaspora consultation paper. https：//www. dfa. ie/media/dfa/alldfawebsitemedia/ourrolesandpolicies/Review – of – Irelands – Diaspora – Strategy – Consultation – 2014. pdf .

② 2009、2011、2013 和 2015 年已经召开四届全球爱尔兰人经济论坛。

③ MARK DALY. Fianna Fail policy proposal for the Irish overseas and diaspora. http：//senatormarkdaly. files. wordpress. com/2013/09/diaspora – 290813md – 1. pdf.

国的工作签证、英国被遗忘的爱尔兰社团等问题的挑战。"①

二、为侨民提供全方位的支持，加强联系

爱尔兰政府通过制定政策，与各种社会组织机构合作，努力做到使计划出国的爱尔兰人有充分的准备，海外的侨民得到政府的关怀，回流者能重新融入社会，宣扬爱尔兰文化的移民得到鼓励和支持。自 2003 年，爱尔兰政府开始通过"移民支持计划"（Emigrant Support Programme）资助联系海外爱尔兰人的各类组织和机构，资助金额从 2003 年的 2 959 000 欧元增长至 2008、2009 年高峰期的15 183 000 欧元。后由于经济衰退、公共支出减少等原因有所减少，2014 年的资助是 1 159 500 欧元。② 在爱尔兰政府各种政策和资金的支持、推动下，各种民间组织投入到加强爱尔兰与海外爱尔兰人的各种活动、工作中，积极吸引海外爱尔兰人返回爱尔兰访问，加强了国内外爱尔兰人的联系。

爱尔兰通过"回家学习计划"（the Ireland Homecoming Study Programme）为海外爱尔兰年轻人回爱尔兰学习减免学费，向海外爱尔兰人提供各种短期的游学项目，鼓励爱尔兰裔青年回到爱尔兰求学。爱尔兰政府还建立了家谱信息等网站，便利移民查询、了解家族历史，同时宣扬海外爱尔兰人的业绩和贡献，如美国《独立宣言》的签署人中有 13 人为爱尔兰人及其后裔，澳大利亚 1929—1949年间 7 位总理中有 6 位是爱尔兰后裔，新西兰首任总理、阿根廷海军创始人以及智利独立后首任政府首脑也是爱尔兰人或其后裔，美国前总统肯尼迪、尼克松、里根和克林顿都是爱尔兰后裔，他们的事迹广为流传，家喻户晓。通过这样的宣传，大大凝聚了爱尔兰人的民族感情，增强了民族自信心和自豪感。从 2007 年起，海外爱尔兰百岁老人可获得总统嘉奖。让老年侨民晚年回国观光的"爱尔兰度假"计划也已经启动，回乡寻根问祖的活动更是深受海外爱尔兰人的欢迎。爱尔兰政府组织努力做到三点：帮助要移民的爱尔兰人做好各种准备，尽快适应海外生活；海外的侨民得到政府的关怀、支持和帮助；回流的侨民能够很快地重新融入爱尔兰社会。总之，在不断的反思和政策修订中，爱尔兰政府与海外爱尔兰人在政治、经济、文化、社会各方面的联系日益密切，海内外爱尔兰人的自信心和自豪感不断提高，爱尔兰民族的凝聚力和向心力大大增强，从而大大改善了爱

---

① First ever minister for diaspora appointed in Irish government reshuffle. http：//www. irishcentral. com/news/politics/First－ever－Minister－for－Diaspora－appointed－in－Irish－government－Reshuffle. html，文化传通网，2013 年 11 月 14 日。

② Review of Ireland's Engagement with the Diaspora：Consultation Paper. https：//www. dfa. ie/media/dfa/alldfawebsitemedia/ourrolesandpolicies/Review－of－Irelands－Diaspora－Strategy－Consultation－2014. pdf.

尔兰的国际形象。

三、传播爱尔兰文化，提升国家形象

爱尔兰政府明确认识到，全球爱尔兰人相互信任，紧密地联系在一起，恪守、传播爱尔兰文化，会提升爱尔兰的世界形象，增强爱尔兰的软实力。爱尔兰的文化影响深远，百年间出现过 4 位爱尔兰裔诺贝尔文学奖得主：诗人、剧作家和散文家威廉·巴特勒·叶芝，荒诞派戏剧的重要代表人物塞缪尔·贝克特，诗人、文学批评家谢默斯·希尼，杰出的现实主义戏剧作家、擅长幽默与讽刺的语言大师乔治·萧伯纳。爱尔兰的著名文学家还有 19 世纪唯美主义代表王尔德和代表意识流小说最高成就的作品《尤利西斯》的作者乔伊西。他们是爱尔兰人的骄傲，每年有许多文学节纪念这些作家，也有许多人从世界各地到爱尔兰拜访这些作家的家乡、故居。爱尔兰人的宗教节日圣帕特里克节（St. Patrick's Day）在美国爱尔兰裔的坚守和传播下成为美国的法定节日，每年的圣帕特里克节，爱尔兰总理都会率部长团访问美国，增进与美国爱尔兰裔人的联系，展示爱尔兰的历史文化。[①] 英国、加拿大、澳大利亚甚至日本等国也会庆祝圣帕特里克节。每年的 3 月 17 日，全世界的爱尔兰人都要举行隆重的庆祝活动，穿上以"国花"绿色三叶草为装饰的衣服，集中游行、举办餐会、参加教堂活动等。万圣节是爱尔兰人贡献的另一个节日。对于美国商家来说，万圣节是仅次于圣诞节的第二个商机潮。爱尔兰独特的文化将全世界的爱尔兰人紧紧地联系在一起，在有 40 000 000 爱尔兰裔人口的美国，随处可以发现这种渊源关系，如 NBA 就有波士顿凯尔特人队，还有不少命名为"凯尔特"的乡村乐队，其特点就是具有爱尔兰风格。海外爱尔兰人对爱尔兰文化的热爱和传播非比寻常。一些侨居国外的年轻富有的爱尔兰人甚至刺激了爱尔兰艺术品市场的蓬勃发展。由于爱尔兰侨民对本国传统遗产的追捧，拍卖行的爱尔兰艺术品销售额呈现大幅度增长。爱尔兰侨民为自己的祖国的文化艺术成就感到非常骄傲，他们甚至愿意花费 10 万欧元购买一件爱尔兰艺术品装点他们远在他乡的新家。这些侨民大多居住在新加坡、中国大陆和香港地区，希望收藏一些能够把他们和爱尔兰联系在一起的东西。[②] 在爱尔兰政府的大力支持下（爱尔兰移民支持计划的大部分资金投入了文化传承、推广、传播活动），爱尔兰的文学、音乐、舞蹈、体育等文化印记在世界各地广

---

① 范如松：《侨务工作的理论与实践》，北京：世界知识出版社，2012 年，第 105 页。

② 《爱尔兰：侨民带动艺术市场的繁荣发展》，文化传通网，http://www.culturalink.gov.cn/portal/pubinfo/113012/20131114/32e6336fd8fb4092b3baf34e11f22fe9.html，2013 年 11 月 14 日。

泛传播。世界各地民族文化特点鲜明的爱尔兰人塑造着爱尔兰的国家形象，提升着爱尔兰的国际形象和声望。

第四节　韩国如何借助海外侨民提升国家软实力

据韩国海外同胞财团统计，截至 2011 年，7 260 000 名韩国海外同胞共分布在全球 175 个国家。韩民族共同体文化研究院院长李瑞行认为，韩民族是现在分布在地球的各个角落最为广泛的民族；以朝、韩总人口为基准，韩民族的海外居住比率为 10%，这远高于世界平均 3% 的水平。"从本国人口对比方面来看，韩民族是位居以色列、爱尔兰、意大利民族之后的世界第四个民族。"① 基于民族特有的忧患意识，海外韩国人非常团结，韩国政府因势利导地推行"官民一体的民族战略"，大力开展侨务公共外交工作。

一、建立侨务机构，加强与侨民的联系

韩国设立侨务机构较晚，1996 年才根据国会特别法在韩国外交通商部下设"韩国海外同胞基金会"（Overseas Koreans Foundation）。该基金会设立教育事业部，在海外侨胞中推广韩语教育，并鼓励海外的韩裔青年回国观摩学习。韩国针对侨民的教育项目分为三类：与韩国国内教育接轨，适应当地的教育以及了解祖籍国的教育。韩国政府希望以此展示充满自信的韩国形象。虽然韩国的侨务机构设立较晚，但从 20 世纪 70 年代开始，韩国已经将欧美的韩国科学家、工程师组织起来，成立韩国科学家和工程师专业协会。80 年代在日本和加拿大成立了类似的协会，之后又在中国和俄罗斯成立这样的协会。韩国政府对这些组织给予了各种形式的资助、支持。90 年代韩国政府建立起海外人才数据库，并把数据库中的个人资料向韩国教学科研机构开放，加强海内外人才的联系和对接。

近些年，韩国重视、加强公共外交，在公共外交目标方面，韩国强调提高国家软实力，保持软、硬实力的均衡，进一步增强外交力量以保护韩国逐渐扩大的经济利益。如何借助海外韩国人提升韩国的软实力得到越来越多的关注。2000 年 7 月，韩国海外同胞基金会资助主办的全球韩裔会会长大会第一届会议在首尔首次召开，海外韩裔社会领导人士共聚一堂，共商交流与合作，为全球韩裔社会

---

① 《韩称韩国人分布 175 个国家　系人口分布最广民族》，腾讯网，http：//news. qq. com/a/20130930/008432. htm，2013 年 9 月 30 日。

的发展作出了贡献。2003 年，韩国海外同胞基金会与美国国际经济研究所联合召开国际学术会议，对世界各地韩国人的状况作了深入的调查和研讨，出版《世界经济中的海外韩国人》。2013 年第 14 届全球韩裔会会长大会在首尔开幕，本届全球韩裔会会长大会是韩国新政府成立后首次举行的韩裔社会领导会议，引起海内外的关注。在大会上，全球韩裔社会领导就韩国新政府的经济政策进行探讨，并就侨社的关心事项与政府交换意见。在海外韩国人的关心事项中，引人注目的一项为"伸张海外同胞权益，要求政府放宽取得双重国籍的范围"。目前，韩国政府仅准许 65 岁以上的海外同胞取得双重国籍，海外同胞要求政府准许所有年龄的同胞取得双重国籍。据悉，朝野各党将在国会研讨逐步放宽取得双重国籍有关规定的法案。韩国政府对此积极反应，还将研讨相关法案。

二、韩国企业增强民间交流、塑造国家形象

在国际机构、国际企业中就职的韩国人不断增多，展示出优秀的外语能力、国际化的思想、细致入微的服务意识等品质，推动韩国与世界各国建立广泛的科技、经济合作关系。中国公共外交协会前秘书长宋荣华认为："企业跨国经营不只是经济行为，而且是社会行为。"察哈尔学会前秘书长柯银斌将跨国公司从事公共外交分为三种类型：经营目标型，通过企业内部不同国籍员工之间的交流培训活动，促进相互之间对国家与文化的了解；社会责任型，跨国企业社会责任与公共外交为"一体两面"；国家形象型，跨国公司自觉将企业形象与国家形象结合起来。[①]

三星、LG、现代、SK 等著名企业在韩国公共外交事业发展中起着特殊的作用，例如韩国最大的企业集团三星集团在近 70 个国家和地区建立了近 300 个法人及办事处，员工 40 多万人。三星人力开发院会为这些员工提供培训，以培养人才为目标，希望以核心价值理念、领导力、全球视野合作等培训课程打造充满热情、富有创造性和合作能力的、能创造新价值的未来型核心人才。由此可见，不仅仅是这些著名企业的品牌形象与韩国的国家形象联结在一起，这些企业中的韩国籍或韩国裔工作人员都在与其他国家员工的交往，对住在国社会文化、经营环境的了解、提供服务的过程中，不自觉地担任了"民间大使"的角色。

---

① 《跨国公司应积极参与公共外交》，中国新闻网，http：//www.chinanews.com/gn/2014/05 - 29/6228140.shtml，2014 年 5 月 29 日。

三、推动世界了解韩国

语言是信息传播的基础，也是衡量一个国家软实力的重要指标。韩国政府通过在世界各地开办"世宗学院"等方式，面向各国的普通民众广泛传播韩国语言文化，使得韩国文化走向世界。世宗学院（亦称"世宗学堂"）是直属于韩国文化观光部的一家教育机构。2007 年，韩国政府在东京、纽约等 12 个世界主要城市设立了首批世宗学院，其主要任务是向海外各地民众免费教授韩语。2012 年 10 月 9 日，韩国成立世宗学院基金会，该基金会负责海外世宗学院韩语教学课程的编制、教科书撰写及师资培训等工作。① 据韩国文化观光部 2009 年 3 月统计，有 133 个国家超过 610 万名学生在海外学习韩语。② 韩国政府的目标是至 2017 年将在全球的世宗学院增加到 200 所，并计划向世宗学院的优秀学生提供来韩体验韩国文化的机会。世宗学院承担着韩文和韩国文化教育以及韩流传播等责任。每一处学院的建立，都意味着此处将有更多的外国人学习韩语，关注、了解韩国文化。

此外，韩国政府通过外交通商部下属的韩国国际协力团（KOICA）等政府机构或民间非营利性机构推动海外韩国志愿者活动，向世界各地派遣专家以及由韩国优秀的、具有奉献精神的年轻人组成的海外协力队员（包括韩国语、计算机、跆拳道、畜牧业等数十种专业），在世界各地积极参与医疗、教育、文化等多领域的活动。这些海外支援的韩国人的活动加深了世界对韩国的认识。

生活在世界各地的韩国基督教传教士在不断增加，截至 2012 年估计有 25 000人，只有美国的传教士比韩国更多，而预计韩国在 2020 年会超越美国，成为世界上派遣传教士最多的国家。③ 韩国基督教界在世界各地，尤其是在基督教文明接触较少的地区开展传教活动，在短短的几十年时间里，韩国迅速赶上西方老牌传教国，一举成为世界第二个传教大国。韩国基督教海外传教士虽然遍布世界 160 多个国家，但其传教计划主要是致力于第三世界国家。虽然西方传教士拥有悠久的传教历史和经验以及出众的组织力和战略，但是第三世界国家普遍都对西方发达国家抱有抵触情绪，中东伊斯兰地区对西方发达国家也没有好感，而

---

① 世界教育信息编辑部：《韩国世宗学院将达 90 所》，《世界教育信息》2012 年第 9 期。

② 丁锐：《韩国对华公共外交的途径及启示》，中国网，http：//www. china. com. cn/international/pdq/2011 –09/07/content_23372342_2. htm，2011 年 9 月 7 日。

③ 《韩人世界宣教大会庆祝韩国海外宣教士超过 2 万》，基督邮报网，http：//chinese. christianpost. com/news/%E9%9F%A9%F4%BA%BA%E4%B8%96%E7%95%8C%E5%AE%A3%E6%95%99%E5%A4%A7%E4%BC%9A%E5%BA%86%E7%A5%9D%E9%9F%A9%E5%9B%BD%E6%B5%B7%E5%A4%96%E5%AE%A3%E6%95%99%E5%A3%AB%E8%B6%85%E8%BF%872%E4%B8%87–12602/，2012 年 7 月 28 日。

韩国传教士并不存在这些难题。依此势头，不难预见韩国基督教会将在东亚乃至世界范围内发挥越来越大的影响力，推动韩国软实力的增强。

第五节　菲律宾如何借助海外侨民提升国家软实力

菲律宾人是国际流动性最高的人群之一，全世界有 800 多万名海外菲律宾侨民，占菲律宾总人口的 10%。考虑到非法滞留的移动人口，实际数字可能更高，有可能是 1 100 万。每年，有超过 100 万名菲律宾人在海外工作。菲律宾侨民人口居世界第三，排在中国与印度之后。菲律宾海外移民分布在世界各地近 200 个国家与地区。其中，2004 年有大约 2 959 541 名菲律宾裔美国人住在美国，但是许多菲裔美人国组织猜测应该有 400 万人；加拿大有 30 万~35 万名菲律宾人；意大利约 50 万；日本约 50 万；中东地区约有 150 万；韩国约 7 万；澳大利亚约 13 万；英国约 10 万。在海外工作的菲律宾人，其中约 1/3 从事非技术性劳工，其次是贸易相关工作，工厂机器操作组装员、技师、帮佣、监护工等职业，女性占一半左右。[①] 菲律宾成为当今世界最大的有组织的劳工输出国。2013 年，派往海外的菲律宾劳工达到 180 万人。在海外的菲律宾人 2013 年共向菲律宾国内汇款 251 亿美元，同比增长 7.6%，金额创下历史新高。汇款主要来源于美国、沙特阿拉伯、英国、阿联酋、新加坡、加拿大及日本等国。海外菲律宾人向国内汇款的稳健增长，支持了国内的经济活动。2013 年海外菲律宾人汇款总额已占到菲律宾国内生产总值（GDP）的 8.4%。[②]

一、加强保护海外劳工

面对如此迅速增长的海外劳动大军，菲律宾政府自然不能不予以重视。早在 1980 年，菲律宾政府便在劳工与就业部之下设立"海外劳工福利署"（Overseas Workers Welfare Administration，OWWA）。1982 年建立"菲律宾海外就业署"（Philipine Overseas Employment Administration，POEA），主管海外就业事务。1995 年设立"移民劳工事务法律援助办公室"（Office of the Legal Assistant for Migrant Workers Affairs，OLMWA），以法律保护劳工在海外的权利，随后又在菲律宾移民

[①]　《海外菲律宾人》，维基百科，http://zh.wikipedia.org/wiki/% Eiji6% B5% B7% E5% A4% 96% E8% 8F% B2% E5% BE% 8B% E8% B3% 93% E4% BA% BA。

[②]　《海外菲律宾人去年向国内汇款 251 亿美元》，国际在线，http://gb.cri.cn/42071/2014/02/18/5931s4428218.htm，2014 年 2 月 18 日。

劳工人数在 2 万以上的国家里设立"移民劳工与海外菲律宾人资源中心"（Migrant Workers and Overseas Filipinos Resource Centres，MWOFRC），就地及时解决移民的各种困难。此外，针对永久移民需求，菲律宾还建立了"海外菲律宾人委员会"（Commission on Filipinos Overseas，CFO），由副总统特奥菲斯托·金戈纳（Teofisto Guingona Jr.）出任该委员会的主席，作为协调政府各部门与非政府组织开展侨务工作的最高机构。该委员会定期出版《菲律宾侨民手册》，公布政府有关侨民的政策、法令和各种优待侨民的服务项目。至 2005 年该手册已发行第 7 版。

在国会方面，菲律宾在 20 世纪 80 年代初就已通过立法将海外劳务输出逐步纳入法制轨道。1995 年国会又通过共和国第 8042 号法令即"移民劳工与海外菲律宾人法"（Migrant Workers and Overseas Filipinos Act），上面提到的有关保护菲律宾侨民机构如移民劳工事务法律援助办公室、移民劳工与海外菲律宾人资源中心等就是根据这项法律成立的。2003 年 8 月菲律宾国会通过了共和国第 9225 号法令即《恢复公民身份国籍法》（Citizenship Retention and Re‐acquisition Act of 2003/ RA No. 9225），允许生来具有菲律宾国籍，后因婚嫁或移民等因素归化他国而放弃菲律宾国籍的人恢复其菲律宾国民身份。这个经时任菲律宾总统阿罗约签署的新双重国籍法，使 350 万原已失去菲律宾国籍的海外菲律宾人有机会重新获得菲律宾籍，在菲律宾享有投票、就业、投资、竞选公职等国民待遇（在海外从事公职或在外国军队服役的人除外）。从该法律实施起至 2012 年底，已有106 393 个海外菲律宾人通过向菲律宾移民局申请获得菲律宾公民身份。其中美国 82 459 人，欧洲 18 182 人，亚洲和太平洋地区 5 535 人，中东和非洲 217 人。① 这部法律旨在全面恢复海外菲律宾人的各项权利，使其在菲律宾享有充分的公民权，并获得各种新机遇，大大提升了海外菲律宾人对祖国的认同感。

二、表彰侨民，增强民族自豪感

为了肯定菲律宾海外移民的成就和贡献，阿基诺总统不但称菲律宾移民为"当代英雄"，而且在 1988 年签署了 276 号告示（Provlamation No. 276），宣布每年 12 月为"菲侨月"（Month of Overseas Filipinos），在此期间，举办各种活动表彰海外菲律宾人的业绩，发扬他们为国奉献的精神。总统还奖赏在服务菲律宾同胞方面作出杰出贡献和在专业工作上获得卓越成就的海外菲律宾个人和团体。

---

① Implemented by the scalabrini migration center with the international organization for migration in partnership with the government of the Philippines. Country migration report the philippines 2013. Makati：International Organization for Migration，2013：p. 161.

1991 年，阿基诺总统签署 498 号行政令，使总统奖赏制度化，并命名为"海外菲律宾个人和组织总统奖"（the Presidential Awards for Filipino Individuals and Organizations Overseas）。行政令特别任命海外菲律宾人委员会和外交部制定评选、颁奖制度。"海外菲律宾个人和组织总统奖"每两年举行一次，表彰对象是那些对菲律宾国家发展作出积极努力、促进海外菲律宾人利益以及在专业领域拥有突出成就的海外菲律宾个人和团体。自制度实施以来，已经有来自 46 个国家和地区的 367 个海外菲律宾人和组织获得这个奖赏。拉莫斯总统在 1993 年和 1996 年分别颁发 22 个和 45 个奖赏。埃斯特拉达总统在 1998 年和 2000 年分别颁发 30 个和 59 个奖赏。阿罗约总统在 2002 年、2004 年、2006 年和 2008 年分别颁发 34、45、48 和 31 个奖赏。阿基诺三世总统分别于 2010 年、2012 年和 2014 年颁发 24、29 和 33 个奖赏。[①]"海外菲律宾个人和组织总统奖"除了奖赏海外菲律宾人和组织对祖国的贡献，还强调他们对祖国的信心和信任。

第六节 以色列如何借助海外侨民提升国家软实力

根据有关犹太人组织的统计，2007 年全球犹太人总数在 1 320 万人左右，其中 540 万人定居在以色列，530 万人居住在美国，其余则散居在世界各地。犹太人口总数仅占全球总人口的 0.2%。根据其他组织的统计，美国国内的犹太人人数达到 650 万，或占美国人口的 2%。美国的犹太人大多居住在大城市如纽约、洛杉矶、迈阿密、费城、芝加哥、旧金山、波士顿等地。上述数据也包含了自认为是犹太人但没有归属于任何犹太社团组织的人群。[②] 除美国和以色列外，其余犹太人大多分布在法国、加拿大、俄罗斯、英国、阿根廷、乌克兰、巴西、德国等欧美国家，大洋洲的澳大利亚和非洲的南非也是犹太人居住较为集中的国家。世界各地犹太人的分布有两个特点：①大分散，小聚居。犹太人在世界各地的分布非常广泛，但是犹太人习惯于集中居住，保持犹太特性，对其他民族的同化持消极态度。②集中度高。犹太人口主要集中在北美、以色列、西欧和东欧部分地区（俄罗斯东部、乌克兰、白俄罗斯等地），这四个地区集中了世界犹太人口的90%以上。其中，美国和以色列的犹太人口合计占世界上全部犹太人口的81%。

---

① http：//presidentialawards. cfo. gov. ph/。

② 《犹太人》，维基百科，http：//zh. wikipedia. org/wiki/% E7% 8A% B9% E5% A4% AA% E4% BA% BA。

一、立法加强民族国家认同

以色列政府于 1950 年 7 月 5 日颁布了《回归法》(*Law of Return*)，该法是以色列移民政策的法律基础，旨在号召全世界的犹太人或具有犹太信仰的人都应回到他们祖先的脚下。因此，以色列的移民政策即意味着"回归"。以色列政府的移民政策对移民没有太多的限制，欢迎犹太人回国，特别是优先照顾那些年轻的、富有发展潜力的犹太人。但因该法并未对犹太人进行概念的界定，所以引起了国内的激烈争论。1970 年，以色列国会通过了《回归法》修正案，对犹太人的身份作出了法律上的认定。1970 年《回归法》修正案明确规定，"犹太人"指的是"由犹太母亲所生或已经皈依犹太教，且不属于其他宗教的人"。

1952 年，以色列颁布《国籍法》对以色列与以色列境外犹太人的关系作了法律规定。《国籍法》规定，以色列的国籍可以通过出生、《回归法》、居住和归化而获得。其中与以色列境外犹太人关系比较密切的条款主要有：若父母一方或双方具有以色列国籍，即使本人出生在国外，也可以按出生自动获得以色列国籍；根据 1950 年的《回归法》，每个犹太人，不管居住在何处，都有作为移民移居以色列并获得以色列国籍的权利。此外，1970 年《回归法》修正案还将犹太人回归、移居和取得国籍的权利扩展到犹太家庭成员，包括其儿孙以及他们的配偶，除非他们信仰其他宗教。《回归法》《国籍法》和其他相关法规如《居民登记法》《拉比法庭裁判法》的颁布，从法律上确定了以色列与以色列境外犹太人的关系，使得他们与故国的传统纽带得到了法律上的确认。

二、通过各种组织机构加强犹太人的联系

以色列犹太人代办处（The Jewish Agency，以下简称"代办处"）全面负责移民事务，旨在吸引全球的犹太人回归以色列。代办处协助政府参与移民吸收安置工作，通过其移民部在世界各地的办事机构，向移民提供政策咨询、体检安排以及包括车船和飞机在内的交通服务。同时，代办处通过其规划部负责在移民抵达的时候免费提供最初的现金和日用品，把移民接送到定居地点并提供住宿条件以及举办语言培训和必要的职业培训等。其归化部和经济部则一起负责向移民中的手工业者和小企业主提供贷款，为新移民提供最初几个月的医疗保险和各种社会服务，并且与政府分担移民住宅的建筑费用。此外，其农业定居部还负责为新移民创办乡村定居点，提供生产和生活设施，主要包括牲畜和灌溉设施，以及提供专家指导等。

以色列政府出台了一些促进移民融合的措施。例如以色列部长级部门——移民吸纳部（Ministry of Immigrant Absorption）专职负责统筹整合外来犹太人及其家属的融合政策。人才招揽的目标包括外国优秀科学家、企业家、艺术家以及学生和回流人才等。同时，该部门为这些移民人才提供各方面的便利和支援。例如提供一揽子的财政支援（absorption bask），包括家庭电气关税辅助（customs tax grant）、为待业和进修的人才提供最低收入保障（income insurance）以及资助雇主聘请这些人才等。其在房屋方面的援助也很周到，包括租金、购买房屋和新移民按揭等优惠政策。

以色列政府的基本出发点是为侨服务，重在保障海外侨胞和归侨的利益。以色列对海外同胞的政策，长期集中于如何吸引海外犹太人前往以色列，如何获取海外犹太人的技术、资金和人才，如何为归侨融入本国社会提供各类方便和帮助等方面。其对回归以色列的犹太人的融合政策涉及衣食住行等方方面面的资助和辅导，且都有具体的相关部门统辖，政策效果彰显了以色列政府以回归犹太人权益为重心的特点。以色列政府于 2005 年成立了移民政策咨询委员会，委员由律师构成，前总理鲁宾斯坦（Amnon Rubinstein）任主席，全职负责审核调查以色列移民政策的效用。

以色列与海外犹太人之间主要是通过几个国际性犹太人组织保持着密切的联系，它们分别是世界犹太复国主义组织（1987 年成立）、犹太民族基金会（1901 年成立）、犹太办事处（1929 年成立）和青年阿里亚（1932 年成立）。这些组织多数都在以色列建国前就已存在，总部设在以色列。它们都是不属于以色列政府管辖的国际性组织，其中最重要的是犹太办事处和世界犹太复国主义组织。前者代表全世界所有的犹太人，后者代表全世界的犹太复国主义者。这些犹太组织在犹太人集中的国家，如美国、法国、南非等都有分支机构，并深入各个较小的犹太社团中。它们最主要的功能是在各国为以色列募集资金、动员和组织犹太人移居以色列。另外，它们还通过举办展览、举行学术研讨会、教授希伯来语等活动，在世界各国保持和弘扬犹太文化。世界各地的犹太人通过这些社团组织，将各类资金、人才、技术输往以色列。同时，以色列的政治、宗教、文化影响等也通过这些社团组织传播至世界各地的犹太人中。总体而言，希望通过移民社团组织加强与世界各地犹太人的历史、文化、传统联系，努力把以色列建成世界犹太人的精神中心。

三、支持和推动犹太文化传承

通过最高行政机构的推动，以色列还凭借全球各地的犹太社团、犹太组织和以色列驻外使领馆编印各种材料，组织各类讲座和讲习班，举办一些展览会等，以各种形式进行犹太文化传统的普及性宣传教育。以色列建立了世界犹太学研究联合会（the World Union of Jewish Studies），由以色列总统任名誉会长，每四年举行一次世界犹太学研究大会。它还建立了国际高等院校犹太文明教研中心（the International Center for University Teaching of Jewish Civilization），也由国家元首任名誉主任，协调和推动全球各地高等院校内的犹太文化、历史和语言教学，促进犹太教学研究活动。以色列政府高度重视犹太青少年的教育和培养，加强他们对犹太民族的共同命运和犹太文化传统延续性的认同感。举行如"亲历以色列"等大量活动，让犹太青少年实地接受教育。这些举措和活动进一步加强了海外以色列人的民族认同感。2014年7月，虽然巴以冲突持续升温，但仍有来自世界各地的近2 500名犹太青年通过一个名为"以色列生存权（Birthright Israel）"的旅游项目到以色列旅游。这个项目旨在为每一位海外犹太青年提供10天免费游历以色列的机会，以加强外籍犹太青年对于自己犹太身份的认同感。

四、形成游说集团，营造亲以的国际环境

以色列政府动员各国犹太人利用他们的社会地位、经济实力及手中的选票，对住在国政府的外交政策施加影响，使之在国际事务中偏向以色列。这在美国尤为明显。尽管犹太人只占美国人口的2%，但由于美国犹太人财力雄厚，尤其在经济、法律、学术、娱乐界有重要影响，犹太人在大选中投票率高，选票集中，因此对美国政府和社会的影响很大。美国之所以在阿以冲突中一直采取亲以政策，并同以色列保持着"特殊关系"，犹太院外集团对美国政府的影响起到了非常大的作用，以至于有人把美国犹太院外集团称为"在另一条战线作战的以色列军队"。实际上，犹太人主要通过下述三种方式影响美国政治：组织犹太利益集团参政，通过选票和政治捐献参政，通过个人担任公职参政。犹太利益集团凭借自身强大的经济实力，通过直接或间接游说的方式影响美国政府和主流媒体，进而改变美国对以色列和中东的政策以及立场。他们通过选票和钞票两大武器在美国政坛发挥着威力，参与政治，影响美国政府的中东政策。一些人还通过担任政府公职直接参与美国政治，犹太议员数量众多并呈不断增长的趋势，其中不乏要职，如担任国务卿、内阁部长、最高法院法官和驻外大使等职位。总之，美国犹太人通过积极参政的方式发挥了其少数族裔在政治中的作用，在一定程度上改变了美国国内政治格局，对美以关系的对外政策影响巨大。

从以上这些国家的政策以及具体时间可以看出，美国等发达国家多不设置独立的侨务管理机构，侨务公共外交成为其对外政治、经济、文化等政策辅助的实

施手段，融合在外交战略之中。印度等经济迅速发展的国家重视侨务工作，多成立独立的侨务管理机构，致力于增强海外侨民与祖籍国的联系，为国家发展战略的实施寻求资源。无论如何，公共外交需要吸引"像我这样的普通人"参与，并提供可以在"像我这样的普通人"之间传播的信息。因此，弱化政府色彩，强调族裔、文化的联系、凝聚力，多借助民间组织，是有效开展侨务公共外交的优势选择。

第九章　侨务工作与中国软实力：战略与对策

中国是一个海外移民众多的大国，也是世界上最早重视发挥海外侨民作用的国家，侨务工作有很长的历史和丰富的经验。改革开放后的近四十年中，中国的侨务工作肩负着维护侨益、凝聚侨心、汇集侨智、发挥侨力的重任，在"为侨服务"和"为国家大局服务"方面作出了很大的贡献。侨务部门在把工作重心放在引资引智、为经济建设服务的同时，也在积极开展侨务外宣、华文教育、文化慰侨、民间外交等工作，不过还很少从增进国家软实力的角度去思考上述工作的作用。近年来，在中共中央政府"增强国家文化软实力""积极开展公共外交"等战略性思想的指导下，侨务部门更着重于有意识地引导和发挥华侨华人在向世界传递中国信息、传播中华文化、展示中国形象、维护中国利益以提升和增强国家软实力上的独特作用。2011 年 10 月份召开的全国侨务工作会议将"增强国家文化软实力"和"开展侨务公共外交"作为新形势下的重要侨务工作新战略。

第一节　侨务工作对中国软实力建设作出的贡献

在"软实力"概念未进入国内学者研究视野和作为政府议题之前，侨务工作实际上已经在维护侨界权益、传承和传播中华文化、宣传中国国情、促进民间外交等诸多方面促进了中国的软实力建设。本章综合文献分析和实证调查，从多个方面考察近几十年来侨务工作在中国软实力建设中已发挥的积极作用，着重选取重大举措和典型案例进行分析，以点带面展开论述。

一、新中国成立以来侨务工作的发展阶段

（一）新中国成立初期的侨务工作（1949—1965）

党和国家领导人历来重视侨务工作。第一代领导人毛泽东、周恩来针对侨务工作提出的"爱侨护侨""不承认双重国籍""鼓励侨校、侨报当地化"等方针和决策，一直到今天都具有指导意义。

1. 爱侨护侨，团结归侨和海外侨胞

新中国成立后，党中央没有忘记那些为国家民族利益作出贡献的爱国华侨、侨眷。毛泽东和周恩来对爱国侨领极为敬重，给予他们礼遇和应有的政治地位，使他们深切地感受到党和政府对华侨华人无微不至的关怀和爱护，从而团结了广大侨胞。在首届中央政府中，宋庆龄担任中央人民政府副主席，何香凝担任华侨事务委员会主任委员，陈嘉庚、司徒美堂等均为华侨事务委员会委员。这令海外华侨感受到中国共产党的诚意，让侨领们倍感温暖，激发了他们参政议政的热情。在党的侨务政策的感召下，大批学有专长的华侨知识分子和留学生冲破重重阻力，回新中国效力，在教育、卫生、科研和工程技术等部门工作，在各个学科领域都作出了重要贡献，增加了我国的硬实力和软实力。他们中有许多是国际上有声望的专家、学者和具备一定专长的科技人才，比如钱学森、李四光、茅以升、华罗庚、钱伟长、汪德昭、陈宗基、刘恩兰等，为我国的尖端科学作出重大贡献；还有艺术家王莹、歌唱家张权等，为繁荣我国文艺事业作出了不懈努力。

中国领导人十分重视护侨工作，维护华侨的正当权益。1949 年 9 月第一届中国人民政治协商会议通过的《共同纲领》第 58 条明确规定："中华人民共和国中央人民政府应尽力保护国外华侨的正当权益。"1954 年我国颁布的第一部宪法亦规定："中华人民共和国保护国外华侨的正当权利和利益。"当东南亚一些国家的阴谋势力掀起排华浪潮时，周总理一方面严厉揭露其反华阴谋，一方面争取与有关国家政府举行谈判，进行有理有节的斗争，取得护侨斗争的胜利，既体现了中国政府的严正立场和主权外交政策，又维护了华侨的基本权益。1959 年秋，印度尼西亚发生了排华运动，毛主席和周总理惦记着当地侨胞的安危。在他们的指示下，中国派船去印度尼西亚接回了 20 万以上的难侨回国安置，此举温暖了海外华侨的心，也在国际舞台上展现了一个爱侨、护侨的大国风范。[①]

2. 不承认"双重国籍"

处理好与周边国家的关系，就必须解决历史上遗留下来的华侨"双重国籍"问题。毛泽东和周恩来同志果断决策，对外宣布不主张双重国籍，愿与其他国家友好协商解决这一问题，消除了周边东南亚国家的疑虑情绪，为中国的经济、社会重建赢得了良好的周边环境。1955 年，中国首先与印度尼西亚就华侨的国籍问题达成协议，次年与越南也达成协议。20 世纪 70 年代，中国与新加坡、马来西亚、菲律宾、泰国谈判建交时，均商定以建交公报形式确定解决这些国家中华侨的双重国籍问题。其基本原则是：中国政府赞成和鼓励华侨加入住在国国籍；对于自愿保留中国国籍的华侨，党和政府要求他们遵守居住国法律，与当地人民

---

① 刘正英：《周恩来对新中国侨务工作的杰出贡献》，《党的文献》2000 年第 3 期。

和睦相处,尊重当地习俗,同时保护其合法权益;不承认双重国籍,华侨加入住在国国籍,就自动失去中国国籍。"双重国籍"问题的解决展现了中国侨务与外交相结合的软实力,化解了东南亚国家对中国和中国侨民的疑虑,打开了新中国的外交局面,同时也营造了有利于华侨华人在住在国生存发展的环境。

3. 鼓励华侨"落地生根",与当地民众和睦相处

毛泽东等领导人教育华侨要遵守当地的法律,不要参加非法活动;同时教导华侨破除旧观念,树立"落地生根"的思想,"希望华侨将来都成为侨居国公民的一部分,并十分高兴地活下去"。针对当时东南亚各国的一部分华侨不懂当地语言、不学当地文化的现象,周恩来倡导华侨一定要把侨居国的语言和文字学好,这样才能直接沟通感情。对于在当地从事文化事业的华侨华人,周恩来一再号召他们在"办报纸、办教育"时多多提倡学习当地语言文字。周恩来强调,华侨不仅要尊重住在国的法律,而且要尊重住在国的风俗习惯、宗教信仰,只有以这种谦虚的处事方式,才能与当地人民"更加团结,就会得到住在国政府和人民的尊重"。①

4. 注重以侨为媒,沟通中国与东南亚社会

在新中国成立初期至20世纪60年代初期,由于意识形态上的冲突与斗争,除缅甸、印度尼西亚、越南等国家承认新中国外,菲律宾、泰国、马来西亚等华侨华人众多的国家在西方的操纵下,或加入了以美国为首的反华军事同盟,对中国实施遏制政策,或对中国采取敌视态度。在这样的外交困境下,争取东南亚华侨华人支持共产党领导的政权,并利用华侨华人来促进新中国与海外沟通、向东南亚公众宣传新中国成为一项主要外交战略。毛泽东主席和周恩来总理希望海外侨胞成为传播和平共处、睦邻友好的种子,以实现国家和民族之间的大团结。周总理在会见西爪哇侨领时说:"希望华侨华人好好地工作,把双方关系搞好,这对于国家的和平政策以至合作友好的政策都会有所帮助。还有每个华侨华人的行动,都会关系到国家的荣誉和利益。"

侨务部门针对东南亚华侨华人开展联谊工作,帮助我国打开与周边国家的外交局面。其中一项举措就是组织东南亚华侨华人归国观光,向他们宣传新中国社会主义建设的伟大成就与侨乡的巨大变化。据广东侨务委员会的统计,至1957年4月,回国观光省亲的粤籍华侨就有1万人以上。② 通过参观访问、座谈,促进华侨华人对新中国的了解,并借助他们将新中国的形象向海外传播,这对打破

---

① 中共中央统一战线工作部、中共中央文献研究室编:《周恩来统一战线文选》,北京:人民出版社,1984年,第317页。

② 《华侨今年回国观光,将比去年增加一倍多》,《大公报》,1957年4月4日。载南洋研究院剪报资料合辑本《华侨回国观光团》,登记号0702。

西方对新中国的外交封锁、沟通中国与东南亚社会起到了十分重要的作用。此外，侨务部门还通过印度尼西亚侨领牵线，在当地举行新中国和平建设图片展览，向华侨华人与印度尼西亚军政领导及普通民众介绍和宣传新中国的成就与形象。

（二）"文化大革命"对侨务工作的严重破坏（1966—1977）

1966 年"文化大革命"爆发，新中国成立初期制定的正确侨务政策被抛弃，侨务工作遭到破坏。1969 年，中侨委被迫撤销，侨务工作彻底瘫痪。"四人帮"散发"海外关系复杂论"，谁有"侨"的身份和"海外关系"就会遭到歧视、怀疑、排斥甚至被诬为"特嫌""里通外国分子"，致使很多归侨侨眷无辜遭到迫害。据全国 19 个省区的不完全统计，"文化大革命"时期归侨侨眷和侨务干部因"海外关系"而遭诬陷迫害的达 1.3 万多人。[①]

"四人帮"把持了外交部，支持东南亚华侨华人参加"革命运动"，导致东南亚一些国家与中国外交关系破裂。比如，当时外交部就要求缅甸政府允许当地华侨华人佩戴毛主席像章、学习毛泽东思想，以表达他们"对祖国的效忠"，上述"左"倾行为使中缅关系濒临破裂。在柬埔寨，也发生了类似鼓励华侨华人进行"红卫兵"式的造反活动，导致金边五家华文报刊关闭和中柬友好协会解散。1967 年，西哈努克亲王公开声明，反对中国干涉柬埔寨内部事务，甚至威胁要中断外交关系。"文化大革命"时期的极左路线严重影响了中国与东南亚国家的关系，伤害了海外华侨华人"爱国爱乡，造福桑梓"的积极性，也极大地损害了中国的外交形象。[②]

（三）改革开放以来侨务工作的崭新局面（1978 年至今）

1. 历届党和国家领导人高度重视侨务工作

1978 年，中国在邓小平同志的领导下实行改革开放政策，在侨务领域开展拨乱反正工作，落实侨务政策，保护归侨侨眷权益，重视发挥华侨华人的作用。邓小平主政后，立即恢复侨务机构、侨办领导和侨务干部队伍，并以诚恳的态度向海外华侨华人说明，"文化大革命"时期受"四人帮"的干扰和破坏，侨务政策犯有"左"的错误。他通过讲话、批示等方式，对我国侨务工作进行指导，提出了"海外关系是个好东西""海外侨胞是中国发展的独特机遇""华裔专家

---

① 任贵祥、赵红英：《华侨华人与国共关系》，武汉：武汉出版社，1999 年，第 285 页。
② 许梅：《东南亚华人在中国软实力提升中的推动作用与制约因素》，《东南亚研究》2010 年第 6 期，第 63－64 页。

是活的宝贝""华侨华人可以发展中国对外友好关系"等主张。这些论述为开放时代开展侨务工作，发挥海外华侨华人在现代化建设、统一大业和对外友好交流中的作用指明了方向。

江泽民同志继承并发展了邓小平同志的侨务思想，提出了"华侨华人是我国同世界各地进行友好交往与合作交流的重要桥梁""华侨华人是人才资源宝库"论。他还特别强调"对华侨、华人的宣传工作具有深远的战略意义""华文教育是密切我与海外华侨华人联系，扩大我影响的重要途径"。上述思想对于推进侨务引智、侨务外宣和华文教育工作具有重要指导意义。

进入 21 世纪，胡锦涛同志进一步对邓小平和江泽民同志的侨务思想进行凝练，提出著名的"三个大有作为"论："在凝聚侨心、发挥侨力，为实现全面建设小康社会的宏伟目标作贡献方面，侨务工作大有作为；在反对和遏制'台独'分裂势力，推动祖国和平统一进程方面，侨务工作大有作为；在开展民间外交，传播中华优秀文化，扩大中国人民与世界各国人民友好交往方面，侨务工作大有作为。"他特别重视海外华文教育工作，强调"开展华文教育，弘扬中华文化，是一项具有战略意义的基础性工作"。此外，他还首次将"确保侨务资源的可持续发展"论纳入侨务工作的指导思想，明确指示"新华侨华人和华裔新生代，是一支素质高、潜力更大，富有生机与活力的新生力量；我们要站得更高一些，看得更远一点，根据他们的特点和需求，切实加强与他们的联谊与合作，确保侨务资源的可持续发展"①。

国家主席习近平同志曾长期在侨务大省福建、浙江工作，在中央又分管过侨务工作，因此曾多次阐述其高屋建瓴的侨务观念。他任国家副主席期间，于 2010 年 7 月 25 日在国务院侨办组织的海外华裔及港澳台青少年"中国寻根之旅"夏令营开幕仪式上发表重要讲话。其核心要旨是：团结统一的中华民族是海内外中华儿女共同的"根"；博大精深的中华文化是海内外中华儿女共同的"魂"；实现中华民族伟大复兴是海内外中华儿女共同的"梦"。之后，习近平主席在接见海外华侨华人的多个场合，又进一步阐述了上述"根""魂""梦"的思想。可以说，这一思想主张从三个方面简明扼要地概括了华侨华人与中国同根、同源、同命运、共发展的密切关系，其观点深刻精准，是当前和今后一段时期内侨务工作的重要指导思想。习近平主席在不同场合会见华侨华人代表时，均高度评价他们对促进中国与住在国友好关系的重要贡献。比如，2013 年 10 月 4 日习近平主席出席马来西亚各界华侨华人欢迎午宴时发表讲话，指出：马来西亚华侨华人是

---

① 国务院侨务干部学校编著：《侨务工作概论》，北京：中国致公出版社，2006 年，第 19 页。

中马友谊和合作的亲历者、见证者、推动者。[①]

2. 侨务部门积极作为

历届国务院侨办主任，如廖承志、廖晖、郭东坡、陈玉杰、李海峰、裘援平等同志，均深刻领悟党和国家领导人对侨务工作的指导思想与战略目标，率领全国侨务战线的广大干部，认真地执行党和国家侨务工作的方针、政策，创造性地推进全国各地侨务工作的开展。国家和地方各级侨务部门始终与时俱进、开拓创新，从改革开放之初落实侨务政策到 20 世纪 80 年代以来积极引进侨资，90 年代之后重视引智到 21 世纪服务于国家"和谐世界"战略需要、适应国家公共外交和增强文化软实力的需求，大力开展侨务公共外交和人文交流，努力做到"为国家大局服务"和"为侨服务"的有机统一，为我国现代化建设、对外友好交往和增强国际影响力方面，作出了突出的贡献。

1978 年到 1984 年间的侨务工作以落实侨务政策为主，是对历史的纠偏；而此后，配合国家以经济建设为中心的国策，推动华侨华人参与中国的经济发展与科技进步则构成了侨务工作的重心。[②] 改革开放初期，在邓小平同志的指示下和廖承志同志的主持下，中共中央批判和扭转了"文化大革命"时期的极左做法，迅速恢复和建立了各级侨务机构，重申了新中国成立初期的侨务政策，平反冤假错案，清退被没收的华侨私房，并落实归侨侨眷干部和知识分子政策，保护侨汇。中国政府还特别制定了新时期的涉侨法律法规，以保护华侨和归侨侨眷的权益；同时重视侨界民生问题，帮助贫困归难侨解决生产生活困难。

20 世纪 80 年代中期之后，各级侨务部门的重点工作是围绕国家对外开放、经济建设、科教兴国、人才强国等重大战略，积极引进华侨华人的资金、技术和人才，促进我国的经济发展和科技进步。侨务部门亦支持海外华文教育，传承和弘扬中华文化，努力帮助华侨和华人子弟提高华文和对中华文化的认知水平；国内的侨校——暨南大学、华侨大学以及北京、广州、厦门集美的华侨学生补习学校，利用每年的寒暑假为华人子弟开办华文和中国文化讲座，接收海外华文学校的华文教师进修；国务院侨办还组织专家和教师为海外的华文学校编写教科书，并向海外赠送书籍、录音和录像资料。在支持中国外交方面，侨务部门积极联络海外华侨华人社团、侨领、各领域的精英人士，发挥民间外交的作用；以华侨华人为"桥梁"，促进中外在经济、科技、文化等领域的交流合作。在对台工作方面，侨务部门紧密围绕党和国家对台工作的总方针、总政策，在广泛团结海外华

[①] 《习近平出席马来西亚各界华侨华人欢迎午宴　希望华侨华人为促进中马友好合作再立新功》，新华网，http：//news. xinhuanet. com/2013－10/04/c_117595776. htm，2013 年 10 月 4 日。

[②] 庄国土：《1978 年以来中国政府对华侨华人态度和政策的变化》，《南洋问题研究》2000 年第 3 期。

侨华人、反对和遏制"台独"分裂势力工作中，发挥了独特作用；在侨务文化工作方面，国务院侨办积极组派艺术团赴海外开展中华文化艺术展演活动，在宽慰侨心的同时，也向华侨华人住在国社会传播中华文化。

21世纪以来，随着中国国力的提升，以及中国"和平发展""和谐世界"战略的提出，中国从学界到政府不断重新诠释和探讨华侨华人的角色及其与中国的关系，"华侨华人与中国软实力""华侨华人与公共外交"等，皆成为学界和政府关注的命题。特别是最近几年，中国侨务工作的拓展方向随着国家经济科技发展战略、外交大局和增进文化软实力的战略发生很大转变。2011年全国侨务工作会议10月中旬在北京召开，会上提出四点新思路：一是加强侨务公共外交；二是以侨务助推中华文化走出去；三是依法维护海外侨胞和归侨侨眷正当合法权益；四是推进海外侨胞在三大领域参与经济社会发展。①

2017年2月17日，全国侨务工作会议召开，习近平主席和李克强总理分别作出重要指示和批示。习近平主席提出要"凝聚侨心侨力同圆共享中国梦"；李克强总理指出"海外侨胞和归侨侨眷是中国联系世界的重要纽带"，是促进国家发展的重要依靠力量。②国务院侨办主任裘援平就涵养侨务资源、助力国家创新发展、建设海外侨社、促进华文教育事业、深化对外文宣交流、加强侨务法治建设、完善为侨服务体系、改善国内侨界民生等工作进行了部署③。

二、改革开放以来侨务工作在国家软实力建设中已作出的贡献

改革开放近四十年来，侨务工作从内外两个方面促进了国家的软实力建设。在国内，侨务部门通过制定正确的侨务政策和法规，维护侨界合法权益，积极解决侨界民生问题，争取侨心，提高华侨华人在中国软实力建设中的积极性；建立不同类型的创业和交流平台，如留交会、华创会、世界华人论坛等，让华侨华人将海外先进的思想观念、技术、管理经验引入中国，促进中国的经济转型、科技和观念创新，塑造成功的社会经济发展模式，从内部建设和提升中国软实力。在国外，侨务部门通过大力支持华文教育、与华文媒体建立资讯传播互动合作关系、增强与华侨华人社团和各界精英人物的联络与对话、组织中华文化艺术展演活动、派送中医义诊团和厨艺展示团等方式，扶助和引导海外华侨华人传承中国

---

① 丘岳、柴歌：《中国侨务"十二五"展望——全国侨务工作会议解读》，《侨园》总第137期。

② 《习近平对侨务工作作出重要指示强调：凝聚侨心侨力同圆共享中国梦》，《人民日报》，2017年2月18日。

③ 《2017年全国侨办主任会议在京召开》，中国政协网，http://www.cpcc.gov.cn/zxww/2017/02/20，2017年2月20日。

语言文化、传播中国核心价值观、介绍中国国情和发展模式、宣传"一个中国"和"和谐世界"的外交政策、传播推广中华优秀文化，向外展示中国的软实力，树立中国良好的国际形象。

（一）保护和关爱归侨侨眷和华侨权益

1. 保护归侨侨眷的合法权益

中共十一届三中全会后，在邓小平领导下，中国政府开始扭转"文化大革命"时期的极左做法，在侨务上重申和落实了新中国成立初期的护侨方针，委任廖承志同志主掌侨务机构。"一视同仁、不得歧视，根据特点、适当照顾"十六字方针是开展归侨侨眷工作的基本政策依据。在廖承志的领导下，侨务部门共平反 10 万多件涉及海外华侨华人和归侨侨眷的冤假错案，清退了近 4 000 万平方米的华侨私房。[①] 上述举措逐渐愈合了"文化大革命"给海外华侨华人和归侨侨眷带来的心灵创伤，激发了他们投身改革开放和现代化建设的积极性。

为了使归侨侨眷的权益保护有法可依，人大常委会以《宪法》第 50 条为依据，于 1990 年制定了《中华人民共和国归侨侨眷权益保护法》（2000 年修订，以下简称"保护法"），之后，国务院于 1993 年制定该法的实施办法（2004 年修订）。以保护法及实施办法为支撑，以各项涉侨法律规范为依托，中国侨务工作逐步迈上了法制化建设的轨道。2006 年，全国人大常委会就该法执法情况进行了全国大检查，并将保护法纳入国家普法规划。这些活动进一步提高了全社会对侨法的认识和重视，也向国际社会展现了中国法制建设的特色。

2. 高度重视、保护华侨华人在国内的合法权益

第一，切实保护华侨华人在国内的投资合法权益。中国实行对外开放政策之后，采取措施大力吸引外资。20 世纪 80 年代中期，中国政府制定出台了《中华人民共和国中外合资企业法》《中华人民共和国外资企业法》《中华人民共和国中外合作经营企业法》及配套行政法规，上述法律法规同样适用于被视为外资的侨资企业。事实上，最初来华投资的绝大多数为港澳和海外华资企业。有鉴于此，中国政府于 1990 年专门制定并颁发了《国务院关于鼓励华侨和香港澳门同胞投资的规定》，为进一步吸引和保护华侨投资经营提供了政策依据。一些地方省市亦出台了保护华侨投资的法规条例，如《福建省保护华侨投资权益若干规定》《四川省华侨投资权益保护条例》等。国务院侨办及许多地方侨办相继成立了为侨资企业服务的法律顾问团，建立了侨商投资企业的法律服务网络。

---

① 陈奕平主编：《和谐与共赢：海外侨胞与中国软实力》，广州：暨南大学出版社，2012 年，第241 页。

近十多年来，维护侨商投资合法权益和协调涉侨经济纠纷和案件，成为各级侨办为侨服务的一项重要工作。1999 年全国侨办系统开展了"为侨资企业服务行动年"专项主题活动：依法查处侵害华侨华人和港澳同胞投资者合法权益的案件，重点是金额较大、情节恶劣、对外造成不良影响的典型案件；积极为侨资企业排忧解难，提供优质服务，努力改善我国投资软环境。据 23 个省的不完全统计，在地方各级政府的支持下，各级侨办上下联动，当年为侨商排忧解难 3 276 件；受理涉侨纠纷和案件 1 196 件，结案 849 件，结案率约为 71%。① 2002 年国务院侨办制定下发了《涉侨经济案件协调处理工作暂行办法》，规定了处理涉侨经济案件的具体程序；此后配合开展 2006 年全国人大侨法执法检查，推动一批重点涉侨案件得到妥善解决。

第二，保护华侨捐赠权益。1999 年全国人大常委会颁布实施《中华人民共和国公益事业捐赠法》，对侨务部门在引导和服务华侨捐赠方面作出明确规定。为切实管理、使用好海外华侨华人捐赠的款物，上海、江苏、福建、湖南、四川、天津、浙江、新疆、海南、广东、安徽、甘肃等省市、自治区先后制定了规范华侨捐赠的地方性法规或者条例，树立了华侨捐赠、兴办公益事业受法律保护的意识，加强对华侨捐赠权益的保护以及侨捐的管理和监督工作。这些条例对于维护和鼓励华侨华人捐赠的积极性起到了重要作用。

第三，保障华侨子弟在国内接受教育享受国民待遇。2006 年国务院侨办联合教育部、财政部下发了《关于调整国内普通高校招收海外华侨学生收费标准及有关政策问题的通知》，针对就读于国内普通高校的华侨专科生、本科生、硕士和博士研究生，执行与国内学生相同的学费及住宿费等收费标准。② 2009 年国务院侨办联合教育部印发了《关于华侨子女回国接受义务教育相关问题的规定》，明确规定华侨子女在其国内监护人户口所在地就读公办学校时，应当视同当地居民子女办理入学手续，依法享受免缴学费和杂费的权利。有一些省市还特别为华侨华人或海归子女就读当地提供一些优惠、便利政策，解除他们的后顾之忧。

3. 实施"归侨侨眷关爱工程"，温暖侨心

侨务部门实施"归侨侨眷关爱工程"，开展慰侨送温暖活动，让贫困归侨侨眷和空巢老年侨眷充分感受到社会的关心和爱护；组织下岗失业归侨侨眷开展职业技能培训，助其就业和创业；构筑困难归侨侨眷救助体系，将贫困归侨侨眷纳入扶贫计划。据统计，仅"十一五"期间，全国设区、市以上基层侨务部门独

---

① 国侨办经科司课题组：《华侨华人在境内投资创业权益保护问题研究》，《侨务工作研究》2007 年第 3 期。

② 国务院侨务办公室编：《侨务法规文件汇编（1999—2006）》，2006 年，第 105 页。

立或联合相关部门出台的惠侨护侨政策性文件达 110 多份，涉及贫困归侨侨眷生活救助、老归侨生活补贴、扶贫开发、纾缓住房困难、医疗救助、法律援助、拆迁安置、就业培训等方面，惠及归侨侨眷人数 372.47 万人。[①] 这些举措有力地支持了社会保障和社会救助事业，有助于和谐社会的建设。

（二）争取和团结华侨华人开展反"独"促统和反"藏独""疆独"的分裂活动

在国家对台工作方针的指导下，侨务部门一直密切关注海峡两岸局势变化，支持海外华侨华人开展促进海峡两岸友好及和平统一的活动，争取海外台湾省籍华侨华人来大陆探亲考察、投资兴业。20 世纪初，陈水扁领导的台湾当局推行急进式"台独"的行径引起海外华侨华人的反感，促使他们纷纷成立反"独"促统组织。侨务部门积极团结海外华侨华人，使得许多传统亲台的侨团和人士相继访问大陆，实现了"破冰之旅"，在海外华社形成了一支反"独"促统的强大力量。2000 年，在德国柏林举办的首届"全球华侨华人推动中国和平统一大会"，仅有 1 位台湾同胞与会，到了 2010 年在香港举办的"全球华侨华人促进中国和平统一大会"，有 600 多位台湾同胞踊跃参会，规模为历次同主题大会之最。[②] 最大限度地团结海外华侨华人，以非官方的形式开展侨务反"独"促统工作，是展现中华民族凝聚力，提升国家政治软实力的重要战略。

侨务部门还引导海外华社开展反对和抵制"藏独""东突"分裂分子祸乱中国的活动，宣示、维护和捍卫国家的主权和领土完整。比如，2010 年，由国务院侨办举办的第五届世界华侨华人社团联谊大会，以"维护中国统一——新疆、西藏的历史与现状"为主题，促进了与会华侨华人代表对新疆、西藏历史与现状及中国民族、宗教政策的了解，深化了对达赖、"东突"等境外民族分裂势力本质的认识，有利于遏制境外"疆独""藏独"分裂势力在侨社的影响。[③]

（三）围绕人才强国战略，协助引进华侨华人科技精英

"科学技术是第一生产力"是邓小平同志的著名论断。他将"扩大派遣中国留学生"与"接收华裔学者回国"视为发展中国科学技术的两项重要举措。在这一思想指导下，许多学有专长的海外留学人员成为中国引智的重要对象。江泽

① 《国侨办侨务扶贫工作会召开　五年发放补助 2.82 亿》，中国新闻网，http：//www.chinanews.com/zgqj/2010/12－14/2720532.shtm，2010 年 12 月 14 日。

② 陈奕平主编：《和谐与共赢：海外侨胞与中国软实力》，广州：暨南大学出版社，2012 年，第242 页。

③ 《第五届世界华侨华人社团联谊大会在北京举行》，中国新闻网，http：//www.chinanews.com/hr/news/2010/05－07/2269801.shtml，2010 年 5 月 7 日。

民同志继承并发展了上述指导思想，指示侨务部门把引智工作摆到重要位置。他说："现在许多部门和地方存在着重资金、轻人才的倾向。就华侨、华人来说，拥有的不仅是巨大的资本，还有相当的智力、人才。我希望侨务部门率先改变这种状况，把引进华侨、华人的工作摆到重要的位置上来。"[①] 1993 年，中共中央关于引进国外智力以利"四化"建设的决定中明确指出，要广开渠道，采取各种方式引进人才，要把华侨华人技术人才作为引进的重点。

在 21 世纪，中央和地方政府出台了一系列优惠政策，有计划、有步骤地引进华侨华人专业技术人才特别是留学人员归国创业、工作。2000 年，人事部印发了《关于鼓励海外高层次留学人才回国工作的意见》，对这类人才在国内享受职务、报酬、住房、社会保险等待遇问题进行了规定。2002 年，国务院办公厅转发公安部、外交部、国务院侨办等九个部门《关于为外籍高层次人才和投资者提供入境及居留便利规定的通知》，对外籍高层次人才和投资者在中国办理长期多次有效签证、居留许可提供便利，简化了手续。2007 年，人事部、教育部、科技部、外交部、国务院侨办等十六个部门联合印发了《关于建立海外高层次留学人才回国工作绿色通道的意见》，积极为海外高层次人才在国内的科学研究、待遇津贴、居住便利、税收优惠、知识产权保护、家属安置等创造良好条件。2008 年中央人才工作协调小组制定了《中央人才工作协调小组关于实施海外高层次人才引进计划的意见》（即"千人计划"），拟用 5~10 年时间，引进并有重点地支持一批能够突破关键技术、发展高新产业、带动新兴学科的战略科学家和领军人才来华创新创业。截至 2012 年 9 月，"千人计划"已经引进 2 793 名海外高层次人才，其中 94% 以上是海外华侨华人。[②]

侨务部门围绕国家人才强国战略，大力开展侨务引智工作。国务院侨办于 2005 年初下发了《关于在全国侨办系统实施"海外人才为国服务计划"的通知》，号召各级侨办从国家对高层次人才、紧缺人才的需求和华侨华人实现抱负、成就事业的需要出发，围绕国家科教兴国、人才强国战略及地方政府科技经济发展战略，发挥侨务优势，积极引进海外高层次人才、紧缺人才回国工作，多形式推动华侨华人专业人才为国服务。其主要做法包括：广泛与海外华侨华人专业人士、团体建立和加强联系，举办"海外华侨华人专业协会会长联席会"，密切与海外专业团体的联系，充实海外人才数据库；组织"创业政策咨询报告团"赴

---

① 江泽民：《侨务工作要为改革开放和现代化建设事业作出新的贡献》（江泽民同志与国务院侨务工作会议部分代表座谈时的讲话），选自《新时期统一战线文献选编》，人民网，http：//cpc.people.com.cn/GB/64184/64186/66703/4495572.html，2012 年 11 月 7 日。

② 《抓住涵养侨务资源机遇期 三方面寻求新拓展》，中国新闻网，http：//www.chinanews.com/zgqj/2012/11-07/4310761.shtml。

海外介绍国情、宣介政策，为有意来华创业的人士提供政策咨询和资讯服务；成立"海外华侨华人专家咨询委员会"，邀请有关领域的杰出专家来华讲学，围绕国家和地方发展战略出谋划策，帮助解决技术难题，为中国科技发展建言献策；搭建引智平台，联合国家有关部委和省区市政府举办"华侨华人创业发展洽谈会""海外华侨华人高新科技洽谈会""华侨华人专业人士创业创新项目交流会"等大型侨务科技主题活动，吸引海外华侨华人专业人士来华创办高新技术企业；组织"海外人才为国服务博士（教授）团"，围绕国家发展高新技术产业重点领域，赴有关省区市开展专业交流和技术指导；设立"引资引智重点联系单位"和"侨务引智综合示范基地"；设立华侨华人专业人士"杰出创业奖"，表彰对我国经济、科技发展作出突出贡献的海外华侨华人专业人士。[①] 这些项目和活动突出了国家科技创新、节能环保、经济发展方式转变的战略主题，为海外人才回国创业、为国服务，提供了平台、架起了桥梁；通过海外科技精英，将世界先进文化、思想观念、先进技术、管理经验等引入中国。

（四）引领世界华文媒体，提高中国影响力

党和国家领导人十分重视对华侨华人的宣传工作。江泽民同志曾说："对华侨、华人的宣传工作，是党和国家对外宣传工作的重要组成部分。这是一项增进广大华侨、华人对中国的了解和感情、争取人心的工作，也是一项深层次的、基础性的工作，具有深远的战略意义。"[②] 江泽民同志还特别指示，要注意侨务外宣与国内宣传工作的区别。

国务院侨办直属的中国新闻社作为国家对外报道的重要媒介之一，平均每天播发新闻电讯稿100余条，每月提供专电、专稿300篇左右，播发重大新闻和专题新闻图片1 000多幅，供五大洲几千万华侨华人了解祖（籍）国的信息。在甲型流感防控、汶川特大地震、乌鲁木齐"7·5"事件、拉萨"3·14"事件等突发事件中，中新社充分发挥了华文传媒龙头的作用，及时报道事件真相，回应了国际社会的关切；有效抑制了谣言传播，赢得了话语权和主动权。2009年，在中国新闻社主办的第五届"世界华文传媒论坛"上，由遍及五大洲48个国家和地区的226家海外华文媒体加盟的"世界华文媒体合作联盟"宣告成立，这为中国新闻社进一步发挥民间通讯社优势，引领世界华文媒体，加强国际传播能力，

---

① 国务院侨办经科司：《多重举措 促进海外高层次人才为国服务》，《侨务工作研究》2010年第4期。

② 江泽民：《侨务工作要为改革开放和现代化建设事业作出新的贡献》（江泽民同志与国务院侨务工作会议部分代表座谈时的讲话），选自《新时期统一战线文献选编》，人民网，http：//cpc.people.com.cn/GB/64184/64186/66703/4495572.html。

建设国际一流通讯社又迈出了坚实的一步。① 为了让世界人民了解中国，以"影响有影响力的人"为宗旨的《中国新闻周刊》，不断开拓对外传播局面，先后在日本、美国、韩国、意大利出版发行当地文版。2009 年，《中国新闻周刊》（英文版）在美国发行，受众主要包括美国参议员、众议员、州长、市长、研究所、图书馆、外交机构，第二、第三代华人等，发行量逾 5 万册。

（五）联络海外华侨华人，服务于外交大局

改革开放以来历届党和国家领导人都懂得借助华侨华人推进中国的民间外交。1979 年邓小平同志在接见参加国庆活动的华侨华人时说："大家回来多看一看，更多地了解国内情况，可以在国际上向你们熟悉的、提出这些问题的华裔和外国朋友作些解释。"② 他主张将侨务工作的对象覆盖到外籍华人。他说，"加入外国籍也可以为祖籍国服务，还有个更好的条件，可以加深两国的关系"③。

国务院侨办和各级侨务部门积极开展与海外侨领、华侨华人社团、各界精英人士的联络工作，以促进中外友好交往。国务院侨办努力搭建凝聚海外华侨华人力量的系列工作平台，先后发起成立了世界华侨华人社团联谊大会，聘请中国海外交流协会海外理事、顾问；加强对华侨华人重点人物、重要侨团、"四有人士"（政治上有影响、社会上有地位、经济上有实力、专业上有造诣）、新华侨华人和华裔新生代的工作，建立了与五大洲华侨华人的广泛联系，巩固和发展了一支日益宏大的友好力量，推进民间外交。侨务部门亦注重利用世界性的地缘、血缘、业缘社团大会，比如世界广东同乡联谊大会、各姓氏世界性的宗亲恳亲大会、世界华商大会等平台，传递中国和平发展、共促经济繁荣、构建和谐世界的声音。

（六）加强海外华文教育工作，增进华裔新生代对中华优秀文化的认同

华文教育工作是党和国家的一项长期而重要的任务，是侨务部门涵养侨务资源，增进华侨华人华裔与祖（籍）国感情的重要工程，是传承中华优秀文化，为增强国家软实力服务的有效途径。21 世纪，中国政府就加强华文教育工作采取了一系列重要举措。2001 年，国务院侨办印发了《关于大力加强海外华文教育和华裔青少年工作的通知》，要求增强侨办系统开展华文教育工作的整体优势，调动各方面的积极性，共同推动海外华文教育工作的开展。国务院侨办联同其他

---

① 陈奕平主编：《和谐与共赢：海外侨胞与中国软实力》，广州：暨南大学出版社，2012 年，第 247 页。

② 国务院侨务办公室编：《邓小平论侨务工作》，1998 年，第 12 页。

③ 国务院侨务办公室编：《邓小平论侨务工作》，1998 年，第 4 页。

几个相关中央部委成立了海外华文教育工作联席会议，于 2004 年成立了中国海外华文教育基金会。基金会主持制订实施华文教育工作规划，开创了华文教育工作的新局面。

国务院侨办通过多种形式大力推进海外华文教育工作，为华文学校提供多种服务与支持。第一，组织编写《中国常识》读物丛书和多个版本、适合不同地区、国家的华文教材。第二，培训海外华文教师和向海外输送华文教师并举，满足全球几万所华文学校、几百万华裔学生学习中文和传承中华优秀文化的需要。第三，与海内外文化教育机构或团体合作，组织世界性华裔青少年学生的中文作文比赛、中华颂大赛、书法和绘画大赛、中华文化知识竞赛活动等。第四，邀请华裔青少年学生到国内参加"中国寻根之旅"等主题的夏（冬）令营和联欢节。第五，积极探索与华侨华人住在国教育部门合作，开展华文教育双边交流，努力为华文教育赢得合法地位。

（七）倾心举办慰侨文化艺术展演和交流活动

国务院侨办根据海外侨情需要，抓住重大节庆活动的时机，积极策划和组织多批次高质量、高水平的慰侨文化艺术展演活动。自 1984 年开始，每到春节、中秋节和国庆节等节日，国务院侨办都选派富有中华民族文化艺术特色的艺术团组出访演出，慰问世界各地华侨华人，并与当地侨社文艺社团同台联欢，共庆佳节。

最近十多年，国务院侨办经过精心打造和不断探索改进的"文化中国"品牌活动，力图在更高层次开展侨务文化、宣传工作，扩大了通过侨务渠道进行文化交流的吸引力。"文化中国"系列活动包含多个子品牌：如春节期间的大型文艺会演"四海同春"、面向华裔青少年的"中华才艺大赛"、传播中医精髓的"中华医学"、展示中华饮食文化和厨艺培训相结合的"中华美食—厨艺海外行"、由知名专家学者主讲的"名家讲坛"，还有旨在培训海外侨社文艺宣传骨干的"海外文化社团负责人观摩团""中华才艺培训班""海外华文媒体高级研修班"等。其中，"文化中国·四海同春"的影响力最大，已在海外侨界及主流社会获得巨大反响，享誉全球。从 2009 年春节开始，国务院侨办连续几年组派多批次"文化中国·四海同春"艺术团前往世界各地华侨华人聚居的国家和城市开展慰侨演出，着力打造春节文化活动品牌，注重增强中华文化的影响力和感染力。截至 2017 年春节，已累计向 120 个国家和港澳地区派出 62 个"四海同春"文艺团组,在五大洲 265 个城市出演 373 场,广场和剧场观众超过 520 万人次。[①]"文化中国·四海同春"凭借精美绝伦的顶级文艺表演和原汁原味的中华文化,不但成为海外华侨华人春节时的期待,更逐渐成为各国民众和政要"不可错过的精彩"。

国务院侨办也支持华侨华人在海外开展民族文化娱乐活动,比如戏剧表演、民族舞蹈、民俗艺品展、书画展、花艺展、综艺晚会、民乐表演、民谣或艺术歌曲演唱会、文艺研讨会等,以弘扬中华文化艺术。

(八) 倡导"和谐侨社"建设

近几年来,中国侨务部门致力于"和谐侨社"的建设,对于增进华社内部的团结及华侨华人与当地社会的和睦相处起到了积极作用。2007 年,在全国侨办主任会议上,陈玉杰同志提出要以中国优秀的"和合"文化传统为思想基础,构建"和谐侨社"。同年,由中国海外交流协会主办的第四届世界华侨华人社团联谊大会,其主题就是推动构建"和睦共融、合作共赢、团结友爱、充满活力"的海外华侨华人社会[②]。2009 年,时任国务院侨办主任李海峰同志在第四届华文传媒论坛开幕式致辞中再次强调,希望在华侨华人社会中积极倡导"以和为贵"的处世哲学,促进华侨华人社会的团结合作,与住在国其他族裔人民和睦相处;倡导"和而不同"的文化理念,鼓励华侨华人博采世界文明之长;倡导"和衷共济"的公德思想,促进侨社形成协作互助的人际关系;倡导"和气生财"的商业道德,促进华侨华人合法经商、诚信经商、文明经商。[③]

侨务部门在海外积极探索和推进"和谐侨社"建设,鼓励侨胞回馈社会,促进当地经济社会发展,鼓励华侨社团加强团结,履行社会责任,引导海外侨胞走出相对封闭的唐人街,加强与主流社会的沟通与合作,与住在国民众和睦相处。

(九) 引导侨界人士参与社会主义民主政治,提升中国民主质量

侨界人士是指以华侨、归侨、侨眷为主体的政治界别和社会群体,他们具有政治优势、人才优势、外缘优势,不仅是中国市场经济建设的独特资源,而且是社会主义民主政治建设的战略优势。通过各种形式引导他们参与民主政治建设不

① 《2017 年"文化中国·四海同春"新闻发布会在京举行》,人民网,http://politics.people.com.cn/n1/2017/0110/c1001-29013179.html,2017 年 1 月 10 日。

② 《第四届世界华侨华人社团联谊大会开幕》,《文汇报》,2007 年 6 月 21 日。

③ 李海峰:《第四届世界华文传媒论坛开幕式致辞》,《2009 世界华文传媒年鉴》,北京:中国新闻社、世界华文传媒年鉴社,2009 年,第 569 页。

仅是社会主义民主的应当之举，而且是贯彻"凝聚侨心、汇集侨智、发挥侨力、维护侨益"方针的具体体现，有助于从内部提升中国软实力。

侨界人士以侨联为组织平台，通过人大、政协、政党等各种形式参与社会主义民主政治建设，不仅有利于反映与维护侨界合法权益，同时对于实现中国现代化建设、祖国和平统一和中华民族的伟大复兴具有重要的推动作用。海外华侨、归侨、归国留学人员等侨界人士大都具有较高的学历和专业知识，他们以参政议政、政治协商、民主监督、建言献策等方式为中国政治、经济、社会、文化等各方面的良性发展提供智力支持。侨界人士也可发挥对外联系上的优势，推进公共外交，维护民族团结，促进祖国和平统一。

自2001年起，全国政协大会每年邀请海外华侨华人代表列席，旁听国务院总理的《政府工作报告》，不仅为列席代表为祖（籍）国建言献策提供了平台，也通过他们向住在国和全世界介绍了中国特色的民主政治。截至2014年，全国政协大会共邀请62国399位海外侨胞列席。[①] 他们来自五大洲不同国家，既有知名侨领、商界巨头，也有享誉海内外的专家学者和科技精英，具有一定的知名度和代表性。列席代表纷纷表示，愿意发挥各自的优势，做中外交流和合作的桥梁，为传递中国信息和中国形象，促进中国与住在国之间的友好和贸易贡献自己的力量。除了全国政协邀请海外华侨华人代表列席大会外，各省市地方政协也相继聘请华侨华人或港澳台同胞担任特邀政协委员。

加入中国共产党或民主党派，通过政党身份开展活动，也是侨界人士参与民主政治建设的一种形式。致公党是最具"侨""海"（华侨华人和海归）特色的民主党派，党员有归侨、侨眷，也有在国外工作、留学或访学经历的人士，基本上都与"侨""海"有着千丝万缕的联系。致公党发挥"侨""海"特色和优势，积极参政议政；同时也借助其与海外的交往和联谊纽带，增进中外交流。

（十）中国侨联在联络海外华侨华人中发挥的积极作用

中国侨联拥有不少海外顾问、委员、青年委员，他们大多是经使领馆推荐，在当地侨社具有代表性、发挥重要骨干作用的社团领袖，他们是促进中国软实力建设可资利用的宝贵资源。多年来，本着"老侨、新侨并重""国内、海外并重"的思想，中国侨联在海外联谊工作中积极地服务好、动员好海外顾问、委员、青年委员；结合2011年纪念辛亥革命100周年、2010年上海世博会、国庆65周年等重大活动的契机，邀请海外华侨华人回国参观、访问，通过开展形式

① 《全国政协大会14年共邀62国399位海外侨胞列席》，中国新闻网，http：//www.chinanews.com/gn/2014/03-02/5899238.shtml，2014年3月2日。

多样的活动增强他们的凝聚力和向心力。此外，侨联还打造了"亲情中华"文化品牌，扩大夏令营规模，在推进华文教育方向取得明显成效。据悉，2016 年中国侨联共组派 22 个"亲情中华"艺术团，赴 40 个国家 93 座城市，举行了 123 场正式演出；举办夏令营 45 个班次，参训学生总数较 2015 年增幅达 50%以上。[①]

三、侨务大省（市）的相关工作经验

广东、福建、浙江、江苏、北京、上海、四川、山东等省市均是侨务重镇，在开展侨务工作方面经验比较丰富。下文将对几个重要省市侨务部门在助推国家和地方软实力建设方面一些富有成效的亮点进行分析总结。

（一）广东省侨务工作亮点

广东是全国侨务重镇，海外华侨华人数量最多，归侨侨眷数量亦居全国首位，侨务资源丰富。华侨华人不仅是广东率先对外开放的牵线者，而且是在海外宣传广东的形象大使。广东与外国在经济、科技、文化、教育等领域广泛开展合作交流，许多都是由华侨华人穿针引线和大力推动而成的。在改革开放后的 30 年里，广东与外国建立了 78 对友好省州关系，大部分是由华侨华人促成的。[②] 此外，不少华人精英人士引领住在国政要到广东考察访问，增进了外国主流社会对广东的了解与友好情谊。广东省侨办充分发挥侨务资源的独特优势，积极开展侨务外宣、文化和公共外交工作，对增强广东的文化软实力和国际影响力作出重大贡献，值得其他省市侨办借鉴。

1. 加强与海外华文媒体合作，构建立体化对外传播体系

近四十年来，海外华人创办的中英文媒体不断涌现，宣传渠道日益增多，广东省积极与海外华文媒体开展多种形式的合作。①广东省侨办与海外华文媒体实现了常态化联系，与其中 50 家主要华文媒体建立了紧密合作关系，构建起一个涵盖报纸、电台、电视台、互联网的媒体外宣网络。②每年组织海外华文媒体来粤采访。比如 2010 年邀请了《星岛日报（星洲日报）》《联合早报》《美南新闻》等 90 家华文媒体来粤采访广东产业转型升级、文化建设和亚运会筹备等主题活动。③打造具有岭南特色的节日外宣品牌，加大资讯宣传。自 2006 年以来，每

---

① 《2017 年全国侨联文化宣传工作会议在京召开》，21 世纪新闻网，http://news.21cn.com/hot-news/a/2017/0321/21/32091457.html，2017 年 3 月 21 日。

② 《华侨华人对广东发展的贡献》，《人民日报（海外版）》，2009 年 7 月 30 日。

年春节广东省侨办均通过海外华文媒体网络刊播"广东向世界问好"专版专辑，展示广东经济发展成就，得到海外华侨华人的好评。广东省侨办还每周通过广东侨务信息站向海外华文媒体提供广东资讯。④"以侨引外"，通过华文媒体人士介绍，邀请外国主流媒体来粤采风。2007—2008 年，广东省侨办先后邀请了新西兰 6 家主流媒体，组织英语、法语、德语等 8 个语种共 30 名外国记者来粤采风，客观地宣传了广东改革开放以来经济社会所取得的成就。⑤积极寻求合作，推动广东主要媒体"走出去"。2006 年以来，广东省侨办抓住机会，先后促成广东电视台《今日广东》外宣栏目"走出去"，与阿拉伯地区、澳大利亚、加拿大、泰国和美国等地的华文媒体合作，通过当地华语电视台宣传广东经济社会发展情况。2010 年，《南方日报》与《星岛日报（海外版）》合作出版《南粤侨情》专版，通过《星岛日报》全球发行网络优势，宣传岭南文化等，受到华侨华人的欢迎。①

2. **实施海外华文教育"十百千万"工程**

广东省在推进海外华文教育工程上办得有声有色，富有示范意义。广东省侨办、教育厅曾共同制订了《广东省海外华文教育发展三年规划（2008—2010）》实施海外华文教育"十百千万"工程。具体分为以下几个方面：①通过调研筛选，确立 10 个国家作为广东省海外华文教育工作重点支持的国家；每年促成广东省 10 所学校与海外华文学校结对子；每年确立 10 家以上中华文化传承基地。②"请进来"，每年为海外培训 100 名华文教师；"走出去"，每年保持派出 100 名华文教师到海外支教。③每年组织 1 000 名以上海外华裔青少年参加"文化寻根·相约广东"夏（冬）令营；每年组织汉语专家团到海外培训 1 000 名以上华文教师；每年组织专家学者赴海外为 1 000 名以上华裔青少年讲授中华文化。④每年向海外华文学校及中华文化中心等机构赠送 10 000 册（件）以上中文书籍、音像制品等文化用品。②

3. **开展"南粤文化海外行"活动**

广东省侨办和海外交流协会大力开展"南粤文化海外行"系列活动，向海外展示推介中华文化、岭南文化，服务和促进海外华侨华人传承中华优秀文化，取得很好的效果，活动越办越有内涵和影响，越来越深入侨心。2006—2011 年，广东省侨办连续 6 年开展"南粤文化海外行"活动，共组织 20 批（次）文化团组赴越南、马来西亚、印度尼西亚、匈牙利、意大利等 28 个国家和地区举行慰

---

①　广东省侨务外宣调研团：《做好侨务外宣工作　增强广东的文化软实力》，《侨务工作研究》2011 年第 3 期。

②　广东省人民政府侨务办公室、广东省教育厅：《广东省海外华文教育发展三年规划（2008—2010）》，粤侨办〔2008〕142 号。

侨文艺演出、醒狮表演、厨艺培训、中医义诊、文化专题讲座等，共演出 80 余场，为华侨华人义诊 2 000 多人次，将广府文化、客家山歌、潮汕文化等岭南特色文化输送海外。① 广东省侨办还在海外举办"中华茶艺培训班"及"禅武文化培训班"等，帮助华侨华人传承中华优秀文化；同时向海外华侨华人社团、文化机构和华文学校赠送文化用品，支持海外侨社传承和传播岭南文化，扩大岭南文化的国际影响力。"南粤文化海外行"为广东省向外展示文化软实力作出了重要贡献。

4. 实施"育侨菁"行动，以"三新四有"人士为重点，大力涵养侨务资源，拓展侨务公共外交

（1）大力开展侨青交流活动。为加强对海外侨社青年的联谊服务，2013 年广东省侨办围绕国务院侨办"侨青交流年"活动部署，先后在葡萄牙举办省海交会青年理事委员会交流活动，在香港首次举办港澳社团青年工作交流会，在澳门举办第一届世界广东华人华侨青年大会，就促进社团青年工作、发挥侨青优势等问题进行交流探讨，进一步凝聚侨界青年服务侨社、建设家乡的共识和力量。

（2）加强重点人士工作，拓展侨务公共外交。广东省侨办推出以华裔新生代精英人士为对象的"华裔寻根工程"，每年邀请几十名华裔精英人士来粤寻根交流，增强他们对祖（籍）国和家乡的了解和感情，促进广东对外交往。其中一个子项目就是"华裔政要寻根广东"，自实施以来，已促成 60 多名粤籍华裔政要回乡寻根访问。此外，还邀请海外侨胞列席广东省政协会议，自 2008 年以来累计邀请了 48 个国家 131 位侨胞作为列席代表，25 人担任特聘委员，对推动他们参与广东建设、向世界宣传广东，起到了积极作用。

（二）福建省侨务工作亮点

福建省的侨务工作富有成效，并且不断创新突破，特别是提出服务地方经济社会发展的"八项行动"，很贴近地方政府中心工作，为发挥侨务优势提供了广阔的空间和舞台。福建省侨办发挥本省海外侨团众多的优势，以侨团为依托，做好侨务基础性资源的收集工作；通过与他们保持联系，及时掌握海外社团动态，引导海外侨团内部和侨团之间加强团结协作。福建省侨办制订了"海外百家重点社团资料收集工作方案"，发动各设区市侨办收集"海外百家重点社团"资料；筛选出海外及港澳 118 家重点社团，建立"海外百家重点社团"名录，并列入海

---

① 《广东侨办：做好"侨"文章　推动中华文化走出去》，北方网，http：//news. enorth. com. cn/sys-tem/2011/12/08/008283245. shtml，2011 年 12 月 8 日。

交会团体会员。①

福建省侨办大力推进海外华文教育事业，尤其注重于对东南亚华社中福建籍社团所办的三语国民学校、补习班、华文学习中心的指导工作，努力从师资培训、教材教法和实地交流等方面予以积极配合，涵养侨务新资源。福建省侨联和侨办均积极举办华裔青少年"中国寻根之旅"夏（冬）令营活动。2000—2008年，福建省侨联成功举办 14 届"文化寻根"夏令营活动，一届比一届规模大。2014 年的寻根夏令营活动以"探索海丝文化体验闽台同源"为主题，包括海外台湾籍学生和福建籍学生共 118 名，② 将其打造成该省侨联的"金字招牌"。③ 福建省侨办采取"四级联办"、重心下移的方式举办华裔青少年寻根活动，取得显著成效。2007—2011 年间，福建省侨办系统累计举办了海外华裔青少年夏（冬）令营 235 期，参加人数 26 298 人，营员来自 36 个国家和地区，办营期数和参加人数均居全国前列。④ 近几年福建省侨办每年举办的夏令营期数更有显著的增加，仅 2016 年福建全省就举办海外华裔青少年夏令营活动 88 期，营员 8 950名。⑤ 尤为值得一提的是，2013 年 8 月 2 日福建省侨办组织了 300 多名海外华裔及港澳台地区青少年赴北京参加"2013 年'中国寻根之旅'北京集结营"活动。其中有 30 名祖籍惠安的台湾青少年，在活动结束后联名致信国务院侨办主任，描述他们在活动中的经历和感受。⑥ 裘援平主任亲自回信，体现了"两岸一家"的血肉亲情，增强了夏令营活动的成效。

（三）浙江省侨务工作亮点

浙江省侨办在涵养侨务资源下功夫，深化海外中青年侨领研习班等品牌活动的效应；并广泛开展联谊交流，结交了一批在海外有实力、有影响力的侨商、侨领和华侨华人专业人士，有力地拓展了海外资源。浙江省侨办重点加强与海外浙籍青年、重点侨团侨领、知名侨商的联谊工作。比如，2013 年浙江省侨办举办了"浙江华侨华人社团负责人研习班""海外中青年侨领研习班"和"海外中青年侨领温州研习班"，特别是与国务院侨办国外司联合主办的"华侨华人社团负

---

① 《集结正能量　齐心谋发展——省侨办"八项行动"结硕果》，《福建侨报》，2013 年 12 月 20 日。

② 《两岸"福建之旅"文化寻根夏令营，在福建泉州开营》，中国台湾网，http：//www.gywb.cn/content/2014 –08/05/contet –1216857.html，2014 年 8 月 5 日。

③ 《寻根的脚步永不停歇》，《福建侨报》，2008 年 7 月 28 日。

④ 《福建扩大海外华裔青少年交流　寻根之旅成果显著》，国务院侨务办公室网，http：//www.gqb.gov.cn/news/2012/0423/26177.shtml，2012 年 4 月 23 日。

⑤ 福建侨网，2017 年 2 月 10 日。

⑥ 《2013 年福建海外华教工作回眸：功在当代　利在千秋》，中国新闻网，http：//www.chinanews.com/hwjy/2014/01 –29/5796873.shtml，2014 年 1 月 29 日。

责人研习班"，是首次在县一级举办的侨领研习班，旨在针对 2012 年"西班牙帝王事件"等涉侨经济事件，强化海外侨胞"文明守法、和谐团结和共谋发展"的意识。该班有来自欧洲 20 个国家的 78 个华侨华人社团 89 位中青年侨领参加，是历届研习班中人数最多的一期。① 学员们联合向全球海外侨胞发出"入乡随俗，学好语言，与当地民众和谐相处"等九项倡议，在国内外侨界引起强烈反响，获得国侨办的充分肯定。

（四）江苏省侨务工作亮点

江苏省侨办及其下属地市级侨办的一些工作亮点：

（1）发挥侨务优势，积极做好侨务引智引资工作，服务于江苏省经济转型需要。江苏省侨办围绕人才强省战略，把引智重点放在留学海外的高层次人才身上，力争引进更多高层次领军人才、拔尖人才和创新团队。为推动江苏省经济转型升级，侨办积极引导海外侨港资更多地投向高新技术产业、节能环保产业和代服务业。

（2）坚持"以人为本"，用心做好"为侨服务"工作。江苏省侨办扎实开展"归侨侨眷关爱工程"，积极探索建立为归侨侨眷送温暖、送医疗的长效机制。江苏省侨办把维护侨企的投资权益作为一项重要工作来抓，建立了以省政府分管领导牵头、有关职能部门参加的涉侨投诉协调工作机制；并积极与纪检监察、司法及信访等部门建立合作机制，努力推动重点涉侨经济纠纷和案件的妥善解决。连云港市侨办注意统筹五侨部门力量，建立"五侨"联动机制，对"归侨八项优惠待遇"和困难下岗归侨侨眷再就业免费培训等一系列优惠政策的执行情况进行有效监督；统筹市卫生部门力量，在全省率先成立市县两级侨界定点医院，为归侨侨眷、侨港企业提供"两项照顾""四项减免""六项九折"的优惠便捷的医疗保健服务。这些举措温暖了侨心，传递了中国政府"民生为本"的良好形象，成为宣传的利器。②

（3）开展侨务文化宣传工作，弘扬中华文化和增强区域竞争力。江苏省侨务文化工作的具体做法有：①致力于打造好"水韵江苏"这一品牌；②积极推动江苏民俗文化"走出去"。在侨务外宣方面，充分利用与海外华文媒体联系紧密的优势，在《侨报》《欧洲时报》《星岛日报》《南美侨报》《环球华报》《中文导报》等有影响力的华文媒体上，每年用不少于 50 个版面，宣传江苏加快转

---

① 《浙江华侨华人社团负责人研习班在侨乡青田开班》，中国新闻网，http://www.chinanews.com/zgqj/2013/03－28/4684100.shtml，2013 年 3 月 28 日。

② 连云港市侨务办公室：《秉承江苏经验　服务沿海开发不断开创侨务工作科学发展新局面》，《江苏侨务通讯》2010 年第 2 期。

变经济发展方式的发展战略和工作部署；组织好海外媒体到江苏的采访采风活动；发挥好海外"江苏专版"作用，在宣传和展示江苏经济社会发展成就的同时，不断提高江苏省的国际传播能力。

（4）江苏苏州市侨办积极探索以"苏州园林"项目推动国外侨务工作的新路子。2008年，苏州市侨办组织了侨务外宣和园林工程建设考察团，赴美加考察访问，取得了丰硕成果，促成在美国德克萨斯州葡萄藤市建立"中国花园"。该项目由美方投资近1亿美元，占地约300英亩，是苏州市在美国已建园林中最大的项目。苏州市希望把德克萨斯州"中国花园"工程建设成为宣传苏州、扩大影响的重要窗口。

（5）江苏南通市致力于做好新侨商的工作，致力于凝聚南通侨商团体力量，铸就"通商"品牌软实力。南通市不是传统侨乡，但该市侨办用心服务新侨商，助他们成就事业，进而回馈家乡，是其一大工作亮点。南通市侨办为了树立"通商"品牌，凝聚通商力量抱团打拼，先后帮建了罗马尼亚南通商会、南非南通商会、智利江苏商会、美国南通同乡会等28个同乡组织和商会组织。2009年初又策划成立了"南通世界通商总会"，共吸引了1 000多名海外通商成为总会的骨干力量。通商总会充分发挥海外侨商创业的群体效应，形成了全球性的"通商"海外创业的互动网络，为增强海外通商凝聚力、树立通商良好社会形象、打造通商创业品牌作出了不俗贡献。

南通市侨办为新侨商提供温馨化、亲情式的后援服务。以侨务部门牵头成立的海外新侨商顾问团为基础，整合相关15个部门的资源，为海外新侨商提供法律、经济、税务、海关、商检、金融等领域的服务，放大政策效应，打通创业难关，为新侨商更快、更好地拓展发展空间提供了良好的后援力量。南通市侨办组织成立了江苏省首家"海外创业后援服务中心"，为海外创业的新侨商颁发就医绿卡、免费体检，解除了其创业过程中子女入学、家属就业、老人就医等后顾之忧。2010年，英国作家大卫·弗格森慕名采访南通海外新侨商的杰出代表，撰写了6万多字的《南通故事》（英文），将他们的创业经历和故事分享给全球大众。①

（五）北京市侨务工作亮点②

北京市侨办在举办"华裔青少年夏令营"活动上，积极探索新的工作切入

---

① 南通市针对新侨商的工作亮点，根据南通市侨办提供的相关资料整理而成。
② 此部分主要根据课题组成员张秀明主编2011年9月23日对北京市侨办副巡视员史立臣先生的采访整理。

点和链接路径，初步形成了以首都高校校友会为纽带，以海外校友子女为组团主体，由北京市侨办与首都高校合作办营的北京模式。北京高校云集，出国留学人数增势迅猛，位居全国之首。在这批海外学人中，大多数并非北京籍，但他们与北京的联系却一直不断，缘由是母校情结和北京情结。北京高校的海外校友会在世界各地相继成立。统计显示，仅北京大学、清华大学、北京师范大学三所高校的海外校友会就已超过 100 个。这一特殊的海外群体，充实扩展了北京新侨乡的内涵，成为海外侨界中新生的优质资源。基于这种认识，北京市侨办以夏令营活动作为切入点，打破延续多年依托海外华文学校为主的组团形式，从 2007 年开始，先后与清华大学、北京大学、北京师范大学合作举办了海外校友子女"寻根之旅—相约北京"夏令营。这一活动平台将华文教育、社团联络、人才引进等多项工作内容有机地联系起来，实现了政府部门为侨服务和高校为海外校友服务的有机统一。① 这种办营模式，一方面可以使高校校友更加关注中国的发展；另一方面可以通过校友影响子女，增进孩子对中华优秀文化的认知。

（六）上海市侨务工作亮点

1. 借助"世博会"加强上海市侨务外宣和文化工作

2010 年世博会在上海举办，为上海乃至全国侨务工作施展身手提供了一个重要契机。世博会从申办、筹备到开馆迎宾的过程中，华侨华人均给予了大量的支持。世博会期间，有几千万"外地人"和外国人来到上海参观、旅游，其中就有成千上万的华侨、华人和侨眷，正是开展侨务文宣工作，向他们推介中国、推介上海的大好机会。上海市侨务部门认真实施"华侨华人回家看世博"计划，这是一项涉及众多部门和领域的系统工程，侨务部门在其中扮演主要的角色。它包括建立"华侨华人回家看世博"服务接待点、编印《华侨华人回家看世博服务指南》、为"华侨华人回家看世博"活动定制一系列特色及增值服务（如面向全球华侨华人限量发行"华侨华人定制票"）、开通"华侨华人回家看世博"专题网站等。这项计划并不是简单地吸引华侨华人参观世博会，而是要激发他们的主人翁精神，如发动华侨华人以多种方式参与世博会演出等文化活动，通过华侨华人为世博局邀请世界各地演艺团体参与世博会演出提供信息支持等。②

2. 重点做好华裔参政人士工作，服务于侨务公共外交

2013 年，上海市侨办两次接待美国前劳工部长赵小兰及其父赵锡成、其妹

---

① 李光耀：《打造寻根之旅夏令营北京模式》，《侨务工作研究》2011 年第 3 期。

② 华霄颖：《上海世博会面向海外弘扬中华文化的作用研究》，载上海侨务理论研究中心编：《上海侨务理论研究报告集（2009—2010）》，上海：上海人民出版社，2011 年，第 60 页。

赵安吉一行；还接待美国侨领方李邦琴及其子、英国上议院华人议员韦鸣恩勋爵，美国加州华裔民选官员等10多批重要人士和团组，真正把公共外交影响力辐射到外国政府层面。上海市侨办还借力"文化寻根"服务公共外交，通过接待美国华裔政要级人士家庭成员夏令营访问团，着力涵养侨务资源。

（七）四川省侨务工作亮点[①]

四川省侨办从2005年起开展"文化四川"活动，创新海外侨务文化工作，有计划地组织了中医、厨师、文艺小分队，先后到大洋洲、非洲、北美洲、欧洲、东南亚开展慰问华侨华人的活动，弘扬优秀巴蜀文化，同时积极促进中外文化交流，提高中华优秀文化在海外的影响力。四川省侨办更借助国务院侨办的"文化中国"平台，向世界推介四川。2010年10月28日至11月8日，"文化中国·锦绣四川"赴美艺术团第一次走进联合国总部，抓住了汶川地震灾后重建三年任务两年基本完成这一重大题材和时机，在美国五大城市分别举办"穿越灾难——四川汶川特大地震灾后重建图片展""锦绣四川图片展""锦绣天府"大型文艺演出、商务和旅游推介四大主题活动，向世界展示绚丽多彩的巴蜀文化和汶川灾区复建的精神风貌，扩大和增强了中国文化特别是巴蜀文化的影响和感染力。2011年6月底至7月初，国务院侨办、四川省侨办又会同各部委力量，将类似题材的"文化中国·锦绣四川"活动推向欧洲。这次重大活动在比利时布鲁塞尔欧洲议会、法国巴黎的经济社会环境理事会、瑞士日内瓦联合国欧洲总部隆重举行，在欧洲和国际社会上引起了巨大反响，实现了四川省乃至中国在欧洲开展公共外交、文化外交、议会外交的重大突破。

"文化中国·锦绣四川"给其他省市侨务文化工作带来几点启示。在今后的工作中，各省、市侨务部门应配合国家和本省、市的发展与对外战略规划，通过扩大对外文化交流增强开放合作的"软实力"，把发达国家作为对外文化交流重点，充分展示各省、市独特的人文、历史、民族风情和自然风貌，把中国积极奋进的价值观、充满活力的经济发展机遇和成就、增进交流合作的愿望展现给世界。此外，要用国际社会能够理解、容易形成共识的方式打造整体形象，这对于宣传中国及各省市在世界的影响力，推动友好交往和合作具有十分重要的意义。

（八）山东省侨务工作亮点

山东古为齐鲁大地，儒家文化和齐文化在这里融汇，形成了博大精深、影响深远的齐鲁文化。时任山东省侨办主任王琳表示，"要从齐鲁文化的魅力中打造

---

① 本部分感谢四川省侨办宣传处张竞同志提供的相关材料。

山东独特的软实力，把不可估量的文化传播力渗透到侨务工作的大格局之中"①。在华文教育方面，山东省侨办提出了摒弃以汉语言教育为主的教育教学内容，代之以中华文化为核心、以齐鲁文化为具体形式的教育思路，此举被视为山东侨务工作的一大创新。在侨务文化工作方面，山东省侨办以"讲汉语、学国学、体验齐鲁文化"为主题，整合孔孟之乡、齐国故都以及青岛、烟台、威海构成的滨海文化资源，打造了适应不同华侨华人需求的"儒家文化线""齐文化线"和"东部海洋文化线"三条精品考察线路，接待了多批次的"华商博士考察团""华裔中青年杰出人士考察团""华侨华人专业人士回国创业研习班"等，深受海外华侨华人的欢迎。②

第二节　侨务工作促进国家软实力 建设面临的机遇、挑战和新任务

近年来，随着中国经济快速发展和综合国力等"硬实力"的大幅提升，中国越来越成为世界关注的焦点，同时引发的各种猜测和疑虑也日益增多，来自国际上各方面的压力和冲击是中国发展中遇到的新问题。中国政府感知到境外"中国威胁论"甚嚣尘上，开始考虑"软实力建设"，向全球推广"中国印象""中国文化"。侨务部门也利用海外华侨华人这一独特的资源，促进中国文化软实力建设。2011 年 10 月的中共十七届六中全会突出强调提高"国家文化软实力"的极端重要性，提出实施"推动中华文化走出去"工程。随后召开的全国侨务工作会议对上述会议精神作出积极回应，提出要组织开展系列文化活动，扩大中华文化对住在国主流社会的影响，增强中华文化凝聚力和国际影响力；支持海外华侨华人自主创办的文化团体举办全球和地区性中华文化交流活动。党的十八大报告提出了文化强国战略，国务院侨办深刻领会这一战略精神，着力打造侨务文化品牌活动。2016 年，裘援平主任在国务院侨办召开的"文化中国"侨务文化工作体系建设研讨会上指出：侨务文化工作应跳出"小圈子"、放眼"大格局"，国务院侨办将着力加强"文化中国"侨务文化工作体系建设。③ 上述会议精神显

---

① 《山东省侨办主任王琳：用齐鲁文化打造侨务工作软实力》，国务院侨务办公室网站，http：//www.gqb.gov.cn/news/2007/0125/1/3808.shtml，2007 年 1 月 25 日。

② 山东省侨办：《发挥优势　服务大局　积极引进海外高层次人才》，《侨务工作研究》2011 年第 2 期。

③ 《裘援平：侨务文化工作应放眼"大格局"》，中国新闻网，http：//www.chinanews.com/hr/2016/04 - 28/7852529.shtml，2016 年 4 月 28 日。

示出中国政府重视侨务工作在国家文化软实力建设中的战略地位，这既给侨务部门施展身手带来大好机会，同时也意味着侨务部门面临着新的工作任务，需要开拓创新，探索新的工作机制、方式方法。

一、机遇和有利条件

（一）中国综合国力和国际地位的上升

改革开放以来，中国的经济实力不断增强，特别是北京奥运会、上海世博会的举办，使中国的国际影响力和知名度大为提升。党和政府制定的国家长远发展目标需要加强与各国在政治、经济、文化等多方面的交流，侨务工作可以发挥华侨华人资源优势，为中国拓展对外交往的战略服务。

中国迅速发展，引起世界各国的关注。各国政府、精英、工商企业、社会团体乃至普通公众了解中国、认识中国的愿望日益强烈，与中国的交流与合作日趋频繁。世界各地掀起"中国热""中文热"和"中华文化热"。除了华裔子弟外，也有越来越多的非华裔青少年乃至成人进入中文学校或中文班学习。

（二）华侨华人群体的不断壮大和实力的增强

当前，海外华侨华人数量剧增，其中新移民比例上升很快，分布地区更加广泛。除东南亚等传统华侨华人聚居地外，北美洲、西欧、大洋洲、拉美和非洲一些国家都成为华侨华人新聚居地。由于大量中国大陆新移民持续涌入，在世界上很多国家新移民都已成为当地华侨华人人口的主体。在移民类型构成上，除了家庭团聚移民外，中国每年向海外（尤其是北美洲、大洋洲）输送了大量技术移民（其中相当大部分是留学转定居者）和投资移民，他们成为海外华人社会中素质高、社会经济地位高、潜力大和生机勃勃的组成部分。

现今海外华侨华人从业更加多元，经济科技实力提升。华侨华人向工业制造、金融服务、高科技产业等领域拓展；一些华商企业逐步走向现代化、国际化轨道，在各国经济中分量增强，尤其是在东南亚地区，华人主导了当地的经济。目前海外华侨华人资金总量大约为 2 万亿美元，与阿拉伯人、犹太人并列为世界侨民三大金融力量。同时，华侨华人科学家、教授、工程技术人员等大量增加，许多人取得卓越成就，在国际上享有很高声誉。数百万华侨华人专业人才集聚在北美等地区的发达国家，相关的专业人士协会大量涌现。从行业来看，很多专业人士从计算机、电子信息等领域向新生物工程与新医药、文化创意、新能源、节能环保、新材料等行业分散，亦有不少跨行业专业人士涌现。① 广大海外华侨华人拥有雄厚的经济实力、丰富的智力资源和广泛的商业网络，在促进我国经济结构战略性调整、推进科技进步和创新、建设资源节约型和环境友好型社会等方面，可以发挥重要而独特的作用。

海外华人融入当地主流社会，政治地位提高，其公民意识、参政意识和维权意识逐渐增强，或通过加入主流政党、参与竞选、争取委任等方式进入议会和政府；或通过游说、投票、游行等表达诉求。越来越多的华人成为部长、州长、市长、大使和各级议员，可以直接影响住在国对华政策。他们在推进中国与主要大国关系、巩固我国与周边国家关系、促进中国人民与世界各国人民友好交往等方面，可以发挥重要而独特的作用。

（三）华侨华人的民族自豪感和中华文化认同感不断增强

随着中国的迅速崛起和国际影响力的增强，海外华侨华人及华裔新生代的民族自豪感上升，对祖（籍）国的文化认同增强。美国宾州天普大学华裔学生梅坚汉表示："我们学校约 1/3 的学生是亚裔，我对自己的华裔身份非常自豪。"② 中国对海外华侨华人的吸引力与日俱增，他们因此对中国产生更加亲近的感觉，正如 2008 年北京奥运会前后海外华人所展示的那样。③ 从课题组对来华参加"华裔新生代企业家研修班""海外杰出华裔青年华夏行"等活动的华裔人士的调查可以看出，他们普遍对中国经济飞速发展、科技进步、国力日渐强盛感到自豪，对中国的发展前景非常乐观。中国"神舟七号"上天，航空母舰问世，举办奥运会、世界博览会等盛事，会令他们倍感骄傲。此外，中国产品，比如海尔电器在海外市场的竞争力也令他们充满信心。这说明，海外华人对中国的好感和认同感在增强，不仅会吸引他们来中国投资和交流，也会成为他们向当地社会正面宣传中国的一种动力。

---

① 《华侨华人海外专业形象超越传统"三把刀"》，海外网，http：//huaren. haiwainet. cn/n/2014/0818/c232657 -20978489. html，2014 年 8 月 18 日。

② 《中国崛起地位提升，美新一代华人对"华裔"感自豪》，新华网，http：//news. xinhuanet. com/overseas/2006 -05/12/contents -4537850. htm，2006 年 5 月 12 日。

③ MARTIN. As China's power grows，the diaspora starts to flex its worldwide muscle. The Guardian，June 11，2008.

二、挑战和困难

（一）西方国家政府和民间敌对势力的干扰

随着我国经济实力、国际地位和影响力日益提升，以美国为首的西方国家对我国的嫉妒、疑虑、恐惧情绪不断加剧。他们肆意诋毁中国发展道路，干扰中国前进步伐，挤压中国战略空间，甚至挑战中国核心利益。国外敌对势力的负面宣传，影响了中国的国际形象。近年来，海外"疆独""藏独"和"台独"等分裂势力，利用歪曲的国家观、历史观、民族观、文化观，大力宣传极端思想，并借助西方部分国家及团体的反华力量，不断挑动民族、国家和海外华社的分裂，破坏中国领土主权和完整。与此同时，国外诋毁中国或"捧杀"中国的各种舆论不断出现，加上涉及中国的各种热点问题（如南海争端、钓鱼岛问题）层出不穷，使我国面临十分不利的国际舆论环境。当前"中国威胁论"甚嚣尘上，不时为一些别有用心的西方政客所利用，挑起国家之间的矛盾，伤害民间友谊。要实现"中国梦"，必须突破国际舆论困局，营造良好的国际环境，树立良好的国际形象。

目前世界上有不少国家和地区的政府和民众对中国的迅速发展感到恐慌不安。就中美两国来说，目前竞争与合作并存，而竞争的一面正在上升，越来越多的美国人认为中国对美国构成威胁。根据美国百人会 2012 年初的民调报告，2/3 的美国人认为中国对美国构成严重的潜在军事威胁。[1] 2012 年美国盖洛普咨询公司的民调显示，在密切关注中国的美国人中，54% 对中国持消极看法；同年美国选民民调显示，62% 的美国人支持在经济上对华采取强硬立场。[2] 上述调查折射出不少美国人对中国崛起的担忧甚至"敌视"心态。由于美国一贯操纵着西方传媒，主导着世界舆论，它的一举一动也在影响着其他国家对中国的看法。

（二）华侨华人与当地社会关系的不和谐之音

近三十多年来，大量中国人赴国外谋求发展。他们依托中国经济发展，勤奋拼搏，努力拓展自身事业，促进了当地经济社会发展。与此同时，他们也不可避免地与当地同业形成竞争；加之少数人和企业不遵纪守法，不注意言行举止，引起当地社会不满。中国新移民和华商与住在国政府和民众因经济利益和文化习俗

---

[1]　U. S. China Public Perceptions：Opinion Survey 2012. Committee of 100，Released：April 19，p. 20.

[2]　何亚非：《发挥侨务优势，让世界了解一个真正的中国》，《公共外交季刊》2012 年第 4 期。

等导致的矛盾摩擦时有发生，特别是近十年世界不同地方弥漫着"怨侨"情绪，排华事件不时上演。尽管这些事件大都有复杂的政治、经济、文化和社会背景，不过华人自身的问题往往成为事件的导火索。2006年所罗门群岛发生排华骚乱，迫使中国政府首次包机撤侨。时任广东省侨办主任吕伟雄等人以私人身份实地考察所罗门，了解到部分华人不尊重当地文化和法规的"离谱"行为是导致这次骚乱的主要原因。由于中国新移民素质参差不齐，对住在国的社会风俗习惯了解不够，在谋求生存立足的过程中，不正当竞争、违规经营、行贿行骗、造假贩假、偷税漏税、非法移民甚至黑社会性质的敲诈勒索现象时有发生，在当地造成恶劣影响，致使排侨事件发生。另外，受金融危机和各国内政等影响，华商经济受到冲击，导致经济纠纷和利益摩擦增多，有关华社的负面新闻时有出现，不仅给华商企业造成损失，也对华侨华人生存发展环境产生影响。

2009年5月12日，英国反种族主义慈善机构监察组下属的民权组织公布的《隐没在公众视线之外——针对在英华人/中国人的种族主义调查研究报告摘要》揭示：英国华人社区遭受很高程度的种族敌视与攻击，而且所受伤害程度有可能高于其他少数民族。该报告指出，华人所遭受的种族主义歧视或攻击包括辱骂、破坏财产和生意、纵火、身体攻击，最严重的是谋杀。造成英国华社人身和财产安全问题的主要因素当然是所在国社会存在的"种族歧视"、媒体的"妖魔化"以及经济利益和资源分配等客观原因。不过，华人社区与主流社会的脱节，缺乏沟通与主动融入意识造成的"陌生人"处境，以及华人自身的文明形象同样也是一个不容忽视的因素。[①]

（三）华侨华人与当地社会的融合程度还有待提高

华侨华人也有一些内外在的局限或障碍需要克服。第一，华侨华人与当地主流群体或其他族裔群体并未实现无障碍的交流和融合。课题组通过对一些华裔新生代企业家研修班学员的访谈，了解到他们接触和合作的对象还是以华裔为主，日常的朋友也是以华裔居多，与主流群体或其他族裔群体人士形成密切关系的较少。一般说来，第一代华人的交友圈子基本局限于华人，与当地社会隔阂较深；而土生华裔比较能与当地人友好相处。特别是有些华裔与当地民族通婚，能较好地融合于当地。从华资企业的构成来看，虽然现今有不少华资企业已经改变了原先清一色雇用华人的传统，招募了一些当地人，但总体上仍以华人居多。这实际上妨碍了华人融入当地社会，既不能打开华人向当地社会介绍和宣传中国的门

---

① 《遭歧视与自身形象有关？海外华人亟待提升软实力》，中国侨网，http://www.chinaqw.com/hy-hr/hrdt/200907/18/171932.shtml，2009年7月18日。

径，也不利于中华文化和当地文化的碰撞和交流。第二，华侨华人企业家能在主流社会发声和有一定影响力的还比较少。除了少数华裔新生代企业家参与主流政治外，多数华人企业家多专注于生意上的拓展，避谈政治，这妨碍了他们与住在国政府建立良好的关系。

（四）目前侨务工作上的一些缺失亟须解决

第一，侨务系统的合力发挥不够充分，在高层还缺乏战略性、长远性、系统性的规划。目前侨务部门对增进国家软实力建设没有长期的规划及具体的分工，需要加强顶层设计和各层分工。北京市侨办副巡视员史立臣先生认为，对于增强国家软实力，其任务应分解到涉侨部门需要做什么工作，针对不同层级的单位，视其能力要在宏观和微观有所分解和布置，要有具体、明确的任务交给他们去做，目标性强则效果更好。[①] 此外，还需要整合全国各省侨办、侨联、政协几大部门的力量同心协力做侨务，形成协同工作机制，不能几个部门在海外重复开展同样的活动，容易引起混乱。

第二，世界他国民众，甚至很多华裔对中国不了解，这说明中国的宣传工作做得不够。欧洲议会议员、欧中友协主席德瓦认为，欧盟国家民众对中国不满的原因有二：一是欧洲民众对中国实际情况知之甚少，往往只听信西方媒体的一面之词；二是遇到问题，中国不善于根据欧洲人的习惯进行及时有效的解释和反驳。由此可见，改变中国对西方社会"信息逆差"的现状，是构建和提升中国国际形象需要首先着力解决的症结。在当前的形势下，加强中国的对外形象宣传具有更大的必要性和迫切性。中国军事和经济实力的发展，激起一波又一波的"中国威胁论"，其始作俑者固然别有用心，但也有值得我们思考的地方，那就是中国没有及时向外宣传本国的思想理念和方针政策，在外宣方式上没有理会对方是否接受和如何作出反应，以致很多外国人，包括一些华裔新生代都不大了解中国。

第三，侨务部门长期以来多注重联系华人中上阶层精英人士，对于唐人街中底层的中国移民群体鲜有关注。这些移民与主流社会相对隔离，对自己所属的华人社区和中华文化的认同程度高，族裔群体意识和传统文化意识相对较强。但由于文化水平有限，加上忙于生计，对子女的中华传统文化教育可能是非系统的、随意的，而且在教育方式上比较刻板，容易引起子女的叛逆或疏远。我们应开展相关教育和文化活动，为他们提供一定的帮助，比如资助成立社区文化中心，赠送适用的教材、图书、影像资料和文体用品等。此外，一些低收入新移民聚居的

---

① 根据课题组成员张秀明主编对北京市侨办副巡视员史立臣先生的采访整理。

老唐人街形象确实比较差，要引导他们加以改善。

第四，海内外华侨华人利益诉求更加多元，对侨务工作提出了更高要求。广大华侨华人希望强大起来的祖（籍）国给予更多关爱，共享中国改革发展成果，高端人才冀望特殊的创业发展环境和条件，外籍华人期待在出入中国国境、来华长期居留和事业长远发展等方面享受更多便利。国内部分归侨侨眷生活困难，有的未纳入养老和医疗保险及扶贫规划，有的历史遗案、经济纠纷等尚待解决。维护海外华侨华人在国内的合法权益，保障和改善侨界民生任务繁重。

第五，中国的外宣和文化交流活动"官方性教条味"过浓，不适合外国人的口味。由于意识形态和冷战思维作祟，我们官方对外的宣传、举办的活动容易受到外国人的质疑、曲解、误读，甚至招致一些别有用心的人的干扰和抵制。究其原因，除了经验的不足，很大程度上还源自于意识形态的不同和文化上的差异。王志章教授指出，中国在文化传播方面往往手段单一，常常以国家意志为推动力举办"文化年""文化周"等官方性强的活动，缺乏民间交往的多样性，辐射面有限，常常只讲过程，讲形式，忽视效果，缺乏信息沟通与反馈，出现动机与效果的不对称。① 借助华侨华人推介中华文化，需要潜移默化的影响，靠硬推销、说教是行不通的，要找准适合西方人的思维、行为习惯、兴趣爱好去推销；最好把着力点放在与外国民众的交往上，减少政府层面的干扰。

第三节　软实力视角下的侨务工作战略与对策

21 世纪的国际竞争是硬实力的比拼，也是软实力的较量。广大华侨华人是国家战略得以实现的海外"基地"，是国家软实力建设的海外资源。当前海外华侨华人落地生根，融入主流社会，积极参与社会事务的意识不断提高，他们作为中国与住在国间桥梁与纽带的作用也在不断突显。侨务部门借助华侨华人在海外建立的关系网络向当地社会宣介和交流，是传播软实力最直接、最有效的手段和方式之一，易于得到受众的理解、接受和认可。今天中国的侨务工作要更上一层楼，就要因应新形势下国家大局的需要，在总结现有工作经验的基础上开拓创新，从增强国家软实力的战略视角探索新的工作思路和方法，充分利用好华侨华人这一中国独特资源和优势。应注意的是，在海外开展侨务活动时，应以教育和文化、艺术类为主，和政治有关的侨务活动宜在中国国内举行，以免引发他国不

---

① 王志章：《全球华侨华人：中国国家软实力建设中一支不可或缺的力量》，载《华侨华人研究报告（2012）》，北京：社会科学文献出版社，2012 年，第 31 页。

必要的误会。

2011 年 10 月中旬召开的全国侨务工作会议的主要精神，就是要在继续深化为引进资金、引进智力服务的同时，更好地为加快转变经济发展方式、维护和促进祖国统一、开展公共外交、增强国家软实力等服务。国务院侨办主任裘援平指出，侨务工作在适应国家创新驱动和人才战略需求，实施侨务引才引智方面；在适应中国增强文化软实力需求，推动对外文化交流方面；在适应海外华侨华人日益强烈的传承中华文化需求，推进华文教育方面；在适应中国和平发展所面临的日益复杂的国际和周边环境，拓展侨务公共外交等方面，有着越来越宽广的工作空间和越来越繁重的工作任务。[①] 在上述各项任务中，"着力开展侨务公共外交""以侨务工作助推中华文化走向世界""增强国家文化软实力"可以说是今后一段时期侨务工作需要大力拓展的几个方向。

一、加大对海外华文教育的支持力度

当前，海外华文教育事业在不断发展的同时，也面临不少的困难和问题。由于不同国家、地区的政治环境、政策主张、文化背景、社会习俗等都有所不同，所以华文教育发展模式不一，水平参差不齐。所以，侨务部门要从财力、人力、物力等方面进一步加大对华文教育这一"留根工程"的支持力度。

（一）对海外华文学校在办学经费、教材、师资上给予更有力的支持

就目前情况来看，中国对孔子学院的经费投入要远高于海外华文学校，这样不利于华文教育的发展。经费不足直接导致专业师资及教学资源的缺乏，影响了海外华文学校的教学质量。海外华文学校的教师多为兼职，大部分为非中文专业出身，他们的中华文化知识缺乏系统性，在教学、举办讲座或组织活动时常常捉襟见肘。而且，海外华文学校的文化讲座或活动基本还停留在一些简单的民族工艺制作、歌舞表演、武术太极展示、书法绘画演示、饮食文化和茶文化介绍等方面，无法涉及深层次的思想文化方面的内容，其根本原因是教师本身缺乏这方面的专业知识积累和训练。教师们在教学或组织活动时，常常会碰到教材或辅助教学资源短缺的问题，尤其是适合海外华裔学生兴趣和需求的教材、图片、视频等多媒体资源。

国务院侨办目前已提出支持海外华文教育发展的一些新思路：包括引导更多

---

① 《裘援平会见四川侨务干部提新要求　强调抓好三件事》，中国新闻网，http：//www. chinanews. com/zgqj/2013/05 – 15/4819659. shtml，2013 年 5 月 15 日。

社会力量特别是有实力的企事业单位和个人参与和支持华文教育；继续利用各种形式在海内外各界广泛宣传华文教育，引导更多的社会力量特别是华侨华人关心、支持、参与华文教育工作，为华文教育发展注入强大的"正能量"；推进各类华文学校的标准化、专业化、正规化建设，支持华文学校转型升级发展；支持新型办学模式，包括有中文教育的国际学校，以适应华裔新生代和各国主流社会的需求。

要充分发挥海外中文学校在传承中华文化上的作用，国务院侨办应在办学经费、相关师资培训及教学资源的建设方面给予更大支持。海外华文教育是汉语国际教育的一个独特而且非常重要的部分，其服务人群数量多，范围广，效果效益明显。可是，现今中国对华文教育的支持力度远远不及海外汉语教学，这种局面应当扭转。具体有以下建议：一是中国应通过华文教育基金会及其他民间机构的渠道，加大对海外华文学校的经费支持；二是充分发挥国务院侨办华文教育基地院校的优势，在海外华校校长和华文教师培训中增加中华文化的内容；三是运用现代网络技术，多形式、多渠道开展华文教育工作，特别是利用中国华文教育网，整合国内相关文化网站，建立链接，大力实施远程教育和网上教学，加快多媒体教材和网络教学平台建设，以满足海外中文学校的需求；四是在海外中文学校师生对中华文化了解的现状的基础上，编制中华文化教学大纲和相关多媒体教学资源库，做好从幼儿园到高中阶段的华文教材和教辅读物的编写工作，以深入浅出、新颖动人的形式开展中华文化的教学工作，特别是开发面向华文教育重点国家和地区的"本土化"教材。

（二）开拓华裔青少年学习中华文化的新形式

在"中国寻根之旅"夏（冬）令营活动之外，国务院侨办于2011年新推出了一个针对全球华裔青少年的文化交流平台——"中华文化大乐园"。这个平台为海外华文学校的华裔子弟提供了与中国学生直接交流的机会，让生活在不同国家的孩子们互相学习。

侨务部门应继续加强华裔青少年夏（冬）令营和"中华文化大乐园"工作，与地方省份合作，大打地方文化特色牌，加大推介宣传，吸引更多海外新生代华裔青少年来华交流。在组织华裔新生代的观光考察活动中，除游览传统的风景名胜外，也可有针对性地开展一些工业游、农业游，甚至与军队、学校、社区、家庭等展开对接交流活动，让他们通过所见所闻亲身感受当代中国的发展变化，从而自觉地在海外宣传和介绍中国。在"寻根之旅"的大品牌下，可举办汉语、中华文化、中华武术、中华舞蹈、中华作文比赛获奖者和海外华裔优秀学生等专题夏令营；提高观光游览效果，建立一批富有特色的观光专线，如"侨乡新貌"

"高科技产业""中外青少年联谊""中国历史名胜""中国传统文化与民俗""中华武术基地"等，逐步形成品牌优势，扩大在海内外的影响。

（三）促进华文教育与当地教育的接轨

海外中文学校不仅承担着传承中华文化的重任，同时也肩负着向当地社会传播优秀中华文化的使命。国务院侨办或海外交流协会可与华侨华人住在国教育部门沟通协调，为中文学校的发展保驾护航。2007 年，中国海外交流协会文教部与多伦多市公立教育局正式签署了《关于在多伦多地区合作开展华文教育工作的协议备忘录》，主要在中文教师培训（分学历班和非学历班），夏（冬）令营，教材和教学资料的提供，中国文化、历史、地理知识竞赛，两个机构的人员交流五个方面开展合作。这一合作计划的实施，对于当地中文学校而言，无论是教师培训或教师走入主流学校任教，还是教学资源共享等方面都有极大的促进作用；而当地的中文学校反过来则能更好地发挥其在祖（籍）国与住在国的文化交流的作用。[①] 中国海外交流协会与多伦多教育局的合作，从目前进展来看是成功的。有鉴于此，国务院侨办可考虑将上述成功的经验，在加拿大及实行多元文化主义政策的国家，如美国、澳大利亚等地推广开来，从而惠及更多的海外中文学校。国务院侨办要进一步加大宣传力度，争取更多国家给当地华文教育以理解和支持。

（四）提升暨南大学、华侨大学两所高等侨校的影响力

目前侨务系统院校——暨南大学和华侨大学招收的国际学生逐年增加，中国侨字特色院校在海（境）外的吸引力和影响力将会更大。侨校的华裔学生绝大多数学成后回住在国，他们在中国接受的教育和学习生活经历，将在其人生观、价值观和审美观等各方面留下深深的烙印。在侨务系统院校毕业的留学生中，有些回国后步入政坛，更多地活跃于住在国社会各界，他们对推动中国与其住在国的双边友好关系可发挥重要作用。因此，增进侨校华裔学生对传统中华文化的认同，对今后推动海外侨务工作开展、提升中国软实力具有战略意义。

（五）在推进海外华文教育时，宜采用"国家支持　民间运作"的方式

中国政府要想让华文更好地走向世界，就不能直接干预海外华人社会的办学权益。中国政府职能部门，特别是侨办和汉办，要改善现有的对华文教育、国际汉语教学的直接管理方式，改为寻求专业性强的国际国内行业协会、专业机构操

---

① 华霄颖：《北美中文学校文化传播功能研究》，载《上海侨务理论研究报告集（2009—2010）》，上海：上海人民出版社，2011 年，第 153、172－174 页。

作具体事宜。对外汉语教学专家蔡永强说：汉语国际推广需借鉴世界其他语言文化推广机构（如德国的歌德学院、西班牙的塞万提斯学院、法国的法语联盟、英国的文化委员会等）的成功经验，走"国家支持　民间运作"的道路。这种模式，应该是服务海外华文教育、汉语教学最恰当的道路。要力求在形式上做得更低调得体，在效果、效益上更上层楼。[①]

对外，中国政府可支持组建类似于英语协会（Teaching English as a Second Language，TESL）那样非营利性的国际华文教育专业协会，由他们主导一切专业工作，中国政府只在背后给予经费支持。应支持建设、完善各国华教专业管理、协调机构，配合其开展工作，待条件成熟后推动建立全球华文教育协（学）会，由它履行类似于英语协会一样的义务。如果召开全球华文教育会议，中国官方可以背后资助，但不宜直接主导；其成员应是海外及国内从事华文教育教学、研究等工作的一线人员，其主题应由专业协会确定，每次切实解决一个或几个专业问题。

对内，要改变对国内侨校、华文教育基地、华文教育研究机构的领导方式，尤其是项目设置发包方式。国务院侨办、地方侨办都不宜直接操办有关项目。不管是科研课题、教材编写还是师资培养培训、海外华裔夏（冬）令营等，均要从项目设置到竞标、验收方面提高要求，动员海外华文教师特别是西方发达国家华人学者参与，以便打通侨办等机构与国内外一线教研人员的联络，大大提升各项项目的效率、效益和专业水准。

二、大力开展侨务文化工作，增强中华文化的国际影响力

当今世界，文化在综合国力竞争中的地位和作用更加突显，越来越多的国家把加快文化发展，增强国家文化软实力提升到国家战略层面。发挥侨务资源优势，助推中华文化走出去，增强中华文化的国际影响力是提升中国软实力的一项重要工程。

（一）侨务文化工作的海外资源

华侨华人是在海外传承和传播中华文化的一股有生力量，要充分调动他们的积极性。遍布世界各地的唐人街、中餐馆、中医馆、华文媒体、中华文化中心、华侨华人文化团体、华人文化艺术界人士等，都自觉或不自觉地担当着文化使者

---

① 宗世海、刘晓露：《他山之石，可以攻玉——美国第 38 届 TESOL 年会综述》，《暨南大学华文学院学报》2004 年第 4 期。

或传播载体的角色。传统中华体育，包括民间游艺、武术、气功、民间竞技等，深受外国民众喜爱；而中华歌舞音乐、餐饮服饰、工艺美术等，均逐渐嵌入华侨华人住在国的社会文化中。一些从事文化产业的华侨华人借助创办华文报刊、华语电台和中文电视等传媒，及时地向海外华侨华人报道祖（籍）国的经济社会发展情况，并传送中国优秀的文艺类节目、影视资源等，扮演着慰藉华侨华人思乡情怀和为他们构筑精神文化家园的角色。华人各界精英通过艺术、文学、体育、学术交流和中医推广等途径，增进住在国人民对中华文化的了解，增信释疑，担当着文化使者的重要角色。

在世界各地，华侨华人建立了众多的文化团体，它们在传承与传播中华文化，推动中外文化交流，扩大中华文化国际影响力上发挥着重要作用。这些文化团体，涵盖综合性的文化社团（如中华文化中心、文化交流协会等）和单一性的文化社团（如文学团体、音乐社、戏剧社、舞蹈团、书画团体、影视艺术团体等）。他们通过举办丰富多彩的"中国文化节"、音乐会、歌舞会、文物和现代艺术展览，参加各族裔文化大游行活动，使得中华传统特色艺术（国画、书法、民间工艺、音乐、民族舞蹈）、武术、舞龙舞狮、民间竞技、饮食文化和节庆风俗等越来越为当地社会所了解和喜爱。比如，在加拿大多伦多举办的国际龙舟比赛，1989年赛事创办之初只有20支参赛队伍，到2003年已有210支参赛队，成为亚洲地区之外最大型的龙舟比赛。它不仅是华人社区的大型活动，更成为多伦多社区一年一度的盛事，日益享有盛誉。①

唐人街则是当地民众了解中国和中华传统文化的一个窗口。据笔者在美国的调研，每天去唐人街旅游和购买中国传统特色工艺品的游客络绎不绝。尤其是在中国春节、元宵节、中秋节等重大节庆活动时，唐人街的华侨华人社团联合会或商会联合体都会组织文艺会演和各类中国传统工艺品展销，吸引大批非华裔民众前来观赏或购买。这些中华民族传统节庆活动富有特色，是海外华人弘扬中华文化的重要平台之一。

（二）开展侨务文化工作的对策建议

1. 大力锻造"文化中国"系列品牌活动，传播中国文化软实力

近十多年来，随着中国国家实力和国际影响力的不断提升，国务院侨办增派高层次的艺术团组赴海外开展慰侨展演，同时面向当地社会传播中华文化，有效地提升了中华文化的魅力。国务院侨办精心打造的"文化中国"系列品牌活动，

---

① 李世杰：《发挥海外华人社团作用　促中华文化走向世界》，人民网，http://cppcc.people.com.cn/GB/34961/90780/90789/6030216.html，2007年7月25日。

通过向海外华侨华人、各国民众及主流社会传播中华文化，增进了他们对中国的理解、尊重和好感，起到了"润物细无声"的效果。其中，2009 年推出的"文化中国·四海同春"活动，以文化艺术为媒介，以华侨华人与祖（籍）国同根、同族、同脉、同文的深深眷恋之情为依托，把具有中国民族特色和文化内涵的文艺演出推向世界各国，成为各国主流社会近距离接触中华文化的大舞台。法国前总理拉法兰、爱尔兰总理恩达·肯尼、哥斯达黎加前总统劳拉·钦奇利亚、比利时副首相兼外交大臣雷恩代尔、巴拿马总统胡安·卡洛斯·巴雷拉、美国纽约州长库默、纽约市前市长布隆伯格、美国前国务卿基辛格、美国前劳工部长赵小兰等众多政要均以各种形式参与其中，亲身感受了中华文化的精深魅力。

为进一步落实和推进"增强国家文化软实力"和《国家侨务工作发展纲要（2011—2015 年）》的战略规划，国务院侨办在已有的"文化中国"系列品牌活动基础上，于 2012 年又推出了"文化中国·海外文化社团负责人高级研修班"和"文化中国·知名华人书画家采风团"。海外文化社团负责人高级研修班截至 2016 年 7 月已举办 6 期，累计邀请了 90 个国家的 300 余名华侨华人文艺骨干参加；此外，知名华人书画家采风团截至 2014 年已举办 4 期，累计有来自 20 多个国家和地区的 50 余名书画家参与。为整合海外侨界优质文化资源、更好地丰富海外侨胞的精神文化生活，国务院侨办于 2014 年在海外华侨华人聚居的较大城市分期分批筹建"文化中国·华星艺术团"，有四家文化社团成为首批华星艺术团试点。[①]

2. 支持海外华侨华人开展中华文化活动项目时需注意的问题

在支持海外华侨华人开展中华文化活动项目时，要注意两个方面的问题：一是要甄选具有浓郁民族特色的文化精品；二是要注重考虑项目的形式、内容和海外华人的接受能力及可操作性。

中华文化丰富多彩，各个国家文化也是各具特性，到底哪些文化元素具有可传播性，能为当地民众所接受，需要结合实际具体设计。既要将中华民族固有的文化精品推向世界，又要鼓励创作一批喜闻乐见且能承载中华文化核心价值的优秀作品。要注意提炼中华传统文化和现代文明的精髓，传播具有普世价值的文化观念。[②] 某些中国传统文化元素（如京剧），虽然可能极具代表性，但是因为其难度太高，不利于推广，实际上对外传播的功能有限。

除了以舞龙舞狮、文艺会演、武术表演等文化活动形式来满足华人的耳目之

---

① 《国侨办"文化中国"系列品牌文化活动成果丰硕》，中国政府门户网络。
② 朱陆民、刘梓红：《从孔子学院的兴建看中国文化软实力的提升》，《重庆社会主义学院学报》2009 年第 4 期。

乐外，还可以制作一些光碟、画册，配以中英双语介绍中国几千年文明进程，中国文化各方面的重要人物、文物、名胜古迹、工艺，以及改革开放以来的新成就，通过华侨华人社团、社区中心等多种渠道传送到众多华人家庭中，让他们对中国有更全面的认识，对中国形成好的印象。不过，要注意尽可能避免带有政治色彩和强调"中国认同""大中华认同"的宣传内容，以免引起一些华人的反感以及当地政府和民众的猜忌。

网络、电视、电影等媒体是对外文化传播的主要渠道，也是迅速向外传播中国，沟通中外的有效途径。在平面媒体日益衰落、新媒体崛起的时代，中文网络论坛、聊天室等网络公共空间，是可以超越民族国家的地理边界，促成全球华人分享共同的文化和知识，进而强化华人身份认同的重要平台，建议加强中国电视电影节目的对外输出，以合适的方式支持中文网络及论坛的建立。

3. 开展侨务文化工作要兼顾几个"结合"

（1）在重大节庆日组派艺术团组赴海外展演与帮助华侨华人开展中国传统节庆活动和经常性的文化活动相结合，即直接输出与间接帮助相结合。

（2）直接组织文化项目、提供文化用品、资金支持与邀请来华观摩、交流、培训相结合，即"走出去"与"请进来"相结合。国务院侨办应针对海外华侨华人文化活动的需要，围绕中华文化传播等开办多种形式的培训课程，让华侨华人了解并掌握一些简单易行的中华传统技艺，在丰富侨社文化生活的同时，也为他们在海外更好地展现和传播中华文化提供帮助。[①] 侨务部门应继续扩大派出包括中华狮艺、厨艺、武术、中医、书法、民族舞蹈等中华文化培训团，赴海外华社展演及培训，同时邀请更多的华侨华人文化社团骨干参加中华才艺培训班。

（3）重点和一般相结合。国务院侨办派出的文化艺术交流团，除了在华侨华人占比较高的大城市演出外，也可考虑向华人占比不高但融入当地主流社会程度较深的中小型城市倾斜，从而扩大中华文化的传播面和影响力。

4. 积极与各类华侨华人文化团体合作，支持他们举办中华文化活动

华侨华人文化团体是"以侨务助推中华文化走出去"需要借助的一股中坚力量。侨务部门可考虑以民间合作的形式，利用中华民族传统节日和住在国的重大节日，组派文艺团队与华侨华人文化社团共同开展有关中国舞蹈、音乐和戏曲、武术、服饰展示及各种习俗的嘉年华活动；亦可依托有影响力的文艺团体或中华文化中心，借用他们已有的场地与渠道，通过他们与住在国主流社会的联系，举办各种中华文化活动，包括各类展览、文艺演出活动，以及各类研讨和讲座等，不仅向侨社也向当地民众传播中华文化，促进文化交流和沟通。

---

① 根据课题组成员张秀明主编 2011 年 9 月 21 日对中国侨联海外联谊部顾问肖炜蘅先生的采访整理。

具体来说，可从以下几个方面着力：

（1）重视和扶持一批华侨华人文化社团，提高这类文化团体活动的质量和层次，并加强与华侨华人社团在文化传播过程中的联系、交流和协作，及时解决文化传播中遇到的问题，提供最新的文化信息和资料。

（2）给予海外华侨华人文化社团必要的经费支持，设立相关的中华文化推广基金。由于大部分海外华侨华人社团都是自发组织起来的非政府组织，它们致力于弘扬中华民族文化，却苦于经费短缺问题，不能开展规模大、层次高的活动。国务院侨办和有关部门可以设立中华文化推广基金，专门面向海外华侨华人社团，让他们开展中华文化活动时有充分的资金保障。[①]

（3）应支持海外华侨华人文化社团通过举办中华民俗节庆和中国文化周、文化月、文化年等活动，扩大唐人街的影响，将唐人街建设成为住在国当地民众喜闻乐见、感知中国的窗口，无疑将大大提升华侨华人和中国的形象和影响。

5. 对传播中华文化有突出贡献的优秀社团和杰出人物予以表彰，激发海外华侨华人的积极性

侨务部门应鼓励华侨华人自觉传播中华文化软实力的作为，可借鉴表彰华商和创业精英的方式，对大力促进中华文化传播的华侨华人个人和团体给予表彰和宣传，增强他们的荣誉感和自豪感，以带动更多的团体和个人加入传播中华文化的队伍。

6. 考虑统筹国际国内两个市场，与华侨华人合作兴办"侨"字文化产业

中国是个文化大国，但还不是文化产业大国，在文化输出能力上远不及美国、英国、日本、韩国等国家。曾获多个国际电影节大奖的电影导演贾樟柯在谈及参加国际影展的体会时说："中国的经济发展特别快，世界对中国的关注特别多……我几乎有点不敢去国际影展，因为每次去，都会被问及很多不是电影的问题，比如政治、经济，甚至历史等，这说明国际社会渴望了解中国，但我们的文化输出力度明显还不够。如果有更多的电影、文学、美术等输出的话，我们会从感情上跟国际社会沟通，彼此间的误解会少很多。"[②]中国图书对外推广计划负责人吴伟认为："现在中国的产品制造，已经誉满全世界。外国人从中国的产品开始认识中国，但是我们的文化传播没有跟上。结果就导致中国越发展，他觉得你越威胁他。"[③]统筹国际国内两个市场、两种资源是中国文化产业做大做强的必然选择，而遍布世界各地的几千万华侨华人正是侨务部门掌握国外市场和资源的

---

① 李世杰：《发挥海外华人社团作用　促中华文化走向世界》，人民网，http：//cppcc. people. com. cn/GB13496119078016030216. html，2007 年 7 月 25 日。

② 《文化输出，感情诚实很重要》，《环球时报》，2009 年 3 月 20 日。

③ 《有时候，我们说的不是他想要听的》，《南方周末》，2009 年 10 月 22 日。

最大优势。可探索与华侨华人和国际友人共同投资、合作、参股等方式，在海外兴办文化实体，使中国的文化产品和服务更加便捷地进入国际文化市场。

7. 中央或地方涉侨部门或团体在开展侨务文化工作时尽可能统一规划、协调行动

目前，除了文化部、国务院侨办外，还有侨联、统战部、政协等涉侨部门、民间团体和商业机构也在开展不同形式和内容的涉侨文化活动。近年来，在海外主要华侨华人聚居国家和地区，逢春节或中秋等重大节庆时出现过国内几个部门同时组织的文化活动在当地"撞车"的现象，需要引起足够的重视。

三、增强华文媒体国际传播能力

海外华侨华人创办的媒体被视为我国软实力国际传播的重要组成部分，应当予以充分重视。中国和平发展和"中文热"可以带动海外华文报纸拓展市场，海外华文报纸就有了与西方主流媒体展开对话、进行互动的资本，从而不断提升华文传媒的地位。侨务部门应团结、引导海外华文媒体准确表达中国观点，提高中国声音和国际影响力，促进形成对我国客观、友善的国际舆论环境。

（一）加强与海外华文媒体的合作

现有的 800 多家海外华文媒体是传播和树立中国国家形象的重要载体。它们的触角可以伸及世界上任何有中国人的地方，是我们讲好"中国故事"的神经末梢，其发散传播的作用不容小觑。国务院侨办近年来加大了与海外华文媒体的合作，组建了由中国新闻社主导的世界华文传媒合作联盟，开展了"世界华文传媒论坛""海外华文媒体负责人研习班及地方行"等活动，并通过加强与二、三线有影响力媒体之间的合作、发行《中国新闻周刊（海外版）》等举措，向海外公众、媒体和主流社会介绍一个客观、真实的中国。同时，加大新闻资讯服务力度，引导海外华文媒体在事关中国形象、中国发展等焦点问题上增加话语权、赢得主动权。

国务院侨办及外宣部门可适当引导海外华文传媒的议题设置，将其纳入整体外宣框架，传播国家形象。目前西方媒体中的中国形象议题往往与"专制""环境污染"等联系在一起。今后在外宣工作中，可在这一问题上积极开展与海外华文媒体的合作，授予部分海外华文报纸独家报道等权利，共同设置传播国家形象的议题。海外华文媒体具有丰富的海外传播与发展经验，而国内媒体则掌握第一手的中国新闻资讯，并且对中国传统文化的体会和理解会更深刻一些。国内媒体在新闻报道时往往宣传味和说教色彩较浓，在外宣方面效果不佳。国务院侨办和

中国新闻社可通过举办"海外华人媒体论坛""海外中国文化与媒体传播""全球华语媒体峰会""媒体艺术节"乃至研讨会等各类会议，加深与海外华文媒体的彼此理解、沟通与合作，相互取长补短，实现共赢或双赢。可围绕重大外宣课题，组织海外华文媒体来华采访，引导他们以其独特视角和语言风格，真实、客观、公正报道中国。

要鼓励并帮助国内相关媒体与海外华文媒体的合作，特别是通过与当地华文媒体的合作实现海外发展战略。一般情况下，世界各国都不允许外国人或机构在自己本土创办媒体。但我们通过与华侨华人所创办的传媒公司合作，就能实现"走出去"的目标。1993 年 8 月，央视和全国 20 多家电视台与美国华人联合会合作创办了美洲东方卫星电视，卫星信号可以覆盖北美和加勒比地区，这就是一个非常成功的案例，值得借鉴。

（二）引导华文传媒突破华人圈的局限，以双语形式出版

要扩大华文传媒在当地国家的宣传面，就要不仅局限于华社圈内，也应以双语形式面向当地国主流社会和非华裔民众进行宣传，达到沟通中国与世界的目标。中国侨务外宣积累了 60 多年的经验，形成了世界华文传媒的主导地位，但在影响国际主流舆论、主导话语权方面的能力还很弱。2011 年 6 月 20 日，法国华侨华人在巴黎美丽城地区举行"反暴力、要安全"的万人大游行，引起了法国政府对华裔社区问题的关注。法国中欧名流协会秘书长吴忠认为，法国政界忽略华人群体的原因有多种，其中之一是法国没有一家华人办的法文媒体，当地华文媒体又难以对主流舆论产生影响。而法国的阿拉伯裔、非洲裔都办有自己的法文传媒，以表达政治诉求，扩大族群影响。[1] 如果用华文媒体在向华侨华人讲述"开放中国""现代中国""和谐中国""真实中国"和"友好中国"故事的同时，能创办双语报刊、网站、电视，建立全媒体传播体系，让世界其他民族也能了解这些故事，其作用和意义要大得多。

侨务部门可引导一些有实力的华文媒体突破华人圈的局限，以双语形式出版发行，或者与当地发行量较大的主流媒体合作办报，增加有关中国信息和文化的版面，使华文媒体的受众从海外华侨华人社会逐步扩展到主流社会。国务院侨办领导下的中国新闻社、中国新闻网、中国侨网、各地侨办属下侨网应为华文媒体提供资讯支持、新闻专题推介、媒体采访协调等服务，便于其更加快捷、更高效地捕捉、报道中国及地方发展的最新动态，为其宣传中国、提高自身知名度创造条件。

---

① 陈奕平主编：《和谐与共赢：海外侨胞与中国软实力》，广州：暨南大学出版社，2012 年，第 265 页。

（三）发挥信息时代新媒体的作用

现今世界已进入数字化时代，电子书报开始流行，传统书报面临着巨大的冲击。华文媒体要提升国际传播能力，必须跟上时代的节奏和国际化的脚步。在美国，"新媒体外交"和"全民网络外交"成为政府公共外交的两大主要特点。新媒体包括数字杂志、数字报纸、数字广播、手机新闻端、移动电视、网络、桌面视窗、数字电视、数字电影等，是相对于报刊、户外、广播、电视四大传统媒体而言的新媒体。新媒体外交则是利用这些新技术下的媒体形态更便捷与更有渗透力的特点，将通过传统媒介方式所开展的政府外交宣传转化为个人对个人的网络公共外交，其中加大了对于网络媒体以及相关网络技术的运用力度，以求越过传统媒体的局限，使公共外交更人性化，提高其效用。[①]

（四）引导海外华文媒体建立国际通用的传播模式

在构建中国国家形象的过程中，海外华文传媒不宜传播具有浓郁意识形态的思想，而是应该缩小和淡化意识形态色彩及政治方面存在的分歧，求同存异。在努力传播和构建中国国家形象与实现"中国梦"的过程中，应更注重传媒出品的客观性和专业性，强调以诚实、公正、无偏见的原则采访报道人物事件、选材编排节目，以便在移民社区赢得更高的可信度。同时，应该尽快建立起一套与现代政治和现代文明相适应的新闻媒体管理制度和模式。

华文传媒既是中国的软实力资源，也是住在国或曾经居住国家的软实力资源，关键是能否实现共赢，能否促进文化交流，因此海外华文传媒在进行文化传播时要注意策略与技巧，不能让异族产生"文化沙文主义""文化狭隘主义"甚至"民族主义"的感觉，要注重文化交流的实效，采用当地通行的文化互动模式，增强文化传播的效果，以实现中华文化融入当地文化的目的，甚至影响其他文化的形成与建设。此外，华文传媒要充分利用文化影响力与政治动员能力，接近政治人物和主流社会，听取他们的意见，同时也反映华人的诉求，以此增进彼此之间的了解，这也有助于他们改变对中国的看法。

四、优化"侨务引智"工作

侨务部门应充分认识到"十三五"时期国内产业转型升级和创新创业的新需求、新特点，并根据海外侨务资源自身的结构性变化，优化"侨务引智"工

---

① 唐小松、龚群子：《奥巴马政府的公共外交战略评析》，《战略纵横》2011年第2卷第1期。

作的方式方法，吸引更多的新华侨华人科技精英通过投资兴业、科技合作与交流等，融入祖（籍）国创新创业的发展洪流之中。

（一）着重引进华侨华人高端科技人才，促进创新型国家建设

在一些重要的科技创新领域，如信息技术、光伏产业等，美国、日本、欧洲等发达国家和地区均遥遥领先于中国。由于这些国家对于核心技术的控制很严，中国通过"以市场换技术"或"购买技术"等方式均难以达到吸收先进技术的目的。因此，通过吸引这些领域中的海外华侨华人科技精英回国效力或自主创业，已经成为中国吸收技术溢出，实施科技创新的一条重要途径。

近几年，国务院侨办经济科技司打造的"全球华侨华人专业协会协作网"，旨在整合全球范围内华侨华人的科技人才，吸引华侨华人高层次人才到中国创业，该协作网正不断充实和完善。该协会的成员目前包括全澳华人专家学者联会、澳大利亚华人生物医学科学协会、美国华人专业团体联合会、硅谷科技协会、荷兰华人经济技术发展中心、留日中国人生命科学协会等来自西方发达国家的华侨华人专业社团。①

为更好地发挥海外华人新移民中的高层次人才在创新型国家建设中的作用，国家人力资源部和涉侨部门要全面了解和整理海外新移民人才聚集的区域、专业领域、创业计划，形成人才资源库，并持续跟踪和更新，与国内现有的招才引智项目和人力资源需求信息形成对接。同时建立一个与海外高层次人才沟通联络、信息发布的平台，从而有的放矢地发挥好这一优质人才群体的作用。

侨办和侨联与海外华侨华人联系广泛，因此在配合政府及有关部门引进人才方面要多动脑筋，多做工作。第一，要做到"心中有数"：一方面要根据产业政策摸清当前的人才缺口和需求状况，建立人才、项目需求库；另一方面要深入了解侨情，摸清海外华侨华人中高科技人才、科技团体和留学人员的构成、分布状况，建立海外人才的信息、资料库。第二，要加强交往，充分利用各种渠道与海外华侨华人科技精英和相关学术团体建立经常性的联系，多层次、多渠道吸引海外华人科技精英；要采取"请进来、走出去"的方式，参加各种学术交流与合作，从中发现人才等。第三，要接受海外人才为国服务的变通模式。如今留学海外的高层次人才创造了"哑铃模式"和"候鸟式"② 等多种灵活的"为国服务"模式。不论何种形式，只要有助于中国的科技创新，都是可以接受的。第四，要

---

① 关于该协会的具体情况，以及国务院侨办经科司的相关活动，可参见全球华侨华人专业协会协作网：http://www.ocpan.org/。

② "哑铃模式"是指留学海外的高层次人才在保留国外实验室工作的同时，回国创办一所同类型的实验室，从而穿梭于两地，在中间起到一个桥梁的作用。"候鸟式"是指每年固定一段时间来华工作。

采取变通方式解决海外华侨华人科技精英在我国薪酬待遇低的问题。如通过在科技园或软件园中设立科学流动工作站，吸纳海外华侨华人科技精英短期轮流回国工作，对国内科研人员进行培训、指导，对一些科研项目进行跟踪。

（二）营造有利于海外华人高级专业技术人才来华创业的软环境

大体来说，新华侨华人在中国创业和就业上普遍遇到的主要问题有：①人才政策水平和公共服务相对滞后；②激励保障机制不完善；③综合生活环境有待改善；④因经济发展水平不够高而带来的高端职业空间有限；⑤融资体系与渠道亟待建立健全；⑥知识产权保护环境有待改善等。从融资问题看，高新技术企业往往由数名归国留学生共同创办，以中青年为主，虽然拥有较先进的技术甚至专利，但缺乏创业的资金；而且企业规模普遍较小，难以达到向银行融资的资信要求。此外，有些海归在实际生活中还会遇到诸如子女就学、家属就业以及住房问题等困难，难以全身心投入到科技创新中去。2009 年全国政协公布的视察报告显示，海外高科技人才回国创业经常在子女教育、出入境等方面遇到诸多不便，在"身份证件的非同等使用效力"问题、子女入学的非国民待遇问题、有关进出口仪器设备及货物通关问题、签证的时效性等问题上，欲回国创业的海外高科技人才存在很多"后顾之忧"。[①] 上述问题都是影响招才引智工作的软环境建设问题。

中国必须加快转变政府职能，创新体制建设，创造有利于创新型国家建设和实施科技创新的政策环境。市场体系的发育程度、游戏规则的公平性、本土性人才队伍与产业结构的关联度等是技术移民和现代服务业投资移民所关注的重点。这就需要在人力资本参与股权分配、高科技产业的风险投资等商业机密维护和诚信体系建设、知识产权保护等方面加快立法进程，建立健全市场竞争的制度环境。

近年来，海外华侨华人来华自主创业或从事科技创新活动的规模不断扩大，给侨务部门及其他相关部门提出了很多新的任务和要求。多数来华创业和就业人员主要来自于市场经济相对成熟、制度设计相对完善的发达国家，比较重视公平、公正的竞争环境和完善的法制保障。随着这一群体规模的扩大，针对个体的政策优惠已经难以顾及，必须从通用规则和制度规范的层面进行设计，加快相关工作和配套服务的法制化、规范化进程。

当然，以往优良的人性化、亲情化服务传统不能彻底摒弃。引进海外华侨华

---

① 《政协调研报告揭示华侨华人回国创业"后顾之忧"》，中国侨网，http：//www.chinaqw.com/lxs/hgdt/200906/16/167739.shtml，2009 年 6 月 16 日。

人中的各类人才，充分发挥其在技术创新中的引领作用，不仅需要对归国创业、就业的留学人员提供各种事业发展的配套服务，而且需要为其提供相应的生活配套服务，尤其是在对配偶就业、子女就学等方面提供必要的社会关怀和公共服务。要从生活、工作、个人发展空间、企业创业拓展等多个角度关心归国海外华侨华人科技精英的生活状况。对于归国留学生创业之初在资金配套、子女就学、医疗保险等方面的实际困难，要在政策上给予一定支持。同时，要充分发挥各级侨联的作用，在生活上给予关心和照顾，对于归国留学生在落实户口、子女就学等方面产生的实际需求进行特事特办，开辟"一条龙服务"。

（三）发挥华侨华人高端人才的专业特长，为中国的可持续发展建言献策

在诸如城市规划、经济发展、科技创新、生态环保等领域的公共决策中，要更多地征求海归等高级专业技术人士的意见和建议，以充分发挥他们的专业优势，鼓励他们以提交议案、专题调研、研讨会等形式参与其中。作为跨国活动频繁的一个群体，经济、科技、文教界的海外华人精英能够看到祖籍国和住在国的优势和劣势，特别是能以一个旁观者的眼光来评判中国社会发展取得的成就和存在的问题，他们的很多看法值得了解和重视。

五、加强涉侨政策法规的制定、修订及实施，切实维护侨界权益

要引导华侨华人自觉自愿地为中国软实力建设贡献力量，中国政府必须加强涉侨政策法规的制定和实施，使归侨侨眷和侨资企业的权益得到切实的保障。要赢得侨心，应从实际出发，真正重视和解决海外华侨华人、归侨、侨眷和侨资所关心的问题，让他们充分感受到中国政府"以侨为本"的诚意。侨务部门要及时做好涉侨信访的调处工作，加大矛盾排查化解力度，协助和督促有关部门及时查处各种侵犯华侨华人合法权益的案件。只有相关的侨务法规、政策和举措得到广大华侨华人、归侨侨眷的衷心拥护和称赞，才能让他们自觉自愿地充当中国向外传播软实力的推进器。

（一）摸清归侨侨眷人数和构成变化，调整和扩大国内侨务工作范围

随着时代的发展，当前归侨侨眷群体的构成发生了很大的变化。改革开放前的老归侨侨眷与此后伴随大量新移民而产生的新归侨侨眷有很多不同之处：老归侨侨眷大都年迈退休，与国外亲人较少直系亲属的关系，而与侨务部门有较多交往；新归侨中有较多的中青年专业人才和企业家，同时新侨眷与海外亲人联系密切，可是与侨务部门较少往来。随着新移民数量的增长，新归侨侨眷将取代老归

侨侨眷而占据国内侨界人士主体。由于与海外亲友的密切联系，新归侨侨眷具有特殊的纽带作用。他们是华侨华人与祖（籍）国血脉、亲情相连的具体体现者，是华侨华人感受祖（籍）国对其关怀的重要敏感点，是华侨华人了解中国最信赖的窗口。因而，做好新归侨侨眷工作，对增进华侨华人与祖（籍）国的联系，有很大影响。今后，除了继续开展华侨农场和散居困难归侨侨眷的扶贫救助工作外，还要加强新归侨侨眷的联谊和服务工作。当前国内侨务工作出现的一些新问题，如华侨华人在国内的空巢家庭、留守儿童、归国留学人员的子女教育等问题，均应纳入国内侨务工作范畴。

（二）加强侨务政策法规体系建设，依法保障归侨侨眷和侨资企业的权益

首先应切实贯彻《中华人民共和国归侨侨眷权益保护法》及其实施办法，加大执法监督检查力度。在保障侨商权益方面，应进一步完善保护侨商投资权益的相关法律法规，建立健全涉侨经济纠纷和案件协调处理机制，加强重点案件督办化解力度。要不断完善侨务政策法规，大力推动华侨权益保护的立法工作，特别是要加强对华侨投资、捐赠、房屋、教育等权益保护的政策、法规的建设和完善。[1] 要坚持"以人为本、为侨服务"的宗旨，统合为侨服务资源，拓宽为侨服务渠道，增强为侨服务手段，提升为侨服务能力和水平，切实为华侨华人归国（来华）投资、创业、读书、交流、寻根、开展慈善公益等提供服务，帮助华侨华人实现梦想。此外，不能只重视有资本或有专才的精英人士，也应关注那些普通的归侨侨眷，特别是海外草根侨众在国内的亲属。

（三）尽力维护海外侨胞在住在国的合法权益

要竭尽所能维护海外侨胞的权益，让他们感到祖（籍）国是他们强大的后盾。应加强领事保护工作，并推动住在国政府营造有利于华侨华人生存发展的良好环境。要尽力维护海外华侨华人的正当合法权益，在他们的权益受到侵犯时，给予必要的支持和帮助。根据世界各地华侨华人的不同需要，为其开展一定的技能培训，使生活在社会底层的新移民能够解决基本的生存问题。

（四）做好涉侨出入境法律、条例的修订工作，为海外侨胞回国探亲、工作、定居提供便利

在华侨华人回国探亲、工作、定居等问题上，中国在相关法律法规上已作出

---

① 林琳：《以习近平侨务论述为指导　开创侨务工作新局面》，载《习近平侨务论述会议手册》，2014 年 8 月 30 日，五邑大学，第 26 页。

很大改善。2013 年施行的《中华人民共和国出境入境管理法》和《中华人民共和国外国人入境出境管理条例》是两部重要的涉侨法律和行政法规，为华侨华人往来中国提供了更多的便利。对作为海外中国公民的华侨，一是规定华侨可以凭护照证明其身份，在国内办理各种事务；二是华侨回国定居手续从公安部门转由侨务部门办理。对外籍华人，一是增设了探亲类、人才类和私人事务类签证，以便签发有效期、停留期较长的签证；二是增设了团聚类居留证件，因家庭团聚需要在中国停留超过 180 天的可申请办理居留；三是因紧急事由需要入境的可申请办理口岸签证等。中国的"绿卡"制度已经实行十多年，在注重引进海外高层次人才和投资者的同时，也为外籍华人办理"绿卡"提供了一些便利。针对侨界反映普遍的"绿卡"门槛较高问题，国务院侨办主任裘援平 2014 年初接受记者采访时表示，有关部门已着手研究修改完善"绿卡"颁发和管理办法，国务院侨办也在积极争取放宽外籍华人申请"绿卡"的条件，为海外华侨华人回国提供更多实际便利。① 2016 年 12 月 9 日，上海宣布实施出入境政策"新十条"，向外籍华人颁发长达 5 年的多次往返签证，这是中国绿卡松绑力度最空前的一次。在北京和广东两地，也在 2016 年 3 月和 8 月分别出台出入境新规，其中均设有外籍华人"专属"的便利条款，主要受益对象是在北京中关村和广东南沙自贸区创业的外籍华人高科技人才及其家属。②

六、着力做好新华侨华人工作

中国海外新移民是侨务部门助推国家软实力建设需要依赖和培育的一股中坚力量。改革开放后大批中国人陆续移民到海外，北美洲、欧洲、大洋洲等地替代东南亚成为中国移民的主要流向地。在世界很多国家，中国大陆新移民业已成为当地华侨华人的主体。

在这些新移民当中，高素质的专业技术移民和富裕的投资（商务）移民日渐成为海外华人社会中潜力大和生机勃勃的主要组成部分，他们身上具有老侨和土生华裔所不具备的优势。相对于老侨而言，他们具有如下突出的特点：一是受教育水平高，专业人才较多；③ 二是年纪较轻，富有活力。尤其是在国外接受高等教育的留学移民大多能较快地适应新环境，融入当地社会；三是拥有先进的技

---

① 《展望新形势下的侨务——国务院侨办举办"走进国侨办"新闻发布会　裘援平主任接受中外记者采访》，《侨务工作研究》2014 年第 2 期。

② 《想要"中国绿卡"的外籍华人朋友，大家有福啦!》，中国侨网，http：//www.chinaqw.com/jjkj/2016/12 - 19/118001. shtml，2016 年 12 月 19 日。

③ 有统计显示：中国大陆新移民中，曾经受过良好教育，以留学方式出国的人占移民总数的六成。

术与管理经验、东西方交融的知识结构和国际化的视野，能够跟上乃至引领新经济的步伐。与土生华裔相比，新移民对中国和中华文化的认知程度更高，感情更深。他们多数在中国成长并接受至少高中或大学的教育，受中国语言文化和习俗的熏陶较深，对中国有感情，通晓中国的人情世故，理解中国的思维方式和价值观念，也比较了解中国的国情和发展模式。他们多怀有强烈的爱国热情，比较关注中国的发展和变化，往往自觉自愿在海外维护中国的国际形象，向当地社会宣传中国和传播中华文化。在与当地社会的关系上，这些新移民积极主动地融入当地社会，参加当地的政治、经济、文化和其他公众活动，组织各种团体保护自己的权益。目前，在新移民中已初步形成一些有影响力的社团，并涌现出一批较活跃、有一定知名度的人士。他们积极开展的一系列活动，不仅扩大了华人在当地社会的影响，也在一定程度上影响了住在国社会和政府对华外交政策。

新移民中的华商、高级知识分子、专业人士等往往因工作、事业发展或是学术交流需要而置身于跨国网络中；而且他们身上具有中西兼容的学养，对住在国和祖（籍）国存有双重关怀，乐于从事有利于两国之间合作和交流的工作。现今有大量留学人员"回归"母国，但这种"回归"并不一定是回到祖（籍）国定居，有的是来回穿梭，在入籍国和中国两地都开展事业，并从事有利于中国与入籍国之间的交往和联系的工作。侨务部门虽然自 20 世纪 90 年代中期以来就开始重视新华侨华人特别是留学转定居的专业技术类移民的联络工作，但这主要是服务于中国的经济发展和科技兴国战略的需要，对于新移民在国家软实力建设中可发挥的作用并未予以思考。实际上，新移民可从外部和内部助推中国的软实力建设。

首先，中国新移民在海外的表现和作为会直接影响他国政府和民众对中国的看法。近年来，中国的国际形象提升固然与中国的经济迅速发展和综合国力上升有关，但也与中国新移民在住在国社会经济发展各个领域的贡献密不可分。受过良好高等教育的理工和人文社科领域的杰出知识精英及拥有丰厚财力的投资移民和商务移民，本身就是展示中国文明和发展程度的一张张名片。比如，在美国硅谷，聚集了一大批毕业于中国名校——清华大学、中国科技大学、上海交通大学的高科技华人精英，他们身上展现的勤劳、勇敢、智慧、诚信、善良等中华民族优秀品质，折射出了中华文化的魅力。

其次，中国新移民也以实际行动在海外传承和传播中华文化，他们是拓展海外华文教育，扩大中华文化影响力的主力军。现今在世界各地，中国新移民对子女的中文教育都非常重视，一方面为了传承中华文化，另一方面也是为了子女将来能到中国发展。笔者曾访问过一位移民澳大利亚十几年的吴女士。她表示，自己对子女的中文教育很重视，严格要求孩子在家说中文；家里雇用的帮工也要会说中文。她还指出，现在像她这样重视子女中文教育的新移民在澳大利亚很多见。① 在美国硅谷聚集的大量华人高级人才，走在全球信息科技前沿，在价值观念、思维方式、经营理念、处世之道上也已深受美国文化的影响，不过这并不妨碍他们对中华传统文化的坚守。为了下一代不忘中华文化之根，他们积极开办中文学校，让子女接受中文和中华传统才艺（书法、国画、武术、气功）的训练等。在硅谷华人社区，也处处可见中国餐馆、雕梁画栋、古色古香的中国式牌楼，还有中医、茶文化、手工艺品、传统节庆活动，这些都是向当地社会展示中华文化的一个窗口。

再次，中国新移民在海外资金、人才、网络等方面的优势已逐步显现，是侨务部门引资、引智的重要渠道，有助于中国创新发展，从内部提升中国的软实力。有很多高新技术领域的中国新移民与国内大学和企业建立了友好关系，在国内创立研发中心，引进国外先进的技术和管理经验，促进中国高新技术产业的发展和企业管理水平的提高，增强了中国自主创新的能力。

最后，侨务部门在开展新移民工作方面已经积累了很多经验，但是从促进国家软实力建设角度看，可拓展的空间仍然比较大。第一，侨务部门应进一步加强与各类新移民社团的联络。中国新移民成立的商会、校友会、同学会、专业人士团体、学术团体、文艺团体、宗教团体、政治团体大量涌现，在团结和凝聚各界华人移民精英上所发挥的作用越来越大。中国应营造政府、社团组织、社会等共同参与的"大侨务"模式，形成与新移民联系的广泛社会网络，培育和利用这些侨务资源。第二，侨务部门和我驻外使领，应有意识物色、培养一批对我友好的新兴社团骨干力量，在事业上扶持他们，在活动中支持、引导他们，在政治上给予一定的荣誉或职务，增强其在侨居国华侨华人社会中的影响力。第三，要引导新移民华人社团之间、新老华人社团之间相互尊重，处理好各种关系，使他们在对中国友好和谋求生存发展上加强团结合作。第四，侨务部门要为新移民多办实事。他们身居海外，不仅自身有困难需要帮助，他们在国内的亲戚朋友也有困难要解决。对此要主动了解情况，并切实给予关心和支持。国内侨务部门可引导成立新移民眷属联谊会，以联谊会特有的作用，激发海外新移民的思乡爱国之情，在此基础上加强与海外新移民的联络工作。

七、推进"和谐侨社"建设，树立华人新形象

推动建设和谐侨社，促进海外华侨华人侨团加强团结、引导海外华侨华人树

---

① 根据课题组成员李爱慧2011年7月26日在暨南大学对来自澳大利亚的华裔新生代企业家吴女士的采访。

立良好形象，与当地民众和睦相处，不仅是海外华侨华人长期生存发展的需要，也是维护中国形象和增进中外关系的需要。

（一）华侨华人与中国的国际形象有很高的关联度

因华侨华人与中国有着割不断的血脉和文化上的联系，外国民众往往通过华侨华人来判断中国，特别是那些没有机会来中国的人大多通过唐人街来管窥独特的中华文化。所以，华侨华人或华人社区形象的好坏，势必影响外国人对中国的印象。课题组在海外发放的调查问卷中，有一题是请受访者给华侨华人的整体形象和中国的整体形象打分。结果显示，两项的平均分很接近，这说明两者的关联度很高，华侨华人在海外的整体形象在很大程度上会影响中国的国际形象。另外，课题组成员 2011 年 7 月对参加"海外华裔新生代企业家高级研修班"的一些学员进行了访谈。有受访者表示，这些年出国的留学生和移民越来越多，但是一些留学生和新移民身上体现出了中国社会贫富分化、社会道德操守分化的现象，希望他们能够将中华文化中的正面元素带出国门。有鉴于此，侨务部门和出入境管理部门可考虑以发放手册、举办专题讲座等形式，做好留学生和中国公民出国前的教育培训工作，提高他们的素质。华侨华人只有以自身的优良素质赢得当地人的好感，在向当地社会介绍和宣传中国的时候，才会获得更多的认可。

（二）"和谐侨社"建设的主要内容

"和谐侨社"建设主要囊括两个方面：一是促进华社内部的团结；二是引导华侨华人与当地民众和睦相处。鉴于目前海外侨团林立、功能重叠、互相竞争等问题，侨务部门应积极引导骨干侨团侨领，从华侨华人社会的整体利益出发，加强组织联谊工作，整合侨社的各方力量。国务院侨办应通过世界华侨华人社团联谊大会等，教育各地侨团侨胞以大局为重，从侨胞的自身利益出发，自觉做好和谐侨社的建设工作；引导侨团内部和侨团之间加强合作，共谋侨社福祉；引导新老侨团、来自不同地区的新移民加强团结协作，及时化解矛盾。与此同时，侨务部门应加强教育引导，推动侨胞积极融入当地社会，遵守住在国法律，尊重当地民族和宗教习俗，注重回馈当地社会，树立和展示"守法诚信、举止文明、关爱社会、团结和谐"的良好素质和形象，做住在国守法的"好公民""好居民"，以辛勤劳动、大胆创新和甘于奉献来赢得当地社会的尊重和信任，成为住在国经济社会发展和文明进步的参与者、建设者和贡献者。鼓励华侨华人加强与住在国主流社会的沟通和合作，增进理解、减少隔阂；与当地非华裔族群和睦相处，参与当地社会公共事务，在争取和维护本族群权益的同时也关照其他族群的利益，不断提升自己的地位和影响。正如华人学者杨健所说：引导中国国民和移民尊重当地法律和文化，是提升中国软实力需着力的地方。①

（三）"和谐侨社"建设新举措

国务院侨办确定 2014 年为"和谐侨社建设年"，主要是以推动侨团发展为抓手，重点抓好三方面工作：一是充分发挥"世界华侨华人社团联谊大会"的平台作用，积极引导海外侨社加强团结，推动侨团组织建设。二是启动"海外惠侨工程"，调动各方面积极性，推出助力海外华侨华人生存发展的务实举措，其中包括在华侨华人聚集的城市，扶持建设"华助中心"，搭建好文化交流、咨询服务、关爱帮扶平台，服务基层华侨华人和社区，让广大华侨华人感受到侨社和祖（籍）国的温暖。这是侨务工作从"侨力助国"向"国力惠侨"转变的重要体现。三是鼓励华人增强公民意识和参政意识。鼓励广大华侨华人增强公民意识和参政意识，加强与住在国主流社会的沟通和合作，积极参与当地社区事务，增进理解、减少隔阂，与其他族群和睦相处，不同文明交融互鉴。要大力培养华侨华人社团骨干力量，通过骨干的先锋示范作用，带领华侨华人积极投身到主流社会的各项活动之中，通过积极参与、感恩回馈等方式，在海外塑造良好的中国人形象。

八、引导海外华侨华人同圆共享中国梦

中华民族的伟大复兴是海内外中华儿女共同的梦想。自 19 世纪末以来，海外华侨就倾力支持中国的民主革命和抵抗外侮的战争，期盼中国独立强大起来。新中国成立后，海外爱国华侨华人充满美好憧憬，一些爱国赤子冲破重重阻力回国参加建设。可是由于"左倾"错误，中国曾走过一段弯路。改革开放以来，中国以优惠政策大力引进侨资和吸纳海外留学人才归国，促进经济迅速发展，社会趋向繁荣，人民生活逐步改善，令海外华侨华人倍感自豪。海外华侨华人与中国是风雨同舟的关系，中国的强大令他们在海外可以挺直腰杆，不再受人歧视。现今海外侨胞与祖（籍）国的联系更加密切，开展交流合作、共享发展机遇的积极性随之高涨，推动中外经济、科技、文化交流的意愿强烈，保持民族和文化特性更加自觉。

中共十八大提出实现中华民族伟大复兴的中国梦的奋斗目标，这是未来几年中共和国家内外大局所在，也是新时期国家侨务事业的主题。紧扣中华民族伟大

---

① 杨健：《龙跃南太：中国南太平洋战略与影响力评估》，香港天大研究院网站，http://www.tiandainstitute. org/cn/article/108_1. html。

复兴战略目标，促进海内外中华儿女大团结，同圆共享中国梦，是当前及今后一个时期侨务工作的根本出发点和落脚点。将华侨华人的力量凝聚到实现中国梦的伟大进程中，充分发挥他们在全面建成小康社会、传播中华优秀文化、推进中外人文交流等领域的重要作用，是侨务工作为实现中国梦服务的优势所在。

习近平总书记在 2014 年会见第七届世界华侨华人社团联谊大会代表时发表重要讲话，对海外华侨华人在实现中国梦进程中贡献力量寄予厚望。他说：当前，中国人民正在为实现"两个一百年"奋斗目标、实现中华民族伟大复兴的中国梦而奋斗。在这个伟大进程中，广大海外侨胞一定能够发挥不可替代的重要作用。中国梦是国家梦、民族梦，也是每个中华儿女的梦。广大海外侨胞有着赤忱的爱国情怀、雄厚的经济实力、丰富的智力资源、广泛的商业人脉，是实现中国梦的重要力量。我们的同胞无论生活在哪里，身上都有鲜明的中华文化烙印，中华文化是中华儿女共同的精神基因。希望大家继续弘扬中华文化，不仅自己要从中汲取精神力量，而且要积极推动中外文明交流互鉴，讲述好中国故事、传播好中国声音，促进中外民众相互了解和理解，为实现中国梦营造良好环境。广大海外侨胞要运用自身优势和条件，积极为住在国同中国各领域交流合作牵线搭桥，更好地融入和回馈当地社会，为促进世界和平与发展不断作出新贡献。[1]可见，习近平总书记不仅重视华侨华人在资金、智力、人脉方面对实现中国梦的作用，也重视华侨华人在中外信息沟通和文化交流、提升中国软实力、营造良好国际舆论环境方面的作用。他更强调了中华文化是凝聚海外华侨华人尤其是华裔新生代方面的内在纽带，这与现阶段中国政府重视提高国家文化软实力的战略是紧密契合的。

国务院侨办主任裘援平指出，中国梦是当下能够最广泛团结侨胞、凝聚侨心的旗帜。中国梦承载着海内外中华儿女的共同福祉和共同追求，是最能激起华侨华人强烈共鸣的精神旗帜。要以中国梦引领侨务工作，必须促进中国梦与侨胞梦的有机结合。我们要把华侨华人过上美好生活的个人愿望与实现中国梦更好地对接起来，始终做到密切联系侨、真心对待侨、紧紧依靠侨、有效服务侨，为他们创造更多发展机遇与合作机会，帮助他们提升整体素质和社会地位。[2]要围绕凝聚侨心侨力侨智、共圆共享中国梦这个主题，着力提升侨务工作的整体性、协调性、针对性和长效性。侨务部门要大力宣传中国梦，弘扬中国精神，凝聚侨胞力量，引导侨胞出智出力，为实现中国梦作出新的贡献。

---

① 《习近平：中华文化是海内外中华儿女共同的魂》，新华网，http：//news. xinhuanet. com/politics/2014－06/06/c_1111025922. htm，2014 年 6 月 6 日。

② 裘援平：《华侨华人与中国梦》，《求是》2014 年第 6 期。

九、善于发挥海外华人学者在传播中国软实力中的作用

一些人文社科领域的新华人学者，尤其是研究中国和中华文化的学者通过著书立说、演讲和授课，有助于住在国政府和民众了解中国和中华文化，消除误解和偏见，改变对中国的态度。这些新华人学者大多是中国改革开放之后出国留学转而定居当地的，主要分布在高等院校、独立研究机构、隶属于高校和政府的研究机构以及研究型基金会等。比如，在美国的研究型大学中基本上都有 20 世纪90 年代以后取得不同学科博士学位的中国学者。这些学者置身于当地的高等院校、科研机构或智库中，与当地的知识精英阶层有着最直接的接触。北京大学历史系王希教授以美国历史学界的华人学者为例，探讨他们在中国软实力建设中可以发挥的作用。他指出，学者的身份意味着他们的学术成就获得了西方学界的认可，并拥有与这种承认相伴随的机会、资源、话语平台和影响力，包括在大学任教、出版学术专著、发表论文、在世界范围内参加各种学术会议，以及通过媒体参与对公共事务的讨论等。作为西方学界的一员，海外华人学者也获得了参与构建西方知识和话语的资格和机会。[①] 积极发挥海外华人学者的力量，对树立良好的国际形象和促进中华文化软实力的传播将起到更大的推动作用。他们的教书育人这一职业特性也决定了他们的知识结构和价值取向对主流社会年青一代了解中国有着难以替代的作用。

这些新华人学者以其特有的双重学术背景和文化视角对中华文化进行解读，对当代中国发展状况进行研究，并可以与西方学者乃至政经界、文化界精英人士对话和交流。因身处主流学术圈，他们对中国问题的研究和认识更能为国外社会所接受，从而有助于国际社会更加客观公正地认识和评估中国，改善中国的国际形象，扩大中国的国际影响力。比如，近年来关志雄教授等对海外"中国威胁论"的回击，张维为、郑永年对"中国模式"和"中国民主主义"等问题的认识，在改善中国海外形象、促进中外交流和理解方面起到了积极作用。[②] 有一些研究中国问题和中华文化的资深学者，如杜维明，在住在国拥有较高的文化学术地位和一大批"粉丝"，具有相当的文化引导力。随着新华人学者数量的增长，一些华人学术性团体开始迅速发展壮大。比如，美国华人人文社科教授协会、全美中国研究联合会，均致力于推动有关中国研究的学术信息共享和项目合作。所

① 王希：《海外学者与中国的"软实力"的构建》，《对外传播》2010 年第 10 期。
② 王健：《海外智库中的新华人学者与中国"软力量"建设》，载《上海侨务理论研究报告集（2007—2008）》，上海：上海人民出版社，2010 年，第 56 - 57 页。

以，在向西方学界乃至更广大的西方社会传播、介绍、解读中国发展的信息和帮助构建中国国际影响力方面，海外华人学者尤其是人文社科领域的学者可以发挥重要的作用。

目前我国对海外高层次人才的关注重点还主要放在理工科领域，对人文社科领域新华人学者的重视不够。国务院侨办应和国内其他机构合作，尽快创建海外人文社科领域新华人学者的数据库。目前这些海外新华人学者和国内的联系大多数是通过其个人的积累建立，比如校友关系、学术交流、个人纽带等，具有较大的随意性，也无法实现资料的有效共性。中国外交或涉侨部门应把新华人学者和中国的对外战略，特别是扩大人文交流战略外交结合起来，不断加强与他们的联络与交流，构建一个海外新华人学者的全球网络，利用他们的学术影响力，传播中华文化精髓，树立中国良好的国际形象，为中国和平发展营造有利的外部舆论环境。同时，我们也可考虑邀请他们担任政府顾问、列席政协会议，让他们为中国的教育文化事业发展、制度建设、法制完善等建言献策。

十、注意海外华人社会的多元性，因地因人制宜

海外华侨华人拥有共同的祖（籍）国，同时又有在当地长期生存发展的共同利益以及相同的语言、传统文化、族裔情感，自然形成一个个相互联系、相互帮扶的社会交往圈子。可是，不同地区、不同国家华侨华人社会状况存在较大的差异；在一国之内，华侨华人又是一个构建复杂的金字塔社会，既有国籍、来源地、代际、年龄等自然差别，又有政治倾向、宗教信仰、职业地位、志向兴趣等后天形成的差异。由于上述种种不同，海外华人对中国的看法和感情亲疏具有多元性。总之，海外华侨华人是一个构成复杂、差异性大的群体，没有一套放之四海而皆准的工作策略，需要针对不同群体，设计不同的交往方式、联络机制，使用灵活的方法。要充分认识华侨、华人、华裔的不同，在工作中明确界限，注意措辞，把握尺度。

早在1980年，国务院批准了外交部和国务院侨办提出的《对外籍华人工作方针政策的请示报告》。报告指出，华侨是爱国统一战线工作的对象，华人是外国公民，不能成为统一战线工作的对象，但是也不能把华人完全等同于外国人，因为他们中很多人还保留着中国的文化、语言和习惯，保持着对中国的民族感情。外籍华人要么由华侨归化入籍而来，要么是土生华裔，中国作为其祖籍国与他们有着共同的民族文化传承和天然的亲情乡谊。外籍华人是我们文化和血缘上的"亲人"，同时又是政治上的"他者"，他们身为他国公民，就必须维护所在国的国家利益，可他们的中华文化情结使他们对中国的关注度不同于一般的外国人，其中不少人对祖

籍国的发展及取得的成就感到高兴和自豪。民族认同不等于国籍认同，文化认同不等于政治认同，外籍华人的双重或多重认同，不仅需要侨务工作严格掌握华侨华人的政策界线，还需要侨务工作者具有高超的艺术，更有针对性地开展联谊、引导和服务工作。中国政府充分尊重外籍华人的族裔感情，为便利外籍华人来中国探亲和交流，有关部门出台了便利举措。在实际的侨务工作中，对华侨和外籍华人公民有所区别，同时也不把外籍华人简单地当作外国人来处理。①

侨务部门在海外开展联谊工作，与华人接触时要更为审慎，严格遵循中国"华侨与华人区别对待"的侨务工作方针。现今很多华人移民已归化入籍，在很多场合也表明自己对入籍国的政治忠诚，可在当地主要族群眼中始终是"外国人"。这无论是在政治开明的国家（如美国）或是政治相对保守的国家（如印尼）莫不如此。所以，侨务部门在接待外籍华人时，要区别国籍界限，把握不同的原则和分寸。侨务部门一方面应鼓励外籍华人融入主流社会，这有利于他们在当地的长期生存和发展；另一方面要增进外籍华人同中国的亲情乡谊与合作交流，为住在国与中国的友好合作发挥中介作用。外籍华人若愿意在中国与入籍国之间充当增进了解、促进友谊、合作共赢的纽带和桥梁角色，他们所能发挥的作用甚至可以超过华侨，特别是在文化交流层面，可以很大程度上起到"降低敌意"的正面作用。

土生华裔与主流社会融合程度较深，他们的言行更能影响当地民众对中国的态度，所以涉侨部门也应注重做好土生华裔的工作。当然，要认识到土生华裔与第一代移民（包括未入籍和已入籍的）在文化认同上的差异，在工作方式上要有所区别。土生华裔与中国在血缘和文化上有割不断的关系，可他们对中国的感情没有新移民那么强烈，他们与祖籍地主要是通过家族移民史和族谱联系起来。土生华裔往往缺乏第一代移民那样的民族主义情怀，可祖籍观念在他们的自我身份认同建构中依然是必不可少的。所以，侨务部门在土生华裔中开展工作时，要先以亲情、乡情打动他们的心，不宜一开始就提出带有民族主义色彩的大口号，要用土生华裔容易理解和感兴趣的语言和文化形式，向他们呈现中华传统文化与中国人情风貌。侨务部门应制订长期的计划，开展培训工作，重点着眼于土生华裔第二代、第三代群体，增强他们对于中国文化的了解、认同和热爱，使之成为沟通中国与住在国的使者和桥梁。应在尊重他们效忠住在国并尽公民责任的前提条件下，注意发挥他们的特殊桥梁作用，尤其要多接触已有建树的土生华裔政界、商界、文化界精英人士，与他们建立良好的关系，通过他们去影响住在国的主流社会。

---

① 国务院侨务办公室：《侨务政策汇编》（第 2 辑），1978—1980 年。

十一、加强涉侨部门、机构和组织的协调

党和国家高度重视侨务系统的组织建设，逐步在中央一级形成了"五侨"体系，包括全国人大华侨委员会、政协港澳台侨委员会、国务院侨办、侨联、中国致公党。"五侨"担负着侨务工作的不同事务，在职能上有所分工，同时形成了资源整合的可能空间。从 1998 年起，中共中央就制定了"五侨"联席会议制度，每年不定期召开联席会议，协调工作中的重大问题，以发挥侨务系统的资源整合功能。之后，这一做法也为省级侨务系统所采用。不仅如此，上海等省市还在"五侨"联席会议的基础上，吸收了党委统战部和欧美同学会参加，形成了"5 + 2"机制。国务院侨办主任裘援平提出，在国家层面，要建立侨办与其他涉侨部门的跨部门整合机制；在侨办系统内部，国务院侨办与各级侨务部门要进行重点任务的统筹整合、重点项目的合作推进；加强对各级侨务部门的统筹协调。①

除此之外，还要注意发挥非政府组织在开展侨务中的作用。与海外华侨华人打交道，以非政府组织（如海外华人交流协会）等开展民间交往较为低调和灵活，更方便建立长期有效的沟通及合作机制，也可避免在海外引起猜忌和争议。可采用以非政府组织形式为主，以官方形式为辅，形成互补。要本着"引导但不指导，到位但不越位"的思想开展侨务工作，在对外交往中注意把握工作的分寸，强调言辞的准确。对华侨华人一些充满爱国激情的活动予以善意的提醒，并通过开展有关侨领的工作，提醒其注意界限，控制尺度。②

---

① 《侨办主任裘援平对广东侨务工作提出 3 点希望与要求》，中国政府网，http：//www. gov. cn/gzdt/2013 – 08/30/content_2477549. htm，2013 年 8 月 30 日。

② 根据课题组成员张秀明主编 2011 年 9 月 23 日对北京市侨办副巡视员史立臣先生的采访整理。

结　语　软实力视野下的侨务理论与侨务工作

　　侨民与祖（籍）国关系一直是国际学术界关注的一个重要话题，20 世纪 90 年代以来一些国家从战略视角治理海外侨民的做法更引起学界的重视①，甚至有学者提出了"Diaspora Strategy"（侨民战略）概念，将其定义为"致力于发展和处理祖（籍）国（homelands）与其侨民关系的某项或系列清晰和系统的政策计划"，"是多个相关机构制定和执行侨民政策的总体框架"。② 侨民战略理论最初主要关注海外侨民与祖（籍）国发展之间的关系和相关的政策，但近几年来，侨民战略理论出现了新的发展：一是侨民不仅仅局限在海外侨民，也包括外来移民；二是侨民战略目标不仅仅停留在经济和社会发展方面，也包含国家安全和总

---

　　① 有关研究参见以下文献：D FITZGERALD. A nation of emigrants：How Mexico manages its migration. Berkeley：University of California Press，2009；A GAMLEN. The emigration state and the modern geopolitical imagination. Political Geography，2008，27（8）：pp. 840 – 856；L GOLDRING. The power of status in transnational social settings. in M P SMITH & L E GUARNIZO eds. Transnationalism from below . London：Transaction Publishers，1998；J ITZIGSOHN. Immigration and the boundaries of citizenship：The institutions of immigrants' political transnationalism. International migration review，2000，43（4）：pp. 1126 – 1154；P LEVITT & R de la DEHESA. Transnational migration and the redefinition of the state：Variations and explanations. Ethnic and racial studies，2003，26（4）：pp. 587 – 611；A MARGHERITIS. State – led transnationalism and migration：Reaching out to the Argentine community in Spain. Global networks，2007，7（1）：pp. 87 – 106；J MARTINEZ – SALDÃNA. Los olividados become heroes：The evolution of Mexico's policies towards citizens abroad. In E ØSTERGAARD – NIELSEN ed. International migration and sending countries：Perceptions，policies and transnational relations，2003，P NYIRI. Expatriating is patriotic? the discourse on "new migrants" in the People's Republic of China and identity construction among recent migrants from the PRC. in B S A. YEOH，K WILLIS eds. State/Nation/Transnation. London：Routledge，2004：pp. 120 – 143；E ØSTERGAARD – NIELSEN. Continuities and changes in sending country perceptions，policies and transnational relations with nationals abroad. In E ØSTERGAARD – NIELSEN ed. International migration and sending countries：Perceptions，policies and transnational relations. Hampshire and New York：Palgrave Macmillan，2003：pp. 209 – 224.

　　② MARK BOYLE，ROB KITCHIN，DELPHINE ANCIEN. The NIRSA diaspora strategy wheel & ten principles of good practice. national university of ireland，Maynooth，2009，http：//diasporamatters. com/wp – content/uploads/2011/05/Diaspora – Toolkit – Booklet – 5. pdf. 其他有关侨民战略的论述见：DELPHINE ANCIEN，MARK BOYLE，ROB KITCHIN. Exploring diaspora strategies：An international comparison，NUI Maynooth，workshop report，June 2009；AIKINS K，SANDS A，WHITE N. A comparative review of international diaspora strategies：The global irish making a difference together. The Ireland fund，2009；MARK BOYLE，ROB KITCHIN，DELPHINE ANCIEN. The NIRSA diaspora strategy wheel and ten principles of good practice，working paper，2009；DELPHINE ANCIEN，MARK BOYLE，ROB KITCHIN. The Scottish diaspora and diaspora strategy：Insights and lessons from Ireland. Scottish government，2009.

体外交战略内容。总体而言，国际学术界关注的重点集中在侨民对祖（籍）国社会经济发展的贡献、移民对住在国外交的作用等方面，但对侨民与祖（籍）国国家形象和软实力之间的关系研究不够，同时对中国经验的探讨也明显不足。

中国向来重视侨务工作，将其视为一项长期的战略性工作。全国政协副主席、致公党中央委员会主席万钢曾说，"世界上没有一个国家像中国这么重视侨，中央'五侨'以各具特色的工作形成了中国独特的综合优势"①。依据国际国内形势和侨情的变化，围绕反帝反霸、改革开放及和平发展等不同时期的国家战略核心，新中国侨务战略重点先后经历了阶段性变化，大体可以分为"结成统一战线""推动引资引智""促进和谐与共赢"三个时期。新时期中国侨务战略在强调引资引智的同时，更加注重华侨华人在中国和平发展，尤其是在中华民族伟大复兴中的作用，同时也注重华侨华人在住在国的生存发展及与当地社会的和谐，让华侨华人共享中国梦的成果。

2006 年，时任中共中央总书记胡锦涛在中央外事工作会议上明确提出了增强中国国家软实力的任务。② 此后，国务院侨办和教育部先后将侨务工作与国家软实力建设之间的关系研究列入重点探讨的课题，包括本课题组成员在内的学者对侨务工作在中国软实力建设中的作用积极进行探讨，产生了阶段性成果，尝试为侨务工作的拓展提供新的理论支持。③ 侨务工作重点从结成反帝反霸的统一战线到引进资金技术和人才，再到参与中国软实力建设的变化，体现中国侨务理论的不断发展和提升。

一、从统一战线到和谐共赢：中国侨务战略思想的新发展

侨务工作是中国涉外工作的重要组成部分，是党和国家一项长期的战略性工作。新中国成立以来，中国领导人十分重视侨务工作，发表了一系列有关侨务工作的讲话和论述，这些讲话和论述所展现的纲领性指示精神构成中国侨务战略的重要内容，指导中国侨务政策的制定和实施。

（一）结成统一战线：中国革命和反霸形势下的侨务思想

统一战线本质上是一种社会力量的联合，它是中国革命取得胜利的"三大法

---

① 《年终特稿："问需于侨"　中国侨务强化机构联动》，中国新闻网，http：//www.chinanews.com/zgqj/news/2009/12 – 17/2024257.shtml，2009 年 12 月 17 日。

② 《胡锦涛在党的十七大上的报告》，新华网，http：//news.xinhuanet.com/newscenter/2007 – 10/24/content_6938568.htm，2007 年 10 月 24 日。

③ 《国家侨务工作发展纲要（2011—2015 年）》明确提出要发挥广大侨胞的作用，促进中外友好与人文交流，提升中国国家软实力。

宝"之一。在中国革命、建设和改革的各个历史时期，中国共产党和中国政府都积极运用各种形式的统一战线，以达到各个阶段的主要目标。[①] 自抗战以来，海外华侨一直是中国统一战线的组成部分。

早在抗日战争时期，华侨即已被纳入中国共产党的海外统一战线。如 1935 年 8 月，中国共产党发表《为抗日救国告全体同胞书》（《八一宣言》），号召"一切不愿当亡国奴的同胞们"和"一切关心祖国的侨胞们"参加"最广泛的反日民主统一战线"，建立各党各派各界各军的抗日统一战线。[②] 在同年 12 月 25 日举行的瓦窑堡政治局会议上，中共中央正式提出建立最广泛的抗日民主统一战线的政策，第一次明确把海外华侨纳入中国共产党的统一战线之中。[③] 太平洋战争爆发后的第二天，中共中央又发出了《中央关于开展太平洋反日民族统一战线及华侨工作的指示》，文件指出："中国人民、中国侨胞及南洋各民族的中心任务，是建立太平洋各民族广泛的反法西斯日、德、意民族统一战线。"

1949 年中华人民共和国成立后，在毛泽东、周恩来的正确领导下，侨务工作步入初步发展的阶段，也有了良好的开头。比如，设立了中央人民政府华侨事务委员会，何香凝女士被任命为主任；1954 年该机构改称为中华人民共和国华侨事务委员会。这一时期，中侨委初步提出并践行"为侨服务"的理念，制定了一系列坚决维护海外侨胞和国内归侨侨眷合法权益、灵活务实地处理涉侨事务的方针和政策。同时，侨务工作紧扣国家经济及社会发展的大局，与国家外交事务、经济前途紧密配合，相得益彰，"共舞"国际，破解了一系列重大涉侨问题，尤其是"不承认双重国籍"政策[④]，为此后中国侨务工作在政策与实务层面打下了基础。

新中国侨务战略重点依然是结成爱国民主统一战线。1949 年的《中国人民政治协商会议纲领》明确声明把国外华侨纳入人民民主统一战线。1950 年元旦，中央人民政府华侨事务委员会主任何香凝向海外华侨发表广播讲话，指出："华侨中的爱国民主统一战线，必然广泛地开展和巩固地建立起来。"[⑤] 在 1952 年 1 月中共中央发布的《中共中央关于海外侨民工作的指示》（下称《指示》）中，又指出当

---

① 随着时代的发展，中国政治和社会形势的转变，统一战线的内涵、内容和具体目标也发生了一系列变化。参见韩亚光：《百年国史札记》，北京：知识产权出版社，2011 年。

② 中央档案馆编：《中共中央文件选集（1934—1935）》，北京：中共中央党校出版社，1986 年，第 486－488 页。

③ 中央档案馆编：《中共中央文件选集（1934—1935）》，北京：中共中央党校出版社，1986 年，第 488－591 页。

④ "不承认双重国籍"主要体现在以下几点：第一，中国政府赞成和鼓励华侨加入住在国国籍，在政治、经济、文化等方面认同住在国；第二，对于自愿保留中国国籍的华侨，党和政府要求他们遵守住在国法律，同当地人民和睦相处，尊重当地习俗，同时保护其合法权益；第三，不承认双重国籍，华侨加入住在国国籍，就自动失去中国国籍。

⑤ 华侨问题研究会编：《侨务法规汇编》（第一辑），北京：联合书店，1951 年，第 1 页。

前"对海外华侨，则以工人、知识分子和小资产阶级为基础，争取资产阶级，来结成广泛的华侨爱国统一战线，孤立华侨中少数反动分子，打击、削弱和瓦解蒋匪帮的反动势力"。1953 年 2 月的选举法更提出要在国外华侨中选举代表。不过，上述《指示》同样声明中共不在海外华侨中建立组织，也劝告国内各民主党派"不要建立其海外支部"。① 这说明尽管华侨仍然是中国统一战线的一部分，但出于侨务服从外交的整体需求，中国政府对华侨的政策其实已经发生了变化。另外，前述"不承认双重国籍"政策既消除了当时东南亚国家的疑虑情绪，也逐步获得了海外华侨华人的理解。中国政府制定的维护海外侨胞和归侨侨眷权益的政策，赢得了侨心，激发了海外华侨回国参加建设的热潮。在新中国成立初期侨务统战对于打破西方资本主义国家的经济封锁和外交孤立发挥了重要作用。

随着中国国内政治形势和政治运动的发展，侨务工作逐渐出现"左"的错误。在土改和反右派运动中，一些侨眷被错划为"地主"或"富农"，一些侨房侨产遭没收，甚至发生侨眷被逼死的事件，一些侨眷的财产和人身安全受到侵害。1960年，党中央提出"调整、巩固、充实、提高"的八字方针，纠正了"左"的错误，侨务部门亦制定了一些纠正错误的政策文件，使侨务工作有所好转。

"文化大革命"开始后，以往正确的侨务政策被以"人民战争"为口号的极左路线所取代，侨务工作受到极大的干扰。"四人帮"散播"海外关系复杂论"，谁有"侨"的身份和"海外关系"就会遭到歧视、怀疑、排斥至被诬为"特嫌""里通外国分子"，致使很多归侨侨眷无辜遭到迫害。"文化大革命"时期的极左路线严重影响了中国与东南亚国家的关系，伤害了东南亚华侨华人"爱国爱乡，造福桑梓"的积极性，也极大地损害了中国在这一地区的外交形象。②

为了消除东南亚国家对中国与海外华侨关系的担心，缓解中国所面临的外交压力，中国政府于 1969 年撤销了中侨委。1971 年 8 月，周恩来在会见缅甸的奈温将军时指出：当外国人统治中国时，孙中山先生积极从事争取自由和推翻帝国主义的斗争并得到广大海外华侨的赞助和支持，所以华侨机构产生了。但是现在已没有这个必要，因而取消了。③ 中国政府在 20 世纪 70 年代初期对侨务工作的调整，意味着中国政府在当时已经放弃了——至少是暂时的——一贯奉行的华侨统一战线。④

---

① 中国人民解放军国防大学党史党建政工教研室编：《中共党史教学参考资料》（第 19 册上），1986年，第 429 页。

② 许梅：《东南亚华人在中国软实力提升中的推动作用与制约因素》，《东南亚研究》2010 年第 6 期。

③ 郑甫弘：《文革时期中国的海外华侨政策》，《南洋问题研究》1996 年第 2 期。

④ 国内相关论述较多，笔者在此不再赘述，国外的专门研究可以参见 STEPHEN FITZGERALD. Overseas Chinese affairs and the cultural revolution. The China quarterly, 1969 (40): pp. 103 - 126.

（二）推动引资引智：改革开放战略下的侨务思想

1978 年 1 月，国务院侨务办公室成立，侨务工作从此进入拨乱反正与改革开放的新的历史时期。1978 年到 1984 年间的侨务工作以落实侨务政策为主，是对历史的纠偏。而 1984 年以后，配合国家以经济建设为中心的国策，推动华侨华人参与中国的经济发展与科技进步则构成了新时期侨务工作的重心。①

改革开放初期，中国政府在侨务工作方面批判和扭转了"文化大革命"的错误做法，迅速恢复和建立了各级侨务机构，重申了新中国成立初期的侨务政策，平反冤假错案，清退被没收的华侨私房，并落实归侨侨眷干部和知识分子政策，保护侨汇，从而逐渐愈合了由于"左"的错误给海外华侨华人和归侨侨眷带来的严重心灵创伤。1978 年 1 月 4 日，廖承志发表《批判"四人帮"所谓"海外关系"问题的反动谬论》一文，指出"侨务工作和党的各项工作一样，都是为了促进社会主义革命和社会主义建设，都是为了巩固无产阶级专政。党的侨务政策不仅要服从国内阶级斗争的需要，还要必须服从国际阶级斗争的需要"，要"调动国内外一切积极因素，为扩大华侨的爱国团结，为加强国际反霸统一战线，为巩固祖国无产阶级专政，为建设一个四个现代化的伟大社会主义强国而努力"。② 可见，尽管"文化大革命"已经结束，但无论内政还是外交，中国当时的政策依然带有浓厚的意识形态色彩。不过随着改革开放的到来，当中国把经济建设置于国家战略的核心位置时，为了获取经济发展所需要的资源，海外华侨很自然地被纳入中国决策者的视野。

1977 年 10 月 2 日，在会见港澳同胞国庆代表团和香港知名人士利铭泽及其夫人时，邓小平提出："我们现在不是海外关系太多，而是太少。海外关系是个好东西，可以打开各方面的关系。"邓小平关于"海外关系是个好东西"的重要论述"应该说彻底打破了海外关系复杂论这一'左'的思想禁锢，重新确立了解放思想实事求是的思想路线，是我们侨务战线一个最光辉的运用，海外侨胞爱祖国、爱家乡的情怀得以尽情地迸放"③。在 1979 年初，邓小平即谈到："现在搞建设，门路要多一点，可以利用外国的资金和技术，华侨、华裔也可以回来办

---

① 庄国土：《1978 年以来中国政府对华侨华人态度和政策的变化》，《南洋问题研究》2000 年第 3 期，第 7 页。

② 《人民日报》，1978 年 1 月 4 日。

③ 国务院侨务办公室政策法规司时任司长王晓萍接受华语广播网采访时的谈话，参见《三代国家领导人的侨务思想开启了改革开放的独特机遇和重要资源》，华语广播网，http：//gb. cri. cn/1321/2009/05/11/1766s2507383. htm，2009 年 5 月 11 日。

工厂。"①

20 世纪 80 年代中期之后，配合国家以经济建设为中心的国策，推动华侨华人参与中国的经济发展与科技进步则构成了新时期侨务工作的重心②，海外华侨以及华人的力量逐渐得到了中国政府的重视。各级政府和侨务部门注重发挥侨务优势，围绕国家对外开放、经济建设、科教兴国、人才强国等重大战略，积极引进海外华侨华人的资金、技术和人才，促进了我国的经济发展和科技进步。

不过，中国对华侨华人的重视并不局限于经济建设领域。比如，在侨务文教工作方面，侨务部门大力支持海外华文教育，传承和弘扬中华文化，努力帮助华侨和华人子弟提高中文和中华文化的水平；积极赴海外开展中华文化展演活动，在宣慰侨心的同时，也向华侨华人住在国社会传播了中华文化。国内面向华侨的暨南大学、华侨大学以及北京、广州、集美的华侨学生补习学校，利用每年的寒暑假为华人子弟开办中文和中国文化讲座，接收海外中文学校的中文教师进修；同时国务院侨务办公室为海外的中文学校编写了教科书，并向海外赠送书籍、录音和录像资料。在支持中国外交方面，侨务部门积极联络海外华侨华人社团、侨领、各领域的精英人士，发挥民间外交的作用，以扩大中国人民与世界各国人民的友好交往；以华侨华人为侨领，促进中外在经济、科技、文化等领域的交流合作。在对台工作方面，侨务工作紧密围绕党和国家对台工作的总方针、总政策，在广泛团结海外华侨华人、反对和遏制"台独"分裂势力工作中，发挥了独特作用。在 1984 年的全国侨办主任会议上，胡耀邦讲到："三千万华侨华人是了不起的力量，搞得好，可以变成促进四化建设、实现统一祖国、扩大海外影响、争取国际友人的重要力量。"③ 可见，中国政府对华侨华人抱有非常高的期望，随着中国经济的发展，这一趋势越来越明显。

20 世纪 90 年代初，邓小平又提出有关海外侨胞与我国发展的"独特机遇论"。1990 年，邓小平在会见泰国正大集团董事长谢国民时指出："我们还有几千万爱国同胞在海外，他们希望中国兴旺发达，这在世界上是独一无二的。我们要利用机遇，把中国发展起来。"1993 年春节，邓小平又在上海指出："中国与世界各国不同，也有自己独特的机遇，比如我们有几千万爱国同胞在海外，他们

---

① 《搞建设要利用外资和发挥原工商业者的作用》，载邓小平：《邓小平文选（第二卷）》，北京：人民出版社，1993 年，第 156 页。

② 庄国土：《1978 年以来中国政府对华侨华人态度和政策的变化》，《南洋问题研究》2000 年第 3 期，第 7 页。

③ 《胡耀邦同志在省、自治区、直辖市侨办主任会议上的讲话》，载国务院侨办编：《侨务法规文件汇编（1955—1999）》，1997 年，第 17 页。

对祖国做出了很多贡献。"① 第一次把海外侨胞作为我们国家大发展的独特机遇鲜明地提出来，极大激发了海外侨胞参与我们国家改革开放和现代化建设的积极性。

江泽民继承并发展了邓小平的侨务思想，提出有关侨务工作的"优势论"和"资源论"。1999年，江泽民提出，几千万海外侨胞是中华民族的一个重要人才资源宝库，要求侨务部门率先改变重资金、轻人才的状况，把引进华侨华人人才放在一个更加重要的位置。

（三）促进和谐与共赢：和平发展战略下的侨务思想

随着改革开放的推进，中国综合实力和国际地位不断上升。新时期侨务思想在强调引资引智的同时，更加注重华侨华人在中国和平发展，尤其是在中华民族伟大复兴中的作用，同时也注重华侨华人在住在国的生存发展及与当地社会的和谐，让华侨华人共享中国梦的成果。

1. "三个大有作为"和"四个积极作用"

2005年2月28日，胡锦涛在接见参加全国侨务工作会议代表时提出侨务工作"三个大有作为"的重要论断："在凝聚侨心、发挥侨力，为实现全面建设小康社会的宏伟目标作贡献方面，侨务工作大有作为；在反对和遏制'台独'分裂势力，推动祖国和平统一进程方面，侨务工作大有作为；在开展民间外交，传播中华文化，扩大中国人民与世界各国人民友好交往方面，侨务工作大有作为。"②

2008年3月7日，胡锦涛参加全国政协会议中国致公党和侨联界联组会议讨论时提出，要充分发挥归侨侨眷和海外侨胞"四个积极作用"的重要论断，"要把中共十七大描绘的宏伟蓝图变为现实，要加快推进全面建设小康社会进程，必须坚持解放思想、实事求是、与时俱进，必须抓住机遇，同心协力、埋头苦干，必须进一步加强海内外中华儿女的大团结。要按照凝聚侨心、汇集侨智、发挥侨力、维护侨益的要求，充分发挥归侨侨眷和海外侨胞在推动我国现代化建设方面的重要作用，在推进祖国和平统一大业方面的积极作用，在传播中华文化方面的独特作用，在增进中国人民同各国人民相互了解和友谊方面的桥梁作用，进一步

---

① 国务院侨务办公室、中共中央文献研究室编：《邓小平论侨务》，北京：中央文献出版社，2000年，第12页。

② 参见新华网报道，http://news.xinhuanet.com/newscenter/2005-02/28/content_2630239.htm，2005年2月28日。

汇聚起全民族为实现中华民族伟大复兴而共同奋斗的强大合力"。①

胡锦涛有关侨务工作的思想"深刻阐明了新时期侨务工作在党和国家工作大局中的独特作用和重要地位,提出了充分发挥广大海外侨胞和归侨侨眷重要作用的新要求,对做好新时期侨务工作具有重要指导意义"②。

2. "大侨务"和中国梦

习近平有关侨务工作论述的思想是对老一辈领导人侨务思想的继承和发展,也是他长期分管侨务工作实践的总结与提升。习近平的侨务思想涉及内容广泛,包括侨务工作的宗旨、指导思想和原则、政策目标和手段、工作内容以及有关华侨华人与中国关系等,比如:"对投资者有利、对所在国有利、对中国有利"的"三有利"原则;"大侨务"思想和工作思路;"充分发挥'侨'的优势,深层次、宽领域、全方位地开展经济、科技、文化等方面的交流与合作,为现代化建设服务,为社会主义市场经济同国际经济接轨铺路,为世界和平和发展做出贡献";海外侨胞与中国关系的"根""魂""梦"思想,"实现中国梦,是海内外中华儿女的共同愿景,也将为世界各国人民带来更多利益和机遇"。③

2010 年 7 月 25 日,时任国家副主席习近平出席海外华裔及港澳台地区青少年"中国寻根之旅"夏令营开营式,并作重要讲话,正式提出"根""魂""梦"的侨务思想。2014 年 6 月 6 日,国家主席习近平再次论述华侨华人与中国梦的关系,指出:团结统一的中华民族是海内外中华儿女共同的"根";博大精深的中华文化是海内外中华儿女共同的"魂";实现中华民族伟大复兴是海内外中华儿女共同的"梦"。④

"根""魂""梦"思想实际指明了海外侨胞的来源、认同及责任三大问题。所谓"根",不但指海外侨胞的祖籍地或乡情,更重要的是海外侨胞的族裔归属,即同属中华民族大家庭。所谓"魂",是指中华文化情结或中华文化认同。而"梦"则是海外侨胞与国内各民族共同实现中华民族伟大复兴的理想,强调的是一份责任和义务。"根""魂""梦"思想对做好新时期侨务工作,引导华侨华人融入当地社会的同时积极传承、弘扬和传播中华文化,发展中国同住在国友好关系,塑造中国良好国家形象,增强中华民族凝聚力和向心力具有重要意义。

---

① 参见新华网报道,http://news.xinhuanet.com/video/2008 - 03/07/content_7740808.htm,2008 年 3 月 7 日。

② 张斌:《邓小平"独特机遇论"在新时期中国侨务发展战略中的继承与发扬》,《侨务工作研究》2014 年第 2 期。

③ 习近平:《"大侨务"观念的确立》,《战略与管理》1995 年第 2 期。

④ 《习近平讲话引共鸣:华裔青少年议"根、魂、梦"》,新华网,http://news.xinhuanet.com/over-seas/2010 - 07/27/c_12378503.htm,2010 年 7 月 27 日;《习近平致第十二届世界华商大会的贺信》,新华网,http://news.xinhuanet.com/politics/2013 - 09/25/c_117506805.htm,2013 年 9 月 25 日。

习近平多次讲话体现了和谐与共赢的思想，实际体现了中国梦、侨胞梦和世界梦的一致性。1995 年，习近平撰文提出"三有利"的侨务工作新思路。"三有利"是指"对投资者有利、对所在国有利、对中国有利"。2012 年 2 月，习近平在美国洛杉矶出席当地华侨华人欢迎晚宴时盛赞旅美华侨华人为中美双边关系作出的贡献，并对海外侨胞提出三点殷切希望：一是继续发扬中华民族"以和为贵，协和万邦"的优良传统，努力成为与住在国人民和睦相处的典范；二是继续发挥熟悉住在国、了解祖（籍）国的独特优势，努力成为促进中国现代化建设与世界人民友好相处的典范；三是继续发挥了解中华文化的独特优势，努力成为弘扬中华优秀文化和促进中外文化交流的典范。①

二、华侨华人在中国软实力建构中角色的再认识

华侨华人在国家软实力建设中可以发挥独特的重要作用，但如何更好地发挥他们的作用，需要我们有新的观念和新的认识。

（一）重视海外华人社会实践在建构中国软实力中的特殊意义

软实力的关键在于文化吸引力和核心价值的传播力，其中，价值观念和政治制度是关键。中国软实力的思想根基何在，什么是能够影响世界的"中国价值观"？需要继续追问的是，什么是"中国"？② 关于"中国"，西方学者研究颇多，但其主要论述大都按西方标准来定义"中国"，缺乏"中国"概念的原创性和主

---

① 《习近平赞旅美侨胞为中美关系做贡献并提三点希望》，中国新闻网，http：//www. chinanews. com/gn/2012/02－17/3677390. shtml，2012 年 2 月 17 日。

② 关于中国价值观的问题没有解决之前，构建"软实力"还只能是流于形式、缺乏内核，也无法孕育出真正持久的软实力。需要进一步追问的问题是"中国"是什么，没有对"中国"的客观阐释，"中国价值观"也无从谈起。根据李扬帆的研究，中国国名源于传统的天下观，在近代民族国家建构中，中国传统的天下观念并没有退出历史舞台，并且中国回归了大一统，中国并没有因为国名的确定而实现向一个经典意义上的民族国家的转变，近代中国是一个未完成的"国家"。具体参见李扬帆：《未完成的国家：中国国名的形成与近代民族主义的构建》，《国际政治研究》2014 年第 5 期。

体性。① 从中国学者自身的相关研究来看②，"中国"是一个变迁的概念，这种变迁一方面是内部的，另一方面是外部的。首先，"历史上的'同一个'中国在历史进程中并不是'同一性'的"，③ 就中华人民共和国而言，就有新中国、"文化大革命"中国、改革的中国、崛起的中国等几个不同阶段的中国。其次，近代以来，中国的开始成为世界的，"中华帝国""半殖民地中国""中华民国""社会主义中国"以及"全球化的中国"等不同时期的国际称谓使中国在近代以来打上了世界印记，中国成为世界的一部分。因此，"中国价值观"既要植根于中国的在地经验（local experience），又要置于全球文明体系里来考量，全球价值里也应包括中国元素。④

中国传统文化或者中国官方的主流文化是否可以孕育出"中国价值观"？关于前者，学界多有讨论，有学者主张通过复兴儒学来重构中国人的价值体系，其中，以杜维明、成中英等华裔学者发起的"新儒学"运动为代表，⑤ 国际关系学者阎学通也认为："在文化上，中国可定位于儒学国家，界于宗教与非宗教国家之间。"⑥ 关于后者，支持中国官方现行价值体系的学者把中国特色的社会主义

① 具体参见 MONROE PAUL. China：A nation in evolution. New York：Macmillan Company，1928；JONATHAN GOLDSTEIN，JERRY ISRAEL，HILARY CONROY，eds. America views China：American images of China then and now. Bethlehem，Pa. ：Lehigh University Press，1991；JONATHAN D SPENCE. The search for modern China：1600 – 1912. NewYork：W W Norton & Company，1999；FAIRBANK JOHN KING，MERLE GOLDMAN. China：A new history. Cambridge，Mass. ：Harvard University Press，2006.

② 中国学者葛兆光、汪晖、李小江等从中国历史本身出发重建了关于"中国"的论述。葛兆光认为：历史上的中国是一个移动的中国，不必以现代中国的政治边界来反观历史中国，也不必简单地以历史中国来反观现代中国；在汪晖的研究中，他通过超越西方的现代性阶段、跨越民族国家的现代内涵，把"现代中国"直接接续在"中华帝国"的庞大根系上，获得了"中国"在历史和现实上的合法性；李小江认为：中国是一个客观的存在，具有自然本身的顽强意志和自然发展的不可逆转性，她主张"把中国看作一个具有独立意志和独立人格的主体，尊重它，尊重它的存在和它已经做过的历史选择"。具体参见葛兆光：《宅兹中国：重建有关"中国"的历史论述》，北京：中华书局，2011 年，第 27 – 33 页；汪晖：《现代中国思想的兴起》，北京：生活·读书·新知三联书店，2008 年，第 10 – 12 页；李小江：《中国是什么？中国将是什么？》，《东方》1995 年第 1 期。

③ 李小江：《对话汪晖——管窥中国大陆学术风向与镜像（1990—2011）》，北京：社会科学文献出版社，2014 年，第 58 页。

④ 新加坡学者郑永年主张从现代性、身份认同和国际关系出发来建构中国，具体参见 ZHENG YONGNIAN. Discovering Chinese nationalism in China：Modernization，identity and international relations. New York：Cambridge University Press，1999.

⑤ 具体参见 LEVENSON JOSEPH. Confucian China and its modern fate：A trilogy. Berkeley：University of california press，1969；DANIEL A BELL. China's new confucianism：Politics and everyday life in a changing society. Princeton，NJ：Princeton University Press，2010；HU SHAOHUA，Confucianism and contemporary Chinese politics. Politics & Policy，2007，35（1）：pp. 136 – 153.

⑥ 阎学通、徐进：《中美软实力比较》，《现代国家关系》2008 年第 1 期。

价值体系与改革开放时代的政治经济变革相结合，坚持公平与正义，反对自由主义。① 一个社会的主流价值观必须具备深厚的民间基础，至少从目前来看，二者都处于理论层面，在国内的民间根基并不稳固。因此，"中国价值观"在理论上尚处于探讨阶段，在实践上也可能正处于起步阶段，这种潜在价值观的形成过程基本上与中国改革开放的社会实践相同步，在笔者看来，这个过程应与中国软实力的建构相向而行。

那么，这种可能正在形成中的价值观怎样才能与中国软实力的建构相向而行呢？走出中国本土文化圈，我们能够从庞大的海外华人群体里发现这种类似的社会实践与文化创造，与中国本土华人一样，今天的海外华人是昨日"中国人"的后裔，他们的社会实践与本土华人一样都是对昨日"中国人"社会实践的继续。华人移民海外的过程，也是中华文明与其他文明相遇、冲突、对话、融合并重生的过程，一种新的价值观在华人移民中逐渐形成，这种价值观很大程度上有"中国人"的成分，也是中国本土价值观很大可能的未来趋向。今天，伴随着中国经济的崛起，海外华人在国际上对其华人身份更加自信，在多元共融的全球化时代，海外华人代表中华文明，在异域世界进行新的社会实践和文化创造，日渐融入全球价值体系中。随着现代资讯的发达和华人移民环流模式（circular migration）② 的形成，这种价值观（如新加坡的价值观）正在反向影响中国，③ 在某种意义上也承担着与中国本土价值对接的历史使命。因此，海外华人的社会实践是昨日之"中国"的继续，提供了一个孕育中国价值观、建构中国软实力的可能性版本，也为中国大陆本土华人族群的社会实践提供了非常重要的借鉴。

---

① 持这种观点的学者群体被称为"新左派"，受到来自"自由派"的挑战。"自由派"与"新左派"是海外学术界对中国大陆 20 个世纪 90 年代以来两种主流学派的称呼，前者被学界认为代表自由主义，高举改革旗帜，以南方报系为大本营，后者被认为代表社会主义，高举社会公正旗帜，以《炎黄春秋》、乌有之乡等为大本营。关于两派的学术争论，详见 GEREMIE R BARME. In the red: on contemporary Chinese culture. New York: Columbia University Press, 1999。事实上，两种思潮在不断的碰撞与交锋中推动了中国社会的进步，在笔者看来，很少有纯粹的自由派或纯粹的新左派，大多数学者如秦晖所言的"赞成自由主义与社会主义都认同的那些价值，而反对他们都反对的那些价值"。

② GRAEME HUGO. What we know about circular migration and enhanced mobility. Policy Brief, MPI, September, 2013 (7): pp. 1 – 10.

③ 新加坡崇尚"内儒外法"，其主流社会的价值观念与中国传统文化内在精神的追求一致。新加坡也曾是东方价值观、亚洲价值观的倡导者，影响了周边地区，新加坡社会的主流价值体系长期以来对中国本土价值体系的建构产生重要影响。具体参见吕元礼：《亚洲价值观：新加坡政治的诠释》，南昌：江西人民出版社，2002 年。

（二）改变"血统主义"的传统认知

"血统主义"（Jussanguinis）的观念在中国由来已久①，自晚清和民国以来，官方多奉行"血统主义"的传统看法，海外华人通常被认为对于中国本土应有国家忠诚，导致其身份认同陷入祖籍国与住在国的两难困境，"海外华人与中国国内人民在政治身份认同上的差异进一步加深了两者之间的隔阂与鸿沟，使散居者利益和国家利益无法完全协调统一"。②住在国对华人的政治忠诚多有猜疑，其结果是既损害了中国的国家软实力，也损害了海外华人的利益。因此，华人血脉并不代表海外华人与中国软实力是一种正向关系，想当然地用"血统主义"和"民族论"来假定海外华人对祖籍国的国家忠诚被历史证明是无益的。

那么，海外华人在中国国家软实力建构的角色究竟该如何定位？首先，要重新审视"民族国家"的传统视野。"民族国家"观念自"冷战"结束以来在国际学术界受到普遍质疑③，"民族主义将民族视为线性发展的有机体，是一种历史决定论的单向性逻辑"④，这种观念是"血统主义"在国家政治生活中的体现，对中国这样一个多民族交融又有着庞大海外华裔的国家，用"民族国家"的传统视野来建构中国的国家软实力有很大的局限性。对于本土中国人、东南亚华人、美籍华人等不同的华人族群，既要看到他们同源同种的华人身份，也要看到他们基于不同社会环境形成的多样性差异。因此，在海外华人政策的制定上，首先要抛弃狭隘的"民族国家"视野，包容和尊重海外华人的多元身份，既避免把海外华人作为对外政策的工具，也要避免对代表其他文明符号的华人族群（如日裔华人）进行主观上的排斥。其次，要用全球主义的视野来审视华人在中国国家软实力建构中的作用。海外华人身上蕴藏着丰富的软实力资源，但软实力资源并不等于现实的软实力，要探讨海外华人多元身份对于中国软实力建构的可能性

---

① 这种基于血统和宗法的观念很容易把海外华人与中国血浓于水的关系上升到荣辱与共的程度。这种看法可能受到了中国古代"天下观"和传统的"东亚封贡体系"的影响，尽管李鸿章所说的"数几千年未有之大变局"以及欧美和日本的侵略打破了中国人的这种传统观念，但这种观念难以在华人族群特别是中国大陆本土华人中完全除去。

② 刘宏：《海外华人与崛起的中国：历史性、国家与国际关系》，《开放时代》2010年第8期。

③ HOFFMANN STANLEY. Obstinate or obsolete? The fate of the nation – state and the case of Western Europe. Daedalus, 1966：pp. 862 – 915；MITCHELL TIMOTHY. The limits of the state：beyond statist approaches and their critics, The American political science review, 1991：pp. 77 – 96；KOOPMANS RUUD, PAUL STATHAM. Challenging the liberal nation – state? postnationalism, multiculturalism and the collective claims making of migrants and ethnic minorities in britain and germany. American journal of sociology, 1999, 105（3）：pp. 652 – 696；OMAE, KENICHI. The end of the nation state：the rise of regional economies. Simon and Schuster, 1995；GUÉHENNO, JEAN MARIE. The end of the nation – state. University of Minnesota Press, 1995.

④ 李扬帆：《未完成的国家：中国国名的形成与近代民族主义的构建》，《国际政治研究》2014年第5期。

意义，通过海外华人挖掘可资中国拓展的软实力资源。例如：华人基督徒、华人穆斯林、华人佛教徒都是二元一体的复合身份，这种身份对祖籍国和住在国都有影响力。"软实力不必是一个国家获益而其他国家受损害的零和游戏"①，"不能把这种影响力牵强地作为中国、美国或者加拿大某个国家的软实力，更应该强调这种影响力的共融性和共享性"。② 祖籍国和住在国的华人政策决定了华人的人心归属，中国政府若能制定更具包容性的外交政策，以海纳百川的气度接纳来自不同文明的优秀成果，中华文明将依托庞大的华人族群在一个全球化的时代得到更新和重生。

（三）完善制度设计，发挥华侨华人社会性力量的影响力

政治制度在"软实力"中居于重要地位，是软实力发挥作用的保障。制度对组织与调控相互依赖的世界有重要意义，"善治"（good governance）的制度是软实力发挥作用的基本条件。一国的国内制度与国际制度保持同一性，有利于产生横向影响力。"国家的软实力同样与一国在国际社会的关系网络中具有的游说、动员、号召等能力成正向关系。"③ 在制度设计上，"国家、市场与社会"的三分法是国际社会通行的原则，国家力量要保证市场力量和社会性力量能发挥有效作用。在"国家、市场与社会"三元一体的社会结构中，充分发挥社会性力量的作用，是欧美国家拓展软实力的重要经验。因此，与中国本土相关的跨国社会性力量的培育是中国融入世界的重要途径，在对外交往中，民间社会组织因其有着独特的社会关系网络，对建构中国软实力的作用不可忽视。④

在现代社会中，公民力量大多通过公民社会组织来彰显，公民社会的发育程度及其与国外同类组织的对接能力是一个国家软实力的重要体现。然而，从目前来看，中国本土的社会性力量的发展及其与国际社会的对接能力都严重不足。根据余英时的研究，自从士人阶层消失后，中国社会缺少能够采取集体行动的社会性力量。⑤ 如今，这种社会性力量不足的现状已经影响了中国对外关系的均衡发

---

① 张国祚：《中国的事要多听中国人说——与约瑟夫·奈的对话》，《中国社会科学报》，2012 年 7 月 4 日。

② 张云：《北美华人基督徒影响力分析——基于"软权力"的视角》，《暨南学报（哲学社会科学版）》2012 年第 5 期。

③ 苏长和：《中国的软权力：以国际制度与中国的关系为例》，《国际观察》2007 年第 2 期。从关于跨国移民的社会学理论来看，移民对于祖籍国软实力的建构有重要影响，其中，移民在海外自发形成的民间社会组织的力量不可或缺。

④ 从关于跨国移民的社会学理论来看，移民对于祖籍国软实力的建构有重要影响，其中，移民在海外自发形成的民间社会组织的力量不可或缺。

⑤ 余英时：《论士衡史》，上海：上海文艺出版社，1999 年，第 6－20 页。

展。不过，海外华人却有着独特的社会性关系网络，在海外存在着数量众多的华
人商会、华人社团、华人教会、同乡会等华人团体组织①，发挥其桥梁和纽带作
用，对于中国软实力的建构有重要意义。近些年，华人社团的影响力不断增强，
据国务院侨办相关部门2014年的估计，海外华侨华人社团的数目约有2.57万
个，大多社团因成员拥有华侨华人身份而联系在一起，有与中国本土对接的意
愿。随着现代资讯的发达，华人社团逐步走向国际化，既与中国本土对接，又积
极拓展在同类社团中的影响力，日益形成一个全球性的华人社会网，如：世界华
商大会（WCEC）已经覆盖了70多个国家和地区，这种网络不但是华人经济、
文化、体育等交流的平台，而且是华人与来自其他文明的族群对话和交流的
平台。②

　　要发挥海外华侨华人在中国软实力建构中的作用，就要在制度设计上保障海
外华侨华人能够通过社会性力量发挥影响力。首先，对外政策特别是移民政策的
制定要与国际社会对接。在涉及海外华侨华人的相关事务上，要避免以血统论身
份，要用制度来规范海外华侨华人回国的探亲、工作、生活等行为，同时用规则
来回应新移民移居海外的诉求，通过国际通行的制度来保证海内外华人的基本利
益，形成华人出入中国的"环流模式"。其次，对华人社团的扶持，尽量避免使
用政治手段，要更多地采用民间方式。政府应支持国内同类民间组织的发展，鼓
励国内外同类文化社团之间的交流，通过民间方式协助海外华人社团在当地学
习、传播和发扬中华文化，支持开展有关中国饮食、中医、音乐和戏曲、武术、
服装及各种习俗的相关活动，展现华人族群的特殊魅力。同时，透过华人社团组
织网络，传播中华文化，加深新生代华人和其他族裔对中华文化的了解和认同。

三、软实力视野下侨务理论的再建构

　　随着中国改革开放的深化，尤其是随着中国产业升级和转型，华侨和华人被
赋予更多的期望。中国政府的侨务政策，开始从早期强调"引资"逐步过渡到

---

　　①　海外华人社团是海外华人以一定关系为纽带而结合起来的互助、互济、互卫的社会组织，是华人
在异域他乡谋生存、图发展的基本保证。

　　②　例如："全福会"（the Full Gospel Business Men's Fellowship International，缩写为 FGBMFI）是由美
国人1952年创建的国际性福音从业人员团契，是非营利的基督徒福音组织，在全世界的100多个国家中有
7 000多个分会，北美华人全福会在其中有很大的影响力，其中的华人信徒有非常明显的中国文化元素，
"华人以基督徒的身份在北美大陆传承了中国文化，同时把'文化中国'带入世界"。关于华人基督徒，
详见张云：《北美华人基督徒影响力分析——甚于"软权力"的视角》，《暨南学报（哲学社会科学版）》
2012年第5期；YANG FENGGANG. Chinese Christians in America: Conversion, assimilation, and adhesive
identities. University Park: Penn State Press, 2010.

"引智"。而自 20 世纪以来，随着中国国力的提升，以及中国"和平崛起"概念的提出，中国从学界到政府，不断重新诠释和探讨华侨华人的角色及其与中国的关系，华侨华人与中国软实力、华侨华人与公共外交等皆成为学界和政府关注的命题。最近几年，中国侨务工作重心随着国家经济科技发展战略、外交大局和增进文化软实力的战略发生很大转变。2011 年 10 月 19 日至 20 日召开的全国侨务工作会议提出四点新思路：一是加强侨务公共外交；二是以侨务助推中华文化走出去；三是依法维护海外侨胞和归侨侨眷正当合法权益；四是推进海外侨胞在三大领域参与经济社会发展。① 2017 年 2 月 17 日至 18 日，全国侨务工作会议在北京召开，习近平总书记、李克强总理对侨务工作作出重要指示和批示，希望侨务工作者团结广大海外侨佬和归侨侨眷，发挥他们在促进国家现代化建设、促进祖国和平统一、促进中外友好合作、提升国家软实力方面的重要作用。②

如前所述，新中国成立以来，涉侨部门透过华侨华人积极开展人民外交，传递中国声音，促进中外交流与友好，实际是自觉或不自觉地应用自身的软实力，且在不同程度上取得成效。但是，全面地、创造性地、自觉地打造国家软实力和应用国家软实力，并将之提升到与国家硬实力相提并论的战略高度，只有在中国作为一个负责任大国的国际地位得到极大彰显的今天才有可能。在国家侨务工作中，着力打造和充分发挥国家软实力的作用，也是在新的历史时期海外侨务工作实现科学发展的题中应有之义。为此，如何结合中国实际，将软实力理论嵌入我国侨务理论研究中，发挥侨务工作在国家软实力建设中的作用（笔者暂且称之为侨务软实力建设），就显得十分重要和迫切。

（一）侨社和谐发展：侨务软实力建设的前提

软实力理论强调软实力资源的开发与巧用。华侨华人作为中国与住在国共享的独特资源，发挥其作用的前提在于其自身形象、实力和影响力。因而，探讨侨社的和谐发展、侨胞资源的涵养与巧用是软实力视野下中国侨务理论突破的前提。

2005 年，胡锦涛在联合国成立 60 周年的首脑会议上，发表了题为"努力建设持久和平、共同繁荣的和谐世界"的重要讲话。他认为和平、发展、合作的历史潮流为实现各国人民和平共处、和谐共存提供了前所未有的契机，建设和谐世界具备了客观现实可能性；在机遇和挑战并存的条件下，"努力建设一个持久和

---

① 丘岳、柴歌：《中国侨务"十二五"展望——全国侨务工作会议解读》，《侨园》2011 年总第137 期。
② 《习近平对侨务工作作出重要指示 李克强作出批示》，新华网，http：//news. xinhuanet. com/politics/2017 – 02/17/c_1120486778. htm，2017 年 2 月 17 日。

平、共同繁荣的和谐世界，符合世界各国人民的共同福祉"，是实现世界安全稳定繁荣的必由之路，"也是人类社会发展的必然要求"。

中国侨务部门领导人遵循胡锦涛同志关于"建设和谐世界"的精神，多次阐述了建设"和谐侨社"的思想，提出应在侨社中积极弘扬和谐文化，倡导和谐理念，大力培育和谐精神，"提倡新、老侨胞之间，来自不同省籍、不同地区侨胞之间不分彼此，求同存异，更加广泛和紧密地团结起来"。"和谐侨社"思想的另一方面是倡导华侨华人积极融入当地社会，与住在国民众和睦相处，加强沟通合作，增加文化交流，减少隔阂矛盾。"和谐侨社"思想对于构建一个和睦相融、合作共赢、团结友爱、充满活力的华侨华人社会，促进侨胞在海外的长期生存和发展、弘扬中华民族"以和为贵"的优良传统、推动和谐世界建设，推进公共外交具有重要的理论指导意义。

"和谐侨社"思想要求侨胞加强自身软实力建设。华侨华人自身形象、社会地位、在住在国的影响力都会影响住在国民众、主流社会甚至政府对中国的看法。因此，侨务理论研究的重点在于如何促进两对关系的和谐发展：促进华侨华人加强团结、引导华侨华人树立良好形象，与当地民众和睦相处；引导华侨华人积极融入当地社会和参与政治，积极参与当地社区事务，增进理解、减少隔阂，加强与住在国主流社会的沟通与合作。

近年来，在"和谐侨社"思想指导下，侨务部门开展了卓有成效的工作。比如：充分发挥"世界华侨华人社团联谊大会"的平台作用，积极引导海外侨社加强团结，推动侨团组织建设，提升华侨华人社会活力；启动"海外惠侨工程"，调动各方面积极性，推出助力海外侨胞生存发展的务实举措，其中包括在华侨华人聚集的城市，扶持建设"华助中心"，搭建好文化交流、咨询服务、关爱帮扶平台，服务基层侨胞和社区；实施海外人员培训计划，包括侨领和各类人才，增强他们为侨服务的能力；继续面向海外侨胞深入开展文化交流、华文教育、经济科技等相关活动。这些成功的做法一定程度上推动了侨社的和谐发展，提升了侨务工作的感召力和影响力。

（二）合作共赢思维：侨务软实力建设的原则

现实主义权力观强调竞争性和排他性，追求相对收益，即使欧美软实力理论也倾向于从竞争性视角看待中国软实力的建构与运用[①]，"大部分都持一种零和

[①]　陈奕平、范如松：《华侨华人与中国软实力：作用、机制与政策思路》，《华侨华人历史研究》2010 年第 2 期。

观点，以消极而非积极的心态看待中国软实力的发展"①，"着眼点还是为提醒西方政府如何应对中国软实力上升可能带来的问题以及西方政府的应对之策"②。

海外侨胞在住在国的表现力、影响力是我国软实力建设的重要一环，是建设和谐世界的基础之一，但要发挥海外侨胞在中国软实力建设中的作用，我们认为还要有共赢思维。过去，我们更多地强调华侨华人对中国在经济、科技等方面的贡献③，但随着中国的强大，西方某些国家政府和民粹分子总是戴着"有色眼镜"看中国，危言耸听地渲染"中国威胁论"，华侨华人有时被诬蔑为"第五纵队"和"黄色间谍"。④ 为驳斥这样的诬蔑，消除华侨华人住在国政府和民间的顾虑，我们应当强调，作为软实力的海外华人资源的"共赢性"⑤，即对华侨华人、住在国和中国等多方的贡献⑥。同时，我们还要注意软实力话语的内外差异及国际传播内容和方式。

具体而言，我们应该坚持中国政府一向强调的"三个有利于"的原则，就是要在有利于海外华侨华人长期生存和发展及当地社会经济文化的发展，有利于发展我国同华侨华人住在国的友好合作关系，有利于推进我国现代化建设和祖国统一的原则下，充分发挥华侨华人在文化、经济、社会乃至政治等各个领域增强中国软实力的作用。

（三）文化认同和民族认同：侨务软实力建设的基础

华侨华人参与中国软实力建设的基础在于对中华文化和中华民族的认同，就是时任国家副主席习近平在 2010 年提到的"根""魂"思想：团结统一的中华民族是海内外中华儿女共同的"根"；博大精深的中华文化是海内外中华儿女共

---

① 约瑟夫·奈、王缉思、赵明昊：《中国软实力的兴起及其对美国的影响》，《世界经济与政治》2009 年第 6 期。

② 方长平：《中美软实力比较及其对中国的启示》，《世界经济与政治》2007 年第 7 期。

③ 石汉荣先生曾说："所谓侨力，就是侨的影响力和作用力。是指以华侨华人为主体、归侨侨眷为基础、侨务体系为纽带，在一定的国际国内环境中形成的，对祖籍国的政治、经济、文化、外交等方面需要的影响力和作用力。侨力由五个要素构成，即华侨华人、归侨侨眷、侨务体系、国家（地方）需要、国内外环境。侨力各要素在侨力的形成中有着不同的地位和作用。"参见石汉荣：《探解中国侨务》，香港：中国评论学术出版社，2004 年，第 43 页。

④ 陈奕平、范如松：《华侨华人与中国软实力：作用、机制与政策思路》，《华侨华人历史研究》2010 年第 2 期。

⑤ 高伟浓：《软实力视野下的海外华人资源》，吉隆坡：学林书局，2010 年。

⑥ 2006 年联合国首届"国际移民与发展高层对话会"上，大会明确提出的"各国政府合作营造移民自身、移民原居国、移民接纳国三方共赢"的目标已在政治层面上得到越来越多国家的认同。参见 General Assembly of United Nations，Globalization and interdependence：International migration and development，A/60/871，18 May 2006，http：//www. un. org/esa/population/migration/hld/Text/Report% 20of% 20the% 20SG（June% 2006）_English. pdf.

同的"魂"。① 因而，侨务软实力建设的基础在于探讨华侨华人的文化认同和民族认同。

文化认同是一种身份认同，是对相同文化的认可，并由此产生深层次的心理积淀。通过使用相同的文化符号、遵循共同的文化理念、秉承共有的思维方式和行为规范，进而形成一种亲近感和归属感。文化认同具有先天性和原初性，并保持稳定性和恒久性，对人的行为有着导向和规制作用。海外华侨华人与祖（籍）国之间，既存在着是否中国公民的法律关系差异，又存在着同根同源的民族认同和文化认同上的共性。华人在住在国长期的生活过程中形成了独特的文化习惯，华人文化为适应当地生存的需要，与中华文化有些不同，但是与中华文化同宗同源，与中华文化有着无法割舍的联系。优秀的中华文化是支撑中华民族绵延发展的精神支柱，是维系海外侨胞的重要纽带。海外侨胞是中华文化的重要传承者和传播者，也是推动中外友好交流、传播中华文化的积极力量，在增强中华文化国际影响力等方面扮演着重要的角色。华侨华人与中国存在着血缘、亲情和中华传统文化的广泛联系，他们不同程度地眷恋祖（籍）国，正在崛起的中国增强了他们的自豪感和向心力。改革开放以来，大量中国人开始移居海外，给海外华人社会输入了文化上的新鲜血液，中华文化在海外的投射能力也不断加强，华人的跨国流动也日益频繁，这势必强化海外华人的文化认同。

同时，我们应注意到如今大多数华人都已加入住在国国籍，成为住在国公民，在政治上效忠于住在国。侨务工作要尊重华人对住在国的政治认同和效忠，引导海外华人立足本地，努力促进当地社会经济的发展，增强自身在住在国的社会地位，充分融入当地社会并被住在国民众接纳，这样海外华人传播中国软实力才能更好地被住在国民众和政府接受，取得更好的效果。海外华侨华人长期生活在与我国政治制度不同的国家，不同程度地受到住在国政府、社会和舆论的影响，许多人在意识形态特别是政治理念、价值观念方面与我国不同，看问题的立场、观点也与我国不同，加之我国在发展过程中产生的一些问题未能及时有效地解决，他们对祖（籍）国尚存在种种不同看法和疑问。如果提政治认同，不仅会将许多华人甚至一些华侨拒之门外，而且会在当地引发争议。

而民族认同和文化认同不像政治认同那样具有政治敏感性，易于引起海外华侨华人的共鸣。这是与我国侨务工作一贯遵循的区分华人与华侨工作的基本方针和"三有利"原则相一致的。在当前愈来愈多华侨加入住在国国籍的情况下，

---

① 《2010 年海外华裔及港澳台地区青少年中国寻根之旅夏令营开营》，《人民日报》，2010 年 7 月 26 日；《习近平在会见第七届世界华侨华人社团联谊大会代表时强调共同的根共同的魂共同的梦 共同书写中华民族发展新篇章》，《人民日报》，2014 年 6 月 7 日。

重视和强调民族认同和文化认同理论，对通过增进华人同我国的亲情乡谊和合作交流、重视开展对华裔新生代的华文教育、加强侨务文化工作等多种途径培养对中华民族和中华文化的认同感，具有重要的理论指导意义。

在很多国家，大多数华人均加入当地国籍，成为当地的居民。他们的政治认同应该是效忠住在国。而因种族和文化认同的需要，华人对中华文化有强烈的需求。华人希望从宗教信仰、风俗习惯、文学艺术、行为方式以及服饰饮食等方面保持本民族的特色。华人从文化和种族的视角关注和关心中国的发展，并与中国保持千丝万缕的关系。老一代华人与新生代华裔在文化认同上有显著的差异。新生代华裔由于肤色等生理特征不同于其他种族，潜意识中就有一种种族认同和种族归属感。但是新生代华裔出生、成长于国外，在文化上逐渐认同于当地文化。对于新生代华裔，要通过"寻根之旅"加强他们"根"的意识，进而增强他们对中华文化的兴趣。新移民和土生华人也存在很大差异。新移民生长在中国，在国内有亲戚朋友，与中国有着千丝万缕的关系。他们会更加关心祖国的发展，并且会身体力行参与到祖国的建设中，爱国情怀非常强烈。而土生华人对祖（籍）国的关心没那么热切，他们是出于血脉和文化的同宗同源而形成一种"中国情结"。

由于全世界的华侨华人差异较大，对不同侨务工作对象的方式手段千差万别。但所有侨务工作的根本任务都是增强华侨华人的民族和文化认同感。认同是指一个人将其他个人或群体的行为方式、态度观念、价值标准等，经由模仿、内化，而使其本人与他人或群体趋于一致的心理历程。华侨华人身居海外，由于文化、生理特征的不同，很难真正融入当地社会，并不时遭受歧视，不能对其他种族和文化产生认同，从而在心理上产生焦虑和不安定感。华侨华人希望通过种族和文化认同获得归属感。侨务工作应充分认识到海外华侨华人对种族和文化认同的强烈愿望，采取各种措施增强华侨华人的种族和文化认同感，增强他们的民族自豪感和自信心。侨务工作要加强与海外华侨华人的文化交流，帮助海外华侨华人积极开展具有中华文化特色的各类活动，为海外华侨华人带去富有中国传统特色和民族特征的文化艺术，支持海外华侨华人教育的发展，引导海外华文媒体以海外华侨华人可以接受的方式介绍中华优秀传统文化，通过增强海外华侨华人的文化认同以赢得侨心。

民族认同是和文化认同密不可分的，民族认同除了种族、肤色因素外，很大程度上是基于文化上的纽带。在当代，随着欧美、东南亚、澳大利亚等国家和地区对华侨华人的限制逐步放松，海外华侨华人的族群意识开始复苏，消除了对自己族裔身份的消极想法和焦虑心理。海外华侨华人希望通过增强族裔认同来增强归属感，提高自己在住在国的影响力，减少住在国对自己的歧视。海外华侨华人

族裔认同感的提升有助于增强他们对中国的亲近感，有助于他们主动向住在国民众和主流社会宣传中国国情、发展模式、外交理念。增强海外华侨华人族裔认同的途径有三条：第一，海外华侨华人通过自身的努力增强族裔认同。一方面，通过家庭教育让华侨华人子弟接受待人接物、行为习俗、价值观念等方面的熏陶以培育族群意识。美国前驻华大使骆家辉曾在采访中说："在美国作为一个少数族裔，你自然更加清楚你与大多数人的区别在哪。我的父母还竭尽全力向我们灌输最好的中国传统价值和习俗。""现在的我已在中国生活和工作了很长一段时间了，我已发现在我自身和我们家族身上，许多共同的特质是源自中国传统的。"[①]华侨华人子弟通过家庭教育的耳濡目染，从小就会觉得自己从生理到行为习惯、风俗礼仪与其他民族不同，会自觉关注和维护自己族裔的文化和利益，并形成挥之不去的"中国情结"。另一方面，海外华侨华人的各类社团多开展具有中华传统文化特色的活动，尤其是开展带有特定方言或地缘群体的特殊文化活动。这有助于海外华人尤其是华裔新生代加强对祖籍地的认识，了解祖先的文化。一些世界性华人社团的大会对于华人族群的认同具有非常重要的作用。通常地缘性华人社团的世界性大会还会举办相关研讨会，如客家学研讨会、潮学研讨会、福建学研讨会等，以增强华人"根"的意识。第二，中国实力的增强有助于增强海外华侨华人的族裔认同。改革开放以来，中国发生了巨大变化，综合国力显著增强，国际影响力大大提升，海外华侨华人的民族自信心和自豪感明显增强，住在国对他们的歧视也明显减少。这进一步增强了他们的族裔认同，增强了他们对中华民族复兴的信心与信念，增强他们参与中华民族复兴的积极性。廖建裕教授认为，中国的复兴使一些东南亚华人为中国语言文化所吸引，他们开始"再中国化"[②]。王赓武教授也指出："既然存在一个最终转向海洋的强大中国，那么，总会有一些海外华人要追求他们所需要的自主，以期在文化上尽可能长时间地保持华人的特性。"[③] 第三，通过侨务工作，增强海外华侨华人"根"的意识。一方面通过支持华文教育、华人社团、华文媒体以留住文化的"根"。华文教育、华人社团、华文媒体被誉为华人社会的三大支柱，是影响海外华侨华人族裔认同的重要载体。所以侨务工作要加大华文教育的支持力度，向海外华校提供师资、教材，组织海外华校教师来华进行培训和交流，提高海外华校的教育质量；加强组织华人社团骨干来华交流，增强他们对中国、祖籍地的感情，以开展更多的"护

---

① 杨东晓、吕宇珺：《骆家辉："我们从未忘记自己来自何方"》，《看历史》2012 年第 8 期。

② LEO SURYADINATA. Ethnic Chinese in southeast Asia：Overseas Chinese，Chinese Overseas or southeast Asians？in LEO SURYADINATA. Ethnic Chinese as southeast Asians，Singapore：Institute of southeast Asian Studies，1997：p. 17.

③ 王赓武：《华人与中国——王赓武自选集》，上海：上海人民出版社，2013 年，第 239 页。

根"活动；向华文媒体提供更多的中华传统文化的素材，增进海外华侨华人的向心力。另一方面要组织更多的华人，尤其是华裔新生代参加"寻根之旅"。"寻根之旅"对于土生华裔探寻自身的族裔文化根基，增强族裔意识和对中华文化的认同感具有特别重要意义。

（四）公共外交：侨务软实力建设的着力点

华侨华人参与中国软实力建设首先是发挥其桥梁作用。费丽莫（Marrha Finnemore）等建构主义学者曾指出：国际组织等非国家行为体在传递和扩散国际规范以及说服国家去评价国家利益目标中的功能意义[1]；人们在互动中建构了共有观念，观念形塑和改变国家行为体的对外政策，所以人际良性互动足以架起两国间的沟通桥梁。[2]

侨务公共外交是中国特色公共外交的重要组成部分，它服务国家总体外交，是国家外交主体资源日益拓展的显著标志。侨务公共外交强调的是以侨务工作为渠道的公共外交，它的目标是既要反映中国和中国政府的真实形象，也要注重释疑解惑、消除误解和客观传达等过程。在此过程中，海外华人尤其是华人新移民能够较快地掌握住在国信息，把握地域风俗并充当"代表"，在中外人文交往中起到"催化剂"的作用，为侨务公共外交奠定了良好的前提与基础。[3]

"侨务公共外交"理论应当说是在邓小平同志提出的"海外关系是个好东西"思想基础上的发展。改革开放以来党和国家领导人有意识地强化通过"侨"这一"海外关系"来重建和架构与海外联系的渠道和桥梁，加快经济建设步伐，推进国家现代化进程。最初党和国家领导人对"侨"之作用的认知和侨务部门的工作重点是放在为中国的物质文明建设层面的，对于"海外关系"在外交或人文交流方面的作用放在次要的位置。实际上，由华侨华人组成的"海外关系"的优势，除了他们本身蕴藏的资金、人才外，在还在于他们与住在国社会方面面的关系。改革开放意味着走向世界、融入世界，这就必须首先恢复和建立与外部世界的各种联系。由于社会制度、价值观念、文化传统及意识形态等方面的巨大差别，中国需要有一个最快捷、最有效的"联结点"，把中国与世界联结起来。海外华侨华人以其既懂中国国情又懂住在国国情，既有本土资源又有中国背

---

① 玛莎·费丽莫著，袁正清译：《国际社会中的国家利益》，杭州：浙江人民出版社，2001年，第6-7页。

② JUYAN ZHANG. Exploring rhetoric of public diplomacy in the mixed-motive situation：Using the case of president obama's nuclear-free world's speech in prague, place branding and public diplomacy, 2010（6）：p. 294.

③ 翟江铃：《从实践中提炼侨务公共外交理论》，《中国社会科学报》，2013年5月24日。

景的特殊优势，成为中国"打开各方面的关系"的重要桥梁，成为中国走向世界、世界走进中国的引路者。拿广东来说，从改革开放到 2013 年，广东与外国建立了 33 对友好省州关系和 141 对友好城市关系①，不少由"海外关系"促成。此外，不少华侨华人还引领当地政要到广东考察访问，增进了外国主流社会对广东的了解与友好情谊。广东与外国在经济、科技、文化、教育等领域广泛开展合作交流，许多由"海外关系"穿针引线和大力推动而成。②

"侨务公共外交"概念的提出，与国际形势的变化和时代主题的急剧转换紧密联系在一起。现今中国经济建设方面已取得举世瞩目的成就，世界各国社会在为之惊叹的同时，又不免担忧中国的复兴对本国构成威胁，各种抹杀中国的言论层出不穷。中国政府开始意识到，除了加强硬实力建设外，还应该加强人文交流、公共外交方面的力度，让其他国家民众了解中国"和"的价值观念、理解中国独特的发展模式、中华民族丰富多彩的文化。如何让他国民众信服，显然仅依靠中国官方的宣教没有用，还需要为他国民众所熟悉的"朋友"的解说，起到有效的作用。广大华侨华人作为中国独特的"海外关系"优势又突显出来，国务院侨办适时提出的"以侨为桥　沟通世界与中国"，正是顺应了近阶段国家文化软实力建设和实施公共外交战略的需要。

侨务工作要通过广泛、细致、耐心的联谊和引导工作，使广大华侨华人了解、认同我们的基本国情、价值观念和发展道路，并鼓励、引导和推动他们向住在国民众、媒体和主流社会宣介上述理念，尽最大可能使住在国主流社会理解和尊重我们的主张；要通过深入密切的文化、宗教、艺术等方面的交流，让华侨华人真正了解中华优秀传统文化的精髓，并与世界其他文明平等交流，以达致"各美其美，美人之美，美美与共，天下大同"的理想境界。

邀请华侨华人列席政协会议，担任各级政府顾问等，让他们对中国国情、发展道路、发展阶段、内政外交的理念以及存在的问题有深刻的了解，不仅可以让华侨华人从不同视角提出解决问题的方法，还可以增强他们对建设美好祖国的责任感和使命感，同时有利于他们向住在国民众和主流社会介绍中国。加强海外华侨华人与中国的人文交流，邀请不同层次的华侨华人来中国参访，让更多的华侨华人真正了解中国，增强对中国的认同感，增强民族的自信心和自豪感，华侨华人才能有意愿、有信心讲好中国故事，传播好中国声音。

华侨华人在住在国的地位决定了他们在住在国的影响力和所能发挥的能量。华侨华人在住在国的地位高，他们对住在国社会尤其是上流社会就有重要的影响

① 《我省国际友好省州数冠全国》，广东外事网，http：//www. sdfao. gov. cn/item/19510. ASPX。

② 林琳：《"海外关系"对广东改革开放的作用》，《侨务工作研究》2009 年第 1 期。

力，甚至可以影响住在国政府的对华政策。在这方面其他国家的侨民在开展公共外交方面就做得比较好。以色列对美国的院外外交、日本侨民对巴西政治经济的影响、印度在核试验后通过旅美侨务游说美国国会取消对印度的制裁等，都是通过本国移民影响住在国主流社会和政府政策的典范。① 我国华侨华人分布在近200个国家，在泰国、马来西亚、菲律宾和印度尼西亚，华人在住在国政府身居要职，泰国的多位总理都是华裔，他们对住在国政府的对华政策有重要的影响。在美国、加拿大、澳大利亚等国，华人在住在国政坛上初露峥嵘，成为一股不可忽视的政治力量。在英国、法国、德国、阿根廷等国家，华人的参政意识日益增强，华人在住在国的影响力也大大提升。这些都是我国利用华侨华人开展公共外交，提升中国软实力的独特优势。侨务工作一方面要鼓励广大华人增强公民意识和参政意识，加强与住在国主流社会的沟通与合作，积极参与当地社区事务，增进理解、减少隔阂，提高他们在当地社会的地位和威望，使其不仅成为华人利益的代言人，也成为其他族群利益的代言人；另一方面要加强与华人政治家、专业人士和行业精英的联系，向他们介绍中国国情，宣传中国的发展道路和发展模式，宣传中国的外交政策和外交理念，让他们希望中华民族兴旺发达的意愿与准确了解中国国情相结合，从而让住在国民众了解真实的中国。

同时，我们还要根据华侨华人住在国的环境和政策采取对应性策略。华人住在国的相关政策，始终决定着华人在当地的生存与发展、地位与作用、前途和命运，也必然影响着华人对中国侨务公共外交的作用，同时也对侨务工作的对象、内容、方式方法等以及侨务工作的实效产生重要的影响。在加拿大、美国、澳大利亚等强调文化多元和族群多元的国家，开展侨务工作时禁忌相对较少，不仅可以开展人文交流，还可以动员华侨华人进行院外游说影响住在国的对华政策，甚至可以组织华侨华人在住在国开展反独促统等政治意味较浓的活动。而在马来西亚、印度尼西亚、新加坡、菲律宾等国家，由于华人数量所占的比例相对较高，并且这些国家因为华人民族主义的高涨采取过排华或去化的政策，所以这些国家对中国的侨务工作非常敏感。中国在开展对这些国家的侨务工作时，要特别注意哪些方面是住在国比较敏感的，以免引起不必要的外交麻烦，并影响华侨华人提高在这些国家中的软实力的实效。

（五）国家形象构建：侨务软实力建构的重点

国家形象构建是国家软实力建设的核心组成部分。构建良好的国家形象，是我国历届政府的重要国策。新一届党和政府领导上台之后，对文化软实力和国家

---

① 何亚非：《发挥侨务优势，让世界了解一个真正的中国》，《公共外交季刊》2012 年第 4 期。

形象的构建提出了更高的要求。如前所述，2013 年 12 月 30 日，国家主席习近平在中共中央政治局第十二次集体学习时强调，要努力增强文化软实力，拓展对外传播平台和载体，努力展示中华文化独特魅力，注重塑造我国的国家形象。

构建新型大国形象，需要社会各方面的共同努力。作为在海外传播中华文化的重要载体，海外华人在我国构建新型大国形象的背景下，其独特作用尤其要引起我们的注意。事实证明，海外华人在构建祖籍国的文化形象方面有着独特作用。例如，美国社会学家罗伯特·帕克通过对移民报刊的研究，并以实证调查数据为根据，认为少数族群传媒拥有强大的传播力，能够反对政府压抑或控制这些报刊的舆论。帕克强调，少数族群的存在有助于维护种族文化，能够帮助移民顺利融入美国社会中，并促进美国多元文化的形成。作为海外华人的服务机构，要善于调动海外华人维护和构建良好中国形象的积极性，要充分利用他们的智慧，通过与当地主流社会的互动与文化传播，承担当地主流社会对中国崛起的缓冲功能，使中国国家形象能够渐进式地植入到当地主流社会当中去，促进主流社会对中国的理解与认同。

当前，随着新的传播工具的迅速发展，以及国际形势的变化，中华文化在海外的传播面临诸多挑战，甚至文化传播受到一些人为抵制或歪曲报道，在海外学术界和青年当中出现一些负面印象。如一些孔子学院相继在美国、加拿大和瑞典等国被关停，主流社会在对中华文化的接受过程中出现思想上的波动，特别是青年受到一些敌视中国的势力的蛊惑，学习中华文化的兴趣和积极性受到打击，甚至对中华文化和中国国家产生负面印象，更说明侨务部门要充分利用海外华人的力量，要投放更多的资源到中国国家形象的构建上去，掌握海外华社的新动态，增强华人的传播力与舆论引导力，要切实深入了解华人社团的组织功能、华文教育的文化传播新形态、华文传媒的全球性传播，强化对世界各国青年的文化传播与思想交流，在当前世界国际形势格局下做好青年的工作，缓解世界各国对中国文化传播的忧虑与冲击，通过解释说明和合理陈述，获得更多学者和青年的理解和认同。

四、软实力视野下侨务工作的新突破

华侨华人在构建和发展中国软实力中具有重要的地位，发挥着重要的作用。那么，在新时期，我国侨务工作如何因应国家战略的实施，提升中国国家软实力？

（一）战略目标：营造有利的国际环境，助力中国梦的实现

2014 年 11 月 28 日至 29 日，中共中央外事工作会议在北京召开，习近平总书记在会上发表了重要讲话，全面分析了国际形势和我国外部环境的变化，明确了新形势下对外工作的战略目标："维护国家主权、安全、发展利益，为和平发展营造更加有利的国际环境，维护和延长我国发展的重要战略机遇期，为实现'两个一百年'奋斗目标、实现中华民族伟大复兴的中国梦提供有力保障。"①

侨务工作是国家一项长期的战略性工作，涉侨部门在新中国建设和改革的各个历史时期引导广大海外侨胞和归侨侨眷为中国的现代化建设和国家统一及中外人文交流中作出了重要贡献。在新的历史时期下，华侨华人是推进中国和平发展、实现"中国梦"的独特力量。习近平指出："实现中华民族伟大复兴是海内外中华儿女共同的'梦'""当前，中国人民正在为实现'两个一百年'奋斗目标、实现中华民族伟大复兴的中国梦而奋斗。在这个伟大进程中，广大海外侨胞一定能够发挥不可替代的重要作用。"②

（二）政策内容：引导华侨华人参与中国软实力建设

目前全球 6 000 余万海外侨胞和国内 3 000 余万归侨侨眷是一支重要而独特的力量，在解决中国和平发展所面临的国家安全维护、周边外交拓展、海外利益保护、国际话语权提升以及"新丝绸之路"建设等若干重大问题上发挥着不可替代的重要作用。

1. 遏制海外分裂势力，维护国家安全和边疆稳定

在和平发展的进程中，海外"疆独""藏独"和"台独"等分裂势力，利用歪曲的国家观、历史观、民族观、文化观，大力宣传极端思想，并借助西方部分国家及团体的反华力量，不断挑动民族、国家和海外华社的分裂，破坏中国领土主权和完整。面对"三股势力"的分裂活动，广大海外侨胞旗帜鲜明地进行了反击。特别是近年来，针对疆、藏地区频发的各类暴力恐怖事件和台湾地区发生的分裂活动，包括疆、藏、台侨胞在内的海外华侨华人纷纷谴责并提出对策。例如，侨胞提出国家通过立法防止分裂的重大建议，推动了中国《反分裂法》的制定和实施，并得到世界各地华侨华人的强烈拥护。

---

① 《习近平出席中央外事工作会议并发表重要讲话》，新华网，http://news.xinhuanet.com/politics/2014 - 11/29/c_1113457723.htm，2014 年 11 月 29 日。

② 《习近平在会见第七届世界华侨华人社团联谊大会代表时强调共同的根共同的魂共同的梦 共同书写中华民族发展新篇章》，《人民日报》，2014 年 6 月 7 日。

2. 参与化解"周边危机"，促进和平稳定

近年来，周边不稳定因素严重干扰和制约中国和平发展。相关大国的战略调整引发亚太格局出现新变化，周边国家担忧中国强大会危及他们的安全，陷入群体性忧虑乃至恐慌，纷纷借助美国等大国力量牵制中国，南海争端、钓鱼岛争端突显了中国周边安全环境的复杂多变。而中国海陆毗邻的东亚和东南亚地区有着全球70%以上的华侨华人，他们都是我国开展周边外交的重要依靠力量。譬如在南海问题和钓鱼岛问题尖锐化的情况下，争端所涉及国家的华侨华人仍然在经贸、政治关系和人文交流等方面继续为中国与住在国之间维持正常关系和妥善应对突发事件而努力奔波，在促使相关国家政策避免极端化及过分针对中国等方面起着不可忽视的作用。

3. 协助应对突发事件，切实保护中国海外利益

随着"走出去"战略的实施，我国海外利益进一步延伸和拓展。至2015年底，中国2.02万家投资者在境外设立企业3.08万家，分布在全球188个国家和地区，对外直接投资总量超过10 978.6亿美元。[①] 不可忽视的是中国海外利益安全形势日趋严峻，海外市场、贸易通道、能源保障、人身和财产安全等受到不同程度的挤压和威胁。2014年中国内地居民出境首次过亿人次，领事保护与协助案件数量也飙升至近6万起。[②] 由于相关的领事保护和应急机制不够完善，中国海外利益保护面临诸多问题和挑战。而华侨华人在协助处理类似事件、推动中国海外利益的拓展和保护方面却总能发挥比较灵活和独特的作用。如2011年的湄公河中国船员被杀惨案，之所以能够引起相关国家政府的重视和解决，很大程度上应归功于当地华侨华人所发挥的作用。

4. 发挥资金、智力优势，参与"一带一路"建设

中国经济粗放型的增长方式，西部地区对外开放有限的层次与领域，以及中国与"一带一路"国家间人员、资金、货物等互通的阻隔，成为我国经济增长和区域协调发展的瓶颈。依靠科技创新，扩大西部地区的对外开放，加大我国企业和商品"走出去"步伐，建设好丝绸之路经济带、21世纪海上丝绸之路，打通中国与中亚、南亚、东南亚、西亚、欧洲乃至非洲、美洲等的贸易通道，构建全球经济一体化新格局具有战略意义。国务院侨办主任裘援平指出，遍布于"一带一路"沿线国家和地区的4 000多万华侨华人有着资金、智力、跨语言文化、

---

① 中国商务部、统计局、外汇管理局联合发布《2015年度中国对外直接投资统计公报》，中华人民共和国商务部网站，http://www.mofcom.gov.cn/article/tonjiziliao/dgzz/20161202103624.shtml，2016年12月2日。

② 《领事保护：为海外中国公民与机构撑起可靠保护伞》，人民网，http://cq.people.com.cn/n/2015/0220/c365403-23954978.html，2015年2月20日。

熟悉当地法律环境和营商网络等优势，"是推动'一带一路'建设不可或缺的独特力量"，"除了继续对中国投资，也可在中国企业走出去的过程中发挥重要的作用"。①

5. 抵制负面声音，维护中国形象，提升国际话语权

中国国际话语权与大国地位不符，国家形象受到影响。西方媒体凭借其强大的传播力与影响力，在国际舆论中歪曲事实，导致中国声音受到干扰和破坏，国家利益得不到主张，"中国威胁论"甚嚣尘上，中国形象受到严重损害。面对某些西方媒体的偏见，以及所发出的负面声音，海外华侨华人理直气壮地进行了抵制，并表达出反映客观事实和本来面目的真实话语，从而维护了中国的国际形象。如针对西方媒体在北京奥运火炬境外传递、拉萨"3·14"事件和乌鲁木齐"7·5"事件中的歪曲报道，海外华侨华人进行了坚决抵制和有力批驳。当前，提升我国的国际话语权，讲好中国故事，传播好中国声音，创造良好的国际舆论环境，是当前维护国家形象和国家利益亟待解决的问题。华侨华人在传播中华文化，开展民间外交，传递中国声音，塑造中国形象等方面均发挥着不可替代的作用。

就本课题的研究内容来说，我们认为，侨务工作的战略目标之一就是引导华侨华人支持中国改革和发展，传播中华文化，参与中国公共外交，塑造良好中国形象，提升中国国家软实力。具体内容如下：

1. 传承并弘扬中华文化

在中国侨务部门的引导和支持下，海外华侨华人自觉或不自觉地将中国传统文化带到住在国，并以自身所具有的中国传统文化涵养潜移默化地影响着周围人群。其中，华人社团、华文媒体、华文学校及华人精英在推广中国文化艺术、传播中国核心价值观方面发挥了重要作用。

2. 促进中外交流与友好

中国发展的历史与现实表明，华侨华人是中外交流重要而不可或缺的桥梁与纽带，也是中国海外利益重要的开拓者、承载者和有力的维护者。华侨华人曾为新中国打开外交局面、化解外交僵局作出了重要贡献。我们认为，在当前复杂多变的国际形势下，通过华侨华人开展公共外交，促进住在国与中国的友好交往与合作，化解外交僵局，向住在国政府和民众传达和介绍真实中国，构建良好的中国国家形象，应当是当代中国外交一个富有价值的新命题，也是包括各涉侨部门

---

① 《裴援平："21世纪海上丝绸之路"构想给华侨华人广阔发挥空间》，新华网，http://news.xinhuanet.com/world/2014-09/23/c_1112597555.htm，2014年9月23日；《裴援平：冀华侨华人为"一带一路"建设发挥独特作用》，中国新闻网，http://www.chinanews.com/hr/2015/01-14/6969113.shtml，2015年1月14日。

和涉侨工作者的重要任务。

3. 维护中国形象和提升国际话语权

提升我国的国际话语权，讲好中国故事，传播好中国声音，创造良好的国际舆论环境，是当前维护国家形象和国家利益亟待解决的问题。作为反映华人诉求，承传中华文化的喉舌，华文传媒从早期缓解华人思乡情绪发展到现在积极参与政治选举，成为当地社会生活一股不可忽视的力量，在各国政坛产生了愈来愈大的影响，从而在复杂的国际政治关系和全球化的背景下，重构了华人与当地人之间敏感和复杂的种族关系，同时在某种程度上维护了中国国家形象，促进了中国与当地的政治关系的发展。

4. 推动中国改革开放和社会经济发展，增强中华民族的凝聚力，促进中国统一

华侨华人长期心系祖（籍）国，在涉侨部门的引导和支持下，他们经由华人社团、华文传媒和华人精英等路径，推动中国改革开放和中国社会经济发展、法制建设和行政体制改革，提升中华民族的凝聚力，促进中国统一，在构建、提升中国国内软实力方面发挥独特作用和影响。

（三）主体与机制：完善大侨务发展格局，形成高效运转的工作机制

侨务工作涉及侨办和侨联等"五侨"及外事、商务、统战等多个部委、机构和民间组织。由于党和国家的重视及涉侨工作对地方招商引智的重要性，全国各级涉侨部门的工作出现了少有的好形势，但也出现了一些令人担忧的情况，比如：政府涉侨部门之间协作不够；各地争夺侨务资源；国内外侨务联系不够等。对这些问题的解决，关键在于突破本位主义，突破狭隘的地方/部门利益观，从"大侨务"观念出发，以开放的理念，整合协调社会各方面资源，形成高效运转的工作机制，共同办侨务，追求整体利益的最大化。

早在 1995 年初，时任中共福建省委常委、福州市委书记的习近平就曾撰文《"大侨务"观念的确立》，指出确立大侨务观念的必要及如何开展大侨务工作。他在文中指出："确立'大侨务'观念，是新形势发展的迫切需要……我们认为，新时期的侨务工作要打破地域的界限，跳出侨务部门的范围，使之成为党和各级政府的大事，成为全社会共同关心、参与的大事。"对于大侨务，习近平从工作力量、工作内容、工作对象、工作范围和工作方式五个方面提出了具体的工作思路和工作要求。① 而侨务部门近十年来也一直倡导和履践这一观念。

国务院侨办主任裘援平在 2014 年全国侨办主任会上提出，要"完善大侨务

---

① 习近平：《"大侨务"观念的确立》，《战略与管理》1995 年第 2 期。

发展格局"。她指出，所谓"大侨务"，就是要超越部门和地域的狭隘眼光，整合调动政府和民间组织等各方面资源和力量，广泛开展各领域交流活动，共同做好华侨华人工作；所谓"大格局"，就是侨务工作要面向全球、放眼长远，推动形成既有利于侨胞长期生存发展，又服务国家内外发展需要的多维立体全方位工作格局。在工作层面，裘援平要求"加强整体性、基础性、长效性建设投入，打造多层次、宽领域与侨联谊交流服务合作平台，同海外侨胞侨团侨校侨媒等建立密切联系，推动加大为侨服务投入和体系建设，推动侨务工作全面协调可持续发展，不辜负侨胞的期待，不辱团结凝聚侨心侨力、同圆共享中国梦的历史使命"。①

具体到操作层面，我们建议从以下方面着手：第一，设立中央侨务工作领导小组，加强中央对侨务工作的领导，协调国务院侨办、中国侨联等"五侨"及外事、商务、统战等多个部委和机构的关系，明确职责和权限及协调机制。比如，近年侨务招商引资、招才引智等活动涉及商务部、中组部、教育部等部委，分别隶属党和政府系统的中国侨联和国务院侨办都开展海外联谊活动，这些都需要高层级的领导小组进行协调。第二，完善国务院侨办作为"五侨"统筹中枢的协商机制。全国人大华侨委员会、国务院侨务办公室、全国政协港澳台侨委员会、致公党中央和中国侨联早已通过"五侨"联席会议的形式，共同解决涉侨问题。但这样的协调机制还未被充分利用，还有很大的潜力可挖。比如，每年春节期间侨办和侨联都组织海外慰侨演出活动，很有必要进行沟通和协调。第三，建立立体工作机制，重视社会参与。笔者赞同国内学者提出的如下政策思路："明确国侨办也要扮演地方各级侨务机构和海外侨务机构和团体的沟通枢纽角色，努力打造覆盖政治、经济、社会、文化、生态等各个领域的立体外交机制，统筹协调各层次、各领域、各区域的侨务公共外交工作""积极思考拓展社会组织体系以改善党的领导的新办法，营造党委领导、政府主导、人民参与的侨务公共外交大棋局。"② 现在我国侨务工作主要由政府性质的侨办系统和半民间组织的侨联系统承担，这有利于更好地体现国家意志，有利于增强侨务工作的执行力。但由于海外侨情的复杂性和侨务工作在一些国家的敏感性，以政府和半政府的名义开展侨务工作很容易让住在国不满，甚至排斥相关工作，不利于提高侨务工作的实效。应该适应世情、国情、侨情的变化，积极拓宽侨务工作的主体，引导文艺团体、宗教团体、公益组织等，甚至广大与华侨华人社会有密切联系的个人积极

---

① 《裘援平谈"大侨务"与"大格局"顺应国情侨情变化》，中国新闻网，http://dfoca.hainan.gov.cn/wsqhzw/toutiao/201403/t20140322_1175779.htm，2014 年 3 月 22 日。

② 赵可金、刘思如：《中国侨务公共外交的兴起》，《东北亚论坛》2013 年第 22 卷第 5 期。

参与到侨务公共外交中来，潜移默化地影响海外华侨华人，增强他们提高中国软实力的意愿和积极性。

侨务干部素质关乎侨务政策的落实和侨务工作的成效，更直接影响华侨华人对国家软实力建设的贡献。总体而言，侨务干部素质已明显提高，"但侨乡存在大量用人唯亲、用人唯侨的侨务干部，他们文化水平不高，办事能力不强，很难赢得这些知名人士的侨心。这就要求我们必须充分重视侨乡侨务干部队伍建设，不但要求他们政治觉悟高，而且要懂侨、爱侨、便侨、利侨，要有时效观念、信息观念、政策观念、法制观念、协作观念和廉洁观念"①。就如第十二届全国政协副主席、国务院侨办原主任李海峰曾指出："发挥侨务干部的主体作用和首创精神，加强侨务干部队伍思想建设、作风建设、廉政建设和业务建设，教育引导他们发扬埋头苦干、奋力拼搏的奉献精神，勇于探索、开拓创新的进取精神，精益求精、追求卓越的执着精神。建立健全侨务工作科学发展绩效评价体系，加强管理制度和考评体系建设，规范工作流程，强化工作责任感和使命感，增强工作执行力和创造力。"②

侨务干部要充分认识华侨华人在构建和发展中国软实力中的独特作用，加强对华侨华人在构建和发展中国软实力作用的引导。就笔者的调研情况看，我们的侨务理论工作者、一线的侨务工作者已经意识到华侨华人在中国软实力建设中的作用，并进行一定的思考，但如何在实际工作中进行结合，还有相当的工作要做。比如，针对近年来各地在国务院侨办和地方侨办支持下开展的华裔青年夏令营活动，我们是否可以进行中国印象问卷调查或中国文化问卷调查？通过问卷设计或感想征文等形式，加深他们对中国文化的认同或对中国的情感。又如，在华文教育中，在教材的编写和课程讲授中，有意识地增加中国文化、中国发展历程等内容，突出一些普世性的价值、理念和发展路径，展现中华文化的魅力及中国发展道路的价值。同时，在信息技术突飞猛进的全球化时代，侨务工作模式也要与时俱进，不断创新。比如，"请进来"与"走出去"的结合，网络联谊等。

同时，华侨华人参与中国软实力建设，涉及多领域、多学科和多部门，是一个关联度很高、综合性很强，以及影响力很大的系统工程。在学术上，其涵盖了政治学、新闻传播学、历史学、管理学、法学、信息科学等多个学科门类；在国家涉侨事务管理上，涉及国务院侨办、中国侨联、全国人大华侨委员会、全国政协港澳台侨委员会、中国致公党以及中共中央外事办公室、中共中央统战部、外交部等多个部门和单位；在高等学校中，涉及暨南大学、华侨大学、中国人民大

---

① 周聿峨、曾品元：《华侨华人与广东侨乡关系的思考》，《华侨华人历史研究》2001 年第 1 期。

② 李海峰：《谱写侨务工作新篇章》，《求是》2013 年第 6 期。

学、中山大学、厦门大学、北京大学、清华大学等高校；在研究机构中，涉及中国华侨历史研究所、福建社科院、广西社科院等；在社会团体中，涉及中国华侨历史学会、广东华侨历史学会、福建华侨历史学会、广西华侨历史学会、世界海外华人研究会等。为此，很有必要重新组织和汇聚海内外各种协同创新力量，围绕华侨华人与中国软实力建设，构建协同创新平台，并通过突破性的举措与开拓性的工作，完成创新任务。

（四）政策资源：为侨服务与侨务资源涵养

发挥华侨华人作用的前提是做好为侨服务、涵养侨务资源的工作。侨务工作过去更多着眼、着重于发挥侨力，为中国的现代化建设服务，现在及今后应更加强调和重视"为侨服务"，让海外华侨华人共享改革开放的成果，才能得到他们的真心拥护和回报，自觉自愿地为中国的和平发展和良好国际形象的树立贡献智慧和力量。

中共十八大四中全会通过《中共中央关于全面推进依法治国若干重大问题的决定》，明确提出要依法维护海外中国公民和海外侨胞的合法权益。[①] 侨务工作要适应侨情的发展变化，倾听华侨华人合理诉求，关心侨胞生存发展状况，研究广大华侨华人最关心最直接最现实的利益问题，着力解决涉侨突出问题，不断完善涉侨政策法规，维护侨胞正当合法权益，实现好发展好广大侨胞的根本利益，让广大华侨华人感受到日益强大的祖（籍）国给予的关爱，增强华侨华人对祖（籍）国的认同感。因此，要坚持"以人为本""为侨服务"的宗旨，切实维护海外华侨华人和归侨侨眷的合法权益，解决归侨民生疾苦，关心海外华侨华人生存发展，支持开展华文教育，组织引导华裔寻根，推动建设和谐侨社，促进海内外同胞关系的和谐。应当坚持以争取人心为根本，把为其谋取利益的服务和友情的联谊、思想文化感染的引导紧密结合起来；应当把做人的工作同调动他们的积极性，引导其为国家大局发挥作用紧密结合起来，特别是与他们利益密切相连的同我国的合作交流。[②]

侨务资源主要指华侨、华人、归侨、侨眷中的资本、科技、人才、信息、知

---

① 《中共中央关于全面推进依法治国若干重大问题的决定》，中国新闻网，http://www.chinanews.com/gn/2014/10-28/6726219.shtml，2014年10月28日。

② 乔生：《关于中国特色侨务理论的若干特点》，《侨务工作研究》2012年第5期。

识、网络等综合资源储备。① 侨务部门无论是为国家的硬实力还是软实力建设服务，都需要依赖侨务资源。侨务资源有别于其他的自然资源，主要是一种人力资源，是基于侨务部门的联谊和服务工作而逐步积累起来的，它需要持续地加以培育，才能为我所用。要正确认识和处理好开发利用侨务资源与培育发展侨务资源的关系，走侨务工作健康、可持续发展之路。近年来中国各地侨务部门针对海外侨胞中许多老侨团和著名华侨华人企业面临领导人的新老交替、新华侨华人数量迅速增加、华裔新生代中大批青少年不会汉语和对祖（籍）国文化传统了解甚少的新情况，纷纷提出"涵养侨资，确保侨务资源可持续发展"的观点。侨务部门与有关部门合作举办了"海外华裔中青年杰出人士华夏行""华裔新生代企业家中国经济高级研修班""海外中青年侨领研习班"" '中国寻根之旅'夏（冬）令营"等活动，采取了"走出去"和"请进来"的方式大力加强海外华文教育师资的培训力度、增聘华裔新生代中的优秀代表为全国及各地"海外交流协会"的海外顾问和理事、成立省级"世界青年联会"等措施；同时又积极扶持在金融危机冲击下的侨资企业特别是中小侨资企业，鼓励他们坚定信心，帮助他们克服困难、渡过难关。②

随着新华侨华人和华裔新生代队伍的壮大，他们对祖（籍）国的认同不可能一直停留在亲缘意识和"根"的层面，必然会更多地从自身利益需求和发展空间的角度进行审视，感性色彩将不可避免地有所淡化。不过，随着中国和平崛起进程的加快，民族自豪感和自信心将进一步明显，这就要求我们探寻祖（籍）国及各地方与海外华侨华人之间的精神纽带，促进双方的理解与认同，并促进华侨华人在与祖（籍）国的互利合作中进一步发展自身事业，同圆共享中国梦，继而使他们自觉地担当起宣传、介绍中国的"民间大使"的责任。

侨务资源的涵养与运用要注意方式、方法。第一，要充分认识到不同国家、不同社会背景下华侨华人的差异，并据此制定不同的侨务工作策略。对于部分敏

---

① 石汉荣认为，狭义的侨力资源可以分为9个方面的内容："1. 人才资源——包括华侨华人中的各类专业人才，以及各地各类侨团的重点侨领；2. 资金资源——包括华侨华人在中国的投资、捐资和侨资企业，以及在'走出去'战略中，华侨华人在国外华资企业中的投资、捐资；3. 物资资源——包括华侨华人对祖籍国的物资投入和物品捐赠；4. 技术资源——包括华侨华人所掌握的各种先进技术、操作技能和各类技术资料；5. 信息资源——包括华侨华人在国外开办的广播电视、新闻出版、计算机网络等；6. 管理资源——包括华侨华人所掌握的先进管理理论、管理方法、管理手段；7. 市场资源——包括海外华商在国际市场所扮演的独特而重要的角色，以及他们彼此间的经济联系和销售网络；8. 关系资源——包括华侨华人与当地民众的关系、与当地政府的关系，华侨华人社团内部的联系（大陆与台港澳侨民之间及新老华侨华人之间的关系），以及华侨华人通过社团组织与地区性、世界性组织的联系；9. 文化资源——包括华侨华人在海外开办的华文教育、文化团体等。"石汉荣：《探解中国侨务》，香港：中国评论学术出版社，2004年，第50－51页。

② 桂世勋：《关于中国侨务理论系统的初步概括和梳理》，《侨务工作研究》2010年第6期。

感国家，我们应当强调华侨华人在促进文化交流、国家间政治友好关系和经贸关系中的作用。又如，在鼓励华人参政方面，应该更多集中在欧美民主政治国家及选举文化较成熟的国家。第二，要善用软实力，避免软实力元素的"硬包装"及过多的"官包装"。近年来，包括中国留学生会在内的华人团体举办的活动中，"国进民退"现象越来越严重，中国官方的成分越来越多①，这要引起我们的注意。华侨华人最重要的角色是"民间使者"，其发挥作用，应该更多地体现"民间性"。

（五）平台与路径：搭建可持续的工作平台，扩大侨务活动的品牌效应

近年来，涉侨部门结合侨务经济、文化、教育等主题，打造独具特色的侨务品牌活动，搭建可持续的侨务工作平台。比如，"世界华侨华人社团联谊大会""世界华文传媒论坛""世界华商大会""文化中国""中国寻根之旅""华创会""智汇广东"等。目前，多数活动围绕招商引资、引智引才进行，围绕中国软实力建设的侨务平台还不多。因此，除了加强现有文化品牌活动外，还需要搭建更多的可持续工作平台。

华侨华人社团、华文媒体和华文教育被称为海外华人社会的"三宝"。考虑到华侨华人社团、华文媒体和华文教育在海外的影响力，我们要充分发挥这"三宝"的平台作用。具体来说，可采取以下措施：第一，协助华人社团在当地社会中展现中华文化的特殊魅力，开展有关饮食、中医、音乐和戏曲及各种习俗的嘉年华活动。第二，鼓励、协助海外华侨华人，利用其对中华文化的了解，发挥其人才、技术、创作源泉与资源及全球市场等方面优势，发展以中华传统文化为载体的文化创意产业。同时，通过华人社团，推动中国文化产品，比如有关中国文化、中国饮食、中医及中文教育等书籍，进入住在国市场，扩大中国文化的影响力。第三，透过华人社团组织网络及华商经营模式，宣传中华文化，加深新生代华人和其他族裔对中华文化的了解和认同。第四，鼓励、协助海外华文传媒立足华人社区，加强与主流社会和其他少数族群的文化交流，构建全球传播网络和信息联盟，充分利用新媒体传播的优势，加强对传媒传播方式和内容的变革与创新，发挥少数族群传媒的独特作用，传承中华文化，介绍中国国情和发展模式以及中国政府的方针政策，扩大中国与世界交往，塑造中国的良好国家形象。第五，鼓励、协助海外华文机构在开展华文教育，为华人社会和所在国家培养懂华语的人才的同时，传播中华文化特有的思想观念、哲学理论、道德伦理、文学艺

---

① 《德国侨团"国进民退"现象趋严重》，中国新闻网，http://www.chinanews.com/hr/hr-hwbz/news/2010/01-06/2056279.shtml，2010年1月6日。

术等及其在推动人类文明进步中的作用。同时，鼓励华侨华人精英开展有关中国文化的研讨，进行中西文明对话，探讨中国传统文化价值观在解决现代文明弊病中的作用。第六，支持华文传媒和华文教育，探索市场化运作模式。长期以来，国家对华文传媒、华文教育大力支持。这些支持受到海外华侨华人的好评，传播了中国文化，增强了中国的国际影响力，但并不利于华文传媒和华文教育的自我发展、长远发展，在敏感国家还容易落人口实。因此，笔者建议借鉴市场运作模式，推动海外华文传媒和华文教育的自我发展、可持续发展。

（六）法制与法治：加强侨务法制建设

依法开展侨务工作，依法维护侨胞利益，是吸引侨胞参与中国软实力建设的前提和基础。改革开放以来，我国涉侨法制建设取得了可喜的进展。比如，全国人大常委会在 1990 年通过了《中华人民共和国归侨侨眷权益保护法》；我国的国籍法、民法、婚姻法、经济法等法律明确了一些涉侨规范的内容；国务院出台了一些有关侨务工作的行政法规，如《中华人民共和国归侨侨眷权益保护法实施办法》等；一些省、市政府颁布了专门的法规与规章，如《海南省归侨侨眷权益保护若干规定》《厦门市归侨侨眷权益保障条例》等。①

但随着世情、国情和侨情的变化，我国侨务法制建设明显滞后。我国学者曾指出当前我国侨务法治建设存在的几个主要问题：涉及华侨权益保护规定的内容比较零散，散见于全国以及地方的法律法规中，缺乏一部系统的华侨在国内的权益保护法；现行的一些涉及华侨在国内权益保护条款的法律法规由于立法时间比较早，随着时间的推移与情事的变更，已经不太适应新的形势；华侨知识产权等一些华侨十分关心的正当权益尚未纳入相关法律；现有的涉侨保护措施稳定性与保障的力度都比较弱。② 因此，"新世纪侨务工作要深入开展，就更加需要强化侨务法制建设，只有这样，才能进一步凝聚侨心，发挥海外侨胞和归侨侨眷在振兴中华、促进祖国统一大业和增进与世界各国人民友好往来中的作用，为国家物质文明、精神文明、政治文明和社会文明建设作出新贡献"。③

同时，作为对外工作的一部分，侨务工作也要注意依法行政，不但国内依法，到住在国开展活动也要遵守住在国法律和国际法。

---

① 参见张德瑞：《加强侨务法制建设　保护侨界人士合法权益：我国侨务法治建设的回顾与展望》，《侨务工作研究》2007 年第 5 期。
② 参见张德瑞：《加强侨务法制建设　保护侨界人士合法权益：我国侨务法治建设的回顾与展望》，《侨务工作研究》2007 年第 5 期。
③ 毛起雄：《贯彻落实科学发展观　加强新时期侨务法制建设》，国务院侨办网站，http：//www.gqb.gov.cn/news/2006/0207/1/1858.shtml，2006 年 2 月 7 日。

参考文献

一、中文资料

（一）中文著作

1. 彼得·卡赞斯坦主编，秦亚青等译：《世界政治中的文明：多元多维的视角》，上海：上海人民出版社，2012 年。

2. 迈克尔·巴尔著，石竹芳译：《中国软实力：谁在害怕中国？》，北京：中信出版社，2013 年。

3. 塞缪尔·亨廷顿著，周琪、刘绯等译：《文明的冲突与世界秩序的重建》，北京：新华出版社，2002 年。

4. 约瑟夫·奈著，盖玉云译：《美国定能领导世界吗》，北京：北京军事译文出版社，1992 年。

5. 约瑟夫·奈著，王吉美译：《权力大未来》，北京：中信出版社，2012 年。

6. 约瑟夫·奈著，吴晓辉、钱程译：《软力量——世界政坛成功之道》，北京：东方出版社，2004 年。

7. 杜维明：《东亚价值与多元现代性》，北京：中国社会科学出版社，2001 年。

8. 嘉戴尔斯、麦德沃著，何明智译：《全球媒体时代的软实力之争》，北京：中信出版社，2010 年。

9. 罗伯特·杰维斯著，秦亚青译：《国际政治中的知觉与错误知觉》，北京：世界知识出版社，2003 年。

10. 约瑟夫·奈著，门洪华译：《硬权力与软权力》，北京：北京大学出版社，2005 年。

11. 周敏著，郭南译：《美国华人社会的变迁》，上海：上海三联书店，2006 年。

12. 金子将史、北野充主编，《公共外交》翻译组译：《公共外交："舆论时代"的外交战略》，北京：外语教学与研究出版社，2010 年。

13. 巴里·布赞著，闫健、李剑译：《人、国家与恐惧——后冷战时代的国际安全研究议程》，北京：中央编译出版社，2009 年。

14. 彼得·伯克著，姚朋等译：《历史学与社会理论》（第二版），上海：上海人民出版社，2010 年。

15. 约翰·汤姆林森著，郭英剑译：《全球化与文化》，南京：南京大学出版社，2002 年。

16.《世界侨情报告》编委会编：《世界侨情报告 2011—2012》，广州：暨南大学出版社，2012 年。

17.《世界侨情报告》编委会编：《世界侨情报告 2012—2013》，广州：暨南大学出版社，2013 年。

18.《海外侨情观察》编委会编：《海外侨情观察 2013—2014》，广州：暨南大学出版社，2014 年。

19.《海外侨情观察》编委会编：《海外侨情观察 2014—2015》，广州：暨南大学出版社，2015 年。

20. 曹云华主编：《远亲与近邻：中美日印在东南亚的软实力》，北京：人民出版社，2015 年。

21. 曹云华：《东南亚的区域合作》，广州：华南理工大学出版社，1995 年。

22. 曹云华：《新加坡的精神文明》，广州：广东人民出版社，1992 年。

23. 潮龙起：《美国华人史（1848—1949）》，济南：山东画报出版社，2010 年。

24. 陈传仁：《海外华人的力量：移民的历史和现状》，北京：世界知识出版社，2007 年。

25. 陈乔之：《华侨华人社会经济研究》，香港：香港地平线出版社，1998 年。

26. 陈文寿：《华侨华人侨务：北京视点》，香港：香港社会科学出版社，2007 年。

27. 陈奕平：《依赖与抗争——冷战后东盟国家对美国战略研究》，北京：世界知识出版社，2006 年。

28. 陈奕平主编：《和谐与共赢：海外侨胞与中国软实力》，广州：暨南大学出版社，2012 年。

29. 陈奕平：《人口变迁与当代美国社会》，北京：世界知识出版社，2006 年。

30. 范如松主编：《东南亚华侨华人》，北京：世界知识出版社，1999 年。

31. 高伟浓、石沧金：《中国的华侨华人研究（1979—2000）——对若干华侨华人研究期刊载文的摘评》，北京：中国华侨出版社，2002 年。

32. 高伟浓等：《国际移民环境下的中国新移民》，北京：中国华侨出版社，2003 年。

33. 高伟浓：《软实力视野下的海外华人资源》，吉隆坡：学林书局，

2010 年。

34. 高伟浓等：《粤籍华侨华人与粤地对外关系史》，北京：中国华侨出版社，2005 年。

35. 龚铁鹰：《软权力的系统分析》，天津：天津人民出版社，2008 年。

36. 国务院侨务办公室政研司编：《北美华侨华人新视角——华侨华人研究上海论坛文集》，北京：中国华侨出版社，2008 年。

37. 韩勃、江庆勇：《软实力：中国视角》，北京：人民出版社，2009 年。

38. 韩方明主编：《公共外交概论》，北京：北京大学出版社，2011 年。

39. 门洪华主编：《中国：软实力方略》，杭州：浙江人民出版社，2007 年。

40. 黄纪凯：《华侨华人与共和国》，北京：中华全国归国华侨联合会，2009 年。

41. 黄昆章、吴金平：《加拿大华侨华人史》，广州：广东高等教育出版社，2001 年。

42. 黄昆章、张应龙主编：《华侨华人与中国侨乡的现代化》，北京：中国华侨出版社，2003 年。

43. 贾海涛、石沧金：《海外印度人与海外华人国际影响力比较研究》，济南：山东人民出版社，2007 年。

44. 李安山：《非洲华侨华人史》，北京：中国华侨出版社，2000 年。

45. 李鸿阶主编：《华侨华人经济新论》，福州：福建人民出版社，2002 年。

46. 李明欢：《当代海外华人社团研究》，厦门：厦门大学出版社，1995 年。

47. 李明欢：《国际移民政策研究》，厦门：厦门大学出版社，2011 年。

48. 李明欢：《欧洲华侨华人史》，北京：中国华侨出版社，2002 年。

49. 李未醉：《中外文化交流与华侨华人研究》，北京：华龄出版社，2006 年。

50. 李希光、周庆安主编：《软力量与全球传播》，北京：清华大学出版社，2005 年。

51. 李宇：《海外华语电视研究》，北京：中国社会科学出版社，2011 年。

52. 周南京：《华侨华人百科全书》，北京：中国华侨出版社，2000 年。

53. 梁英明：《战后东南亚华人社会变化研究》，北京：昆仑出版社，2001 年。

54. 廖小健等：《全球化时代的华人经济》，北京：中国华侨出版社，2003 年。

55. 林金枝：《华侨华人与中国革命和建设》，福州：福建人民出版社，1993 年。

56. 刘颖：《相互依赖软权力与美国霸权：小约瑟夫·奈的世界政治思想研

究》，北京：中国社会科学出版社，2010 年。

57. 刘泽彭、陈奕平、代帆主编：《"国家软实力及华侨华人的作用"国际学术会议论文集》，广州：暨南大学出版社，2013 年。

58. 毛起雄：《当代国内外侨情与中国侨务法制建设》，北京：中国民主法制出版社，2008 年。

59. 欧亚、王朋进编：《媒体应对：公共外交的传播理论与实务》，北京：时事出版社，2011 年。

60. 丘立本：《从世界看华人——华人研究新探》，香港：南岛出版社，2000 年。

61. 任贵祥主编：《海外华侨华人与中国改革开放》，北京：中共党史出版社，2009 年。

62. 上海社会科学院世界经济与政治研究院编：《国际体系与中国的软力量》，北京：时事出版社，2006 年。

63. 石沧金：《马来西亚华人社团研究》，北京：中国华侨出版社，2005 年。

64. 孙浩良：《海外华文教育》，上海：上海人民出版社，2007 年。

65. 檀有志：《美国对华公共外交战略》，北京：时事出版社，2011 年。

66. 唐代兴：《文化软实力战略研究》，北京：人民出版社，2008 年。

67. 王赓武：《华人与中国——王赓武自选集》，上海：上海人民出版社，2013 年。

68. 王辉耀：《移民潮——中国怎样才能留住人才?》，北京：中信出版社，2013 年。

69. 王辉耀等：《中国留学人才发展报告 2009》，北京：中国机械工业出版社，2009 年。

70. 王治理：《传统文化与对外汉语教学》，厦门：厦门大学出版社，2008 年。

71. 温北炎：《后苏哈托时代的印度尼西亚》，北京：世界知识出版社，2006 年。

72. 吴前进：《国家关系中的华侨华人和华族》，北京：新华出版社，2003 年。

73. 杨国标等：《美国华侨史》，广州：广东高等教育出版社，1989 年。

74. 杨万秀、罗晃潮：《中华文化与海外华侨华人》，广州：广州出版社，1998 年。

75. 艺衡：《文化主权与国家文化软实力》，北京：社会科学文献出版社，2009 年。

76. 俞新天：《掌握国际关系密钥：文化、软实力与中国对外战略》，上海：

上海人民出版社，2010 年。

77. 张国祚主编：《中国文化软实力研究报告》，北京：社会科学文献出版社，2011 年。

78. 张秋生：《澳大利亚华侨华人史》，北京：外语教学与研究出版社，1998 年。

79. 张向前：《世界华文教育发展研究》，北京：中国言实出版社，2010 年。

80. 张应龙等：《华侨华人与新中国》，广州：暨南大学出版社，2009 年。

81. 赵和曼：《少数民族华侨华人研究》，北京：中国华侨出版社，2004 年。

82. 赵可金：《公共外交的理论与实践》，上海：上海辞书出版社，2007 年。

83. 赵可金：《软战时代的中美公共外交》，北京：时事出版社，2011 年。

84. 方雄普、冯子平主编：《华侨华人百科全书（侨乡卷）》，北京：中国华侨出版社，2001 年。

85. 周聿峨：《东南亚华文教育》，广州：暨南大学出版社，1995 年。

86. 朱慧玲：《中日关系正常化以来日本华侨华人社会的变迁》，厦门：厦门大学出版社，2003 年。

87. 庄国土：《当代华商网络与华人移民》，台北：稻乡出版社，2005 年。

88. 庄国土：《华侨华人与中国的关系》，广州：广东高等教育出版社，2001 年。

（二）中文文章

1. 约瑟夫·奈、王缉思、赵明昊：《中国软实力的兴起及其对美国的影响》，《世界经济与政治》2009 年第 6 期。

2. PAVLOS EFTHYMIOU，《中国软实力：资源、挑战与对美影响》，《察哈尔快讯》2013 年第 1 期。

3. 潮龙起：《跨国华人研究的理论和实践——对海外跨国主义华人研究的评述》，《史学理论研究》2009 年第 1 期。

4. 陈遥：《中国在东南亚的软实力与华侨华人的作用：国际关系学和华侨华人学整合的视角》，《华侨大学学报（哲学社会科学版）》2010 年第 2 期。

5. 陈奕平、范如松：《华侨华人与中国软实力：作用、机制与政策思路》，《华侨华人历史研究》2010 年第 2 期。

6. 陈正良、薛秀霞、何先光：《析海外华侨华人在推动中国软实力形成和发展过程中的作用》，《浙江学刊》2009 年第 6 期。

7. 陈志明：《华裔族群：语言、国籍与认同》，《广西民族学院学报》1999 年第 4 期。

8. 邓显超：《提升中国软实力路径》，《理论与现代化》2006 年第 1 期。

9. 董漫远：《推进软"实力"建设，加强人文外交》，《国际问题研究》2009 年第 6 期。

10. 方长平：《中美软实力比较及其对中国的启示》，《世界经济与政治》2007 年第 7 期。

11. 郭树勇：《新国际主义与中国软实力外交》，《国际观察》2007 年第 2 期。

12. 何增科：《市民社会概念的历史演变》，《中国社会科学》1994 年第 5 期。

13. 黄苏：《怎样估价美国的经济与实力——逆差、债务、软实力剖析》，《世界经济》1991 年第 11 期。

14. 康晓光：《软力量建设与儒家文化复兴》，《天涯》2007 年第 1 期。

15. 李爱慧：《美国华人基督教会的族裔特性探析》，《暨南学报（哲学社会科学版)》2009 年第 5 期。

16. 林金枝：《近代华侨在东南亚传播中华文化中的作用》，《南洋问题研究》1990 年第 2 期。

17. 令狐萍：《美国华人研究的新视角：文化社区理论》，《华侨华人历史研究》2007 年第 1 期。

18. 刘德斌：《软权力说的由来与发展》，《吉林大学社会科学学报》2001 年第 3 期。

19. 刘肖：《国际舆论与大众传媒关系探讨》，《新闻界》2009 年第 12 期。

20. 路云：《德国汉语教学现状与汉语推广策略的思考》，《聊城大学学报（社会科学版)》2014 年第 2 期。

21. 马儒沛：《解放思想　发挥优势　开创华侨捐赠工作新局面》，《侨务工作研究》2008 年第 3 期。

22. 庞中英：《中国软力量的内涵》，《瞭望新闻周刊》2005 年第 45 期。

23. 钱明德：《重构中国软力量的核心价值观：读徐儒宗〈中庸论〉》，《孔子研究》2005 年第 1 期。

24. 万晓宏：《当代加拿大华人精英参政模型分析》，《华侨华人历史研究》2012 年第 3 期。

25. 王爱平：《组织与制度：印度尼西亚孔教的制度化表征》，《文史哲》2008 年第 3 期。

26. 王沪宁：《作为国家实力的文化：软权力》，《复旦学报（社会科学版)》1993 年第 3 期。

27. 吴金平：《对美、加华裔新生代特点的社会调查及分析》，《世界民族》2004 年第 6 期。

28. 许梅：《独立后马来西亚华人的政治选择与政治参与》，《东南亚研究》2004 年第 1 期。

29. 许梅：《海外华人与侨乡关系研究的路径探索》，《东南亚研究》2008 年第 4 期。

30. 许梅：《试析传统文化因素对早期菲律宾华人参政意识的影响》，《东南亚研究》2003 年第 2 期。

31. 许梅：《中国—东盟自由贸易区对东南亚华人与祖籍地关系的影响》，《东南亚研究》2003 年第 3 期。

32. 闫欢、王琳琳：《华文媒体的中国国家形象报道研究——以〈美南新闻〉大陆版块报道为例》，《新闻界》2012 年第 15 期。

33. 阎学通、徐进：《中美软实力比较》，《现代国际关系》2008 年第 1 期。

34. 阎学通：《软实力的核心是政治实力》，《世纪行》2007 年第 6 期。

35. 杨发章著，徐竹译：《论美籍亚洲人的认同身份、内外冲突和生存策略》，《国外社会科学》1985 年第 7 期。

36. 杨刚、王志章：《美国硅谷华人群体与中国国家软实力构建研究》，《中国软科学》2010 年第 2 期。

37. 叶虎：《海外华文传媒与中国国家形象塑造》，《当代亚太》2010 年第 2 期。

38. 俞新天：《软实力建设与中国对外战略》，《国际问题研究》2008 年第 2 期。

39. 张小欣：《浅谈禅宗在越南历史上的传播及其文化影响》，《东南亚》2003 年第 2 期。

40. 张秀明：《移民与祖籍国的关系——美国华裔和印度裔的个案分析》，《八桂侨刊》2005 年第 4 期。

41. 张学惠、江作栋：《华侨华人在中外关系中的作用载体研究》，《八桂侨史》1997 年第 2 期。

42. 赵海滨：《从软实力角度看中医药文化走向世界》，《辽宁中医药大学学报》2007 年第 1 期。

43. 赵可金、刘思如：《中国侨务公共外交的兴起》，《东北亚论坛》2013 年第 22 卷第 5 期。

44. 郑永年：《中国软实力悄然崛起》，《参考消息》，2005 年 1 月 13 日。

45. 周敏：《族裔特性、社会资本与美国华人中文学校》，《世界民族》2005

年第 4 期。

46．周明朗：《语言意识形态和语言秩序：全球化与美中两国的多语（教育）战略》，《暨南学报（哲学社会科学版）》2009 年第 1 期。

47．周琪、李桁：《约瑟夫·奈的软权力理论及其启示》，《世界经济与政治》2010 年第 4 期。

48．周聿峨：《论海外华文教育与中国汉语推广》，《贵州社会科学》2008 年第 3 期。

49．宗世海：《简论海外华文教学的质量及其控制——以美国和东南亚为例》，《华文教学与研究》2010 年第 4 期。

二、英文资料

（一）英文著作

1．ABDELAL, RAWI, YOSHIKO M HERRERA, ALASTAIR IAIN JOHNSTON, TERRY MARTIN. Treating identity as a variable：Measuring the content, intensity, and contestation of identity. Harvard university, rough draft, August 17, 2001.

2．ARMITAGE, RICHARD L, JOSEPH S NYE, JR COCHAIRS. CSIS commission on smart power：A smarter, more secure America. Washington：The Center for Strategic and International Studies, 2007.

3．MICHAEL BARR R BSTMR. In the red：On contemporary Chinese culture. New York：Columbia University Press, 1999.

4．MICHAEL BARR. Who's afraid of China? The challenge of Chinese soft power. London & New York：Zed Books Press, 2011.

5．DANIEL A BELL. China's new confucianism：Politics and everyday life in a changing society. Princeton, NJ：Princeton University Press, 2010.

6．CASSEL, SUSIE LAN. The Chinese in America：A history from gold mountain to the new millennium. Walnut Creek, CA：AltaMira Press, 2002.

7．Congressional Research Service. China's foreign policy and soft power in south America, Asia, and Africa. A study prepared for the committee on foreign relations, United States Senate, 2008.

8．S DING. The dragon's hidden wings：How China rises with its soft power. Lanham：Lexington Books, 2008.

9．FAIRBANK JOHN KING, MERLE GOLDMAN. China：A new history. Cambridge,

Mass. : Harvard University Press, 2006.

10. FITZGERALD, STEPHEN. China and the overseas Chinese: A study of Peking's changing policy, 1949 – 1970. Cambridge: Cambridge University Press, 1972.

11. GILL, BATES, YANZHONG H. Sources and limits of Chinese "soft power". London: The International Institute for Strategic Studies, 2006.

12. GOLDSTEIN JONATHAN, JERRY ISRAEL, HILARY CONROY. America views China: American images of China then and now. Bethlehem, Pa. : Lehigh University Press, 1991.

13. GUÉHENNO JEAN – MARIE. The end of the nation – state. Minneapolis: University of Minnesota Press, 1995.

14. HSU MADELINE. Dreaming of gold, dream of home: Transnationalism and migration between the United States and South China, 1882 – 1942. Stanford: Stanford University Press, 2000.

15. KIBRIA, NAZLI. Becoming Asian American: Second generation Chinese and Korean American identities. Baltimore: The John Hopkins University Press, 2002.

16. KURLANTZICK, JOSHUA. Charm offensive: How China's soft power is transforming the world. New Haven: Yale University Press, 2007.

17. LAI, HIM MARK. Becoming Chinese American: A history of communities and institutions. Walnut Creek, CA: AltaMira Press, 2004.

18. LEVENSON JOSEPH. Confucian China and its modern fate: A trilogy. Berkeley: University of California Press, 1969.

19. LI MING JIANG. Soft power: China's emerging strategy in international politics. Lanham: Lexington Books, 2009.

20. LOUIE ANDREA. Chineseness across borders: Renegotiating Chinese identities in China and the United States. Durham: Duke University Press, 2004.

21. MCGIFFERT, CAROLA. Chinese soft power and its implications for the United States: Competition and cooperation in the developing world. Washington, D. C. : Center for Strategic & International Studies, 2009.

22. MONROE PAUL. China: A nation in evolution. New York: Macmillan Company, 1928.

23. OHMAE KENICHI, The end of the nation state: The rise of regional economies. New York: Simon and Schuster Press, 1995.

24. ONG AIHWA, DONALD NONINI. Ungrounded empires: The cultural politics of modern Chinese transnationalism. New York: Routledge, 1997.

25. ONG AIHWA. Flexible citizenship: The cultural logics of transnationality. Durham: Duke University Press, 1999.

26. ELOISE PAANANEN, GEORGE TSUI. The Chinese in American. New York: The Viking Press, 2003.

27. PAN LYNN. The encyclopedia of the Chinese overseas. Cambridge, Massachusetts: Harvard University Press, 1999.

28. PARK ROBERT E. The immigrant press and its control. New York: Harper & Brothers, 1922.

29. PETERSON GLEN. Overseas Chinese in the People's Republic of China. Milton Park, Abingdon, Oxon; New York: Routledge, 2012.

30. SPENCE JONATHAN D. The search for modern China: 1600 – 1912. New York: W. W. Norton & Company, 1999.

31. SURYADINATA LEO. Southeast Asian Chinese and China: The political – economic dimension. Singapore: Times Academic, 1995.

32. TAN CHEE – BENG. Chinese overseas: Comparative cultural issues. Hong Kong: Hong Kong University Press, 2005.

33. TAN CHEE – BENG. Chinese overseas: Migration, research and documentation. Hong Kong: The Chinese University Press, 2007.

34. TERRY TREPPER S. Chinese Americans and their immigrant parents: Conflict, identity, and values. Binghamton: Haworth Routledge Press, 2000.

35. WANG, JIAN. Soft power in China: Public diplomacy through communication, New York: Palgrave Macmillan, 2011.

36. WONG BERNARD P. The Chinese in silicon valley: Globalization, social networks, and ethnic identity, Lanham: Rowman & Littlefield Publishing Inc. , 2005.

37. YANG FENGGANG. Chinese Christians in America: Conversion, assimilation, and adhesive identities , University Park: Penn State Press, 2010.

(二) 英文文章及报告

1. ANCIEN, DELPHINE, MARK BOYLE, ROB KITCHIN. Exploring diaspora strategies: An international comparison. NUI Maynooth, Workshop report, June 2009.

2. BLAU JUDITH R. Immigrant communities and their newspapers in America. Sociological Analysis, 1998, 1.

3. BOYLE MARK, ROB KITCHIN, DELPHINE ANCIEN. The NIRSA diaspora strategy wheel & ten principles of good practice National university of Ireland, May-

nooth, 2009, from http: //diasporamatters. com/wp – content/uploads/2011/05/Diaspora – Toolkit – Booklet – 5. pdf.

4. C RAJA MOHAN. Indian diaspora and" Soft power" . The Hindu, January 6, 2003.

5. FITZGERALD STEPHEN. Overseas Chinese affairs and the cultural revolution. The China Quarterly, No. 40, 1969.

6. GOLDRING L. The power of status in transnational social settings. in M P SMITH, L E GUARNIZO (eds) . Transnationalism from below. London: Transaction Publishers, 1998.

7. HU SHAOHUA. Confucianism and contemporary Chinese politics. Politics & Policy, 2007, (1) 35.

8. HUGO GRAEME. What we know about circular migration and enhanced mobility. Policy Brief, MPI, 2013, 7.

9. JACQUES MARTIN. As China's power grows, the diaspora starts to flex its worldwide muscle. The Guardian, June 11, 2008.

10. JOSEPH S. NYE JR. The rise of China's soft power. Wall street journal asia, December 29, 2005.

11. LEO SURYADINATA. Ethnic Chinese in southeast Asia: Overseas Chinese, Chinese Overseas or southeast Asians? in Leo Suryadinata. Ethnic Chinese as southeast Asians. Singapore: Institute of southeast Asian Studies, 1997.

12. LEVITT P, R DE LA DEHESA. Transnational migration and the redefinition of the state: Variations and explanations. Ethnic and Racial Studies, 2003, 26 (4) .

13. LIEN PEITE. Ethnic homeland and Chinese American conceiving a transnational political network. in TAN CHEE – BENG. Chinese Transnational networks. London: Routledge, 2007.

14. NYE JOSEPH, WANG JISI. The rise of China's soft power and its implications for the United States. in RICHARD ROSECRANCE, Gu GUOLIANG. Power and Restraint: A Shared Vision for the U. S. – China Relationship. New York: Public Affairs, 2009.

15. PETER BACHRACH, MORTON BARATZ. Decisions and non – decisions: An analytical framework. American Political Science, September 1963.

16. PORTES ALEJANDO. Theoretical convergences and empirical evidence in the study of immigration transnationalism. International migration review, 2004, 38 (3) .

17. RUUD KOOPMANS, PAUL STATHAM. Challenging the liberal nation – state?

Postnationalism, multiculturalism and the collective claims making of migrants and ethnic minorities in Britain and Germany. American journal of sociology, 1999, 105 (3).

18. SCHMIDT JOHANNES D. China's soft power diplomacy in southeast Asia. Copenhagen journal of Asian studies, 2008, 1 (26).

19. ZAKARIA FAREED. The U. S. can out – charm China. News week, November 5, 2012.